Bibliographie analytique
des écrits relatifs à
VOLTAIRE

1966–1990

A Otis Fellows,
maître, collègue
et ami

Bibliographie analytique
des écrits relatifs à
VOLTAIRE

1966-1990

Frederick A. Spear
avec la participation de
Elizabeth Kreager

VOLTAIRE FOUNDATION
OXFORD

1992

ISBN 0 7294 0443 9

Les publications de la
Voltaire Foundation sont imprimées
sur papier neutre et permanent

Imprimé en Grande-Bretagne

Introduction

Il y a une douzaine d'années, la regrettée Mary-Margaret H. Barr et moi-même, encouragés par la Voltaire Foundation, avons pris la décision de reprendre la bibliographie voltairienne commencée par Mme Barr dans un ouvrage qui marquait une étape importante dans les études voltairiennes. Cet ouvrage, *A century of Voltaire study: a bibliography of writings on Voltaire, 1825-1925* (1929), a été continué dans notre ouvrage commun, *Quarante années d'études voltairiennes: bibliographie analytique des livres et articles sur Voltaire, 1926-1965* (1968). Cependant, ce projet de collaboration, pour diverses raisons, n'a pas abouti. Après une suspension de plusieurs années, il m'a été proposé d'être en charge de la préparation d'une bibliographie pour les années 1966-1990, ce que j'ai volontiers accepté. Par bonheur la Voltaire Foundation a choisi le docteur Elizabeth Kreager comme assistante éditoriale pour me seconder dans ce projet. Le souci d'exactitude, de clarté et d'organisation, ainsi que les conseils de Mme Kreager ont été d'une valeur inestimable pour la réalisation du présent ouvrage.

Comme dans *Quarante années*, je ne prétends pas répertorier ici toutes les éditions et traductions de l'œuvre de Voltaire. La citation de ses œuvres se limite à des éditions critiques et à celles qui contiennent une introduction biographique ou critique et des notes. Les mêmes règles guident le choix des traductions des œuvres de Voltaire. Les réimpressions de ces éditions ne sont citées que si elles offrent des changements importants dans le texte, des changements de pagination ou de maison d'édition. Dans le cas de multiples éditions d'une œuvre publiées par une même maison, seules sont citées la première et la plus récente. En ce qui concerne l'histoire de la littérature ainsi que les encyclopédies, domaine très vaste, on a dû se limiter à un choix représentatif. Des détails sur l'organisation et l'emploi de la bibliographie peuvent être consultés dans l'*Avis au lecteur* (p.vii).

Bien que mes efforts aient portés sur la présentation d'une bibliographie aussi complète que possible pour la période 1966-1990, je reconnais que des lacunes sont inévitables. Il faut admettre que le présent travail ne représente qu'un effort supplémentaire pour réaliser ce que Theodore Besterman avait appelé le rêve impossible de la bibliographie voltairienne.

Je voudrais reconnaître tout particulièrement l'aide et l'appui dans ce projet de trois collègues: Andrew Brown de la Voltaire Foundation, Giles Barber de la Taylor Institution et Charles Wirz de l'Institut et Musée Voltaire. Mes remerciements s'adressent aussi à feu Madame Mary-Margaret H. Barr et aux membres et anciens membres de la Faculté de Skidmore College: Giuseppe Faustini, Masaki Inamoto, Kazuko Pettigrew et Natalie Roklina, pour l'obligeance dont ils ont fait preuve en répondant à mes demandes. Le personnel de la Lucy Scribner Library a toujours été très serviable. Enfin je sais gré à Eric Weller, ancien doyen de la Faculté, et au Committee on Research Grants de Skidmore College de leur générosité en m'accordant plusieurs subventions de voyage et de recherches, et les remercie de leur confiance.

Aux conservateurs de la Bibliothèque Nationale nous adressons un remerciement tout particulier. Leur savoir, généreusement partagé, et leur patience inépuisable nous ont été d'un précieux secours.

F. A. S.

Avis au lecteur

Le plan de cette bibliographie reprend, avec de légères modifications, celui des *Quarante années d'études voltairiennes* : la matière est organisée par thème, selon le classement présenté dans la table des matières. On consultera aussi les index nominum et rerum. Les rubriques de classification sont reprises dans l'index rerum (en petites majuscules).

Une étude portant principalement sur un écrit de Voltaire se range sous la rubrique de cet ouvrage. Par exemple : un article sur l'accueil de *Candide* en Angleterre se trouve sous la rubrique « *Candide* » (subdivision des « *Œuvres séparées* ») et non sous « Iles Britanniques » (subdivision des « *Influences et rapports intellectuels* ») ; il existe, cependant, un renvoi dans l'index, ainsi que sous la rubrique « Iles Britanniques ». Il importe donc d'utiliser parallèlement l'index et la table des matières, puisque celle-ci ne reflète pas toujours d'une manière exhaustive le contenu des références.

L'emploi fréquent de renvois dans le texte devrait faciliter les recherches. Les renvois sont de trois sortes :

1. Le renvoi à une autre étude citée dans ce volume est indiqué par la date de l'étude et son numéro entre parenthèses, par exemple : (1986. n° 2991) ; le même genre de renvoi est employé pour repérer la référence bibliographique complète d'un titre abrégé servant à identifier un recueil d'essais, un Festschrift, des mélanges, etc.

2. Le renvoi à *A century of Voltaire study* contient la date de la référence, suivie de *Cent* et le numéro, e.g. (1865 : *Cent* 929).

3. Le renvoi à *Quarantes années d'études voltairiennes* est identifié par la date, suivie de *QA* et le numéro, e.g. (1958 : *QA* 1682).

La bibliographie comprend également des thèses non publiées (Diss.) ; lorsqu'une version publiée existe, les deux versions sont citées.

L'emploi de l'abréviation « Best.D » signale une référence à la *Correspondence and related documents* de Voltaire dans l'édition définitive de Theodore Besterman (1968-1977 : n° 2505). En général, lorsqu'il est question d'une seule lettre, le numéro de la lettre est cité, e.g. : Best.D966 ; lorsqu'il s'agit de plusieurs lettres, le chiffre entre parenthèses indique le nombre total de lettres citées, e.g. : Best.D (31).

Le système de translittération employé est celui établi par Georges Dulac dans son article « Les relations de Diderot avec la Russie : transcription et identification des noms de personnes » [in] *Editer Diderot*. Etudes recueillies par Georges Dulac, avant-propos de Jean Varloot. Oxford : The Voltaire Foundation, 1988. xviii, 555 p. pl. (SVEC, 254), p.317-41.

Les comptes rendus cités se limitent à des études traitant principalement de

Voltaire et aux ouvrages où les textes le concernant représentent au moins 10 % de la pagination totale du volume. Une liste des comptes rendus des volumes contenant des articles sur Voltaire publiés dans la série *Studies on Voltaire and the eighteenth century* figure en appendice.

Liste des périodiques

The Antique collector (London)

Anuari de la Societat catalana de filosofia (Institut d'estudis catalans, Barcelona)

Anuario de estudios americanos (Sevilla)

AnuarioF   Anuario de filología (Barcelona)

Apollo : the magazine of the arts (London)

APSR   American political science review (Washington, D.C.)

Aquila : Chestnut Hill studies in modern languages and literatures (Chestnut Hill & The Hague)

Arcadia : Zeitschrift für vergleichende Literaturwissenschaft (Berlin)

Arcadie : revue littéraire et scientifique (Paris)

Archistra : archives, histoire, traditions. Journal d'informations, études et recherches sur l'histoire de la France méridionale (Toulouse)

Architectural digest : the international magazine of fine interior design (Los Angeles)

Archiv   Archiv für das Studium der neueren Sprachen und Literaturwissenschaft (Braunschweig)

Archives de philosophie : recherches et documentation (Paris)

Archives des sciences (Genève)

Archives internationales d'histoire des sciences (Roma)

Archiwum historii filozofii i myśli społecznej (Warszawa)

Археографический ежегодник (Москва)

Ariane : revue d'études littéraires françaises (Lisboa)

Armchair detective : a quarterly journal devoted to the appreciation of mystery, detective and suspense fiction (New York)

ArQ   Arizona quarterly (Tucson, Az.)

Arquivos do Centro cultural português (Paris)

Artes : periodical of the fine arts (Stockholm)

ASLHM   The American society Legion of honor magazine (New York)

Aslib (London)

Aslib microfiche (London)

Aspects de la France : hebdomadaire de l'action française (Paris)

Atenea : revista de ciencia, arte y literatura (Concepción)

The Athenaeum : London literary and critical journal (London)

The Atlantic monthly, devoted to literature, art and politics (Boston, Mass.)

Atti della Accademia delle scienze dell'Istituto di Bologna, Classe di scienze morali. Rendiconti (Bologna)

Atti della Accademia delle scienze di Torino, I. Classe di scienze fisiche, matematiche e naturali (Torino)

Atti della Accademia delle scienze di Torino, II. Classe di scienze morali, storiche e filologiche (Torino)

Atti della Reale Accademia di scienze, lettere, e arti di Palermo (Palermo)

AUB, Limbi și literaturi străine   Analele universitatii București, Limbi și literaturi străine (București)

AUB-LR   Analele universitatii București, Limbi Romanice (București)

Liste des périodiques

AUMLA   Journal of the Australasian universities language and literature association (Clayton, Victoria)
Ausonia: rivista di lettere ed arti (Siena)
AVST   L'Avant-scène théâtre (Paris)

BARLLF   Bulletin de l'Académie royale de langue et de littérature françaises (Bruxelles)
BBMP   Boletín de la Biblioteca de Menéndez Pelayo (Santander)
BCLF   Bulletin critique du livre français (Paris)
BDHS   Bulletin de la Société française d'étude du XVIIIe siècle (Paris)
Belfagor: rassegna di varia umanità (Firenze)
Berliner Museen: Berichte aus den Staatlichen Museen des Preussischen Kulturbesitzes (Berlin)
BHS   Bulletin of Hispanic studies (Liverpool)
Bibliographie de la France, Biblio (Paris)
Biography: an interdisciplinary quarterly (Honolulu)
BJECS   The British journal for eighteenth-century studies (Oxford)
BJHS   The British journal for the history of science (Chalfont St Giles, Bucks)
Blackwood's Edinburgh magazine (Edinburgh)
BLJ   The British Library Journal (London)
Bokvännnen (Stockholm)
Börsenblatt für den deutschen Buchhandel (Leipsig)
BPh   Bibliographie de la philosophie (Limoges)
Brotéria (revista contemporânea di cultura) (Lisboa)
BRP   Beiträge zur romanischen Philologie (Berlin)
BSECS Newsletter   British society for eighteenth-century studies: newsletter (divers lieux de publication)
BSHPF   Société de l'histoire du protestantisme français, Bulletin (Paris)
BSLP   Bulletin de la Société de linguistique de Paris (Paris)
Bulletin d'analyses de la littérature scientifique bulgare. A. Linguistique, littérature, art (Sofia)
Bulletin de l'Académie des sciences et lettres de Montpellier (Montpellier)
Bulletin de l'Académie nationale de médecine (Paris)
Bulletin de l'Association des professeurs de lettres (Paris)
Bulletin de l'Association française pour l'étude du sol (Versailles)
Bulletin de la Bibliothèque nationale (Paris)
Bulletin de la librairie ancienne et moderne (Paris)
Bulletin de la Société archéologique et historique de l'Orléanais voir *Bulletin trimestriel...*
Bulletin de la Société des amis du château de Pau (Château de Pau)
Bulletin de la Société des Antiquaires de Picardie (Amiens)
Bulletin de la Société toulousaine d'études classiques (Toulouse)
Bulletin de liaison racinienne (Uzès)
Bulletin du bibliophile (Paris)
Bulletin du livre (Paris)
Bulletin du Musée Carnavalet (Paris)
Bulletin et mémoires de l'Académie royale de médecine de Belgique (Bruxelles)

Bulletin mensuel de la Société académique d'agriculture, des sciences, arts et belles-lettres du département de l'Aube (Troyes)
Bulletin mensuel de la Société polymathique du Morbihan (Vannes)
Bulletin municipal officiel de la Ville de Lyon (Lyon)
Bulletin trimestriel de la Société archéologique et historique de l'Orléanais (Orléans)
Byzantinobulgarica (Sofia)

El Café literario : revista bimestral de literatura, crítica y arte (Madrid)
Cahiers bruxellois : revue trimestrielle d'histoire urbaine (Bruxelles)
Cahiers de l'Académie canadienne-française (Montréal)
Cahiers de lexicologie (Paris)
Cahiers de littérature (Paris)
Cahiers de philosophie politique et juridique (Caen)
Les Cahiers de Tunisie (Tunis)
Les Cahiers de Varsovie (Warszawa)
Cahiers d'histoire littéraire comparée (Metz)
Cahiers du Cercle Ernest Renan (Paris)
Cahiers du communisme (Paris)
Cahiers laïques (Paris)
Les Cahiers rationalistes (Ferté-Macé)
Cahiers Saint-Simon (Le Perreux)
CAIEF   Cahiers de l'Association internationale des études français (Paris)
CathHR   Catholic historical review (Washington)
CCrit   Comparative criticism : a yearbook (Cambridge)
CH   Church history (Chicago)
CHA   Cuadernos hispanoamericanos : revista mensuel de cultura hispànica (Madrid)
La Chaîne d'union : revue de documentation et d'information maçonniques (Paris)
Chimères (Lawrence, Kansas)
Chroniques d'histoire maçonnique (histoire et sciences humaines) (Paris)
Ciel et terre : bulletin de la Société belge d'astronomie, de météorologie et de physique du globe (Bruxelles)
Civiltà delle macchine (Roma)
CJH   Canadian journal of history / Annales canadiennes d'histoire (Saskatchewan)
CL   Comparative literature (Oregon)
CLAJ   College language association journal (Baltimore, Md.)
CLC   Columbia library columns (New York)
Clio : a journal of literature, history, and the philosophy of history (Indianapolis)
CLS   Comparative literature studies (Urbana)
CMF   Časopis pro moderní filologii (Praha)
CMLR   Canadian modern language review (Toronto)
CMRS   Cahiers du monde russe et soviétique (Paris)
Comédie-française (Paris)
Commentaire (Paris)
Comparatist (Clemson, S.C.)

Comparison (Warwick)
CompD   Comparative drama (Michigan)
Comprendre : revue de politique de la culture (Venise)
The Connoisseur (New York)
Construire : hebdomadaire du capital à but social (Zürich)
Il Contemporaneo (Roma)
The Contemporary review (London)
Contrepoint (Paris)
Corps écrit (Paris)
The Courier (Syracuse, N.Y.)
CRB   Cahiers Renaud-Barrault (Paris)
CRCL   Canadian review of comparative literature / Revue canadienne de littérature comparée
    (Toronto, Ont.)
CREL   Cahiers roumains d'études littéraires : revue trimestrielle de critique, d'esthétique et
    d'histoire littéraire (Bucarest)
Crisol (Paris)
Il Cristallo : rassegna di varia umanità (Bolzano)
Criterio : nuova serie filosofica (Napoli)
Criticism : a quarterly for literature and the arts (Detroit)
Critique : revue générale des publications françaises et étrangères (Paris)
Cross currents (New York)
CS   Cahiers du sud (Marseille)
CSHVB   Computer studies in the humanities and verbal behavior (Boulder, Colo. &
    Lawrence, Kan.)
Cuadernos   Cuadernos del congreso por la libertad de la cultura (Paris)
CulF   Culture française : rassegna di lingua, letteratura e civiltà francese (Bari)

Daedalus : journal of the American academy of arts and sciences (Cambridge, Mass.)
DAI   Dissertation Abstracts International. Section A : humanities and social sciences (Ann
    Arbor)
DAI-C   Dissertation Abstracts International. Section C : European abstracts (Ann Arbor)
Dawson newsletter (Nashfield, Wis.)
Deutsches Mozartfest der deutschen Mozart-Gesellschaft (Augsburg)
DFS   Dalhousie French studies (Halifax, Nova Scotia)
DHS   Dix-huitième siècle (Reims)
Διαβάζω : δεκαπενθήμερη ε'πιθεώρηση τοῦ βιβλίου ('Αθήνα)
The Dial : a monthly review and index of current literature (Chicago)
Dialoog : tijdschrift voor wijsbegeerte (Brussels)
DidS   Diderot studies (Genève)
Diogenes : a quarterly publication of the International council for philosophy and humanistic
    studies (Firenze)
Discurso : Universidad de São Paulo, Departamento de filosofia da Faculdade de filosofia, letras
    e ciências humanas (São Paulo)

Liste des périodiques

Dispersion et unité   *Dispersion et unité : enquêtes et études sur les problèmes contemporains du peuple juif* (Jerusalem)

DLZ   *Deutsche Literaturzeitung : für Kritik der internationalen Wissenschaft* (Berlin)

Documents et recherches/lettres (Paris)

Dokumente : Zeitschrift für den deutsch-französischen Dialog und übernationale Zusammenarbeit (Bonn)

Душанбинский Государственный педагогический институт им. Т. Г. Шевченко, Учёные записки (Душанбе)

DR   *Dalhousie review* (Ottawa)

The Drama review (New York)

DSec   *Degré second : studies in French literature* (Blacksburg, Va.)

Du   *Du : die Kunstzeitschrift* (Zürich)

EAS   *Essays in arts and sciences* (West Haven, Conn.)

ECCB   *The Eighteenth century : a current bibliography* (New York)

ECent   *The Eighteenth century : theory and interpretation* (Lubbock, Tex.)

ECF   *Eighteenth-century fiction* (Hamilton, Ont.)

ECLife   *Eighteenth-century life* (Williamsburg)

Eco   *Eco : revista de la cultura de occidente* (Bogotá)

L'Ecole des lettres (Paris)

ECr   *L'Esprit créateur* (Lawrence, Kan.)

Ecrits de Paris : revue des questions actuelles (Paris)

ECS   *Eighteenth-century studies : a journal of literature and the arts* (Davis, Cal.)

L'Education (Paris)

Educational forum (Columbus, Ohio)

EFL   *Essays in French literature* (Nedlands, Western Australia)

EG   *Etudes germaniques* (Paris)

EHR   *English historical review* (London)

Ежегодник Рукописного отдела Пушкинского Дома (Ленинград)

Eidolôn : cahiers du Laboratoire pluridisciplinaire de recherches sur l'imagination littéraire (Bordeaux)

Eighteenth-century Ireland | Cumann Éire san ochtú céad déag (Dublin)

EnlE   *Enlightenment essays* (Chicago)

Ἠπειρωτικὴ Ἑστία (Ἰωάννινα)

Episteme : rivista critica di storia delle scienze mediche e biologiche (Milano)

Ἐποχές : μηνιαία ἔκδοση πνευματικοῦ προβληματισμοῦ καὶ γενικῆς παιδείας (Ἀθήνα)

Esprit (Paris)

Esprit et vie   *Esprit et vie : l'ami du clergé* (Langres)

Essays by divers hands (London)

Etudes canadiennes | Canadian studies : review interdisciplinaire des études canadiennes en France (Talence)

Etudes classiques (Namur)

Etudes françaises (Montréal)

Etudes littéraires : sémiotique textuelle et histoire littéraire du Québec (Québec)

Les Etudes philosophiques (Paris)
Etudes sur le XVIIIe siècle (Bruxelles)
Europe : revue littéraire mensuelle (Paris)

FDE   Fransiz dili ve Edelbiyati Bölümü Deigisi / Revue du Département de langue et de littérature françaises (Université d'Ankara)
FE   Французский ежегодник : статьи и материалы по истории Франции (Москва)
Ferney-Candide (Ferney)
Le Figaro (Paris)
Le Figaro magazine (Paris)
Filologia e critica (Roma)
Filologia e letteratura (Napoli)
Φιλολογικὴ πρωτοχρονιά ('Αθήνα)
Филологические науки (Москва)
Filosofia (Torino)
FL   Le Figaro littéraire (Paris)
FLS   French literature series (Columbia) [N.B. chaque numéro porte un titre individuel]
FMLS   Forum for modern language studies (St Andrews)
FMonde   Le Français dans le monde (Paris)
Folia humanistica : ciencias, artes, letras (Barcelona)
Forum (Houston)   Forum : a journal of the humanities and fine arts (Houston)
FR   The French review (Baltimore, Md.)
Le Français aujourd'hui (Paris)
Le Français au Nigeria (Ibadan)
Le Français moderne. Supplément : Trésor de la langue française (Nancy)
La France : lumière des cimes, trésor des cités (Prades)
Francia (München)   Francia : Forschungen zur westeuropäischen Geschichte (München)
Francia : periodico di cultura francese (Napoli)
Französische heute   Französische heute : Verbandszeitschrift der Vereinigung der Französisch-Lehrer (Frankfurt/Main)
Fraser's magazine for town and country (London)
Free inquiry (Buffalo, N.Y.)
FrF   French forum (Lexington, Ky.)
FS   French studies : a quarterly review (divers lieux de publication)
FSB   French studies bulletin : a quarterly supplement (Nottingham)
FSSA   French studies in Southern Africa (Pretoria)

GBA   Gazette des beaux-arts (Paris)
GCFI   Giornale critico della filosofia italiana (Messina)
Genava (Genève)
Genre (Norman, Okla.)
Georg Büchner Jahrbuch (Marburg)
GerSR   German studies review (Tempe, Ariz.)

Gesnerus: Vierteljahrschrift für Geschichte der Medizin und der Naturwissenschaften (Basel)
De Gids (Amsterdam)
Giornale di metafisica (Genoa)
Годишник на Софийския университет, факултет по западин филологии | Annuaire de l'Université de Sofia, Faculté des lettres (София)
Goethe Jahrbuch (Weimar)
Göteborgs-posten (Göteborg)
GRM   Germanisch-Romanische Monatsschrift (Heidelberg)
GSLI   Giornale storico della letteratura italiana (Torino)
The Guardian weekly (Manchester)

HAB   The Humanities association of Canada bulletin (Kingston, Ont.)
Harvard Ukrainian studies (Cambridge, Mass.)
Helikon   Helikon világiroldami figyelo | Helikon review of world literature (Budapest)
Hermathena: a Dublin University review (Dublin)
H-Histoire (Paris)
L'Histoire (Paris)
Histoire et nature: cahiers de l'Association pour l'histoire des sciences de la nature (Paris)
Historama (Neuilly sur Seine)
Historia (Paris)
Historia (Chile)   Historia (Chile)
Historia 16 (Madrid)
Historica: rivista trimestrale di cultura (Reggio Calabria)
Historical reflections | Réflexions historiques (Waterloo, Ont.)
History   History: the journal of the historical association (London)
History and theory: studies in the philosophy of history (Middletown, Conn.)
History of European ideas (Haifa)
History today (London)
L'Homme nouveau (Paris)
HR   Hispanic review: a quarterly devoted to research in the Hispanic languages and literatures (Philadelphia)
HudR   The Hudson review (New York)
Humanisme: revue des francs-maçons du grand orient de France (Paris)
The Humanist: a journal ... published for the American Humanist Association and the American Ethical Union (Buffalo, N.Y.)
Humanist (London)   Humanist: journal of the Rationalist Press Association (London)
Humanitas: rivista di cultura (Brescia)
Les Humanités (Classes de lettres, sections classiques) (Paris)
Les Humanités (Classes de lettres, sections modernes) (Paris)
Humanities education (Duluth, Minn.)
HUSL   Hebrew university studies in literature and the arts (Jerusalem)
HZ   Historische Zeitschrift (München)

ICarbS (The Friends of the Morris Library, Southern Illinois University, Carbondale)

IEY Iowa English yearbook: official publication of the Iowa Council of teachers of English (Ames, Iowa)
IFR International fiction review (Fredericton, Canada)
IG L'Information grammaticale (Paris)
IK Irodalomtörténeti Közlemények (Budapest)
IL L'Information littéraire (Paris)
Images du monde (Lausanne)
Impressions: bulletin de l'Imprimerie nationale (Paris)
L'Infini: littérature, philosophie, art, science, politique (Paris)
L'Information historique (Paris)
Informations municipales (Genève)
Intermédiaire L'Intermédiaire des chercheurs et curieux (Paris)
International journal of aging & human development (Farmingdale, N.Y.)
International journal of Islamic and Arabic studies (Bloomington)
International journal of mechanical sciences (New York & Oxford)
Italianistica: rivista di letteratura italiana (Pisa)
Itinéraires: chroniques et documents (Paris)
Известия Академии наук СССР: серия литературы и языка (Москва)

JAAC Journal of aesthetics and art criticism (Detroit)
JEGP Journal of English and Germanic philology (Urbana, Ill.)
JES Journal of European studies: literature and ideas from the Renaissance to the present (Exeter)
Jeunesse de Racine (La Ferté-Milon)
JHI Journal of the history of ideas (New York)
JMH The Journal of modern history (Chicago)
Journal de Genève: le quotidien Suisse d'audience internationale (Genève)
Journal des savants (Paris)
Journal of Baltic studies (Burnaby)
Journal of educational research / Kyoikugaku kenkyu (Tokyo: Tokyo Daigaku Nihon Kyoiku Gakkai)
The Journal of religious history (Sydney)
Journal of the history of philosophy (San Diego)
Journal of the Royal College of Physicians of London (London)
JP Journal of philosophy (New York)
JPC Journal of popular culture (Bowling Green, Ohio)
JR Journal of religion (Chicago)

Káñina: revista de artes y letras de la Universidad de Costa Rica (San José, Costa Rica)
Key reporter (Washington D.C.)
KLit Kritikon litterarum: international book review for American, English, Romance and Slavic studies and for linguistics (Darmstadt)
KN Kwartalnik neofilologiczny (Warszawa)
Книга, исследования и материалы (Москва)

KRQ   Kentucky romance quarterly (Lexington, Ky.)
Kwartalnik historyczny (Warszawa)

Laurels: a magazine devoted to French-American friendship (New York)
LE   Le Livre est l'estampe (Bruxelles)
La Légitimité (Paris)
Lendemains: Zeitschrift für Frankreichforschung & Französischstudium (Köln)
Lettre de Ligugé (Ligugé)
Levende talen: berichten en mededelingen van de « Vereniging van Leraren in Levende Talen »
    (Groningen)
LI   Lettere italiane (Firenze)
LIAS   LIAS: sources and documents relating to the early modern history of ideas (Amsterdam)
La Liberté (Fribourg)
Librarium: Zeitschrift der schweizerischen Bibliophilen-Gesellschaft (Zürich)
LimR   Limba romana (Bucarest)
Ling&L   Lingua e literatura (São Paulo)
Lingua nostra (Firenze)
Linguist   Incorporated linguist (London) [devient en 1986 *Linguist*]
Linguistica e letteratura (Pisa)
The Listener (London)
Литературная Грузия (Грузии)
Литературная Россия (Москва)
Литературные взаимосвязи, сборник (Тбилиси)
Littell's living age (Boston, Mass.)
Littérature (Paris: Larousse)
Littératures (Toulouse)
The London magazine (London)
LR   Les Lettres romanes (Louvain)
LS   Le Lingue straniere (Roma)
LWU   Literatur in Wissenschaft und Unterricht (Kiel)

MAA   Académie des sciences, belles-lettres & arts d'Angers. Mémoires (Angers)
MagL   Magazine littéraire (Paris)
Man and nature / L'homme et la nature: proceedings of the Canadian Society for eighteenth-
    century French studies (London, Ont.)
Manu propria: ausgewählte Stücke aus den Briefsammlungen der Universitätsbibliothek Basel
    (Basel)
Marginalien: Zeitschrift für Buchkunst und Bibliophilie (Berlin)
Marseille: revue municipale trimestrielle (Marseille)
McNeese review (McNeese State University, Lake Charles, La.)
Médecine de France (Paris)
Médecine et armées (Paris)
Médecine et hygiène: journal suisse d'informations médicales (Genève)
Médecins de Lorraine: revue de l'Institut lorrain de formation médicale continue (Nancy)

Mélanges de la Bibliothèque de la Sorbonne (Paris)

Mémoires de l'Académie de Nîmes (Nîmes)

Mémoires de l'Académie de Vaucluse (Avignon)

Mémoires de l'Académie de Stanislas (Nancy)

Mémoires de l'Académie des sciences, arts et belles-lettres de Dijon (Dijon)

Mémoires de la Société académique d'agriculture, des sciences, arts et belles-lettres du département de l'Aube (Troyes)

Mémoires de la Société pour l'histoire du droit et des institutions des anciens pays bourgignons, comtois et romands (Dijon)

The Mennonite quarterly review: a journal devoted to Anabaptist-Mennonite history, thought, life, and affairs (Goshen, Ind.)

Mer (Paris)

Merkur: Deutsche Zeitschrift für europäisches Denken (Stuttgart)

The Metropolitan museum of art bulletin (New York)

MGS   Michigan germanic studies (Ann Arbor)

Micromégas: rivista di studi e confronti italiani e francesi (Roma)

Mid-Hudson language studies (Poughkeepsie, N.Y.)

Minas gerais: suplemento literário (Belo Horizonte)

Miroir de l'histoire (Paris)

ML   Modern languages: journal of the Modern Language Association (London)

MLAA   MLA abstracts of articles in scholarly journals (New York)

MLJ   The Modern language journal (Madison)

MLN   Modern language notes (Baltimore)

MLQ   Modern language quarterly (Seattle)

MLR   The Modern language review (London)

Modern age (Bryn Mawr)

Modes de Paris: femme d'aujourd'hui (Paris)

Der Monat (Berlin)

Le Monde (Paris)

La Montagne Ste-Geneviève et ses abords (Paris)

Moreana: time trieth truth (Angers)

MP   Modern philology: a journal devoted to research in medieval and modern literature (Chicago)

MR   The Massachusetts review (Amherst, Mass.)

Mulino: rivista bimestrale di cultura e di politica (Bologna)

Musées de Genève: revue des musées et collections de la ville de Genève (Genève)

Musée neuchâtelois: revue d'histoire régionale (Neuchâtel)

Die Musikforschung (Saarbrücken)

NA   Nuova antologia: rivista trimestrale di lettere, scienze ed arti (Firenze)

N&Q   Notes and queries (Oxford)

Наука и религия (Москва)

NDH   Neue deutsche Hefte (Berlin)

Neohelicon: acta comparationis literarum universarum (Budapest)

Neophil   *Neophilologus: an international journal of modern and mediaeval language and literature* (Groningen)
Neue Zürcher Zeitung (Zürich)
Neues aus der Wezel-Forschung (Erfurt)
New humanist: the bi-monthly journal of the Rationalist Press Association (London)
New left review (London)
New statesman (London)
NewsletterSSCFS   *Newsletter for the Society for seventeenth-century French studies* (Norwich)
NFS   *Nottingham French studies* (Nottingham)
Niedersächsisches Jahrbuch für Landesgeschichte (Hildesheim)
NL   *Nouvelles littéraires* (Paris)
NLH   *New literary history: a journal of theory and interpretation* (Baltimore)
NM   *Neuphilologische mitteilungen: bulletin de la Société néophilologique de Helsinki* (Helsinki)
Les Nouveaux cahiers (Paris)
Le Nouvel observateur (Paris)
Nouvelles annales prince de Ligne (Bruxelles)
Nouvelles de France (Paris)
Новая и новейшая история (Москва)
NRF   *Nouvelle revue française* (Paris)
NRL   *Nouvelles de la république des lettres* (Napoli)
NRs   *Neue Rundschau* (Berlin)
NS   *Die Neuren Sprachen: Zeitschrift für Forschung, Unterricht und Kontakstudium auf dem Fachgebiet der modernen Fremdsprachen* (Frankfurt am Main)
NYRB   *The New York review of books* (New York)
NYTBR   *New York Times book review* (New York)
NZJFS   *New Zealand journal of French studies* (Palmerston North, N.Z.)
NZSJ   *New Zealand Slavonic journal* (Wellington, N.Z.)

O&C   *Œuvres & critiques: revue internationale d'étude de la réception critique des œuvres littéraires de langue française* (Tübingen & Paris)
Obliques (Paris)
The Observer (London)
Occidente (Santiago)
L'Œil (Paris)
OL   *Orbis litterarum: international review of literary studies* (Copenhagen)
OPL   *Osservatore politico letterario* (Milano)
L'Osservatore romano: giornale religioso (Roma)

Pacific coast philology (California)
Pacific Northwest Council on foreign languages. Proceedings (divers lieux de publication)
Paideia: rivista letteraria di informazione bibliografica (Brescia)
Paideuma: a journal devoted to Ezra Pound scholarship (Orono, Me.)

Памятники культуры, новые открытия. Письменность, искусство, археология, Ежегодник (Москва)

Panorama : revista portuguesa de arte e turismo (Lisboa)

Le Pays d'Auge (Lisieux)

PBSA   The Papers of the Bibliographical society of America (New York)

La Pensée : revue du rationalisme modern (Paris)

La Pensée catholique : cahiers de synthèse (Paris)

La Pensée et les hommes : revue mensuelle de philosophie et de morale laïques (Bruxelles)

Personalist : an international review of philosophy, religion, and literature (Los Angeles)

PFSCL   Papers on French seventeenth century literature (Tübingen)

Philosophiques (Montréal)

Philosophy and literature (Dearborn, Mich.)

PhR   Philosophical review (Ithaca, N.Y.)

PHum   Przegląd humanistyczny (Warszawa)

Писатель и жизнь : сборник историко-литературных, теоретических и критических статей (Москва)

PL   Pamiętnik literacki : czasopismo kwartalne poświęcone historii i krytyce literatury polskiej (Wrocław)

PLL   Papers on language & literature : a journal for scholars and critics of language and literature (Edwardsville, Ill.)

PMLA   Publications of the Modern language association of America (New York)

Poetica : Zeitschrift für Sprach- und Literaturwissenschaft (Amsterdam)

Poétique   Poétique : revue de théorie et d'analyse littéraires (Paris)

Poetry : a magazine of verse (Chicago)

Points de vue initiatiques : cahiers de la Grande Loge de France (Paris)

Political science quarterly (New York)

Пушкин, исследования и материалы (Ленинград)

PP   Philologica Pragensia : casopis pro moderní filologii (Praha)

PQ   Philological quarterly : a journal devoted to scholarly investigation of the classical and modern languages and literatures (Iowa City)

Pratiques : théorie/pratique/pédagogie (Metz)

Préfaces (Paris)

Prépublications (Aarhus)

Présence francophone (Sherbrooke, Québec)

La Presse médicale (Paris)

Prima philosophia (Cuxhaven)

Problèmes d'histoire du christianisme (Bruxelles)

Proceedings of the comparative literature symposium [*Texas Tech University*] (Lubbock, Tex.)

Proceedings of the Huguenot society of London (London)

Proceedings of the Royal musical association (Birmingham)

La Promotion violette : revue de l'Association des membres de l'Ordre de palmes académiques (Paris)

PSA   Papeles de Son Armadans (Madrid)

Publications of the Arkansas philological association (University of Central Arkansas, Conway, Ark.)
Publishers weekly: the journal of the book industry (Riverton, N.J.)

QJS   The *Quarterly journal of speech* (Falls Church, Va.)
QQ   *Queen's quarterly: a Canadian review* (Kingston, Ont.)
Quaderni di storia (Bari)
Quaderni di teatro: rivista trimestrale del Teatro Regionale Toscano (Firenze)
Quaderni francesi (Napoli)
La Quinzaine littéraire (Paris)
Le Quotidien de Paris (Paris)

Raison présente (Paris)
Rapports – het franse boek (Amsterdam)
Rass bib   *Rassegna bibliografica della letteratura italiana* (Pisa)
Rassegna lucchese: periodico di cultura (Lucca)
RBPH   *Revue belge de philologie et d'histoire* (Bruxelles)
RCrit   *La Revue critique: littérature, sciences, politique, arts, économie sociale* (Bruxelles)
RCSF   *Rivista critica di storia della filosofia* (Milano)
RDE   *Recherches sur Diderot et sur l'Encyclopédie* (Langres)
RDM   *Revue des deux mondes* (Paris)
RdP   *La Revue de Paris* (Paris)
Recherches sur la musique française classique (Paris)
RECIFS   *Recherches et études comparatistes ibéro-françaises de la Sorbonne nouvelle* (Paris)
Recueil de l'Académie des jeux floraux (Toulouse)
Recueil des travaux (Centre beaunois d'études historiques) (Beaune)
Religious humanism: a quarterly journal of religious and ethical humanism (Yellow Springs)
Renaissance traditionelle (La Source)
Renovatio: rivista di teologia e cultura (Genova)
Representations (Berkeley, Calif.)
RES   *Review of English studies: a quarterly journal of English literature and the English language* (Oxford)
Review of religion (New York)
Revista de estudios políticos (Madrid)
Revista de filozofie (Bucureşti)
Revista de historia de América (Tacubaya)
Revista de istorie (Bucureşti)
Revista de Menorca (Maó)
Revista de teatro (Rio de Janeiro)
RevR   *Revue romane* (Copenhagen)
Revue d'Alsace (Colmar)
Revue d'histoire diplomatique (Paris)
La Revue de Belles-lettres (Paris)
Revue de Comminges (Saint-Gaudens)

Revue de l'art (Paris)
Revue de linguistique romane (Strasbourg)
Revue de l'Institut Napoléon (Paris)
Revue de l'Université de Bruxelles (Bruxelles)
La Revue de Moret et de sa région (Moret-sur-Loing)
Revue de musicologie (Paris)
Revue des études slaves (Paris)
Revue des études sud-est européennes (Bucureşti)
Revue des [travaux de l'Académie des] sciences morales et politiques (Paris)
Revue d'histoire ecclésiastique (Louvain-la-neuve)
Revue du département de la Manche (Saint-Lô)
La Revue du Louvre et des musées de France (Paris)
Revue du vieux Genève (Genève)
Revue du Vivarais (Largentière)
Revue française d'histoire d'Outre-Mer (Paris)
Revue française d'histoire du livre (Bordeaux)
Revue Frontenac / Frontenac review (Kingston, Canada)
Revue générale belge (Bruxelles)
Revue historique (Paris)
Revue historique ardennaise (Châlons-sur-Marne)
Revue historique de droit français et étranger (Paris)
Revue historique vaudoise (Lausanne)
La Revue nationale — La Revue nationale mensuel, littéraire, historique et colonial (Bruxelles)
Revue romane (København)
La Revue savoisienne (Annecy)
La Revue universelle des faits et des idées (Paris)
Revue universitaire des Marches de l'Est (Chaumont)
RF — Romanische Forschungen : Vierteljahrschrift für romanische Sprachen und Literaturen (Frankfurt am Main)
RHEF — Revue d'histoire de l'Eglise de France (Paris)
RHL — Revue d'histoire littéraire de la France (Paris)
RHT — Revue d'histoire du théâtre (Paris)
Rinascita : rassegna politica di attualità, economia e cultura (Roma)
RIPh — Revue internationale de philosophie (Bruxelles)
Rivarol : hebdomodaire de l'opposition nationale et européenne (Paris)
Rivista di filosofia (Torino)
Rivista di filosofia neoscolastica (Milano)
Rivista italiana di studi napoleonici (Firenze)
RLC — Revue de littérature comparée (Paris)
RLI — Rassegna della letteratura italiana (Genova)
RLiR — Revue de linguistique romane (Paris)
RLLR — Revue de Louisiane / Louisiana Review (Lafayette, La.)
RLMC — Rivista di letterature moderne e comparate (Firenze)
RLR — Revue des langues romanes (Montpellier)

RMM   *Revue de métaphysique et de morale* (Paris)
RMS   *Renaissance and modern studies* (Nottingham)
România literară (Bucureşti)
Romanica wratislaviensia (Wrocław)
RomN   *Romance notes* (Chapel Hill, N.C.)
Русская литература : историко-литературный журнал (Ленинград)
RPFE   *Revue philosophique de la France et de l'étranger* (Paris)
RPol   *Review of politics* (Notre Dame, Ind.)
RR   *The Romanic review* (New York)
RSH   *Revue des sciences humaines* (Lille)
RSI   *Rivista storica italiana* (Napoli)
RSSHN   *Revue des Sociétés savantes de Haute Normandie* (Rouen)
RSyn   *Revue de synthèse* (Paris)
RU   *Revue universitaire* (Paris)
RUL   *Revue de l'Université de Laval* (Québec)
RUO   *Revue de l'Université d'Ottawa* (Ottawa)
RUS   *Rice University studies* (Houston)
RZL   *Romanistische Zeitschrift für Literaturgeschichte | Cahiers d'histoire de littératures romanes* (Heidelberg)

Sapienza : rivista internazionale di filosofia e di teologia (Napoli)
SAQ   *South Atlantic quarterly* (Durham, N.C.)
SatR   *Saturday review* (New York)
Savremenik (Beograd)
SBHT   *Studies in Burke and his time* (Alfred, N.Y.)
Сборник статей и материалов библиотеки АН СССР по книговедению (Ленинград)
SC   *Stendhal-Club : revue internationale d'études stendahliennes* (Grenoble)
SchM   *Schweizer Monatshefte : Zeitschrift für Politik, Wirtschaft, Kultur* (Zürich)
Schweizerische Juristen-Zeitung | Revue suisse de jurisprudence (Zürich)
Schweizerische Musikzeitung | Revue musicale suisse (Zürich)
Schweizerische Zeitschrift für Geschichte | Revue suisse d'histoire | Rivista storica svizzera (Basel)
La Science historique (Paris)
SECC   *Studies in eighteenth-century culture* (Madison)
Secolul   *Secolul : revistă de literatură universală* (Bucureşti)
Sélection du Reader's digest (Paris)
La Semaine des hôpitaux de Paris (Paris)
Semiotica   *Semiotica : journal of the International association for semiotic studies* (The Hague)
Септември : орган на съюза на българските писатели (София)
Septentrion   *Septentrion : revue de culture néerlandaise* (Rekken)
Serra d'or (Barcelona)
Sewanee review (Sewanee)

SFr   *Studi francesi: rivista quadrimestrale dedicata alla cultura e civiltà litteraria della Francia* (Torino)

SGym   *Siculorum gymnasium: rassegna semestrale della Facoltà di lettere e filosofia dell'Università di Catania* (Catania)

Shêjzat | Le Pleiadi (Roma)

Shiso (Tokyo)

Slavia   *Slavia: časopis pro slovanskou filologii* (Praha)

SLitI   *Studies in the literary imagination* (Atlanta)

SMS   *Studier i modern språkvetenskap* (Stockholm)

SN   *Studia neophilologica: a journal of Germanic and Romanic philology* (Stockholm)

SoAR   *South Atlantic review* (University, Ala.; ou Tuscaloosa, Ala.)

Social forces (Chapel Hill, N.C.)

Social studies (Washington D.C.)

Società (Firenze)

Société des amis du vieux Saint-Germain, Bulletin (Paris)

Société des études renaniennes, Bulletin (Paris)

Sociologia della letteratura (Roma)

Sophia   *Sophia: rassegna critica di filosofia e storia della filosofia* (Roma)

SoQ   *The Southern quarterly: a scholarly journal of studies in the humanities and social sciences* (Hattiesburg)

South central bulletin (Houston)

SPFA   *Bulletin de la Société des professeurs français en Amérique* (New York)

SpM   *Spicilegio moderno: letteratura, lingue, idee* (Bologna)

Spotlight: a publication of the New York City Opera Guild (New York)

Sprache im technischen Zeitalter (Stuttgart)

SRAZ   *Studi romanica [et anclica] Zagrebiensia* (Zagreb)

SRLF   *Saggi e ricerche di letteratura francese* (Roma)

SSe   *Studi settecenteschi* (Napoli)

SSF   *Studies in short fiction* (Newbury, S.C.)

La Stampa (Tuttolibri) (Torino)

Stanford French review (Stanford, Calif.)

Storia della storiografia | Histoire de l'historiographie | Geschichte der Geschichtsschreibung (Milano)

Storia e politica (Roma)

Strumenti critici: rivista quadrimestrale di cultura e critica letteraria (Torino)

Studi di letteratura francese (Milano)

Studi e memorie per la storia dell'Università di Bologna (Bologna)

Studi filosofici: Istituto universitario orientale, Annali (Napoli)

Studi internazionali di filosofia (Torino)

Studi piemontesi: rassegna di lettere, storia, arti e varia umanità (Torino)

Studi storici (Roma)

Studi urbinati di storia, filosofia e letteratura (Urbino)

Studia islamica (Paris)

Studia Leibnitiana : Zeitschrift für Geschichte der Philosophie und der Wissenschaften (Wiesbaden)
Studia universitatis Babeş-Bolyai : series philosophia (Cluj)
Studia universitatis Babeş-Bolyai, Philologia (Cluj)
Studii de literatură universală (Bucureşti)
Subsidia pataphysica (Paris)
SuF Sinn und Form : Beiträge zur Literatur (Berlin)
SVEC Studies on Voltaire and the eighteenth century (Oxford)
Svensk litteraturtidskrift (Stockholm)
Sym Symposium : a quarterly journal in modern literatures (Syracuse, N.Y.)
Synthesis : bulletin du Comité national de littérature comparée de la République socialiste de Roumanie (Bucarest)
SZ Stimmen der Zeit (München)
Századok / Centuries (Budapest)

Tamkang review : a journal mainly devoted to comparative studies between Chinese and foreign literatures (Taipei Hsien)
Terzo-programma (Roma)
Theater heute (Velber bei Hannover)
Le Thyrse, et les chants de l'aube : revue d'art et de littérature bi-mensuelle (Bruxelles)
Tijdschrift van der Vrije Universiteit Brussel (Brussels)
Tijdschrift voor filosofie (Leuven)
Tijdschrift voor geschiedenis (Groningen)
Time : the weekly magazine (New York)
The Times (London)
The Times educational supplement (London)
The Times higher education supplement (London)
TLL Travaux de linguistique et de littérature (Strasbourg)
TLS The Times Literary Supplement (London)
TLTL Teaching language through literature. Newsletter : Modern language association conference (Baltimore)
Trans/form/ação : revista de filosofia (São Paulo)
Travaux de l'Académie nationale de Reims (Reims)
Travaux de littérature (Paris)
Travaux et mémoires Travaux et mémoires : annales de l'U.E.R. des lettres et sciences humaines de l'Université de Limoges (Limoges)
La Tribune de Genève (Genève)
TriQ Tri-Quarterly (Evanston, Ill.)
Trivium (Lampeter)
TVSV Tijdschrift voor de studie van de Verlichting en van het vrije denken / Review for the study of Enlightenment and free thinking (Brussels)

Universitas tarraconensis (Universidad de Barcelona, Tarragona)
Université de Grenoble, UER de lettres. Recherches et travaux, bulletin (Grenoble)

UTQ *University of Toronto quarterly: a Canadian journal of the humanities* (Toronto)
UWR *The University of Windsor Review* (Windsor, Ont.)

Veltro: rivista della civiltà italiana (Roma)
Verdad y vida Verdad y vida: franciscanos españoles (Madrid)
Вестник Московского Университета, сериях филология (Москва)
La Vie en Champagne (Troyes)
Vieilles maisons françaises (Paris)
Vieux Clermont (Clermont-Ferrand)
Le Vieux papier: bulletin de la Société archéologique, historique et artistique (Paris)
Világosság: materialista világnézeti folyóirat (Budapest)
Visages de l'Ain: revue trimestrielle (Bourg-en-Bresse)
Voix de l'Ain: hebdomadaire de la Bresse (Bourg-en-Bresse)
Вопросы истории (Москва)
VQR *Virginia quarterly review: a national journal of literature and discussion* (Richmond, Va.)
VS *VS: Versus: quaderni di studi semiotici* (Bologna)

Werkgroep achttiende-eeuw. Documentatieblad (Amsterdam)
Western Canadian studies in modern languages and literature (Victoria, Canada)
The Westminster review (London)
WMQ *William and Mary quarterly* (Williamsburg, Va.)
WuW *Welt und Wort: Zeitschrift für Literatur* (Tübingen)
Yale/theatre (New Haven, Conn.)

YCGL *Yearbook of comparative and general literature* (Bloomington)
YES *Yearbook of English studies* (London)
YFS *Yale French studies* (New Haven, Conn.)
YR *Yale review* (New Haven, Conn.)

Zagadnienia rodzajów literackich (Łódź)
Die Zeit: Wochenzeitung für Politik, Wirtschaft, Handel und Kultur (Hamburg)
Zeitschrift für Bibliothekswesen und Bibliographie (Frankfurt)
Zeitschrift für philosophische Forschung (Meisenheim)
Zeitschrift für Religions- und Geistesgeschichte (Köln)
ZFSL *Zeitschrift für französische Sprache und Literatur* (Tübingen)
Zootecnica e vita (Les Amis de la France) (Messina)
ZRL *Zagadnienia rodzajów literackich* (Wrocław)
ZS *Zeitschrift für Slawistik* (Berlin)

Abréviations

Best.D	*Correspondence and related documents* (voir ci-dessus, p.vii)
ch.	chapitre
CR	compte rendu
Diss.	thèse (non publiée)
éd.	édition
éd. rev. et aug.	édition revue et augmentée
Hrsg.	Herausgegeben von
ill.	illustré
P.	Presse/Press
pl.	planche
port.	portrait
QE	*Questions sur l'« Encyclopédie »*
réimpr.	réimpression/réimprimé
trad.	traduction/traduit
U.	Université/University/Universität etc.
V	Voltaire

Mélanges et recueils [1]

1   *The Age of the Enlightenment: studies presented to Theodore Besterman*. Edited by W. H. Barber *et al*. Edinburgh; London: Oliver and Boyd, 1967. xii, 468 p. (St Andrews University publications, 57).

    Contient des articles par G. Barber, W. H. Barber, H. Brown, G. de Beer, R. A. Leigh, J. Lough, H. T. Mason, R. Mortier, A.-M. Rousseau, O. R. Taylor, S. S. B. Taylor.

    CR: P. Alatri, *SFr* 16 (1972), 99-105; R. Birn, *CL* 21 (1969), 260-64; J. Ehrard, *RHL* 69 (1969), 132-33; L. Forno, *DidS* 16 (1973), 389-93; L. Gershoy, *AHR* 73 (1967-68), 1538-39; G. R. Havens, *RR* 59 (1968), 309-11; W. D. Howarth, *MLR* 64 (1969), 903-904; R. Mercier, *RSH* 34 (1969), 153-57; P. H. Meyer, *FR* 41 (1967-68), 884-86; *TLS*, 16 Nov. 1967, p.1083; M. H. Waddicor, *FS* 22 (1968), 249-50.

2   *Au siècle des Lumières*. Ecole pratique des hautes études – Sorbonne. VIᵉ section: Sciences économiques et sociales / Institut d'histoire universelle de l'Académie des sciences de l'URSS. Paris; Moscou: SEVPEN, 1970. 308 p.

    Trad. de *Век Просвещения* / *Au siècle des Lumiers* [*sic*]. Москва; Париж: Издательство «Наука», 1970. 331 p. (Академия наук СССР, Институт всеобщей истории, Высшая школа научных исследований, 6 секция).

    Contient des articles par L. Gordon et I. Sivolap.

3   *Beiträge zur französischen Aufklärung und zur spanischen Literatur: Festgabe für Werner Krauss zum 70. Geburtstag*. Hrsg. von Werner Bahner. Berlin: Akademie-Verlag, 1971. 632 p. (Deutsche Akademie der Wissenschaften zu Berlin. Schriften des Instituts für romanische Sprachen und Kultur, 7).

    Contient des articles par T. Besterman, R. Pomeau, E. Richter.

    CR: E. Marcu, *DidS* 18 (1975), 224-32; H. T. Mason, *FS* 28 (1974), 462-64; R. Pasch, *SFr* 17 (1973), 395-96.

4   *Missions et démarches de la critique: mélanges offerts au professeur J.-A. Vier*. Paris: Klincksieck, 1973. 850 p. (Publications de l'Université de Haute-Bretagne, 2).

    Contient des articles par P. Charbonnel, P. Flobert, P. Naudin, J. Wagner.

    CR: Y. Bellenger, *O&C* 61 (1981), 153-57; E. Giudici, *Francia* (Napoli) 13 (1975), 78-80; M. Groves, *RR* 71 (1980), 98-100.

---

    1. Cette section, classée par ordre chronologique de publication, concerne les ouvrages qui contiennent au moins trois articles sur Voltaire.

5   *Paul-Louis Courier*. Actes du colloque de la Sorbonne (25 novembre 1972).
      Organisé par la Société des amis de Paul-Louis Courier ... Mairie de Véretz :
      Société des amis de Paul-Louis Courier, 1974. 114 p. (Publications de la
      Société des amis de Paul-Louis Courier. Sér. A, t. 1).

      Contient des articles par J. Fischer, J.-L. Lecercle, J. Vier.

      CR : C. Prandi, *SFr* 19 (1975), 367.

6   *Literature and history in the age of ideas : essays on the French Enlightenment presented
      to George R. Havens*. Edited by Charles G. S. Williams. [Columbus] : Ohio State
      U. P., 1975. xix, 414 p.

      Contient des articles par A. Ages, R. Cottrell, G. May, J. Monty, J. Sareil,
      I. O. Wade.

      CR : H. Josephs, *MLJ* 60 (1976), 307-308; R. Mercier, *RSH* 41 (1976), 111;
      J. N. Pappas, *DidS* 19 (1978), 247-50; E. Showalter, Jr., *FrF* 1 (1976), 283-85;
      P. Stewart, *FR* 50 (1976-77), 495; R. Trousson, *DHS* 9 (1977), 390-91; J. Vercruysse,
      RHL 78 (1978), 643-44; M. H. Waddicor, *FS* 31 (1977), 71-73.

7   *Studies in eighteenth-century French literature presented to Robert Niklaus*. Edited by
      J. H. Fox, M. H. Waddicor and D. A. Watts. Exeter : U. of Exeter, 1975.
      xviii, 345 p.

      Contient des articles par W. H. Barber, T. Besterman, N. Perry, R. Tate.

      CR : J. H. Brumfitt, *FS* 30 (1976), 211-12; G. Cerruti, *SFr* 21 (1977), 539-40;
      J. E. DeJean, *ECS* 10 (1976-77), 111-15; M. Delon, *RHL* 76 (1976), 1012-14;
      R. Desné, *DHS* 8 (1976), 490-91; J. Dunkley, *BJECS* 1 (1978), 131-36; M. Mat,
      CREL 2 (1977), 142-45; R. Mercier, *RSH* 161 (1976), 111-12; I. H. Smith, *AUMLA*
      46 (1976), 319-20; J. H. Stewart, *FR* 50 (1976-77), 639-40; J. Voisine, *RLC* 50
      (1976), 322-25.

8   *Le Jeu au XVIIIe siècle*. Colloque d'Aix-en-Provence (30 avril, 1er et 2 mai
      1971). Aix-en-Provence : EDISUD, 1976. 302 p. (Centre aixois d'études et de
      recherches sur le xviiie siècle).

      Contient des articles par W. Krauss, R. Pomeau, J. Rousset.

      CR : M. Delon, *RHL* 78 (1978), 307-309; B. C. Fink, *DHS* 11 (1979), 440-42.

9   *Сравнительное изучение литератур : сборник статей к 80-летию академика
      М. П. Алексеева*. [Ред. А. С. Бушмин *et al.*]. Ленинград : Издательство
      «Наука», 1976. 561 p. (Академия Наук СССР, Отделение литературы и
      языка, Институт Русской литературы, Пушкинский дом).

      Contient des articles par R. Mortier, Н. Сигал, П. Заборов.

10   *Essays on the age of the Enlightenment in honor of Ira O. Wade*. Edited by Jean
      Macary. Genève : Droz, 1977. [viii], 385 p. (Histoire des idées et critique
      littéraire, 164).

Contient des articles par G. Havens, R. Mortier, R. Niklaus, J. Sareil, J. Sgard, J. Starobinski, J. Vercruysse.

CR: J. H. Brumfitt, *FS* 32 (1978), 194-95; M. Delon, *RHL* 79 (1979), 513-15; R. J. Ellrich, *FrF* 3 (1978), 182-84; G. May, *RR* 71 (1980), 92-94; P. Rétat, *SFr* 23 (1979), 570; A. Thomson, *DHS* 10 (1978), 459-60; V. W. Topazio, *ECS* 11 (1977-78), 283-86; J. Undank, *DidS* 20 (1981), 397-400.

11   *Modèles et moyens de la réflexion politique au XVIIIe siècle.* Actes du colloque organisé par l'Université lilloise des lettres, sciences humaines et arts, du 16 au 19 octobre 1973. Lille: Presses de l'U. de Lille III, 1977-1979. 3 vols (Publications de l'Université de Lille III).

Contient des articles par T. Barling, J. Gury, Z. Jedryka.

12   *Ansprachen und Reden zum Kolloquium « Voltaire und Deutschland ».* Anlässlich des Universitätstages der Universität Mannheim. 18. und 19. Mai 1970. Mannheim: Mannheimer Morgen Grossdruckerei und Verlag GmbH, 1978. 45 p.

Contient des articles par P. Brockmeier, J.-P. Brunet, H. Filbinger, A. Grosser, K. Watzinger, R. Wildenmann.

13   *Voltaire.* François Bluche *et al.* Paris: Hachette-Réalités, 1978. 238 p. ill. (Coll. Génies et réalités).

Vie de V, contient des articles par F. Bluche, P. de Boisdeffre, G. Bordonove, P. Gascar, P. Gaxotte, J.-C. Lieber, M. Toesca.

14   *Colloque international de Nice sur Rousseau et Voltaire en 1776-1778. Regards de 1978 sur les occupations et préoccupations de l'homme en retraite.* Université de Nice, Groupe Rousseau. Nice: UER Faculté des lettres et sciences humaines, 1979. 226 p. (« Textes et documents »: série interuniversitaire patronnée par la Société française d'étude du 18e siècle).

Contient des articles par A. Bertrand, J. Emelina, G. von Proschwitz, C. Rosso.

CR: C. Biondi, *SFr* 24 (1980), 164; R. Trousson, *DHS* 13 (1981), 431-32.

15   *Enlightenment studies in honour of Lester G. Crocker.* Edited by Alfred J. Bingham and Virgil W. Topazio. Oxford. The Voltaire Foundation, 1979. lxiii, 404 p.

Contient des articles par A. O. Aldridge, P. Casini, D. Greene, J. Pappas, R. Pomeau, V. Topazio, P. Vernière.

CR: J. H. Brumfitt, *FS* 37 (1983), 345-46; J. Chouillet, *RLC* 57 (1983), 116-17; R. Desné, *DHS* 13 (1981), 429-30; R. Favre, *RHL* 81 (1981), 786-88; H. Mason, *BJECS* 3 (1980), 66-69; L. Sozzi, *SFr* 26 (1982), 554-55; J. Undank, *DidS* 21 (1983), 241-45.

16   *Etudes sur le XVIIIe siècle* 6 (1979).

Numéro spécial pour le bicentenaire: *L'Influence française dans les Pays-Bas autrichiens*

et la principauté de Liège au temps de Voltaire et de Jean-Jacques Rousseau (1730-1778).
Université Libre de Bruxelles. Colloque, Bruxelles, 2 et 3 juin 1978. Contient des
articles par P.-M. Gason, J. Smeyers, H. De Schampheleire, L. Dhont, N. Haesenne-
Peremans & P. Delbouille.

17   *Rozprawy z dziejów XVIII wieku.* [Materiały sesji naukowej, zorganizowanej w
dniu 12 maja 1978 roku przez Instytut Historii i Archiwistyki w Toruniu
oraz Towarzystwo Przyjaźni Polsko-Francuskiej, Oddział w Toruniu z okazji
dwusetnej rocznicy śmierci Woltera]. Pod redakcją Jerzego Wojtowicza.
Toruń: Uniwersytet Mikołaja Kopernika, 1979. 101 p. port.

Contient des articles par Z. Libiszowska, K. Piechura, H. Rietz, E. Rzadkowska,
S. Salmonowicz.

18   *Variaciones sobre la Ilustración. (En el segundo centenario de la muerte de Rousseau y de
Voltaire).* Dirección y presentación: José Antonio Merino. Madrid: Editorial
Cisneros, 1979. 108 p.

Contient des articles par A. González Alvarez, R. Flórez, J. Uscatescu.

19   *Voltaire and the English.* Transactions of the Oxford colloquium held at the
Taylor Institution from 26 to 28 May 1978. Oxford: The Voltaire Foundation,
1979. 225 p. ill. (SVEC, 179).

Contient des articles par G. Barber, W. H. Barber (3), P. Casini, N. Perry,
R. Pomeau, A.-M. Rousseau, J. Scherer, S. S. B. Taylor, J. Vercruysse, D. Williams.

CR: J. H. Brumfitt, *FS* 36 (1982), 203-204; E. J. H. Greene, *CRCL* 10 (1983), 99-
102; A. Gunny, *RHL* 81 (1981), 780-81; E. Lizé, *DHS* 13 (1981), 524-25; M. Mat-
Hasquin, *TVSV* 8-9 (1980-81), 223; R. Niklaus, *BJECS* 3 (1980), 81-84; J. S. Spink,
RLC 57 (1983), 115-16; O. R. Taylor, *MLR* 76 (1981), 186-88.

20   *Voltaire und Deutschland: Quellen und Untersuchungen zur Rezeption der französischen
Aufklärung.* Internationales Kolloquium der Universität Mannheim zum 200.
Todestag Voltaires. Hrsg. Peter Brockmeier, Roland Desné, Jürgen Voss. Mit
einem   Geleitwort   von   Alfred   Grosser.   Stuttgart: Metzlersche
Verlagsbuchhandlung, 1979. xl, 536 p.

Recueil de 36 articles.

CR: A. Aldridge, *YCGL* 28 (1979), 63-67; M. Auchet, *Francia* (München) 7 (1979),
781-86; W. Bahner, *DLZ* 102 (1981), 224-26; R. Geissler, *DHS* 13 (1981), 434;
A. Gier, *ZFSL* 95 (1979), 683; M. Gsteiger, *Schweizer Monatshefte* 60 (1980), 1048-
50; D. Gutzen, *Arcadia* 17 (1982), 321-23; U. Knoke, *Lendemains* 22 (1981), 84-89;
J. Le Brun, *RH* 265 (1981), 235-236; P. H. Meyer, *ECS* 14 (1980-81), 213-17;
H. B. Nisbet, *MLR* 75 (1980), 698-700; A. R. Smith, *ECCB* n.s. 5 – for 1979 (1983),
593-94.

21   *L'Histoire au dix-huitième siècle: colloque d'Aix-en-Provence, 1ᵉʳ, 2 et 3 mai 1975.*
Centre aixois d'études et de recherches sur le xviiiᵉᵐᵉ siècle. Aix-en-Provence:
EDISUD, 1980. xiii, 584 p.

Contient des articles par M. Baridon, P. Casini, G. Cheymol, J. Deprun, M. Gilot, N. Johnson, A. Lebois.

22 *Livres et Lumières au pays de Liège (1730-1830)*. Sous la direction de Daniel Droixhe *et al.* Liège: Desoer Editions, 1980. 401 p. ill. (Collection: Etudes et recherches).

Contient des articles par D. Droixhe, C. Porset, J. Vercruysse, B. Wodon.

CR: R. Birn, *JMH* 54 (1982), 789-90; R. Tullo De Rosa, *Francia* (Napoli) 39-40 (1981), 93; S. Gargantini Rabbi, *SFr* 28 (1984), 320-23; C. Michaud, *DHS* 14 (1982), 449.

23 *Mythe de l'égalité et rayonnement des Lumières*. Corrado Rosso. Pisa: Goliardica; Paris: Nizet, 1980. vi, 309 p. pl. (Studi e testi, 54).

Contient 3 réimpressions d'articles par C. Rosso.

CR: C. J. Betts, *FS* 36 (1982), 338-39; M. Delon, *RHL* 82 (1982), 116-18; D. Fletcher, *RJ* 32 (1981), 214-16; C. Imbroscio, *SFr* 25 (1981), 312-14; A. Demaître, *History of European ideas* 7 (1986), 105; M. Mat-Hasquin, *DHS* 14 (1982), 487; C. Roquin, *FR* 35 (1981-82), 680-81; J. von Stackelberg, *GRM* n.f. 32 (1982), 255-56.

24 *Thèmes et figures du siècle des Lumières: mélanges offerts à Roland Mortier*. Edités par Raymond Trousson. Genève: Droz, 1980. 343 p. port. ill. (Histoire des idées et critique littéraire, 192).

Contient des articles par B. Köpeczi, R. Pomeau, J. Vercruysse.

CR: F. B. Crucitti Ulrich, *RLMC* 34 (1981), 240-43; M. Delon, *RHL* 81 (1981), 1009-12; H.-G. Funke, *RF* 93 (1981), 450-54; E. Marcu, *DidS* 21 (1983), 233-34; C. Michaud, *DHS* 14 (1982), 435-36; E. Showalter, Jr., *FR* 55 (1981-82), 678-79; J. S. Spink, *RLC* 57 (1983), 226-29; O. R. Taylor, *FS* 37 (1983), 467-68.

25 *Voltaire*. Hrsg. von Horst Baader. Darmstadt: Wissenschaftliche Buchgesellschaft, 1980. viii. 412 p. (Wege der Forschung, 286).

Contient des articles par Y. Belaval, T. Besterman, J. H. Brumfitt, A. Delattre, H. Dieckmann, J. Ehrard, P. Gay, R. S. Ridgway, F. Schalk, S. Skalweit, L. Spitzer, J. Van den Heuvel, I. O. Wade (2), W. P. Wolgin.

CR: M. Fontius, *Lendemains* 28 (1982), 148-49; S. Jüttner, *RF* 93 (1981), 268-69; U. Knoke, *RZL* (1983), 206-10; U. van Runset, *RHL* 82 (1982), 115.

26 *Voltaire, Rousseau et la tolérance*. Actes du colloque franco-néerlandais des 16 et 17 novembre 1978 à la Maison Descartes d'Amsterdam. Amsterdam: Maison Descartes/Presses universitaires de Lille, 1980. 179 p. (Travaux et mémoires de la Maison Descartes, 2).

Contient des articles par R. Beerling, C. Berkvens-Stevelinck, R. Desné, R. Mauzi, M. Nef, R. Pomeau, J. Sgard.

CR: *BCLF* 416-17 (1980), 1285; S. Goyard-Fabre, *BPh* 27 (1980), 387; R. Trousson, *DHS* 13 (1981), 508-509. CR du colloque: P. Peyronnet, *Bulletin de la Société française d'étude du XVIIIe siècle* 28 (janv. 1979), 8-9.

27   *Aspects du discours matérialiste en France autour de 1770.* [Edité par] Annie Becq. Université de Caen, U.E.R. des sciences de l'homme, Institut de littérature française. Paris: Touzot [diffuseur], 1981. vi, 388 p. («Textes et documents»: série interuniversitaire patronnée par la Société française d'étude du xvIII^e siècle).

Contient des articles par A. Becq, P. Charbonnel, M. Delon.

28   *Les Lumières en Hongrie, en Europe centrale et en Europe orientale.* Actes du quatrième colloque de Mátrafüred, 20-25 octobre 1978. Journée d'études Voltaire-Rousseau. Publié par Eduard Bene. Budapest: Akadémiai Kiadó, 1981. 115 p. (Société hongroise d'étude du xvIII^e siècle).

Contient des articles par F. Biró, P. Cornea, M. Delon, L. Ferenczi, M. Fontius, L. Hopp, B. Köpeczi.

CR: M. Delon, *DHS* 15 (1983), 451; G. Lehnert-Rodiek, *Arcadia* 18 (1983), 223-24; L. Versini, *RHL* 84 (1984), 804-805; *YWMLS* 44 (1982), 166.

29   *Mélanges à la mémoire de Franco Simone: France et Italie dans la culture européenne.* II: *XVIIe et XVIIIe siècles.* Genève: Slatkine, 1981. 627 p. (Centre d'études franco-italien, Universités de Turin et de Savoie, Bibliothèque Franco Simone, 6).

Contient des articles par D. Fletcher, M. Mat-Hasquin, H. Mason.

30   *Rousseau et Voltaire en 1978.* Actes du colloque international de Nice (juin 1978). Textes et commentaires. Genève; Paris: Slatkine, 1981. 384 p. (Etudes rousseauistes et index des œuvres de J.-J. Rousseau, série C, études diverses, 1).

Contient des articles par M. Colin, R. Galliani, Gita May, B. E. Schwarzbach, A. Strycek, A. Zviguilsky.

CR: R. Trousson, *DHS* 15 (1983), 452.

31   *L'Opéra au XVIIIe siècle.* Actes du colloque organisé à Aix-en-Provence par le Centre aixois d'études et de recherches sur le xvIII^e siècle, les 29, 30 avril et le 1er mai 1977. Aix-en-Provence: U. de Provence, 1982. 578 p.

Contient des articles par D. Fletcher, M. Mat-Hasquin, J. Sgard.

32   *Voltaire et Rousseau en France et en Pologne.* Actes du colloque organisé par l'Institut de Romanistique, l'Institut de Polonistique et le Centre de Civilisation française de l'Université de Varsovie (Nieborów, octobre 1978). Varsovie: Editions de l'U. de Varsovie, 1982. 310 p. (Les Cahiers de Varsovie, 10).

Contient des articles par D. Beauvois, R. Desné, J. Ehrard, A. Hoffmann-Lipońska, B. Libera, P. Matuszewska, R. Mercier, R. Mortier, M. Ostaszewicz, Z. Sinko, J. Warchoł.

CR: A. Magnan, *DHS* 16 (1984), 421; C. Pellandra, *SFr* 29 (1985), 579-81; M. de Rougemont et J. Voisine, *RLC* 58 (1984), 490-92; J. Snopek, *Helikon* 30 (1984), 105-106.

33 *Az európai felvilágosodás fenyei és árnyai* [Clartés et ombres des Lumières européennes]. Roland Mortier. [Válogatta és szerkesztette Bene Ede ...]. Budapest: Gondolat, 1983. 407 p.

Contient la trad. de deux articles parus dans le recueil *Clartés et ombres du siècle des Lumières* (1969): «‹Világosság› és felvilágosodás» [«‹Lumière› et ‹Lumières›: histoire d'une image et d'une idée»] (p.67-141); «Ezoterizmus és felvilágosodás» [«Esotérisme et Lumières ...»] (p.203-68). Contient également «Az irodalom hanyatlásának gondolata a XVIII. században» [«L'idée de décadence littéraire au XVIIIe siècle»] (p.287-303), tiré de *SVEC* 57; et «Voltaire és a nép» [«Voltaire et le peuple»] (p.307-25), tiré de *The Age of the Enlightenment* (1967: n° 1).

CR: I. Vörös, *ALitASH* 27 (1985), 450-52.

34 *Colloque 76: Voltaire.* Acts of the eighth colloquium organized by the Department of French, The University of Western Ontario. Edited by Robert L. Walters. London, Ont.: The U. of Western Ontario, 1983. 186 p.

Contient des articles par J. Enhorn, C. Fleischauer, D. Lénardon, J. Macary, R. Mortier, J.-M. Moureaux, J. Pappas, J. Sareil, I. O. Wade, R. L. Walters.

CR: D. Guiragossian Carr, *ECCB* n.s. 9 – for 1983 (1988), 730-31; *YWMLS* 45 (1983), 151-54 *passim*.

35 *Rameau de A à Z.* Ouvrage sous la direction de Philippe Beaussant. Paris: Fayard/IMDA, 1983. 393 p.

Contient des articles par M.-F. Beziers, M.-F. Beziers & P. Beaussant (2), C. Kintzler.

36 *Actes du colloque international, Lumières et illuminisme (Cortona, 3-6 octobre 1983).* Université de Pise ... Textes réunis par Mario Matucci. Pisa: Pacini, 1984. 276 p. (Critica e storia letteraria, 9).

Contient des articles par H. Coulet, J. A. Ferrer Benimeli, P. Thompson.

37 *Les Lumières en Hongrie, en Europe centrale et en Europe orientale.* Actes du cinquième colloque de Mátrafüred, 24-28 octobre 1981. Publié par Ilona Kovaćs. Budapest: Akadémiai Kiadó; Paris: Editions du CNRS, 1984. 412 p. (Société hongroise d'étude du XVIIIe siècle).

Contient des articles par J. A. Ferrer Benimeli, L. Ferenczi, L. Trenard.

38   *Nation und Gelehrtenrepublik: Lessing im europäischen Zusammenhang*. Beiträge zur
      Internationalen Tagung der Lessing Society in der Werner-Reimers-Stiftung
      Bad Homburg v. d. H 11. bis 13. Juli 1983. Hrsg. von Wilfried Barner und
      Albert M. Reh. Detroit: Wayne State U. P.; München: Edition Text &
      Kritik, 1984. 363 p. (Sonderband zum Lessing Yearbook).

      Contient des articles par G. F. Ritchie, U. van Runset, I. Strohschneider-Kohrs.

      CR: H. Beck, *ECS* 20 (1986-87), 251-55; W. Koepke, *GerSR* 9 (1986), 64.

39   *Voltaire and his world. Studies presented to W. H. Barber*. Edited by R. J. Howells
      et al. Oxford: The Voltaire Foundation, 1985. 425 p. ill.

      Contient des articles par G. Barber, D. Fletcher, R. Howells, E. Jacobs, E. James,
      J. Lough, A. Mason, H. T. Mason, R. Niklaus, R. Pomeau, J. Vercruysse,
      R. Walters.

      CR: J. H. Brumfitt, *FS* 40 (1986), 461-62; R. Desné, *DHS* 18 (1986), 448;
      J. C. Hayes, *RR* 78 (1987), 244-46; Gita May, *ECCB* n.s. 11 – for 1985 (1990), 668-
      69; C. Mervaud, *RHL* 88 (1988), 127-29; J. A. Perkins, *FR* 63 (1989-90), 1064.

40   *Eighteenth-century French theatre: aspects and context. Studies presented to
      E. J. H. Greene*. Edited by Magdy Gabriel Badir and David J. Langdon.
      [Edmonton]: Departments of Romance Languages and Comparative Litera-
      ture of the U. of Alberta, 1986. xviii, 136 p.

      Contient des articles par M. G. Badir, D. H. Jory, A. Scott-Prelorentzos.

41   *L'Antiquité gréco-romaine vue par le siècle des Lumières*. Edité par R. Chevallier.
      Tours: Centre de recherches A. Piganiol, 1987. 510 p. + 57 pl. (Collection
      Caesarodonum, 22 bis).

      Contient des articles par J. M. & P. Demarolle, J. Hellegouarc'h, R. Martin,
      C.-M. Ternes.

42   *Correspondances littéraires inédites: études et extraits, suivies de Voltairiana*. Recueil
      édité par Jochen Schlobach. Paris: Champion; Genève: Slatkine, 1987. 397 p.
      (Correspondances littéraires érudites, philosophiques, privées ou secrètes, 1).

      Contient des articles par F. Moureau et J. Schlobach (2).

      CR: J. Biard-Millerioux, *IL* 41, n° 4 (1989), 30; M. Moog-Grünewald, *Arcadia* 23
      (1988), 317-20; R. Waldinger, *FR* 63 (1989-90), 875-76.

43   *La Monarchie absolutiste et l'histoire en France: théories du pouvoir, propagandes
      monarchiques et mythologies nationales*. Colloque tenu en Sorbonne les 26-27 mai
      1986. Paris: Presses de l'U. de Paris-Sorbonne, 1987. 234 p. ill. (Mythes,
      critique et histoire).

      Contient des articles par H. Duranton, J. Meyer, C. Volpilhac-Auger.

      CR: C. Michaud, *DHS* 20 (1988), 505.

44   *Le Siècle de Voltaire: hommage à René Pomeau.* Edité par Christiane Mervaud et Sylvain Menant. Oxford: The Voltaire Foundation, 1987. xxiv, 984 p. (en 2 vols).

Contient des articles par A. Albina, G. Artigas-Menant, W. Bahner, G. Barber, W. Barber, G. Benrekassa, J.-C. Bonnet, B. Bray, A. Brown & U. Kölving, J.-D. Candaux, M.-L. Chastang, M.-H. Cotoni, F. Deloffre, J. Deprun, R. Desné, F. Diaz, B. Didier, M. Fontius, E. Guitton, J. Hellegouarc'h, Y. Kobayashi, H. Lagrave, M. Laurent-Hubert, C. Lauriol, E. Lizé, A. Magnan, H. T. Mason, S. Menant, C. Mervaud, R. Mortier, A. Niderst, R. Niklaus, G. von Proschwitz, L. Rétat, P. Rétat, U. Ricken, U. van Runset, J. Sareil, J. Schlobach, J. Sgard, J. Spica, J. von Stackelberg, R. Trousson, J. Van den Heuvel, J. Vercruysse, R. Virolle.

CR: M. Cook, *MLR* 85 (1990), 444; C. P. Courtney, *BJECS* 13 (1990), 138-39; R. Desné, *DHS* 21 (1989), 461-62; N. Masson, *RHL* 90 (1990), 248-49; F. Piva, *SFr* 33 (1989), 524-25.

45   *La Diffusion et la lecture des journaux de langue française sous l'Ancien Régime / Circulation and reception of periodicals in the French language during the 17th and 18th centuries.* Actes du colloque international, Nimègue, 3-5 juin 1987. Amsterdam; Maarsen: APA-Holland U. P., 1988. viii, 285 p. ill. (Etudes de l'Institut Pierre Bayle, 17).

Contient des articles par P. Benhamou, H. Duranton, F. Moureau.

46   *Enlightenment essays in memory of Robert Shackleton.* Edited by Giles Barber und C. P. Courtney. Oxford: The Voltaire Foundation, 1988. xxix, 335 p. pl.

Contient des articles par R. Darnton, C. Duckworth, H. T. Mason, R. Niklaus.

CR: R. G. Bonnel, *FR* 64 (1990-91), 348-49; M. Delon, *RHL* 91 (1991), 989-91; R. Desné, *DHS* 22 (1990), 455-56; S. Mason, *MLR* 86 (1991), 219-20.

47   *Narrativa francesa en el siglo XVIII.* [Edité par] Alicia Yllera y Mercedes Boixareu Vilaplana. Madrid: U. nacional de educación a distancia, 1988. 448 p. ill. (Aula abierta, 28).

Contient des articles par I. Aguilá Solana, R. De Diego Martínez, F. Gutiérrez, F. Lafarga, B. Leguen, R. Pomeau, M. A. Sirvent Ramos.

CR: J. Chéry-Sobolewski, *RHL* 91 (1991), 103-104.

48   *A new history of French literature.* Edited by Denis Hollier. Cambridge, Mass.; London: Harvard U. P., 1989. xxv, 1150 p.

Contient des articles par J. L. Caplan, P. Coleman, E. Showalter, Jr., A. Vartanian.

CR: R. Bernstein, *The New York times*, 20 Oct. 1989, section 3, p.32; P. France, *TLS*, 2-8 Feb. 1990, p.107-108; J. Sturrock, *London review of books* 12, n° 3 (1990), 20-21.

9

49   *Voltaire ou la liberté de l'esprit.* [Avant-propos de Pierre Sipriot]. Monaco:
     Editions du Rocher, 1989. 265 p. (Les Cahiers du Rocher).

> Recueil d'articles sur V (dont plusieurs réimpressions) par G. Antoine, J.-L. Barré,
> T. Besterman, C.-H. Leconte, G. Mailhos, S. Menant, J. Nivat, R. Pomeau (2),
> P. Rétat, P. Sipriot (2), J. Van den Heuvel, avec chronologie et bibliographie.

50   *Le Cœur et la raison: recueil d'études sur le dix-huitième siècle.* Roland Mortier.
     Préface de René Pomeau. Oxford, &c.: The Voltaire Foundation, &c., 1990.
     lxix, 540 p. port.

> Recueil de réimpressions d'articles dont sept traitent de V.

51   *Langue, littérature du XVIIᵉ et du XVIIIᵉ siècle: mélanges offerts à M. le professeur
     Frédéric Deloffre.* Textes réunis par Roger Lathuillère. Paris: SEDES, 1990.
     771 p. ill.

> Contient des articles par E. Caramaschi, J. Hellegouarc'h, P. Koch, H. T. Mason,
> F. Moureau.

52   *Voltaire, the Enlightenment and the comic mode: essays in honor of Jean Sareil.* Edited
     by Maxine G. Cutler. New York, &c.: Peter Lang, 1990. 266 p.

> Contient des articles par J. H. Brumfitt, H. T. Mason, R. Mortier, R. Niklaus,
> R. Pomeau.

Bibliographie et histoire du livre

Bibliographies

Voir aussi les numéros 273-286, 435, 447, 459, 523, 745, 775, 818, 1271, 1380, 1445, 1490, 1949, 2673, 3023, 3397.

53 *Nouvelles acquisitions françaises, 1946-1957, n⁰ˢ 13005-14061 et 24219-25100.* Bibliothèque nationale. Département des manuscrits. Paris: Bibliothèque nationale, 1967. 715 p.

    Voir n⁰ˢ 13006, 13139-13143, 24330-24345.

54 *Französische Drucke des 18. Jahrhunderts in den Bibliotheken der Deutschen Demokratischen Republik. Bibliographie. Register.* Eingeleitet und hrsg. von Werner Krauss und Martin Fontius. Berlin: Akademie-Verlag, 1970. 2 vols (Deutsche Akademie der Wissenschaften zu Berlin. Schriften des Instituts für romanische Sprachen und Kultur, 1).

    Consulter le « Register », vol. 2.

    CR: L. Sozzi, *SFr* 15 (1971), 153.

55 *ISIS cumulative bibliography: a bibliography of the history of science formed from ISIS critical bibliographies 1-90, 1913-1965.* Edited by Magda Whitrow London: Mansell in conjunction with the History of science society, 1971-1984. 6 vols.

    Voir ii.600-602.

56 « The eighteenth century. A current bibliography ». *PQ* 51, n° 3-4; 52, n° 3; 53, n° 4 (1972-1974).

    Série publiée désormais sous le titre de *The Eighteenth century: a current bibliography.* New York: AMS Press, 1978- .

57 *L'Année 1768 à travers la presse traitée par ordinateur.* Listings présentés par Paule Jansen *et al.* Paris: U. Paris-Sorbonne et Centre national de la recherche scientifique, 1977-1978. 6 vols (Travaux du Centre d'étude du xviiᵉ et du xviiiᵉ siècle).

    Voir l'index, i.523-36.

58 *Catalogue général des livres imprimés de la Bibliothèque nationale.* T. 214, *Voltaire.* Bibliothèque nationale. Rédigé par Hélène Frémont *et al.* [Préface par René Pomeau]. Paris: Imprimé par l'Imprimerie nationale, 1978. 2 vols.

Vol. 1: xi-xvii, «Voltaire à la Bibliothèque nationale» par René Pomeau, suivi d'un index et des n°s 1-617; vol. 2: n°s 618-5618.

CR: A. Brown, *SVEC* 199 (1981), 375-79; R. Desné, *DHS* 11 (1979), 504-505; M. Komorowski, *RF* 91 (1979), 330-33; K. Schreiber, *Zeitschrift für Bibliothekswesen und Bibliographie* 27 (1980), 58-60.

59 *Répertoire des éditions de Voltaire antérieures à 1890 conservées à la Bibliothèque de Genève.* Bibliothèque publique et universitaire de Genève. Etabli par Jean-Daniel Candaux. Genève, novembre 1978. 3 fasc. multi-copié. pl., port., facsim.

60 *ISIS cumulative bibliography, 1966-1975: a bibliography of the history of science formed from ISIS critical bibliographies 91-100, indexing literature published from 1965 through 1974.* Edited by John Neu. London: Mansell in conjunction with the History of science society, 1980- . Vol. 1- .

i.416, «Voltaire».

61 *Provisional handlist of separate eighteenth-century Voltaire editions in the original language.* [Compiled by Barbara Shirlaw and edited by Andrew Brown]. Oxford: The Voltaire Foundation, 1981. Sans pagination suivie.

62 *The Relations of literature and science: an annotated bibliography of scholarship, 1880-1980.* Edited by Walter Schatzberg *et al.* New York: The Modern Language Association of America, 1987. xix, 458 p.

p.212-14, «Voltaire (1694-1778)». Voir aussi l'index.

63 AMALVI, Christian & Marie-Laure CHASTANG. «Réflexions sur un catalogue: traductions et adaptations des œuvres de Voltaire à la Bibliothèque nationale». *Bulletin de la Bibliothèque nationale* 3 (1978), 167-75, ill.

Article basé sur le *Catalogue général*, t. 214 (en 2 vols).

64 BARR, Mary-Margaret H. *A century of Voltaire study: a bibliography of writings on Voltaire, 1825-1925.* New York: Institute of French Studies, 1929. xxiii, 123 p.

Répertoire de 1494 livres et articles classés par sujets avec un index. Voir J. Vercruysse (1971: n° 118) pour des références supplémentaires.

CR: G. R. Havens, *MLN* 45 (1930), 347; H. D. MacPherson, *RR*, 31 (1930), 256-59; D. Mornet, *RHL* 37 (1930), 623.

Réimpr.: New York: Burt Franklin, 1972. (Burt Franklin bibliography and reference series, 462. Philosophy & religious history monographs, 118).

65 BARR, Mary-Margaret H. «Voltaire in the Vatican library». *AJFS* 3 (1966), 331-44.

CR: G. Cerruti, *SFr* 11 (1967), 552.

66 BARR, Mary-Margaret H. & Frederick A. SPEAR. *Quarante années d'études voltairiennes: bibliographie analytique des livres et articles sur Voltaire, 1926-1965.* Préface de René Pomeau. Paris: A. Colin, 1968. viii, 208 p. port.

> Voir J. Vercruysse (1971: n° 118) pour des références supplémentaires.
>
> CR: *BCLF* 20 (1970), 249; J.-D. Candaux, *Schweizerische Zeitschrift für Geschichte* 3 (1969), 715-17; A. Delorme, *RSyn* 91 (1970), 185; A. R. Desautels, *FR* 43 (1969-70), 507-508; A. Duțu, *Revue des études sud-est européennes* 11 (1973), 203; G. R. Havens, *DidS* 14 (1971), 345-48; R. Mercier, *RSH* 34 (1969), 511-12; L. Nedergaard, *OL* 27 (1972), 64; R. Pouilliart, *LR* 24 (1970), 195-96; D. Roche, *Revue historique* 246 (1971), 341-45; L. Sozzi, *SFr* 13 (1969), 358-59; J. Van den Heuvel, *IL* 21 (1969), 172; J. Vercruysse, *RHL* 70 (1970), 131-32.

67 BAUDSON, Françoise. «Bibliographie voltairienne concernant Ferney». *Visages de l'Ain* 32, n° 162 (1979), 31-32.

68 BESTERMAN, Theodore. «A provisional bibliography of Scandinavian and Finnish editions and translations of Voltaire». *SVEC* 47 (1966), 53-92.

69 BESTERMAN, Theodore. «Some eighteenth-century Voltaire editions unknown to Bengesco». Third edition, much enlarged. *SVEC* 64 (1968), 7-150.

> CR: *TLS*, 26 Apr. 1974, p.435.

70 BESTERMAN, Theodore. «Provisional bibliography of Portuguese editions of Voltaire». *SVEC* 76 (1970), 15-35.

71 BESTERMAN, Theodore. *Some eighteenth-century Voltaire editions unknown to Bengesco.* 4th edition, revised and much enlarged. Banbury: The Voltaire Foundation, 1973. 224 p. ill. (SVEC, 111).

> CR: P. Alatri, *SFr* 19 (1975), 360; A. W. Fairbairn, *MLR* 71 (1976), 414-15; P. LeClerc, *FR* 48 (1974-75), 625; J. Vercruysse, *RHL* 76 (1976), 854-55; M. Waddicor, *FS* 33 (1979), 195-96.

72 BESTERMAN, Theodore. «Some eighteenth-century Voltaire editions unknown to Bengesco». Supplement to the fourth edition. *SVEC* 143 (1975), 105-12.

73 BLANDIN, Bernadette. «Le catalogue des éditions du xviiie siècle de Voltaire et Rousseau conservées à la Bibliothèque municipale de Beaune». *Recueil des travaux* (Centre beaunois d'études historiques) 2 (1979), 80-96, ill.

> Voir p.80-90.

74 BROOKS, Richard A. «François-Marie Arouet de Voltaire». [In] *A critical bibliography of French literature. Volume IV. Supplement: the eighteenth century.* Edited by Richard A. Brooks. Syracuse, N.Y.: Syracuse U. P., 1968. xxiv, 283 p., p.113-41.

Supplément à D. Cabeen (éd.), *A critical bibliography of French literature. Volume IV* (1951: *QA* 17).

75   BROWN, Andrew. «Calendar of Voltaire manuscripts other than correspondence». *SVEC* 77 (1970), 11-101.

CR: J. Vercruysse, *RHL* 72 (1972), 721-23.

76   CANDAUX, Jean-Daniel. «Premières additions à la bibliographie des écrits français relatifs à Voltaire (1719-1830)». *SFr* 13 (1969), 481-90.

84 références à ajouter à l'article de J. Vercruysse, dans *SVEC* 60 (1968: n° 117).

77   CAUSSY, Fernand. *Inventaire des manuscrits de la bibliothèque de Voltaire conservée à la Bibliothèque impériale publique de Saint-Pétersbourg.* Paris: Imprimerie nationale, 1913. 96 p.

Extrait des *Nouvelles archives des missions scientifiques et littéraires* 7 (1913).

Réimpr.: Genève: Slatkine Reprints, 1970.

78   CHASTANG, Marie-Laure. «Note sur le catalogue Voltaire de la Bibliothèque nationale». *Bulletin du bibliophile* (1979), 351-54.

79   CIORANESCU, Alexandre. *Bibliographie de la littérature française du dix-huitième siècle.* Paris: CNRS, 1969. 3 vols.

iii.1771-1871, «Voltaire (François-Marie Arouet, dit)».

80   CONLON, Pierre Marie. *Le Siècle des Lumières: bibliographie chronologique.* Genève: Droz, 1983- . Vol. 1- . (Histoire des idées et critique littéraire).

Voir vols i.318, 547; ii.64, 125, 201-202, 363, 443, 533; iii.162, 319, 401, 482, 561; iv.89-90, 180, 267-68, 353, 524; v.208-209, 350, 446, 537; vi.95, 199, 309-10, 434, 559-60; vii.130-31, 394, 558.

81   DARNTON, Robert. «Livres philosophiques». [In] *Enlightenment essays ... Shackleton* (1988: n° 46), p.89-107.

Contient plusieurs références bibliographiques à des ouvrages de V.

82   DELON, Michel. «Bibliographie». *MagL* 238 (1987), 50.

Principalement ouvrages sur V et éditions de ses œuvres disponibles en 1987.

83   DUDLEY, Fred A. *The Relations of literature and science: a selected bibliography, 1930-1967.* Ann Arbor, Mich.: U. Microfilms, 1968. vii, 137 p.

Voir p.18.

84   DULAC, Georges. «Bibliographie de V. S. Liublinski». *DHS* 3 (1971), 371.

Bibliographie en grande partie voltairienne.

85 GABEL, Gernot U. *Répertoire bibliographique des thèses françaises (1885-1975) concernant la littérature française des origines à nos jours.* Köln: Edition Gemini, 1984. 336 p. (Bibliographien zur Romanistik, 3).

p.129-31, «Voltaire (François-Marie Arouet)». Voir aussi l'index.

86 GIRAUD, Jeanne. *Manuel de bibliographie littéraire pour les XVIe, XVIIe et XVIIIe siècles français, 1946-1955.* Paris: Nizet, 1970. xiv, 493 p.

Voir p.466-77.

87 HORN-MONVAL, M. *Répertoire bibliographique des traductions et adaptations françaises du théâtre étranger du XVe siècle à nos jours.* Paris: CNRS, 1958-1967. 8 vols.

V cité, vol. 1: n° 505-509, 510 bis, 1122, 1386 bis, 1867-70, 2061 (théâtre grec antique); vol. 4: n° 221-23 (théâtre espagnol); vol. 5: n° 357, 363, 784-85, 826, 995-1008, 1152, 1264, 1313 bis, 1391, 1462, 1510, 2784, 3128, 3287-95, 3932-33, 4045 (théâtre anglais et américain); vol. 8: n° 1676 bis, 2050 (théâtre hébraïque et chinois). Signale les traductions/adaptations ainsi que les commentaires, indiquant les bibliothèques parisiennes où se trouve l'œuvre, et sa cote.

88 KEARNEY, E. I. & L. S. FITZGERALD. *The Continental novel: a checklist of criticism in English, 1900-1966.* Metuchen, N.J.: Scarecrow P., 1968. xiv, 460 p.

p.169-71: *Candide, L'Ingénu, Micromégas, Zadig.*

89 [KISAKI, Kiyoji. «Bibliographie ayant trait à Rousseau et Voltaire au Japon»]. *Shiso* 649 (1978), 1-42 [pagination différente du reste du numéro].

En japonais.

90 LAFARGA, Francisco. «Bibliografía de las traducciones españolas de obras de Voltaire hasta 1835». *AnuarioF* 1 (1975), 421-33.

CR: F. Piva, *SFr* 22 (1978), 508.

91 LAFARGA, Francisco. «Traducciones manuscritas de obras de Voltaire en la Biblioteca de Menéndez Pelayo». *BBMP* 52 (1976), 259-68.

Traductions d'*Alzire*, de *La Mort de César* et de *Sémiramis.*

92 LAFARGA, Francisco. «Primeras adiciones a la bibliografía de traducciones españolas de Voltaire». *AnuarioF* 7 (1981), 435-42.

Continuation de l'ouvrage de C. Todd, «A provisional bibliography ...» (1976: n° 116) et de son propre ouvrage «Bibliografía de las traducciones ...» (1975: n° 90).

93 LAFARGA, Francisco. «Essai de bibliographie critique de ‹Voltaire et l'Espagne›». *SVEC* 219 (1983), 117-31.

94   LAFARGA, Francisco. *Las Traducciones españolas del teatro francés (1700-1835).*
      I. *Bibliografía de impresos.* II. *Catálogo de manuscritos.* Barcelona: Publicacions i
      Edicions de la U. de Barcelona, 1983-1988. 2 vols.

> Vol. 1: catalogue 46 éditions de 11 pièces de V; vol. 2: contient 16 références à 12
> pièces de V. Voir l'index des auteurs.

95   LECURU, Jacques. «Rousseau-Voltaire: bibliographie succinte commentée».
      Annales historiques compiégnoises 3-4, n° spécial (1978), 58-59.

96   LÉNARDON, Dante. *Index du Journal encyclopédique, 1756-1793.* Genève: Slatkine
      Reprints, 1976. iii, 456 p.

> Pour des références à V, voir p.452-53.

97   LÉNARDON, Dante. *Index de l'Année littéraire (1754-1790).* Genève: Slatkine
      Reprints, 1979. 511 p.

> Pour des références à V, voir l'index, p.507-508.
>
> CR: J. Balcou, *DHS* 13 (1981), 432.

98   LÉNARDON, Dante. *Index du Journal de Trévoux, 1701-1767.* Genève: Slatkine,
      1986. 389 p.

> Pour de multiples références à V, voir l'index des auteurs et matières.

99   LOUGH, John. «Un recueil inconnu de manuscrits clandestins». *DHS* 22
      (1990), 423-31. Résumé, p.596.

> Voir p.424-26 et 428-31 *passim.* Mss qui se trouvaient dans la bibliothèque de John
> Bowes au musée Bowes à Barnard Castle: ouvrages ou extraits copiés sur des
> imprimés et des manuscrits qui circulaient à l'époque de V.

100   MARTIN, Angus, Vivienne G. MYLNE & Richard L. FRAUTSCHI. *Bibliographie
      du genre romanesque français, 1751-1800.* London: Mansell; Paris: France Expan-
      sion, 1977. lxxii, 529 p. ill.

> Voir l'index pour les diverses éditions des romans et contes de V.
>
> CR: C. P. Courtney, *FS* 32 (1978), 278-83; R. Desné, *DHS* 11 (1979), 500-501;
> J. Dunkley, *BJECS* 2 (1979), 167-72; O. R. Taylor, *MLR* 74 (1979), 208-209.

101   MASON, Haydn T. «Voltaire's ‹Contes›: an ‹état présent›». *MLR* 65 (1970),
      19-35.

102   MOUREAU, François. «Voltaire dans le recueil Laus de Boissy». *SVEC* 249
      (1987), 37-44.

> Recueil de la Bibliothèque nationale contenant des textes de V dont trois inédits
> présentés ici.

103 OSBURN, Charles B. *Research and reference guide to French studies.* Metuchen, N.J.: Scarecrow P., 1968. xxxiii, 517 p.

Voir p.225-28 et autres références.

2ᵉ éd.: Metuchen, N.J.: Scarecrow P., 1981. xxxvii, 532 p.

104 OSBURN, Charles B. *Guide to French studies: supplement with cumulative indexes.* Metuchen, N.J.: Scarecrow P., 1972. 377 p.

Voir p.104-105 et autres références. Supplément au n° précédent.

105 PARKS, George B. & Ruth Z. TEMPLE. *The Literatures of the world in English translation: a bibliography.* 3: *The Romance Literatures.* New York: Ungar, 1970. 2 vols.

ii.216-24, «Voltaire».

106 ROOB, Helmut. «Von Gothaer Voltaire-Drucken». *Marginalien* 23 (1966), 19-23.

Sur les livres de V dans la bibliothèque de la comtesse Louise-Dorothée à Gotha et sur les livres de V imprimés dans cette ville.

107 SCHNEIDER, Eliane. «Textes littéraires du XVIIIᵉ siècle traités par ordinateur au *Trésor de la langue française*». *Le Français moderne* 42 (1974): supplément, *Trésor de la langue française* n.s. fasc. 1 (1974), 37-61.

Voir surtout p.59-61.

108 SÉGUIN, J. A. R. *French works in English translation (1731-1799): a bibliographical catalogue.* Jersey City, N.J.: Ross Paxton, 1965-1970. 8 vols.

Voir les index.

109 [SHIMIZU, Yasuko, *et al.* «Bibliographie de Rousseau et Voltaire au Japon»]. *Shiso* 648 (1978), 1-14.

En japonais.

110 SMITH, Martin. *Studies on Voltaire and the eighteenth century: summary index to volumes 1-249.* Oxford: The Voltaire Foundation, 1989. v, 444 p. (SVEC, 250).

p.313-37, «Voltaire». Bibliographie par sujet.

CR: P. Alatri, *SFr* 34 (1990), 520; R. Desné, *DHS* 22 (1990), 455-56.

111 SPEAR, Frederick A. *Bibliographie de Diderot: répertoire analytique international.* [1: jusqu'à 1975]. II. *1976-1986.* Genève: Droz, 1980-1988. 2 vols (Histoire des idées et critique littéraire, 187 & 264).

i.293-97, «Voltaire»; ii.41-42, «Voltaire».

112   SPICA, Jacques. «Agrégations 1973-1974. Voltaire: *Dictionnaire philosophique*». Université de Grenoble, UER de lettres. *Recherches et travaux, bulletin* 8 (oct. 1973), 16-22.

Bibliographies avec sujets de devoirs.

113   Чистякова, Н. А. & Н. М. Пашаева. «Редкие издания Вольтера и Руссо в фондах Исторической библиотеки в Москве» [Des œuvres rares de Voltaire et de Rousseau conservées à la Bibliothèque historique à Moscou]. *FE 1978* (1980), 70-76. Résumé en français, p.77.

Livres réunis pour une série d'expositions à l'occasion du bicentenaire.

114   THOMAS, David H. *A checklist of editions of major French authors in Oxford libraries, 1526-1800*. Oxford: The Voltaire Foundation, 1986. xiv, 243 p.

p.192-243, «François-Marie Arouet de Voltaire».

CR: R. Desné, *DHS* 19 (1987), 441.

115   THOMAS, David H. «A checklist of editions of major French authors in Oxford libraries: first supplement». *SVEC* 266 (1989), 549-91.

p.580-91, «Voltaire». Supplément au n° précédent. Ce texte remplace celui de la version non corrigée (*SVEC* 260) publiée par erreur.

116   TODD, Christopher. «A provisional bibliography of published Spanish translations of Voltaire». *SVEC* 161 (1976), 43-136.

117   VERCRUYSSE, Jeroom. «Bibliographie des écrits français relatifs à Voltaire, 1719-1830». *SVEC* 60 (1968), 7-71.

Voir aussi J.-D. Candeaux, «Premières additions ...» (1969: n° 76), pour des références supplémentaires.

Réimpr. augmentée et corrigée [in] *Les Voltairiens, 2ème série: Voltaire jugé par les siens, 1719-1749*. 122 brochures sélectionnées et introduites par J. Vercruysse. Millwood, N.Y.: Kraus International Publications, 1983. 7 vols, vol. 1, p.xi-lxxx.

118   VERCRUYSSE, Jeroom. «Additions à la bibliographie de Voltaire, 1825-1965». *RHL* 71 (1971), 676-83.

Additions à M.-M. Barr, *A century of Voltaire study* (réimpr. 1972: n° 64) et à M.-M. Barr et F. Spear, *Quarante années* (1968: n° 66).

119   VERCRUYSSE, Jeroom. «Bibliographie provisoire des traductions néerlandaises et flamandes de Voltaire». *SVEC* 116 (1973), 19-64.

120   VERCRUYSSE, Jeroom. *Inventaire raisonné des manuscrits voltairiens de la Bibliothèque royale Albert Ier*. Turnhout: Brepols, 1983. 125 p. ill. (Bibliologia, 2).

Analyse raisonnée de 510 documents où V occupe une place prépondérante:

correspondance, autres œuvres, écrits relatifs à la personne et aux œuvres de V, textes et documents.

Expositions

Voir aussi les numéros 208-209.

121   *Voltaire et la culture portugaise : exposition bibliographique et iconographique ... 17 juin-5 juillet 1969.* Fondation Calouste Gulbenkian, Centre culturel portugais. Paris : Centre culturel portugais, 1969. 153 p. ill.

     CR : A. B., *Brotéria* 91 (1970), 539-40.

     A propos de l'exposition, voir Daniel-Henri Pageaux, « Voltaire et la culture portugaise ». *RLC* 43 (1969), 565-66.

122   *The World of Voltaire.* March 30 through May 11, 1969. Ann Arbor : U. of Michigan Museum of Art, 1969. 42 p. [+ 30 p. ill.].

     Catalogue d'une exposition; p.3-4, « Préface » par Charles H. Sawyer; p.7-11, « Voltaire and the Enlightenment » par Paul M. Spurlin.

     CR : J. H. Brumfitt, *FS* 25 (1971), 463.

123   *Вольтер в изобразительном искусстве : каталог выставки из фондов государственного Эрмитажа* [Voltaire dans les beaux-arts : catalogue de l'exhibition du Fonds d'Etat de l'Ermitage]. [Составитель каталога и автор вступительной статьи Л. Исаченко]. Ленинград, 1978. 43 p. ill. (Государственный Эрмитаж).

124   *Voltaire, voyageur de l'Europe. Musée de l'Ile de France, Orangerie du château de Sceaux, 28 avril-5 juillet 1978.* [Catalogue]. Sceaux : Musée de l'Ile de France, 1978. [51 p.] ill.

     Contient une introduction par Georges Poisson; « Voltaire, voyageur de l'Europe », par René Pomeau; « Le costume en Europe au temps de Voltaire », par Yvonne Deslandes.

     A propos de l'exposition, voir R. Darricau et C. Teisseyre, « Voltaire à la bibliothèque ... » (1979 : n° 134); André Fermigier, « Voltaire au château de Sceaux : Fouette, cocher ! ». *Le Monde*, 25 mai 1978, p.17; Barbara Scott, « Voltaire, the European traveller ». *Apollo* 108 (1978), 68.

125   *Voltaire, 1694-1778: a bicentenary exhibition of books and manuscripts, Glasgow University Library, February-April 1978.* [Glasgow, 1978]. 17 p. Ronéotypé.

126   *Voltaire et ses amis à Ferney : catalogue de l'exposition. Musée de l'Ain, Bourg-en-Bresse, 12 août-15 octobre 1978.* Rédigé par F[rançoise] Baudson. Bourg-en-Bresse : Musée de l'Ain, 1978. 36 p. ill.

A propos de l'exposition, voir P. Cattin, « Voltaire et ses amis à Ferney ». *Visages de l'Ain* 82, n° 162 (1979), 33-34, ill.

127 *Вольтер – великий французский просветитель* [Voltaire – grand philosophe français]. Книжно-иллюстративная выставка (к 200-летию со дня смерти). Буклет. Москва, май 1978 г. Москва, 1978. 1 дéпliant [de 8 p.], port., facsim. (Государственная библиотека СССР имени В. И. Ленина; Государственная публичная библиотека имени М. Е. Салтыкова-Щедрина; Центральный музей книги).

Catalogue de l'exposition à Moscou du 1ᵉʳ juin au 14 juil. 1978.

A propos de l'exposition, voir, А. Н. Хохлов, « Памяти великого французского просветителя » [En mémoire du grand Français du siècle des Lumières]. *Новая и новейшая история* (1979, n° 1), 216-18.

128 *Voltaire : exposition organisée à l'occasion du bicentenaire de sa mort : catalogue.* Rédigé par Jeroom Vercruysse, avec le concours de Michèle Mat-Hasquin et d'Anne Rouzet. [Avant-propos par Martin Wittek]. Bruxelles : Bibliothèque royale Albert Iᵉʳ, 1978. xxii, 212 p.

CR : *Bulletin du bibliophile* (1978), 523-25 ; M.-L. Chastang, *RHL* 79 (1979), 506-507 ; R. L. Dawson, *DHS* 12 (1980), 556 ; L. Sozzi, *SFr* 26 (1982), 152 ; S. S. B. Taylor, *FS* 33 (1979), 197-98.

129 *Voltaire : un homme, un siècle.* [Notices rédigées par Annie Angremy *et al.*]. Paris : Bibliothèque nationale, 1979. xv, 243 p. 49 ill. Catalogue de l'exposition à la Bibliothèque nationale. Préface de Georges Le Rider.

CR : W. H. Barber, *RHL* 81 (1981), 302-303 ; R. L. Dawson, *DHS* 12 (1980), 556-57 ; R. Desné, *Bulletin de la Société française d'étude du XVIIIᵉ siècle* 30 (juil. 1979), 10 ; C. Girou de Buzareingues, *Bibliographie de la France* 168 (1979), 2ᵉ partie : Chronique, 8 (21 fév.) 9-17, ill. ; J. Suffel, *Bulletin du bibliophile* (1979), 104-106. Voir aussi Darricau et Teisseyre, « Voltaire à la bibliothèque ... » (1979 : n° 134).

A propos de l'exposition, voir « Exposition Voltaire à la Bibliothèque nationale ». *GBA* supplément aux n°ˢ 1324-25, 6ᵉ période, 93 (1979), 4-5, ill. ; Marie-Laure Chastang, « En marge de l'exposition ‹ Voltaire › ». *Bulletin de la Bibliothèque nationale* 4 (1979), 120-25, fac-sim. (Curiosités à propos de la collection V à la Bibliothèque nationale) ; Françoise Escoffier, « Voltaire à la Bibliothèque nationale ». *RDM* (janv.-mars 1979), p.763-64, ill. ; Claire Girou de Buzareingues, « A la Bibliothèque nationale : Voltaire, un homme, un siècle ». *Bibliographie de la France, Biblio* 8 (21 fév. 1979), 9-17, ill. ; Bernard Raffalli, « Expositions. A la Bibliothèque nationale : ‹ Voltaire, un homme, un siècle › ». *Le Monde*, 31 janv. 1979, p.16 ; Gérald Schurr, « Voltaire – the man and the century ». *The Connoisseur* 200 (1979), 305, ill.

130 « Voltaire et Lyon ». [In] *Lyon à l'époque des philosophes et de Soufflot.* [Catalogue rédigé par Monique Ray]. Lyon : Musée historique de Lyon ; Hôtel Gadagne, 1980. 47 p. ill. p.9-16.

131 BARBER, Giles G. «Voltaire and the English: catalogue of an exhibition of books and manuscripts shown in the Divinity School, Bodleian Library, from 2 to 27 May 1978». *SVEC* 179 (1979), 159-92, ill.

132 BIBOLET, F. & Jean-Marc ROGER. «Exposition Voltaire et Sellières». *La Vie en Champagne* 26 (nov. 1978), 8-14.

Exposition à l'Hôtel de ville de Romilly.

133 BOCQUILLOD, Emile. «Voltaire au cloître». *Voix de l'Ain*, 8 sept. 1978, p.44, ill.

A propos de l'exposition Voltaire dans la salle capitulaire des Augustins de Brou.

134 DARRICAU, Raymond & Charles TEISSEYRE. «Voltaire à la Bibliothèque nationale de Paris et à la Bibliothèque royale de Bruxelles», [in] «Chronique des expositions: cinq siècles de culture et d'art européens». *Revue française d'histoire du livre* 48 (1979), 179-206 (p.190-201).

CR de *Voltaire: exposition organisée à l'occasion du bicentenaire* (1978: nº 128); *Voltaire, un homme, un siècle* (1979: nº 129); et *Voltaire, voyageur de l'Europe* (1978: nº 124).

135 DROIXHE, Daniel. «Trois éditions anti-Voltairiennes auxquelles participa la Maison Bassompierre (1767 et 1776) ...». [In] *Le Siècle des Lumières dans la principauté de Liège*. [Exposition organisée par la ville de Liège au] Musée de l'art Wallon et de l'évolution culturelle de la Wallonie, oct-déc. 1980. [Liège: Impr. Massoz, 1980]. 417 p. ill. p.132.

Nonnotte, *Les Erreurs de Voltaire* (1767); Anon., *Voltaire parmi les ombres* (1776); Ch.-L. Richard, *Voltaire de retour des ombres* ... (1776).

136 HERDT, Anne de & Garry APGAR. *Silhouettes et découpures genevoises des 18e et 19e siècles*. Genève: Cabinet des dessins, Musée d'art et d'histoire, 1985. Non paginé. ill.

Catalogue d'une exposition de 86 silhouettes et découpures, Genève 5 juil.-24 nov. 1985. Portraits de V, la famille Tronchin, J.-J. Rousseau, etc., dont trois par Jean Huber.

137 MINISTÈRE DES AFFAIRES ETRANGÈRES. *La France et la Russie au siècle des Lumières: relations culturelles et artistiques de la France et de la Russie au XVIIIe siècle*. Exposition aux Galeries nationales du Grand Palais du 20 novembre 1986 au 9 février 1987. Paris: Association française d'action artistique, 1986. xxxii, 490 p. ill.

Contient de nombreuses références à des mss, des éditions, l'iconographie, etc. de V. Voir l'index.

CR: *BCLF* 495 (1987), 468; C. Lebedel, *RDE* 2 (1987), 196-97.

138 POISSON, Georges. «Saint-Simon et Voltaire à travers l'exposition ‹Voltaire› de la Bibliothèque nationale». *Cahiers Saint-Simon* 7 (1979), 83-85.

Catalogues de vente et de libraires

Voir aussi les numéros 82, 101, 682, 1998, 2346, 2928.

139   *Voltaire: an illustrated catalogue of 18th century editions together with a few of later date and a section of Voltairiana.* London: Maggs Bros., 1967. 100 p. 22 pl. (Catalogue 910, Dec. 1967).

140   ALBERTAN, Christian. «Autographes et documents». *RDE* 8 (1990), 143-51.

Voir p.144 et p.150-51: lettres passées en vente: deux lettres autographes de Damilaville à V et quatre lettres de V dont deux autographes et une troisième en partie autographe.

141   ALBERTAN, Christian. «Autographes et documents». *RDE* 9 (1990), 195-201.

Voir p.199-201: lettres de V passées en vente.

142   MOUREAU, François. «Chronique des documents originaux». *RDE* 2 (1987), 199-206.

Voir p.200-201: ventes récentes de lettres autographes (Best.D1029, 1997, 2479, 2940, 13464); p.203: copies de lettres de V et à V, ainsi que de vers au sujet de V provenant des papiers de La Condamine.

143   MOUREAU, François. «Autographes et manuscrits». *RDE* 4 (1988), 176-86.

Voir p.178, 179, 181, 183, 185: ventes récentes de lettres autographes (Best.D2869, 4376, 4918, 7355, 9301).

144   MOUREAU, François. «Autographes et manuscrits». *RDE* 5 (1988), 180-95, ill.

Voir p.182, 183-84, 186-91: ventes récentes de lettres autographes (Best.D966, 4817, 7632, 8671, 8984, 9146 et trois lettres inédites).

145   MOUREAU, François. «Autographes et documents». *RDE* 6 (1989), 175-90.

Ventes récentes. Voir p.179-80 (Best.D3525); p.185-89 (lettres autographes, dont plusieurs inédites).

146   MOUREAU, François. «Autographes et documents». *RDE* 7 (1989), 168-80.

Voir p.178-79: ventes récentes de notes autographes, d'une édition de *La Henriade* et de cinq lettres dont trois inédites.

147   SOTHEBY & Co. *Catalogue of a distinguished collection of autograph letters and manuscripts of Voltaire and his circle: the property of a continental collector, which will be sold at auction by Messrs. Sotheby & Co. ...* Day of sale: 11th June, 1968. London: Sotheby & Co., 1968. 68 p. ill.

Provient des collections de Th. Besterman.

148 SOTHEBY & Co. *Catalogue of the highly important collection of eighteenth century editions of Voltaire and a few letters and manuscripts: the property of Dr. Desmond Flower, which will be sold by auction by Sotheby & Co.* ... Day of sale: Tuesday, 11th June, 1968. London, Sotheby & Co., 1968. 14 p., fac-sim.

Etats présents d'études voltairiennes [1]

Voir aussi les numéros 82, 101, 682, 1998, 2346, 2982.

149 BILLAZ, André. « Voltaire: le penseur. Essai de mise en perspective ». *RHL* 79 (1979), 320-30. Résumé, p.554-55.

Etudes des vingt dernières années.

150 BROOKS, Richard A. « Voltaire *actuel.* A review of recent scholarship ». *DidS* 10 (1968), 187-200.

151 BRUMFITT, J. H. « The present state of Voltaire studies ». *FMLS* 1 (1965), 230-39.

Réimpr. [in] *The Present state of French studies: a collection of research reviews.* Edited by Charles B. Osburn. Metuchen, N.J.: The Scarecrow P., 1971. 995 p., p.390-402.

152 CANDAUX, Jean-Daniel. « Voltaire: biographie, bibliographie et éditions critiques ». *RHL* 79 (1979), 296-319.

Etat présent, 1965-1977.

153 FERENCZI, László. « Voltaire aujourd'hui ». [In] *Les Lumières en Hongrie ... Actes 4* (1981: n° 28), p.81-88.

Voltaire depuis la deuxième guerre mondiale: les études les plus marquantes.

154 ODORISIO, A. M. Conti. « Recenti studi su Voltaire ». *Storia e politica* 11 (1972), 300-308.

Sur Th. Besterman, *Voltaire* (éd. italienne, 1971: n° 489) et J. Orieux, *Voltaire. la sua vita* (1971: n° 605).

155 ROCHE, Daniel. « Voltaire aujourd'hui (à propos de livres récents) ». *Revue historique* 246 (1971), 341-58.

p.341-45: analyse de *Quarante années* (Barr-Spear, 1968: n° 66); p.345-58: analyse de Wade, *The Intellectual development of Voltaire* (1969: n° 680).

---

1. Voir aussi ci-dessous, p.439-441.

156 Rosbottom, Ronald C. «Voltaire, the Enlightenment and the uses of history».
     SBHT 12 (1970-1971), 1921-32.

     Sur le *Voltaire* de Besterman (1969: n° 489) et l'édition de la *Philosophie de l'histoire*
     par J. H. Brumfitt (1969: n° 3238).

157 Rzadkowska, Ewa. «Voltaire et Rousseau en Pologne en 1978». *RHL* 79
     (1979), 446-56. Résumé, p.559.

     Leur accueil en Pologne depuis la seconde guerre mondiale. Etat présent.

158 [Shimizu, Yasuko. «Domaine académique: Rousseau et Voltaire – sur les
     recherches des vingt dernières années»]. *Shiso* 648 (1978), 233-56.

     En japonais.

159 Сиволап, И. И. «Вольтер в советской литературе, 1917-1972 гг» [Voltaire
     dans la littérature soviétique, 1917-1972]. *FE 1973* (1975), 274-82. Résumé
     en français, p.283.

     Editions de V et études sur lui.

     Trad., remise à jour: «Voltaire dans la littérature soviétique. 1917-1975». [In] *La
     France dans les recherches des historiens soviétiques.* Directeur de rédaction A. Manfred.
     Moscou: Académie des sciences de l'URSS, 1977. 175 p. (Problèmes du monde
     contemporain, 41), p.38-59.

160 Sozzi, Lionello. «La letteratura francese». [In] *Immagini del settecento in Italia.*
     A cura della Società italiana di studi sul secolo XVIII. Roma; Bari: Laterza,
     1980. vii, 215 p. (Bibliotheca di cultura moderna Laterza, 836), p.123-36.

     Article bibliographique sur les principales études concernant le XVIIIe siècle parues
     récemment en Italie – V *passim.*

161 Vercruysse, Jeroom. «Accès au vrai Voltaire». *Tijdschrift voor geschiedenis* 83
     (1970), 206-11.

     Passe en revue quelques-unes des études les plus importantes sur V et souligne ce
     qui reste à faire.

162 Wade, Ira O. «Inventory: 1896-1976». [In] *Colloque 76* (1983: n° 34), p.3-
     15.

     Esquisse des études voltairiennes de Lanson à Besterman.

Bibliographie matérielle et historique [1]

Voir aussi les numéros 1370-1371, 2503, 2557, 2684, 2944-2945, 3188, 3243.

163 BACHMAN, Albert. *Censorship in France from 1715 to 1750: Voltaire's opposition.* New York: Institute of French studies, 1934. xiv, 206 p.

Voir p.91-125 pour une étude des techniques employées par V pour échapper à la censure. [Diss., Columbia U., 1935].

CR: L. Brugmans *RR* 27 (1936), 42; D. Mornet, *RHL* 43 (1936), 130; A. Schinz, *RHL* 42 (1935), 450-53.

Réimpr.: New York: Burt Franklin, 1971. (Burt Franklin research and source works series, 793. Philosophy monograph series, 73).

164 BARBER, Giles G. «The financial history of the Kehl Voltaire. [In] *The Age of the Enlightenment* (1967: n° 1), p.152-70.

165 BARBER, Giles G. «Some early English editions of Voltaire». *BLJ* 4 (1978), 99-111, ill.

166 BARBER, Giles G. «Voltaire and the ‹maudites éditions de Jean Nourse›». [In] *Voltaire and his world* (1985: n° 39), p.133-45.

Sur les rapports de V avec Nourse et les Frères Cramer, les éditions de l'œuvre de V publiées par Nourse, et l'opinion probable de V sur ce dernier.

167 BARBER, William H. «On editing Voltaire». *SVEC* 242 (1986), 491-502.

Editer les œuvres complètes de Voltaire: histoire et problèmes.

Trad.: «Editer Voltaire» [in] *Voltaire ou la liberté de l'esprit* (1989: n° 49), p.225-48.

168 BECKER, Christina, *et al. Schriften von und über Voltaire aus dem 18. Jahrhundert in Mannheim / Ouvrages de et sur Voltaire, éditions du 18ᵉ siècle à Mannheim.* Mannheim: Universitätsbibliothek-Lehrstuhl Romanistik 1, 1978. [203] p. ill.

Etude bibliographique avec notes.

169 BESTERMAN, Theodore. «Voltaire bibliography: the impossible dream». *SVEC* 120 (1974), 79-92.

170 BESTERMAN, Theodore. «Three additions to Voltaire bibliography». [In] *Studies in eighteenth-century French literature* (1975: n° 7), p.29-30.

Poème sur la religion naturelle, Epître du diable, Chansons grivoises (les deux dernières ne sont pas de V).

---

1. Voir aussi les deux rubriques suivantes, et titres individuels.

171 BROWN, Andrew & Ulla KÖLVING. «Voltaire and Cramer?». [In] *Le Siècle de Voltaire* (1987: n° 44), i.149-83, ill.

Article bibliographique qui montre qu'une partie très considérable des œuvres de V publiées après 1763 fut non pas imprimée par G. Cramer, mais plutôt par G. Grasset.

172 BROWN, Harcourt. *Collecting Voltaire*. Revised from remarks made in the Thomas Fisher Rare Book Library, University of Toronto, 19 June 1980. Toronto: U. of Toronto P., 1980. [12 p.].

A propos de sa collection d'éditions de V, donnée à la Thomas Fisher Rare Book Library.

173 CHASTANG, Marie-Laure. «Les lecteurs de Voltaire, d'après les exemplaires de la Bibliothèque nationale». *Bulletin du bibliophile* (1986), 25-46; 207-35, ill.

Etude des relations entre lecteurs appartenant à des groupes sociaux différents et le genre d'écrits de V lus par ces derniers.

174 CHAUBARD, A.-H. «A propos des Œuvres de Mr de Voltaire vendues à Zürich chez Heidegger et Cie, dans la première moitié du xviiie siècle». *Librarium* (Zürich) 9 (1966), 21-29, fac-sim.

175 DARNTON, Robert. *The Business of Enlightenment: a publishing history of the «Encyclopédie», 1775-1800*. Cambridge, Mass.; London: The Belknap P. of Harvard U. P., 1979. xiv, 624 p. ill.

Voir p.403-409 (Panckoucke et les mss de Voltaire) et l'index.

Trad.: *L'Aventure de l'«Encyclopédie»: un best-seller au siècle des Lumières*. Préface d'Emmanuel Le Roy Ladurie. Trad. de l'américain par Marie-Alyx Revellat. Paris: Perrin, 1982. 445 p. ill. Voir p.301-306 et l'index.

176 DARNTON, Robert. «Les encyclopédistes et la police». *RDE* 1 (1986), 94-109.

Voir notamment p.96, 101-102: contient des textes tirés des rapports de d'Hémery.

177 DEBAUVE, J.-L. «En marge d'un double centenaire: lecteurs de Voltaire et de Rousseau, au xviiie siècle, dans le (futur) Morbihan». *Bulletin mensuel de la Société polymathique du Morbihan* 106 (1979), 89-103.

Sondage basé sur les volumes des bibliothèques ayant des annotations ou des mentions manuscrites portées pas les détenteurs. Résumé: *Ibid.* 108 (1981), section «Procès verbaux», p.5-6.

178 DI RIENZO, Eugenio. «Alcuni appunti sulla nascita del diritto d'autore ed editore nel settecento francese». *Sociologia della letteratura* (1978, 1/2), 5-30.

Voir p.19-21 pour le rôle de V.

CR: L. Sozzi, *SFr* 26 (1982), 554.

179 DROIXHE, Daniel. «Voltaire et l'édition liégeoise jusqu'en 1765: à propos d'un embastillement». Avec la collaboration de Marie-France Gérard. [In] *Livres et Lumières* (1980: n° 22), p.131-71.

180 ECHEVERRIA, Durand. «Some unknown eighteenth-century editions of Voltaire's political pamphlets of 1771». *SVEC* 127 (1974), 61-64.

181 FONTIUS, Martin. *Voltaire in Berlin: zur Geschichte der bei G. C. Walther veröffentlichten Werke Voltaires.* Berlin: Rütten & Loening, 1966. 257 p. (Neue Beiträge zur Literaturwissenschaft, 24).

Cinq lettres dans Best.D.

CR: K. U. Bigott, *SFr* 12 (1968), 558; J. H. Brumfitt, *FS* 22 (1968), 162; M. Franzbach, *Archiv* 205 (1968), 76-77; G. Konrad, *WuW* 22 (1967), 275; E. Marcu, *DidS* 10 (1968), 321-28; C. Mervaud, *RHL* 68 (1968), 653-54; R. Trousson, *BRP* 8 (1969), 364-65; J. Vercruysse, *RBPH* 46 (1968), 1469-71; C. Vinz, *Börsenblatt für den deutschen Buchhandel* 23 (1967), 672-74.

182 GAGNEBIN, Bernard. «La diffusion clandestine des œuvres de Voltaire par les soins des frères Cramer». [In] *Actes du cinquième congrès national de la Société française de littérature comparée, Lyon, mai 1962: Imprimerie, commerce et littérature.* Paris: Les Belles Lettres, 1965. 227 p. ill. (Annales de l'Université de Lyon, 3ᵉ sér., Lettres, 39; Etudes de littérature étrangère et comparée, 46), p.119-32.

Réimpr. sous le titre: «La diffusion clandestine des œuvres de Voltaire par les frères Cramer». [In] *Cinq siècles d'imprimerie à Genève, 1478-1978.* Genève: Impr. Populaires et Kundig, 1978. 321 p., p.173-94.

183 GAGNEBIN, Bernard. «Trois générations d'imprimeurs-libraires Cramer». *Musées de Genève* 175 (mai 1977), 23-26, ill.

En partie sur la publication des ouvrages de V par Gabriel et Philibert Cramer, et sur les relations entre eux.

184 GERMANN, Martin. *Johann Jakob Thurneysen der Jüngere, 1754-1803: Verleger, Buchdrucker und Buchhändler in Basel. Ein Beitrag zur Geschichte der Spätaufklärung in Basel und zur Geschichte des Eindringens der englischen und französischen Aufklärung im deutschen Sprachgebiet am Ende des 18. Jahrhunderts.* Basel; Stuttgart: Helbing & Lichtenhahn, 1973. ix, 141 p. (Basler Beiträge zur Geschichtswissenschaft, 128).

p.36-46, «Die Zensurierung der Werke Voltaires»; «Die Edition der Werke Voltaires».

185 HAESENNE-PEREMANS, N. & Paul DELBOUILLE. «La présence française dans les bibliothèques liégeoises au XVIIIᵉ siècle». *Etudes sur le XVIIIᵉ siècle* 6 (1979), 177-92.

V *passim.*

186 HANLEY, William. *Voltaire and censorship (1734-1759).* Diss., Oxford U., 1976. 334 p.

187 HANLEY, William. «The policing of thought: censorship in eighteenth-century France». *SVEC* 183 (1980), 265-95.

Présentation de l'organisation et de la structure de la censure en France au XVIIIᵉ siècle sous tous ses aspects. V *passim.*

188 HANLEY, William. «The question of a royal edition of Voltaire's *Précis de l'Ecclésiaste*». *PBSA* 77 (1983), 47-52.

Il est probable que cette édition n'a jamais existé.

189 HELLEGOUARC'H, Jacqueline. «Notes sur Voltaire: quelques datations». [In] *Langue, littérature* (1990: n° 51), p.461-76.

Datations de lettres (Best.D6758, 6776, 6850), de quelques morceaux des *Mélanges,* du *Précis du Cantique des cantiques,* du *Précis de l'Ecclésiaste,* de *Socrate,* de *Candide,* et d'additions pour l'*Essai sur les mœurs* et pour l'*Encyclopédie.*

190 HÉMERY, Joseph d'. *Selected literary references in the manuscript Journal (1750-1769) of Joseph d'Hémery.* Edited by Edward P. Shaw and Adrienne Rogers. Albany: State U. of New York P., 1972. 5 feuilles de microfiche (435 p.).

Voir l'index pour des références à V: détails biographiques, attributions, éditions.

CR: D. Koenig, *FR* 48 (1974-75), 249-50.

191 HÉMERY, Joseph d'. *The « Journal d'Hémery », 1750-1751: an edition.* Marlinda Ruth Bruno. Ann Arbor: University Microfilms International, 1981. 829 f. [Diss., Vanderbilt U., 1977].

Voir l'index p.794 pour de multiples références à V.

192 KAY, Noël E. «Nicolas-Bonaventure Duchesne, né à Saint-Maurice-en-Cotentin, libraire-éditeur de Voltaire et de Rousseau, mort en 1765». *Revue du département de la Manche* 25 (oct. 1983), 33-38.

193 KIRSOP, Wallace. «Voltaire, Helvétius and an English pirate». *AJFS* 4 (1967), 62-73.

En partie sur des contrefaçons de *Candide* en Angleterre.

CR: F. Cerruti, *SFr* 13 (1969), 362.

194 Копанев, Н. А. «Распространение французской книги в Москве в середине
XVIII в» [La diffusion des livres français à Moscou au milieu du XVIIIᵉ siècle].
[In] *Французская книга в России в XVIII в: очерки истории.* Ответственный
редактор С. Р. Луппов. Ленинград: Издательство «Наука», 1986. 252 p.
ill. (Академия Наук СССР, Библиотека), p.59-172.

Voir notamment p.83, 96, 133, 151, 161, 169-70.

195 LAFARGA, Francisco. «Voltaire y la Inquisición española». *Universitas terra-
conensis* 1 (1976), 177-90.

Sur la censure des ouvrages de V: contient un catalogue chronologique des livres
de V condamnés et devant être expurgés.

CR: F. Piva, *SFr* 22 (1978), 508.

196 LEDUC, Jean. «Problèmes bibliographiques du dix-huitième siècle». *DHS* 4
(1972), 367-73.

p.369-70, «Voltaire» (éditions de *Zadig, Le Monde comme il va, Zaïre, Mahomet*).

197 LIZÉ, Emile. «L'homme de lettres et le faquin: Voltaire et Jean Neaulme».
RF 92 (1980), 126-31.

Sur leur dispute au sujet de la publication de l'*Abrégé de l'histoire universelle* de V.

198 LOSFELD, Georges. *Le Cahier d'Alceste.* Paris: Didier, 1973. 321 p. (Essais et
critiques, 14).

p.222-24, «Pirates oubliés»: sur le manque de protection des auteurs du XVIIIᵉ siècle
contre les fourberies de leurs éditeurs – en grande partie sur V.

199 MARCHAND, Jacqueline. «Un Voltairien passionné: Jacques Joseph Marie
Decroix (1746-1826)». *RHL* 77 (1977), 187-205.

Ses efforts pour rassembler des textes de V et faire publier des éditions de ses œuvres.

200 MARTIN, Angus. *La Bibliothèque universelle des romans, 1775-1789.* Présentation,
table analytique, et index. Oxford: The Voltaire Foundation, 1985. 473 p.
(SVEC, 231).

Consulter l'index pour des références à V et à son œuvre.

CR: D. J. Adams, *FS* 41 (1987), 93.

201 MÂRZA, Iakob. «La circulation de l'œuvre de Voltaire en Transylvanie au
XVIIIᵉ siècle». *Synthesis* 5 (1978), 149-62.

La présence de V dans les principales bibliothèques de livres anciens de Transylvanie.

202 MENANT-ARTIGAS, Geneviève. «L'affaire Voltaire-Jore: quelques éléments
nouveaux». *RHL* 87 (1987), 109-21.

203   MENANT, Sylvain. « La présentation des *Contes de Guillaume Vadé* ». [In] *La Présentation du livre*. Actes du colloque Paris x – Nanterre (4, 5, 6 décembre 1985). Présentés par Emmanuèle Baumgartner et Nicole Boulestreau. [Paris] : Centre de recherches du Département de français de Paris x – Nanterre, 1987. 346 p. ill. (Littérales, 2), p.43-50, ill.

Le rôle du visible dans l'acte de lecture : description d'éditions.

204   MORTON, Brian N. « Beaumarchais et le prospectus de l'édition de Kehl ». *SVEC* 81 (1971), 133-47.

205   PROSCHWITZ, Gunnar & Mavis von PROSCHWITZ. *Beaumarchais et le « Courier de l'Europe »*. Documents inédits ou peu connus. Oxford : The Voltaire Foundation, 1990. 2 vols, xxvii, 1289 p. pl. (SVEC, 273-274).

p.125-36, « Beaumarchais éditeur de Voltaire ». Voir aussi l'index.

206   PROSCHWITZ, Gunnar von. « Du nouveau sur Beaumarchais, éditeur de Voltaire ». [In] *Le Siècle de Voltaire* (1987 : n° 44), ii.735-46.

Réimpr. [in] *Idées et mots au siècle des Lumières : mélanges en l'honneur de Gunnar von Proschwitz*. Göteborg : Wettergrens Bokhandel AB ; Paris : Jean Touzot, 1988. 302 p., p.271-88.

207   QUONIAM, Théodore. « En marge du bi-centenaire de la mort de Voltaire, 30 mai 1778 ». *La Revue universelle des faits et des idées* 43 (1978), 92-95.

Extraits d'un mandement de Jean-Georges Lefranc de Pompignan, le 31 mai 1781, contre le projet (1781) d'une édition complète des œuvres de V.

208   RANC, Jacques. « Voltaire et l'édition ». *Bibliographie de la France, Biblio* 10 (7 mars 1979), 15-18, ill.

Les enseignements de l'exposition à la Bibliothèque nationale (« Voltaire, un homme, un siècle ») pour les éditeurs, les imprimeurs, les libraires et les bibliothécaires.

209   RANC, Robert. « Contribution à l'étude du patrimoine national ». *Impressions* 15 (1980), 7-17, ill.

Sur les ouvrages écrits par V et imprimés à l'étranger : liste d'ouvrages allant de 1727 à 1784 – renseignements provenant de « Voltaire : un homme, un siècle » (1979 : n° 129).

210   RANGOGNINI, Enzo. « Un Voltaire con varianti manoscritte nella biblioteca di Tommaso Agostino Ricchini ». *Annali della Biblioteca statale e Libreria civica di Cremona* 34, n° 2 (1983), 81-99, ill.

La 6e éd. de *La Bataille de Fontenoy*.

211 SAUTER, Hermann. «Voltaires Werke in den Bibliotheken der Zweibrücker Herzöge im 18. Jahrhundert». [In] *Voltaire und Deutschland* (1979: n° 20), p.29-39. Résumé en français, p.532.

Liste bibliographique.

212 SCHWARZBACH, Bertram Eugene & A. W. FAIRBAIRN. «The *Examen de la religion*: a bibliographical note». *SVEC* 249 (1987), 91-156, ill.

Voir p.121, 125 et 126-32: les rapports de *L'Evangile de la raison* de V avec l'*Examen de la religion*.

213 SMITH, David Warner. «Helvétius, Voltaire and a French pirate: Michelin de Provins». *AJFS* 7 (1970), 289-98.

Etude d'éditions par Michelin de *De l'esprit* d'Helvétius et de *L'Oracle des anciens fidèles* attribué à V.

214 THOMSON, Ann & Françoise WEIL. «Manuscrits et éditions de l'*Examen de la religion*». [In] *Le Matérialisme du XVIIIe siècle et la littérature clandestine*. Actes de la Table ronde des 6 et 7 juin 1980, organisée ... par le Groupe de recherche sur l'histoire du matérialisme. Dirigé par Olivier Bloch. Paris: Librairie philosophique J. Vrin, 1982. 288 p. (Bibliothèque d'histoire de la philosophie), p.177-85.

Voir surtout p.181-85: le rôle de V dans certaines éditions de l'*Examen de la religion*; la datation de Best.D10239.

215 TRAPNELL, William H. «Survey and analysis of Voltaire's collective editions, 1728-1789». *SVEC* 77 (1970), 103-99.

CR: G. Barber, *FS* 27 (1973), 208-209; J. Vercruysse, *RHL* 72 (1972), 721-23.

216 TUCOO-CHALA, Suzanne. *Charles-Joseph Panckoucke & la librairie française, 1736-1798*. Pau: Marrimpouey; Paris: Touzot, 1977. 558 p. ill. [Thèse, U. de Lille III, 1975].

Voir notamment p.60-62, 70-74, 88-92, 102-11, 132-40, 143-45, 288-92. Pour d'autres références, voir l'index.

CR: K. Hardesty, *ECCB* n.s. 5 – for 1979 (1983), 17-18.

217 TUCOO-CHALA, Suzanne. «Charles-Joseph Panckoucke et Genève». [In] *Cinq siècles d'imprimerie genevoise*. Actes du colloque international sur l'histoire de l'imprimerie et du livre à Genève, 27-30 avril 1978. Publiés par Jean-Daniel Candaux et Bernard Lescaze. Genève: Société d'histoire et d'archéologie, 1980-1981. 2 vols, ii.103-14.

Voir surtout p.105-106: Panckoucke et les éditions de V.

218 VERCRUYSSE, Jeroom. «Voltaire et Marc Michel Rey». *SVEC* 58 (1967), 1707-63.

Sur le rôle joué par Rey dans la diffusion des œuvres de V; avec une étude bibliographique.

219   VERCRUYSSE, Jeroom. « *L'Elégant tableau de l'Europe*, ou Voltaire édité ‹de main de maître›». *SVEC* 106 (1973), 103-11.

Recueil (1771) de 3 textes, conservé à la Bibliothèque royale Albert 1er. Il est impossible de conclure s'il s'agit d'une nouvelle addition à la bibliographie voltairienne.

220   VERCRUYSSE, Jeroom. «Des éditions de textes français classiques basées sur les seuls imprimés». *Tijdschrift van de Vrije Universiteit Brussel* 16 (1973-1974), 121-31.

Traite beaucoup de V.

221   VERCRUYSSE, Jeroom. «Marc-Michel Rey imprimeur philosophe ou philosophique?». *Werkgroep achttiende-eeuw. Documentatieblad* 34-35 (1977), 93-121.

p.103-10, «Voltaire»: sur les rapports entre Rey et V.

222   VERCRUYSSE, Jeroom. *Les Editions encadrées des Œuvres de Voltaire de 1775*. Oxford: The Voltaire Foundation, 1977. 198 p. ill. (SVEC, 168).

CR: W. H. Barber, *FS* 33 (1979), 196-97; M.-L. Chastang, *RHL* 79 (1979), 503-504; P. M. Conlon, *ECCB* n.s. 4 – for 1978 (1982), 477-78; F. A. Spear, *FR* 53 (1979-80), 128; O. R. Taylor, *MLR* 74 (1979), 207.

223   VERCRUYSSE, Jeroom. «Voltaire, Sisyphe en Jermanie: vers la meilleure des éditions possibles». *SVEC* 179 (1979), 143-57.

Sur les rapports entre V et ses éditeurs successifs; l'histoire des éditions des *Œuvres complètes*.

224   VERCRUYSSE, Jeroom. «Quelques éditions liégeoises de Voltaire peu connues». [In] *Livres et Lumières* (1980: n° 22), p.173-88.

29 titres d'ouvrages parus sous la marque de Liège ou de Maastricht.

225   VERCRUYSSE, Jeroom. «Typologie de Marc-Michel Rey». [In] *Buch und Buchhandel in Europa im achtzehnten Jahrhundert / The Book and the book trade in eighteenth-century Europe*. Fünftes Wolfenbütteler Symposium vom 1. bis 3. November 1977. Vorträge hrsg. von Giles Barber und Bernhard Fabian. Hamburg: Hauswedell, 1981. 360 p. ill. (Wolfenbütteler Schriften zur Geschichte des Buchwesens, 4), p.167-185.

Voir p.181-82, «Liste chronologique provisoire d'éditions suspectes portant la marque de Rey».

226   VERCRUYSSE, Jeroom. «Voltaire par les livres 1789-1830». [In] *Voltaire and his world* (1985: n° 39), p.147-55.

Une étude d'éditions de V et d'écrits le concernant qui révèle une voltairisation de la France.

227 VERCRUYSSE, Jeroom. « L'imprimerie de la Société littéraire et typographique de Kehl en 1782. La relation d'Anisson-Duperron ; Beaumarchais éditeur de Voltaire ». *LIAS* 13 (1986), 165-208, 209-33.

Contient des renseignements sur le rôle de Beaumarchais ainsi qu'un rapport dressé par Etienne Alexandre Jacques Laurent Anisson-Duperron après une visite faite aux installations de la Société en juin 1782.

228 VERCRUYSSE, Jeroom. « Les traductions typographiques de Voltaire ». [In] *Les Editions critiques : problèmes techniques et éditoriaux*. Actes de la Table ronde internationale de 1984, organisée par Nina Catach. Paris : Les Belles Lettres, 1988. 200 p. (Annales littéraires de l'Université de Besançon, 370), p.98-107.

Résumé p.98. Voir aussi p.108, Interventions. L'étude d'une lettre de V (Best.D8020) et de son article « Directeur » des *Questions sur l'Encyclopédie* dans toutes leurs transformations manuscrites et imprimées offre des suggestions pour éviter les pièges d'édition.

229 VIDAL, Gaston. « Une curiosité bibliographique, réunissant Voltaire et J. J. Rousseau dans une prémonition de l'Europe ». *Bulletin de l'Académie des sciences et lettres de Montpellier* n.s. 5 (1974), 75-84.

Sur deux contrefaçons de l'*Extrait du projet de paix perpétuelle de monsieur l'abbé de Saint-Pierre par J. J. Rousseau, citoyen de Genève*, dont l'une contient un texte de V, le *Rescrit de l'Empereur de Chine*.

230 WATTS, George B. « Charles Joseph Panckoucke ‹l'Atlas de la librairie française›». *SVEC* 68 (1969), 67-205.

p.87-98, « Panckoucke and Voltaire ».

231 WEIL, Françoise. *L'Interdiction du roman et la librairie, 1728-1750*. Paris : Aux Amateurs de livres, 1986. 648 p. (Collection des Mélanges de la Bibliothèque de la Sorbonne, 3).

Voir l'index pour de multiples références aux ouvrages de V.

232 WEIL, Françoise. « Les libraires parisiens propriétaires d'éditions sans véritable privilège : l'exemple de Voltaire ». *SVEC* 249 (1987), 227-39.

233 WEISSMAN, Stephen. « The Voltaire project : a collector's obsession ». *NYTBR*, 1 July 1990, p.1, 23-24, ill.

Article général sur des éditions de Voltaire, anglaises et françaises, publiées en Angleterre au XVIIIe siècle, suivi d'une appréciation de V et de ses apports à la vie de son époque.

234 ZAMBON, Maria Rosa. *Les Romans français dans les journaux littéraires italiens du XVIIIe siècle*. Firenze: Sansoni; Paris: Didier, 1971. 118 p. (Publications de l'Institut français de Florence, 2e s.: Collection d'études bibliographiques, 11).

> p.98-101, «Voltaire».
>
> CR: L. Sozzi, *SFr* 16 (1972), 485.

Bibliothèque de Voltaire à Saint-Pétersbourg

Voir aussi les numéros 77, 268, 762, 860, 905, 961, 984, 1004, 1056-1057, 1398, 1458, 1549, 1585, 1821-1823, 2011, 2456, 2591, 2925, 3047-3048, 3062-3063.

235 VOLTAIRE. *Corpus des notes marginales de Voltaire*. [Edité par] Olga Golubiéva *et al.* Berlin: Akademie-Verlag, 1979- . Vols. 1- .

> Huit volumes projetés des notes marginales tirées des livres de la bibliothèque de V à Saint-Pétersbourg.
>
> CR: vol. 1: W. H. Barber, *FS* 37 (1983), 81-82; R. Geissler, *DLZ* 101 (1980), 907-10; U. Knoke, *Lendemains* 22 (1981), 83-84; M. Laurent-Hubert, *RHL* 81 (1981), 996-99; H. T. Mason, *MLR* 76 (1981), 188; R. Pomeau, *DHS* 12 (1980), 491; L. Sozzi, *SFr* 26 (1982), 152; J. Veselý, *PP* 24 (1981), 222; vol. 1-4: D. Williams, *MLR* 86 (1991), 460-61; vol. 2: L. L. Albina, *FE* (1983), 265-66; W. H. Barber, *FS* 39 (1985), 473; vol. 2-3: U. Knoke, *Lendemains* 41 (1986), 132-34; vol. 3: W. H. Barber, *FS* 40 (1986), 212; J. H. Brumfitt, *FS* 40 (1986), 212-13; vol. 4: W. H. Barber, *FS* 44 (1990), 335-36; U. Knoke, *Lendemains* 58 (1990), 147-48; C. Mervaud, *RHL* 91 (1991), 251-52; J. Pappas, *FR* 64 (1990-91), 352-53.

236 ALBINA, Larissa L. «La publication des ‹marginalia› de Voltaire». *RHL* 79 (1979), 594-99.

> A propos du *Corpus des notes marginales* de V (1979: n° 235).
>
> CR: S. Gargantini Rabbi, *SFr* 24 (1980), 569.

237 ALBINA, Larissa L. «Découverte de nouveaux livres de la bibliothèque de Voltaire». [In] *Le Siècle de Voltaire* (1987: n° 44), i.1-14, ill.

> Article bibliographique.

238 ALBINA, Larissa L. «I libri italiani della biblioteca di Voltaire nella biblioteca Saltykov-Chtchédrin a Leningrado». Trad. Maria Grazia Pensa. *LI* 40 (1988), 557-64.

239 Альбина, Л. Л. «Вольтер и ‹Политическое завещание› Ришелье» [Voltaire et le *Testament politique* de Richelieu]. *FE 1967* (1969), 251-59. Résumé en français, p.259.

Notes marginales de V sur l'exemplaire de l'ouvrage de Foncemagne sur le *Testament*. Etude sur V polémiste.

CR: P. Alatri, *SFr* 14 (1970), 160.

240 Альбина, Л. Л. «Читательские пометы Вольтера и опыт работы над их публикацией» [Les notes marginales de Voltaire et l'expérience du travail de leur publication]. *Археографический ежегодник* (1977), 296-303.

A propos du *Corpus des notes marginales* (1979: n° 235).

241 Альбина, Л. Л. «К истории публикаций маргиналий Вольтера» [Contribution à l'histoire de la publication des notes marginales de Voltaire]. *FE 1976* (1978), 215-23. Résumé en français, p.223.

Aperçu historique de la publication des notes marginales dans le *Corpus des notes marginales* (1979: n° 235).

242 Альбина, Л. Л. «Вольтер как читатель» [Voltaire lecteur]. *Книга, исследования и материалы* 39 (1979), 162-72, ill.

CR: J. Blankoff, *DHS* 14 (1982), 443.

243 Альбина, Л. Л. «Книга, принаднежавшая Дидро, в библиотеке Больтера». [Un livre ayant appartenu à Diderot dans la bibliothèque de Voltaire]. *Памятники культуры, новые открытия. Письтенность, искусство, археология, Ежегодник* (1980), 45-47, ill.

Le livre de Franciscus Hemsterhuis, *Lettre sur la sculpture*, portant la signature de Diderot, découvert dans la bibliothèque de V.

244 Альбина, Л. Л. «Корпус читательских помет Вольтера» [Le corpus des notes marginales de Voltaire]. *FE 1982* (1984), 258-59.

Renseignements sur la publication du *Corpus des notes marginales* de V (1979: n° 235).

245 Альбина, Л. Л. «Новонайденные книги из библиотеки Вольтера» [Des livres récemment retrouvés de la bibliothèque de Voltaire]. *Книга, исследования и материалы* 50 (1985), 142-63.

Livres découverts dans le fonds général des imprimés de Saint-Pétersbourg

246 Альбина, Л. Л. «*Освобожденный Иерусалим* Торквато Тассо в Библиотеке Вольтера» [*La Gerusalemme liberata* de Torquato Tasso dans la bibliothèque de Voltaire]. [In] *Исследования памятников письменной культуры в собраниях и архивах: отдела рукописей и редких книг. Сборник научных трудов.* Ред. Н. А. Ефимова. Ленинград: Государственная публичная библиотека им. М. Е. Салтыкова-Щедрина, 1988. 218 p., p.201-209.

247 Алексеев, М. П. «Библиотека Вольтера в России» [La Bibliothèque de Voltaire en Russie]. [In] *Библиотека Вольтера: каталог книг* [La Bibliothèque

de Voltaire : catalogue des livres]. Москва ; Ленинград : Издательство Академии Наук СССР, 1961. 1164 p. ill., p.7-67. Résumé en français, p.1151-53.

> Une histoire de la bibliothèque et considérations sur son utilité pour l'étude
> systématique de l'œuvre de V.

> Réimpr. [in] *Русская культура и романский мир*. М. П. Алексеев. Ответственные
> редакторы Ю. Б. Виллер, М. П. Заборов. Ленинград : Издательство « Наука »,
> 1985. 539 p. ill. p.273-329.

248 BOTTIGLIA, William F. « Voltaire's private library in Leningrad ». *DidS* 8
(1966), 269-79.

> CR approfondi de *Библиотека Вольтера : каталог книг* | *Bibliothèque de Voltaire :
> catalogue des livres* (1961 : *QA* 77).

249 Дрюбин, Герман. « Маргиналии Вольтера » [Notes marginales de Voltaire].
Литературная Россия, 21 мая 1971, p.10.

> Article général.

250 Дрюбин, Герман. « Маргиналии Вольтера » [Notes marginales de Voltaire].
Наука и религия (1972, n° 3), 67-69, ill.

> Notes marginales dans les œuvres de Buffon-Daubenton, Abbadie et Pluche.

251 FLECNIAKOSKA, Jean-Louis. « Le fonds hispanique de la bibliothèque de
Voltaire conservé à Leningrad ». [In] *Mélanges à la mémoire de Jean Sarrailh*.
Paris : Centre de recherches de l'Institut des études hispaniques, 1966. 2 vols,
i.357-65.

> 74 ouvrages.

252 GALLIANI, Renato. « Quelques notes inédites de Voltaire à *L'Esprit des lois* ».
SVEC 163 (1976), 7-18.

> Conservé à la bibliothèque de V à Saint-Pétersbourg.

253 GEISSLER, Rolf. « Die Randbemerkungen Voltaires in seiner Privatbibliothek
vor ihrer Veröffentlichung. – Ergebnisse sowjetischer Forschung in einer
Publikation des Akademie-Verlags Berlin ». *BRP* 17 (1978), 305-10.

254 Копреева, Т. Н. « Библиотека Вольтера как общественный фактор (Из
истории книжной культуры Франции XVIII в.) » [La bibliothèque de Voltaire
en tant que facteur social (Aspects de l'histoire de la culture bibliographique
française du XVIIIe siècle)]. *Книга, исследования и материалы* 27 (1973), 143-53.

255 Люблинский, В. С. *Книга в истории человеческого общества : сборник избранных
книговедческих работ*. Москва : Издательство « Книга », 1972. 325 p. ill.

p.265-321, «Библиотека Вольтера (исторический очерк)» [La bibliothèque de Voltaire (essai historique)].

256 ORIEUX, Jean. «Les livres de Voltaire». *Bulletin de la librairie ancienne et moderne* 51 (1971), 219.

257 PHILIPS, Edith & Jean A. PERKINS. «Some Voltaire marginalia». *SVEC* 114 (1973), 7-78.

D'après des notes prises par E. Philips pendant les années 1920.

258 PORSET, Charles. «La bibliothèque Saltykov-Shchedrin de Leningrad. Le fonds Voltaire». *Préfaces* 17 (fév.-mars 1990), 86-90, ill.

259 TAYLOR, S. S. B. «The definitive text of Voltaire's works: the Leningrad *encadrée*». *SVEC* 124 (1974), 7-132. 4 pl.

260 TAYLOR, S. S. B. «Voltaire's marginalia: a preview of the forthcoming edition». *SVEC* 135 (1975), 167-80, ill.

Corpus des notes marginales de Voltaire (1979: n° 235), travail en cours sous l'égide d'une équipe russe.

261 Воронова, Т. П. «Издание ‹корпуса› помет Вольтера» [La publication du *Corpus des notes marginales* de Voltaire]. *Новая и новейшая история* (1976, n° 2), 218-19.

Institutions et chercheurs voltairiens

Voir aussi les numéros 199, 374, 376, 2633.

262 «Le Musée Voltaire à Genève». *Images du monde*, 5 fév. 1966, p.4-5, ill.

263 «Besterman's Century». *TLS*, 4 May 1973, p.507.

CR du centième numéro du journal *SVEC*, et de son évolution depuis sa création en 1955.

264 BARBER, William H. «Theodore Besterman». *SVEC* 179 (1979), 221-25.

Son rôle fondamental dans les études voltairiennes.

265 BIORDI, Raffaello. «Unica al mondo la biblioteca dell'Istituto Voltaire di Ginevra». *Almanacco dei bibliotecari italiani* (1971), 20-26, ill.

Réimpr.: Roma: Fratelli Palombi Editori, 1971. 7 p. ill.

37

266 CANDAUX, Jean-Daniel. « Institut et Musée Voltaire (Les Délices, 25 rue des Délices, CH-1203 Genève) ». *Bulletin de la Société française d'étude du XVIIIᵉ siècle* 22 (juil. 1977), 11-12.

Sur la réorganisation de l'Institut et sur des acquisitions récentes.

267 CASANOVA, Nicole. « Candide à Oxford ». *Le Quotidien de Paris*, 25 nov. 1980, p.36.

CR de l'édition de *Candide* établie par R. Pomeau (1980: n° 2668); récit de l'histoire de la Voltaire Foundation créée par Th. Besterman, et des liens voltairiens avec l'Europe de l'Est.

268 DESNÉ, Roland. « Voltaire international: l'exceptionnelle entreprise d'Oxford » et « Dans les marges de Leningrad ». *Le Monde*, 24 oct. 1980, p.26, ill.

Sur les *Œuvres complètes*, ainsi que les *SVEC*, publiées à Oxford grâce aux efforts de Th. Besterman, et sur le projet de publier à Saint-Pétersbourg toutes les notes marginales de la bibliothèque de V.

269 KRAFT, Martin. « Les Délices: das Voltaire-Museum in Genf ». *Du* 1 (1983), 66-67, ill.

270 POMEAU, René. « La Fondation Voltaire d'Oxford ». [In] *Voltaire ou la liberté de l'esprit* (1989: n° 49), p.249-54.

Sur ses origines, ses publications et autres activités.

271 SLONIM, Marc. « Mr. Besterman at Les Délices ». *NYTBR*, 28 Dec. 1969, p.5.

272 WILLIAMS, David. « Theodore Besterman and the resurrection of Voltaire ». *SBHT* 17 (1976), 213-33.

Importante étude bibliographique sur les publications de Besterman ainsi que sur son rôle.

273 WIRZ, Charles. « Institut et Musée Voltaire » [in] « La Bibliothèque publique et universitaire en 1975 ». *Genava* n.s. 24 (1976), 364-70.

Liste des acquisitions d'écrits de V, comprenant quatre éditions inconnues à Bengesco et à Besterman (1973: n° 71), ainsi qu'une liste de mss de lettres et de mss littéraires.

274 WIRZ, Charles. « Institut et Musée Voltaire » [in] « La Bibliothèque publique et universitaire en 1976 ». *Genava* n.s. 25 (1977), 290-95.

Travaux en cours dans le catalogue; nouvelles acquisitions datant du vivant de V qui sont inconnues à Bengesco et à Besterman; objets ayant rapport à la vie de V.

275 WIRZ, Charles. « Institut et Musée Voltaire » [in] « La Bibliothèque publique et universitaire en 1977 ». *Genava* n.s. 26 (1978), 290-92, ill.

Cinq éditions du xviiie siècle inconnues à Bengesco et à Besterman; 12 mss de lettres; buste par Houdon.

276 WIRZ, Charles. «Institut et Musée Voltaire» [In] «La Bibliothèque publique et universitaire en 1978». *Genava* n.s. 27 (1979), 289-95, ill.

Nouvelles acquisitions: imprimés du xviiie siècle inconnus à Bengesco et à Besterman; documents autographes.

CR: *Bulletin de la Société française d'étude du XVIIIe siècle* 33 (avr. 1980), 9.

277 WIRZ, Charles. «L'Institut et Musée Voltaire en 1979». *Genava* n.s. 28 (1980), 261-69.

Sur la réorganisation des catalogues et l'enrichissement de la collection: bibliographie des éditions en français d'ouvrages et d'opuscules de V imprimés au xviiie siècle inconnues à Bengesco et à Besterman.

CR: *Bulletin de la Société française d'étude du XVIIIe siècle* 37 (avr. 1981), 22.

278 WIRZ, Charles. «Institut et Musée Voltaire». [In] *Genève, ville de culture*. Genève: Beaux-arts et culture, Hôtel municipal, 1980. 44 p., p.16-17, ill.

Le même article est paru dans *Musées de Genève* 208 (sept. 1980), 16-17, ill.

279 WIRZ, Charles. «L'Institut et Musée Voltaire en 1980». *Genava* n.s. 29 (1981), 209-17, ill.

Nouvelles acquisitions: plusieurs éditions de V parues de son vivant inconnues à Bengesco et à Besterman, une lettre à d'Alembert et deux à Blin de Sainmore, des objets iconographiques. Commentaires et notes.

280 WIRZ, Charles. «L'Institut et Musée Voltaire en 1981». *Genava* n.s. 30 (1982), 185-97.

Nouvelles acquisitions: 29 imprimés dont cinq ne sont pas à la Bibliothèque nationale, et sont inconnus à Bengesco et à Besterman; un billet manuscrit longtemps disparu (Best.D21078) et les mss de trois lettres inédites: Richelieu à V (29 mai 1777) et V à Elie Bertrand (1er mars 1756 et (?)2 nov. 1756). Commentaires et notes.

281 WIRZ, Charles. «L'Institut et Musée Voltaire en 1982». *Genava* n.s. 31 (1983), 149-64, ill.

Nouvelles acquisitions: sept éditions comprenant différents écrits de V parues au xviiie siècle qui ne sont pas à la Bibliothèque nationale, et sont inconnues à Bengesco et à Besterman; mss de trois lettres inédites: de Rieu à son fils (19 mai 1775), de V à G. Cramer (?)sept. 1770, de V à un destinataire inconnu (3 oct. 1776); ms de faits tirés des *Mémoires* de Gourville concernant le règne de Louis xiv. Commentaires et notes.

282 WIRZ, Charles. «L'Institut et Musée Voltaire en 1983». *Genava* n.s. 32 (1984), 177-87, fac-sim.

Nouvelles acquisitions : éditions de V du xviiie siècle qui ne sont pas à la Bibliothèque nationale, et sont inconnues à Bengesco et à Besterman ; les mss de deux lettres auparavant connues par des textes infidèles (Best.D8334 et Best.D20060) et trois messages inédits, de Mme de Pompadour à V, de V au marquis de Villette et de celui-ci à Le Brun. Commentaires et notes.

283 WIRZ, Charles. « L'Institut et Musée Voltaire en 1984 ». *Genava* n.s. 33 (1985), 163-82, fac-sim.

Nouvelles acquisitions : éditions de V publiées au xviiie siècle qui ne sont pas à la Bibliothèque nationale, et sont inconnues à Bengesco et à Besterman ; une édition d'*Oreste* (1761) dont il faut corriger plusieurs points de description bibliographique ; mss : texte complet d'une lettre défectueuse (Best.D14014), lettre autographe de V à (?)Tommaso Giuseppe Farsetti (à Lausanne, 5 fév. 1758) inconnue à Besterman. Commentaires et notes.

284 WIRZ, Charles. « L'Institut et Musée Voltaire en 1985 ». *Genava* n.s. 34 (1986), 193-216, fac-sim.

Nouvelles acquisitions : éditions de textes de V parues au xviiie siècle qui ne sont pas à la Bibliothèque nationale, et sont inconnues à Besterman et à Bengesco ; mss : textes corrigés de Best.D5918 et Best.D15600, trois lettres inédites de V à d'Argental, sept de celui-ci à V, lettre anonyme aux rédacteurs de la *Gazette littéraire*, les observations d'un inconnu sur *Pandore*. Commentaires et notes.

285 WIRZ, Charles. « L'Institut et Musée Voltaire en 1986 ». *Genava* n.s. 35 (1987), 191-99, ill.

Nouvelles acquisitions : trois éditions de textes de V imprimées au xviiie siècle qui ne sont pas à la Bibliothèque nationale, et sont inconnues à Bengesco et à Besterman ; trois mss inédits : d'Argental, « Observations sur ‹ les Scythes › » et « Humble réplique sur ‹ les Scythes › », et lettre du même à V (7 janv. 1777). Commentaires et notes.

286 WIRZ, Charles. « L'Institut et Musée Voltaire en 1987 ». *Genava* n.s. 36 (1988), 181-95, ill.

Nouvelles acquisitions : six éditions de textes de V publiées au xviiie siècle qui ne sont pas à la Bibliothèque nationale, et sont inconnues à Bengesco et à Besterman ; ms d'une lettre du président Hénault à V (25 juin 1764) et d'une lettre de Ramsay à Baculard d'Arnaud (3 août 1738) où il est question des *Eléments de la philosophie de Newton* ; deux documents iconographiques de Jean Huber : *Voltaire frappé de l'apparition de Henri IV* et *Voltaire et les paysans*. Commentaires et notes.

Biographie

1694-1726

Voir aussi le numéro 2393.

287 «Date de naissance de Voltaire». *Intermédiaire* 17 (1967), 742, 1097-99, 1208-11; *Intermédiaire* 18 (1968), 153-54, 274, 275.

Communications de Bibliomax, Dom Jullien, J. Dupanloup, G. Roset, le Docteur Apothicaire, le Roboliot des lettres, E. Vellay, C. A., T. Gaudens.

288 FRANCQ, H. «L'éducation de François-Marie Arouet». *RUO* 37 (1967), 540-45.

Sur ses études et ses professeurs.

289 ORIEUX, Jean. «Les étranges affaires du jeune Voltaire». *RdP* 73 (avr. 1966), 64-73.

Quelques incidents dans la vie de V en 1719.

CR: F. Crucitti, *SFr* 11 (1967), 361.

290 ORIEUX, Jean. «Voltaire et ses amis de jeunesse». *RDM* (mars-avr. 1966), 330-49.

291 PEYREFITTE, Roger. *Voltaire, sa jeunesse et son temps.* Paris: Albin Michel, 1985. 2 vols.

CR: A. O. Aldridge, *ECCB* n.s. 11 – for 1985 (1990), 671-72; A. Brincourt, *Figaro*, 29 nov. 1985, p.35; J. Chalon, *Figaro*, 29 nov. 1985, p.35; M. Delon, *La Quinzaine littéraire* 455 (1986), 19; R. Pomeau, *RHL* 86 (1986), 235-47; J. Vercruysse, *Nouvelles annales prince de Ligne* 2 (1987), 236.

292 POMEAU, René. «L'affaire Rohan». [In] *Mélanges sur la littérature de la Renaissance à la mémoire de V.-L. Saulnier.* Préface de P.-G. Castex. Genève: Droz, 1984. xiv, 799 p. ill. pl. (Société française des seiziémistes; Travaux d'humanisme et Renaissance, 202), p.749-56.

La querelle de V avec le chevalier de Rohan-Chabot.

293 POMEAU, René. *D'Arouet à Voltaire, 1694-1734.* Oxford: The Voltaire Foundation; Paris: J. Touzot, 1985. vi, 370 p. (Voltaire en son temps, 1).

CR: A. O. Aldridge, *ECCB* n.s. 11 – for 1985 (1990), 672-73; P. Chaunu, *Figaro*, 9-10 nov. 1985, p.29; M. Delon, *La Quinzaine littéraire* 455 (1986), 19; R. Desné, *DHS* 18 (1986), 532; E. D. James, *FS* 40 (1986), 459-60; F. Piva, *SFr* 31 (1987), 450-51; J. Sareil, *RR* 79 (1988), 683-84; U. Schick, *ZFSL* 96 (1986), 288-90; E. Showalter, Jr., *FR* 60 (1986-87), 257-58; J. Van den Heuvel [in] *Voltaire ou la liberté de l'esprit* (1989: n° 49), p.255-57 (version remaniée: *RHL* 90 (1990), 249-50); D. Williams, *MLR* 38 (1988), 728-29; *YWMLS* 47 (1985), 174-75.

294   RAYNAUD, Jean-Michel. *La Jeunesse de Voltaire, 1694-1726, contribution à l'inventaire des événements biographiques*. Thèse, U. de Paris IV, 1975. 2 vols, 764 f.

295   SHACKLETON, Robert. «The death of Louis XIV and the new freedom». [In] *Papers presented at the fifth David Nichol Smith memorial seminar, Canberra*. Edited by J. P. Hardy and J. C. Eade. Oxford: The Voltaire Foundation, 1983. 210 p. (Studies in the eighteenth century, 5), p.79-88.

Voir surtout p.85-88: les débuts littéraires de V sous la Régence.

296   WALLER, R. E. A. «Voltaire and the Regent». *SVEC* 127 (1974), 7-39.

Concerne *Œdipe* et *La Ligue*.

297   WALLER, R. E. A. «Voltaire's 'pension from the Regent': Foulet was right». *SVEC* 219 (1982), 59-62.

Le Régent n'a pas accordé une pension à V.

1726-1728 (Angleterre) [1]

Voir aussi le numéro 293.

298   BALLANTYNE, Archibald. *Voltaire's visit to England, 1726-1729*. London: Smith, Elder, & Co., 1893. 338 p.

CR: J. Texte *RHL* 1 (1894), 207-10.

Réimpr.: Genève: Slatkine Reprints, 1970.

299   COLLINS, John Churton. *Voltaire, Montesquieu and Rousseau in England*. London: Eveleigh Nash, 1908. viii, 292 p. ill.

p.1-116, «Voltaire in England».

CR: T. de Wyzema, *RDM*, 15 mai 1908, 458-68.

Réimpr.: [Folcroft, Penn.]: Folcroft Library Editions, 1980.

---

1. Voir aussi n° 1204 et suiv. ci-dessous.

Trad.: *Voltaire, Montesquieu et Rousseau en Angleterre*. Trad. de l'anglais par Pierre Deseille. Paris: Hachette, 1911. viii, 253 p., p.1-112, «Voltaire en Angleterre».

300 DEAC, Livia. «Voltaire en Angleterre». *AUB, Limbi și literaturi străine* 27, n° 2 (1978), 77-79. Résumé en roumain, p.79.

Détails de la visite de V.

301 DELVAILLE, Bernard. «L'exil anglais». *MagL* 238 (1987), 29-30, ill.

Trad. en grec: *Διαβάζω* 177 (28 oct. 1987), 32-33, ill.

302 GUÉDON, Jean Claude. «Le retour d'Angleterre de Voltaire et son séjour chez Jacques Tranquillain Féret de Dieppe». *SVEC* 124 (1974), 137-42.

303 JUSSERAND, Jean Adrien Antoine Jules *English essays from a French pen*. New York: Putnam; London: T. Fisher Unwin, 1895. 215 p. ill.

p.193-203, «One more document concerning Voltaire's visit to England»: sur des lettres d'introduction du ministre des affaires étrangères, le comte de Morville, adressées à l'ambassadeur de France et portées par V en Angleterre. Voir aussi p.214-15, «Count de Broglie's letter concerning the *Henriade* of Voltaire, 1727». Best.D309.

Réimpr.: New York: AMS Press, 1970.

304 KRÜGER, Paul. *Studier i komparativ litteratur*. Udgivet af Henning Fenger og Else Marie Bukdahl. København: Gyldendal, 1968. 265 p.

p.37-44, «Voltaire i England» [Voltaire en Angleterre].

305 NETBOY, Anthony. «Voltaire's English years (1726-1728)». *VQR* 53 (1977), 336-52.

306 PERRY, Norma. «Voltaire in London». *The Times*, 22 April 1978, p.9.

307 PERRY, Norma. «The Rainbow, the White Peruke, and the Bedford Head: Voltaire's London haunts». *SVEC* 179 (1979), 203-20.

308 PERRY, Norma. «La chute d'une famille séfardie: les Mendes da Costa de Londres». *DHS* 13 (1981), 11-25.

Voir p.21-25: rapports de V avec cette famille dont la banqueroute d'un des membres fit perdre à V ses fonds en 1726.

CR: *YWMLS* 43 (1981), 158.

309 ROGERS, Pat. «Voltaire and Walpole: a further note». *PQ* 48 (1969), 279.

A propos de versements faits à V par le Trésor britannique. Voir aussi le n° suivant.

310   WINTON, Calhoun. « Voltaire and Sir Robert Walpole : a new document ». *PQ*
      46 (1967), 421-24.

      Ordonnance de paiement de la Trésorerie adressée à V de la part de Robert
      Walpole. Voir aussi le n° précédent.

1729-1734

Voir aussi le numéro 293.

311   *Journal de la Cour & de Paris depuis le 28 novembre 1732 jusques au 30 novembre
      1733.* Edité et annoté par Henri Duranton, avec une préface de Françoise
      Weil. Saint-Etienne : U. de Saint-Etienne, 1981. 198 p. (Textes et documents,
      Université de Saint-Etienne).

      Voir l'index pour les références à V.

      CR : J. Boissière, *DHS* 14 (1982), 453 ; P. Jansen, *RHL* 82 (1982), 906.

312   BRUYÈRE, André. « Mais oui, Voltaire fut l'hôte de Saint-Germain-en-Laye ».
      Société des amis du vieux Saint-Germain, Bulletin 30 (1978), 5-10.

      Les circonstances et les détails de sa visite à partir du 15 mars 1729.

313   GÉRARD-GAILLY. « Voltaire à Canteleu ». *Les Amis de Flaubert* 35 (1969), 39.

      Séjour à la commune en Normandie de mars à juin 1731. C'est là qu'il écrivit
      Eriphyle et mit la dernière main à l'*Histoire de Charles XII.*

1734-1754

Voir aussi les numéros 1384-1385.

314   GRAFFIGNY, Françoise-Paule d'Issembourg d'Happoncourt Huguet de. *Corres-
      pondance de Madame de Graffigny.* Directeur de l'édition, J. A. Dainard. Oxford :
      The Voltaire Foundation, 1985- . Vol. 1- . ill.

      V *passim.* Voir les lettres à Devaux (i.192-320) ainsi que l'introduction. Voir les
      index.

315   JYL, Laurence. *Drôle de nièce : 30 ans avec Monsieur de Voltaire.* [Paris] :
      J.-C. Lattès, 1985. 321 p.

      Biographie de Mme Denis.

      CR : R. Desné, *DHS* 18 (1986), 533.

316   MARKIEWICZ, Zygmunt. « Stanislas et l'incorporation culturelle de la Lorraine
      à la France ». [In] *La Lorraine dans l'Europe des Lumières.* Actes du colloque

organisé par la Faculté des lettres et des sciences humaines de l'Université de Nancy. Nancy, 24-27 octobre 1966. Nancy: Faculté des lettres et des sciences humaines de l'U. de Nancy, 1968. 376 p. ill. (Annales de l'Est, Mémoire 34), p.177-86.

> Voir p.179-80: séjour de V en Lorraine, ses témoignages postérieurs sur ce séjour et sur Stanislas.

317 POMEAU, René. «Voltaire, en passant par la Lorraine». [In] *La Lorraine dans l'Europe des Lumières.* Actes du colloque organisé par la Faculté des lettres et des sciences humaines de l'Université de Nancy. Nancy, 24-27 octobre 1966. Nancy: Faculté des lettres et des sciences humaines de l'U. de Nancy, 1968. 376 p. ill. (Annales de l'Est, Mémoire 34), p.253-59.

> A propos de séjours à Nancy en 1729, 1735, 1748-1749.

318 SHOWALTER, English, Jr. *Voltaire et ses amis d'après la correspondance de Mme de Graffigny.* 1. *1738-1739.* Publié sur les manuscrits inédits. Banbury: The Voltaire Foundation, 1975. 233 p. (SVEC, 139).

> CR. J. H. Brumfitt, *FS* 33 (1979), 744-45; A. Magnan, *RHL* 80 (1980), 298-300; H. T. Mason, *TLS,* 20 Feb. 1976, p.201; J. Sareil, *RR* 69 (1978), 147-48; Mr. X, *FR* 49 (1975-76), 791-92.

CIREY ET MME DU CHÂTELET

Voir aussi les numéros 679, 2236, 2603, 2613, 3462, 3502.

319 ARMANDI, Gabriele. «Voltaire innamorato». *Ausonia* 23, n° 5 (1968), 37-46.

> Réimpr.: *OPL* 15, n° 1 (1969), 76-84.
> V, Mme Du Châtelet et Mme Denis

320 BADINTER, Elisabeth. *Emilie, Emilie: l'ambition féminine au XVIIIᵉ siècle.* Paris: Flammarion, 1983. 489 p. port.

> Au sujet de Mme Du Châtelet et de Mme d'Epinay. V *passim,* mais surtout p.231-93 et p.417-32.
> Autre éd.: Paris: Flammarion, 1983, 467 p. (Livre de poche). Voir p.225-86 et p.407-22.

321 BARBER, William H. «Mme du Châtelet and Leibnizianism: the genesis of the *Institutions de physique*». [In] *The Age of the Enlightenment* (1967: n° 1), p.200-22.

> Etude de l'évolution de ses opinions scientifiques et philosophiques et du rôle de V.

322 BARBER, William H. «Voltaire at Cirey: art and thought». [In] *Studies in eighteenth-century French literature* (1975: n° 7), p.1-13.

45

323 BARRY, Joseph. *French lovers: from Heloïse and Abelard to Beauvoir and Sartre*. New York: Arbor House, 1987. xv, 352 p.

>p.105-44, «The poet and the scientist: Voltaire and the Marquise du Châtelet».

324 CAPEFIGUE, Jean-Baptiste. *La Marquise Du Châtelet et les amies des philosophes du XVIIIᵉ siècle*. Paris: Amyot, 1868. viii, 202 p.

>p.51-74, «La marquise du Châtelet – les amours de Voltaire»; voir aussi p.77-89 *passim*.

>Réimpr.: Genève: Slatkine Reprints, 1970.

325 CIPRIANI, Fernando. «Mᵐᵉ de Grafigny: dalle *Lettres de Cirey* alle *Lettres d'une Péruvienne*». *RLMC* 33 (1980), 165-86.

>V *passim*.

326 EDWARDS, Samuel. *The Divine mistress*. New York: David McKay, 1970. 275 p.

>Biographie de Mme Du Châtelet: V *passim*.

>CR: B. Grebanier, *NYTBR*, 26 Apr. 1970, p.4, 48.

>Réimpr.: London: Cassell, 1971.

>Trad.: *Die Göttliche Geliebte Voltaires: das Leben der Emilie du Châtelet*. Aus dem Amerikanischen übertragen von Anne Uhde. Stuttgart: Engelhorn-Verlag, 1989. 264 p. (Engelhorns Lebensbilder).

327 FLEURIOT DE LANGLE. «Une amie de Voltaire: la comtesse de Graffigny». *Revue générale belge* (1967, n° 4), 67-76.

>p.73-75, «A Cirey avec Voltaire».

328 GORSSE, Pierre de. «Voltaire, la marquise du Châtelet et l'Académie des jeux floraux [...]». *Recueil de l'Académie des jeux floraux* (1979), 85-94.

>Sur la nomination de V aux Jeux floraux de Toulouse.

329 GRAND, Serge. *Ces bonnes femmes du XVIIIᵉ siècle: flâneries à travers les salons littéraires*. Paris: Pierre Horay, 1985. 300 p. ill.

>p.131-46, «Une rencontre décisive: Madame Du Châtelet et Voltaire». Histoire de leurs rapports.

330 HARTMANN, Jean. «La malheureuse grossesse de Madame du Châtelet». *Mémoires de l'Académie de Stanislas* 6ᵉ s., 47 (1966-1967), 83-101.

>V *passim*.

331 LEROUX, Jean-François. «Le pays baralbin et la littérature: quand Voltaire, à Cirey, rêvait de devenir châtelain de Spoy». *La Vie en Champagne* 20 (nov. 1972), 4-9, ill.

332 MITFORD, Nancy. *Voltaire in love*. London: Hamish Hamilton, 1957. xii, 288 p. New York: Harper, 1957. 320 p. ill.

> Au sujet des relations de V avec Mme Du Châtelet et Mme Denis.
>
> CR: A. Maurois, *Time & Tide*, 16 Nov. 1957, p.1434-35; [C. Connolly], *TLS*, 25 Oct. 1957, p.638; J. G. Weightman, *New statesman*, 26 Oct. 1957, p.536-38.
>
> Réimpr.: New York: Greenwood P., 1969.
>
> Trad.: *Voltaire amoureux*. Traduit de l'anglais par Jacques Brousse. Paris: Stock, 1959. 290 p.
>
> CR: A. Delorme, *RSyn* 80 (1959), 312.
>
> Trad.: *Voltaire innamorato*. Traduzione dall'inglese di Bruno Oddera. Milano: Bompiani, 1959. 294 p. (Grandi ritorni).
>
> Trad.: *A Szerelmes Voltaire*. Fordította Zilahi Judit. A versidézeteket Tellér Gyula fordít. Bratislava: Madách, 1972. 279 p.
>
> Trad.: *Wolter zakochany*. Tłumaczyła Krystyna Szerer. Warszawa: Czytelnik, 1979. 273 p. ill.

333 SAGET, Hubert. «Voltaire à Cirey». *Revue universitaire des Marches de l'Est* 1 (1979), 64-67.

334 SHOWALTER, English, Jr. «Sensibility at Cirey: mme Du Châtelet, mme de Graffigny, and the *Voltairomanie*». *SVEC* 135 (1975), 181-92.

335 SHOWALTER, English, Jr. «Authorial self-consciousness in the familiar letter: the case of Madame de Graffigny». *YFS* 71 (1986), 113-30.

> La correspondance de Mme de Graffigny avec François-Antoine Devaux où il est en partie question de la vie de V et de Mme Du Châtelet à Cirey (p.121-22, 128-29).

336 VAILLOT, René. *Madame du Châtelet*. Préface de René Pomeau. Paris: Albin Michel, 1978. 350 p. ill.

> p.57-323: V *passim*.
>
> CR: J. Geffriaud Rosso, *SFr* 23 (1979), 308-11 et *RHL* 80 (1980), 446-47; J. Goulemot, *NL*, du 6 au 13 juil. 1978, p.25; G. Guistard-Auviste, *Le Monde*, 2 juin 1978, p.21; J. Marchand, *Cahiers rationalistes* 344 (1978), 27-28; H. T. Mason, *DHS* 11 (1979), 473-74; L. Tundo, *CulF* 25 (1978), 166-68.

337 VAILLOT, René. *Avec Madame Du Châtelet, 1734-1749*. Oxford: The Voltaire Foundation, 1988. vi, 432 p. (Voltaire en son temps, 2).

> CR: *BCLF* 519 (1989), 359-60; J. Dagen, *Littératures* 22 (1990), 227-29; R. Desné, *DHS* 21 (1989), 537; E. D. James, *FS* 45 (1991), 79-80; E. Jaugin, *RHL* 91 (1991), 994-95; J. C. Nicholls, *FR* 63 (1989-90), 371-73.

338   WADE, Ira O. *Voltaire and Madame du Châtelet : an essay on the intellectual activity at Cirey*. Princeton, N.J.: Princeton U. P., 1941. xii, 241 p. (Princeton publications in Romance languages); London: Oxford U. P., 1941.

C'est à Cirey que V a commencé à s'occuper de la critique biblique.

CR: H. Brown, *MLQ* 3 (1942), 340-44; G. R. Havens, *RR* 33 (1942), 80-82; J. Lough, *MLR* 37 (1942), 225-27; E. Malakis, *MLN* 57 (1942), 238-39; A. Schinz, *FR* 15 (1941), 70-71; N. L. Torrey, *AHR* 47 (1941-1942), 584-85.

Réimpr.: New York: Octagon Books, 1967.

339   WALTERS, Robert L. « Chemistry at Cirey ». *SVEC* 58 (1967), 1807-27.

Etude du développement de la pensée scientifique de V et de Mme Du Châtelet et de leurs différents points de vue.

FRÉDÉRIC LE GRAND ET LA PRUSSE [1]

Voir aussi les numéros 494, 669, 744, 1098, 1597, 1879, 1894, 1900, 1920, 2074, 2086, 2411, 2543, 2551-2552, 2572, 2989, 3169-3170, 3403, 3478, 3535.

340   BRÜES, Otto. *Schloss Moyland. Ein historischer Bericht über das Treffen Friedrichs des Grossen mit Voltaire auf Schloss Moyland, ergänzt durch Bilder von den Begegnungsstätten am Niederrhein und aus der Zeit*. Duisburg: Mercator-Verlag G. Wohlfarth, 1967. 52 p. ill.

V *passim*.

341   CARLYLE, Thomas. *History of Friedrich II of Prussia called Frederick the Great*. Edited with an introduction by John Clive. Chicago; London: U. of Chicago P., 1969. xl, 479 p. (Classic European historians).

p.381-413, « Berlin carrousel, and Voltaire visible there »; p.414-31, « Tragical afterpiece »; pour d'autres références, voir l'index.

342   CASTELOT, André. « La plume et l'épée: Voltaire et Frédéric le Grand ». *Historia* 302 (janv. 1972), 30-39, ill.

343   CHANTRE, Jean-Claude. « ‹ On presse l'orange et on jette l'écorce ! › : Voltaire, persona non grata à la cour de Frédéric II de Prusse ». *Revue française d'histoire du livre* 55 (1986), 377-88, ill.

344   CONDAT, Robert. « Voltaire: lettres d'Allemagne ». *Littératures* 21 (1989), 147-52.

Etude de trois lettres de Louise-Dorothée de Saxe-Gotha à V concernant le séjour de celui-ci en Prusse.

---

1. Voir aussi n° 688 et suiv. ci-dessous.

345 FONTIUS, Martin. «Voltaire vu par cinq correspondants de Formey». [In] *Le Siècle de Voltaire* (1987: n° 44), i.489-98.

Lettres conservées à Berlin qui donnent des indications sur la vie de V en Prusse.

346 HYTIER, Adrienne D. «Frédéric II et les philosophes récalcitrants». *RR* 57 (1966), 161-76.

Voir p.161-63 et *passim*.

347 JAECK, Hans-Peter. *Kammerherr und König: Voltaire in Preussen*. [Mit 21 Zeichnungen von Adolph Menzel]. Berlin: Buchverlag Der Morgen, 1987. 334 p. ill.

Récit romancé du séjour de V en Prusse.

CR: C. Michaud, *DHS* 21 (1989), 513-14.

348 JANSSENS-KNORSCH, Uta. «Against Voltaire: an unfavourable view of the philosopher-poet among French expatriates in Berlin». *SVEC* 267 (1989), 119-26.

Les huguenots français Samuel Formey et Jean Deschamps.

349 MAGNAN, André. *Contributions à la biographie de Voltaire: autour du séjour en Prusse, 1750-1753*. Thèse, U. de Paris IV, 1980. 695 f.

350 MAGNAN, André. *Dossier Voltaire en Prusse (1750-1753)*. Oxford: The Voltaire Foundation, 1986. xii, 441 p. (SVEC, 244).

Contient une analyse systématique des lettres de Prusse à Mme Denis, des notes sur la correspondance avec la comtesse de Bentinck, des fragments biographiques sur V et la comtesse, des notes sur la correspondance générale, et des textes, documents et témoignages oubliés ou inédits.

CR: P. Alatri, *SFr* 32 (1980), 342; R. Desné, *DHS* 21 (1989), 537-38; A. D. Hytier, *DidS* 24 (1991), 200-202; E. Jacobs, *FS* 42 (1988), 88; C. Mervaud, *RHL* 90 (1990), 250-52; D. Williams, *MLR* 84 (1989), 473-74; *YWMLS* 48 (1986), 180-81.

351 MAGNAN, André & Christiane MERVAUD. «Sur les derniers jours de Voltaire en Prusse: lecture de deux nouvelles lettres de la comtesse de Bentinck à Voltaire». *RHL* 80 (1980), 3-26. Résumé, p.175.

352 MERVAUD, Christiane. «Voltaire, Baculard d'Arnaud et le prince Ferdinand». *SVEC* 183 (1980), 7-33.

Sur la correspondance de Baculard avec Ferdinand; en partie sur les réactions de la cour de Frédéric à V.

CR: A. D. Hytier, *ECCB* n.s. 5 – for 1980 (1984), 597.

353 MERVAUD, Christiane. «Voltaire et Frédéric II. Une dramaturgie des Lumières». *IL* 36 (1984), 64-69.

Résumé de sa thèse. Voir le n° suivant.

354 MERVAUD, Christiane. *Voltaire et Frédéric II : une dramaturgie des Lumières, 1736-1778.* Oxford : The Voltaire Foundation, 1985. ix, 617 p. (SVEC, 234). [Thèse, U. de Paris IV, 1983].

Relations épistolaires entre V et Frédéric.

CR : P. Alatri, *SFr* 31 (1987), 127-28 ; D. B., *Archives de philosophie* 50 (1987), 504 ; R. Desné, *DHS* 18 (1986), 532-33 ; R. Geissler, *DLZ* 110 (1989), 495-98 ; A. D. Hytier, *DidS* 23 (1988), 187-88 ; E. Jacobs, *FS* 40 (1986), 460-61 ; R. Mortier, *RHL* 87 (1987), 302-305 ; G. Pons, *EG* 42 (1987), 54-59 ; J. Renwick, *MLR* 85 (1990), 958-60 ; J. Sareil, *ECCB* n.s. 11 – for 1985 (1990), 670 ; J. Vercruysse, *Nouvelles annales prince de Ligne* 2 (1987), 219.

355 MERVAUD, Christiane. «Der Briefwechsel mit Voltaire». [In] *Panorama der Fridericianischen Zeit : Friedrich der Grosse und seine Epoche. Ein Handbuch.* Hrsg. von Jürgen Ziechmann. Bremen : Edition Ziechmann, 1985. 1037 p. ill. (Forschungen und Studien zur Fridericianischen Zeit, 1), p.259-65.

356 MERVAUD, Christiane & Ute van RUNSET. «Un témoin de Voltaire à la cour de Berlin : le prince Ferdinand». *RHL* 80 (1980), 720-36.

V, surtout son impact politique, vu par le frère cadet de Frédéric.

357 MITFORD, Nancy. *Frederick the Great.* Picture research by Joy Law. London : Hamish Hamilton ; New York : Harper & Row, 1970. 304 p.

V *passim* – voir l'index.

CR : C. Michaud, *DHS* 4 (1972), 399-400.

Réimpr. : London : Hamish Hamilton, 1988. 214 p.

358 MOUREAUX, José-Michel. «La mythologie du héros dans les rapports de Voltaire et Frédéric de 1736 à 1741». [In] *Voltaire und Deutschland* (1979 : n° 20), p.223-39. Résumé en allemand, p.528-29.

359 ORIEUX, Jean. «Voltaire dans la ménagerie de Frédéric II». *NL*, 14 avr. 1966, p.7, ill.

Chapitre tiré de son *Voltaire* (1966 : n° 605).

360 RUNSET, Ute van. «Form und Funktion des literarischen Portraits um Friedrich den Grossen und Voltaire». [In] *Voltaire und Deutschland* (1979 : n° 20), p.299-312. Résumé en français, p.531.

Une analyse de quatre portraits de V et de Frédéric servant à éclairer les relations des deux protagonistes.

361 SAREIL, Jean. « La mission diplomatique de Voltaire en 1743». *DHS* 4 (1972), 271-99.

   CR: R. L. Frautschi, *FR* 47 (1973-74), 1192.

362 SAREIL, Jean. « Le portrait de Frédéric II dans *Candide* et les *Mémoires* de Voltaire». [In] *Voltaire und Deutschland* (1979: n° 20), p.183-89. Résumé en allemand, p.532.

363 SKALWEIT, Stephan. «‹Roi philosophe› und ‹philosophe guerrier›». [In] *Voltaire*. Hrsg. von Horst Baader (1980: n° 25), p.119-51.

   Réimpr. de: S. Skalweit, *Frankreich und Friedrich der Grosse* (1952: *QA* 186), p.40-65.

364 SOREL, Nancy Caldwell. « Frederick the great and Voltaire». *The Atlantic* 253 (Jan. 1984), 81, ill.

365 THOMSON, Ann. «Quatre lettres inédites de La Mettrie». *DHS* 7 (1975), 5-19, fac-sim.

   Lettres contenant plusieurs références à V pendant son séjour en Prusse.

366 THOMSON, Ann. «Aspects inconnus du séjour de Voltaire en Prusse». [In] *Voltaire und Deutschland* (1979: n° 20), p.79-89. Résumé en allemand, p.535.

   Sur l'affaire Baculard d'Arnaud, F. W. von Marschall et J.-H.-S. Formey.

367 TODD, Alice. *The Intellectual relationship between Voltaire and Frederick the Great.* Diss., U. of Virginia, 1971. 177 p.

   Résumé: *DAI* 32 (1971-72), 4636A.

368 VERCRUYSSE, Jeroom. « Une épigramme de Voltaire à Frédéric II». *SVEC* 174 (1978), 59-60.

   Incipit: «Vous êtes pis qu'un hérétique».

369 VERCRUYSSE, Jeroom. «L'œuvre de *Poéshie* corrigée: notes marginales de Voltaire sur les poésies de Frédéric II». *SVEC* 176 (1979), 51-62.

1755-1778

GENÈVE [1]

Voir aussi les numéros 662, 666, 1434, 2522, 3462.

370 CANDAUX, Jean-Daniel. « La construction du ‹Château Lolotte› à Saint-Jean: une recherche de dates». *Musées de Genève* 86 (juin 1968), 12-15, ill.

---

   1. Voir aussi n° 1432 et suiv. ci-dessous.

La date de la construction des Délices basée en partie sur la correspondance de V et sur un procès-verbal.

371 GARGETT, Graham. «Voltaire et l'affaire Saurin». *DHS* 10 (1978), 417-33.
Etude serrée de l'incident de 1758 à Lausanne.

372 GRENET, Colette. «Pourquoi Voltaire a choisi la Suisse». *Miroir de l'histoire* 303 (mars 1978), 44-53, ill.
Sur la vie de V aux Délices et à Ferney.

373 KLIBÈS, Georges. *Genève et Voltaire: texte d'un montage audio-visuel, juin 1978.* Genève: Ecole d'ingénieurs de Genève, 1978. 30 f.

374 LACRETELLE, Jacques de. «Visite aux Délices». *Le Figaro*, 30 juil. 1959, p.1.
Sur le château, l'Institut et Musée Voltaire et l'esprit voltairien.
Réimpr. [in] Jacques de Lacretelle, *Portraits d'autrefois, figures d'aujourd'hui.* Paris: Librairie académique Perrin, 1973. 359 p. ill. p.193-96.

375 MAY, Georges. «L'année 1769. Voltaire, Rousseau et Diderot: grandeur et servitude de l'âge et de la gloire». *La Pensée* n.s. n° 146 (1969), 110-27.
Leurs ouvrages de l'année 1769.

376 POUMON, Emile. «Voltaire à Genève». *La Revue nationale* 40 (1968), 275-77, ill.
Sur l'installation de V aux Délices et sur l'Institut et Musée Voltaire aujourd'hui.

377 SCHAZMANN, Paul-Emile. «Jean Jallabert, syndic de Genève et grand physicien, réussit à être l'ami de Rousseau et de Voltaire». *La Tribune de Genève*, 13 août 1968, p.11, ill.
Réimpr. sous le titre «Figures d'autrefois – En 1768 mourait Jean Jallabert, syndic de Genève ami de J.-J. Rousseau et physicien génial». *La Liberté* (Fribourg), 12 oct. 1968.

378 SGARD, Jean. «Les spectacles ou des limites de la tolérance». [In] *Voltaire, Rousseau et la tolérance* (1980: n° 26), p.79-91. Discussion, p.92-95. Résumé, p.80.
En partie sur V et sur la querelle à l'occasion de la publication de l'article «Genève» de l'*Encyclopédie*.

379 VAHLKAMP, Charles G. *Voltaire's literary career: 1770-1778.* Diss., Vanderbilt U., 1970. 427 p.
Résumé: *DAI* 31 (1970-71), 2943A.

380 WIRZ, Charles. « Voltaire chez les Genevois ». *Informations municipales* 53 (déc. 1978), 13-15, ill.

FERNEY

Voir aussi les numéros 67, 126, 372, 445, 662, 1929, 3413, 3432, 3462, 3472, 3497, 3515.

381 *Voltaire's household accounts, 1760-1778.* Edited in facsimile by Theodore Besterman. Genève: Institut et Musée Voltaire; New York: The Pierpont Morgan Library, 1968. viii, 321 p.
   CR: W. H. Barber, *FS* 26 (1972), 457-58; L. G. Crocker, *MLN* 84 (1969), 684-85; O. R. Taylor, *MLR* 67 (1972), 186-88; *TLS*, 12 Sept. 1968, p.994.

382 « Une visite à Monsieur de Voltaire et au docteur Tronchin ». *Visages de l'Ain* 22, n° 102 (1969), 28-29, ill.
   Récit de Jean-Jacques de Boissieu dans une lettre adressée à sa mère.

383 « Wagnière et Voltaire ». *Intermédiaire* 39 (1989), 100, 480.
   Contributions de Viranel, J. Cassagnau, L. Lebeau.

384 ARTHAUD, Claude. « Voltaire à Ferney ». [In] *Les Maisons du génie.* Paris: Arthaud, 1967. 364 p. ill. p.344-59.
   Trad.: « Voltaire at Ferney ». [In] *Homes of the great.* Translated from the French by Peter Burgess. London: Weidenfeld and Nicolson, 1967. 364 p. ill. p.344-59.

385 ASSOCIATION DES AMIS DE FERNEY-VOLTAIRE. *Flâneries au pays de Voltaire.* [Ferney-Voltaire, 1978]. 56 p. ill.
   Contient de nombreux souvenirs de V.

386 BARBER, Giles G. « Les philosophes en robe de chambre ». [In] *Le Siècle de Voltaire* (1987: n° 44), i.63-70.
   Voir p.63, 65-70. V donne à la robe de chambre un rôle important dans la conception de son rôle de philosophe.

387 BAUDSON, Françoise. « Le château de Ferney ». *Visages de l'Ain* 32, n° 162 (1979), 35-38, ill.
   Sur les transformations successives du château faites par V.

388 BESTERMAN, Theodore. « A day in the life of Voltaire ». *History today* 19 (1969), 618-24, ill.
   Réimpr. de son *Voltaire* (1969: n° 489), p.767-85.

389 BOCQUILLOD, Emile. « Voltaire ‹sauveur› du pays de Gex ». *Voix de l'Ain*, 23 juin 1978, p.48, ill.

> V transforme Ferney.

390 BOCQUILLOD, Emile. « En marge du bicentenaire : ‹Belle et Bonne› (Reine-Philiberte Rouph de Varicourt) une Gessienne, fervente amie de Voltaire ». *Voix de l'Ain*, 28 juil. 1978, p.1, 20-21, ill.

391 BODINEAU, Pierre. « Un administré remuant de l'intendant de Bourgogne : Monsieur de Voltaire ». *Mémoires de la Société pour l'histoire du droit et des institutions des anciens pays bourguignons, comtois et romands* 37 (1980), 253-64.

> Traces, contenues dans les liasses de l'Intendance de Bourgogne, des relations de V avec l'intendant et avec le subdélégué à Gex.

392 BOISSIEU, Jean-Louis de. « Mademoiselle Clairon à Ferney : une précision inédite ». *RHL* 88 (1988), 239-41.

> Lettre inédite de Jean-Jacques de Boissieu, graveur lyonnais, adressée à sa mère : des renseignements sur l'arrivée de l'actrice à Ferney le 31 juil. 1765.

393 BONNET, Jean-Claude. « La visite à Ferney ». [In] *Le Siècle de Voltaire* (1987 : n° 44), i.125-35.

> Sur la préoccupation de V avec son image publique.

394 BOURGEAT, Roger. *Fernex – ses seigneurs, Voltaire et son église.* Ferney-Voltaire : R. Bourgeat, 1978. 18 p. ill.

> CR : J. Paul-Debreuil, *Visages de l'Ain* 32, n° 162 (1979), 41-42.

395 CASTIN, H. « Prémices de la Révolution au pays de Gex : le conflit Fabry-Castin ». *Visages de l'Ain* 29, n° 148 (1976), 2-22, ill.

> Voir notamment p.6-11 sur V et les impôts gessiens.

396 CASTOR, Claude. *Voltaire et les maçons de Samoëns : une esquisse de Ferney au XVIIIᵉ siècle.* Ferney-Voltaire : Les amis de Ferney-Voltaire, [1978]. 55 p.

> Le rôle des maîtres d'œuvre et des maçons dans le développement de Ferney. V *passim*.

397 CERCLE D'ÉTUDES FERNEYSIENNES – ACADÉMIE CANDIDE. *Ferney-Voltaire : pages d'histoire.* Annecy : Gardet imprimeur éditeur, 1984. 368 p. ill.

> Lucien Choudin, « Introduction : Monsieur de Voltaire quitte Ferney », p.11-13 ; Lucien Choudin, « Voltaire partriarche de Ferney et fabricant de bas de soie », p.203-206 ; Bruno Racle, « A propos du château de Voltaire », p.37-53 (surtout p.37-47) ; Bruno Racle, « Voltaire et ses montriers », p.207-27 ; Véronique Rollet-Noël-Bouton, Bruno Racle et Lucien Choudin, « Ferney 1759-1778 », p.131-59 ;

Véronique Rollet-Noël-Bouton, Lucien Choudin et Bruno Racle, «Les horlogers et l'horlogerie à Ferney: catalogue raisonné», p.229-50 (V *passim*); Véronique Rollet-Noël-Bouton, «La tannerie de Ferney», p.251-55 (notamment p.251-53).

398 CHOUDIN, Lucien. *Deo erexit Voltaire, MDCCLXI: l'église de Ferney 1760-1826.* Annecy: Gardet, 1983. 165 p. ill.

    CR: C. R. Du Mont, *ECCB* n.s. 9 – for 1983 (1988), 724; E. Lizé, *DHS* 17 (1965), 483-84.

399 CORDIÉ, Carlo. «Davide Bertolotti fra Voltaire e Madame de Staël. (In appendice: Scorsa a Ferney ed a Coppet, 1820)». *Studi piemontesi* 17 (1988), 3-12.

    Basé sur «Lettera v» du *Viaggio da Milano a Ginevra* de Bertolotti.

400 DESTAING, Fernand. *La Fin des hommes illustres.* Paris: Presses de la Cité, 1977. 270 p.

    p.163-73, «Voltaire ou mourir de plaisir»: la vie à Ferney, le retour à Paris et la mort.

401 DUBOIS, Simone. «Visite à Voltaire et lettres inédites de Madame de Charrière». *Musée neuchâtelois* 9 (1972), 213-24.

    Voir p.219-21: une lettre du 7 juin 1777 où Mme de Charrière raconte sa visite chez V.

402 DUCKWORTH, Colin. «Voltaire at Ferney: an unpublished description». *SVEC* 174 (1978), 61-67.

    Par Emmanuel-Henri-Louis-Alexandre de Launay, comte d'Antraigues.

403 FEHRMAN, Carl. «En Svensk resenär hos Rousseau och Voltaire» [Un voyageur suédois chez Rousseau et Voltaire]. *Svensk litteraturtidskrift* 32, n° 3 (1969), 23-29.

    Voir surtout p.25-29: visite de Jacob Jonas Björnståhl en 1770.

    Trad.: «Un voyageur suédois chez Rousseau et chez Voltaire», [Trad. par Guy Vogelweith]. [In] *Rencontres et courants littéraires franco-scandinaves*. Actes du 7ᵉ Congrès international d'histoire des littératures scandinaves (Paris 7-12 juillet 1968). Paris: Lettres modernes, Minard, 1972. 302 p. (Bibliothèque nordique, 4), p.253-62. Voir p.257-62.

404 GAGNEBIN, Bernard. «Voltaire et Rousseau: deux destins contradictoires (Parallèle entre Voltaire et Rousseau)». *Journal de Genève*, 11 juil. 1978, p.11; 13 juil., p.11; 15-16 juil., p.[9]; 18 juil., p.8; 20 juil., p.8; 22-23 juil., p.8; 25 juil., p.8.

    La suite de l'article se trouve au n° 432.

405 GAGNEBIN, Bernard. «La chambre de Voltaire à Ferney». *GBA* 6e pér., 104 (1984), 217-22, ill.

> Transformations de la chambre à travers les années.

406 GRAND, Serge. *Ces bonnes femmes du XVIIIe siècle: flâneries à travers les salons littéraires.* Paris: Pierre Horay, 1985. 300 p. ill.

> p.231-38, «Un salon par correspondance: Voltaire à Ferney».

407 GUILLERMAND, Jean. «La naissance d'une vocation au XVIIIe siècle: Coste, Voltaire, Choiseul et le rêve de Versoix». *Médecine et armées* 11 (1983), 709-19, ill.

> Le projet de l'établissement du port de Versoix.

408 JOVICEVICH, Alexander. «Voltaire and La Harpe – l'affaire des manuscrits: a reappraisal». *SVEC* 176 (1979), 77-95.

> Le vol prétendu des manuscrits de V par La Harpe.

409 KÜHLWEIN, Jan-Patrick. *Voltaire à Ferney.* [Grobenzell, 1987]. 25, [20] p. ill. (Gymnasium Puccheim, Kollegstufenjahrgang 1986/87).

410 LINDAHL, Per-Erik. «Rapport från Ferney» [Rapport de Ferney]. *Bokvännen* 42 (1987), 58-65, port.

> Ferney vu par J. J. Björnståhl et autres voyageurs.

411 LIZÉ, Emile. «Une affaire de pommes à Ferney: Simon Bigex contre Antoine Adam». *SVEC* 129 (1975), 19-26.

> Traite en partie du rôle de V dans cette dispute.
>
> CR: *ECCB* n.s. 1 – for 1975 (1978), 391.

412 PAUL-DUBREUIL, Jacques. «Le petit monde gessien de Monsieur de Voltaire». *Visages de l'Ain* 31, n° 157 (1978), 12-30, ill.

> Détails biographiques.

413 PAUL-DUBREUIL, Jacques. «Le voyage du citoyen Gacon en 1779». *Visages de l'Ain* 31, n° 157 (1978), 2-6.

> Visite de Claude Gacon au château de V.

414 STYLES-McLEOD, Catherine & Marianne HAAS. «Historic houses: Voltaire at Ferney». *Architectural digest* 47 (March 1990), 180-85, 244, ill.

415 VERCRUYSSE, Jeroom. «Madame Denis et Ximenès ou la nièce aristarque». *SVEC* 67 (1969), 73-90.

> Traite en partie de la disparition du ms. de l'*Histoire de la guerre de 1741*.

416 VERCRUYSSE, Jeroom. «La Harpe et la *Gazette d'Utrecht*: une lettre inédite à Choiseul». *SVEC* 79 (1971), 193-98.

> Détails sur l'expulsion de Ferney de La Harpe, donnés par celui-ci.

417 WILLIAMS, David. «Voltaire's guardianship of Marie Corneille and the pursuit of Fréron». *SVEC* 98 (1972), 27-46.

418 WIRZ, Charles. «Du ‹squelette des Délices› au ‹vieux malade de Ferney›». *Musées de Genève* 195 (mai 1978), 2-11, ill.

MORT ET ENTERREMENT

Voir aussi les numéros 400, 754, 907, 1373, 1433, 1448, 2258, 2268, 2280, 3522.

419 «Voltaire et Zola, coprophages?». *Intermédiaire* 16 (1966), 247-48, 454, 763-64; *Intermédiaire* 17 (1967), 347-50, 659-60, 962, 1058.

> Communications de O'Doubs, Oreste, R. du Val, H. Pinoteau, J. Seguin, Cornelius, le Docteur Apothicaire.

420 «Ouverture des cercueils de Voltaire et J.-J. Rousseau». *Intermédiaire* 19 (1969), 332, 787-91, 887, 983; *Intermédiaire* 20 (1970), 65.

> Communications de J. Eybert, G. Crouvezier, Grib'oval, Mandubius, M. Carpinos, A.-D. R., M. Faure, Leofredus.

421 BALCOU, Jean. «*L'Année littéraire* devant les événements de 1778». *RHL* 79 (1979), 199-207. Résumé, p.550.

> Sur la mort de V et de Rousseau.

422 BARRÉ, Jean-Luc. «‹Un grand état de confusion› au Panthéon». [In] *Voltaire ou la liberté de l'esprit* (1989: n° 49), p.121-24.

> Sur l'examen par Marcelin Berthelot des restes de V et de Rousseau en 1898.

423 BELLUGOU, Henri. «La double mort de Voltaire». *MAA* 10ᵉ s. (1979-1980), 77-82.

> A l'occasion du bicentenaire.

424 BONNET, Jean-Claude. «Les problèmes alimentaires dans la presse de 1778». [In] *L'Année 1778 à travers la presse traitée par ordinateur.* [Par] P. Jansen *et al.* Travaux du Centre d'étude du XVIIᵉ et du XVIIIᵉ siècle de l'Université de Paris-Sorbonne. Préface de Robert Mauzi. Paris: PUF, 1982. 246 p. (Littératures modernes, 29), p.159-82.

> Voir notamment p.179-81 (sur la présence du thème alimentaire dans l'annonce de la mort de V).

425 BRÉHANT, Jacques. «Pour un bicentenaire: la mort de Voltaire». *Bulletin de l'Académie nationale de médecine* 162 (1978), 428-35.

Article suivi d'une discussion.

426 BRÉHANT, Jacques. «La mort de Voltaire». *La Semaine des hôpitaux de Paris* 60, n° 46-47 (1984), 3254-64.

427 BRÉHANT, Jacques. «Qu'est devenu le cerveau de Voltaire?». *Bulletin de l'Académie nationale de médecine* 171 (1987), 1177-82.

428 CHAMPART, Jean. «Les tribulations du corps de Monsieur Arouet de Voltaire, un des quarante de l'Académie française». *La Vie en Champagne* 22 (mai 1974), 7-17, ill.

429 COY, Adelheid. *Die Musik der französischen Revolution: zur Funktionsbestimmung von Lied und Hymne.* München; Salzburg: Musikverlag Emil Katzbichler, 1978. 207 p. (Musikwissenschaftliche Schriften, 13).

Voir p.49-53: la musique jouée à l'occasion de l'enterrement de V. «Hymne à Voltaire», trois mises en musique de F.-J. Gossec, poésie de M.-J. de Chénier; «Peuple, éveille-toi», poésie de V, musique de Gossec. Textes p.125-26, partitions p.192-207.

430 DAOUST, Joseph. «Le bienheureux Gaultier et Voltaire». *Esprit et vie* 88, sér. 9 (1978), 225-28.

Sur les efforts que fit l'abbé Louis-Laurent Gaultier pour convertir V.

431 Φασονλάκης, Στεργιος. «Η μετακομιδή των οστών του Βολταίρου στο Παρίσι (1791)» [La translation des restes de Voltaire à Paris (1791)]. *Διαβάζω* 177 (28 oct. 1987), 24-25.

432 GAGNEBIN, Bernard. «Les dernières semaines de la mort de Voltaire». *Journal de Genève*, 25 juil. 1978, p.8; 27 juil., p.11; 29-30 juil., p.10; 1 août, p.11; 3 août, p.8; 5-6 août, p.6; 8 août, p.6; 10 août, p.8.

433 GALLIANI, Renato. «Quelques faits inédits sur la mort de Voltaire». *SVEC* 217 (1983), 159-75.

434 GUILLAUMOT, Pierre. «Une énigme historique: les restes de Voltaire sont-ils toujours à Sellières?». *La France* 6 (hiver 1983-84), 55-60.

435 JANSEN, Paule, François MOUREAU & Suzanne VAN DIJK. «L'événement dans les périodiques (1er mai-31 août 1778)». *RHL* 79 (1979), 233-43. Résumé, p.552.

La mort de V et de Rousseau. Contient en annexe une «Table raisonnée d'informations contemporaines sur le décès de Voltaire et de Rousseau».

436 LAMARQUE, Pierre. «Les restes de Voltaire». *Humanisme* 131-32 (1979), 107-109.

L'enterrement de V et la disparition de ses restes.

437 LAMY, Maurice. «La dernière maladie et la mort de Voltaire». *Médecine de France* 196 (1968), 9-14, ill.

438 LEITH, James A. «Les trois apothéoses de Voltaire». *AHRF* 51 (1979), 161-209, 30 pl.

Résumé: «The three apotheoses of Voltaire» [in] *Proceedings of the sixth annual meeting of the Western society for French history, 9-11 November 1978, San Diego, California.* Santa Barbara, Calif.: Western society for French history, 1979. xii, 384 p., p.158-59. Examen de la manière dont divers groupes évaluèrent l'impact de V sur leur société: le retour de V à Paris, sa mort, le transfert de ses cendres au Panthéon.

439 LEVER, Maurice. «Richelieu, Voltaire, Sade ... Pas de repos pour les dépouilles illustres!». *L'Histoire* 109 (mars 1988), 82-85, ill.

En partie sur les vagabondages des restes de V.

440 MANCERON, Claude. *Les Hommes de la liberté.* 1: *Les Vingt ans du roi: de la mort de Louis XV à celle de Rousseau, 1774-1778.* Paris: Laffont, 1972. 687 p.

Voir p.579-93, 597-613: sur les derniers jours de V.

Trad.: *The French Revolution.* 1: *Twilight of the old order* [éd. anglaise intitulée: *The Men of liberty: Europe on the eve of the French Revolution 1774-1778*]. Translated from the French by Patricia Wolf. New York: Alfred A. Knopf; London: Eyre Methuen, 1977. xvii, 650 p. ill. p.541-50, «Voltaire's final journey»; p.550-55, «Voltaire's credo»; p.566-72, «Voltaire's assassination».

441 MANCERON, Claude. «Voltaire a-t-il été assassiné?». *Historama* 276 (nov. 1974), 135-41, ill.

On ne lui donne pas à boire et le laisse dans ses excréments.

442 McMANNERS, John. *Reflections at the death bed of Voltaire: the art of dying in eighteenth-century France. An inaugural lecture delivered before the University of Oxford on 21 November 1974.* Oxford: Clarendon P., 1975. 32 p.

CR: J. H. Brumfitt, *FS* 33 (1979), 745-46.

443 MENANT, Sylvain. «L'audience de la poésie en 1778 d'après les périodiques». [In] *L'Année 1778 à travers la presse traitée par ordinateur.* [Par] P. Jansen *et al.*

Préface de Robert Mauzi. Paris: PUF, 1982. 246 p. (Littératures modernes, 29), p.223-38.

Voir notamment p.228-32: sur la réponse poétique qu'a provoquée la mort de V.

444   PIVA, Franco. «Gli echi della morte di Voltaire e di Rousseau nel *Giornale enciclopedico* di Venezia». *Aevum* 53 (1979), 498-518.

CR: L. Guglielmino, *SFr* 27 (1983), 354-55.

445   POMEAU, René. «La mort de Voltaire et ses suites: une lettre inédite de Madame Denis». *RHL* 79 (1979), 182-86. Résumé, p.549.

Lettre qui révèle la dislocation de la petite société de Ferney après la mort de V.

446   SCHILLING, Bernard N. «The apotheosis of Voltaire». [In] *Evidence in literary scholarship: essays in memory of James Marshall Osborn*. Edited by René Wellek and Alvaro Ribeiro. Oxford: Clarendon P., 1979. xxiv, 417 p., p.363-77.

L'apothéose de V en 1791.

447   SGARD, Jean. «Morts parallèles». *DHS* 11 (1979), 15-26.

La mort de V et de Rousseau. Contient à la fin une liste de 22 périodiques littéraires contenant des comptes rendus de leur mort.

448   VERCRUYSSE, Jeroom. «Lettre de Henri Rieu sur les derniers jours de Voltaire». *SVEC* 135 (1975), 193-98.

449   [WASHIMI, Yoichi. «Deux morts – la situation en 1778 et Rousseau et Voltaire»]. *Shiso* 649 (1978), 4-47.

En japonais.

450   ZÉPHIRIN, Yolande. «L'odyssée post-mortem de Voltaire de 1778 à 1897». *La Montagne Ste-Geneviève et ses abords* 130 (nov. 1969), 71-84.

Critiques et biographies générales

451 *Voltaire par lui-même: images et textes.* Edité par René Pomeau. Paris: Editions du Seuil, 1955. 190 p. ill. port. (Ecrivains de toujours, 28).

> p.5-9, «Etat présent des études voltairiennes».

> CR: A. Adam, *RSH* 81 (1956), 106-107; R. Coiplet, *Le Monde*, 10 juin 1955, p.9; C. Govaert, *Le Thyrse* 48 (1955), 306-308; N. Matteucci, *Mulino* 6 (1957), 143-48; F. A. Taylor, *FS* 10 (1956), 263-65.

> Réimpr. avec une bibliographie revue et développée: Paris: Editions du Seuil, 1989. 192 p. (Points, 200. Littérature).

> Trad.: *Voltaire según Voltaire.* Trad. Francesc Cusó. Barcelona: Editorial Laia, 1973. 205 p. (Ediciones de bolsillo. Literatura. Ensayo, 306).

452 *Voltaire: a collection of critical essays.* Edited by William F. Bottiglia. Englewood Cliffs, N.J.: Prentice-Hall, 1968. xi, 177 p. (Twentieth-century views).

> Extraits d'écrits par des critiques du xxe siècle: p.18-30, Norman L. Torrey, «Duplicity and protective lying», tiré de son ouvrage, *The Spirit of Voltaire* (1938: *QA* 476); p.31-63, Theodore Besterman, «The real Voltaire through his letters», tiré de son recueil, *Voltaire essays and another* (1962: *QA* 1444); p.64-68, Ira O. Wade, «Voltaire and Madame du Châtelet», tiré de son ouvrage, *Voltaire and Madame du Châtelet* (1941; *QA* 159); p 69-76, Norman L. Torrey, «Voltaire and the English deists», tiré de son ouvrage, *Voltaire and the English deists* (1930: *QA* 1340); p.77-86, W. H. Brumfitt, «Voltaire historian», tiré de son ouvrage, *Voltaire historian* (1958: *QA* 1046); p.87-111, William F. Bottiglia, «Candide's garden», tiré de son ouvrage, *Voltaire's «Candide»* (1964: *QA* 1627); p.112-30, Peter Gay, «Voltaire's politics: France and constitutional absolutism», tiré de son ouvrage, *Voltaire's politics* (1959: *QA* 1177); p.131-39, Gustave Lanson, «The voltairian reformation of France», trad. de son ouvrage, *Voltaire* (1960: *QA* 408); p.140-49, René Pomeau, «Voltaire's religion», trad. de son ouvrage, *La Religion de Voltaire* (1956: *QA* 1237); p.150-65, Raymond Naves, «Voltaire's wisdom», trad. de son ouvrage, *Voltaire: l'homme et l'œuvre* (1942: *QA* 432).

> CR: P. M. Spurlin, *MLJ* 53 (1969), 519.

453 *Voltaire.* Milano: Periodici Mondadori, 1969. 134 p. ill. (I giganti della letteratura mondiale).

> Trad.: *Voltaire.* [Adapté en français par Annie Chaland]. Paris: Paris-Match, 1969. 134 p. ill. (Les Géants, numéro culturel hors série).

> CR: J. Vercruysse, *Pensée* 164 (1972), 151-52.

454 «Voltaire (d. i. François-Marie Arouet, 1694-1778)». [In] *Hauptwerke der
     französischen Literatur: Einzeldarstellungen und Interpretationen*. Mit einem ein-
     führenden Essay von Erich Köhler. Hrsg. von Irene Schwendemann. Mün-
     chen: Kindler Verlag, 1976. 536 p. (Edition Kindlers Literatur Lexikon, 2),
     p.243-50.

455 «Wie tot ist Voltaire? Zu seinem 200. Todestag». *SuF* 30 (1978), 485-93.
     Sélection d'extraits de divers auteurs (V, d'Alembert, Taine, Hugo, Grimm) traduits
     en allemand.

456 *Les Voltairiens*. Collection préparée par Jeroom Vercruysse. Nendeln: KTO
     Press, 1978. 8 vols.
     151 des écrits les plus courts sur V parus entre 1778 et 1830.

457 *Voltaire. Leben und Werk in Daten und Bildern*. Hrsg. von Rudolf von Bitter.
     Frankfurt am Main: Insel-Verlag, 1978. 293 p. ill. (Insel-Taschenbuch, 324).
     CR: U. van Runset, *RHL* 80 (1980), 805.

458 *Aide-mémoire Voltaire*. Avec la collaboration de P. Maury. Verviers: Nouvelles
     éditions Marabout, 1982. 156 p. ill. (Marabout Flash).
     Edition scolaire.

459 *Les Voltairiens, 2ème série: Voltaire jugé par les siens, 1719-1749*. 122 brochures
     sélectionnées et introduites par J. Vercruysse. Millwood, N.Y.: Kraus Inter-
     national Publications, 1983. 7 vols.
     Une collection d'écrits sur V, comprenant 122 textes, parus de 1719 à 1749. Contient
     une «Bibliographie des écrits français relatifs à Voltaire, 1719-1830» (vol. 1, p.xi-
     lxxx), comprenant 987 titres (version augmentée de son travail publié dans *SVEC*
     60 (1968: n° 117) sous le même titre).

460 *Correspondance littéraire secrète, 7 janvier-24 juin 1775*. Publiée et annotée par
     Tawfik Mekki-Berrada. Göteborg: Acta Universitatis Gothoburgensis; Paris:
     Jean Touzot, 1986. 2 vols (Romanica Gothoburgensia, 26-27).
     Voir l'index.

461 *Correspondance littéraire secrète, 29 juin - 28 décembre 1776*. Publiée et annotée par
     Barbro Ohlin. Göteborg: Acta Universitatis Gothoburgensis; Paris: Jean
     Touzot, 1986. 2 vols (Romanica Gothoburgensia, 28-29).
     Pour de multiples références à V et à son œuvre, voir l'index.

462 *Correspondance littéraire secrète, 1er janvier - 22 juin 1776*. Publiée et annotée
     par Birgitta Berglund-Nilsson. Göteborg: Acta Universitatis Gothoburgensis;
     Paris: Jean Touzot, 1987. 2 vols (Romanica Gothoburgensia, 31-32).
     Pour de multiples références à V et à son œuvre, voir l'index.

463 ABBOTT, Lawrence F. *Twelve great modernists*. New York: Doubleday, Page & Co., 1927. xii, 301 p.

> p.69-92, «Voltaire the humanitarian».
>
> Réimpr.: Freeport, N.Y.: Books for Libraries Press, 1969.

464 ACADÉMIE GONCOURT. *Voltaire*. Paris: EPI, [1984]. 16 p. ill. (Grands écrivains, 9).

465 ADAM, Antoine. *Le Mouvement philosophique dans la première moitié du XVIIIᵉ siècle*. Paris: Société d'édition d'enseignement supérieur, 1967. 285 p.

> p.197-239, «Voltaire avant 1750».

466 ADAMSKI, Jerzy. *Sekrety wieku Oświecenia: esej w pięciu rozdziałach* [La Vie secrète des Lumières: essai en cinq chapitres]. Kraków: Wydawnictwo Literackie, 1969. 201 p. ill.

> Divers aspects de la pensée et de l'œuvre de V.

467 Акимова, А. *Вольтер* [Voltaire]. Москва: Издательство ЦК ВЛКСМ Молодая Гвардия, 1970. 447 p. ill. (Жизнь замечательных людей, Серия биографий, 13 (489)).

468 ALATRI, Paolo. «Voltaire ...». [In] *Dizionario critico della letteratura francese*. Diretto da Franco Simone. Torino: Unione Tipografico-Editrice Torinese, 1972. 2 vols, xxiv, 1322 p.

> ii.1244-50, ill.

469 ALATRI, Paolo. *Introduzione a Voltaire*. Roma-Bari: Editori Laterza, 1989. 177 p. (Gli scrittori, 12).

> Vie et œuvres suivies d'un résumé de la critique de V depuis la Révolution jusqu'en 1969 (p.129-52) et d'une bibliographie.
>
> CR: F. Piva, *SFr* 34 (1990), 527; C. Porset, *DHS* 22 (1990), 563.

470 ALDRIDGE, A. Owen. *Voltaire and the century of light*. Princeton: Princeton U. P., 1975. xii, 443 p.

> CR: F. Bassan, *SFr* 21 (1977), 311; A. J. Bingham, *MLJ* 62 (1978), 143-45 et *RLMC*, 30 (1977), 313-17; D. A. Bonneville, *FR* 50 (1976-77), 640-41; F.J. Crosson, *Key reporter* 41, n° 3 (1976), 7; C. S. Durer, *YCGL* 25 (1976), 81-83; P. Gay, *NYTBR*, 17 Oct. 1976, p.22-24; R. W. Kilcup, *AHR* 82 (1977), 1265; H. T. Mason, *FS* 30 (1976), 469-70; H. C. Payne, *ECLife* 3 (1976-77), 36-39; R. Reichard, *HZ* 224 (1977), 716-17; I. Ricardo, *DidS* 19 (1978), 251-53; R. S. Ridgway, *CJH* 11 (1976-77), 246-47; R. C. Rosbottom, *SBHT* 18 (1977-78), 228-32; A.-M. Rousseau, *Arcadia* 12 (1977), 199-200; J. Sareil, *RR* 69 (1978), 249-50; M. Therrien, *DHS* 10 (1978), 501; J. Undank, *ECCB* n.s. 2 - for 1976 (1979), 398-99.

471   ALDRIDGE, A. Owen. « Problems in writing the life of Voltaire : plural methods and conflicting evidence ». *Biography* 1, n° 1 (1978), 5-22.

472   ANCHOR, Robert. *The Enlightenment tradition*. New York, &c. : Harper & Row, 1967. xix, 167 p. (Major traditions of world civilization).

   p.57-61, « Voltaire and natural religion » ; p.65-68, « Voltaire's *Candide* : the ethics of Enlightenment » ; voir aussi l'index.

473   ANDREWS, Wayne. *Voltaire*. New York : New Directions, 1981. viii, 165 p. (A new directions book).

   CR : J. A. Perkins, *FR* 56 (1982-83), 483 ; U. Van Runset, *RHL* 85 (1985), 300. Voir aussi l'article de M. Mudrick, « Truth, justice ... » (1981 : n° 600).

474   Арнаудов, Михаил. *Личности и проблеми в европейската литература* [Figures et problèmes de la littérature européenne]. София : Наука и Изкуство, 1967. 378 p.

   p.60-77, « Волтер » [Voltaire].

475   Артамонов, С. Д. « Вольтер » [Voltaire]. [In] *История зарубежной литературы XVII-XVIII вв.* С. Д. Артомонов, Ы. Т. Гражданская, Р. М. Самарин. Москва : Просвещение, 1967. 854 p., p.501-39.

476   Артамонов, С. Д. *Вольтер и его век : книга для учащихся* [Voltaire et son siècle : livre scolaire]. Москва : Просвещение, 1980. 221 p.

477   ARTZ, Frederick B. *The Enlightenment in France*. [Kent, Ohio] : Kent State U. P., 1968. ix, 166 p.

   p.66-82, « Voltaire » (sa jeunesse, sa vie à Ferney et ses centres d'intérêts).

478   ASHTON, Sherley. « Voltaire : one of the enduring voices ». *The Humanist* 39 (July-Aug. 1979), 57-59, ill.

479   AYER, A. J. *Voltaire*. New York : Random House ; London : Weidenfeld and Nicolson, 1986. x, 182 p.

   Vie et œuvre de V.

   CR : M. Cranston, *TLS*, 5 Dec. 1986, p.1384 ; D. Flower, *The London magazine*, Nov. 1986, p.96-98 ; Georges May, *NYTBR*, 2 Nov. 1986, p.32 ; J. Vercruysse, *Nouvelles annales prince de Ligne* 4 (1989), 216-18.

   Réimpr. : London ; Boston : Faber and Faber, 1988.

   Trad. : *Voltaire. Eine intellektuelle biographie*. Aus dem Englischen von Barbara Brumm. Frankfurt am Main : Athenäum, 1987. 216 p. (Philosophie).

   CR : U. Hinke-Dörnemann, *BPh* 25 (1988), 331 ; P. Trotignon, *RPFE* 114 (1989), 225.

480 BADAIRE, Vincent. *Ce diable d'homme ou Voltaire inconnu: d'après la série télévisée de TF1.* [Paris]: Hachette, 1978. 238 p. ill.

Texte d'une biographie télévisée.

481 Бахмутский, В. Я. «Вольтер» [Voltaire]. [In] *Большая советская энциклопедия.* Глабиый редактор А. М. Прохоров. Третье издание [3ᵉ éd.]. Москва: Издательство «Собетская энциклопедия», 1969-1978. 30 vols, v.342-43.

482 BARBER, William H. «Penny plain, twopence coloured: Longchamp's Memoirs of Voltaire». [In] *Studies in the French eighteenth century presented to John Lough by colleagues, pupils and friends.* Edited by D. J. Mossop, G. E. Rodmell, D. B. Wilson. Durham: U. of Durham, 1978. 286 p., p.9-21.

Broderie éditoriale par Decroix.

483 BARNI, Jules. *Histoire des idées morales et politiques en France au XVIIIᵉ siècle.* Paris: Germer-Baillière, 1865-1867. 2 vols.

Voir i.211-349: vie de V suivie d'une étude de ses idées morales et politiques (Cours donné à l'Académie de Genève, 1861).

CR: L. Anquez, *BSHPF* 16 (1867), 202-206.

Réimpr.: Genève: Slatkine Reprints, 1967.

484 BARNOUW, Jeffrey. «Erziehung des Menschengeschlechts: die Formierung bürgerlichen Bewusstseins (Voltaire, Johnson, Lessing)». [In] *Propyläen Geschichte der Literatur: Literatur und Gesellschaft der westlichen Welt.* 4: *Aufklärung und Romantik, 1700-1830.* Berlin: Propyläen Verlag, 1983. 607 p. ill. p.11-39, ill.

Voir notamment p.12-25: le voyage en Angleterre, les *Lettres philosophiques*, œuvres historiques, V et la religion.

485 BELAVAL, Yvon. «L'esprit de Voltaire». *SVEC* 24 (1963), 139-54.

A la recherche du véritable esprit de V. C'est l'homme d'esprit qui vit aujourd'hui; il est unique dans sa manière de lier esprit et action.

Trad.: «Το πνεψμα τοψ Βολταιροψ». *Εποχευ* 14 (1964), p.17-23.

Trad.: «Voltaires Esprit» [Trad. par Erika Schindel]. [In] *Voltaire.* Hrsg. von Horst Baader (1980: n° 25), p.385-402.

486 BEREGI, Théodore. *Sur le chemin de l'immortalité.* 1: *Littérature et art en France.* [Cosne-sur-Loire]: Art et poésie, 1986. 294 p. (Art et poésie).

p.47-54, «Voltaire».

487 BERGNER, Tilly. *Voltaire: Leben und Werk eines streitbaren Denkers: Biografie.* Berlin: Verlag neues Leben, 1976. 334 p. ill.

CR: C. Craig, *ECCB* n.s. 6 – for 1980 (1984), 594-95.

488 BESTERMAN, Theodore. «The real Voltaire». *Humanist* (London) 84 (1969), 11-13, 48-53, ill.

Conférence à University College, London.

489 BESTERMAN, Theodore. *Voltaire*. London: Longman, 1969; New York: Harcourt, Brace & World, 1969. 637 p. ill.

Contient en appendice la traduction anglaise (1777) des *Mémoires* de V, corrigée et annotée par Besterman.

CR: P. Alatri, *Studi storici* 11 (1970), 71-85; A. O. Aldridge, *CLS* 7 (1970), 393-94; A. Bakshian, Jr., *National review* 22 (1970), 689-90; M. Cranston, *The Listener*, 23 Apr. 1970, p.541-42; H. Hawton, *Humanist* (London) 84 (1969), 374-75; F. Hope, *New statesman* 78 (1969), 424-26; A. J. Knodel, *ECS* (1970-71), 471-77; J. McManners, *The Spectator* 223 (1969), 443-44; P. H. Meyer, *FR* 44 (1970-71), 985-87; *The New Yorker*, 10 Jan. 1970, p.71-75; J. H. Plumb, *NYTBR*, 28 Dec. 1969, p.4; R. Pouilliart, *LR* 25 (1971), 316-17; R. C. Rosbottom, *SBHT* 12 (1970-71), 1921-29; R. Shackleton, *EHR* 87 (1972), 831-32; R. A. Sokolov, *Newsweek*, 24 Nov. 1969, p.124-26; *Time*, 28 Nov. 1969, p.106; *TLS*, 18 Sept. 1969, p.1015; J. Vercruysse, *DHS* 3 (1971), 424; J. Weightman, *NYRB*, 18 June 1970, p.35-37.

Trad.: *Voltaire*. [Aus dem Englischen übersetzt von Siegfried Schmitz]. München: Winkler-Verlag, 1971. 603 p. ill.

CR: P. Fuchs, *HZ* 216 (1973), 691-93.

Trad.: *Voltaire*. [Traduzione dall'inglese di Raffaele Petrillo]. Milano: Feltrinelli, 1971. 568 p. ill. (I fatti e le idee. Saggi e biografie, 224).

CR: L. Bàccolo, *NA* 514 (1972), 108-109; A. M. Conti Odorisio, *Storia e politica* 11 (1972), 300-305; L. Sozzi, *SFr* 16 (1972), 492.

Réimpr.: 3rd edition, revised and enlarged. Oxford: Blackwell; Chicago: U. of Chicago P., 1976, 718 p. ill.

CR: J. H. Brumfitt, *FS* 33 (1979), 735-36; F. M. Chambers, *ArQ* 33 (1977), 285-86; R. S. Ridgway, *ECCB* n.s. 4 – for 1978 (1982), 473-74; J. Vercruysse, *Tijdschrift voor de studie van de Verlichting* 5 (1977), 115-17.

490 BESTERMAN, Theodore, éd. «William Beckford's notes on a life of Voltaire». *SVEC* 163 (1976), 53-55.

Notes dans *The Life of Voltaire* (1861) par Frank Hall Standish.

491 BIGEARD, G. *L'Ecrivain témoin de son temps*. Besançon: Imprimerie Jacques et Demontrond, 1980. 290 p.

p.107-17, «Voltaire: les destructions». En deux parties: 1. «Voltaire et la tradition»; 2. «Voltaire, l'incarnation de tendances nouvelles».

492 BIRCHALL, Ian H. «Voltaire and collective action». *BJECS* 13 (1990), 19-29.

La modernité remarquable des œuvres de V révélée dans la crise de l'*Encyclopédie*, sa campagne favorisant l'élection de Diderot à l'Académie, son opinion sur le rôle des monarques, la question de la tolérance, etc.

493 BONDY, François. « Voltaire zwischen ‹ und › und ‹ aber › ». *NRs* 90 (1979), 563-84.

Appréciation générale de l'homme et de sa pensée.

494 BONDY, François. « Voltaire – Freund aller Despoten ». *NDH* 35 (1988), 711-22.

Etude sur les relations de V avec les grands despotes : Frédéric, Pierre le Grand, Louis xiv, Catherine ii.

495 BRÉHIER, Emile. *Histoire de la philosophie. ii. La Philosophie moderne. Première partie, XVIIe et XVIIIe siècles*. Paris : Felix Alcan [Presses universitaires de France], 1930. 572 p.

p.455-65, « Deuxième période (1740-1775) (suite) : les théories de la société : Voltaire ». Esquisse de la vie et des œuvres qui souligne surtout sa théorie de la nature, de l'homme et de l'histoire ainsi que sa lutte pour la tolérance. V est considéré comme un penseur sérieux

Trad. : *The History of philosophy*. v. *The Eighteenth century*. Translated by Wade Baskin. Chicago ; London : U. of Chicago P., 1967. vi, 263 p., p.143-54, « Voltaire ».

4e éd. : *Histoire de la philosophie ii. XVIIe-XVIIIe siècles*. Ed. revue et mise à jour par Pierre-Maxime Schuhl et André-Louis Leroy. Paris : PUF, 1981. 506, vi p. (Quadrige, 22).

496 BRUMFITT, J. H. « Voltaire ». [In] *French literature and its background*. 3 : *The Eighteenth century*. Edited by John Cruickshank. London, &c. : Oxford U. P., 1968. viii, 223 p., p.1-15.

497 BRUMFITT, J. H. *The French Enlightenment*. London : Macmillan, 1972 ; Cambridge, Mass. : Schenkman, 1973. 176 p. (Philosophers in perspective).

Voir surtout p.21-24, 68-72, 116-18, 146-54, 168-69 et autres références.

498 CARMODY, Francis J. « Voltaire ». [In] *European authors, 1000-1900 : a biographical dictionary of European literature*. Edited by Stanley J. Kunitz and Vineta Colby. New York : H. W. Wilson, 1967. ix, 1016 p. ports. (The Authors series), p.975-77.

499 CASINI, Paolo. « Voltaire ». [In] *Storia della filosofia*. Diretta di Mario Dal Pra. 8 : *La Filosofia moderna / Il Settecento*. Milano : F. Vallardi, 1975. xxiv, 425 p. p.71-89, ill.

500 CASINI, Paolo. *Introduzione all'Illuminismo : da Newton a Rousseau*. Roma-Bari : Laterza, 1980. 2 vols, xv, 616 p. (Universale Laterza, 561-62).

p.361-85, « Voltaire ». Voir l'index pour d'autres références.

501 COLLINI, Côme-Alexandre. *Mon séjour auprès de Voltaire et Lettres inédites que m'écrivit cet homme célèbre jusqu'à la dernière année de sa vie.* Genève: Slatkine Reprints, 1970. xvi, 372 p.

> Réimpr. de l'éd. de Paris, 1807.

> Autre réimpr: Paris: Microéditions Hachette, 1978. 5 microfiches. 108 lettres dans Best.D.

502 CONNOLLY, Cyril. *The Evening colonnade.* London: David Bruce & Watson, 1973. 519 p.

> p.152-55, «Voltaire: 1»: CR de N. Mitford, *Voltaire in love* (1957: *QA* 149); p.156-58, «Voltaire: 2»: CR de T. Besterman, *Lettres d'amour de Voltaire à sa nièce* (1957: *QA* 1575). Publiés pour la première fois dans *The Sunday Times* (1958).

> Réimpr.: New York; London: Harcourt Brace Jovanovich, 1975. xix, 469 p. Voir p.118-21, 122-24.

503 COULONGES, Georges. «Voltaire, homme de vérité». *CRB* 98 (1978), 12-17.

504 CREAL, Michael. *Voltaire: passionate fighter for liberty.* New York: St. Martin's P., 1970. 32 p. ill. (The West & the world: studies in history).

505 DAOUST, Joseph. «Voltaire, notre héritage de famille». *Esprit et vie* 88, sér. 9 (1978), 397-98.

506 DAVID, Jean-Claude. «Quelques actes notariés inédits concernant Voltaire». *SVEC* 230 (1985), 145-65.

> Actes trouvés dans diverses archives concernant les activités financières de V.

507 DECAUX, Alain. *Les Face à face de l'histoire: de Louis XIV à Clemenceau.* Iconographie d'Hubert Decaux. Paris: Librairie académique Perrin, 1977. 474 p. ill. (Présence de l'histoire).

> p.37-63, «Voltaire».

508 DELATTRE, André. «Der ungestüme Voltaire». [Trad. par Klaus Stichweh]. [In] *Voltaire.* Hrsg. von Horst Baader (1980: n° 25), p.35-48.

> Trad. de: A. Delattre, *Voltaire l'impétueux* (1957: *QA* 348), p.9-14.

509 DELON, Michel. «Chronologie». *MagL* 238 (1987), 18-24, ill.

> Vie et œuvres de V.

> Trad. en grec: Διαβάζω 177 (28 oct. 1987), 16-23, ill.

510 DEPÉRY, Jean-Irénée. *Biographie des hommes célèbres du département de l'Ain.* Bourg: P. F. Bottier, 1833. 2 vols.

i.127-66, Voltaire.

Réimpr.: Genève: Slatkine Reprints, 1971. 708 p., p.127-66.

511 DES ESSARTS, Nicolas-Toussaint Le Moyne, dit. *Les Siècles littéraires de la France, ou Nouveau dictionnaire historique, critique et bibliographique, de tous les écrivains français, morts et vivans jusqu'à la fin du XVIIIe siècle.* Genève: Slatkine Reprints, 1971-1972. 6 t. en 3 vols, [Réimpr. de l'éd. de Paris, an VIII (1800)-an XI (1803)].

vi.408-26, «Voltaire».

512 DESNOIRESTERRES, Gustave. *Voltaire et la société française au XVIIIe siècle.* Paris: Didier, 1867-1876. 8 vols.

Une version des ch. 1-7 du t. I (*La Jeunesse de Voltaire*) fut publiée antérieurement dans la *Revue des Provinces* 4-11 (1864-1866). 56 lettres dans Best.D.

CR: E. Caro, *Journal des savants* (1874), 810-23.

Réimpr: Genève: Slatkine Reprints, 1967. (Fac-sim. de l'éd. de 1871-1876).

513 DIAZ, Furio. *Filosofia e politica nel settecento francese.* Torino: Einaudi, 1962. 669 p. (Biblioteca di cultura storica, 74).

Voir V *passim*: le partisan de la réforme, le politique, le diplomate, l'homme de justice et de tolérance, l'écrivain anticlérical, etc. Avec notes, bibliographie, index.

CR: J. M. Roberts, *History* 50 (1965), 371-72, G. T. Romani, *AHR* 72 (1965), 200-201.

2e éd.: Torino: Einaudi, 1973. 681 p.

CR: A. Sergi, *DHS* 6 (1974), 389.

514 DIAZ, Furio. *Per una storia illuministica.* Napoli: Guida editori, 1973. 728 p. (Esperienze, 20).

Voir surtout p.521-36, «Punti di vista sulla storia dell'Illuminismo»; p.537-64, «Del ‹Ritorno all'Illuminismo›»; p.565-603, «Gli studi della équipe di Werner Krauss sull'Illuminismo»; p.627-36, «Sul *Voltaire's politics* di P. Gay» (1965: *QA* 1177); p.681-89, «Intorno a *The Enlightenment* di P. Gay» (1966: n° 533).

515 DIDIER, Béatrice. *Le Siècle des Lumières.* Paris: MA Editions, 1987. 429 p. (Les Grandes encyclopédies du monde de ...).

p.403-10, «Voltaire».

516 DI RIENZO, Eugenio. «Il libertino, il ‹philosophe› e ‹l'homme de lettres›. Movimenti intellettuali e politica della cultura nella Francia del '700». *SFr* 24 (1980), 426-39.

V *passim*, mais surtout p.430-36.

517 DOLBOW, Sandra W. *Dictionary of modern French literature : from the Age of Reason through Realism*. New York, &c.: Greenwood P., 1986. x, 365 p.

> p.328-37, «Voltaire». Voir aussi l'index pour des références à certains ouvrages de V. Les références bibliographiques se limitent à des études récentes rédigées en anglais.

518 DUPONT-CHATELAIN, Marguerite. *Les Encyclopédistes et les femmes*. Paris: H. Daragon, 1911. 169 p. (Bibliothèque du vieux Paris).

> p.132-62, «Voltaire, 1694-1778».
>
> Réimpr.: Genève: Slatkine Reprints, 1970.

519 DURANT, Will & Ariel DURANT. *The Story of civilization : Part IX. The Age of Voltaire : a history of civilization in western Europe from 1715 to 1756, with special emphasis on the conflict between religion and philosophy*. New York: Simon & Schuster, 1965. xviii, 898 p.

> Voir p.3-5, 33-41, 245-48, 361-93, 461-89, 715-54. V est considéré comme le personnage central dans l'histoire de la civilisation de cette époque.
>
> CR: A. J. Bingham, *FR* 39 (1965-66), 805-806 et *RLMC* 19 (1966), 74-76; C. Brinton, *NYTBR*, 30 Sept. 1965, p.5; *SatR*, 23 Oct. 1965, p.65-66; *Time*, 8 Oct. 1965, p.118; B. Weinberg, *Books today* (Chicago Tribune), 19 Sept. 1965, p.1.
>
> Trad.: *L'Epoque de Voltaire*. Trad. de Yvonne Rosso avec la collaboration d'Albert Cavin. [Levallois-Perret]: Cercle du bibliophile, [s.d.]. 3 vols, ill. (Histoire de la civilisation, 26-28). Voir vol. 26: p.13-18, 68-82, 452-58; vol. 27: p.207-63, 382-400, 401-32.

520 DURANT, Will & Ariel DURANT. *The Story of civilization : Part X. Rousseau and Revolution : a history of civilization in France, England, and Germany from 1756, and in the remainder of Europe from 1715, to 1789*. New York: Simon and Schuster, 1967. xx, 1091 p.

> p.132-51, «Voltaire patriarch, 1758-78»; p.873-81, «Death and the philosophers, 1774-1807. I. Voltaire finale».
>
> Trad.: *Histoire de la civilisation*. Vol. 29-32: *Rousseau et la Révolution*. Trad. d'Albert Cavin, avec la collaboration de Louisette Grimm. [Lausanne: Editions Rencontre, 1969]. 4 vols, ill. Vol. 29: 248-84, «Voltaire le patriarche (1758-1774)»; vol. 32: 278-92, «La mort et les philosophes. 1: La fin de Voltaire».
>
> Trad.: *Am Vorabend der französischen Revolution*. [Redaktion: Hans Dollinger]. München: Südwest, 1976. 605 p. pl. (Kulturgeschichte der Menschheit, 16), p.451-60, «Die Philosophen und der Tod. 1: Voltaires Ende».

521 EDWARDS, Paul. «Voltaire, François-Marie Arouet de (1694-1778)». [In] *The Encyclopedia of unbelief*. Edited by Gordon Stein. Buffalo: Prometheus Books, 1985. 2 vols, ii.713-33.

> Prépublication sous le titre «The legacy of Voltaire». *Free inquiry* 5, n° 2 (1985), 42-49; 5, n° 3 (1985), 41-49, ill.

522 EHRARD, Jean. *Le XVIIIe siècle I: 1720-1750.* Paris: Arthaud, 1974. 337 p. ill. (Littérature française, 9).

    p.229-64, «Voltaire, ou la liberté par l'esprit».

    CR: D. Baróti, *Acta litteraria Academiae Scientiarum Hungaricae* 19 (1979), 408-10; R. Desné, *DHS* 12 (1980), 553; E. Guitton, *RHL* 79 (1979), 126-31; M. H. Waddicor, *FS* 32 (1978), 74-75.

523 ERSCH, Johann Samuel. *Das Gelehrte Frankreich oder Lexicon der französischen Schriftsteller von 1771 bis 1796 | La France litéraire contenant les auteurs français de 1771 à 1796.* Hamburg: B. G. Hoffmann, 1797-1798. 3 vols.

    iii.400-411, «De Voltaire (François Marie Arouet)».

    Réimpr.: Genève: Slatkine Reprints, 1971.

    Voir aussi: *Nachtrag zum gelehrten Frankreich von 1771 bis 1796* [...] | *Supplément à la France litéraire de 1771-96* [...] von Dr. Johann Samuel Ersch. Hamburg: B. G. Hoffmann, 1802. xiii, 600 p., p.459.

524 ESPINA, Antonio. *Voltaire y el siglo XVIII.* [Madrid]: Ediciones Júcar, [1974]. 129 p. (La Vela latina; Ensayo, 26).

525 FARGHER, Richard. *The Eighteenth century.* London: Nelson; New York: Charles Scribner's sons, 1970. xxvi, 235 p. (Life and letters in France, 2).

    p.128-54: analyse d'extraits du *Pot-pourri* et de la *Lettre au docteur Pansophe.*

526 FERENCZI, László. *Voltaire-problémák* [Questions sur Voltaire]. Budapest: Magvetö Kiadó, 1978. 117 p. (Gyorsuló idö).

    Etudes sur l'historien et le critique, et sur *Candide.*

    CR · E. Martonyi, *RIIL* 01 (1981), 462-63.

527 FERENCZI, László. «Les autobiographies de Voltaire et l'expérience dans la politique mondiale». *Neohelicon* 15, n° 2 (1988), 261-66.

    V témoin clairvoyant et historien de bon sens mais dupe de Frédéric II. Traite des *Mémoires pour servir à la vie de M. de Voltaire* et du *Commentaire historique sur les œuvres de l'auteur de « La Henriade».*

    Version légèrement moins développée: *SVEC* 264 (1989), 1175-78.

528 FLOR, Claude. *Ein Menschheitstraum: Voltaire, Lichtträger einer neuen Zeit.* Hamburg: Deutscher Literatur-Verlag O. Melchert, 1988. 161 p. (DLV-Taschenbuch, 260).

    Vie et œuvres.

529 FOURNEL, Victor. *De Jean-Baptiste Rousseau à André Chénier: études littéraires et morales sur le XVIIIe siècle.* Paris: Firmin-Didot, 1886. 339 p.

p.19-119, « Voltaire ».

Réimpr: Genève: Slatkine Reprints, 1970.

530 FOWLIE, Wallace. *French literature: its history and its meaning.* Englewood Cliffs, N.J.: Prentice-Hall, 1973. xviii, 341 p.

p.105-107, « Voltaire (François-Marie Arouet, 1694-1778) ».

531 GAGNEBIN, Bernard. « Le retour aux sources. Bilan de trente années de recherches en histoire littéraire ». *Revue des travaux de l'Académie des sciences morales et politiques* 4ᵉ s., 127 (1974), 231-41. Commentaires, p.242-46.

Ses études sur V: p.233-34.

532 GAXOTTE, Pierre. « Voltaire, notre héritage de famille ». *Le Figaro*, 21-22 janv. 1978, p.19, ill.

Portrait général de V, créateur de l'histoire comparée.

533 GAY, Peter. *The Enlightenment: an interpretation.* 1: *The Rise of modern paganism.* New York: Knopf, 1966; London: Weidenfeld and Nicolson, 1967. xviii, 555, xv p. 2: *The Science of freedom.* New York: Knopf, 1969; London: Weidenfeld and Nicolson, 1970. xx, 705, xviii p.

V *passim* – voir l'index.

CR: 1: P. Alatri, *SFr* 13 (1969), 304-306; H. Peyre, *MR* 8 (1967), 762-66; A. M. Wilson, *DidS* 10 (1968), 303-12; 1-2: J. A. Leith, *ECS* 5 (1971-72), 157-71; 2: C. B. A. Behrens, *NYRB*, 18 Dec. 1969, p.27-29; J. W. Burrow, *SatR*, 15 Nov. 1969, p.35-36; H. S. Commager, *NYTBR*, 16 Nov. 1969, p.4-5, 68. Voir aussi F. Diaz, *Per una storia* (1973: n° 514).

534 GAY, Peter. « Voltaire, 1694-1778 ». [In] *The Horizon book of makers of modern thought.* With an introduction by Bruce Mazlish. New York: American Heritage, 1972. 509 p. ill. p.180-89.

535 GERSON, Frédérick. *L'Amitié au XVIIIᵉ siècle.* Paris: La Pensée universelle, 1974. 254 p.

p.123-31: ce que c'est que l'amitié pour V – « un élan du cœur réglé par la raison ». Voir aussi p.183-86: *Jeannot et Colin.*

536 GILLISPIE, Charles C. « Voltaire, François Marie Arouet de ». [In] *Dictionary of scientific biography.* Charles Coulston Gillispie, editor in chief. New York: Charles Scribner's sons, 1970-1980. 16 vols, xiv.82-85.

537 GOLDEN, Herbert H. & Jean SGARD. « Voltaire ». [In] *Lumières et lueurs du XVIIIᵉ s, 1715-1789.* Jean Sgard *et al.* Paris: A l'enseigne de l'arbre verdoyant, 1986. 303 p. ill. (Histoire de France à travers les journaux du temps passé, 6), p.177-96.

Citations tirées de journaux contemporains et reliées par les commentaires des éditeurs.

538 GOLDZINK, Jean. *Voltaire: la légende de saint Arouet*. Paris: Gallimard, 1989. 192 p. ill. (Découvertes Gallimard. Littérature, 65).

539 GOLL, Yvan. « Voltaire ». [In] *The Torch of freedom: twenty exiles of history*. Edited by Emil Ludwig and Henry B. Kranz. New York; Toronto: Farrar & Rinehart, 1943. viii, 426 p., p.63-77.

Réimpr.: Port Washington, N.Y.; London: Kennikat P., 1972. (Essay and general literature index reprint series).

540 GOSSMAN, Lionel. « Voltaire's heavenly city ». *ECS* 3 (1969-1970), 67-82, pl.

La littérature est la ville céleste de V. Il vit aujourd'hui comme homme de lettres, non comme philosophe ou commentateur social.

541 GOYARD-FABRE, Simone. *La Philosophie des Lumières en France*. Préface de Pierre Chaunu. Paris: Klincksieck, 1972. 322 p.

p.88-128, « Le procès de la métaphysique », « Écraser l'infâme », « La délivrance ou l'élargissement de Dieu »; p.146-55, Voltaire et la diffusion des idées de Newton; p.205-207, sensibilité; p.216-17, V et le *Discours en vers sur l'homme* (le bonheur); p.234-40, histoire et progrès; p.260-70, V réformateur du droit; p.285-93, V et la politique.

542 GRIGGS, Edward Howard. *Great leaders in human progress*. Indianapolis; New York: Bobbs-Merrill, 1939. 191 p.

p.160-73, « Voltaire ».

Réimpr.: Freeport, N.Y.: Books for libraries press, 1969. (Essay index reprint series).

543 GRIMM, Friedrich Melchior. *La Correspondance littéraire, 1er janvier-15 juin 1761*. Texte établi et annoté par Ulla Kölving. Uppsala: [Dist. par Almqvist & Wiksell International], 1978. 2 vols (Acta Universitatis Upsaliensis. Studia Romanica Upsaliensia, 22, I-II). [Thèse, U. d'Uppsala, 1978].

Beaucoup de références à V – voir l'index.

CR: K. Baldinger, *ZRP* 95 (1979), 682-83; J. H. Brumfitt, *FS* 36 (1982), 74; H.-G. Funke, *Archiv* 217 (1980), 225-28; J. Pedersen, *RevR* 15 (1980), 179-80; L. Sozzi, *SFr* 26 (1982), 154; J. Varloot, *DHS* 11 (1979), 450-51 et *SN* 51 (1979), 355-58.

544 GRIMM, Friedrich Melchior. *La Correspondance littéraire, 1er janvier-15 juillet 1763*. Texte établi et annoté par Agneta Hallgren. Uppsala: [Dist. par Almqvist & Wiksell International], 1979. 2 vols (Acta Universitatis Upsaliensis. Studia Romanica Upsaliensia, 25, I-II).

Beaucoup de références à V – voir l'index.

CR: R. Desné, *DHS* 12 (1980), 488; J. Pedersen, *SN* 51 (1979), 358-60 et *RevR* 15 (1980), 179-80.

545 GRIMM, Friedrich Melchior. *La Correspondance littéraire, 1ᵉʳ janvier-15 juin 1760.* Texte établi et annoté par Sigun Dafgård. Uppsala: Dist. par Almqvist & Wiksell International, 1981. 2 vols (Acta Universitatis Upsaliensis. Studia Romanica Upsaliensia, 32, I-II).

Voir l'index.

546 GROSS, Rebecca H. *Voltaire, nonconformist.* New York: Philosophical Library, 1965. 162 p.

L'homme et ses idées. Bibliographie, p.159-62.

CR: A. Meyer, *Educational forum* 32 (1967-68), 105-109; D. M. Riepe, *Bibliographie de la philosophie* 13 (1966), 287.

Réimpr.: London: Vision Books, 1968.

547 GUÉHENNO, Jean. *Caliban et Prospero suivi d'autres essais.* Paris: Gallimard, 1969. 227 p.

Voir p.86-97 (sur V et la liberté); p.114-23, «Encore Voltaire» (louange de V).

548 GUILLEMIN, Henri. *Henri Guillemin parle de Jean-Jacques Rousseau, Voltaire, Rimbaud, Vallès.* Bruxelles: Editions du Cercle d'éducation populaire, 1974. 155 p. (Les Editions du Cercle d'éducation populaire, cahier 50).

p.53-87, «Le ‹monstre› Voltaire à l'hideux sourire». Conférence donnée le 26 oct. 1973.

549 GUITTON, Edouard. «Voltaire, 1694-1778». [In] *Encyclopædia universalis: la clé de la connaissance.* Paris: Encyclopædia universalis France, 1968-80. 18 vols, ill. xvi.948-951.

550 HARPER, George McLean. *Masters of French literature.* New York: Scribner, 1901. xi, 316 p.

p.125-65, «The revolutionary analysis – Voltaire». La critique politique, sociale et religieuse de V.

Réimpr.: Freeport, N.Y.: Books for Libraries Press, 1968. (Essay index reprint series).

551 HAVENS, George R. «Voltaire, François-Marie Arouet de». [In] *Collier's Encyclopedia, with bibliography and index.* William D. Halsey, editorial director. New York: Macmillan Educational Corp., 1977. 24 vols, xxiii.195-99.

552 HEARSEY, John E. N. *Voltaire.* London: Constable; New York: Barnes & Noble, 1976. xiv, 367 p. ill.

CR: Ch. Fleischauer, *ECS* 11 (1977-78), 129-31; H. T. Mason, *TLS*, 23 July 1976, p.903.

553 HEMPEL, Wido. «Zu Voltaires schriftstellerischer Strategie». [In] *Aufklärung und Gegenaufklärung in der europäischen Literatur, Philosophie und Politik von der Antike bis zur Gegenwart.* Hrsg. von Jochen Schmidt. Darmstadt: Wissenschaftliche Buchgesellschaft, 1989. vii, 547 p., p.243-60.

Sur les *Lettres philosophiques*, le *Dictionnaire philosophique*, les dialogues et les romans et contes.

554 HOLMSTEN, Georg. *Voltaire in Selbstzeugnissen und Bilddokumenten.* Reinbek bei Hamburg: Rowohlt, 1971. 182 p. ill. (Rowohlts Monographien, 173).

555 IORGA, Nicolae. *Istoria literaturilor romanice în dezvoltarea şi legăturile lor* [Histoire des littératures romanes dans leur développement et leurs rapports]. Ediţie îngrijită, note şi prefaţă de Alexandru Duţu. Bucureşti: Editura pentru literatură universală, 1968. 3 vols.

iii.190-244: V. Voir l'index pour plus de références.

556 JAN, Edouard von. «Voltaire, Diderot». *CRB* 98 (1978), 19-34.

Voir p.19-29.

557 JUIN, Hubert. *Les Libertinages de la raison.* Paris: Pierre Belfond, 1968. 246 p.

p 22-98, «Voltaire».

558 KALTENBRUNNER, Gerd-Klaus. «Nachruf auf Voltaire». *NDH* 25 (1978), 723-43.

L'évolution de l'homme et de son œuvre pour le xviiie siècle et pour le xxe siècle. Pour le bicentenaire.

559 KALTENBRUNNER, Gerd-Klaus. «Unbekannter Voltaire». *SZ* 196 (1978), 563-68.

Article général.

560 KERAUTRET, Michel. *La Littérature française du XVIIIe siècle.* Paris: PUF, 1983. 127 p. (Que sais-je?, 128). Voir p.15-17, 31-34, 39-40, 59-63 et *passim*.

CR: H. T. Mason, *FS* 39 (1985), 342-43; R. Trousson, *DHS* 16 (1984), 485.

561 KNAPP, Bettina. *The Prometheus syndrome.* Troy, N.Y.: Whitston, 1979. 286 p.

p.161-83, «Voltaire's *Micromégas*: relativist and realist (1694-1778)». Article général sur V et son esprit.

562 KNOKE, Ulrich. «Neuere Forschungen zur französischen Literatur des 18. Jahrhunderts: Schwerpunkt Voltaire». *Lendemains* 22 (1981), 83-98.

CR sur: Voltaire, *Corpus des notes marginales de Voltaire* (1979: n° 235); P. Brockmeier, éd.,*Voltaire und Deutschland* (1979: n° 20); C. Lauriol «Quelques additions à la *Correspondance* de Voltaire» (1972: n° 2571); J. von Stackelberg, *Themen der Aufklärung* (1979: n° 648).

563 KÖHLER, Erich. *Aufklärung*. Hrsg. von Dietmar Rieger. Stuttgart, &c.: Kohlhammer, 1984. 2 vols (Vorlesungen zur Geschichte der französischen Literatur).

i.7-15, «Voltaire»; i.27-36, «Zur Erkenntnistheorie der Aufklärung»; ii.7-14, «Voltaire und seine ‹contes philosophiques›» (*Zadig, Candide, L'Ingénu*).

564 KÖLVING, Ulla & Jeanne CARRIAT. *Inventaire de la «Correspondance littéraire» de Grimm et Meister*. Oxford: The Voltaire Foundation, 1984. 3 vols (SVEC, 225-27).

Voir l'index, iii.381-89: références à V, à ses œuvres et à sa correspondance.

CR: P. Alatri, *SFr* 30 (1986), 319; A.-M. Chouillet, *RDE* 1 (1986), 126-28; H. Duranton, *DHS* 18 (1986), 452-53; J. Lough, *FS* 41 (1987), 87-88; M. Moog-Grünenwald, *Arcadia* 23 (1988), 320-21; J. Vercruysse, *Nouvelles annales prince de Ligne* 1 (1986), 150-51; D. Williams, *MLR* 81 (1986), 741-43.

565 KÖPECZI, Béla. *A Francia Felvilágosodás* [L'Epoque des Lumières en France]. Budapest: Gondolat, 1986. 476 p. ill. (Európa nagy korszakai).

Voir p.51-54, 101-108, 112-14, 117-19, 180-82, 202-204, 401-405, 410-19 et l'index.

CR: T. Gorilovics, *RHL* 88 (1988), 1143-45.

566 Кузнецов, Виталий Николаевич. *Франсуа Мари Вольтер* [François-Marie Voltaire]. Москва: Мысль, 1978. 223 p. (Мыслители прошлого).

Vie et œuvre, déisme, problèmes de l'homme dans la société, philosophie de l'histoire.

567 KRAUSS, Werner. *Essays zur französischen Literatur*. Berlin und Weimar: Aufbau-Verlag, 1968. 349 p.

p.44-79, «Zur französischen Novellistik des 18. Jahrhunderts» (voir p.55-65); p.195-249, «Helvétius: die Biographie» (surtout p.202-10). Voir aussi l'index.

CR: K. Niggestich, *SFr* 14 (1970), 355.

568 KRAUSS, Werner. *Die Literatur der französischen Frühaufklärung*. Frankfurt am Main: Athenäum Verlag, 1971. 230 p. (Schwerpunkte Romanistik, 7).

p.58-62, «Voltaire».

569 KRAUSS, Werner. *Literatur der französischen Aufklärung*. Darmstadt: Wissenschaftliche Buchgesellschaft, 1972. 99 p. (Erträge der Forschung, 9).

Voir p.16-24 et bien d'autres références à l'œuvre de V.

CR: W. H. Barber, *FS* 28 (1974), 464.

570 KRAUSS, Werner. *Aufklärung II: Frankreich*. Hrsg. von Rolf Geissler. Berlin; Weimar: Aufbau-Verlag, 1987. 699 p. (Das wissenschaftliche Werke, 6).

V *passim*: consulter l'index.

CR: J. Chouillet, *RDE* 5 (1988), 173-74; D. Rieger, *Archiv* 226 (1989), 442-44; A. Thomson, *DHS* 21 (1989), 463-64.

571 KÜHN, Rolf. «Voltaire, 1694-1778». [In] *Dictionnaire des philosophes*. Directeur de la publication Denis Huisman. Paris: PUF, 1984. 2 vols, ii.2607-11.

572 LAFARGA, Francisco. «Acerca de las versiones españolas del retrato de Voltaire». *AION-SR* 22 (1980), 411-18.

Manuscrit à la Bibliothèque nationale de Madrid d'un portrait de V basé sur celui composé par l'abbé Guyon au xviiie siècle.

573 LANDRY, Bolder. *Heroes of civilization: a brief study of character sketches of the greatest creative forces in history*. [Anaheim, Calif.: Anchor printing Corp., 1977]. ix, 173 p.

p.106-13, «Voltaire – champion of liberty and human intellect».

574 LANSON, Gustave. *Voltaire*. Paris: Hachette, 1906. 221 p. (Les Grands écrivains français).

Nouvelle édition, revue et mise à jour par René Pomeau. Paris: Hachette, 1960. 247 p. Seules ont été corrigées des dates et certaines indications chronologiques; un appendice de 20 pages indique les nouveaux points de vue résultant des recherches récentes.

Trad.: *Voltaire*. English translation by Robert A. Wagoner. With an introduction by Peter Gay. New York: Wiley, 1966. xiii, 258 p., p.1-11, «Introduction» de Lanson (réimpr. en partie [in] *Voltaire: a collection of critical essays* (1968: n° 452), p.131-39).

CR: L. J. Cohen, *MLJ* 51 (1967), 113; J. M. Lally, *Modern age* 11 (1966-67), 76-83; A. E. Meyer, *Educational forum* 32 (1967-68), 105-109; H. Peyre, *MR* 8 (1967), 762-66.

575 LEARY, Francis. «Voltaire ou la conscience d'une époque: il fut le grand esprit des Lumières». *Sélection du Reader's digest*, août 1976, p.148-54, ill.

576 LIZÉ, Emile. *Inventaire des « contributions » de Voltaire à la « Correspondance littéraire » de Frédéric-Melchior Grimm et Henri Meister*. Thèse, U. de Paris IV, 1974. 2 vols, lxvii, 414 f.

577 LIZÉ, Emile. «Voltaire ‹collaborateur› de la *CL*». [In] *La Correspondance littéraire de Grimm et de Meister (1754-1813) : colloque de Sarrebruck (22-24 février 1974)* ... Actes du colloque publiés par Bernard Bray, Jochen Schlobach, Jean Varloot. Paris: Editions Klincksieck, 1976. 313 p. (Actes et colloques, 19), p.49-67. Discussion, p.68-74.

> Bien qu'il ne fût pas collaborateur, plus de 700 de ses écrits furent insérés dans la *Correspondance littéraire*. Observations sur la provenance de ces écrits; indications bibliographiques. Contient en appendice plusieurs écrits en vers.
>
> CR: *BCLF* 32 (1977), 449; H. Duranton, *SFr* 23 (1979), 369-70; E. Marcu, *DidS* 19 (1978), 233-34; G. Menant-Artigas, *RHL* 80 (1980), 113-14; R. Trousson, *DHS* 10 (1978), 497; F. Weil, *Francia* (München) 5 (1977), 961-66.

578 LIZÉ, Emile. *Voltaire, Grimm et la Correspondance littéraire*. [Préface de Jean Varloot]. Oxford: The Voltaire Foundation, 1979. 253 p. (SVEC, 180).

> CR: P. Alatri, *SFr* 24 (1980), 354-55; D. Fletcher, *FS* 37 (1983), 82-83; J. R. Monty, *ECCB* n.s. 6 – for 1980 (1984), 595-96; F. Moureau, *DHS* 13 (1981), 524; J. Schlobach, *RHL* 81 (1981), 994-95; D. Williams, *MLR* 76 (1981), 703.

579 LOUISGRAND, Jean. *De Lucrèce à Camus : littérature et philosophie comme réflexion sur l'homme*. Paris: Didier, 1970. 328 p. (Essais et critiques, 10).

> p.121-33, «L'homme et Dieu chez Voltaire». Résumé de ses idées philosophiques, religieuses, politiques et sociales.

580 LOUNATCHARSKI, Anatole. *Silhouettes*. Choix et préfaces d'Irina Lounatcharskaïa. Trad. du russe par Antoine Garcia et Max Heilbronn. Paris: Les éditeurs français réunis; Moscou: Les éditions du progrès, 1980. 430 p.

> p.41-67, «Voltaire, Diderot, Rousseau, Beaumarchais, Chénier». Voir notamment p.41-48: V vu comme grand bourgeois éclairé et paradoxal.

581 LUDASSY, Mária. «Miért Voltaire?» [Pourquoi Voltaire?]. *Világosság* 28 (1987), 474-86.

> Fait partie d'un numéro spécial sur les Lumières.

582 MACCHIA, Giovanni. *Storia della letteratura francese: il settecento*. Roma: Editore ELIA, 1972, p.307-527.

> p.395-412, «Voltaire».

583 MAGNAN, André. «Voltaire». [In] *Dictionnaire des littératures de langue française*. J.-P. de Beaumarchais, Daniel Couty, Alain Rey. Paris: Bordas, 1984. 3 vols, ill. iii.2481-503.

584 MAILHOS, Georges. *Voltaire témoin de son temps*. Berne, &c.: Peter Lang, 1983. 712 p. (Publications universitaires européennes, s. 13; Langue et littérature françaises, 87).

Réimpr.: Lille: Atelier national, reproduction des thèses, U. de Lille III; Paris: Aux Amateurs de livres, 1985. [Thèse, U. de Toulouse, 1973].

CR: *YWMLS* 48 (1986), 181.

585 MALIGNON, John. *Dictionnaire des écrivains français*. [Paris]: Editions du Seuil, 1971. 544 p. ill.

p.532-39, «Voltaire, 1694-1778».

586 MÁNTARAS LOEDEL, Graciela. *Voltaire*. [Montevideo]: Editorial Tecnica, [1974]. 51 p. (Manuales de literatura, 10), polycopié.

Vie et œuvre, avec une étude de *Candide*.

587 MARCHAND, Jacqueline. «Recours à l'éternel Voltaire». *Les Cahiers rationalistes* 344 (1978), 8-14.

Appréciation générale.

588 MASON, Haydn T. *Voltaire*. London: Hutchinson; New York: St. Martin's P., 1975. 204 p. (European masters).

CR: W. H. Barber, *TLS*, 25 Apr. 1975, p.446; G. Brereton, *The Times educational supplement*, 2 May 1975, p.25; J. H. Brumfitt, *FS* 30 (1976), 215-16; J. Collins, *BPh* 23 (1976), 363; J. Garagnon, *SFr* 21 (1977), 309; R. G. Marshall, *ECCB* n.s. 2 – for 1976 (1979), 402-403; R. Mercier, *RSH* 161 (1976), 114; P. Robinson, *BSECS newsletter* 7 (June 1975), 8-9; J. Sareil, *FR* 50 (1976-77), 765-66, D. C. Spinelli, *MLJ* 60 (1976), 483; O. R. Taylor, *MLR* 72 (1977), 690; G. Vidan, *DHS* 11 (1979), 505. Voir aussi M. Mudrick, «Truth, justice ...» (1981: n° 600).

589 MASON, Haydn T. *Voltaire: a biography*. London: Granada Publishing; Baltimore: Johns Hopkins U. P., 1981. xiii, 194 p. pl.

CR: A. Ages, *QQ* 89 (1982), 634-35; W. H. Barber, *FS* 36 (1982), 330-31; J. H. Davis, Jr., *KRQ* 31 (1984), 349-50; *ECent* 23 (1982), 177; B. Fink, *SAQ* 81 (1982), 346-47; D. Fletcher, *DHS* 14 (1982), 505; H. G. Heymann, *Biography* 5 (1982), 176-79; P. H. Meyer, *Degré second* 6 (1982), 205-206; M. F. O'Meara, *MLN* 97 (1982), 1016-18; S. Pucci, *ECCB* n.s. 7 – for 1981 (1985), 601-602; J. Renwick, *BJECS* 6 (1983), 263-66; R. Runte, *DR* 61 (1981-82), 158-59; J. Sareil, *FR* 57 (1983-84), 110-11; D. Schier, *Sewanee review* 89, n° 3 (1981), xc-xcii; J. Vercruysse, *RHL* 84 (1984), 619-20, V. G. Wexler, *AHR* 87 (1982), 185-86; R. Wokler, *TLS*, 16 Oct. 1981, p.1216; *YWMLS* 43 (1981), 157. Voir aussi M. Mudrick, «Truth, justice ...» (1981: n° 600).

Trad: *Vita di Voltaire*. [Trad. di Anna Casini Paszkowski]. Roma; Bari: Laterza, 1984. x, 243 p. Trad.: *Voltaire*. [Trad. de Jesú Fernández Zulaica]. Barcelona: Salvat, 1987. 197 p. ill. (Biblioteca Salvat de grandes biografías, 57).

590 MENANT, Sylvain. «Voltaire après 1750». [In] *Le XVIIIᵉ siècle. 1750-1778*. Robert Mauzi et Sylvain Menant. Paris: Arthaud, 1977. 289 p. ill. (Littérature française, 10), p.127-43.

591 MENANT, Sylvain. «Voltaire». [In] *De l'Encyclopédie aux Méditations, 1680-1750* [i.e. 1750-1820]. Robert Mauzi, Michel Delon, Sylvain Menant. Paris: Arthaud, 1984. 479 p. (Littérature française poche, 6), p.280-304.

592 MENANT, Sylvain. «Le siècle de Voltaire». [In] *Précis de littérature française du XVIIIe siècle*. Sous la direction de Robert Mauzi. Paris: PUF, 1990. xi, 280 p., p.97-103.

   Voir aussi l'index.

593 MERVAUD, Christiane. «Voltaire». [In] *Les Grands écrivains du monde : les grands siècles*. Sous la direction de Pierre Brunel [et] Robert Jouanny. [Paris]: Fernand Nathan, 1978. 392 p. ill. (Encyclopédie générale de l'homme), p.199-216, ill.

594 MERVAUD, Christiane. «L'Europe de Voltaire». *MagL* 238 (1987), 25-29.

   Article général sur V européen.

   Trad. en grec: *Διαβάζω* 177 (28 oct. 1987), 26-31, ill.

595 MEYER, Adolphe E. «Voltaire (essay review)». *Educational forum* 32 (1967-68), 105-109.

   CR de R. Gross, *Voltaire : nonconformist* (1965: *QA* 380), G. Lanson, *Voltaire*, trad. par R. Wagoner (1966: n° 574), et Voltaire, *The Philosophy of history* (1965) (préface par T. Kiernan).

596 MÖNCH, Walter. *Frankreichs Kultur : Tradition und Revolte. Von der Klassik bis zum Surrealismus*. Berlin; New York: Walter de Gruyter, 1972. xvi, 826 p. ill.

   p.255-80, «Voltaire» et autres références.

597 MORLEY, John Morley. *Voltaire*. London: Chapman and Hall, 1872. xiv, 346 p.

   CR: *Blackwood's Edinburgh magazine* 111 (March 1872), 270-90; *Fraser's magazine for town and country* n.s. 5, 85 (June 1872), 678-91; *Littell's living age* 113 (1872), 131-46.

   Réimpr. de l'éd. de Londres, 1923: New York: Burt Franklin, 1973. xiii, 365 p. (Burt Franklin research and source works series. Philosophy and religious history monographs, 130).

   Trad.: *Вольтеръ*. Переводъ съ 4 англійскаго изд., под ред. А. И. Кирпичникова. Москва: Типо-лит. Т-ва И. Н. Кушнеровъ, 1889. vii, 326 p.

598 MORTIER, Roland. *Clartés et ombres du siècle des Lumières : études sur le XVIIIe siècle littéraire*. Genève: Droz, 1969. 161 p. ill. (Histoire des idées et critique littéraire, 95).

   p.13-59, «‹Lumière› et ‹Lumières›: histoire d'une image et d'une idée au XVIIe et au XVIIIe siècle» (surtout p.37-41, mais *passim*); p.60-103, «Esotérisme et Lumières: un dilemme de la pensée du XVIIIe siècle» (en particulier p. 73-79, mais *passim*).

CR: P. Alatri, *SFr* 13 (1969), 553-54; J. H. Davis, Jr., *FR* 43 (1969-70), 842-43; M. Delon, *RHL* 73 (1973), 1073-74; A. Delorme, *RSyn* 91 (1970), 352-53; R. Desné, *DHS* 2 (1970), 334-36; H. Dieckmann, *Arcadia* 6 (1971), 209-13; R. Pouilliart, *LR* 23 (1969), 285-87; N. Suckling, *FS* 25 (1971), 199-201; J. Ugniewska, *KN* 18 (1971), 331-32; A. Vartanian, *DidS* 16 (1973), 375-87 [voir aussi P. Alatri, *SFr* 17 (1973), 507]; L. Versini, *RBPH* 50 (1972), 106-108.

599 MOUREAU, François. «La correspondance Berger-Champbonin: lettres de l'entourage de Voltaire». [In] *Correspondances littéraires inédites* (1987: n° 42), p.83-86.

Description de cette correspondance où il est question de V. Pour des extraits de cette correspondance voir p.145-50.

600 MUDRICK, Marvin. «Truth, justice, and other spice for the immature». *HudR* 34 (1981-1982), 525-48.

Examen critique des biographies de V par W. Andrews (1981: n° 473), T. Besterman (1976: n° 489) et H. T. Mason (1981: n° 589), avec sa propre appréciation de V et son œuvre.

601 MÜLLER, Armand Léon, Chanoine. *De Rabelais à Paul Valéry: les grands écrivains devant le christianisme*. Préface de Pierre Moreau. Paris: R. Foulon, 1969. v, 277 p.

p.103-108, «Voltaire, 1694-1778».

602 [NAKAGAWA, Noboru. «Sensibilité et intelligence chez Voltaire»]. *Shiso* 648 (1978), 170-85.

En japonais.

603 NIKLAUS, Robert. *The Eighteenth century, 1715-1789*. London: Ernest Benn; New York: Barnes & Noble, 1970. xx, 435 p. (A literary history of France, 3).

p.155-86, «Voltaire». Voir l'index pour plus de références.

604 NORDBERG, Olof. *Voltaire: en introduktion*. Stockholm: Natur och Kultur, 1979. 169 p.

Vie et œuvres en suédois.

605 ORIEUX, Jean. *Voltaire ou la royauté de l'esprit*. Paris: Flammarion, 1966. 827 p. ill.

CR: *BCLF* 21 (1966), 1049-51; M. Catel, *Bibliographie de la France, Biblio* 34, n° 7 (1966), 19-20; R. Kanters, *FL*, 14 juil. 1966, p.5; A. Pagano, *SFr* 12 (1968), 162-63; R. Parelon, *FMonde*, n° 45 (déc. 1966), 55; H. Petit, *NL*, 7 juil. 1966, p. 4; R. Pouilliart, *LR* 22 (1968), 188-89; M. de Rougemont, *NRF* 166 (1966), 703-705; A. Thérive, *RDM* (oct.-déc. 1966), 435-41.

Réimpr.: Paris: Flammarion, 1980. 957 p. (Livre de poche).

Trad.: *Voltaire, la sua vita, le sue opere, i suoi tempi, i suoi segreti.* Traduzione di Maria Vasta Dazzi. Milano: Longanesi, 1971. 836 p.

CR: A. M. Conti Odorisio, *Storia e politica* 11 (1972), 305-308; L. Sozzi, *SFr* 16 (1972), 492.

Trad.: *Das Leben des Voltaire.* [Aus dem Französischen von Julia Kirchner]. Frankfurt am Main: Insel Verlag, 1968. 2 vols.

CR: M. Fontius, *DLZ* 91 (1970), 409.

Réimpr. en un vol.: Frankfurt am Main: Insel Verlag, 1978. xxxvii, 986 p.

Trad.: *Voltaire.* Translated from the original French by Barbara Bray and Helen R. Lane. Garden City, N.Y.: Doubleday, 1979. xi, 583 p. ill.

CR: F. E. Manuel, *NYTBR*, 26 Aug. 1979, p. 11.

606 ORIEUX, Jean. «Ist Voltaire tot?» [Trad. du français par Julia Kirchner]. *SuF* 30 (1978), 493-514.

L'actualité de V.

607 ORTIZ, Alicia. *Voltaire y Rousseau, o la razón o el sentimiento.* Puebla, México: Editorial José M. Cajica, Jr., 1971. 397 p. (Dos siglos de literatura europea, 1; Biblioteca Cajica de cultura universal, 94).

p.113-277, «Voltaire o la razón». Vie et œuvres.

608 OULMONT, Charles. *Voltaire en robe de chambre.* Paris: Calmann-Lévy, 1936. 224 p. (Nouvelle collection historique).

Vue personnelle du caractère et de la psychologie de V, avec des inédits.

CR: R. O. Rockwood, *JMH* 9 (1937), 500-501.

Nouvelle éd.: Paris; Strasbourg: Istra, 1969. 170 p. (Œuvres complètes de Charles Oulmont).

609 PAPPAS, John. «Un portrait inconnu de Voltaire». *SFr* 11 (1967), 449-51.

Portrait italien anonyme qui se trouve dans les papiers de d'Alembert à l'Institut. Voir aussi J. Pappas, «Supplément à un portrait ...», ci-dessous.

610 PAPPAS, John. «Supplément à ‹Un portrait inconnu de Voltaire›». *SFr* 12 (1968), 300-302.

Voir aussi l'article de R. A. Leigh, dans *SVEC* 2 (1956: *QA* 411).

611 PAYNE, Harry C. *The Philosophes and the people.* New Haven and London: Yale U. P., 1976. x, 214 p. (Yale historical publications, Miscellany, 109).

Voir surtout p.49-52, 76-87, 94-98, 123-26. Voir aussi l'index.

612 PELTIER, Michel. «A propos de Voltaire». *Ecrits de Paris* (mars 1988), 53-58.

V jugé par les contemporains de l'auteur.

613 PEYRE, Henri. *Modern literature.* 1: *The Literature of France.* Englewood Cliffs, N.J.: Prentice-Hall, 1966. xiii, 242 p. (Humanistic scholarship in America, the Princeton studies).

p.63-92, «Human, all too human humanism – the eighteenth century» (V *passim*); voir aussi l'index.

614 PEYRE, Henri. «Voltaire and the Enlightenment». *The Massachusetts review* 8 (1967), 762-66.

CR de la trad. anglaise (Wagoner) de G. Lanson, *Voltaire* (1960: *QA* 408) et de P. Gay, *The Enlightenment: an interpretation* (vol. 1, 1966: n° 533).

615 PICARD, Raymond. *Génie de la littérature française (1600-1800): introduction à quelques lectures.* Paris: Hachette, 1970. 255 p. ill. (Univers des connaissances).

p.187-205, «Voltaire».

Trad.: *Two centuries of French literature.* Translated by John Cairncross. London: Weidenfeld and Nicolson, 1970. 254 p. ill. (World university library), p.188-205, «Voltaire».

616 PICOT, Guillaume. *La Vie de Voltaire: Voltaire devant la postérité.* Paris: Société d'édition d'enseignement supérieur, 1967. 110 p.

CR: *BCLF* 23 (1968), 396-97; L. Losito, *CulF* 15 (1968), 80-81; L. Sozzi, *SFr* 13 (1969), 154; J. Vercruysse, *RBPH* 47 (1969), 601-02.

617 POMEAU, René. «La vocation philosophique de Voltaire». *Cahiers de littérature* 2 (1966), 89-110.

Esquisse d'un cours.

618 POMEAU, René. «Voltaire (1694-1778)». [In] *Littérature française.* Par Antoine Adam, Georges Lerminier, Edouard Morot-Sir. Paris: Larousse, 1967. 2 vols, ill. i.330-36.

Voir aussi l'index.

619 POMEAU, René. «Voltaire, moins mort qu'il n'y paraît». *Le Monde,* 7 avr. 1978, p.22.

Trad.: «Voltaire: tolerance and torture». *The Guardian weekly,* 10 Sept. 1978, p.14.

Voltaire aujourd'hui. A l'occasion du bicenteniare.

620 POMEAU, René. «Pour une biographie de Voltaire». [In] *Thèmes et figures* (1980: n° 24), p.191-201.

621 POMEAU, René. « Voltaire ». [In] *The New encyclopedia britannica.* 15th ed., rev. Chicago, &c.: The Encyclopedia Britannica, 1985. 32 vols, ill. xxix.539-43.

622 POMEAU, René. « La conscience d'un siècle ». Propos recueillis par Michel Delon. *MagL* 238 (1987), 33-35, ill.

Trad. en grec: *Διαβάζω* 177 (28 oct. 1987), 34-37, ill.

623 PRINZ, Bernard. *Voltaire.* Paris: Hatier, 1973. 127 p. (Collection Thema/anthologie).

Anthologie de 30 textes de V (avec commentaires), précédée d'une introduction sur V et son œuvre (p.6-15).

624 PUJOL, Carlos. « Voltaire avui » [Voltaire aujourd'hui]. *Serra d'or*, gener 1971, p.13-14, ill.

625 PUJOL, Carlos. *Voltaire.* Barcelona: Editorial Planeta, 1973. 189 p. ill. (Difusión cultural Planeta, 3).

Vie et œuvres.

CR: J. M. Goulemot, *RHL* 76 (1976), 853-54; G. Hainsworth, *FS* 31 (1977), 329-30; G.-A. Perouse, *SFr* 19 (1975), 159-60.

626 RATTNER, Josef. *Dichtung und Humanität: Literaturpsychologische Essays über Shakespeare, Voltaire, Lessing, Schiller und Tolstoi.* Frankfurt am Main: Athenäum, 1986. 191 p.

p.46-74, « Ein Mann wie Voltaire täte uns not ». Article général sur V et son œuvre.

627 RAYNAUD, Jean-Michel. *Voltaire, soi-disant.* Lille: Presses universitaires de Lille, 1983. 289 p. (Objet).

Etude sémiotique.

CR: C. Imbroscio, *SFr* 29 (1985), 175; A. Magnan, *DHS* 16 (1984), 490-91; J. Renwick, *MLR* 79 (1984), 707-10; N. Wagner, *RHL* 86 (1986), 143-44; *YWMLS* 45 (1983), 150-51.

628 REINHARDT, Heinrich. « Voltaires denkerische Leistung. Bemerkungen zum 200. Todestag des grossen Kritikers ». *Zeitschrift für philosophische Forschung* 33 (1979), 41-61.

629 RÉZ, Pál. *Voltaire világa* [L'univers de Voltaire]. Budapest: Európa Könyvkiadó, 1981. 345 p. ill. (Írók világa).

Vie et œuvres.

630 RICHTER, Peyton & Ilona RICARDO. *Voltaire.* Boston: Twayne Publishers, 1980. 192 p. port. (Twayne's world authors series: TWAS 583: France).

Foreword: «Voltaire as seen from an octogenarian's armchair» by Ira O. Wade.

CR: R. A. Brooks, *ECCB* n.s. 6 – for 1980 (1984), 597-98; H. T. Mason, *FS* 38 (1984), 62; M. L. Perkins, *FrF* 7 (1982), 78-79; V. W. Topazio, *FR* 55 (1981-82), 410-11.

631 RICUPERATI, Giuseppe. «Per una rilettura dell'opera di Ira O. Wade». *SFr* 19 (1975), 214-24.

A propos de *The Intellectual development of Voltaire* (1969: n° 680) et de *The Intellectual origins of the French Enlightenment* (1971: n° 680a).

632 RIDGWAY, R. S. «Voltaire as an actor». *ECS* 1 (1967-1968), 261-76.

633 RIDGWAY, R. S. *Voltaire and sensibility.* Montreal and London: McGill-Queen's U. P., 1973. 298 p.

CR: T. E. D. Braun, *FR* 48 (1974-75), 210-11; J. H. Brumfitt, *FS* 31 (1977), 75-76; M. Cardy, *ECr* 15 (1975), 462-63; J. Gray, *DR* 53 (1973-74), 777-80; J. P. Lee, *NCFS* 3 (1974-75), 237-40; P. Moes, *UTQ* 43 (1973-74), 391-93; P. Rétat, *SFr* 18 (1974), 555; W. E. Rex, *MLQ* 35 (1974), 324-26; R. C. Rosbottom, *SBHT* 18 (1977-78), 228-32 (surtout p.231-32); J. Sareil, *RR* 66 (1975), 315-16; *TLS*, 17 Aug. 1973, p.961; C. Todd, *MLR* 70 (1975), 900-901; R. L. Walters, *QQ* 81 (1974), 141-42.

634 ROSSO, Corrado. *Les Tambours de Santerre: essais sur quelques éclipses des Lumières au XVIIIᵉ siècle.* Pisa: Goliardica; Paris A.-G. Nizet, 1986. 287 p. (Histoire et critique des idées, 5).

p.109-20, «Rousseau, Bonnet, Voltaire: faut-il changer le monde ou le laisser aller comme il va?» (version développée de son article «Faut-il changer le monde...» 1980: n° 1474); p.185-92, «*L'Ingénu* de Voltaire et le malaise de la critique» (la critique moderne du conte); p.193-211, «L'‹alcôve ouverte› et la ‹prostitution vertueuse› de la femme» (le thème et ses sources dans *L'Ingénu*, le *Dictionnaire* et *Cosi-Sancta*); p.212-20, «Le ‹topos› de l'‹alcôve ouverte› et le retour de Voltaire aux valeurs traditionnelles» (l'Ingénu et Mlle de Saint-Yves).

CR: D. Acke, *Nouvelles annales prince de Ligne* 3 (1988), 172-74; *BCLF* 504 (1987), 1646; P. V. Conroy, Jr., *FR* 61 (1987-88), 959-60; M. Delon, *RHL* 88 (1988), 282-83; S. Dunn, *RR* 80 (1989), 151-52; D. Gembicki, *RLC* 62 (1988), 95-97; P. Jimack, *FS* 42 (1988), 477-78; F. Piva, *Aevum* 60 (1986), 620-21; R. Waller, *BJECS* 11 (1988), 234-35.

635 ROUSTAN, Marius. *Les Philosophes et la société française au XVIIIᵉ siècle.* Paris: Hachette; Lyon: Rey, 1906. 455 p. (Annales de l'Université de Lyon, n.s. 2. Droit, lettres, 16).

Réimpr. de l'éd de Paris, 1911: Genève: Slatkine Reprints, 1970. xii, 393 p.

CR: F. Brunetière, *Etudes* (1911: *Cent* 62), p.189-234.

636 RUGGIERI, Eve. «Voltaire le patriarche de l'Europe». *Modes de Paris: femme d'aujourd'hui*, du 24 fév. au 2 mars 1986, p.66-69, ill.

637 SAISSELIN, Rémy G. *The Literary enterprise in eighteenth-century France*. Detroit: Wayne State U. P., 1979. 186 p. ill.

 Voir notamment p.70-75, 103-12. Pour plus de références voir l'index.

638 SAREIL, Jean. *Voltaire et les grands*. Genève: Droz, 1978. 145 p. (Histoire des idées et critique littéraire, 173).

 CR: A. O. Aldridge, *RBPH* 60 (1982), 675-76; D. B. Rigo, *SFr* 26 (1982), 348; J. H. Brumfitt, *FS* 35 (1981), 445-46; M. Buchanan, *FR* 53 (1979-80), 605-606; Y. Florenne, *Le Monde*, 25 nov. 1978, p.1, 24; A. D. Hytier, *DidS* 20 (1981), 373-75; J. Macary, *RR* 70 (1979), 404-405; Ch. Mervaud, *RHL* 80 (1980), 806-807; U. van Runset, *DHS* 12 (1980), 558.

639 SAREIL, Jean. «Voltaire (1694-1778)». [In] *European writers: the age of reason and the Enlightenment*. Editor in chief George Stade. 4: *Voltaire to André Chénier*. New York: Charles Scribner's Sons, 1984. 718 p., p.367-92.

640 SCHALK, Fritz. «Zu Voltaires kritischen und satirischen Schriften». [In] *Voltaire*. Hrsg. von Horst Baader (1980: n° 25), p.361-81.

 Réimpr. de Voltaire, *Kritische und satirische Schriften* (1970 (première éd.): n° 2488), p.745-67.

641 SCHLOBACH, Jochen. «Voltairiana dans quelques correspondances inédites (1753-1783)». [In] *Correspondances littéraires inédites* (1987: n° 42), p.237-376.

 Articles de ou sur V: présentation chronologique.

642 SCHLOBACH, Jochen. «Les correspondances littéraires et le rayonnement européen de la France au XVIIIᵉ siècle». [In] *Correspondances littéraires inédites* (1987: n° 42), p.31-45 (p.33-35, 42-44 et *passim*).

643 SCHMID, R. «Voltaire ‹l'homme›». *La Pensée et les hommes* 22 (1978-1979), 164-171.

644 SCHMID, R. «Voltaire: l'homme». *Humanisme* 131-132 (1979), 94-101.

 Eloge de V.

645 SCKOMMODAU, Hans. *Thematik des Paradoxes in der Aufklärung*. Wiesbaden: Franz Steiner, 1972. 51 p. (Sitzungsberichte der wissenschaftlichen Gesellschaft an der Johann Wolfgang Goethe-Universität, Frankfurt/Main. Band 10, Jahrgang 1971, n° 2).

 Plusieurs références à V et ses rapports avec Diderot et Montesquieu.

646 SIPRIOT, Pierre. «Au temps des Lumières». [In] *Voltaire ou la liberté de l'esprit* (1989: n° 49), p.207-14.

> Réimpr. de son article portant le même titre (1958: *QA* 465). V écrivain engagé.

647 SOBOUL, Albert, Guy LEMARCHAND & Michèle FOGEL. *Le Siècle des Lumières.* I: *L'Essor (1715-1750)*. Paris: PUF, 1977. I t. en 2 vols (Peuples et civilisations, II).

> De nombreux développements sur V – voir l'index.

648 STACKELBERG, Jürgen von. *Themen der Aufklärung.* München: Wilhelm Fink Verlag, 1979. 150 p.

> p.75-86, «Voltaires Kampf für das Recht und die Toleranz: zur Erinnerung an die ‹Affaire Calas› (1762-1766)»; p.87-92, «‹Ein Gott, aber eine Kanaille von einem Gott›: zur zweihundertsten Wiederkehr von Voltaires Todestag»; p.93-97, «Cacambo als Kommunist: zu einer Theaterbearbeitung von Voltaires *Candide*, die im Deutschen Fernsehen gesendet wurde»; p.104-19, «Voltaire und Rousseau, eine Gegenüberstellung».

649 STACKELBERG, Jürgen von. «Voltaire: Aufklärer, Klassizist und Wegbereiter der Anglophilie in Frankreich». [In] *Europäische Aufklärung III.* Von Jürgen von Stackelberg *et al.* Wiesbaden: Akademische Verlagsgesellschaft Athenaion, 1980. 461 p. ill. (Neues Handbuch der Literaturwissenschaft, 13), p.125-58, ill.

> CR: A. Montandon, *DHS* 13 (1981), 515; M. Moog-Grünewald, *Arcadia* 17 (1982), 321-23; L. Sozzi, *SFr* 26 (1982), 148.

650 STACKELBERG, Jürgen von. «Voltaire und die französische Klassik (mit einem Postscriptum über Diderot und Rousseau)». [In] *Französische Klassik: Theorie, Literatur, Malerei.* Hrsg. von Fritz Nies und Karlheinz Stierle. München: Wilhelm Fink Verlag, 1985. 496 p. pl. (Romanistisches Kolloquium, 3), p.419-36, p.436-39, «Diskussion».

> Sur le théâtre, l'esthétique et *Le Siècle de Louis XIV.*

651 SVITÁK, Ivan. *Voltaire the humanist.* [Trad. de l'essai liminaire de *Voltaire – myslitel a bojovník* (1957: *QA* 1345)]. Translated by Jarmila Veltrusky. Chico: California State U., 1973. 93 p. (Studies in the history of philosophy, 2).

> Version intégrale (la version tchèque avait subi des coupures par la censure).
>
> CR: H. A. Stavan, *SFr* 23 (1979), 171.

652 SVITÁK, Ivan. *The Dialectic of common sense: the master thinkers.* Washington: U. P. of America, 1979. ii, 217 p. ill.

> p.44-134, «Voltaire [the deist]».

653 Teodorescu, Mariana. « Voltaire ». [In] *Histoire de la littérature française*. Coordonator : Angela Ion. Bucureşti : Editura didactică şi pedagogică, 1982. 2 vols, ill. (Ministerul educaţiei şi învăţămîntului). i.272-78.

654 Thacker, Christopher. *Voltaire*. London : Routledge & Kegan Paul ; New York : Humanities P., 1971. viii, 72 p. (The Profiles in literature series).

   p.1-6, « Voltaire : his life and works » ; p.7-9, « Voltaire's significance today » ; suivi d'un choix de textes en anglais ordonnés par sujet.

   CR : P. D. Jimack, *ML* 55 (1974), 100-101 ; H. T. Mason, *FS* 27 (1973), 333-34 ; R. S. Tate, *DHS* 7 (1975), 411-12 ; J. Vercruysse, *RBPH* 53 (1975), 492.

655 Tible, Anne-Marie. « Portrait de Voltaire par Dom Benoît Sinsart ». *Annuaire de la Société d'histoire du Val et de la Ville de Munster* 32 (1978), 88-91.

   Portrait littéraire dans les lettres de Sinsart.

656 Toesca, Maurice. « La vie spirituelle de Voltaire ». [In] *Voltaire* (Coll. Génies et réalités) (1978 : n° 13), p.7-37, ill.

   Vue générale de la vie et de l'esprit de V.

657 Togeby, Knud. *Kapitler af fransk litteraturhistorie før 1900 : kronik og kritik*. I udvalg ved Hans Boll Johansen. [København] : Akademisk forlag, 1971. 204 p. (Kapitler af fransk litteraturhistorie, 1).

   Réimpr. de comptes rendus et de chroniques de journal. p.61-63, CR de I. O. Wade, *Voltaire and « Candide »* (1959 : *QA* 1691) ; p.63-66, CR de P. Gay, *Voltaire's politics* (1959 : *QA* 1177) ; p.66-70, article général sur V et son œuvre, surtout la *Correspondence* (vols 66-70).

658 Topazio, Virgil W. *Voltaire : a critical study of his major works*. New York : Random House, 1967. viii, 184 p. (Studies in language and literature, 9).

   CR : J. H. Brumfitt, *FS* 22 (1968), 161 ; A. G. Fredman, *RR* 60 (1969), 69-70.

659 Topazio, Virgil W. « Voltaire : ‹king› of the *philosophes* ». [In] *Enlightenment studies* (1979 : n° 15), p.337-47.

   Article général sur V.

660 Torrey, Norman L. *The Spirit of Voltaire*. New York : Columbia U. P., 1938. xiii, 314 p. ports.

   Réimpr. : Oxford : The Marston P., 1963. Autre réimpr. : New York : Russell & Russell, 1968.

   Essai sérieux sur l'esprit, la personnalité et les actions de V, qui étudie surtout le rôle du déisme, du mysticisme, de l'humanisme et du sentiment.

   CR : E. P. Dargan, *MP* 37 (1939), 217-18 ; R. E. Fitch, *JP* 36 (1939), 134 ; W. E. Garrison, *JR* 19 (1939), 414-15 ; G. R. Havens, *PhR* 49 (1940), 375-76 ;

A. R. Morehouse, *SatR*, 7 Jan. 1939, p.6; D. Mornet, *RHL* 45 (1938), 532-33; J. O'Brien *NYTBR*, 5 Feb. 1939, p.19; E. Philips, *RR* 31 (1940), 178-81; J. Salwyn Schapiro, *AHR* 44 (1939), 979-80; I. O. Wade, *MLN* 54 (1939), 383-84.

661 TRENARD, Louis. «XVIIIe siècle: la vie intellectuelle». *L'Information historique* 31 (1969), 139-40, 187-88, 232-35.

Article bibliographique traitant de J.-D. Candaux, «Ferney en 1775» (1961: *QA* 227); J.-P. Florian, «Vacances à Ferney» (1963: *QA* 241); A.-M. Rousseau, «Quand Voltaire vendait ses livres» (1965: *QA* 261); J.-D. Candaux, «Des documents nouveaux sur la mort de Voltaire?» (1962: *QA* 270); Y. Belaval, «L'esprit de Voltaire» (1963: *QA* 320); P. Alatri, «Voltaire e l'Arcivescovo di Lione» (1958: *QA* 573); H. Bédarida, «Voltaire collaborateur de la *Gazette littéraire de l'Europe, 1764*» (1957: *QA* 578); J.-D. Candaux, «Les débuts de François Grasset» (1961: *QA* 592); A. Gyergyai, «Un correspondant hongrois de Voltaire» (1963: *QA* 954); M. Defourneaux, «L'Espagne et l'opinion française au XVIIIe siècle» (1960: *QA* 1463); T. Besterman, éd., *Lettres d'amour de Voltaire à sa nièce* (1957: *QA* 1575); J.-D. Candaux, «La publication de Candide à Paris» (1961: *QA* 1606).

662 TRENARD, Louis. «Voltaire provincial éclairé». *Annuaire-Bulletin de la Société de l'histoire de France* (1978-1979-1980), 23-40.

V en Lorraine, à Genève et à Ferney.

663 TRENARD, Louis. «Voltaire voyageur et provincial». *Visages de l'Ain* 32, no 162 (1979), 13-25, ill.

Conférence du 26 avr. 1978.

664 T'SERSTEVENS, Albert. *Escales parmi les livres*. Paris: Nouvelles éditions latines, 1969. 238 p.

p.126-35, «Voltaire». Jugement sur l'homme et l'écrivain.

665 ULKE, Karl-Dieter. *Vorbilder im Denken: 32 Porträts grosser Philosophen*. München: Kösel, 1988. 223 p.

p.91-96, «Geist und Macht, Voltaire (François-Marie Arouet)».

666 UNGER, Jörg-Manfred. *«Choix littéraire» (1755-1760): eine Genfer Zeitschrift des 18. Jahrhunderts*. Köln: DME-Verlag, 1986. 248 p. (Kölner Schriften zur Romanischen Kultur, 8).

Voir l'Inhaltsverzeichnis, p.205-35.

667 USCATESCU, Jorge. «El tema de la Ilustración». [In] *Variaciones sobre la Ilustración* (1979: no 18), p.15-30.

V *passim*.

668 VALENTI, Jack. «Voltaire's timeless eminence». *SatR*, 11 March 1967, p.27, 138-39, ill.

Portrait.

669 VAN TREESE, Glenn J. *D'Alembert and Frederick the Great: a study of their relationship*. New York: Learned Publications; Louvain: Editors Nauwelaerts; Paris: Beatrice-Nauwelaerts, 1974. v, 187 p. (Philosophical questions series, 9).

V *passim* – voir l'index.

670 VARLOOT, Jean. «Voltaire. L'homme et le philosophe». [In] *Manuel d'histoire littéraire de la France. Tome III: 1715-1789*. Par un collectif sous la direction de Pierre Abraham et Roland Desné. Paris: Editions sociales, 1969. 620 p., p.235-49.

671 VASSELLE, Pierre. «Voltaire et les Dompierre d'Hornoy». *Le Vieux papier: bulletin de la Société archéologique, historique et artistique* 25 (1967-69), 145-52, ill.

Séjours(?) de V à Hornoy; histoire des nièces de V et du domaine de Dompierre; le don du *Voltaire nu* (Pigalle) à l'Institut de France.

672 VENTURI, Franco. *Settecento riformatore*. Torino: Einaudi, 1969- . Vols. 1- . (Biblioteca di cultura storica, 103).

V *passim*; voir l'index.

673 VERCRUYSSE, Jeroom. «Voltaire: approche, connaissance et réalité». *KN* 19 (1972), 143-62.

Sur la nécessité d'un plan et d'une méthode pour arriver au vrai Voltaire.

674 VERCRUYSSE, Jeroom. «Voltaire. Pour une histoire des mythes». [In] *Provocatie en inspiratie / Provocation et inspiration. Liber amicorum Leopold Flam*. Antwerpen: Uitgeverij Ontwikkeling, 1973-75. 2 vols, ill. ii.538-43.

Sur l'importance d'une histoire objective de la destinée de V. Contient des références bibliographiques.

675 VERCRUYSSE, Jeroom. «Voltaire». [In] *Dictionnaire des journalistes (1600-1789)*. Sous la direction de Jean Sgard, avec la collaboration de Michel Gilot et Françoise Weil. Grenoble: Presses universitaires de Grenoble, 1976. ix, 380 p., p.373-74.

Voir aussi l'index des suppléments préparés par Anne-Marie Chouillet et François Moureau: n° 1 (1980), n° 2 (1983), n° 3 (1984), n° 4 (1985), n° 5 (1987).

676 VERCRUYSSE, Jeroom. «Présences du *moi* voltairien». *Studi filosofici* 2 (1979), 155-81.

Les éléments autobiographiques se trouvent partout dans son œuvre, mais il faut savoir les reconnaître.

677   VIANU, Tudor. *Voltaire*. Bucureşti: Editura Albatros, 1972. 110 p. pl.

678   VULLIAMY, C. E. *Voltaire*. New York: Dodd, Mead, & co., 1930. ix, 353 p.; London: Geoffrey Bles, 1930. ix, 344 p.

CR: Matthew Josephson, *New republic* 65 (31 Dec. 1930), 196-97.

Réimpr.: Port Washington, N.Y.; London: Kennikat P., 1970.

679   WADE, Ira O. *Studies on Voltaire, with some unpublished papers of Mme du Châtelet*. Princeton: Princeton U. P.; London: Oxford U. P., 1947. ix, 244 p. (Princeton publications in romance languages, 6).

p.3-11, «Voltaire's *La Ligue* and de Renneville's *Vision*»: une source du chant VI de *La Ligue*; p.12-21, «The genesis of *L'Ingénu*»; p.22-49, «Voltaire and Mandeville»; p.49-56, «A note on the genesis of *Le Mondain*»; p.56-114, «The *Traité de métaphysique*»; p.114-23, «Some aspects of Newtonian study at Cirey»: Mme Du Châtelet est un intermédiaire important entre Newton et V.

CR: C. Frankel, *JP* 45 (1948), 105; G. R. Havens, *RR* 39 (1948), 164-67; E. Malakis, *MLN* 62 (1947), 497-98; D. Mornet, *RHL* 48 (1948), 271-73; F. Vial, *FR* 22 (1949), 268-70; E. Weil, *Critique* 18 (nov. 1947), 472-73.

Réimpr.: New York: Russell & Russell, 1967.

680   WADE, Ira O. *The Intellectual development of Voltaire*. Princeton, N.J.: Princeton U. P., 1969. xxi, 807 p.

CR: A. O. Aldridge, *CL* 23 (1971), 186-90, W. Anderson, *EnlE* 1 (1970), 212-14; W. H. Barber, *FS* 27 (1973), 452-53; G. J. Cavanaugh, *AHR* 75 (1970), 1459-61; P. Gay, *NYTBR*, 8 Feb. 1970, p.12, 14; A. D. Hytier, *MLJ* 55 (1971), 416-17; A. J. Knodel, *ECS* 4 (1970-71), 474-77; R. Niklaus, *RBPH* 49 (1971), 548-50; D. Roche, *Revue historique* 246 (1971), 345-58; L. Sozzi, *SFr* 20 (1976), 153; J. S. Spink, *RR*, 62 (1971), 297-303; R. S. Tate, Jr. *FR* 44 (1970-71), 242-43; *TLS*, 14 Aug. 1970, p.896; J. Vercruysse, *DHS* 3 (1971), 425-26; F. Vial, *Journal of the history of philosophy* 9 (1971), 257-58; J. Voisine, *RSH* 39 (1974), 346-50; J. Weightman, *NYRB*, 18 June 1970, p.35-37. Voir aussi G. Ricuperati, «Per una rilettura ...» (1975: n° 631) et D. Roche, «Voltaire aujourd'hui ...» (1971: n° 155).

680a WADE, Ira O. *The Intellectual origins of the French Enlightenment*. Princeton, N.J.: Princeton U. P., 1971. xxi, 678 p.

Voir l'index.

CR: K. Baker, *AHR* 77 (1972), 1456-57; V. Brombert, *HudR* 26 (1973-74), 405-409; C. Brush, *Journal of the history of philosophy* 11 (1973), 407-10; J. Guicharnaud, *YR* 62 (1972), 106-13; R. Rosbottom, *SBHT* 14 (1972), 133-54; R. Tate, *ECCB* 51 – for 1971 (1972), 589-90, et *DHS* 5 (1973), 459; *TLS*, 22 Sept. 1972, p.1118.

681   WADE, Ira O. *The Structure and form of the French Enlightenment*. 1: *Esprit philosophique*; 2: *Esprit révolutionnaire*. Princeton: Princeton U. P., 1977. 2 vols.

> V *passim*: voir l'index, et particulièrement ii.7-66, «Organic unity in Voltaire», et ii.298-324, «Holbach, Voltaire, and the debate on atheism».
>
> CR: W. H. Barber, *FS* 34 (1980), 81-83; M. Baridon, *DHS* 11 (1979), 482-83; L. G. Crocker [in] *Greene centennial studies: essays presented to Donald Greene in the centennial year of the University of Southern California*. Ed. Paul J. Korshin and Robert R. Allen. Charlottesville: U. P. of Virginia, 1984, p.358-61; H. Duranton, *Francia* (München) 7 (1979), 780-81; R. Niklaus, *MLR* 75 (1980), 402-404; R. H. Popkin, *Journal of the history of philosophy* 18 (1980), 402-404.

682   WADE, Ira O. «Inventory: 1896-1976». [In] *Colloque 76* (1983: n° 34), p.3-15.

> Esquisse des études voltairiennes de Lanson à Besterman.

683   WELCH, Liliane. «Voltaire: man on the verge». *DR* 49 (1969-70), 557-62.

> Article général annonçant la publication de plusieurs volumes des *Œuvres complètes de Voltaire*: 59, 81-82.

684   WHITMORE, P. J. S. *The Enlightenment in France: an introduction*. London: Norton Bailey, 1969. ix, 158 p.

> Voir p.88-101: *Lettres philosophiques*, *Zadig* et *Candide*. Voir aussi l'index.
>
> CR: R. Trousson, *Pensée* 164 (1972), 153.

685   WIARDA, R. «Voltaire». [In] *Grote Winkler Prins Encyclopedie in 25 Delen*. Achtste geheel nieuwe druk. Amsterdam; Brussel: Elsevier, 1979-84. 25 vols, xxiii.350-52, ill.

686   WILLEQUET, Jacques. «L'actualité de Voltaire». *La Pensée et les hommes* 22 (1978-1979), 172-74.

687   WOLOCH, Isser. *Eighteenth-century Europe: tradition and progress, 1715-1789*. New York; London: W. W. Norton, 1982. xvii, 364 p. ill.

> p.235-40, «Voltaire: the eye of the storm». Voir aussi l'index.

Influences et rapports intellectuels

L'Allemagne, l'Autriche et l'Empire[1]

Voir aussi les numéros 54, 106, 168, 181, 211, 543-545, 564, 576-578, 1062, 1313, 1863, 1872, 2231, 2577, 2616, 2618-2619, 2628, 2630, 2649-2650, 2666, 2705, 2729, 2736, 2744, 2825, 2975, 2997, 3167-3168, 3214, 3244, 3314, 3325, 3351, 3535.

688 *Internationales Kolloquium zum 200. Todestag Voltaires, 1778-1978: Voltaire und Deutschland | Colloque international pour le bicentenaire de la mort de Voltaire, 1778-1978: Voltaire et l'Allemagne.* Universität Mannheim, 18.-21. Mai 1978. [s.l.n.d.]. [11 p., non paginé].

Brochure annonçant le programme.

689 ALTWEGG, Jürg. *Die Republik des Geistes: Frankreichs Intellektuelle zwischen Revolution und Reaktion.* München; Zürich: Piper, 1986. 397 p.

p.25-28, «Voltaire und die Deutschen».

690 ANSART-DOURLEN, Michèle. *Freud et les Lumières: individu, raison, société.* Paris: Payot, 1985. 235 p. (Critique de la politique).

p.188-91 : la fonction de la raison chez V dans la lutte contre le fanatisme.

691 ARMOGATHE, Jean-Robert. «Voltaire, juge de la Révolution française au prisme allemand: essai d'une étude comparative au second degré». [In] *Voltaire und Deutschland* (1979: n° 20), p.455-61. Résumé en allemand, p.517.

Le rôle opératoire joué par l'image de V dans les jugements et les attitudes des contemporains de la Révolution française en Allemagne.

692 BAUDIFFIER, Edmond. «Voltaire et l'Allemagne à l'Université de Mannheim». *Humanisme* 124 (1978), 94-95.

CR du colloque *Voltaire und Deutschland* à l'occasion du bicentenaire.

693 BENDER, Karl-Heinz. «Voltaire und der Zweibrücker Hof oder ein südwestdeutsches Duodezfürstentum in Historiographie und Korrespondenz

---

1. Voir aussi n° 340 et suiv. ci-dessus.

Voltaires». [In] *Voltaire und Deutschland* (1979: n° 20), p.13-28. Résumé en français, p.517-18.

Sur les relations de V avec Christian iv, duc des Deux-Ponts et sur son rôle dans la *Gazette des Deux-Ponts*.

694 BETZ, Albrecht. «Aufklärung – Exil – Publizistik: Heine und Heinrich Mann in den Spuren Voltaires». [In] *Literatur in der Gesellschaft: Festschrift für Theo Buck zum 60. Geburtstag.* Hrsg. von Frank-Rutger Hausmann, Ludwig Jäger und Bernd Witte. Tübingen: Gunter Narr, 1990. 369 p. ill. p.155-66.

695 BOUREL, Dominique. «Les réserves de Mendelssohn, Rousseau, Voltaire et le Juif de Berlin». *RIPh* 32 (1978), 309-26.

Voir surtout p.320-26: l'attitude de Mendelssohn envers V.

696 BROCKMEIER, Peter. «Voltaire et l'Allemagne». *SFr* 22 (1978), 410-13.

Sur le colloque international de Mannheim.

697 BROCKMEIER, Peter. «Eröffnung des Kolloquiums ‹Voltaire und Deutschland›». [In] *Ansprachen und Reden* (1978: n° 12), p.7-9.

698 BROCKMEIER, Peter. «Fürstendiener und Menschenfreund, Possenreisser und Dichterfürst: zum Bild Voltaires in der deutschsprachigen Literaturkritik und Literaturgeschichtsschreibung». [In] *Voltaire und Deutschland* (1979: n° 20), p.469-90. Résumé en français p.518.

Esquisse de la réaction à V en Allemagne depuis la Révolution.

699 BRUNET, Jean-Pierre. «Ansprache zur Eröffnung des Kolloquiums ‹Voltaire und Deutschland›». [In] *Ansprachen und Reden* (1978: n° 12), p.13-16.

700 CASALIS, Monica. «Deux conteurs: Voltaire et Goethe». *DHS* 13 (1981), 375-87.

Malgré l'influence qu'a exercée Voltaire sur Goethe, une comparaison de leurs contes révèle des différences marquées de point de vue et de technique.

701 CHEVALLIER, Pierre. «Voltaire und Wezel». *Neues aus der Wezel-Forschung* 2 (Jan. 1984), 41-47.

Une comparaison de *Candide* avec *Belphegor* montre que Johann Karl Wezel, héritier de V et des Lumières, n'est pas un double spirituel de V.

702 COMMENGÉ, Béatrice. «‹Voltaire, le joueur de flûte de l'incroyance›». *L'Infini* 25 (1989), 50-56, ill.

La réaction de Nietzsche à V.

703 DANN, Otto. «Voltaire und die Geschichtsschreibung in Deutschland (Thesen)». [In] *Voltaire und Deutschland* (1979: n° 20), p.463-67. Résumé en français, p.519.

> Les critiques allemands de l'historiographie de V expriment, sans le savoir, le décalage culturel entre les deux nations.

704 DELON, Michel. «Candide au service de Joseph II». [In] *Les Lumières en Hongrie* ... *Actes 4* (1981: n° 28), p.61-66.

> *Faustin oder das philosophische Jahrhundert* (1783) de Johann Pezzl, imitation de *Candide*.

705 D'HONDT, Jacques. «Le sacré de Voltaire par Hegel». *RIPh* 32 (1978), 357-70.

> Le grand respect de Hegel pour le bon sens de V; pourquoi il l'estime au-dessus des autres philosophes des Lumières.

706 D'HONDT, Jacques. «Hegel, lecteur et utilisateur de Voltaire (la modification des idées et des images voltairiennes par leur reprise dans un context social et culturel nouveau)». [In] *Geschichte und Funktion der Literaturgeschichtsschreibung*. Berlin: Akademie-Verlag, 1982. 231 p. (Sitzungsberichte der Akademie der Wissenschaften der DDR, Gesellschaftswissenschaften, 1982, 2/G), p.105-29.

707 DORSCH, Nikolaus. «‹Wer einmal nichts hat als Verstand ...›: eine Anmerkung zu Büchners Voltaire-Lektüre». *Georg Büchner Jahrbuch* 5 (1985), 297-99.

> A propos d'un passage dans le ch. 22 de *Candide*.

708 EMRICH, Elke. *Macht und Geist im Werk Heinrich Manns; eine Überwindung Nietzsches aus dem Geist Voltaires*. Berlin; New York: Walter de Gruyter, 1981. ix, 392 p. [Diss., U. de Nimègue, 1981].

> p.299-318, «Zur Rousseau- und Voltaire-Rezeption Heinrich Manns», surtout p.299-300, 312-18. Voir aussi l'index.
>
> CR: L. Leibrich, *EG* 37 (1982), 376-77; P. Sagave, *EG* 37 (1982), 218-20.

709 FERRARI, Jean. «Voltaire et Rousseau hommes de science dans l'œuvre de Kant». *RIPh* 32 (1978), 348-56.

> V ne laisse pas de théorie à la postérité comme l'a fait Rousseau.

710 FERRARI, Jean. *Les Sources françaises de la philosophie de Kant*. Paris: Klincksieck, 1979. 360 p. (Philosophia).

> p.103-22, «Quelques philosophes et savants français du XVIIIe siècle: Voltaire, Maupertuis, Buffon, D'Alembert». Voir surtout p.104-12 et l'index.

711 FILBINGER, Hans. «Ansprache an die Teilnehmer des Kolloquiums ‹Voltaire und Deutschland› und an die Gäste des Universitätstages». [In] *Ansprachen und Reden* (1978: n° 12), p.25-29.

712 FINK, Gonthier-Louis. «Baron de Thunder-ten-tronckh und Riccaut de la Marlinière: nationale Vorurteile in der deutschen und französischen Aufklärung». [In] *Interferenzen: Deutschland und Frankreich. Literatur – Wissenschaft – Sprache.* Hrsg. von Lother Jordan *et al.* Düsseldorf: Droste Verlag, 1983. 186 p. ill. (Veröffentlichungen des Heinrich-Heine-Instituts Düsseldorf), p.24-50.

> Résumé en français, p.51. V et l'image négative de l'Allemagne dans *Candide*; Lessing et l'image négative de la France dans *Minna von Barnhelm*.

713 FINK, Gonthier-Louis. «Goethe und Voltaire». *Goethe Jahrbuch* 101 (1984), 74-111.

> Influence de V.

714 FINK, Gonthier-Louis. «Vom universalen zum nationalen Literaturmodell im deutsch-französischen Konkurrenzenkampf (1680-1770)». [In] *Tradition, Norm, Innovation: soziales und literarisches Traditionsverhalten in der Frühzeit der deutschen Aufklärung.* Hrsg. von Wilfried Barner *et al.* München: R. Oldeburg Verlag, 1989. xxiv, 370 p. ill. (Schriften des Historischen Kollegs, Kolloquien, 15) p.33-67.

> Voir p.44-57 *passim* et 63-66: l'*Essai sur les mœurs* et l'*Essai sur la poésie épique*.

715 FLETCHER, D. J. «Voltaire and Germany». *BJECS* 1 (1978), 114-17.

> A propos du colloque de Mannheim.

716 FONTIUS, Martin. «Frédéric Schlegel et Voltaire». [In] *Les Lumières en Hongrie ... Actes 4* (1981: n° 28), p.67-71.

717 GALLE, Roland. «Die Replik des deutschen Idealismus auf die Aporie der voltaireschen Tragödien». [In] *Voltaire und Deutschland* (1979: n° 20), p.439-53. Résumé en français, p.520.

> La théorie de la tragédie hégélienne sert à expliquer l'oubli dans lequel sont tombées les tragédies de V.

718 GARCIN, Jérôme. «Voltaire à Mannheim: ‹Jamais deux sans trois...›». *NL*, 24 au 31 mai 1978, p. 7.

> Compte rendu du congrès.

719 GERRATANA, Valentino. «Il cittadino di Ginevra e il seigneur de Fernay (1778-1978: a duecento anni dalla morte di Voltaire e Rousseau)». *Rinascita*, 14 luglio 1978, p.37-39, ill.

> Trad.: «The citizen of Geneva and the seigneur of Ferney». Tr. by Kate Soper. *New left review* 111 (1978), 67-77. Comparaison des deux écrivains (pensée et personnalité) à partir du jugement de Nietzsche, avec un bref aperçu de leur position relative dans l'Italie de 1978.

720 GROSSER, Alfred. « Aufklärung und Toleranz heute. Festvortrag zum Universitätstag ». [In] *Ansprachen und Reden* (1978: n° 12), p.31-44.

721 GUTMANN, Anni. « Der bisher unterschätzte Einfluss von Voltaires *Pucelle* auf Schillers *Jungfrau von Orleans* ». [In] *Voltaire und Deutschland* (1979: n° 20), p.411-23. Résumé en français, p.522.

   La Pucelle servit de modèle à Schiller : esquisse des parallèles.

722 HAMMACHER, Klaus. « Ein bemerkenswerter Einfluss französischen Denkens : Friedrich Heinrich Jacobis (1743-1819). Auseinandersetzung mit Voltaire und Rousseau ». *RIPh* 32 (1978), 327-47.

   Voir p.327-40 : pensée religieuse.

723 HAMMERSTEIN, Notker. « Voltaire und die Reichspublizistik ». [In] *Voltaire und Deutschland* (1979: n° 20), p.327-42. Résumé en français, p.522-23.

   La réception de l'historiographie voltairienne en Allemagne.

724 HELLER, Peter. *« Von den ersten und letzten Dingen » : Studien und Kommentar zu einer Aphorismenreihe von Friedrich Wilhelm Nietzsche.* Berlin ; New York : Walter de Gruyter, 1972. xlii, 512 p. (Monographien und Texte zur Nietzsche-Forschung, 1).

   p.277-99, « Voltaire und Rousseau ». Voir surtout p.277-84, 1. « Hommage à Voltaire » ; 2. « Der ‹ grandseigneur des Geistes › ».

   Trad., revu et transformé : « Nietzsche in his relation to Voltaire and Rousseau ». [In] *Studies in Nietzsche and the classical tradition.* Edited by James C. O'Flaherty *et al.* Chapel Hill : U. of North Carolina P., 1976. xvii, 275 p. (University of North Carolina studies in the Germanic languages and literatures, 85), p.109-33. Voir notamment p.109-16, 125-33.

725 HOFER, Hermann. « L'image de Voltaire dans les lettres allemandes de Strauss et Nietzsche à Heinrich Mann ». [In] *Voltaire und Deutschland* (1979: n° 20), p.491-99. Résumé en allemand, p.523.

726 HYTIER, Adrienne D. « Joseph II, la cour de Vienne et les philosophes ». *SVEC* 106 (1973), 225-51.

   Voir notamment p.245-48.

727 Ховрина, Г. В. « О могуществе и заблуждениях разума (эссе Генриха Манна ‹ Дух и действие › и ‹ Вольтер и Гёте ›) » [Sur la puissance et l'erreur de l'esprit (essais de Heinrich Mann « L'esprit et l'action » et « Voltaire et Goethe »)]. *Вестник Московского Университета*, серия X , Филология (1969, n° 1), 71-80.

728 KNABE, Peter-Eckhard. *Die Rezeption der französischen Aufklärung in den « Götting-ischen Gelehrten Anzeigen »* (*1739-1779*). Frankfurt am Main: Klostermann, 1978. 290 p. ill. (Analecta Romanica, 42).

    p.54-120, « Rezensionen und Kommentare: Voltaire ».

    CR: A. Montandon, *DHS* 11 (1979), 518-19.

729 KNABE, Peter-Eckhard. « L'accueil fait à Voltaire par les *Göttingischen Gelehrten Anzeigen* (1739-1779) ». [In] *Voltaire und Deutschland* (1979: n° 20), p.343-55. Résumé en allemand, p.523-24.

730 KRAMER, Kurt. « Strittige Fragen in der Mozart-Biographie ». *Acta Mozartiana* 23 (1976), 75-84.

    p.81-84, « Mozart und Voltaire »: Mozart s'intéresse à V, malgré ses remarques dans une lettre à son père après la mort de V.

731 KRAUSS, Henning. « Voltaire et l'Allemagne – Mannheimer Kolloquium (18.-21. Mai 1978) ». *RZL* 2 (1978), 122-26.

732 KUHFUSS, Walter. « Voltaire in der preussischen Schule (1800-1900) ». [In] *Voltaire und Deutschland* (1979: n° 20), p.502-15. Résumé en français, p.524.

733 LOWSKY, Martin. « Ross und Reiter nennen: Karl Mays ‹conte philosophique› von Winnetous Tod ». [In] *Karl Mays. « Winnetou ». Studien zu einem Mythos.* Hrsg. von Dieter Sudhoff und Hartmut Vollmer. Frankfurt am Main: Suhrkamp, 1989. 504 p. (Suhrkamp Taschenbuch, 2102), p.306-25.

    Parallèles avec *Zadig*.

734 MASS, Edgar. « Voltaire und Wilhelmine von Bayreuth ». [In] *Voltaire und Deutschland* (1979: n° 20), p.55-77. Résumé en français, p.525-26.

735 MATUSCHEK, Stefan. « ‹Le bon goût› und ‹der gute Geschmack›: ein Versuch, Winckelmann nach Voltaire zu lesen ». *GRM* N.F. 40 (1990), 230-34.

    Le Siècle de Louis XIV – une source de Winckelmann.

736 MONDOT, Jean. « La réception de Voltaire dans les écrits de Wekhrlin ». [In] *Voltaire und Deutschland* (1979: n° 20), p.385-98. Résumé en allemand, p.527-28.

737 MONTANDON, Alain. « Colloque ‹Voltaire et l'Allemagne› (Mannheim, 18-21 mai 1978) ». *Bulletin de la Société française d'étude du XVIIIe siècle* 26 (juil. 1978), 7-9.

738 MONTANDON, Alain. «Jean Paul et Voltaire». [In] *Voltaire und Deutschland* (1979: n° 20), p.425-37. Résumé en allemand, p.528.

L'héritage de V chez Jean Paul.

739 NICOLAY, Ludwig Heinrich von. «Souvenirs». [Trad. par J. Chouillet]. [In] *Textes du dix-huitième siècle*. U.E.R. de langue et littérature française. Paris: U. de la Sorbonne nouvelle, 1982. 199 p. («Textes et documents», Sér. 5; Société française d'étude du dix-huitième siècle), p.9-64.

Voir p.34-40, «Voltaire».

740 OCHWADT, Curd. *Voltaire und die Grafen zu Schaumburg-Lippe*. Bremen und Wolfenbüttel: Jacobi Verlag, 1977. 112 p. ill.

Contient deux lettres inédites de V, à la comtesse de Bentinck (26 août [1757]), et au comte Guillaume de Schaumburg-Lippe (27 juin 1769), conservées au Niedersächsisches Staatsarchiv à Bückeburg.

CR: H. Duranton, *Francia* (München) 7 (1979), 786-87; A. Magnan, *RHL* 80 (1980), 300-301; U. van Runset, *DHS* 12 (1980), 558-59.

741 PHILONENKO, Alexis. *La Théorie kantienne de l'histoire*. Paris: Librairie philosophique J. Vrin, 1986. 253 p. (Bibliothèque d'histoire de la philosophie).

p.29-33, en partie sur la pensée de Kant par rapport à celle de V au sujet du tremblement de terre à Lisbonne.

742 ROSSO, Corrado. «Kant, Voltaire, optimisme et tremblement de terre». [In] *Voltaire und Deutschland* (1979: n° 20), p.373-83. Résumé en allemand, p.530-31.

Réimpr.: «Voltaire et Kant: optimisme et tremblement de terre» dans son ouvrage *Mythe de l'égalité* (1980: n° 23), p.202-17.

Malgré leurs différences philosophiques, l'on trouve chez V et chez Kant une certaine unité de pessimisme.

743 SAGAVE, Pierre-Paul. «Voltaire, Nietzsche et Heinrich Mann». *EG* 37 (1982), 218-20.

Observations à propos de *Macht und Geist im Werk Heinrich Manns* d'Elke Emrich (1981: n° 708) où il est question de *L'Homme aux quarante écus, Candide, L'Ingénu* et le *Traité sur la tolérance*.

744 SCHAER, Friedrich-Wilhelm. «Charlotte Sophie Gräfin von Bentinck, Friedrich der Grosse und Voltaire». *Niedersächsisches Jahrbuch für Landesgeschichte* 43 (1971), 81-105.

Contient en appendice (p.106-21) des lettres de Frédéric à Sophie.

745 SCHLOBACH, Jochen. «Voltaire et Rousseau dans le monde germanique». *RHL*
79 (1979), 413-33. Résumé, p.558.

> Contient une liste des thèses sur V écrites depuis 1947 en RFA (p.432).

746 SCHWARZBACH, Bertram Eugene. «Voltaire et les Huguenots de Berlin: Formey et Isaac de Beausobre». [In] *Voltaire und Deutschland* (1979: n° 20), p.103-
18. Résumé en allemand, p.533.

747 STACKELBERG, Jürgen von. «Klassizismus und Aufklärung – der Blick nach
Frankreich». [In] *Zur geistigen Situation der Zeit der Göttinger Universitätsgründung,*
1737. Eine Vortragsreihe aus Anlass des 250jährigen Bestehens der Georgia
Augusta. Hrsg. von Jürgen v. Stackelberg. Göttingen: Vandenhoeck &
Ruprecht, 1988. 192 p. (Göttinger Universitätsschriften, Ser. A: Schriften,
12), p.167-85.

> Voir surtout p.177-84: l'intérêt pour l'œuvre de V en Allemagne au xviiie siècle.

748 STAVAN, Henry A. «Voltaire und Kurfürst Karl Theodor, Freundschaft oder
Opportunismus?». [In] *Voltaire und Deutschland* (1979: n° 20), p.3-12. Résumé
en français, p.533.

749 STAVAN, Henry A. «Voltaire et la duchesse de Gotha». *SVEC* 185 (1980), 27-
56.

> Louise-Dorothée, duchesse de Gotha.

750 STAVAN, Henry A. «Landgraf Frederick ii of Hesse-Kassel and Voltaire».
SVEC 241 (1986), 161-83.

751 TEISSIER, Philippe. «L'image de l'Autriche dans l'œuvre historique de Voltaire
(1648-1763)». *RHL* 83 (1983), 570-87.

> Résumé, p.702.
>
> CR: S. Gargantini Rabbi, *SFr* 29 (1985), 395.

752 THOMANN, Marcel. «Voltaire et Christian Wolff». [In] *Voltaire und Deutschland*
(1979: n° 20), p.123-36. Résumé en allemand, p.534-35.

> Essai d'explication de leurs relations.

753 VALENTIN, Erich. «Imaginäre Begegnungen». *Deutsches Mozartfest der deutschen*
Mozart-Gesellschaft 24 (1975), 17-31, ill.

> Sur V et son œuvre à Schwetzingen et sur les rapports (imaginaires) de V avec
> Mozart.

754 Voss, Jürgen. «Voltaire und der badische Hof (1758-1789)». [In] *Voltaire und*
Deutschland (1979: n° 20), p.41-54. Résumé en français, p.536.

Visite de V à Bade, sa correspondance avec la margravine Caroline Louise, le rapport de von Boden sur les derniers jours de V et sa mort, l'impression de l'éd. de Kehl.

755 WATZINGER, Karl Otto. «Begrüssing der Teilnehmer des Kolloquiums ‹Voltaire und Deutschland›». [In] *Ansprachen und Reden* (1978: n° 12), p.11-12.

756 WILDENMANN, Rudolf. «Ansprache zum Universitätstag». [In] *Ansprachen und Reden* (1978: n° 12), p.19-24.

757 WILL, Heinz. *Voltaire am Niederrhein: Moyland, Kleve, Wesel, Schenkenschanz.* Kleve: Boss, 1974. 121 p. ill. (Boss Schriftenreihe, 11).

758 WINKLE, Stefan. *Struensee und die Publizistik.* Hamburg: Hans Christians Verlag, 1982. 183 p. port. (Beiträge zur Geschichte Hamburgs, 19).

p.76-80, «Struensee als Übersetzer Voltaires». Johann Friedrich Struensee traducteur du *Philosophe ignorant* et autres écrits.

759 ZEYRINGER, Klaus. «‹Geistvolle Satire› und/oder ‹großschlächtiges Konglomerat tendenziöser Anekdoten›? Zu Voltaires *Candide* und Johann Pezzls *Faustin*». *Arcadia* 25 (1990) 144-59.

Faustin oder das philosophische Jahrhundert (1783).

LEIBNIZ

Voir aussi les numéros 321, 2776, 2785.

760 BELAVAL, Yvon. *Etudes leibniziennes: de Leibniz à Hegel.* Paris: Gallimard, 1976. 398 p. (Bibliothèque des idées).

p.228-34, «En France au XVIIIe siècle»; p.235-43, «Quand Voltaire rencontre Leibniz».

761 DEPRUN, Jean. «Mystique, lumières, romantisme: jalons pour une histoire des ‹miroirs vivants›». [In] *Approches des Lumières: mélanges offerts à Jean Fabre.* Paris: Klincksieck, 1974. xxv, 577 p., p.123-32.

Article sur Leibniz. Il s'agit en fait de la réaction de V à sa définition de la morale.

762 GALLIANI, Renato. «A propos de Voltaire, de Leibniz et de la *Théodicée*». *SVEC* 189 (1980), 7-17.

Etude basée sur un exemplaire de l'ouvrage de Leibniz dans la bibliothèque de V.

763 MÖNCH, Walter. «Voltaire und Leibniz: ihre Weltansicht und soziale Wirksamkeit». [In] *Voltaire und Deutschland* (1979: n° 20), p.153-65. Résumé en français, p.527.

764 Szász, János. *A Fennmaradás esélyei: esszék.* [Chances de survivre: essais]. Budapest: Gondolat, 1986. 417 p.

> p.36-41, «Voltaire kontra Leibniz» [Voltaire contre Leibniz].

LESSING

Voir aussi les numéros 712, 3173, 3400.

765 Glaser, Horst. «Lessings Streit mit Voltaire: das Drama der Aufklärung in Deutschland und Frankreich». [In] *Voltaire und Deutschland* (1979: n° 20), p.399-407. Résumé en français, p.521.

> Lessing, dans sa critique de *Mérope*, veut, pour des raisons politiques, s'attaquer au principe monarchique exprimé par V.

766 Ritchie, Gisela F. «Spuren des französischen Dramas bei Lessing». [In] *Nation und Gelehrtenrepublik* (1984: n° 38), p.120-37.

> Voir surtout p.133-35: *Nathan der Weise* et deux pièces de V – *Mahomet* et *Zaïre*.

767 Runset, Ute van. «Lessing und Voltaire, ein Missverständnis? Untersuchung eines Einflusses und seiner deutsch-französischen Rezeption». [In] *Nation und Gelehrtenrepublik* (1984: n° 38), p.257-69.

> Eclaircit les rapports Lessing-Voltaire.

768 Sadji, Amadou Booker. *Lessing und das französische Theater.* Stuttgart: Akademischer Verlag Hans-Dieter Heinz, 1982. 341 p. (Stuttgarter Arbeiten zur Germanistik, 99).

> p.59-173, «Lessing, Voltaire und der französische Klassizismus» (surtout p.59, 97-99, 126-40, 147-52 – sur la tragédie; p.168-73 – sur la comédie).
>
> CR: G. Pons, *EG* 39 (1984), 443.

769 Strohschneider-Kohrs, Ingrid. «Lessings Nathan-Dichtung als ‹eine Art von Anti-Candide›». [In] *Nation und Gelehrtenrepublik* (1984: n° 38), p.270-302.

> Fait ressortir un nouveau rapport entre *Nathan der Weise* et *Candide*.

770 Wild, Henk de. *Tradition und Neubeginn: Lessings Orientierung an der europäischen Tradition.* Amsterdam: Rodopi, 1986. viii, 321 p. (Amsterdamer Publikationen zur Sprache und Literatur, 67).

> p.33-41, «Exkurs: Lessing und Voltaire». Sur les débuts d'une poétique européenne avant 1750.

771 Zingg, Peter Ulrich. *Lessing und das Theater Voltaires.* Turbenthal: Buchdr. Turbenthal, 1966. 122 p. [Diss., U. Zürich].

L'Amérique du Nord

Voir aussi les numéros 1277, 1845, 1898, 2045, 2107, 2267, 2679, 2737, 2795, 2855, 3483.

772 ALDRIDGE, A. Owen. « The American revolution and a spurious letter from Voltaire ». *SVEC* 124 (1974), 163-66.

Lettre publiée à New York le 18 nov. 1775 dans *The Constitutional Gazette.*

773 ALLAIN, Mathé. « Voltaire in Louisiana politics ». *RLLR* 4, n° 1 (1975), 22.

L'épigramme de V sur Fréron est transformée et utilisée en anglais en 1873 lors d'une campagne électorale en Louisiane.

774 BARR, Mary-Margaret H. *Voltaire in America, 1744-1800.* Baltimore, Md.: The Johns Hopkins P.; London: Oxford U. P.; Paris: Les Belles Lettres, 1941. 150 p. (Johns Hopkins studies in Romance literatures and languages, 39). [Diss., Columbia U., 1941].

Etude de l'accueil fait à V et de la diffusion de ses œuvres.

CR: D. F. Bond, *MLQ* 3 (1942), 144-46; J. L. Brown, *CathHR* 27 (1941-42), 517-18; M. Kraus, *AHR* 47 (1942), 944-45.

Réimpr.: New York: Johnson Reprint Corp., 1973.

775 BOWE, Forrest & Mary DANIELS *French literature in early American translation: a bibliographical survey of books and pamphlets printed in the United States from 1668 to 1820.* New York; London: Garland, 1977. lxix, 528 p. (Garland reference library of the humanities, 77).

Voir p.501 de l'index.

776 DIAZ, Furio. « L'idée de démocratie entre philosophes et *leaders* de la Révolution américaine ». [In] *Le Siècle de Voltaire* (1987: n° 44), i.417-32.

Voir notamment p.430-32.

777 GLIOZZI, Giuliano. « Voltaire: l'americano tra polemica e ‹scienza› ». [In] *La Scoperta dei selvaggi: antropologia e colonialismo da Colombo a Diderot.* Introduzione, traduzione e note a cura di Giuliano Gliozzi. Milano: Principato, 1971. 262 p. (Collana filosofica principata), p.188-209.

Extraits de l'*Essai sur les mœurs* et des *Entretiens d'un sauvage et d'un bachelier*, précédés d'une introduction.

778 HERNANDEZ-CASAS, Eléna. *L'Amérique dans l'œuvre et la pensée de Voltaire.* Thèse, U. de Paris, 1968. 332 f.

779 LAZAR, Hélène & Denis PAYETTE. «Le discours biographique dans les manuels d'histoire littéraire». *Etudes littéraires* 14 (1981), 491-508.

V et Racine dans les collèges classiques du Québec.

780 LIBISZOWSKA, Zofia. «Wolter a Stany Zjednoczone Ameryki Północnej» [Voltaire et les Etats Unis]. [In] *Rozprawy z dziejów XVIII wieku* (1979: n° 17), p.31-47. Résumé en français, p.96-97.

Trad.: «Voltaire and the United States of America». *American studies* 2 (1981), 5-17.

Attitudes de V à l'égard de la Révolution américaine vues à travers sa correspondance et exprimées publiquement lors de son retour à Paris.

781 PILLAT-SĂULESCU, Monica. «Echoes of Voltaire's vision in E. A. Poe's tales». *AUB, Limbi şi literaturi străine* 27, n° 2 (1978), 81-84. Résumé en roumain, p.84.

Surtout *Zadig* et *Candide*.

782 SIEBURTH, Richard. «Ideas into action: Pound and Voltaire». *Paideuma* 6 (1977), 365-90.

L'influence stylistique et conceptuelle de V sur Pound et ses écrits.

783 SPURLIN, Paul M. *The French Enlightenment in America: essays on the times of the founding fathers*. Athens, Ga.: U. of Georgia P., 1984. xi, 203 p.

p.99-107, «Voltaire in the South». Voir aussi l'index.

CR: E. Cassara, *ECCB* n.s. 10 – for 1984 (1989), 200-201; B. Chevignard, *DHS* 18 (1986), 458; J. Gury, *RLC* 60 (1986), 243; J. F. Jones, Jr., *ECS* 19 (1985-86), 264-65; J. H. Shennan, *FS* 40 (1986), 218-19.

784 WALDINGER, Renée. «America: another link in Voltaire's philosophic campaign». *KRQ* 16 (1969), 41-54.

785 WILLENS, Liliane. «Voltaire et l'Amérique: des colonies anglaises aux treize Etats-Unis.» [In] *L'Amérique des Lumières*. Partie littéraire du colloque du bicentenaire de l'indépendance américaine (1776-1976). Publié avec le concours de l'Université de Bretagne Occidentale (Brest). [Avant-propos par Jean Balcou. Préface par René Pomeau]. Genève: Droz, 1977. xii, 204 p. (Histoire des idées et critique littéraire, 168), p.61-81.

Les liens philosophiques, sentimentaux et politiques de V avec l'Amérique.

La Chine [1]

Voir aussi le numéro 3002.

786 ALDRIDGE, A. Owen. « Voltaire and the cult of China ». *Tamkang review* 2, n° 2; & 3, n° 1 (Oct. 1971-Apr. 1972), 25-29.

787 ALDRIDGE, A. Owen. *The Reemergence of world literature: a study of Asia and the West.* Newark: U. of Delaware P.; London and Toronto: Associated U. Presses, 1986. 228 p.

p.141-66, « Voltaire and the mirage of China ».

788 ARMOGATHE, Jean-Robert. « Voltaire et la Chine: une mise au point ». [In] *Actes du colloque international de sinologie: la mission française de Pékin aux XVIIe et XVIIIe siècles.* Centre de recherches interdisciplinaires de Chantilly (CERIC), 20-22 septembre 1974. Paris: Les Belles Lettres, 1976. xvii, 164 p. (La Chine au temps des Lumières, 2), p.27-38. Résumé en anglais, p.ix.

p.38-39, « Débats sur Voltaire »; insiste sur la mobilité de l'attitude de V à l'égard de la Chine et suggère des éléments d'interprétation complémentaires ou divergeants par rapport à B. Guy, *The French image of China* (1963: QA 549) et W. Engemann, *Voltaire und China* (1932: QA 1059).

789 COSER, Lewis. « Le roman d'amour des philosophes avec la Chine et la Russie: les origines d'un mythe ». [In] *Les Intellectuels: la pensée anticipatrice.* Textes réunis par Christian Biegalski. Paris: Union générale d'éditions, 1977. 307 p. (Coll. 10/18: Arguments, 3), p.73-81.

V *passim.*

790 ETIEMBLE, René. *L'Europe chinoise: 2. De la sinophilie à la sinophobie.* Paris: Gallimard, 1989. 402 p. (Bibliothèque des idées).

p.38-49, « Mezzabarba en Chine et le silence de Voltaire » (sur la raison de son silence); p.158-70, « De Ki Kiun-Sang à Voltaire »; p.171-88, « *L'Orphelin de la Chine* selon Voltaire »; p.207-306, « Voltaire sinophile » (ses diverses utilisations de la Chine).

CR: R. Desné, *DHS* 22 (1990), 540-41.

791 ICHIKAWA, Shin-Ichi. [« Les mirages chinois et japonais chez Voltaire »]. *Shiso* 649 (1978), 154-71.

Article en japonais.

Trad. et remanié: « Les mirages chinois et japonais chez Voltaire ». *Raison présente* 52 (1979), 69-84.

---

1. Voir aussi *L'Orphelin de la Chine* (n° 3232 et suiv.) ci-dessous.

792 Maggs, Barbara W. «Answers from eighteenth-century China to certain questions on Voltaire's sinology». *SVEC* 120 (1974), 179-98.

793 Mulloy, John J. «Voltaire and the religion of China». *Dawson newsletter* 5, n° 2 (1986), 14-15.

Sur la parenté, aux yeux de V, entre le déisme et ce qu'il croyait être la religion de Confucius.

794 Pitou, Spire. «Voltaire, Linguet, and China». *SVEC* 98 (1972), 61-68.

L'influence de Linguet sur l'article «Chine» du *Dictionnaire philosophique*.

795 Song, Shun-Ching. *Voltaire et la Chine.* [Préface de Henri Coulet]. Aix-en-Provence: Publications de l'U. de Provence, 1989. iv, 348 p.

CR: W. H. Barber, *FS* 45 (1991), 321-22; *BCLF* 523 (1989), 1095; F. Moureau, *DHS* 22 (1990), 564-65; P. Pelckmans, *RSH* 219 (1990), 67.

796 Vercruysse, Jeroom. «Du bon usage de la Chine: les *Lettres de Cang-Ti*, une somme clandestine des Lumières». [In] *De la Ilustración al Romanticismo: Cádiz, América y Europa ante la Modernidad – 1750-1850.* III: *Encuentro: ideas y movimientos clandestinos.* Cádiz: Servicio de publicaciones, Universidad de Cádiz, 1988. 361 p., p.59-69.

Voir surtout p.61-64: V, Shaftesbury, Nonotte, et Cang-Ti.

797 Watson, Walter. «Interpretations of China in the Enlightenment: Montesquieu and Voltaire». [In] *Actes du IIe colloque international de sinologie: les rapports entre la Chine et l'Europe au temps des Lumières.* Centre de recherches interdisciplinaire de Chantilly, 16-18 septembre 1977. Paris: Les Belles Lettres, 1980. 272 p. (La Chine au temps des Lumières, 4), p.15-37.

798 Wenli, Liu. «Une erreur de Voltaire sur la Chine». *DHS* 14 (1982), 421-22.

Erreur au sujet de la succession de l'empereur K'ang-Hsi dans le ch. 39 du *Siècle de Louis XIV*.

L'Espagne, le Portugal et l'Amérique latine

Voir aussi les numéros 70, 90-94, 116, 121, 195, 251, 572, 778, 784, 1845, 1898, 2011, 2462, 2679, 2692, 2874, 2894, 2964, 3017, 3312, 3397.

799 Alvarez, Román & Theodore E. D. Braun. «‹Connaturalización› in two early nineteenth-century versions of Voltaire's *Alzire*». *SVEC* 242 (1986), 145-58.

L'anonyme *Elmira, o la Americana* (Valencia, 1820) et *Alzira* (Barcelona, 1822) de Tomás Bertrán y Soler.

800   ALVAREZ, Román & Theodore E. D. BRAUN. «Two eighteenth-century Spanish translations of Voltaire's *Alzire*: the ‹connaturalización› of a text». *SVEC* 242 (1986), 127-44.

   El Triunfo de la moral cristiana ; o los Americanos (1788) de Bernardo Maria de Calzada et *La Elmira* (1788) de Juan Pisón y Vargas.

801   ARCINIEGA, Rosa. «El ‹Volterianismo› de Ricardo Palma». *Cuadernos* 33 (1958), 25-28, ill.

   Revu et augmenté, sous le titre «Volterianismo» [in] *Orígenes del cuento hispanoamericano: Ricardo Palma y sus « Tradiciones». Estudios, textos y análisis*. Simposio dirigido por Angel Flores. México: Premia Editora, 1979. 146 p. (La Red de Jonás), p.81-85.

802   BELORGEY, Jean. «Un exemple des infortunes de la censure en Espagne: les traductions espagnoles de la *Zaïre* de Voltaire». *Crisol* 7 (1987), 11-31.

   L'insuccès de la censure.

803   BOIVIN, Carmelito L. «Voltaire's criticism of Calderón's *Todo es verdad y todo mentira* as ‹Un roman moins vraisemblable que tous les contes des Mille et une nuits›». *RF* 85 (1973), 348-55.

   CR: *YWMLS* 35 (1973), 256.

804   CERRUTI, Giorgio. «La *Relation des missions du Paraguay* e le polemiche francesi sulle riduzioni». [In] *L. A. Muratori e la cultura contemporanea: atti del convegno internazionale di studi muratoriani, Modena, 1972*. Firenze: Olschki, 1975. 3 vols (Biblioteca dell'edizione nazionale del carteggio di L. A. Muratori). i.271-99.

   Voir particulièrement p.287-89.

805   COIMBRA MARTINS, António. «Camoens 72». *Annales du Centre universitaire méditerranéen*, 25 (1971-72), 23-42.

   V critique des *Lusiades*, p.26-27, 35, 42; dans l'*Essai sur la poésie épique* il voit le poème comme une épopée moderne.

806   CRO, Stelio. «Las reducciones jesuíticas en la encrucijada de dos utopías». [In] *Las Utopías en el mundo hispánico*. Actas del coloquio celebrado en la Casa de Velásquez, 24/26-XI-1988. Ed. Jean-Pierre Etienvre. Madrid: Casa de Velásquez & U. Complutense, 1990. 319 p. (Casa de Velásquez, 7), p.41-56.

   L'influence du V de l'*Essai sur les mœurs*, de *Candide* et de *L'Ingénu* sur le *Dictamen fiscal de expulsion de los jesuitas de España* du conde de Campomanes.

807   DECOBERT, Jacques. «Les missions jésuites du Paraguay devant la philosophie des Lumières». *RSH* 38 (1973), 17-46.

p.22-33 : de nombreuses références à l'*Essai sur les mœurs* et à *Candide*.

CR : L. Sozzi, *SFr* 19 (1975), 558.

808   DOMERGUE, Lucienne & Marie LAFFRANQUE. « La *Revista blanca* et les philosophes français du XVIIIe siècle. Anarchisme et ‹ Lumière › ». [In] *Pensée hispanique et philosophie française des Lumières*. Ouvrage collectif de l'Equipe de philosophie ibérique et ibéro-américaine. Toulouse : Association des publications de l'U. de Toulouse-Le Mirail, 1980. 182 p. (Publications de l'Université de Toulouse-Le Mirail, série A, 45), p.101-37.

Voir notamment p.118-23.

809   FERRER-BENIMELI, José Antonio. « Voltaire, España y el conde de Aranda ». *Historia 16* (Madrid) 3, n° 29 (1978), 33-45, ill.

810   FERRER-BENIMELI, José Antonio. *Voltaire, Servet y la tolerancia*. Villanueva de Sijena : Instituto de estudios sijenenses « Miguel Servet », 1980. 77 p.

Sur Servet et sa réhabilitation au XVIIIe siècle, sa place dans l'*Essai sur les mœurs*, la polémique au sujet de Servet, V et la censure genevoise.

811   FRÈCHES, Claude-Henri. « Voltaire, Malagrida et Pombal ». *Arquivos do Centro cultural português* 1 (1969), 320-34.

V et le Portugal : il interprète mal les intentions de Pombal en condamnant à mort Malagrida.

812   FRÈCHES, Claude-Henri. « Camões et la France de Voltaire à Edgar Quinet ». *Panorama* 42/43 (Sept. de 1972), 48-54, ill.

Voir notamment p.48-50 : la réaction de V à Camões.

813   ILIE, Paul. « Exomorphism : cultural bias and the French image of Spain from the War of succession to the age of Voltaire ». *ECS* 9 (1975-1976), 375-89.

Voir surtout p.385-87.

814   JULIÀ I SEGUÍ, Gabriel. « Richelieu, Voltaire i Menorca en la Guerra dels Set Anys » [Richelieu, Voltaire et Minorque dans la guerre de Sept Ans]. *Revista de Menorca* 78, sèptima època (1987), 409-32.

V, le duc de Richelieu et la campagne de Minorque.

815   KANDEL, B. L. « Camoëns dans la littérature russe : aperçu historico-bibliographique ». Trad. du russe par A. Zviguilsky. *RLC* 44 (1970), 509-31.

Voir p.513-16 en particulier : l'importance de la critique voltairienne de Camões (dans l'*Essai sur la poésie épique*) en Russie.

816 KOMOROWSKI, Manfred. *Das Spanienbild Voltaires*. Frankfurt/M: Peter Lang; Bern: Herbert Lang, 1976. v, 192 [10] p. (Europäische Hochschulschriften, Reihe 13: Französische Sprache und Literatur, 41).

Sa vue de l'Espagne est faussée par la croyance qu'il a que ce pays représente l'infâme.

CR: A. Billaz, *RHL* 78 (1978), 655-56; W. Floeck, *RF* 91 (1979), 174-77.

817 LAFARGA, Francisco. «La difusión de Voltaire en España en el siglo XVIII: algunos intermediarios». *1616* (Sociedad española de literatura general y comparada, Anuario) 1 (1978), 132-38.

Le rôle d'Ignacio de Luzán, du duc d'Almodóvar et du Père Juan Andrés.

818 LAFARGA, Francisco. *Voltaire en España (1734-1835)*. Prólogo de Christopher Todd. Barcelona: Edicions de la U. de Barcelona, 1982. 244 p. [Thèse, U. de Barcelona, 1973].

Appendice (p.223-36), «Catálogo de las traducciones y adaptaciones de obras de Voltaire en castellano anteriores a 1835». Résumé: *Voltaire en España. Difusión y traducción de sus obras hasta 1835*. Resumen de la tesis presentada para aspirar al grado de Doctor en filosofía y letras. Barcelona: Universidad de Barcelona. Secretariado de Publicaciones, 1975. 13 p.

CR: R. Alvarez, *IIR* 53 (1985), 246-48; T. E. D. Braun, *FR* 59 (1985-86), 132-33; L. Domergue, *RHL* 84 (1984), 803-804; P. Juan i Tous, *Arcadia* 20 (1985), 209-12; I. L. McClelland, *BHS* 64 (1987), 262; N. Minerva, *SFr* 27 (1983), 560-61.

Trad. et nouvelle éd. (en français): *Voltaire en Espagne (1734-1835)*. Oxford: The Voltaire Foundation, 1989. vii, 251 p. (SVEC, 261). Edition plus complète que la précédente.

CR: P. Alatri, *SFr* 34 (1990), 527; E. Guitton, *DHS* 22 (1990), 565; D. H. Pageaux, *RHL* 91 (1991), 993.

819 LAFARGA, Francisco. «Dos nuevas traducciones españolas de Voltaire en el siglo XVIII». *RECIFS* 9 (1987), 7-12, ill.

Traductions (respectivement 1768 et 1789) de *Zaïre* et du *Rescrit de l'empereur de la Chine*.

820 LAFARGA, Francisco. «Sobre recepción de la narrativa francesa del siglo XVIII en España: los intermediarios». [In] *Narrativa francesa* (1988: n° 47), p.429-38.

Voir notamment p.431, 433-34: sur quelques intermédiaires qui ont fait connaître l'œuvre de V.

821 LOY, J. Robert. «Los ilustrados franceses y su idea de la Inquisición». [In] *Inquisición española y mentalidad inquisitorial*. Ponencias del Simposio internacional sobre Inquisición, Nueva York, abril de 1983. [Edité par] Angel Alcalá.

Barcelona: Editorial Ariel, 1984. 621 p. (Ariel-Historia, Sección historia moderna y contemporánea), p.587-96.

Voir surtout p.591-93 et *passim*: *Essai sur les mœurs* et le *Dictionnaire philosophique*.

Trad.: «Enlightenment opinion of the Inquisition». [In] *The Spanish Inquisition and the inquisitorial mind*. Edited by Angel Alcalá. Boulder, Col.: Social science monographs; Highland Lakes, N.J.: Atlantic research publications, Inc. Distributed by Columbia U. P., 1987. x, 680 p. ill. (Atlantic studies on society in change, 49), p.655-64. Voir p.658-60 et *passim*.

822 MARCHAND, Jacqueline. «De Voltaire à Buñuel». *SVEC* 89 (1972), 1003-16.

Thèmes et vision du monde voltairiens dans le film *La Voie lactée*.

823 MARCHAND, Jacqueline. «Filming the Enlightenment». [Trad. par Mark P. Graham]. *Annals of scholarship* 3, n° 1 (1984), 1-14.

p.8-12: sur V, Sade et Buñuel (l'influence de V sur la technique de Buñuel).

824 MATTAUCH, Hans. «Calderón ante la crítica francesa (1750-1850)». [In] *Hacia Calderón: cuarto coloquio anglogermano, Wolfenbüttel, 1975*. Ponencias publicadas por Hans Flasche, Karl-Hermann Körner, Hans Mattauch. Berlin; New York: Walter de Gruyter, 1979. viii, 132 p. (Hamburger romanistische Studien), p.71-82.

Voir notamment p.74-75: la critique de V.

CR: D. Gorret, *SFr* 24 (1980), 163.

825 MEREGALLI, Franco. «Sobre el teatro español en la crítica de Voltaire a los hermanos Schlegel». *PSA* 87 (1977), 5-22.

Voir p.13-17.

Réimpr. [in] *The Two Hesperias: literary studies in honor of Joseph G. Fucilla on the occasion of his 80th birthday*. Americo Bugliani general editor. Madrid: Ediciones José Porrúa Turanzas, 1978. xv, 369 p. (Studia humanitatis), p.239-52. Voir p.245-48.

826 MIRÓ, César. *«Alzire» et «Candide» ou l'image du Pérou chez Voltaire*. Paris: Centre de recherches hispaniques, 1967. 100 p. (Collection Etudes hispaniques. Série littérature, 2).

827 MORENO ALONSO, Manuel. «América española en el pensamiento de Voltaire». *Anuario de estudios americanos* 38 (1981), 57-100.

828 NERLICH, Michael. «The crisis of a literary institution seen from within (on a parallel reception of Voltaire and Chateaubriand in Spain)». [In] *The Crisis of institutionalized literature in Spain*. Editors, Wlad Goldzich and Nicholas Spadaccini. Minneapolis: Prisma Institute, 1988. 374 p. (Hispanic issues, 3), p.35-66.

En partie sur la réception de la traduction de *La Henriade* par Pedro Bazán de Mendoza.

829 NÚÑEZ, Estuardo. *El Nuevo Olavide : una semblanza a través de sus textos ignorados.* Lima: Talleres gráficos P. L. Villanueva, 1970. 156 p. pl.

p.57-66, «Olavide, traductor de Voltaire».

Réimpr. [in] Pablo de Olavide. *Obras dramáticas desconocidas.* Prólogo y compilación por Estuardo Núñez. Lima: Biblioteca nacional del Peru, 1971. xxxiii, 592 p., facsim. (Serie: Obras de literatura y arte), p.xvi-xxiv.

830 PAGEAUX, Daniel-Henri. *Images du Portugal dans les lettres françaises (1700-1755).* Paris: Fundação Calouste Gulbenkian, Centro cultural português, 1971. 242 p. (Memórias e documentos para a história luso-francesa, 7).

Voir l'index.

831 PESET, Vicent. *Gregori Mayáns i la cultura de la Illustració.* Amb un pròleg d'Antoni Mestre. Barcelona: Curial, 1975. 519 p. (Documents de cultura, 5).

p.181-86: la correspondance entre Mayáns et Voltaire. Voir aussi l'index.

La France : avant 1800 [1]

832 «Voltaire à Fontaine-Française». *Intermédiaire* 17 (1967), 1050; *Intermédiaire* 18 (1968), 390-91.

Communications de Enée, R. Thiblot, L. Hérard. Voir aussi l'article de L. Hérard (1967: n° 912).

833 «Descendance de la nièce de Voltaire». *Intermédiaire* 18 (1968), 729, 1159; *Intermédiaire* 19 (1969), 79-82.

Communications de R. Li, J. J. D., E. Vellay.

834 «Témoignages: 1. Du vivant de Voltaire». [In] *Voltaire ou la liberté de l'esprit* (1989: n° 49), p.101-19.

Témoignages à propos de V par Boswell, Casanova, Piron et Joseph d'Hémery.

835 ADAMS, Leonard. *Coyer and the Enlightenment.* Banbury: The Voltaire Foundation, 1974. 197 p. (SVEC, 123).

p.35-38, 156-60, la réaction de V à Coyer.

836 AGES, Arnold. «Voltaire on Corneille. The testimony of the correspondence». *RUO* 38 (1968), 431-40.

1. Consultez aussi l'index rerum, noms propres.

837   AGES, Arnold. «Voltaire on Racine: the testimony of the correspondence».
      ZFSL 78 (1968), 289-301.
         CR: L. Sozzi, *SFr* 15 (1971), 357.

838   AGES, Arnold. «Voltaire and La Fontaine. The use of the Fables in the
      correspondance». *RUO* 39 (1969), 577-85.

839   ANDERSON, Elizabeth. «Voltaire under fire: an episode in *la guerre civile
      philosophique*». *Trivium* 2 (1967), 71-94.
         Les *Réflexions sur la jalousie* (1772) de Charles-Georges Le Roy ne font pas partie
         d'un projet prémédité de la part de la coterie Diderot-d'Holbach pour faire taire
         V dans ses réfutations du matérialisme.

840   ANDERSON, Elizabeth. «Voltaire under fire: the literary sequel». *Trivium* 3
      (1968), 101-105.
         Les *Cabales* (1772) de V s'inspirent en partie des *Réflexions sur la jalousie* de Le Roy.

841   ANDERSON, Elizabeth. «Voltaire under fire: a reconsideration». *Trivium* 7
      (1972), 5-27.
         En opposition à R. Pomeau, *La Religion de Voltaire* (1956: *QA* 1237), l'auteur
         affirme que la satire de Le Roy (*Réflexions sur la jalousie*) est d'inspiration purement
         personnelle et ne subit pas l'influence de la coterie holbachique.

842   BARBER, William H. «Voltaire and Molière». [In] *Molière: stage and study:
      essays in honour of W. G. Moore*. Edited by W. D. Howarth and Merlin Thomas.
      Oxford: Clarendon P., 1973. xvi, 293 p., p.201-17.

843   BARLING, T. J. «La guerre des brochures autour des *Philosophes* de Palissot de
      Montenoy». [In] *Modèles et moyens* (1977-1979: n° 11), i.241-66.
         V *passim*.

844   BAUCHY, Jacques-Henry. «Quelques précisions nouvelles sur les rapports entre
      Voltaire et l'Orléanais». *Bulletin de la Société archéologique et historique de l'Orléanais*
      n.s. 9 (avr. 1987), 21-24.
         Rapports entre V et quelques-uns de ses contemporains orléanais révélés par sa
         correspondance.

845   BENHAMOU, Paul. «Voltaire et *Les Philosophes*». *Neophil* 59 (1975), 22-25.
         La réaction de V à la pièce de Palissot.

846   BENHAMOU, Paul. «Les lecteurs des périodiques de Desfontaines». [In] *La
      Diffusion et la lecture* (1988: n° 45), p.139-51.

Voir p.142-43 et 149 : V lecteur de Desfontaines d'après la correspondance. Résumé par J. Sgard, p.282.

847 BERNET, Jacques. «Rousseau, Voltaire et la Révolution française à Compiègne». *Annales historiques compiégnoises* 3-4, n° spécial (1978), 7-24.

p.13-17, «Les hommages à Voltaire et Rousseau à Compiègne sous la Révolution (1791-1795)».

848 BILLY, André. *Un singulier bénédictin : l'abbé Prévost, auteur de « Manon Lescaut ».* Paris : Flammarion, 1969. 316 p.

p.211-31, «Prévost et Voltaire».

849 BINGHAM, Alfred J. «Voltaire and Marmontel». *SVEC* 55 (1967), 205-62.

850 BISMUT, Roger. «L'appareil littéraire dans Madame Bovary». *LR* 39 (1985), 27-43.

p.38-42 : l'auteur conteste l'attribution traditionelle à Antoine Guénée des *Lettres portugaises à M. de Voltaire.* Il préfère Isaac Pinto.

851 BLUM, Paul. «The new genesis : Voltaire's quarrel with Maupertuis». *Prima philosophia* 1 (1988), 179-91.

852 BRAUN, Theodore E. D. «Voltaire's perception of truth in quarrels with his enemies». *SVEC* 55 (1967), 287-95.

A propos de V et Lefranc de Pompignan.

853 BRAUN, Theodore E. D. *Un ennemi de Voltaire : Le Franc de Pompignan — sa vie, ses œuvres, ses rapports avec Voltaire.* Paris : Lettres modernes, Minard, 1972. 282 p. (Bibliothèque de littérature et d'histoire, 14).

Voir p.23-24, 52-55, 72-86, 97-98, 160-65, 169-70, 175-81.

CR : *BCLF,* 28 (1973), 278 ; E. Lizé, *DHS* 6 (1974), 407 ; F. J.-L. Mouret, *FS* 29 (1975), 465-66 ; M. Régaldo, *RHL* 74 (1974), 505-506 ; R. S. Tate, Jr., *FR* 47 (1973-74), 986-87.

854 BRAUN, Theodore E. D. & Gerald R. CULLEY. «Aeschylus, Voltaire, and Le Franc de Pompignan's *Prométhée* : a critical edition». *SVEC* 160 (1976), 137-226.

Voir surtout p.163-64 (idées de V sur Eschyle) ; p.170-84, «Prometheus satirized — Voltaire the titan».

CR : J. Sgard, *RHL* 78 (1978), 649-50.

855 BRENGUES, Jacques. *Charles Duclos (1704-1772), ou l'obsession de la vertu, avec son annexe, la « Correspondance ».* Saint-Brieuc : Presses universitaires de Bretagne, 1971. xiv, 638 p.

p.127-38, «Entre Voltaire et Rousseau (1760-1762)». Voir l'index pour de nombreuses autres références.

856 BRUNEL, Lucien. *Les Philosophes et l'Académie française au dix-huitième siècle.* Paris: Hachette, 1884. xvi, 371 p.

p.91-101, «Voltaire et la candidature de Diderot»; p.114-23, «Voltaire: la nouvelle édition du *Dictionnaire* [de l'Académie] et le *Corneille* [*Commentaires sur Corneille*]»; p.204-16, «Embarras des philosophes. Richelieu et Voltaire: le président de Brosses. Election de l'évêque de Senlis»; p.296-331, «Rôle académique de Voltaire pendant ses dernières années»; et *passim.*

Réimpr.: Genève: Slatkine Reprints, 1967.

857 BUSH, Newell R. «The present state of studies on the Marquis d'Argens». *RomN* 14 (1972-1973), 309-13.

V *passim.*

858 BUTLER, Rohan. *Choiseul. Volume I: father and son, 1719-1754.* Oxford: Clarendon Press, 1980. xxxv, 1133 p.

V *passim*, voir l'index et surtout la critique du *Siècle de Louis XIV*, p.1028-35.

859 CALINGER, Ronald S. «The Newtonian-Wolffian controversy». *JHI* 30 (1969), 319-30.

Voir surtout p.326-28: les relations Voltaire-Maupertuis et la position paradoxale de V dans le conflit Maupertuis-König à Potsdam.

860 CANDAUX, Jean-Daniel. «Précisions sur Henri Rieu». [In] *Le Siècle de Voltaire* (1987: n° 44), i.203-43.

Détails biographiques sur Rieu, y compris ses rapports avec V. En annexe: des datations nouvelles pour 14 lettres de V à Rieu; la collection voltairienne de Rieu dans la bibliothèque de V à Saint-Pétersbourg; répertoire du Ms Suppl.352 de la Bibliothèque de Genève; anecdotes sur M. de Voltaire.

861 CARAMASCHI, Enzo. *Voltaire, Madame de Staël, Balzac.* Padova: Liviana Editrice, 1977. viii, 321 p. (Biblioteca di cultura, Sezione letteraria).

p.15-130, «Du Bos et Voltaire».

CR: F. Aubert, *DHS* 10 (1978), 503 et *SFr*, 22 (1978), 120-21; J. Davies, *FS* 32 (1978), 238-39; F. Piva, *RLMC* 31 (1978), 230-31; L. Richard, *L'Année balzacienne* (1979), 257-58.

862 CASABAN, Bernard de. «Joseph Saurin, membre de l'Académie royale des sciences de Paris (1655-1737)». *Mémoires de l'Académie de Vaucluse* 6ᵉ s., 2 (1968), 187-310, ill.

Voir surtout p.256-80, «Joseph Saurin et Voltaire». V défenseur de Saurin pendant plus de 30 ans.

863 CELLIER, Léon. «Saint-Martin et Voltaire». *SVEC* 24 (1963), 355-68.

Réimpr. dans son ouvrage, *Parcours initiatiques*. Neuchâtel: A la Baconnière; Grenoble: Presses de l'U. de Grenoble, 1977. 309 p. (Langages), p.23-32.

864 CHARBONNEL, Paulette. «Un faux pamphlet: *La Destruction des Jésuites* de d'Alembert». [In] *Missions et démarches* (1973: n° 4), p.641-50.

Rôle de V dans le pamphlet; l'unité de pensée et d'esprit de d'Alembert et de V.

865 CHÂTELLIER, Louis. «Voltaire, Colmar, les Jésuites et l'histoire». *Revue d'Alsace* 106 (1980), 69-82.

Résumé en anglais, p.241; résumé en allemand, p.243-44. La réaction, surtout à Colmar, des savants chrétiens contre V.

866 CHAUDON, Louis Mayeul. «Pour et contre Voltaire: extraits du *Dictionnaire anti-philosophique*». [Textes présentés par G.-André Vachon]. *Etudes françaises* 5 (1969), 271-85.

Extraits de l'ouvrage (1767) de Dom Louis Mayeul Chaudon parus dans la *Gazette de Montréal*.

867 CIAMPINI, Raffaele. «François de Neufchâteau, Voltaire, e il granduca di Toscana». *Rivista italiana di studi napoleonici* 6 (1967), 188-92.

Basé sur des manuscrits dans les Archives de la ville de Florence où François de Neufchâteau est comparé à V; peu de détails nouveaux sur les rapports entre les deux hommes.

868 COIRAULT, Yves. «De *mai* en *si*: le *Parallèle* est-il un Anti-Voltaire?». *Cahiers Saint-Simon* 6 (1978), 7-12.

Le *Parallèle des trois premiers rois Bourbons* de Saint-Simon.

869 CONSTANT D'HERMENCHES, David-Louis Constant de Rebecque, dit. *Pamphlets and occasional pieces with replies by Voltaire*. Edited by C. P. Courtney. Cambridge: Daemon P., 1988. xiv, 49 p.

Voir p.ix-x, 14-35: textes de Constant d'Hermenches, avec lettres adressées à V et lettres de V.

870 COTONI, Marie-Hélène. «Rabelais maître et serviteur de Voltaire». [In] *Mélanges Jean Larmat: Regards sur le moyen âge et la Renaissance (histoire, langue et littérature)*. Articles réunis par Maurice Accarie. Paris: Les Belles-Lettres, 1983. 523 p. ill. (Annales de la Faculté des lettres et sciences humaines de Nice, 39), p.465-72.

Les écrits de V, grand lecteur de Rabelais, reflètent l'influence de celui-ci.

871	COULET, Henri. «Voltaire lecteur de Vauvenargues». *CAIEF* 30 (1978), 171-80.

> Discussion, p.275-77.

872	CRAVERI, Benedetta. *Madame du Deffand e il suo mondo*. Milano: Adelphi edizioni, 1982. 680 p. pl. (La Collana dei casi, 11).

> p.261-356, «L'amicizia con Voltaire».
>
> CR: L. Sozzi, *SFr* 27 (1983), 335.
>
> Trad.: *Madame du Deffand et son monde*. Traduit de l'italien par Sibylle Zavriew. Paris: Editions du Seuil, 1987. 441 p., p.173-238, «L'amitié avec Voltaire».
>
> CR: R. Trousson, *DHS* 20 (1988), 575.

873	DARNTON, Robert. *The Literary underground of the Old Regime*. Cambridge, Mass.; London: Harvard U. P., 1982. ix, 258 p.

> p.108-18: l'abbé Le Senne, modèle de l'anti-héros du *Pauvre diable*. Voir aussi p.71-72 et l'index.
>
> CR: L. Arénilla, *DHS* 16 (1984), 453-54; J. Proust, *RHL* 84 (1984), 966-67.

874	DELOFFRE, Frédéric. «Piron auteur du ‹portrait de Voltaire›?». [In] *Le Siècle de Voltaire* (1987: n° 44), i.349-64.

875	DELOFFRE, Frédéric. «Un ténébreux épisode de l'inimitié Voltaire-Piron». [In] *Influences: relations culturelles entre la France et la Suède*. Actes publiés par Gunnar von Proschwitz. Göteborg: Société royale des sciences et des belles-lettres, 1988. 318 p. 22 pl. (Acta Regiae Societatis Scientiarum et Litterarum Gothoburgensis. Humaniora, 29), p.63-78.

> Offre une version corrigée de Best.D177, avec une interprétation des relations entre V et Piron après l'envoi de cette lettre.
>
> CR: R. Boyer, *RLC* 64 (1990), 560-62; F. Moureau, *DHS* 22 (1990), 461-62; M.-C. Skuncke, *RLC* 64 (1990), 562-64.

876	DELON, Michel. «Candide et Justine dans les tranchées». *SVEC* 185 (1980), 103-18.

> V et Sade vus historiquement et du point de vue nationaliste.

877	DEPRUN, Jean. «Quand Sade récrit Fréret, Voltaire et d'Holbach». [In] *Roman et Lumières au 18ᵉ siècle. Colloque*. Sous la présidence de Werner Krauss *et al.* Centre d'études et de recherches marxistes, Société française d'étude du XVIIIᵉ siècle, Revue *Europe*. Paris: Editions sociales, 1970. 480 p., p.331-40. Discussion, p.374-76.

> Réimpr.: *Obliques* 12-13 (1977), 263-66.
>
> Sur les emprunts de Sade.

878 DESFONTAINES, Pierre-François Guyot, abbé. *La Voltairomanie*. Edition critique par M. H. Waddicor. Exeter: U. of Exeter, 1983. lviii, 70 p. ill. (Textes littéraires, 50).

> Voir p.vii-lviii.

> CR: T. E. D. Braun, *ECCB* n.s. 9 – for 1983 (1988), 725; J. H. Brumfitt, *FS* 39 (1985), 78; J. Lough, *BJECS* 7 (1984), 272; N. Minerva, *SFr* 29 (1985), 586; *RSH* 198 (1983-84), 136; R. Trousson, *DHS* 18 (1986), 464-65.

879 DESGRAVES, Louis. *Répertoire des ouvrages et des articles sur Montesquieu*. Genève: Droz, 1988. 358 p. (Histoire des idées et critique littéraire, 265).

> p.228-29, «Voltaire». Voir aussi l'index.

880 DESNÉ, Roland. «Voltaire et Helvétius». [In] *Le Siècle de Voltaire* (1987: n° 44), i.403-15.

> Contient en annexe: «Voltaire jugé par Helvétius».

881 DUCHET, Michèle. «L'esprit des Lumières». *MagL* 183 (1982), 26-29, ill.

> Les intellectuels (V entre autres) face au pouvoir au XVIIIe siècle.

882 DUCKWORTH, Colin. «Madame Denis's unpublished *Pamela*: a link between Richardson, Goldoni and Voltaire». *SVEC* 76 (1970), 37-53.

883 DU DEFFAND, Marie de Vichy de Chamrond, marquise. *Correspondance complète* .... Précédée d'une histoire de sa vie, de son salon, de ses amis; suivie de ses œuvres diverses et éclairée de nombreuses notes par M. de Lescure. Ouvrage orné de deux portraits gravés par Adrien Nargeot et de plusieurs fac-similés. Paris: Henri Plon, 1865. 2 vols.

> De nombreuses références à V: voir l'index.

> Réimpr.: Genève: Slatkine Reprints, 1971.

884 DU DEFFAND, Marie de Vichy de Chamrond, marquise. *Cher Voltaire: la correspondance de Madame du Deffand avec Voltaire*. Présentée par Isabelle et Jean-Louis Vissière. Paris: Des femmes, 1987. 575 p.

> p.7-30, «Préface»; p.31-34, «La correspondance». Contient également des notes et un dictionnaire des personnes citées dans le texte.

885 DURANTON, Henri. «Les circuits de la vie littéraire au XVIIIe siècle: Voltaire et l'opinion publique en 1733». [In] *Le Journalisme d'Ancien Régime: questions et propositions*. Table ronde CNRS, 12-13 juin 1981. [Sous la direction de Pierre Rétat]. Centre d'études du XVIIIe siècle de l'Université Lyon II. Lyon: Presses universitaires de Lyon, 1982. 413 p. ill. (Société française d'étude du XVIIIe siècle: textes et documents), p.101-15.

> Comment l'opinion publique s'est tenu au courant des activités de V.

886 ENGEL, Claire-Eliane. « La figure de Coligny dans la littérature ». [In] *Actes du colloque l'amiral de Coligny et son temps (Paris, 24-28 octobre 1972)*. Société de l'histoire du protestantisme français. Paris : Au siège de la Société, 1974. 795 p. ill. p.377-88.

> Voir surtout p.380-83, où il est question tout particulièrement de *La Henriade*, mais aussi (en passant) de l'*Essai sur les mœurs* et de l'*Essai sur les guerres civiles de France*.

887 FAHMY, Jean M. *Voltaire et Paris*. Oxford : The Voltaire Foundation, 1981. 265 p. (SVEC, 195).

> CR : P. Alatri, *SFr* 27 (1983), 148 ; J. Balcou, *RHL* 84 (1984), 616-17 ; S. Davies, *BJECS* 5 (1982), 271-72 ; J. Pappas, *DidS* 22 (1986), 212-13 ; N. Perry, *FS* 37 (1983), 218-19 ; J. Renwick, *MLR* 78 (1983), 186-90 ; V. W. Topazio, *FR* 56 (1982-83), 632-33 ; R. Trousson, *DHS* 15 (1983), 527-28 ; R. B. York, *ECCB* n.s. 7 – for 1981 (1985), 598-99 ; *YWMLS* 43 (1981), 157.

888 FAYOLLE, Roger. *Sainte-Beuve et le XVIIIe siècle, ou comment les révolutions arrivent*. Paris : Armand Colin, 1972. 458 p.

> p.129-36, « Madame de Grafigny et Voltaire ou Le philosophe en pantoufles » ; p.137-45, « Madame du Châtelet et Voltaire ou Les tribulations amoureuses d'une femme savante ».

889 FELLOWS, Otis E. « Voltaire and Buffon : clash and conciliation ». *Sym* 9 (1955), 222-35.

> Réimpr. [in] Otis Fellows. *From Voltaire to « La nouvelle critique » : problems and personalities*. Genève : Droz, 1970. 207 p. (Histoire des idées et critique littéraire, 105), p.22-32.

890 FONTIUS, Martin. « Voltaire – ein geistiger Wegbereiter von 1789 ». *BRP* 28 (1989), 203-22.

891 FRAUTSCHI, Richard L., & Victoria OWEN. « Voltaire and La Serre : some parameters of influence ». *KRQ* 19 (1972), 365-85.

> Comparaison du *Mémoire sur la vie et les ouvrages de Molière* (1734) de Jean Louis de La Serre avec la *Vie de Molière* (1739) de V.

> CR : M. Williams, *SFr* 17 (1973), 148-49.

892 FREE, Lloyd Raymond. *Virtue, happiness and Duclos' « Histoire de Madame de Luz »*. The Hague : Martinus Nijhoff, 1974. 102 p. (Archives internationales d'histoire des idées / International archives of the history of ideas, series minor, 15).

> p.44-46 : note sur V et la possibilité que *L'Ingénu* et *Cosi-Sancta*, dans lesquels V parodie le thème populaire de la vertue persécutée, soient aussi des parodies de *Madame de Luz*.

> CR : R. Mortier, *RBPH* 58 (1980), 727-29.

893 FREUD, Hilde H. *Palissot and « Les Philosophes »*. Genève : Droz, 1967. 243 p. (DidS, 9).

V *passim* : voir l'index.

CR : P. Alatri, *SFr* 12 (1968), 503-505 ; M. Cartwright, *FR* 41 (1967-68), 887-89 ; G. J. Cavanaugh, *DidS* 14 (1971), 341-45 ; J.-L. Leutrat, *RHL* 69 (1969), 304-305 ; L. Nedergaard-Hansen, *OL* 23 (1968), 85-87 ; J. N. Pappas, *RR* 61 (1970), 143-45.

894 GALLIANI, Renato. « Mably et Voltaire ». *DHS* 3 (1971), 181-94.

Leurs relations ; comparaison de leurs idées.

895 GALLIANI, Renato. « Voltaire cité par les brochures de 1789 ». *SVEC* 132 (1975), 17-54.

Cinq brochures contre V et une en sa faveur.

896 GALLIANI, Renato. « La présence de Voltaire dans les brochures de 1790 ». *SVEC* 169 (1977), 69-114.

La moitié des auteurs s'opposèrent à V.

CR : R. Barney, *RHL* 80 (1980), 292-94.

897 GALLIANI, Renato. « Voltaire et les autres philosophes dans la Révolution : les brochures de 1791, 1792, 1793 ». *SVEC* 174 (1978), 69-112.

V *passim*.

898 GASTALDI, Vittoria. « Duclos nella corrispondenza di Voltaire ». *SGym* 30 (1977), 265-96.

Charles Pinot Duclos.

899 GAUSSEN, Ivan. « Le Marquis de Villevieille et son temps : de Voltaire à Cambacérès ». *Mémoires de l'Académie de Nîmes* 7ᵉ s., 55 (1961-1965), 291-318.

Voir notamment p.297-306 : les relations de Philippe-Charles-François-Joseph de Pavée, marquis de Villevieille avec V.

Réimpr. : « Le Marquis de Villevieille et son temps : de Voltaire à Cambacérès ». Communication faite à l'Académie de Nîmes, janvier 1964. Nîmes : Anciens établissements Chastanier & Bertrand, 1967. 42 p. pl. Voir p.7-8, 15-26.

900 GAUSSEN, Ivan. « Le Marquis de Villevieille, disciple et ami de Voltaire ». *Mémoires de l'Académie de Nîmes* 7ᵉ s., 56 (1965-1967), 210-36.

Réimpr. : « Le Marquis de Villevieille, disciple et ami de Voltaire ». Communication à l'Académie de Nîmes. Nîmes : Impr. Chastanier, S. A., [1971]. 37 p. ill. V *passim*.

CR : H. Dubief, *BSHPF*, 118 (1972), 225-26.

901 GENEVOY, Robert. « Un présent de Voltaire ». *Le Vieux papier: bulletin de la Société archéologique, historique et artistique* 26 (1970-1971), 34-35, ill.

Sur un cadeau que V aurait offert à son filleul, François Pajot de Gevingey.

902 GERMAIN, Pierre. « Tragédienne d'origine champenoise: Adrienne Le Couvreur et son temps ». *Travaux de l'Académie nationale de Reims* 162 (1983), 45-120, ill.

p.81-84, « Voltaire et Adrienne Le Couvreur »; voir aussi p.51-56 *passim*.

903 GERSMANN, Gudrun. « Voltaires Erben – zum Nachleben der Aufklärung in der Französischen Revolution ». *Das Achtzehnte Jahrhundert* 13 (1989), 69-78.

Le legs de V à la Révolution.

904 GHIO, Michelangelo. « I progetti di pace perpetua dell'abati di St-Pierre, nei giudizi di Rousseau, Leibniz e Voltaire ». *SVEC* 190 (1980), 307-18.

Voir notamment p.316-18, « Il *Rescrit* di Voltaire ».

905 Гордон, Л. С. « Вольтер – читатель Бейля и Неккера » [Voltaire lecteur de Bayle et de Necker]. *FE 1961* (1963), 469-80.

Résumé en français, p.479-80. Une étude de notes marginales révèle la dette de V envers Bayle et son hostilité contre Necker.

Trad.: « Voltaire als Leser von Bayle und Necker » [in] Lew S. Gordon, *Studien zur plebejisch-demokratischen Tradition in der französischen Aufklärung*. Berlin: Rütten und Loening, 1972. 368 p. (Neue Beiträge zur Literaturwissenschaft, 32), p.241-53.

906 GRAHAM, Ruth. « The Revolutionary bishops and the *philosophes* ». *ECS* 16 (1982-1983), 117-40.

Voir p.126-27, 133 et *passim*. V jugé par deux évêques assermentés, Claude Fauchet et Yves-Marie Audrein.

907 GRANGE, Henri. « Les réactions d'un adversaire des philosophes: Linguet ». *RHL* 79 (1979), 208-21. Résumé, p.551.

Réactions à la mort de V et de Rousseau.

908 GUITTON, Edouard. « Entre la statue et l'image: le sacre de Voltaire ou l'idole contestée (de Sabatier de Castres à Roucher) ». [In] *Le Siècle de Voltaire* (1987: n° 44), ii.523-36.

La réception de V au XVIIIe siècle.

909 HAERINGER, Etienne. *L'Esthétique de l'opéra en France au temps de Jean-Philippe Rameau*. Oxford: The Voltaire Foundation, 1990. vi, 220 p. (SVEC, 279).

p.63-69, « Les difficultés des librettistes » (surtout p.63-65); p.70-82, « Les librettistes de Rameau » (notamment p.71-74); voir aussi l'index.

910 HARDER, Hermann. «Les jugements littéraires du président de Brosses». [In] *Charles de Brosses, 1777-1977*. Actes du Colloque organisé à Dijon du 3 au 7 mai 1977 pour le deuxième centenaire de la mort du président de Brosses, par l'Académie des sciences, arts et belles lettres de Dijon et le Centre de recherche sur le xviiie siècle de l'Université de Dijon. Textes recueillis par Jean-Claude Garreta. Genève: Slatkine, 1981. 273 p. (Biblioteca del Viaggio in Italia / Bibliothèque du Voyage en Italie, 2), p.223-38.

Porte entre autres sur V.

911 HELVÉTIUS, Claude-Adrien. *Correspondance générale d'Helvétius*. [Edition critique sous la direction de David Smith]. Toronto and Buffalo: U. of Toronto P.; Oxford: The Voltaire Foundation, 1981- . Vol. 1- . (University of Toronto romance series, 41-).

Les deux premiers volumes contiennent de nombreuses lettres, soit écrites, soit reçues par V.

CR: vol. 1: R. Desné, *DHS* 14 (1982), 155

912 HÉRARD, Lucien. «Voltaire à Fontaine-Française». *Mémoires de l'Académie des sciences, arts et belles-lettres de Dijon* 119 (1966-69), 67-99.

Chez Mme de Saint-Julien: visite qui n'eut pas lieu.

913 HOFFMANN-LIPOŃSKA, Aleksandra. «Destouches et Voltaire. Relations et correspondance». [In] *Voltaire et Rousseau en France et en Pologne* (1982: n° 32), p.251-58 (discussion p.275-76).

914 HOOG, Marie-Jacques. «La marche des Hurons». *FR* 50 (1976-1977), 891-901.

Le Huron (musique de Grétry, livret de Marmontel) inspiré des sept premiers chapitres de *L'Ingénu*.

915 HOWARD, Catherine Montfort. *Les Fortunes de Madame de Sévigné aux XVIIème et XVIIIème siècles*. Avec une préface de Roger Duchêne. Tübingen: G. Narr Verlag; Paris: Editions J.-M. Place, 1982. 118 p. (Etudes littéraires françaises, 18).

Voir surtout p.58-62 et l'index: la réaction de V à Mme de Sévigné.

916 HUBERT, J.-D. «Une appréciation inédite de Racine en 1764». *Bulletin de liaison racinienne* 5 (1957), 102-11.

Des notes marginales de A.-P. Le Guay de Prémontval, dans un exemplaire de l'édition du *Théâtre* de Corneille par V (1764), attaquent l'interprétation de *Bérénice* par celui-ci.

Réimpr. [in] *Jeunesse de Racine* (1969), 118-39.

917 JAMES, Edward D. «Voltaire and Malebranche: from sensationalism to ‹Tout en Dieu›». *MLR* 75 (1980), 282-90.

L'évolution du déterminisme théocentrique chez V et sa parenté avec la pensée de Malebranche.

918 JOVICEVICH, Alexander. *Jean-François de La Harpe, adepte et renégat des Lumières.* South Orange, N.J.: Seton Hall U. P., 1973. 222 p.

p.33-87, «Espérances et déceptions – amitié de Voltaire». Voir l'index pour d'autres références.

CR: W. H. Barber, *FS* 33 (1979), 349-50; A. Bertrand-Guy, *DidS* 18 (1975), 191-93; A. R. Desautels, *FR* 48 (1974-75), 424; R. Landy, *DHS* 6 (1974), 413-14 et *RHL* 76 (1976), 103-104; C. Todd, *MLR* 71 (1976), 174-75.

919 KINTZLER, Catherine. «Rameau et Voltaire: les enjeux théoriques d'une collaboration orageuse». *Revue de musicologie* 67 (1981), 139-68.

Résumé en anglais, p.168.

920 KINTZLER, Catherine. «Voltaire». [In] *Rameau de A à Z* (1983: n° 35), p.351-52.

V et Rameau.

921 [KISAKI, Kiyoji. «Voltaire critique de Montesquieu»]. *Shiso* 648 (1978), 113-30.

En japonais.

922 KNIGHT, Isabel F. *The Geometric spirit: the Abbé de Condillac and the French Enlightenment.* New Haven; London: Yale U. P., 1968. ix, 321 p. (Yale historical publications, miscellany 89).

V *passim*; voir l'index.

923 KÖPECZI, Béla. «Un scandale des Lumières: les vampires». [In] *Thèmes et figures* (1980: n° 24), p.123-35.

V *passim*: la réaction de V à la pensée de dom Calmet sur les vampires.

Réimpr. sous le titre «Les vampires de Hongrie: un scandale des Lumières» [in] *Hongrois et Français* (1983: n° 1496), p.332-38.

924 KOSTOROSKI, Emilie P. *The Eagle and the dove: Corneille and Racine in the literary criticism of eighteenth-century France.* Banbury: The Voltaire Foundation, 1972. 343 p. (SVEC, 95).

p.95-142, «Corneille, Racine and Voltaire»: la critique de V et les rapports de V avec Corneille et Racine. L'ouvrage traite ailleurs de V *passim*.

CR: *TLS*, 19 Jan. 1973, p.59; L. Charron, *DHS* 6 (1974), 401-402; W. D. Howarth, *FS* 30 (1976), 211-12; H. Lagrave, *RHL* 74 (1974), 900-902; D. Schier, *FR* 47 (1973-74), 420-22; D. Williams, *MLR* 70 (1975), 899-900.

925 KOSTOROSKI-KADISH, Emilie P. «Molière and Voltaire». [In] *Molière and the commonwealth of letters: patrimony and prosperity.* Edited by Roger Johnson, Jr., Editha S. Neumann and Guy T. Trail. Jackson: U. P. of Mississippi, 1975. xvii, 873 p., p.90-99.

926 KRAUSS, Werner. *Werk und Wort: Aufsätze zur Literaturwissenschaft und Wortgeschichte.* Berlin und Weimar: Aufbau-Verlag, 1972. 392 p.

p.153-68, «D'Alembert» (voir p.165-68); p.178-204, «Über französisch ‹enthousiasme› im 18. Jahrhundert».

927 LA HARPE, Jean-François de. *Letters to the Shuvalovs.* Edited by Christopher Todd. Banbury: The Voltaire Foundation, 1973. 350 p. (SVEC, 108).

De nombreuses références à V – voir l'index.

CR: W. H. Barber, *FS* 32 (1978), 460-61; A. Jovicevich, *FR* 47 (1973-74), 1190-91.

928 LA METTRIE, Julien Offray de. *Discours sur le bonheur.* Critical edition by John Falvey. Banbury: The Voltaire Foundation, 1975. 235 p. (SVEC, 134).

p.91-93: la réaction de V à La Mettrie.

929 LANDY, Rémy. «Le prisme La Harpe». *SVEC* 153 (1976), 1255-85.

p.1270-73 et *passim*: sa critique de V.

930 LARKIN, S. J. «Voltaire and Prévost: a reappraisal». *SVEC* 160 (1976), 9-135.

Leurs relations et leurs affinités intellectuelles.

CR. *ECCB* n.s. 2 – for 1976 (1979), 402; F. Piva, *Aevum* 52 (1978), 615-17; J. Sgard, *RHL* 78 (1978), 649-50.

931 LARKIN, S. J. *Correspondance entre Prosper Marchand et le marquis d'Argens.* Oxford: The Voltaire Foundation, 1984. viii, 270 p. (SVEC, 222).

Concerne V *passim*: voir l'index.

CR: J. H. Davis, *ECCB* n.s. 10 – for 1984 (1989), 468-69; J. Lough, *FS* 41 (1987), 86-87; F. Weil, *DHS* 18 (1986), 464.

932 LARTHOMAS, Pierre. «Féraud juge de Voltaire». [In] *Autour de Féraud: la lexicographie en France de 1762 à 1835.* Actes du colloque international organisé à l'Ecole normale supérieure de jeunes filles les 7, 8, 9 décembre 1984 par le Groupe d'études en histoire de la langue française. Paris: Ecole normale supérieure de jeunes filles, 1986. 276 p. ill. (Collection de l'Ecole normale supérieure de jeunes filles, 29), p.245-51.

L'abbé Féraud observe les remarques linguistiques de V d'un œil critique.

933 LeClerc, Paul O. *Voltaire and Prosper Jolyot de Crébillon.* Diss., Columbia U., 1969. 250 p.
Résumé: *DAI* 30 (1969-70), 4456A.

934 LeClerc, Paul O. *Voltaire and Crébillon père: history of an enmity.* Banbury: The Voltaire Foundation, 1973. 157 p. (SVEC, 115). [Diss., Columbia U., 1969].
CR: P. Alatri, *SFr* 20 (1976), 361-62; J. H. Brumfitt, *FS* 33 (1979), 83-84; M.-H. Huet, *DHS* 7 (1975), 412; R. Niklaus, *MLR* 71 (1976), 415-16.

935 Leduc, Jean. «Les sources de l'athéisme et de l'immoralisme du marquis de Sade». *SVEC* 68 (1969), 7-66.
p.53-61, «Montesquieu, Voltaire, Rousseau, Diderot» (notamment p.54-57).

936 Lee, J. Patrick. «Voltaire and César de Missy». *SVEC* 163 (1976), 57-72.
Correspondance avec un poète savant et oublié.

937 Lee, J. Patrick. «Voltaire and Massillon: affinities of the heart». *FR* 50 (1976-1977), 437-45.
L'admiration de V pour les sermons de Massillon.

938 Leiner, Wolfgang. «Voltaire juge *Mariamne* de Tristan l'Hermite». *O&C* 1, n° 2 (1976), 69-72.

939 Lénardon, Dante. «Voltaire as seen through the *Journal encyclopédique* and the *Année littéraire*. [In] *Colloque 76* (1983: n° 34), p.59-82.
CR: *YWMLS* 45 (1983), 151.

940 Levron, Jacques. «Dans l'ombre de la cour: Madame de Rupelmonde». *RDM* (janv.-fév. 1966), 198-210.
p.203-206: ses rapports avec V.

941 Levron, Jacques. «Choiseul et Voltaire». *Historia* 378 (mai 1978), 111-16, ill.
Sur les variations des rapports de V avec le ministre de Louis xv.

942 Lieber, Jean-Claude. «La gloire de Voltaire». [In] *Voltaire* (Coll. Génies et réalités) (1980: n° 13), p.209-38, ill.

943 Loirette, Francis. «Montesquieu, Voltaire et Richelieu». [In] *Etudes sur Montesquieu (1981).* R. Galliani et F. Loirette. Paris: Lettres modernes, 1981. 61 p. (Archives des lettres modernes, 197; Archives Montesquieu, 9), p.3-30.
Sources de documentation sur le cardinal de Richelieu utilisées par Montesquieu, et divergences qui opposèrent ce dernier à V sur le *Testament politique*.

944 LOUGH, John. «Chaudon's *Dictionnaire anti-philosophique*». [In] *Voltaire and his world* (1985: n° 39), p.307-22.

Voir surtout p.307-10 *passim* et 318-21 *passim*.

945 LUDASSY, Mária. *« Valóra váltjuk a filozófia igéreteit »: a francia felvilágosodástól a francia forradalomig*. Budapest: Magvető Könyvkiadó, 1972. 447 p.

p.97-197, «Diderot az emberröl és Helvétius *De l'homme*-járól» [Diderot sur l'homme et sur *De l'homme* d'Helvétius]. L'auteur compare et contraste les idées de Diderot, V et Rousseau sur *De l'esprit*.

CR: A. Erdelyi, *DHS* 9 (1977), 431-32.

946 MACCHIA, Giovanni. *La Caduta della luna*. Con 7 illustrazioni fuori testo. [Milano]: Arnaldo Mondadori, 1973. 319 p. (Saggi, 52)

p.110-15, «Il silenzio di Voltaire». Son silence à propos de Louis de Rouvroy, duc de Saint-Simon.

947 MARX, Jacques. «Une liaison dangereuse au XVIIIᵉ siècle: Voltaire et Jean-Henri Samuel Formey». *Neophil* 53 (1969), 138-46.

CR: G. Niggestich, *SFr* 15 (1971), 357.

948 MASON, Haydn T. «Voltaire et Louis Racine». [In] *Voltaire and his world* (1985: nᵘ 39), p.101-16.

Les hommes et leurs œuvres.

949 MAT-HASQUIN, Michèle. «L'image de Voltaire dans les *Mémoires secrets*». *SVEC* 182 (1979), 319-29.

Durant la période 1762-1787, il s'agit surtout de ses contes, ses tragédies et ses ouvrages historiques.

950 MAY, Maija B. «Comte d'Argental: a magistrate in the literary world». *SVEC* 76 (1970), 55-114.

Voir p.73-90, 96-97, 109-12.

951 MEDLIN, Dorothy. «Voltaire, Morellet, and Le Franc de Pompignan: a bibliographical error corrected». *SVEC* 171 (1977), 77-84.

Morellet n'est pas l'auteur du pamphlet anti-voltairien, *Les Quand, ou avis salutaires*; Lefranc pourrait en être l'auteur.

952 MENANT-ARTIGAS, Geneviève. «Voltaire et les trois Bastide». *RHL* 83 (1983), 29-44. Résumé, p.175.

Essai d'identification de l'auteur des *Réflexions philosophiques sur la marche de nos idées* auquel V fait référence. Ce serait Verlac de La Bastide au lieu de Jean-François de Bastide, attribution conventionnelle.

CR : S. Gargantini Rabbi, *SFr* 28 (1984), 161.

953 Mercier, Roger. «Voltaire et Paris : des rêves d'urbanisme aux ‹pleurs sur Jerusalem›». [In] *La Ville au XVIIIe siècle.* Colloque d'Aix-en-Provence (29 avril-1er mai 1973). Aix-en-Provence : EDISUD, 1975. 297 p. (Centre aixois d'études et de recherches sur le xviiie siècle), p.33-47.

CR : G. Cerruti, *SFr* 21 (1977), 304.

954 Mercier, Roger. «Les contes de Voltaire : accueil du public et influence». [In] *Voltaire et Rousseau en France et en Pologne* (1982 : n° 32), p.159-70. Discussion, p.173.

Leur réception en France au xviiie siècle.

955 Merino, José Antonio. «Presupuestos filosóficos de la Revolución francesa : Rousseau y Voltaire». *Verdad y vida* 47 (1989), 383-96.

Voir p.309-91 et *passim*.

956 Mervaud, Christiane. «Voltaire et Fontenelle». [In] *Fontenelle*. Actes du colloque tenu à Rouen du 6 au 10 octobre 1987. Publiés par Alain Niderst. Préface de Jean Mesnard. Paris : PUF, 1989. 710 p., p.317-28. Discussion, p.329-30.

V est sévère pour Fontenelle malgré ce qu'il lui doit.

957 Mindak, Monique Borgialli. *Le Français de 1700-1784 ou, le portrait d'un peuple par quatre contemporains : Montesquieu, Marivaux, Voltaire et Diderot.* Diss, U. of Texas at Austin, 1971. 300 p.

Résumé : *DAI* 33 (1972-73), 281A.

958 Montfort, Catherine R. «Voltaire et ses contemporains face à Madame de Sévigné : originalité ou conformisme de l'homme de goût ?». *Marseille* 132-33 (1983), 44-49, ill.

Sa défense de Mme de Sévigné écrivain.

959 Montfort, Catherine R. «Voltaire as critic : the case of Mme de Sévigné». *SVEC* 266 (1989), 213-23.

V juge de Mme de Sévigné écrivain ; son influence sur la critique de son œuvre depuis le xviiie siècle.

960 Morellet, André. *Mémoires de l'abbé Morellet de l'Académie française sur le dix-huitième siècle et sur la Révolution.* Introduction et notes de Jean-Pierre Guicciardi. Paris : Mercure de France, 1988. 597 p. (Le Temps retrouvé, 52).

De nombreuses références à V : voir l'index.

961 MORTIER, Roland. «Voltaire lecteur de Chastellux». [In] *Le Siècle de Voltaire* (1987: n° 44), ii.663-73.

Les notes marginales de V dans *De la félicité publique* (1772) du chevalier François-Jean de Chastellux révèlent les réactions spontanées du lecteur.

962 MOUREAUX, José-Michel. «Voltaire et Larcher, ou le faux ‹mazarinier›». *RHL* 74 (1974), 600-26.

Pierre-Henri Larcher et les attaques de V contre lui à la suite de sa critique de *La Philosophie de l'histoire*.

963 MULLER, Karis. «Voltaire and the *Système de la nature*: contemporary reactions». *SVEC* 260 (1989), 197-215.

La réaction critique de V à l'ouvrage de d'Holbach et la réponse des libres penseurs, des apologistes chrétiens et autres au point de vue de V.

964 MURPHY, Terence. «Jean Baptiste René Robinet: the career of a man of letters». *SVEC* 150 (1976), 183-250.

p.195-97: Attaques de V contre Robinet à la suite de la publication du premier recueil de la correspondance de V.

965 MYDLARSKI, Henri. «Vauvenargues, juge littéraire de son siècle». *SVEC* 150 (1976), 149-81.

p.171-81, «Voltaire».

966 NABLOW, Ralph A. «Was Voltaire influenced by La Fontaine in *Thélème et Macare*?». *RomN* 24 (1983-1984), 259-61.

Similarités et différences.

967 NABLOW, Ralph A. «Beaumarchais, Figaro's monologue, and Voltaire's *Pauvre diable*». *RomN* 28 (1987-1988), 109-14.

Parallèles.

968 NIDERST, Alain. «‹Traits, notes et remarques› de Cideville: documents sur Fontenelle, Voltaire, Rousseau, etc.». *RHL* 70 (1970), 455-71.

Voir surtout p.462-68.

969 NIDERST, Alain. «La critique du critique, Voltaire lecteur de Corneille, Desbillons lecteur de Voltaire». [In] *Ein antiphilosophisches Experiment im 18. Jahrhundert: F.-J. Terrasse Desbillons*. Hrsg. von Georg Maag. Mannheim: MANA, 1986. 251, [3] p. ill. (Mannheimer Analytika), p.76-84.

970   NIKLAUS, Robert. «Fontenelle as a model for the transmission and vulgarisa-
      tion of ideas in the Enlightenment». [In] *Voltaire and his world* (1985: n° 39),
      p.167-83.

      V *passim*.

971   NIVAT, Jean. «Voltaire et les ministres». [In] *Voltaire ou la liberté de l'esprit*
      (1989: n° 49), p.183-206.

      Réimpr., sous le même titre, de son article (1958: *QA* 669). En général V ménage
      les ministres de l'Etat.

972   OZOUF, Mona. «Voltaire». [In] *Dictionnaire critique de la Révolution française*.
      Edité par François Furet et Mona Ozouf. Paris: Flammarion, 1988. 1122 p.
      ill. p.913-22.

      V dans la Révolution.

      Trad.: «Voltaire». [In] *A critical dictionary of the French Revolution*. Edited by François
      Furet and Mona Ozouf. Translated by Arthur Goldhammer. Cambridge, Mass.;
      London: The Belknap P. of Harvard U. P., 1989. xxii, 1063 p., p.869-78.

973   PAPPAS, John. «Dans les ‹Registres› de l'Ancien Régime: des réponses offi-
      cielles à Rameau, Diderot et Voltaire». *DHS* 7 (1975), 21-25.

      Quatre lettres dans Best.D.

974   PAPPAS, John. «L'influence de René-Joseph de Tournemine sur Voltaire».
      AnBret 83 (1976), 727-35.

      (N° spécial, sous le titre *La Bretagne littéraire au XVIIIe siècle*. Colloque organisé à
      l'occasion du bicentenaire de la mort de Charles Pinot Duclos, Rennes, 6-8 avril
      1973. Avant-propos par Edouard Guitton).

975   PATY, Michel. *D'Alembert et son temps: éléments de biographie*. Strasbourg: U. Louis
      Pasteur, 1977. 69 p. (Cahiers fundamenta scientiae, 69-70).

      Voir p.29-33: les relations entre V et d'Alembert.

976   PELLERIN, Henri. «Le marquis de Lézeau, ami et débiteur de Voltaire, était-
      il Augeron?». *Le Pays d'Auge* 21 (juil. 1971), 13-18; (août 1971), 13-19; (sept.
      1971), 5-12, ill.

      Contient une large correspondance sur une rente viagère que Léseau devait à V.

977   PIRON, Alexis. *Alexis Piron épistolier: choix de ses lettres*. Texte établi, annoté et
      présenté par Gunnar von Proschwitz. Göteborg: Acta Universitatis Gotho-
      burgensis, 1982. 225 p. (Romanica Gothoburgensia, 20).

      V *passim* – voir l'index.

      CR: S. Roth, *RHL* 84 (1984), 620; R. Trousson, *DHS* 15 (1983), 465-66;
      D. Williams, *MLR* 79 (1984), 454-55.

978   PITOU, Spire. «Sauvé de La Noue : actor, author, producer». *SVEC* 117 (1974), 89-112.

V *passim*.

979   POMEAU, René. «Saint-Simon et Voltaire». *Cahiers Saint-Simon* 3 (1975), 27-31. Discussion, p.92-93.

N° consacré aux *Actes du colloque « Saint-Simon et son temps » (Paris, Collège de France, 11-12 avril 1975)*.

980   POMEAU, René. «Etait-ce ‹la faute à Voltaire, la faute à Rousseau›?». [In] *Voltaire and his world* (1985 : n° 39), p.414-25.

Sur les rapports des deux philosophes avec la Révolution française.

981   POMEAU, René. «Voltaire en 1789». *Revue des sciences morales et politiques* 144 (1989), 83-99.

La réception de V et de ses idées pendant la Révolution.

982   PORSET, Charles. «Voltaire et le père Tournemine à propos de la matière pensante». [In] *Du Baroque aux Lumières : pages à la mémoire de Jeanne Carriat*. Mortemart : Rougerie, 1986. 241 p. port. p.110-13.

La matière pensante dans leur correspondance.

983   POSTIGLIOLA, Alberto. «Helvétius da Cirey al *De l'esprit*». *RCSF* 25 (1970), 25-47; 26 (1971), 141-61, 271-301.

Sur l'influence de la pensée de V sur Helvétius et sur les relations entre les deux écrivains.

984   POTOCKIJ, M. N. «Notes de lecture de Voltaire dans les œuvres du médecin-philosophe Lamettrie». [In] *Verhandlungen des XX. Internationalen Kongresses für Geschichte der Medizin, Berlin, 22.-27. August 1966*. Hrsg. Heinz Goerke und Heinz Müller-Dietz. Hildesheim : Georg Olms Verlagsbuchhandlung, 1968. xlviii, 914 p., p.665-70, ill.

Notes ayant rapport à l'histoire de la science.

985   RACEVSKIS, Karlis. *Voltaire and the French Academy*. Diss., Columbia U., 1971. 188 p.

Résumé : *DAI* 35 (1974-75), 4451-52A.

986   RACEVSKIS, Karlis. *Voltaire and the French Academy*. Chapel Hill : U. of North Carolina, Department of Romance languages, 1975. 142 p. (North Carolina studies in the Romance languages and literatures. Essays, 4). [Diss., Columbia U., 1971].

CR: J. H. Brumfitt, *FS* 33 (1979), 746-47; *ECent* 20 (1979), 199; E. Lizé, *RHL* 79 (1979), 501-503; J. Pappas, *DidS* 19 (1978), 244-47.

987 RAYMOND, Agnès G. «Le buste d'Etienne-Noël Damilaville par Marie-Anne Collot». *La Revue du Louvre et des musées de France* 23 (1973), 255-60, ill.

En partie sur les relations de Damilaville avec V.

988 REDMAN, Harry, Jr. «Marivaux's reputation among his contemporaries». *SVEC* 47 (1966), 137-55.

Voir surtout p.142-43.

989 RÉGALDO, Marc. «La *Décade* et les philosophes du XVIIIe siècle». *DHS* 2 (1970), 113-30.

Voir notamment p.117, 122, 128. La *Décade philosophique, littéraire et politique* (journal).

990 RENWICK, John P. «Reconstruction and interpretation of the genesis of the *Bélisaire* affair, with an unpublished letter from Marmontel to Voltaire». *SVEC* 53 (1967), 171-222.

Best.D14077.

991 RENWICK, John P. *Marmontel, Voltaire and the «Bélisaire» affair*. Banbury: The Voltaire Foundation, 1974. 397 p. (SVEC, 121).

CR: A. D. Hytier, *ECCB* n.s. 2 – for 1976 (1979), 339-40; J. Macary, *DHS* 7 (1975), 419-20; H. T. Mason, *TLS*, 13 Dec. 1974, p.1424; G. von Proschwitz, *RHL* 76 (1976), 1011-12.

992 RÉTAT, Pierre. *Le «Dictionnaire» de Bayle et la lutte philosophique au XVIIIe siècle*. Paris: Les Belles lettres, 1971. 555 p. (Bibliothèque de la Faculté des lettres de Lyon, 28).

p.252-64, «Voltaire avant 1750»; p.359-71, «Voltaire après 1750».

CR: W. H. Barber, *FS* 29 (1975), 327-28; R. Mortier, *RLC* 47 (1973), 473-76; J. Roger, *Journal of the history of philosophy* 11 (1973), 543-44; J. Sareil, *RR* 66 (1975), 149-50; J. Solé, *RHL* 73 (1973), 131-33; L. Sozzi, *SFr* 20 (1976), 153-54; G. Varet, *BPh* 21 (1974), 52-53.

993 RÉTAT, Pierre. «Voltaire en 1789: le témoignage des journaux». [In] *Le Siècle de Voltaire* (1987: n° 44), ii.761-74.

Réimpr. [in] *Voltaire ou la liberté de l'esprit* (1989: n° 49), p.23-43.

994 RICCOBONI, Marie-Jeanne. *Mme Riccoboni's letters to David Hume, David Garrick and Sir Robert Liston, 1764-1783*. Edited by James C. Nicholls. Oxford: The Voltaire Foundation, 1976. 471 p. (SVEC, 149).

De nombreuses références à V – voir l'index.

995 RICHTMAN, Jack. *Adrienne Lecouvreur: the actress and the age; a biography*. Englewood Cliffs, N.J.: Prentice-Hall, 1971. 240 p.

Voir surtout p.87-92, 192-95; voir aussi l'index.

996 RICKEN, Ulrich. «Voltaire, l'affaire de Prades et la *Grammaire* de Condillac». [In] *Le Siècle de Voltaire* (1987: n° 44), ii.775-85.

Pourquoi Condillac n'accepte pas l'invitation de V à venir le rejoindre à l'étranger.

997 RIDGWAY, R. S. «*Athalie* vue par Voltaire». *Bulletin de liaison racinienne* 6 (1958), 18-22.

Réimpr.: *Jeunesse de Racine* (1969), 108-17.

998 RIDGWAY, R. S. «Chamfort: Voltairean ‹child of Rousseau›». *RomN* 25 (1984-1985), 41-46.

Evolution de l'attitude de Chamfort envers V – Rousseau n'est pas son seul modèle.

999 RIVIÈRE, Marc Serge. «Voltaire and Richard de Bury: the historian judged by his fellow-practitioners». *NZJFS* 11, n° 2 (1990), 5-34.

Bury, partisan de l'orthodoxie, et sa querelle avec V au sujet de sa campagne contre l'infâme.

1000 ROBINET, André. *Dom Deschamps le maître des maîtres du soupçon*. Bio-bibliographie par Michel Bastien. Paris: Seghers, 1974. 356 p. (Seghers philosophie).

p.79-84, «Brèves rencontres: tentative sur Voltaire» (efforts pour établir des rapports avec V). Voir aussi l'index.

1001 ROGER, Jacques. *Buffon, un philosophe au Jardin du Roi*. [Paris]: Fayard, 1989. 645 p.

Voir p.57-59, 248-51, 285-88, 480-83 et l'index: rapports avec V.

1002 ROGERS, Adrienne. *References to Voltaire and Rousseau in the manuscript journal (1750-1769) of Joseph d'Hémery*. Diss., State U. of New York at Albany, 1970. 253 p.

Résumé: *DAI* 31 (1970-71), 2888A.

1003 ROGGERONE, Giuseppe Agostino. *L'Encyclopédie e la satira: Charles Palissot*. Napoli: Guida editori, 1983. 142 p. (Esperienze, 92).

Palissot contre les encyclopédistes: V *passim*.

CR: R. Trousson, *DHS* 18 (1986), 535-36.

1004 ROUSSEAU, André-Michel. «L'exemplaire des *Œuvres* de Vauvenargues annoté par Voltaire, ou l'imposture de l'édition Gilbert enfin dévoilée». [In] *The Age of the Enlightenment* (1967: n° 1), p.287-97.

1005 SAINT-ANGE, Benoist de. « Le comte de Moret et Voltaire ». *La Revue de Moret et de sa région* 99 (1986), 18-23 ; *Ibid.* 100 (1986), 36-42, ill.

    Rapports et influence. Louis Urbain de Caumartin, comte de Moret et seigneur de Saint-Ange.

1006 SAPÈDE, Georges. *Autour de Voltaire : portraits cévenols du XVIIIe siècle.* Nîmes : Lacour, 1986. 259 p. pl.

    Sur V et les habitants du pays d'Oc en contact avec lui.

1007 SAREIL, Jean. *Les Tencin : histoire d'une famille au dix-huitième siècle d'après de nombreux documents inédits.* Genève : Droz, 1969. 444 p. (Histoire des idées et critique littéraire, 102).

    Voir p.221-26 : relations de V avec les Tencin (1730-1740) ; p.407-15 : V et le cardinal de Tencin, 1754-1758. De nombreuses autres références – voir l'index.

1008 SAREIL, Jean. « Voltaire et le cardinal de Fleury ». *DHS* 2 (1970), 39-76.

    CR : J. Pappas, *DidS* 16 (1973), 410.

1009 SASSO, Robert. « Voltaire et le *Système de la nature* de d'Holbach ». *RIPh* 32 (1978), 279-96.

    L'incompatibilité de la pensée des deux philosophes.

    CR : A. D. Hytier, *ECCB* n.s. 4 – for 1978 (1982), 476-77.

1010 SETBON, Raymond. « Voltaire jugé par Charles Nodier ». *SVEC* 137 (1975), 55-71.

1011 SGARD, Jean. « L'espérance chez Prévost et Voltaire ». [In] *Essays on the age of the Enlightenment* (1977 : n° 10), p.271-79.

    Les contes de V et les romans de Prévost.

1012 SHACKLETON, Robert. « Allies and enemies : Voltaire and Montesquieu ». *Essays by divers hands* 39 (1977), 126-45.

    Malgré de nombreuses divérgences, Montesquieue et V étaient d'accord sur les vraies valeurs de leur époque.

1013 SHERIDAN, Geraldine. *Nicolas Lenglet Dufresnoy and the literary underworld of the « ancien régime ».* Oxford : The Voltaire Foundation, 1989. ix, 433 p. (SVEC, 262).

    p.176-87, « New departures : from Voltaire to occultism » (notamment p.176-78). Voir également p.366-67 (l'éd. de *La Henriade* de Lenglet) et l'index.

    CR : P. Alatri, *SFr* 34 (1990), 527-28.

1014 [SHIOKAWA, Tetsuya. «Voltaire, Pascal et Malebranche»]. *Shiso* 649 (1978), 75-95.

En japonais.

1015 SIPRIOT, Pierre. «‹C'est la faute à Voltaire›». [In] *Voltaire ou la liberté de l'esprit* (1989: n° 49), p.19-22.

1016 SMITH, M. *Formey and the French Enlightenment, with special reference to Voltaire and Rousseau.* Diss., London U., Birkbeck College, 1985.

Résumé: *Aslib* 35/4/7576. Ch. 4: réaction de Formey à V et ses rapports avec celui-ci.

1017 SMITH, Margarete G. «Voltaire's reaction to Maupertuis's *Lettre sur le progrès des sciences*». *Man and nature* 7 (1988), 159-66.

Dans la correspondance et dans la *Diatribe du docteur Akakia*.

1018 SORIANO, Ramón. «El pensamiento reaccionario contra la Ilustración: *Mémoires de Trévoux*». *Revista de estudios políticos* 41 (1984), 59-130.

Voir p.108-13, «*Mémoires de Trévoux* y Voltaire: el aprovechamiento ideológico de un pensamiento contradictorio».

1019 SPENCER, Anne. «La tragédie de Thésée et d'Aricie et la mort d'Ailly fils: étude d'échos raciniens dans l'œuvre de Voltaire». *Jeunesse de Racine* (1970-71), 12-34.

Un passage de *La Henriade* rappelle *Phèdre*; échos d'autres pièces de Racine dans le théâtre de V.

1020 SPULDER, Pauline. *Diderot et d'Holbach: le matérialisme athée et le « dépassement » du déisme voltairien.* Diss., Indiana U., 1975. 251 p.

Résumé: *DAI* 36 (1975-76), 7465A-7466A.

1021 STACKELBERG, Jürgen von. «Einmal Saint-Evremond, dreimal Voltaire». [In] *Digressionen: Wege zur Aufklärung. Festgabe für Peter Michelsen.* Hrsg. von Gotthart Frühsorge *et al.* Heidelberg: Carl Winter, 1984. 198 p. ill. (Beiträge zur neuren Literaturgeschichte 3, 63), p.61-70.

Saint-Evremond précurseur de V: étude de l'article « Foi » (*Dictionnaire philosophique*), de la *Relation de la maladie ... du jésuite Berthier* et de *Femmes, soyez soumises à vos maris*.

1022 THOMSON, Ann. *Materialism and society in the mid-eighteenth century: La Mettrie's « Discours préliminaire ».* Genève: Droz, 1981. xii, 278 p. (Histoire des idées et critique littéraire, 198). [Diss., Oxford U., 1978].

Voir p.161-65: emprunts et influences.

1023 TODD, Christopher. *Voltaire's disciple: Jean-François de La Harpe*. London: The Modern Humanities Research Association, 1972. xiv, 313 p. (Modern Humanities Research Association dissertation series, 7).

V *passim*; voir l'index.

CR: A. W. Brown, *MLR* 70 (1975), 423-25; R. Landy, *DHS* 6 (1974), 413 et *RHL* 74 (1974), 906-908; R. Saisselin, *MLN* 88 (1973), 878-80; *TLS*, 20 Oct. 1972, p.1262; J. Vercruysse, *RBPH* 55 (1977), 286; M. H. Waddicor, *FS* 30 (1976), 71-72.

1024 TRENARD, Louis. « L'influence de Voltaire à Lille au xviiie siècle ». *SVEC* 58 (1967), 1607-34.

1025 TRENARD, Louis. « Voltaire et ses relations lyonnaises ». [In] *Lyon et l'Europe, hommes et sociétés: mélanges d'histoire offerts à Richard Gascon*. Université Lyon ii, Centre Pierre Léon. Lyon: Presses universitaires de Lyon, 1980. 2 vols, ii.297-312.

1026 TROUSSON, Raymond. « Voltaire et le Marquis d'Argens ». *SFr* 10 (1966), 226-39.

Leurs relations.

1027 TROUSSON, Raymond. « Auguste Comte et les ‹ philosophes › de l'âge métaphysique ». *Etudes sur le XVIIIe siècle* 10 (1983), 23-41.

V *passim*.

CR: B. Gallina, *SFr* 29 (1985), 388.

1028 VAILLOT, René. *Le Cardinal de Bernis: la vie extraordinaire d'un honnête homme*. Paris: Albin Michel, 1985. 354 p.

p.223-29, « Où se rejoignent l'esprit et la tolérance: Bernis et Voltaire »; p.240-43, « Un prélat lettré, plus tolérant que Voltaire »; voir aussi p.80-83, 91-93, 220-31, 279-80.

1029 VAN DEN HEUVEL, Jacques. « Note sur Voltaire et Marivaux ». [In] *Dix-huitième siècle européen*. En hommage à Jacques Lacant. Textes réunis par Claude De Grève *et al*. Paris: Aux Amateurs de livres, 1990. 182 p., p.51-55.

Etude nuancée des opinions de l'un sur l'autre.

1030 VARTANIAN, Aram. « Voltaire's quarrel with Maupertuis: satire and science ». *ECr* 7 (1967), 252-58.

V contre Maupertuis l'homme et son concept des sciences.

1031 VELLUZ, Léon. *Maupertuis*. [Paris]: Hachette, 1969. 219 p. ill.

Voir p.36-44, 58-64, 103-105, 116-22, 131-36.

1032 VERCRUYSSE, Jeroom. «Satire inédite de Voltaire contre J. J. Lefranc de Pompignan». *SVEC* 47 (1966), 7-13.

1033 VILLERS, Robert. «Montesquieu, le fermier général Dupin et Voltaire». *Revue historique de droit français et étranger* 48 (1970), 183.

> Résumé d'une conférence. La dette de V envers Dupin pour sa critique de Montesquieu.

1034 VIROLLE, Roland. «Mme Du Boccage, Voltaire, le pape et Christophe Colomb». [In] *Le Siècle de Voltaire* (1987: n° 44), ii.953-64.

> A propos de V, Mme Du Boccage et *La Colombiade* de celle-ci.

1035 WADDICOR, Mark. «Voltaire and Ninon de Lenclos». [In] *Woman and society in eighteenth-century France: essays in honour of John Stephenson Spink*. Edited by Eva Jacobs *et al*. London: The Athlone P., 1979. xviii, 285 p., p.197-206.

1036 WADE, Ira O. «Notes on the making of a *philosophe*: Cuenz and Bouhier». [In] *Literature and history* (1975: n° 6), p.97-123.

> Leur pensée mise en parallèle avec celle de V pendant la période de Cirey.

1037 WAGNER, Jacques. *Marmontel journaliste et le Mercure de France (1725-1761)*. Grenoble: Presses universitaires de Grenoble, 1975. 338 p. (Collection Editorial, Publications de la Faculté des lettres de Clermont-Ferrand, 34).

> Voir p.14-15, 20, 24-26, 142-93, 291-92, 302-304 et 307-17 *passim*. Signale de nombreux parallèles entre le point de vue de V et celui de Marmontel. Contient le texte de trois lettres à V.

1038 WAGNER, Monique. *Molière and the age of Enlightenment*. Banbury: The Voltaire Foundation, 1973. 236 p. (SVEC, 112).

> p.67-105, «Voltaire».

> CR: F. Bassan, *DidS* 18 (1975), 189-91; M. Delon, *RHL* 74 (1974), 1074-75; H. G. Hall, *SFr* 17 (1973), 550-51; W. D. Howarth, *FS* 31 (1977), 200-201; M.-H. Huet, *DHS* 7 (1975), 409; F. L. Lawrence, *O&C* 61 (1981), 158-59; J. S. Munro, *MLR* 71 (1976), 417; E. J. Potter, *RR* 67 (1976), 241-42; *TLS*, 21 Sept. 1973, p.1090; J. Undank, *FR* 47 (1973-74), 985-86.

1039 WALLER, R. E. A. *The Relations between men of letters and the representatives of authority in France, 1715-1723*. Diss., Oxford U., 1971. 595 p.

> V *passim*, et surtout p.237-69, «The duc d'Orléans: reaction to personal attack. (i) Voltaire». L'attitude du régent envers V après la représentation d'*Œdipe*.

1040 WALLER, R. E. A. «Louis-Mayeul Chaudon against the *philosophes*». *SVEC* 216 (1983), 39-41.

> Il s'agit surtout de la nature de sa critique de V.

1041 WILKINS, Kay S. *A study of the works of Claude Buffier*. Genève: Institut et Musée Voltaire, 1969. 233 p. (SVEC, 66).

Voir p.97-103: rapports et influence possible dans les domaines de la métaphysique; p.133-34 (la morale); p.163-64 (l'esthétique).

1042 WILLEN, Carol Kleiner. «From protégé to persona: the evolution of the Voltaire-Desmahis relationship». *SVEC* 230 (1985), 127-36.

1043 WILLIAMS, David. «Luneau de Boisjermain's *Racine*: a Voltairean emulation?». *SVEC* 90 (1972), 1773-89.

Relations de V avec Blin de Sainmore; réaction de V à l'éd. de *Racine*; similarités esthétiques entre le *Corneille* de V et le *Racine* de Luneau.

1044 WILLIAMS, David. «Biography and the philosophic mission: Condorcet's *Vie de Voltaire*». *ECS* 18 (1984-1985), 494-502.

1045 WRIGHT, Winifred O. *Voltaire et les apologistes du XVIIIe siècle*. Thèse, U. de Toulouse, 1966. 265 f.

DIDEROT

Voir aussi les numéros 111, 243, 645, 856, 945, 1020, 1069, 1395, 2020, 2826, 2875.

1046 CASINI, Paolo. «Le hasard, la nécessité et ‹un diable de philosophie›». [In] *Enlightenment studies* (1979: n° 15), p.59-70.

Etude de la philosophie de Diderot en comparaison avec celle de V (p.61-64).

1047 CHOUILLET, Jacques. «‹Etre Voltaire ou rien›: réflexions sur le voltairianisme de Diderot». *SVEC* 185 (1980), 225-36.

1048 DESNÉ, Roland. «L'image de Voltaire antéchrist en France au XVIIIe siècle. A propos de *Jacques le fataliste*». [In] *Voltaire et Rousseau en France et en Pologne* (1982: n° 32), p.17-24.

V dans le roman de Diderot (discussion p.35-36).

1049 HOBSON, Marian E. «Quelques références dans la *Lettre sur les sourds et muets*». *DidS* 18 (1975), 111-19.

p.117, «Voltaire»: cité à propos de la critique de Racine.

1050 LAGRAVE, Henri. «Voltaire, Diderot et le ‹tableau scénique›: le malentendu de *Tancrède*». [In] *Le Siècle de Voltaire* (1987: n° 44), ii.569-75.

Sur différentes interprétations du mot «tableau» chez Diderot et chez V.

1051 MASON, Haydn T. «Diderot critic of Voltaire's theatre». [In] *Le Siècle de Voltaire* (1987: n° 44), ii.633-42.

1052 MASON, Haydn T. «Diderot lecteur des œuvres en prose de Voltaire». [In] *Langue, littérature* (1990: n° 51), p.515-25.

> Traite des *Lettres philosophiques*, mais surtout des œuvres historiques: *Histoire de Charles XII, Le Siècle de Louis XIV, Histoire de l'empire de Russie* et *Histoire du Parlement de Paris*.

1053 MOUREAUX, José-Michel. «La place de Diderot dans la correspondance de Voltaire: une présence d'absence». *SVEC* 242 (1986), 169-217.

1054 PAPPAS, John. «Voltaire et le drame bourgeois». *DidS* 20 (1981), 225-44.

> La dette de Diderot envers Voltaire.
>
> CR: *YWMLS* 43 (1981), 158-59.

1055 VERCRUYSSE, Jeroom. «Petite suite sur Diderot: La Beaumelle – Dorat – Légier». *DidS* 8 (1966), 255-67.

> Voir p.263-67: une épître de Dorat, «A Monsieur Diderot, en lui envoïant ma contribution pour la statue de M. de Voltaire».

L'ENCYCLOPÉDIE

Voir aussi les numéros 175, 378, 2158, 2297, 2914.

1056 ALBINA, Larissa L. «Voltaire lecteur de l'*Encyclopédie*». *RDE* 6 (1989), 119-29, ill. Résumé en anglais, p.197.

> Basé sur les notes marginales de V dans son exemplaire de l'ouvrage.

1057 АЛЬБИНА, Л. Л. «Вольтер – читатель ‹энциклопедии›» [Voltaire, lecteur de l'*Encyclopédie*]. *FE 1978* (1980), 62-69. Résumé en français, p.69.

> Sur les notes marginales dans l'exemplaire de l'*Encyclopédie* dans la bibliothèque personnelle de V.

1058 ANES, Gonzalo. «El artículo ‹Genève› en la *Encyclopédie*». [In] *Historia y pensamiento: homenaje a Luis Díez del Corral*. Ofrecido por la Universidad Complutense. [Ed.] M.ª Carmen Iglesias. Madrid: Eudema, 1987. 2 vols, i.67-74.

> Les relations Voltaire-d'Alembert lors de l'affaire de l'article «Genève».

1059 ARTUR, Jules. «Descartes, Voltaire et l'*Encyclopédie*». *La Pensée catholique* 167 (1977), 83-89.

> Traite en partie de V juge de l'*Encyclopédie* dans sa correspondance avec d'Alembert. Cet article s'oppose au rationalisme.

1060 Benhamou, Paul. «The periodical press in the *Encyclopédie*». *FR* 59 (1985-1986), 410-17.

Voir p.413-14: l'attitude de V envers les périodiques et leurs auteurs.

1061 Benhamou, Paul. «Le journalisme dans l'*Encyclopédie*». *RDE* 5 (1988), 45-54.

Voir surtout p.47-48.

1062 Cazes, André. *Grimm et les Encyclopédistes*. Paris: PUF, 1933. 407 p. [Thèse, Paris].

Voir p.76-79, 92-96, 181-85, 198-205, et consulter l'index.

Réimpr.: Genève: Slatkine Reprints, 1970.

1063 Ehrard, Jean. «Quand la Révolution n'était pas encore inventée: l'idée de révolution dans l'*Encyclopédie*». [In] *W kręgu Oświecenia i teatru*. Prace ofiarowane Profesorowi Mieczyławowi Klimowiczowi w 70 rocznicę urodzin. Pod red. Andrzeja Cieńskiego. Wrocław, &c.: Ossolineum, 1989. 348 p., p.109-14.

V passim.

1064 Frautschi, Richard L. «The authorship of certain unsigned articles in the *Encyclopédie*: a first report». *CSHVB* 3 (1970), 66-76.

Voir p.69: la prose de *Candide* comparée en termes généraux à celle de Diderot et d'autres encyclopédistes.

1065 Garagorri, Paulino. «La ilustración en Francia (La Enciclopedia y dos enciclopedistas)». *CHA* 325 (1977), 18-51.

Etude qui concerne surtout V et Diderot. Voir p.31-46.

1066 Jaffe, Kineret S. «The concept of genius: its changing role in eighteenth-century French aesthetics». *JHI* 41 (1980), 579-99.

Voir surtout p.590-92: sur l'article «Imagination» de V dans l'*Encyclopédie*.

1067 Kafker, Frank A. *The Encyclopedists as individuals: a biographical dictionary of the authors of the «Encyclopédie»*. In collaboration with Serena L. Kafker. Oxford: The Voltaire Foundation, 1988. xxx, 430 p. (SVEC, 257).

p.391-96, «Voltaire, François-Marie Arouet de (1694-1778)». Biographie avec notes critiques et bibliographie. Voir aussi l'index.

1068 Kerslake, Lawrence. «The sources of some literary articles in the *Encyclopédie*». *SVEC* 215 (1982), 139-61.

Contient plusieurs attributions à V.

CR: M. Menemencioglu, *RHL* 86 (1986), 147.

1069 LOUGH, John. « The *Encyclopédie* in Voltaire's correspondence ». [In] *The Age of the Enlightenment* (1967: n° 1), p.51-65.

Traite aussi en partie de la tirade de V contre Diderot.

1070 MONTY, Jeanne R. « Voltaire's debt to the *Encyclopédie* in the *Opinion en alphabet* ». [In] *Literature and history* (1975: n° 6), p.153-67.

1071 NAVES, Raymond. *Voltaire et l'Encyclopédie.* Paris: Presses modernes, 1938. 206 p. (Ames et figures).

CR: G. R. Havens, *MLN* 54 (1939), 617; I. O. Wade, *RR* 31 (1940), 78-81.

Réimpr.: Genève: Slatkine Reprints, 1970.

1072 OPITZ, Alfred. *Schriftsteller und Gesellschaft in der Literaturtheorie der französischen Enzyklopädisten.* Bern: Herbert Lang; Frankfurt/M: Peter Lang, 1975. 397 p. (Europäische Hochschulschriften, Reihe 13, Französische Sprache und Literatur, 31).

p.80-85, « ‹ Gens de lettres › de Voltaire ».

CR: P. H. Meyer, *DHS* 9 (1977), 414-15.

1073 SCHLEGEL, Dorothy B. « Freemasonry and the *Encyclopédie* reconsidered ». *SVEC* 90 (1972), 1433-60.

Voir p.1454-59.

1074 VIDAL ALCOVER, Jaume. « Sobre el concepte de ‹ goût › en l'Encyclopédie francesa ». [In] *Diderot.* Edició de F. Lafarga. Barcelona: Publicacions edicions U. de Barcelona, 1987. 199 p., p.155-62.

Article en catalan où il est question de V, Montesquieu et Diderot.

FRÉRON

Voir aussi les numéros 417, 773, 2071, 2648.

1075 « Voltaire et Fréron ». *Intermédiaire* 30 (1980), 229, 681-86, 1032-33; *Intermédiaire* 31 (1981), 465.

Communications de E. Dumont, Roscius, A. Boussin, B. Fertel, J. Bossu, le Roboliot des lettres.

1076 ARTIGAS-MENANT, Geneviève. « Lettre inédite d'un ennemi de Voltaire à un ennemi de Voltaire ». [In] *Le Siècle de Voltaire* (1987: n° 44), i.15-26.

Lettre adressée apparemment à Fréron, écrite par (?)l'abbé Destrées et traitant de la rupture entre Baculard d'Arnaud et V.

1077 Balcou, Jean. *Fréron contre les philosophes*. Genève: Droz, 1975. 493 p. (Histoire des idées et critique littéraire, 151). [Thèse, U. de Paris IV, 1973].

> V *passim* – voir l'index.

> CR: J. H. Brumfitt, *FMLS* 15 (1979), 392-97; H. Duranton, *SFr* 21 (1977), 315-16; Cl. Lauriol, *RHL* 78 (1978), 483-85; R. Mortier, *RBPH* 59 (1981), 714-718; A. Thomson, *DHS* 9 (1977), 455-56; J. Vercruysse, *Tijdschrift voor de studie van de Verlichting* 5 (1977), 105-108.

1078 Balcou, Jean. *Le Dossier Fréron: correspondances et documents*. Genève: Droz; Saint-Brieuc: Presses universitaires de Bretagne, 1975. 422 p. ill. [Histoire des idées et critique littéraire, 148].

> p.29-31, «La rencontre avec Voltaire»; p.35-41, «Nouveau conflit avec Voltaire»; p.280-95, «La bataille de l'*Ecossaise*»; p.302-307, «Portrait de Sadi-Voltaire»; p.397-98, «La statue de Voltaire». Voir aussi l'index.

1079 Biard-Millérioux, Jacqueline. *L'Esthétique d'Elie-Catherine Fréron 1739-1776: littérature et critique au XVIIIe siècle*. Paris: PUF, 1985. 598 p. (Publications de l'Université de Poitiers, Lettres et sciences humaines, 20). [Thèse, U. de Paris-IV, 1981].

> De nombreuses références sur les rapports Voltaire-Fréron *passim* – voir l'index.

1080 Brumfitt, J. H. «Voltaire's enemies revisited». *FMLS* 15 (1979), 392-97.

> A propos d'ouvrages traitant de Fréron, La Beaumelle et Larcher.

1081 Bruno, Marlinda Ruth. «Fréron, police spy». *SVEC* 148 (1976), 177-99.

> Prouve le bien-fondé des accusations de V.

1082 Chevallier, Pierre. «L'exil d'Elie-Catherine Fréron, adversaire de Voltaire, à Bar-sur-Seine (mars-juin 1746)». *Bulletin mensuel de la Société académique d'agriculture, des sciences, arts et belles-lettres du département de l'Aube* 40 (1969), 134-39, ill.

> Réimpr.: *Points de vue initiatiques: cahiers de la Grande Loge de France* n.s. 17 (1970), 15-19.
> En partie sur les attaques de V contre Fréron.

1083 Fleri, Joseph. *Elie Fréron and the philosophes*. Diss., Fordham U., 1974. 218 p.

> Résumé: *DAI* 35 (1974-75), 1653A-54A.

1084 Mathieu, Armand. «Fréron et Gilbert contre Voltaire». *Itinéraires* 285 (juil.-août 1984), 57-61.

> Défense de Fréron dans les luttes Voltaire-Fréron et Voltaire-Nicolas Gilbert.

1085 Montillet, Philippe. «Jeanne d'Arc, Voltaire et Fréron». *La Science historique* 60, n.s. 1 (1981), 18-29.

En grande partie sur les opinions de Fréron sur Jeanne d'Arc ; comparaison avec celles de V exprimées dans plusieurs de ses ouvrages. Voir surtout p.18-20, 27, 29.

1086 MONTILLET, Philippe. « Voltaire plagiat ou le quatrain sur Fréron ». *La Science historique* 61, n.s. 6 (1982-83), 17-22.

« L'autre jour, au fond d'un vallon … » et le combat de V contre Fréron.

1087 VIER, Jacques. « Elie-Catherine Fréron ». *AnBret* 76 (1969), 475-83.

Sur la querelle Voltaire-Fréron.

LA BEAUMELLE

Voir aussi les numéros 1080, 1956, 2573.

1088 Гордон, Л. С. « Политические максимы Лабомеля » [Maximes politiques de La Beaumelle]. *FE 1967* (1969), 35-59. Résumé en français, p.58-59.

Concerne V *passim* : V critique de La Beaumelle ; celui-ci critique du *Siècle de Louis XIV*.

1089 LAURIOL, Claude. « Un huguenot adversaire de Voltaire, Laurent Angliviel de La Beaumelle ». *BSHPF* 120 (1974), 366-86.

Sur le portrait calomniateur fait par V de La Beaumelle : essai de réhabilitation. Traite en partie de l'affaire Calas.

1090 LAURIOL, Claude. *Dans le mouvement des Lumières, un adversaire de Voltaire, Laurent Angliviel de La Beaumelle, 1726-1773.* Thèse, U. de Paris IV, 1976. xxviii, 1164 f. (en 3 vols).

1091 LAURIOL, Claude. *La Beaumelle : un protestant cévenol entre Montesquieu et Voltaire.* Genève ; Paris : Droz, 1978. 602 p. (Histoire des idées et critique littéraire, 174).

V *passim*, mais surtout p.259-314, « Voltaire (1751-1752) ». Voir l'index.

CR : J. Balcou, *RHL* 80 (1980), 452-54 ; J. Boissière, *DHS* 13 (1981), 523-24 ; D. A. Bonneville, *FR* 54 (1980-81), 161-62 ; J. H. Brumfitt, *FMLS* 15 (1979), 394-95 ; J. Lough, *FS* 35 (1981), 332-33.

1092 LAURIOL, Claude. « Un assassinat littéraire, ou Voltaire et les *Pensées* de La Beaumelle ». [In] *Le Siècle de Voltaire* (1987 : n° 44), ii.593-601.

1093 LAURIOL, Claude & André MAGNAN. « En marge de la querelle entre Voltaire et La Beaumelle : correspondance inédite de La Beaumelle avec la comtesse de Bentinck ». [In] *Recherches nouvelles sur quelques écrivains des Lumières (II).* Sous la direction de Jacques Proust. Montpellier : U. Paul Valéry, 1979. 234 p. (Centre d'étude du XVIIIe siècle de Montpellier), p.19-62.

Correspondance de janv. 1752 à avr. 1753. Pour ne pas être mêlée à la querelle, la comtesse cesse de répondre à La Beaumelle.

CR : C. Biondi, *SFr* 24 (1980), 563 ; J.-L. Fischer, *RHSA* 34 (1981), 83-84 ; P. France, *MLR* 75 (1980), 663-64 ; J. Lough, *BJECS* 3 (1980), 85-86. Voir aussi J. H. Brumfitt, «Voltaire's enemies revisited» (1979 : n° 1080).

1094 SANS, Michel. «Il y a deux cents ans … Un assassinat littéraire de Voltaire». *Archistra* 11-12 (1973-74), 106-109.

Même après la mort de La Beaumelle, V continue à l'attaquer.

MESLIER

1095 CARDINALI, Sandro. «Voltaire e il *Mémoire* del curato Meslier». [In] *Studi in onore di Lanfranco Caretti*. A cura di Walter Moretti. Modena : Mucchi, 1987. 203 p., p.95-104.

1096 DESNÉ, Roland. «Le paroissien du curé Meslier». *MagL* 238 (1987), 43-45, ill.

Trad. en grec : Διαβάζω 177 (28 oct. 1987), 44-47, ill.

1097 DIAZ, Furio. «Meslier dans la pensée de Voltaire». [In] *Le Curé Meslier et la vie intellectuelle, religieuse et sociale à la fin du 17ᵉ et au début du 18ᵉ siècle*. Université de Reims. Actes du colloque international de Reims, 17-19 octobre 1974. Reims : Bibliothèque de l'U. de Reims, 1980. viii, 607 p. (polycopié), p.485-96. Discussion, p.588-94.

1098 FONTIUS, Martin. «Une nouvelle copie du *Testament* de Meslier». [In] *Etudes sur le curé Meslier*. Actes du colloque international d'Aix-en-Provence, 21 novembre 1964. Centre aixois d'études et de recherches sur le XVIIIᵉ siècle. Paris : Société des études robespierristes, 1966. 120 p., p.27-32. Discussion, p.33.

Copie abrégée possédée par Frédéric II et peut-être fournie par V.

1099 LACOMBE, Anne. «Découverte du curé Meslier». *RomN* 13 (1971-1972), 280-87.

En partie sur le rôle de V.

1100 MESLIER, Jean. *Œuvres complètes*. Edition animée et coordonnée par Roland Desné. Préfaces et notes par Jean Deprun, Roland Desné [Henri Manceau et] Albert Soboul. Paris : Ed. Anthropos, 1970-1972. 3 vols.

i.lviii-lxi, lxiv-lxviii : le rôle de V dans la diffusion de l'œuvre de Meslier ; iii.486-88 : V sur Meslier (texte d'une lettre) ; iii.488-90 : Meslier dans la correspondance de V.

1101 Morehouse, Andrew R. *Voltaire and Jean Meslier.* New Haven, Conn.: Yale U. P.; London: Oxford U. P., 1936. x, 158 p. (Yale Romanic studies, 9).

> CR: E. P. Dargan, *MP* 34 (1936-37), 436-38; D. Mornet, *RHL* 43 (1936), 594-95; R. O. Rockwood, *JMH* 9 (1937), 495-97; I. O. Wade, *RR* 28 (1937), 285-89.
>
> Réimpr.: New York: AMS Press, 1973.

1102 Nascimento, Maria das Graças de Souza. « O estranho testamento de um vigário de provincia : as *Memórias* de Jean Meslier » [L'étrange testament d'un curé de province : les *Mémoires* de Jean Meslier]. *Trans/form/ação* 8 (1985), 71-77.

> Résumé en français, p.77.

1103 Porset, Charles. « Voltaire et Meslier : état de la question ». [In] *Le Matérialisme du XVIIIᵉ siècle et la littérature clandestine.* Actes de la Table ronde des 6 et 7 juin 1980, organisé ... par le Groupe de recherche sur l'histoire du matérialisme. Dirigé par Olivier Bloch. Paris : Librairie philosophique J. Vrin, 1982. 288 p. (Bibliothèque d'histoire de la philosophie), p.193-201. Discussion, p.203-204.

PASCAL

Voir aussi les numéros 1014, 1847, 2211, 2301, 2727, 3070, 3102, 3114, 3116, 3150, 3152-3153.

1104 Baker, Anna. « Une considération de Pascal et Voltaire ». *RomN* 13 (1971-1972), 124-29.

> Sur la ressemblance de la méthode satirique de V à celle de Pascal et sur l'emploi par V du paradoxe de l'homme élaboré par Pascal.
>
> CR: W. Leiner, *SFr* 16 (1972), 492.

1105 Barker, John. *Strange contrarieties : Pascal in England during the Age of Reason.* Montreal; London: McGill-Queen's U. P., 1975. xv, 336 p. ill.

> V *passim*; voir l'index et notamment p.142-48 à propos des attaques de V contre Pascal et leur réception en Angleterre.

1106 Bondy, François. « Pascal zwischen Montaigne und Voltaire ». *NDH* 32 (1985), 21-36.

1107 Coulaudon, Aimé. « Pascal et Voltaire ». *Vieux Clermont* 32 (1967), 8-9, ill.

> Série de commentaires basés sur des observations de V dans sa correspondance. (Réimpr. d'une série de chroniques parues dans *La Montagne*, 7 mars, 23 mars, 21 mai, 27 juin, 25 juil. 1962).

1108 DEREGIBUS, Arturo. « Pascal, Bayle, Voltaire. Bayle e Voltaire interpreti di Pascal ». *SFr* 34 (1990), 13-42.

> p.23-33, « Voltaire interprete di Pascal » et *passim*.

1109 MCKENNA, Antony. *De Pascal à Voltaire : le rôle des « Pensées » de Pascal dans l'histoire des idées entre 1670 et 1734.* Oxford: The Voltaire Foundation, 1990. xv, 1104 p. (en 2 vols). (SVEC, 276-77).

> p.837-910, « L'anti-Pascal de Voltaire ». Voir aussi l'index.
>
> CR: *BCLF* 541 (1991), 95.

1110 MESNARD, Jean. « Voltaire et Pascal ». *FSSA* 8 (1979), 2-12.

1111 REISLER, Marsha. *Dialectics of persuasion : a formal and thematic comparison of the « Lettres provinciales » of Pascal and the « Lettres philosophiques » of Voltaire.* Diss., Cornell U., 1975. 295 p.

> Résumé: *DAI* 36 (1975-76), 8099A.

1112 SAREIL, Jean. « Les *Provinciales* de Voltaire ». *SVEC* 90 (1972), 1417-32.

> La dette de V à Pascal dans *L'Ingénu* et la *Relation ... du jésuite Berthier* à propos des jésuites.

1113 SCULL, Jerolyn. « Voltaire's reading of Pascal: his quotations compared to early texts ». *SVEC* 161 (1976), 19-41.

1114 SPINK, John S. *French free-thought from Gassendi to Voltaire.* London: U. of London, Athlone P., 1960. ix, 345 p.

> p.312-24, « Voltaire versus Pascal ». Voir également l'index pour d'autres références.
>
> CR: L. G. Crocker, *MP* 60 (1962), 68-71; J. Lough, *EHR* 77 (1962), 159; J. Morel, *RSH* 101 (1961), 119-20; D. C. Potts, *MLR* 56 (1961), 271-72; R. Shackleton, *FS* 15 (1961), 370-71; *TLS*, 2 Sept. 1960, p.559; H. R. Trevor-Roper, *New Statesman* 60 (1960), 355-56; J. Varloot, *Pensée* 93 (sept.-oct. 1960), 116-17; A. Vartanian, *ECr* 1 (1961), 102-104; I. O. Wade, *AHR* 66 (1961), 1027-29; R. Zuber, *RHL* 62 (1962), 423-24.
>
> Trad.: *La Libre-pensée française de Gassendi à Voltaire.* Trad. de l'anglais par Paul Meier. Paris: Editions sociales, 1967. 397 p. (Collection « Ouvertures »).
>
> CR: J. Roger, *FR* 41 (1967-68), 764-65.
>
> Trad.: *Il Libero pensiero in Francia da Gassendi à Voltaire.* Firenze: Valecchi, 1975.

1115 VAMOS, Mara. « Pascal's *Pensées* and the Enlightenment: the roots of a misunderstanding ». Preface by Otis Fellows. *SVEC* 97 (1972), 7-145.

> p.9-11: la réaction de V à Pascal. Voir aussi p.32-34.

1116 WATERMAN, Mina. *Voltaire, Pascal and human destiny*. New York: King's Crown P., 1942. xvi, 130 p.

> Etude basée surtout sur les *Remarques sur les Pensées de Pascal* de 1734 et de 1778.
>
> CR: A. Guérard, *RR* 33 (1942), 393; G. R. Havens, *PhR* 52 (1943), 526; A. R. Morehouse, *Review of Religion* 7 (1943), 162-65; R. B. Oake, *MLQ* 4 (1943), 502-503.
>
> Réimpr.: New York: Octagon Books, 1971.

La France : dix-neuvième siècle [1]

1117 « La fortune de Voltaire et de Rousseau au xixᵉ et au xxᵉ siècle: entretien de Georges Van Hout avec John Bartier et Raymond Trousson ». *La Pensée et les hommes* 22, (1978-1979), 213-20.

> Texte d'une émission télevisée du 13 déc. 1978.

1118 « Témoignages: II. Voltaire et les écrivains romantiques. ‹Le pour et le contre› ». [In] *Voltaire ou la liberté de l'esprit* (1989: nᵒ 49), p.124-31.

> V vu par Joseph de Maistre, Lamartine, Victor Hugo et Michelet.

1119 AGES, Arnold. « Chateaubriand and the philosophes ». [In] *Chateaubriand: actes du congrès de Wisconsin pour le 200ᵉ anniversaire de la naissance de Chateaubriand, 1968*. Edited by Richard Switzer. Genève: Droz, 1970. 296 p. (Histoire des idées et critique littéraire, 100), p.229-41.

> Voir surtout p.235-40.

1120 AGES, Arnold. « Hugo and the *philosophes* ». *SVEC* 87 (1972), 37-64.

> V *passim*, mais surtout p.52-64.

1121 AGES, Arnold. « Lamartine and the *philosophes* ». [In] *Literature and history* (1975: nᵒ 6), p.321-40.

> Voir particulièrement p.326-30.

1122 AGES, Arnold. « Mérimée and the *philosophes* ». *SVEC* 161 (1976), 245-52.

> p.248-52, « Voltaire ».

1123 ALDRIDGE, A. Owen. « Voltaire then and now: paradoxes and contrasts in his reputation ». [In] *Enlightenment studies* (1979), p.1-17.

> Dans la période 1800-1979.

---

1. Consultez aussi l'index rerum, noms propres.

1124 AMOUDRU, Bernard. «Une croisade antivoltairienne sous la Restauration (1815-1824)». [In] *Littérature et religion: mélanges offerts à Monsieur le Chanoine Joseph Coppin à l'occasion de son quatre-vingtième anniversaire.* Lille: Facultés catholiques, 1966. vii, 356 p. (Mélanges de science religieuse, 23: tome supplémentaire), p.217-32.

1125 BALCOU, Jean. «Renan devant Voltaire». *Société des études renaniennes, Bulletin* 35 (1978), 3-11.
   Suivi d'une réponse de René Pomeau (1978: n° 1155).

1126 BALCOU, Jean. «Ernest Renan et l'héritage des Lumières». *O&C* 10, n° 1 (1985), 133-41.
   V *passim*.

1127 BARBÉRIS, Pierre. «Balzac réaliste contre Voltaire». *MagL* 120 (1977), 21-24.
   Peu de choses sur V.

1128 BILLAZ, André. *Les Ecrivains romantiques et Voltaire, essai sur Voltaire et le romantisme en France (1795-1830).* [Lille]: Service de reproduction des thèses, U. de Lille III, 1974. 1044 p. [Thèse, U. de Paris IV, 1974].
   CR: J. Bertaud, *RHL* 76 (1976), 486-90; R. Mercier, *RSH* 161 (1976), 115-16.

1129 BUYCK, Robert J. «Chateaubriand juge de Voltaire». *SVEC* 114 (1973), 141-272. [Diss., U. of Colorado at Boulder, 1971].

1130 CARAMASCHI, Enzo. «Voltaire chez Mérimée». [In] *Langue, littérature* (1990: n° 51), p.667-78.
   Influences possibles de V sur Mérimée.

1131 CHADWICK, Owen. *The Secularization of the European mind in the nineteenth century.* (The Gifford lectures in the U. of Edinburgh for 1973-4). Cambridge, &c.: Cambridge U. P., 1975. 287 p.
   p.143-60, «Voltaire in the nineteenth century». Attitudes envers V en Grande-Bretagne et en France au XIXe siècle.

1132 CHEVALLEY, Sylvie. «Voltaire après Voltaire». *Comédie-française* 69 (mai-juin 1978), 31-34.
   Sur plusieurs hommages à V après sa mort, des sculptures de lui, la représentation de plusieurs de ses pièces ainsi que quelques pièces du XIXe siècle inspirées de sa vie.

1133 DELON, Michel. «Rousseau et Voltaire à l'épreuve de 1848». *Lendemains* 28 (1982), 52-58.
   Pendant la Révolution de 1848.

1134 DELON, Michel. «Le panthéon et l'égoût». *MagL* 238 (1987), 47-49, ill.
V au XIXe siècle en France.
Trad. en grec: Διαβάζω 177 (28 oct. 1987), 48-50, ill.

1135 DIDIER, Béatrice. «Senancour et les Lumières». *SVEC* 87 (1972), 311-31.
Voir p.313-14, 329-30.

1136 DIDIER, Béatrice. «L'image de Voltaire et de Rousseau chez George Sand».
RHL 79 (1979), 251-64. Résumé, p.553.

1137 DIDIER, Béatrice. «Senancour et le déisme voltairien». [In] *Le Siècle de Voltaire*
(1987: n° 44), i.433-46.

1138 DUBUC, André. «Voltaire et Rousseau vus par Gustave Flaubert». *Les Amis
de Flaubert* 53 (1978), 36-41.

1139 FISCHER, Jan O. «Courier et Voltaire: Courier et l'inspiration littéraire (deux
remarques d'ordre méthodologique)». [In] *Paul-Louis Courier*. Actes (1974: n°
5), p.101-104.
La méthode artistique de Courier est l'opposé de celle de V.

1140 FRAISSE, Simone. «Péguy et Voltaire». *ACP* 5 (1982), 232-33.
Rapprochement de la pensée de Péguy de celle de V.

1141 GERLAUD, Danielle. «Flaubert, imitateur de Voltaire?». *Les Amis de Flaubert*
50 (1977), 27-30.
Rappel du *Droit du seigneur* dans *Madame Bovary*.

1142 GULLACE, Giovanni. «Brunetière on the eighteenth century». *SVEC* 129
(1975), 145-95.
Références à V *passim*.

1143 HAAC, Oscar A. «Faith in the Enlightenment: Voltaire and Rousseau seen
by Michelet». *SECC* 7 (1978), 475-90.
CR: A. D. Hytier, *ECCB* n.s. 4 – for 1978 (1980), 475.

1144 HAAC, Oscar A. «A monstrous proposition: the Church stands in need of
reform». *O&C* 10, n° 1 (1985), 143-54.
Résumé: *SVEC* 216 (1983), 427-29. En partie sur le rôle de V en France pendant
la période romantique et surtout par rapport à Michelet.

1145 HAMILTON, James F. «Mme de Staël, partisan of Rousseau or Voltaire?».
SVEC 106 (1973), 253-65.

1146 LAMARCHE, Gustave. «Voltaire et Veuillot». *Cahiers de l'Académie canadienne-française* 11 (1967), 86-107.

> Louange de Veuillot et de ses attaques contre V et son œuvre.

1147 LECERCLE, Jean-Louis. «Paul-Louis Courier et la tradition des Lumières». [In] *Paul-Louis Courier*. Actes (1974: n° 5), p.47-54.

> Malgré quelques citations de V et des références à lui, Courier est fils des Lumières plus par la nécessité historique que par sa tournure d'esprit.

1148 LOGÉ, Tanguy. «Voltaire et la ‹Poétique du Christianisme› de Chateaubriand». *SFr* 21 (1977), 435-54.

1149 LOUGH, John. *The «Philosophes» and post-Revolutionary France*. Oxford: Oxford U. P.; New York: Clarendon P., 1982. 284 p. V *passim* – voir l'index.

> CR: R. Barny, *RHL* 83 (1983), 936-37; J. Boissière, *DHS* 15 (1983), 512-13; L. Gossman, *AHR* 88 (1983), 402-403; N. Hampson, *BJECS* 6 (1983), 117-18; M. Hutt, *MLR* 78 (1983), 713-14; B. Rigby, *FS* 37 (1983), 228-29; D. Schier, *ECS* 17 (1983-84), 241-43; D. Williams, *BJECS* 6 (1983), 114-16.

1150 LUPPÉ, Robert de. *Les Idées littéraires de Madame de Staël et l'héritage des Lumières (1795-1800)*. Paris: Librairie philosophique J. Vrin, 1969. 184 p. (Essais d'art et de philosophie). [Thèse, U. de Paris, 1970].

> p.115-17, «Voltaire ou le progrès du théâtre». Voir aussi l'index.

1151 McDONALD, Robert H. «A forgotten Voltairean poem: *Voltaire et le comte de Maistre* by Anne Bignan». *SVEC* 102 (1973), 231-64.

> Poème de 1844 qui suggère la nécessité de réviser la vue généralement acceptée sur V.

1152 MARX, Jacques. «Joseph de Maistre contre Voltaire». *SVEC* 89 (1972), 1017-48.

> CR: J. H. Brumfitt, *FS* 29 (1975), 198.

1153 MORTIER, Roland. *Le « Tableau littéraire de la France au XVIIIᵉ siècle » : un épisode de la «guerre philosophique» à l'Académie-française sous l'Empire (1804-1810)*. Bruxelles: Palais des Académies, 1972. 144 p.

> V *passim*; voir l'index.

> CR: J. Delapain, *PQ* 53 (1974), 619.

1154 MORTIER, Roland. «Voltaire et Rousseau au banc des accusés devant Mgr Frayssinous». [In] *Voltaire et Rousseau en France et en Pologne* (1982: n° 32), p.231-42 (surtout p.231-37).

> La réaction du XIXᵉ siècle en France (discussion p.273-75).

1155 POMEAU, René. «Renan et Voltaire». *Société des études renaniennes, Bulletin* 35 (1978), 11-14.

Sur l'incompatibilité des deux personnalités et la différence des époques. Voir l'article de Balcou (1978: n° 1125).

1156 PORSET, Charles. «Ambiguïtés de la philosophie de Voltaire: sa réception par Pierre Leroux en 1841». *O&C* 10, n° 1 (1985), 121-31. Résumé: *SVEC* 216 (1983), 433.

1157 RUNSET, Ute van. «Illuminisme et Lumières: impact sur les idées sociales de George Sand». *O&C* 10, n° 1 (1985), 29-43.

V *passim*. Résumé: *SVEC* 216 (1983), 439-41. L'interprétation de V par George Sand correspond en gros aux vues de Pierre Leroux.

1158 SUNGOLOWSKY, Joseph. *Alfred de Vigny et le dix-huitième siècle*. Paris: Nizet, 1968. 222 p.

Voir p.48-49, 61-95 *passim* (la religion), 115-18 (la politique) et autres références.

CR: C. G. Hill, *FR* 43 (1969-70), 182-83

1159 THOMA, Heinz. *Aufklärung und nachrevolutionäres Bürgertum in Frankreich: zur Aufklärungsrezeption in der französischen Literaturgeschichte des 19. Jahrhunderts (1794-1914)*. Heidelberg: Carl Winter-Universitätsverlag, 1976. 459 p. (Studia romanica, 30).

Voir notamment p.27-33, 38-42, 214-17; voir aussi l'index.

1160 TROUSSON, Raymond. «Victor Hugo et le roi Voltaire». *BARLLF* 62 (1904), 240-56.

Réimpr.: *Cahiers rationalistes* 405 (1985), 248-62.

1161 TROUSSON, Raymond. *Le Tison et le flambeau: Victor Hugo devant Voltaire et Rousseau*. Bruxelles: Editions de l'U. de Bruxelles, 1985. 281 p.

CR: *BCLF* 487 (1986), 1022; G. Cesbron, *L'Ecole des lettres* 77, n° 4 (1985-86), 50; J.-L. Lecercle, *DHS* 18 (1986), 533-34; A. Michel, *IL* 39 (1987), 98; V. Mylne, *FS* 40 (1986), 85; J. C. O'Neal, *ECCB* n° 11 – for 1985 (1990), 471-72.

1162 TROUSSON, Raymond. «Eugène Delacroix ou le classicisme d'un romantique». [In] *Itinéraires et plaisirs textuels: mélanges offerts au professeur Raymond Pouilliart*. Edités par Georges Jacques et José Lambert. Louvain-la-Neuve; Bruxelles: U. Catholique de Louvain: Nauwelaerts, 1987. 304 p. (Recueil de travaux d'histoire et de philologie, 6e s., fasc. 32), p.119-34.

Voir p.127-33: Delacroix sur Voltaire.

1163 TROUSSON, Raymond. «Michelet lecteur de Voltaire». [In] *Le Siècle de Voltaire* (1987: n° 44), ii.909-917.

1164 TROUSSON, Raymond. «Lamartine et Voltaire». [In] *Ouverture et dialogue: mélanges offerts à Wolfgang Leiner à l'occasion de son soixantième anniversaire.* Edités par Ulrich Döring *et al.* Tübingen: Günter Narr Verlag, 1988. xxxii, 801 p. pl. p.527-40.

1165 VIER, Jacques. «L'héritage voltairien dans les pamphlets de Paul-Louis Courier». [In] *Paul-Louis Courier.* Actes (1974: n° 5), p.91-99.

> Réimpr. dans son ouvrage *Littérature à l'emporte-pièce.* Septième série. Paris: Editions du Cèdre, 1974. 232 p., p.31-41.

1166 WALDINGER, Renée. «Lamartine and Voltaire». *FR* 39 (1965-1966), 496-500.

1167 WALTER, Eric. «Luttes de mémoire, pouvoir intellectuel et imaginaire national: l'enjeu Voltaire-Rousseau dans les quotidiens amiénois de 1878 ou la puissance des ombres». [In] *La Presse picarde, mémoire de la République: luttes de mémoire et guerres scolaires à travers la presse de la Somme (1876-1914).* Claude Lelievre & Eric Walter. Amiens: Diffusion Anthropos ou Centre universitaire de recherche sociologique d'Amiens, 1983. 160 p. (CURSA, cahier 12), p.9-83.

1168 WILLIAMS, John R. *Jules Michelet: historian as critic of French literature.* Birmingham, Ala.: Summa Publications, 1987. ix, 105 p.

> Voir p.50-60 et l'index.

1169 ZAGONA, Helen G. *Flaubert's «roman philosophique» and the Voltairian heritage.* Lanham, Md., &c.: U. Press of America, 1985. vii, 137 p. ill., fac-sim.

> V *passim.* En partie sur les parallèles entre le roman de Flaubert et certains ouvrages de V.
>
> CR: E. F. Gray, *SoAR* 53 (1988), 161-62; D. T. Wight, *RR* 80 (1989), 152-53.

STENDHAL

1170 AGES, Arnold. «Stendhal and Voltaire: the *philosophe* as target». *SVEC* 62 (1968), 83-99.

1171 BALMAS, Enea. «Fabrice, un ‹ingénu› stendhaliano». *SRLF* n.s. 26 (1987), 9-25.

> Traite principalement de l'influence de *L'Ingénu* sur *La Chartreuse de Parme,* mais aussi de *Zadig* et *Candide.*

1172 MAY, Gita. «Stendhal and the age of ideas». [In] *Literature and history* (1975: n° 6), p.343-57.

> Voir surtout p.346-48.

1173 MAY, Gita. «Voltaire et Rousseau vus par Stendhal». [In] *Rousseau et Voltaire en 1978* (1981 : n° 30), p.221-39.

1174 REIZOV, Boris. «Le ‹whist› dans *La Chartreuse de Parme*». *SC* 12 (1969-70), 351-55.

    V comme source possible d'une métaphore.

1175 TROUSSON, Raymond. «Quand Stendhal lisait Voltaire». *SRLF* n.s. 26 (1987), 221-73.

    Stendhal, qui n'aimait pas V, fait abstraction du conteur et du militant, adversaire de l'infâme.

1176 WILLIAMSON, Elaine. «Stendhal, lecteur des ‹Lettres de M. de Voltaire› de Clément». *SC* 14 (1971-72), 232-56.

    J.-M.-B. Clément.

La France : vingtième siècle [1]

Voir aussi les numéros 1117, 1123.

1177 «Témoignages : III. Voltaire jugé par nos contemporains». [In] *Voltaire ou la liberté de l'esprit* (1989 : n° 49), p.133-40.

    V jugé par Alain, Paul Valéry, Jean Cocteau, André Maurois et Jean Guéhenno.

1178 CABANIS, José. *Plaisir et lectures*. [Paris] : Gallimard, [1964-1968]. 2 vols.

    ii.13-21, «Voltaire» (sa réaction personnelle à V).

1179 CABANIS, José. «Aimer Voltaire ?». *RdP* 73 (nov. 1966), 53-57.

    Pourquoi l'auteur n'aime pas V.

1180 CURTIS, Jerry L. «Thorns and thistles : the *Weltanschauungen* of Voltaire and Camus». *Proceedings of the comparative literature symposium* [Texas Tech U.], 8 (1976), 83-98.

    Comparaison entre les deux écrivains.

1181 DAGEN, Jean. «Voltaire lecteur de Barthes». *Littératures* 9-10 (1984), 107-16.

    Critique de la position de R. Barthes, partisan de Pascal et de Rousseau. Voir R. Barthes, *Essais critiques* (1964 : *QA* 319).

---

    1. Consultez aussi l'index rerum, noms propres.

1182 Fellows, Otis E. «Voltaire in liberated France». *RR* 37 (1946), 168-76.

Analyse du débat à l'occasion de la célébration du 250ᵉ anniversaire de V en 1944-1945. L'auteur présente une série d'articles de revues et de journaux, ainsi que d'autres formes d'hommage.

Réimpr. [in] Otis Fellows. *From Voltaire to « La nouvelle critique »: problems and personalities*. Genève: Droz, 1970. 207 p. (Histoire des idées et critique littéraire, 105), p.13-21.

1183 Goulemot, Jean-Marie. «Candide dans le maquis». *NL*, 29 juin au 5 juil. 1978, p.17.

Le rôle de V en 1944.

1184 Guéhenno, Jean. «Voltaire: l'esprit de mon pays». *Historia* 372 (nov. 1977), 62-65, ill.

1185 Guéhenno, Jean. «Intervention de M. Jean Guéhenno de l'Académie française (séance du 4 juillet 1978)». *RHL* 79 (1979), 498-500.

Sur ce qu'il doit à V et à Rousseau (lors du Colloque international pour le bicentenaire).

1186 Hanrez, Marc. «Céline et Voltaire». *L'Infini* 25 (1989), 147-52, ill.

Parallèles entre les deux écrivains.

1187 Henry, Patrick. *The Limits of reason and the awareness of absurdity in Voltaire and Camus*. Diss., Rice U., 1974. 389 p.

Résumé: *DAI* 35 (1974-75), 2224A.

1188 Henry, Patrick. *Voltaire and Camus: the limits of reason and the awareness of absurdity*. Banbury: The Voltaire Foundation, 1975. 261 p. (SVEC, 138). [Diss., Rice U., 1974].

CR: J. P. Lee, *FR* 50 (1976-77), 641-42; H. T. Mason, *TLS*, 20 Feb. 1976, p.201; J. Sareil, *RR* 69 (1978), 153-54.

1189 Henry, Patrick. «Contre Barthes». *SVEC* 249 (1987), 19-36.

Réponse à R. Barthes, «Le dernier des écrivains heureux» (1964: *QA* 319). V reste actuel pour le lecteur du xxᵉ siècle.

1190 Hytier, Jean. «Formules valéryennes». *RR* 47 (1956), 179-97.

Voir surtout p.179-88: sources voltairiennes de formules valéryennes.

Réimpr. dans son recueil *Questions de littérature: études valéryennes et autres*. Genève: Droz, 1967. 232 p., p.141-58. Voir p.141-50.

1191 Hytier, Jean. «Réminiscences et rencontres valéryennes». *FS* 34 (1980), 168-84.

> Voir p.170-71, 178-79.

1192 Hytier, Jean. «Quelques échos valéryens». *DidS* 20 (1981), 143-57, p.143-48, «Voltaire, Buffon, Diderot» (notamment p.143-45).

> V l'auteur du xviiie siècle à qui Valéry doit le plus.

1193 Lecercle, Jean-Louis. «Voltaire, Rousseau et la tradition française». *Cahiers du communisme* 54, n° 6-7 (1978), 104-14, ill.

> A l'occasion du bicentenaire, étude des problèmes de leur temps et de ce qu'ils ont legué aux siècles à venir.

1194 Mason, Haydn T. «Voltaire and Camus». *RR* 59 (1968), 198-212.

> Camus s'inspire de la technique narrative de V.

1195 Mat-Hasquin, Michèle. «Les impasses de l'empirisme organisateur. Maurras lecteur de Voltaire». *Problèmes d'histoire du christianisme* 9 (1980), 155-62.

> La réaction de Maurras à V : le conflit entre l'objectivité de méthode et le dogmatisme.

1196 [Nagaya, Hideo. «Voyage au siècle des Lumières : la France de 1778 et de 1978». *Philosophie du temps présent* 4 (1979), 40-56].

> Texte en japonais.

1197 Périer de Férai, Guy, baron de Schwarz. «La descendance collatérale de Voltaire». *SVEC* 41 (1966), 285-338 [avec 4 tableaux non-paginés].

> Teilhard de Chardin fait partie de cette descendance.

1198 Pomeau, René. «Voltaire, de son temps au nôtre». *L'Infini* 25 (1989), 29-39.

> Entretien de Georges Benrekassa avec René Pomeau.

1199 Raaphorst, Madeleine R. «Paul Valéry et Voltaire». *FR* 40 (1966-1967), 487-94.

> Leurs rapports spirituels.

1200 Sirvent Ramos, M. Angeles. «Voltaire a través de Roland Barthes». [In] *Narrativa francesa* (1988 : n° 47), p.249-56.

> Evolution de la réaction de Barthes à V d'après 16 références à celui-ci dans ses écrits.

1201 Sollers, Philippe. «Le principe d'ironie». *L'Infini* 25 (1989), 3-7.

> V écrivain heureux – voilà ce qui nous ramène à lui. Contre R. Barthes et son interprétation (1964 : *QA* 319).

1202 SPORTÈS, Morgan. « On n'est plus là pour rigoler ! ». *L'Infini* 25 (1989), 153-55.

> Sur le besoin de faire appel à l'esprit satirique de V dans la France de nos jours.

1203 VALÉRY, Paul. « Paul Valéry et Voltaire, propos inédits ». *RHL* 68 (1968), 382-400.

> Leçons des 9, 10 et 16 mars 1945 au Collège de France dans lesquelles Valéry exprime les mêmes vues et réflexions que dans son *Voltaire : discours prononcé le 10 décembre 1944* (1945 : *QA* 479), mais en improvisant et après avoir lu la correspondance de V.

> CR : F. B. Crucitti Ullrich, *SFr* 13 (1969), 355.

Les Iles Britanniques [1]

Voir aussi les numéros 99, 105, 108, 114-115, 131, 165-166, 193, 298-310, 490, 679, 834, 882, 1105, 1131, 1307, 1310, 1637, 1720, 1771, 1837, 1858, 1859, 1878, 1925, 1974, 1986, 2044, 2123-2124, 2162, 2174, 2207, 2218, 2230, 2240, 2308, 2313-2314, 2319, 2450-2551, 2563, 2586, 2600, 2640, 2644, 2655, 2677, 2688, 2693, 2705, 2722, 2725, 2794, 2798-2799, 2812, 2815, 2820, 2831, 2833, 2835, 2840, 2862, 2864-2865, 2871, 2885, 2892, 2897, 2935, 2943, 2968, 3109, 3147, 3203, 3260, 3388, 3477, 3538-3540.

1204 *Voltaire's British visitors.* Edited by Sir Gavin de Beer and André-Michel Rousseau. Genève : Institut et Musée Voltaire, 1967. 201 p. (SVEC, 49).

> Quatre lettres dans Best.D.

> CR : G. Mailhos, *RHL* 69 (1969), 303-304 ; G. May, *RR* 61 (1970), 61-62 ; S. S. B. Taylor, *FS* 22 (1968), 252-53.

1205 ACKLAND, Michael. « Ingrained ideology : Blake, Rousseau, Voltaire and the cult of reason ». [In] *Literature and revolution.* Edited by David Bevan. Amsterdam ; Atalanta, Ga. : Rodopi, 1989. 182 p. (Rodopi perspectives on modern literature, 2), p.7-18.

> Blake est foncièrement opposé à la pensée de Rousseau et de V.

1206 ALDRIDGE, A. Owen. « Swift and Voltaire ». [In] *Actes du VIIIe congrès de l'Association internationale de littérature comparée / Proceedings of the 8th congress of the International Comparative Literature Association* [Budapest, 1976]. Sous la direction de Béla Köpeczi [et] György M. Vajda. Stuttgart : Kunst und Wissen, Erich Bieber, 1980. 2 vols, i.283-89.

---

1. Voir aussi n° 298 et suiv. ci-dessus, et *Lettres philosophiques* (n° 3102 et suiv.) ci-dessous.

1207 ANDREWS, Stuart. «Boswell, Rousseau and Voltaire». *History today* 28 (1978), 507-15, ill.

Sur la visite de Boswell chez V en 1764.

1208 BALL, David. *Swift et Voltaire, la rhétorique de l'ironie.* Thèse, U. de Paris III, 1971. 355 f.

1209 BARBER, William H. «Voltaire and Samuel Clarke». *SVEC* 179 (1979), 47-61.

L'influence de Clarke sur la pensée de V. Traite aussi en partie de Newton.

1210 BARIDON, Michel. *Edward Gibbon et le mythe de Rome : histoire et idéologie au siècle des Lumières.* [Lille]: Service de reproduction des thèses, U. de Lille III, 1975. iv, 940 p. [Thèse, U. de Paris VII, 1974].

p.424-42, «Voltaire, les mœurs et le progrès de la raison universelle»: comparaison de passages de l'*Essai sur les mœurs* avec *The Decline and fall* – la morale philosophique du *Déclin* est déjà dans l'*Essai*. Voir aussi l'index des noms propres.

Réimpr.: Paris: Champion, 1977.

1211 BARRELL, Rex A. «Voltaire and the 4th earl of Chesterfield». *RUO* 39 (1969), 641-49.

1212 BARRELL, Rex A. *Bolingbroke and France.* Lanham, Md., &c.: U. Press of America, 1988. viii, 143 p. port.

p.19-28, «Voltaire». Voir aussi p.46-52, 58-61, 70-72 et l'index.

1213 BONGIE, Laurence L. «Voltaire's English, high treason and a manifesto for bonnie prince Charles». *SVEC* 171 (1977), 7-29.

V auteur/traducteur d'un manifeste du roi de France en faveur du Prince Charles Edouard. Commentaire de François de Bussy sur la traduction du *Commentaire historique.*

1214 BONNELL, Thomas F. «Charles XII in *Adventurer* n° 99: Johnson and Voltaire». *N&Q* n.s. 30 (1983), 53.

Johnson se sert de l'*Histoire de Charles XII.*

1215 BONNO, Gabriel. *La Constitution britannique devant l'opinion française de Montesquieu à Bonaparte.* Paris: Champion, 1931. iii, 317 p. [Thèse, Paris, 1932].

p.110-18, l'anglomanie de V.

Réimpr.: Genève: Slatkine Reprints, 1970.

1216 BOSWELL, James. *Visita a Rousseau e a Voltaire.* [A cura di Bruno Fonzi]. Milano: Adelphi, 1973. 124 p. (Piccola biblioteca Adelphi, 4).

p.7-23, introduction.

1217 CARTER, Ernest J. *Byron's historical imagination: the poetry of Byron seen in relation to pessimistic attitudes in eighteenth-century history.* Diss., Claremont Graduate School and University Centre, 1966. 300 p.

> Résumé: *DAI* 28 (1967-68), 1389A-1390A.

> En partie sur ses connaissances des écrits historiques de V. Byron, tel V, défend la liberté.

1218 ШКЛОВСКИЙ, Виктор. *Повести о прозе: размышления и разборы.* Москва: Издательство «Художественная литература», 1966. 2 vols, port.

> i.217-21,«Битва с белым медведем. Стерн и Вольтер» [Le combat avec l'ours blanc. Sterne et Voltaire]. *Tristram Shandy* et *Candide.*

1219 DEANE, Seamus. «John Bull and Voltaire: the emergence of a cultural cliché». *RLC* 45 (1971), 581-94.

1220 DEANE, Seamus. «The reputation of the French ‹philosophes› in the Whig reviews between 1802 and 1824». *MLR* 70 (1975), 271-90.

> p.272-76, «Voltaire».

1221 DÉDÉYAN, Charles. *Voltaire et la pensée anglaise.* Paris: Centre de documentation universitaire, 1956. 232 p. (Les Cours de Sorbonne).

> Réimpr. sous le titre *Le Retour de Salente ou Voltaire et l'Angleterre.* Paris: Nizet, 1988. 276 p.

> CR: J.-P. De Nola, *SFr* 34 (1990), 139.

1222 EDINGER, William C. «The background of *Adventurer* 95: Johnson, Voltaire, Dubos». *MP* 78 (1980-1981), 14-37.

> Implication de Samuel Johnson dans une querelle de critique littéraire entre V, partisan de la théorie néoclassique du théâtre, et Dubos, qui a une vue empirique de l'invention artistique et du goût.

1223 ERWIN, Timothy. «The *Life of Savage*, Voltaire, and a neglected letter». *N&Q* n.s. 30 (1983), 525-26.

> La méthode de Johnson dans la *Life* serait une adaptation des idées exprimées par V.

1224 FLETCHER, D. J. «The fortunes of Bolingbroke in France in the eighteenth century». *SVEC* 47 (1966), 207-32.

> Voir p.207-16: sur les attitudes de V.

1225 FOOT, Michael. «The politics of mammon». *New humanist* 103, n° 4 (1988), 10-12.

Version éditée d'une conférence : V d'après Byron, Brailsford et Besterman, suivi d'une critique d'un acte parlementaire ayant rapport à l'enseignement religieux.

1226 FRANCE, Peter. « David Williams, prêtre de la nature, lecteur de Voltaire et de Rousseau ». *DHS* 11 (1979), 381-91.

> V *passim*, mais surtout p.385-87 : l'importance du concept de tolérance chez V pour cet écrivain et philanthrope gallois. (Modification d'une communication faite au Colloque Voltaire-Rousseau – *Le Monde des Lumières en 1778* – à l'Institut français de Londres, le 6 mai 1978).

1227 GARBER, Frederick. « Satire and the making of selves ». [In] *Literary theory and criticism : festschrift presented to René Wellek in honor of his eightieth birthday*. Edited by Joseph P. Strelka. Bern, &c. : Peter Lang, 1984. 2 vols, ii.849-70.

> Voir surtout p.857-69 : traite de V et Swift (*Candide* et *Gulliver's travels*) et de V et Byron (*Candide* et *Childe Harold*). comparaisons et contrastes.

1228 GARGETT, Graham. « Voltaire, the Irish and the Battle of the Boyne ». *FSB* 35 (summer 1990), 5-9.

> Sur les préjugés anti-irlandais dans *Le Siècle de Louis XIV*.

1229 GILLET, Jean. *Le « Paradis perdu » dans la littérature française : de Voltaire à Chateaubriand*. Paris : Klincksieck, 1975. 668 p. (Publications de l'Université d'Orléans, U.E.R. Lettres et sciences humaines, 4). [Thèse, U. de Paris IV, 1974].

> Traite de la réception, l'interprétation et la traduction du *Paradis perdu* de Milton en France. V *passim*; voir l'index et surtout p.41-111, « Voltaire et le *Paradis perdu* ».
>
> CR : J.-C. Berchet, *RHL* 77 (1977), 846-50; P. Brady, *FR* 50 (1976-77), 766-67; D. Clark, *MLN* 93 (1978), 760-63; A. Gunny, *ZFSL* 87 (1977), 355-58; T. Logé, *LR* 35 (1981), 161-63.
>
> Réimpr. : Lille : Service de reproduction des thèses, U. de Lille III, 1980. Résumé en anglais : *DAI-C* 44 (1983), 8/103c (p.20).

1230 GILL, R. B. « The enlightened occultist : Beckford's presence in *Vathek* ». [In] *« Vathek » and the escape from time : bicentenary revaluations*. Edited by Kenneth W. Graham. New York : AMS Press, 1990. xiv, 277 p. (AMS studies in the eighteenth century, 15), p.131-43.

> Voir p.132-34 : *Vathek* de William Beckford comparé à *Candide* et à *Rasselas*.

1231 GRAY, James. « Johnson's portraits of Charles XII of Sweden ». [In] *Domestick privacies : Samuel Johnson and the art of biography*. Edited by David Wheeler. Lexington : The U. P. of Kentucky, 1987. 192 p., p.70-84.

> Voir p.73-74, 81-82 : l'intérêt de Johnson pour Charles XII inspiré par l'*Histoire de Charles XII* de V.

1232 GREENE, Donald. « Voltaire and Johnson ». [In] *Enlightenment studies* (1979 : n°
15), p.111-31.

1233 GULICK, Sidney L. « No ‹ spectral hand › in Swift's ‹ Day of Judgement › ». *PBSA*
71 (1977), 333-36.

> Il est peu probable que Chesterfield ait traduit *Le Siècle de Louis XIV* et que, sous
> l'influence de V, il ait donné une forme nouvelle à l'ouvrage de Swift. Réponse à
> l'article de L. D. Peterson, *PBSA* 70 (1976 : n° 1269).

1234 GUNNY, Ahmad. « Pope's satirical impact on Voltaire ». *RLC* 49 (1975), 92-
102.

1235 GUNNY, Ahmad. « Problems of assessing English literary influences on
Voltaire ». *Comparison* 3 (1976), 88-108.

1236 GUNNY, Ahmad. *Voltaire and English literature : a study of English literary influences
on Voltaire*. Oxford : The Voltaire Foundation, 1979. 309 p. (SVEC, 177).

> CR : M. Baridon, *DHS* 12 (1980), 557 ; J. H. Brumfitt, *FS* 34 (1980), 200-201 ;
> E. J. H. Greene, *CRCL* 10 (1983), 99-102 ; H. G. Hall, *AJFS* 19 (1982), 111-12 ;
> R. Niklaus, *BJECS* 3 (1980), 152-55 ; O. R. Taylor, *MLR* 76 (1981), 186-88 ;
> A. Vartanian, *RR* 73 (1982), 119-20.

1237 GUNNY, Ahmad. « Some eighteenth-century reactions to plays on the life of
Cato ». *BJECS* 4 (1981), 54-65 (notamment p.59-61).

> V et la critique de *Cato* d'Addison.

1238 GURY, Jacques. « Thomas More en France, de Voltaire à Victor Hugo ».
Moreana n° 95-96 (1987), 119-24.

> Voir p.119-20 : l'image de More chez V associée aux victimes du despotisme et du
> fanatisme.

1239 HAVENS, George R. « Voltaire and Alexander Pope ». [In] *Essays on Diderot
and the Enlightenment in honor of Otis Fellows*. Edited by John Pappas. Genève :
Droz, 1974. 422 p. (Histoire des idées et critique littéraire, 140), p.124-50.

1240 HELMICK, E. T. « Voltaire and *Humphry Clinker* ». *SVEC* 67 (1969), 59-64.

> Parallèles entre l'ouvrage de Smollett et *L'Ingénu* et *Candide*.

1241 HYNES, Peter. « From Richardson to Voltaire : *Nanine* and the novelization of
comedy ». *ECent* 31 (1990), 117-35.

> *Nanine* vue comme une version de *Pamela*.

1242 JACOBS, Eva. « An unidentified illustration of an English actress in a Voltairean
tragic role : Mary Ann Yates as Electra ». *SVEC* 260 (1989), 245-56, pl.

1243 Kivy, Peter. «Voltaire, Hume, and the problem of evil». *Philosophy and literature* 3 (1979), 211-24.

L'optimisme et le mal: *Candide* et les *Dialogues concerning natural religion*.

1244 Knapp, Richard Gilbert. *The Fortunes of Pope's «Essay on man» in eighteenth century France: Du Resnel, Silhouette, Voltaire and Fontanes*. Diss., Columbia U., 1969. 200 p.

Résumé: *DAI* 32 (1971-72), 6380A-6381A.

1245 Knapp, Richard Gilbert. *The Fortunes of Pope's «Essay on man» in 18th century France*. Genève: Institut et Musée Voltaire, 1971. 156 p. (SVEC, 82). [Diss., Columbia U., 1969].

p.23-32, «The Voltaire-Du Resnel relationship and the problem of authorship»; p.79-122, «Voltaire's reactions to the *Essay on man*».

1246 Kusch, Robert. «Voltaire as symbol of the eighteenth century in Carlyle's *Frederick*». *SVEC* 79 (1971), 61-72.

1247 Le-Thanh, Chau. *Tobias Smollett and «The works of Mr. de Voltaire»*, London, *1761-1769*. Diss., U. of Chicago, 1968.

1248 Lizé, Émile. «Voltaire et *Les Sermons de m. Yorick*», *SVEC* 215 (1982), 99-100

V critique de l'ouvrage de Sterne.

CR: M. Menemencioglu, *RHL* 86 (1986), 147.

1249 Lizé, Emile. «Les ‹lions› de Bloomsbury et Voltaire». [In] *Le Siècle de Voltaire* (1987: n° 44), ii.613-20.

Surtout sur G. Lytton Strachey, E. M. Forster, Leonard Woolf et Bertrand Russell.

1250 Lough, John. «Encounters between British travellers and eighteenth-century French writers». *SVEC* 245 (1986), 1-90. Voir p.86-87.

CR: A.-M. et J. Chouillet, *RDE* 3 (1987), 169.

1251 Lucas, John. «Tilting at the moderns: W. H. Mallock's criticisms of the positivist spirit». *RMS* 10 (1966), 88-143.

Voir p.91-98: la parenté de *The New Paul and Virginia* de Mallock avec *Candide*. Traite aussi de V devant l'opinion victorienne.

1252 Lunardi, Alberto. «Francesco Bacone nella Francia illuministica». *Studi urbinati di storia, filosofia e letteratura* 52, n.s. B, n° 1-2 (1978), 267-97.

Voir surtout p.272-73.

1253 MARCHAND, Jacqueline. «Colloque ‹Voltaire et les Anglais› (Oxford, 26-28 mai 1978)». *Bulletin de la Société française d'étude du XVIIIe siècle* 27 (oct. 1978), 5-6.

1254 MAY, Georges. «Voltaire et Rousseau dans le monde anglo-saxon». *RHL* 79 (1979), 402-12. Résumé p.557.

1255 MAY, James E. «Edward Young's criticism of Voltaire in *Resignation* 1761, 1762». *SVEC* 267 (1989), 127-38.

1256 MAYOUX, Jean-Jacques. *L'Humour et l'absurde: attitudes anglo-saxonnes, attitudes françaises*. The Zaharoff lecture for 1973. Oxford: Clarendon P., 1973. 24 p.

Voir p.3-4, 7-12: *Candide*, V et Johnson, V et Sterne.

1257 McLYNN, F. J. «Voltaire and the Jacobite rising of 1745». *SVEC* 185 (1980), 7-20.

L'attitude de V envers le soulèvement: il est presque le seul parmi les penseurs européens à montrer des sympathies jacobites.

1258 [MIZUTA, Hiroshi. «Voltaire et l'Angleterre»]. *Shiso* 648 (1978), 95-112.

En japonais.

1259 NABLOW, Ralph A. «Byron, Voltaire, and an epigram on a French woman». *N&Q* n.s. 36 (1989), 174-75.

«Epigram: from the French of Rulhière» de Byron est en réalité un poème de V: «Si par hasard, pour argent ou pour or ...».

1260 NEWMAN, Gerald. *Voltaire and Victorian ideology: a study of English intellectual and social values*. Diss., Harvard U., 1971. iv, 598 p.

Evolution de la réception de V en Angleterre.

1261 NEWMAN, Gerald. «The vindication of Voltaire in the British periodical press, 1850-1900». *JPC* 10 (1976-1977), 775-83.

L'évolution de l'opinion sur V reflète l'évolution générale de l'opinion publique.

1262 OREL, Harold. *English romantic poets and the Enlightenment: nine essays on a literary relationship*. Banbury: The Voltaire Foundation, 1973. 210 p. (SVEC, 103).

p.146-49: Byron et V.

CR: E. Souffrin, *FS* 32 (1978), 199-200.

1263 PERRY, Norma. «Voltaire and Felix Farley's *Bristol journal*». *SVEC* 62 (1968), 137-50.

1264 PERRY, Norma. «John Vansommer of Spitalfields: Huguenot, silk-designer, and correspondent of Voltaire». *SVEC* 60 (1968), 289-310.

> A propos de l'article de J. Fucilla (1955: *QA* 1477), avec une version anglaise tirée de *Felix Farley's Bristol journal*. Vérification de l'identité de Vansommer.

1265 PERRY, Norma. «Voltaire in England: a quarrel with some Huguenot connexions». *Proceedings of the Huguenot society of London* 22 (1970-1976), 12-23.

> Querelle avec Samuel Jallasson, Jean Coderc et Nicolas Prévost à propos de la publication de *La Henriade*.

1266 PERRY, Norma. «Voltaire's London agents for the *Henriade*: Simond and Bénézet, Huguenot merchants». *SVEC* 102 (1973), 265-99.

1267 PERRY, Norma. *Sir Everard Fawkener, friend and correspondent of Voltaire*. Banbury: The Voltaire Foundation, 1975. 158 p. (SVEC, 133).

> p.147-53, «The friendship with Voltaire».
>
> CR: J. H. Brumfitt, *FS* 33 (1979), 743-44; D. R. Dupêcher, *FR* 51 (1977-78), 115; A. W. Fairbairn, *MLR* 72 (1977), 690-91; H. T. Mason, *TLS* 12 Sept. 1975, p.1032; O. R. Taylor, *RHL* 79 (1979), 857-58; G. Vidan, *DHS* 9 (1977), 422-23.

1268 PERRY, Norma. «Voltaire's view of England». *JES* 7 (1977), 77-94.

1269 PETERSON, Leland D. «The spectral hand in Swift's ‹Day of judgment›». *PBSA* 70 (1976), 189-219.

> Voir notamment p.206-16 sur les rapports intellectuels entre Chesterfield et V: sous l'influence de V, Chesterfield aurait changé des vers du poème de Swift. Voir la réponse de S. L. Gulick (1977: n° 1233).

1270 REDSHAW, Adrienne. «Voltaire and England (Oxford colloquium, May 26-28, 1978)». *BJECS* 1 (1978), 190-92.

> CR du colloque à la Taylor Institution.
>
> Trad.: «Voltaire et l'Angleterre, colloque d'Oxford: 26-28 mai 1978». *Neohelicon* 7, n° 2 (1979-80), 309-11.

1271 ROUSSEAU, André-Michel. *L'Angleterre et Voltaire (1718-1789)*. [Préface de Theodore Besterman]. Oxford: The Voltaire Foundation, 1976. 3 vols, 1085 p. (SVEC, 145-147).

> Voir p.873-1032 pour des bibliographies: I. Manuscrits; II. Périodiques antérieurs à 1800; III. Articles et ouvrages; IV. Editions anglaises de V.
>
> CR: J. H. Brumfitt, *FS* (1979), 739-40; D. Fletcher, *DHS* 11 (1979), 506; E. G. H. Greene, *CRCL* 10 (1983), 99-102; H. T. Mason, *TLS*, 14 Oct. 1977, p.1179; W. E. Rex, *FR* 50 (1976-77), 642-44; G. S. Rousseau, *MLN* 92 (1977), 854-56; J. Sareil, *RR* 70 (1979), 403-404; J. Vercruysse, *RHL* 78 (1978), 478-82; V. Zincenco, *CREL* (1979: n° 1), 119-21.

1272 RUSSELL, Trusten Wheeler. *Voltaire, Dryden and heroic tragedy.* New York: Columbia U. P., 1946. viii, 178 p.

> Sur l'influence de Dryden et de Shakespeare sur V.
>
> CR: H. C. Lancaster, *MLN* 62 (1947), 492-95; F. A. Taylor, *FS* 2 (1947-48), 170-71; J. F. Winter, *FR* 22 (1949), 337-39.
>
> Réimpr.: New York: AMS Press, 1966.

1273 SCHILLING, Bernard N. *Conservative England and the case against Voltaire.* New York: Columbia U. P., 1950. xii, 394 p.

> Essai sur la réputation de V en Angleterre à la fin du XVIIIᵉ siècle et explication des réactions de l'opinion publique.
>
> CR: G. Boas, *JP* 48 (1951), 50-51; K. MacLean, *RR* 42 (1951), 160-64; C. A. Moore, *AHR* 56 (1950), 190-91; E. C. Mossner, *JEGP* 51 (1952), 256-67; H. Roddier, *MLR* 47 (1952), 226-27.
>
> Réimpr.: New York: Octagon Books, 1976.

1274 SHACKLETON, Robert. «Pope's *Essay on man* and the French Enlightenment». [In] *Papers presented at the second David Nichol Smith memorial seminar, Canberra 1970.* Canberra: Australian National U. P., 1973. 419 p. (Studies in the eighteenth century, 2), p.1-15.

> Voir notamment p.3-7, 10-11, 13-14.

1275 SILBERBRANDT, Henning. «Dissertation sur la poësie angloise (1717). A note on the presentation of English literature in France». *OL* 30 (1975), 192-209.

> La littérature anglaise dans un article du *Journal littéraire* comparée avec la présentation dans les *Lettres philosophiques* et l'*Essai sur la poésie épique*.

1276 SONET, Edouard. *Voltaire et l'influence anglaise.* Rennes: Impr. de l'Ouest-Eclair, 1926. 210 p.

> Réimpr.: Genève: Slatkine Reprints, 1970.

1277 STOENESCU, Ştefan. «The impact of Voltaire and Rousseau on British and American culture». *AUB, Limbi şi literaturi străine* 27, n° 2 (1978), 71-76. Résumé en roumain, p.76.

> Surtout en Angleterre entre le XVIIIᵉ siècle et l'époque victorienne.

1278 TEXTE, Joseph. *Jean-Jacques Rousseau et les origines du cosmopolitisme français: étude sur les relations littéraires de la France et de l'Angleterre au XVIIIᵉ siècle.* Paris: Hachette, 1895. xxiv, 466 p.

> Voir surtout p.269-72: V et son mépris du roman anglais; p.408-10: l'opposition de V et de l'esprit classique au cosmopolitisme.
>
> Réimpr.: Genève: Slatkine Reprints, 1970.

Trad.: *Jean-Jacques Rousseau and the cosmopolitan spirit in literature: a study of the literary relations between France and England during the eighteenth century*. Trans. by J. W. Matthews. New York: Macmillan; London: Duckworth, 1899. xxvii, 393 p.

1279 THACKER, Christopher. «Swift and Voltaire». *Hermathena* 104 (1967), 51-66.

L'attitude de V envers Swift et l'influence de celui-ci sur l'œuvre de V.

1280 WILLIAMS, David. «Voltaire's war with England: the appeal to Europe 1760-1764». *SVEC* 179 (1979), 79-100.

Attaques contre le goût littéraire anglais: l'*Appel à toutes les nations de l'Europe* et les *Commentaires sur Corneille*.

1281 WILSON, Ian M. *The Influence of Hobbes and Locke in the shaping of sovereignty in French political thought in the eighteenth century*. Diss., Oxford U., 1969. vi, 279 p.

Voir p.194-95 (V sur Hobbes) et p.203 (V sur Locke). Voir le numéro suivant pour la version publiée du texte.

1282 WILSON, Ian M. *The Influence of Hobbes and Locke in the shaping of the concept of sovereignty in eighteenth century France*. Banbury: The Voltaire Foundation, 1973. 290 p. (SVEC, 101). [Diss., Oxford U., 1969].

p.214-16, «Voltaire» (sur Hobbes dans *Le Philosophe ignorant*); p.222 (sur Locke dans le *Traité sur la tolérance*).

1283 YOLTON, John W. «Locke and materialism: the French connection». *RIPh* 42 (1988), 229-53.

p.232-36, «Voltaire's Letter XIII»; p.237-43, «Voltaire and father Tournemine»; p.243-48, «*Lettre sur Locke*».

NEWTON [1]

Voir aussi les numéros 541, 679, 1209, 1348, 1897, 2200, 2230, 2232, 2455, 3022, 3113, 3130.

1284 [AKAKI, Shozo. «Essai sur Voltaire et Newton»]. *Shiso* 649 (1978), 48-74.

En japonais.

1285 BARBER, William H. «Voltaire et Newton». *SVEC* 179 (1979), 193-202.

La rencontre de V avec la pensée de Newton est un des éléments-clés de sa vie (communication faite au Colloque Voltaire/Rousseau à l'Institut français de Londres).

---

1. Voir aussi *Eléments de la philosophie de Newton* (n° 2974 et suiv.) ci-dessous.

1286 BARONE, Antonio. « L'interpretazione empiristica di Newton in Voltaire ». *Historica* 22 (1969), 183-208.

> Indique quelques lacunes dans l'interprétation de Newton par V.

1287 CASINI, Paolo. « Briarée en miniature : Voltaire et Newton ». *SVEC* 179 (1979), 63-77.

> Sur la manière dont V présente Newton et sur l'authenticité de cette image.

1288 CASINI, Paolo. *Newton e la coscienza europea*. Bologna : Il Mulino, 1983. 253 p. (Saggi, 245).

> p.79-99, «‹Briareo in miniatura› : Voltaire divulgatore di Newton ». Voir aussi l'index. Révision du n° précédent.

1289 DAVIDSON, Hugh M. « Voltaire explains Newton : an episode in the history of rhetoric ». [In] *The Dialectic of discovery : essays on the teaching and interpretation of literature presented to Lawrence E. Harvey*. Edited by John D. Lyons and Nancy J. Vickers. Lexington, Ky. : French Forum, 1984. 192 p. (French Forum monographs, 50), p.72-82.

> V vulgarisateur des idées philosophiques et scientifiques de Newton.

1290 EHRARD, Jean. « Voltaire und Newton ». [Trad. par Erika Schindel]. [In] *Voltaire*. Hrsg. von Horst Baader (1980 : n° 25), p.192-206.

> Trad. de : J. Ehrard, *L'Idée de nature* (1970 éd. abrégée), p.75-87.

1291 EPSTEIN, Julia L. « Voltaire's myth of Newton ». *Pacific coast philology* 14 (1979), 27-33.

> La portée philosophique et scientifique de l'histoire de la pomme de Newton.

1292 JACOB, Margaret C. *The Radical Enlightenment : pantheists, freemasons and republicans*. London, &c. : George Allen & Unwin, 1981. xiii, 312 p. (Early modern Europe today).

> p.87-108, « The Newtonian Enlightenment and its critics » (notamment p.100-106 : les idées politiques et philosophiques de V et son newtonianisme). Voir aussi l'index.

1293 RATTANSI, P. M. « Voltaire and the Enlightenment image of Newton ». [In] *History and imagination : essays in honour of H. R. Trevor-Roper*. Edited by H. Lloyd-Jones *et al*. London : Duckworth, 1981 ; New York : Holmes & Meier, 1982. ix, 386 p., p.218-31.

1294 SCHOFIELD, Robert E. « An evolutionary taxonomy of eighteenth-century Newtonianisms ». *SECC* 7 (1978), 175-92.

> Notamment p.181-85 ; voir aussi le commentaire de Jeffrey Barnouw, p.194.

1295 STAUM, Martin. «Newton and Voltaire: constructive sceptics». *SVEC* 62 (1968), 29-56.

L'influence de la méthode et de la théologie de Newton sur V.

1296 TEGA, Walter. «Il newtonianismo dei *philosophes*». *Rivista di filosofia* 66 (1975), 369-407.

V *passim*.

1297 WALTERS, Robert L. «Voltaire, Newton & the reading public». [In] *The Triumph of culture: 18th century perspectives*. Editors Paul Fritz, David Williams. Toronto: A. M. Hakkert, 1972. 387 p. (Publications of the McMaster University Association for 18th-century studies, 2), p.133-55.

SHAKESPEARE

Voir aussi les numéros 1272, 1364, 2894, 3199.

1298 «People». *Time*. Special 1776 issue. 105, n° 20 (July 4, 1776) [i.e. 19 May 1975], p.57, ill.

V et Shakespeare.

1299 ALAYRANGUES, Pierre. «Les incertitudes du goût: Madame du Deffand entre Voltaire et Shakespeare». *Travaux et mémoires*. Annales de l'U.E.R. des lettres et sciences humaines de l'Université de Limoges (Collection: Français, 2) (nov. 1976), 1-35.

L'évolution des idées de Mme Du Deffand à propos de V et de Shakespeare.

1300 BESTERMAN, Theodore. «Shakespeare et Voltaire». [In] *Humanisme actif: mélanges d'art et de littérature offerts à Julien Cain*. Préface par Etienne Dennery. Paris: Hermann, 1968. 2 vols, ill. i.87-104.

Jugements sur Shakespeare qui révèlent le goût de V.

1301 CRANSTON, Philip E. «‹Rome en anglais se prononce *Roum*...› Shakespeare versions by Voltaire». *MLN* 90 (1975), 809-37.

CR: *ECCB* n.s. – 1 for 1975 (1978), 390.

1302 GREEN, F. C. *Minuet: a critical survey of French and English literary ideas in the eighteenth century*. London: J. M. Dent, 1935. 489 p.

p.54-83, «Shakespeare and Voltaire». Voir aussi p.130-35, 198-204, 467-70 et quelques autres références.

Réimpr. sous le titre: *Literary ideas in 18th century France and England: a critical survey*. New York: Frederick Ungar, 1966.

1303 GURY, Jacques. «Shakespearomanie et subversion?». [In] *Modèles et moyens* (1977-1979: n° 11), iii.227-41.

V *passim.*

1304 GURY, Jacques. «Voltaire et alia: Shakespeare travesti». [In] *Burlesque et formes parodiques dans la littérature et les arts.* Actes du colloque de l'Université du Maine, Le Mans (du 4 au 7 décembre 1986). Réunis par Isabelle Landy-Houillon et Maurice Menard. Seattle; Tubingen: Wolfgang Leiner, 1987. 662 p. (Biblio 17, n° 33), p.491-502.

Les procédés employés par V et ses alliés pour discréditer Shakespeare.

1305 HAVENS, George R. «Voltaire and English critics of Shakespeare». *ASLHM* 15 (1944), 177-86, port.

Réimpr.: Folcroft, Pa.: Folcroft Library Editions, 1977. 12 p.

1306 HEMPFER, Klaus W. «Shakespeare, Voltaire, Baretti und die Kontextab-hängigkeit von Rezeptionsaussagen». *ZFSL* 94 (1984), 227-45.

Traite en partie de la réception de Shakespeare par V.

Réimpr. [in] *Das Shakespeare-Bild in Europa zwischen Aufklärung und Romantik.* Hrsg. von Roger Bauer. Bern, &c.: Peter Lang, 1988. 282 p. (Jahrbuch für internationale Germanistik. Reihe A, Kongressberichte, 22), p.77-101.

1307 HEYWOOD, Jim R. «Tytler: Voltaire and Shakespeare». *Linguist* 28 (1989), 184.

Alexander Fraser Tytler, Lord Woodhouslee, critique de la traduction par V du soliloque de *Hamlet.*

1308 ISRAEL, Fortunato. «Voltaire, traducteur de Shakespeare». [In] *L'Europe de la Renaissance: cultures et civilisations: mélanges offerts à Marie-Thérèse Jones-Davies.* [Edités par J. C. Margolin et M. M. Martinet]. Paris: Jean Touzot, 1988. 540 p. ill. p.511-23.

1309 Кагарлицкий, Ю. И. *Шекспир и Вольтер* [Shakespeare et Voltaire]. Москва: Издательство «Наука», 1980. 109 p. pl. (Академия наук СССР, Серия «Из истории мировой культуры»).

1310 KEATE, George. *Ferney: an epistle to Monsr de Voltaire.* Edited and introduced by P. G. Tudor. Glasgow: The College Press, 1967. v, 12 p.

L'épître de Keate (1729-1797) fut publiée pour la première fois en 1768. En louant V et Ferney, il défend Shakespeare contre les attaques de V. Cette édition est limitée à 50 exemplaires.

1311 KRÜGER, Paul. *Studier i komparativ litteratur.* Udgivet af Henning Fenger og Else Marie Bukdahl. København: Gyldendal, 1968. 265 p.

p.45-56, «Shakespeare eller ikke Shakespeare» [Shakespeare ou pas Shakespeare]. Etude sur Shakespeare en France de V à Hugo, voir p.45-46, 50-51.

1312 LACRETELLE, Jacques de. *Portraits d'autrefois, figures d'aujourd'hui*. Paris: Librairie académique Perrin, 1973. 359 p.

p.196-99, «Voltaire contre Shakespeare».

1313 LAGRAVE, Henri. «La *Correspondance littéraire* (Grimm et Meister) dans la polémique de Shakespeare (1765-1776)». *Revue française d'histoire du livre* 58-59 (1988), 111-22.

La critique de Grimm et de Meister comparée et contrastée à celle de V *passim*.

1314 LARSON, Kenneth E. «The Shakespeare canon in France, Germany, and England, 1700-1776: some preliminary considerations». *MGS* 15 (1989), 114-35.

V *passim*; voir surtout p.117-22.

1315 LAWRENSON, T. E. «Voltaire, translator of Shakespeare». *Western Canadian studies in modern languages and literature* 2 (1970), 28-32.

1316 LOUNSBURY, Thomas R. *Shakespeare and Voltaire*. London: David Nutt, 1902. x, 463 p. (Shakespearian wars, 2).

CR: A. G. Canfield, *The Atlantic monthly* 90 (Nov. 1902), 712-14; *The Athenæum* 2 (27 Dec. 1902), 849-50; *The Dial* 34 (16 Mar. 1903), 199-201; *Academy* 64 (3 Jan. 1903), 7-8.

Réimpr.: New York: B. Blom, 1968.

Autre réimpr.: New York: AMS Press, 1973.

1317 McDOWELL, Judith H. «*Le Corneille ou Le Gilles de Londres?* Voltaire's lifelong love/hate affair with Shakespeare». *McNeese review* 28 (1981-1982), 3-24.

1318 MILLER, Arnold. «Voltaire's treason: the translation of Hamlet's soliloquy». *MGS* 15 (1989), 136-59.

Etude rigoureuse de la traduction dans les *Lettres philosophiques* qui conclut que V reste fidèle à son esthétique classique.

1319 MONACO, Marion. *Shakespeare on the French stage in the eighteenth century*. Paris: Didier, 1974. ix, 234 p. (Etudes de littérature étrangère et comparée).

p.13-31, «*La Mort de César* (1733-1769)». Voir l'index pour plus de références.

CR: J. Gury, *DHS* 9 (1977), 460-61; J. Lough, *RHL* 76 (1976), 479-80; M. Mercati-Brisset, *RLC* 50 (1976), 199-200.

1320 MONTAGU, Elizabeth. *An essay on the writings and genius of Shakespeare, compared with the Greek and French dramatic poets. With some remarks upon the misrepresentations of Mons. de Voltaire*. London: Printed for J. Dodsley [&c.], 1769. 288 p.

> La critique de V *passim*.

> Réimpr.: London: Frank Cass; New York: A. M. Kelley, 1970. 288 p., fac-sim. (Eighteenth century Shakespeare, 12).

1321 POMEAU, René. «Voltaire et Shakespeare: du père justicier au père assassiné». *Littératures* 9-10 (1984), 99-106.

> Sur *Brutus* et *La Mort de César*.

1322 STACKELBERG, Jürgen von. *Literarische Rezeptionsformen: Übersetzung, Supplement, Parodie*. Frankfurt am Main: Athenäumverlag, 1972. xv, 242 p. (Schwerpunkte Romanistik, 1).

> p.63-73, «Voltaire und England»: V traducteur de Shakespeare.

1323 STACKELBERG, Jürgen von. «Siebenmal ‹Sein oder Nichtsein›: Hamlets Selbstmordmonolog in der französischen Übersetzungsgeschichte von Voltaire bis Gide». [In] *Idee, Gestalt, Geschichte: Festschrift Klaus von See. Studien zur europäischen Kulturtradition / Studies in European cultural tradition*. Hrsg. von Gerd Wolfgang Weber. Odense: Odense U. P., 1988. 722 p. ill. p.433-51.

> Sur la traduction de V voir p.437-39, «Voltaire, 1734».

1324 VOLTAIRE. *Voltaire on Shakespeare*. Edited by Theodore Besterman. Genève: Institut et Musée Voltaire, 1967. 232 p. (SVEC, 54).

> CR: G. Mailhos, *RHL* 70 (1970), 514; D. Williams, *FS* 23 (1969), 297.

1325 WILKSHIRE, Frances M. «Garrick's role in the Shakespeare controversy in France». [In] *L'Age du théâtre en France / The Age of theatre in France*. Edited by David Trott and Nicole Boursier. Edmonton: Academic Printing & Publishing, 1988. 374 p. ill. p.219-30.

> V *passim*; traite aussi des rapports entre Garrick et V.

L'Italie

Voir aussi les numéros 65, 160, 234, 238, 246, 283, 399, 444, 609-610, 719, 834, 882, 1306, 1923-1924, 1927, 1932, 2013, 2588, 2603, 2607, 2653, 2959, 3006, 3019, 3173, 3222, 3263-3264, 3268-3269, 3473, 3497.

1326 *Littérature française et critique italienne (1950-1980)*. Bibliographie par Delia Gambelli et Anna Maria Scaiola. Essais de Giovanni Macchia, Massimo

Colesanti, Lionello Sozzi. Roma: Bulzoni editore, 1981. 175 p. (Università degli studi di Roma).

p.90, «Voltaire». Voir aussi p.56-59, 62-63, 148-49.

1327 ANDRIEUX, Maurice. *Les Français à Rome*. Paris: Fayard, 1968. 498 p. (Les Grandes études historiques).

p.148-50, «Voltaire». V et son amour de l'Italie, un pays qu'il ne visita jamais.

1328 BADALONI, Nicola. *Antonio Conti: un abate libero pensatore tra Newton e Voltaire*. Milano: Feltrinelli, 1968. 287 p. (I fatti e le idee, saggi biografie, 186).

Voir notamment p.20-26; pour plus de références voir l'index.

CR: E. Gianturco, *CL* 24 (1972), 372-74; E. Namer, *RPFE* 95 (1970), 239; L. Sozzi, *SFr* 13 (1969), 558-59.

1329 BASILE, Bruno. «Un dialogo scientifico di Algarotti: *Caritea*». *Filologia e critica* 9 (1984), 254-73.

Il y est question de rapports avec V *passim*.

1330 BLANCO, Giuseppe. *Voltaire (rapporti letterari con Parini e Leopardi)*. Presentazione di Giuseppe Runza. Catania: Niccolò Giannotta, 1967. 84 p. ill. (Biblioteca siciliana di cultura, 4).

CR: F. Battaglia, *SGym* 22 (1969), 222-23; L. Losito, *CulF* 15 (1968), 6; J.-P. de Nola, *RLC* 41 (1967), 628-29; L. Sozzi, *SFr* 13 (1969), 153.

1331 BOUVY, Eugène. *Voltaire et l'Italie*. Paris: Hachette, 1898. vii, 368 p.

CR: E. Bertana, *GSLI* 33 (1899), 403-21; J. Texte, *RHL* 6 (1899), 145-46; M. Barbi, *Rass bib* 6 (1898), 293-300.

Réimpr.: Slatkine Reprints, 1970.

1332 BRUNELLI, Giuseppe A. *Voltaire et la Sicile*. Messina: Peloritana Editrice, 1966. 69 p. ill. (Università degli studi di Messina, Istituto di lingua e letteratura francese).

La diffusion des œuvres et des idées de V en Sicile au XVIIIe siècle.

CR: J. P. de Nola, *RLC* 41 (1967), 304-305; L. Sozzi, *SFr* 10 (1966), 566-67.

1333 BUFALINO, Gesualdo. «Che cosa Manzoni imparò dall'irridente Voltaire: un convegno a Genova sullo scrittore e la cultura francese: l'intervento di Bufalino». *La Stampa (Tuttolibri)*, 1 giugno 1985, p.3.

A propos du *Traité sur la tolérance* de V et la *Storia della colonna infame* de Manzoni.

1334 CERRUTI, Giorgio. «Louis-Antoine Caraccioli e Voltaire (con una lettera inedita)». *SFr* 15 (1971), 65-68.

Contient une lettre de Caraccioli adressée à V (Best.D20319).

1335 CHIODO, Carmine. « Una polemica dell'Alfieri con Voltaire nella satira *Dell'antireligioneria* ». *Francia* (Napoli) 18 (1976), 67-71.

1336 COLESANTI, Massimo. « Manzoni, Voltaire e l'invito a pranzo ». [In] *Studi di letteratura francese : a ricordo di Franco Petralia*. Roma : Angelo Signorelli, 1968. 190 p., p.63-68.

> Critique de l'interprétation des relations Voltaire-Manzoni par Benedetto Croce.

1337 COTRONEO, Girolamo. *Croce e l'Illuminismo*. Napoli : Giannini editore, 1970. xv, 205 p. (Germinae ortae, 5).

> Voir p.115-24 et autres références au sujet de la réaction de Croce à V historien.

1338 DAUPHINÉ, James. « Sciascia lecteur de *Candide* : réception et création ». [In] *Hommage à Jean Richer*. Paris : Les Belles Lettres, 1985. 423 p. (Annales de la Faculté des lettres et sciences humaines de Nice, 51), p.133-38.

> Sciascia dans *Candido* se révèle disciple et imitateur de V.

1339 FOLENA, Gianfranco. « Divagazioni sull'italiano di Voltaire ». [In] *Studi in onore di Vittorio Lugli e Diego Valeri*. Venezia : Neri Pozza, 1961. 2 vols, i.391-424.

> Réimpr. dans son ouvrage *L'Italiano in Europa : esperienze linguistiche del Settecento*. Torino : Einaudi, 1983. 496 p. (Einaudi paperbacks, 139), p.397-431.

1340 GRANIERO, Augusto. « L'incontro fra l'abate Bettinelli e Voltaire ». *Francia* (Napoli) 18 (1976), 60-66.

> Saverio Bettinelli, jésuite et homme de lettres.

1341 HALL, H. Gaston. « New light on Manzoni's ‹Ei fu› in relation to French literature ». *MLR* 66 (1971), 568-79.

> Influence possible de V sur *Il Cinque maggio*.

1342 JONARD, Norbert. « La fortune de Métastase en France au XVIIIe siècle : notes et réflexions ». *RLC* 40 (1966), 552-66.

> Voir p.555-60 et *passim*.

1343 JONARD, Norbert. « Parini, Voltaire et le problème du bonheur ». *RLMC* 19 (1966), 18-45.

> Parini est plus proche du V du *Discours en vers sur l'homme* que de celui du *Mondain*.
> CR : M. Scalabrin, *SFr* 13 (1969), 358.

1344 JONARD, Norbert. « La place de la ‹Scozzese› dans le théâtre de Goldoni ». [In] *Atti del colloquio sul tema : Goldoni in Francia, promosso dell'Accademia nazionale dei Lincei in collaborazione con l'Ambasciata di Francia presso il Quirinale (Roma,*

29-30 maggio 1970). Roma: Accademia nazionale dei Lincei, 1972. 134 p. (Problemi attuali di scienza e di cultura, 166), p.35-45.

> La pièce de Goldoni est une adaptation de l'*Ecossaise* de V; p.45-46, «Intervento sulla relazione del prof. N. Jonard».
>
> CR: P. Zolli, *LI* 25 (1973), 452-55.

1345 LOCATELLI, Luigi. *Bibliografia Tassiana (studi sul Tasso)*. A cura di T. Frigeni. [Bergamo: Centro di studi Tassiani, s.d. (Studi sul Tasso, 4; Scritti sul Torquato Tasso e le sue opere, 26ª puntata). Annessa a *Studi Tassiani* 29-31 (1981-1983)].

> p.2292-99, «Voltaire». Jugements de V sur le Tasse.
>
> CR: C. Cordié, *SFr* 29 (1985), 174.

1346 LOOS, Erich. «Casanova und Voltaire zum literarischen Geschmack im 18. Jahrhundert». [In] *Europäische Aufklärung: Herbert Dieckmann zum 60. Geburtstag*. Hrsg. von Hugo Friedrich und Fritz Schalk. München: Wilhelm Fink Verlag, 1967. 346 p., p.141-57.

> Les goûts littéraires de Casanova et de V; conversations de Casanova avec V.

1347 LUCIANI, Gérard. «L'œuvre de Carlo Gozzi et les polémiques théâtrales contre les Lumières». *SVEC* 89 (1972), 939-74.

> Voir p.954-57 et 970-74, «Annexe. composition de Carlo Gozzi contre Goldoni: ‹Al signor di Voltaire, capitolo del solitario›».

1348 MASON, Haydn T. «Algarotti and Voltaire». *RLMC* 33 (1980), 187-200.

> Sur la vulgarisation du newtonianisme; traite des *Eléments de la philosophie de Newton*. Réimpr. [in] *Mélanges à la mémoire de Franco Simone* (1981: n° 29), p.467-80.

1349 MISAN-MONTEFIORE, Jacques. «L'image de Voltaire dans la presse vénitienne du temps». *Micromégas* 7, n° 3 (1980), 71-79.

1350 MURESU, Gabriele. *Le Occasioni di un libertino (G. B. Casti)*. Messina-Firenze: Casa editrice G. D'Anna, 1973. 305 p. (Biblioteca di cultura contemporanea, 109).

> p.245-65: l'influence de V sur Casti. Voir l'index pour d'autres références.

1351 PIVA, Franco. «Voltaire e la cultura veronese nel settecento: il conte Alessandro Carli». *Aevum* 42 (1968), 316-31.

> Sur les rapports entre Carli et V surtout en ce qui concerne le théâtre. Contient en appendice quatre lettres de V adressées à Carli, dont deux dans Best.D.

1352 Piva, Franco. *Cultura francese e censura a Venezia nel secondo settecento (ricerche storico-bibliografiche)*. Venezia: Istituto veneto di scienze, lettere ed arti, 1973. 221 p. (Memorie, Classe di scienze morali, lettere ed arti, 36, fasc. 3).

> Voir p.50, 52, 54, 78, 82-84, 102-103, 176-77, 194-95.

1353 Pizzamiglio, Gilberto. «Melchiorre Cesarotti: teoria e ‹pratica› della tragedia tra Voltaire e Alfieri». [In] *Le Théâtre italien et l'Europe (XVIIᵉ-XVIIIᵉ siècles)*. Actes du 2ᵉ congrès international Paris-Fontainebleau, 14-17 octobre 1982. Réunis et présentés par Christian Bec et Irène Mamczarz. [Firenze]: Leo S. Olschki, 1985. xxvii, 275 p. (Teatro studi e testi, 4), p.33-51.

1354 Pomeau, René. «Galiani et Voltaire». [In] *Convegno italo-francese sul tema: Ferdinando Galiani (Roma, 25-27 maggio 1972)*. Roma: Accademia nazionale dei Lincei, 1975. 393 p. (Problemi attuali di scienza e di cultura. Quaderno, 211), p.333-43.

> p.344: «Intervento sulla relazione del prof. R. Pomeau», par P. Bedarida. Galiani vu par V et V vu par Galiani.

1355 Pompilj, Elena. «Il polemico incontro fra Voltaire e Casanova». *OPL* 26, nº 9 (1980), 64-76.

1356 Ragonese, Gaetano. «Riflessi volteriani nelle postille storiche del Manzoni». *Atti della Reale Accademia di scienze, lettere, e arti di Palermo*, ser. 4, vol. 3 (1942), 709-25.

> Réimpr. dans son *Illuminismo manzoniano: saggi e rassegne*. Palermo: Manfredi, [1967]. 189 p., p.21-36.

1357 Ragonese, Gaetano. «Il Voltaire romanziere e il Manzoni dei *Promessi sposi*». *Atti della Reale Accademia di scienze, lettere, e arti di Palermo*, ser. 4, vol. 4 (1944), 67-92.

> Réimpr. dans son *Illuminismo manzoniano: saggi e rassegne*. Palermo: Manfredi, [1967]. 189 p., p.37-67.

1358 Rosso, Corrado. «Voltaire et Rousseau dans la conscience italienne d'aujourd'hui». *RHL* 79 (1979), 434-45. Résumé, p.558.

> Réimpr.: «Voltaire et Rousseau dans la conscience contemporaine en Italie» dans son ouvrage *Mythe de l'égalité* (1980: nº 23), p.282-95.

1359 Rosso, Corrado. «Voltaire, Rousseau et la naissance d'une nation: le ‹Risorgimento› italien». [In] *Colloque international de Nice* (1979: nº 14), p.120-34.

> Réimpr. dans son ouvrage *Mythe de l'égalité* (1980: nº 23), p.218-28.

1360 Rosso, Corrado. «Montesquieu, Voltaire et Rousseau dans la critique d'un Italien à Londres (Vincenzo Martinelli)». *Cahiers de philosophie politique et juridique* 7 (1985), 85-111.

> Voir notamment p.93-94; Martinelli critique du *Siècle de Louis XIV* et défenseur de Dante contre V.

1361 Rotta, Salvatore. «Voltaire in Italia: note sulle traduzioni settecentesche delle opere voltairiane». *Annali della Scuola normale superiore di Pisa: lettere, storia e filosofia* s. 2, 39 (1970), 387-444.

> CR: G. Muresu, *RLI* 78 (1974), 256.

1362 Santato, Guido. *Alfieri e Voltaire: dall'imitazione alla contestazione.* Firenze: Olschki, 1988. vii, 185 p. (Biblioteca di «Lettere italiane», Studi e testi, 34).

> CR: A. Fabrizi, *GSLI* 166 (1989), 462-66; C. Vinti, *SFr* 34 (1990), 318.

1363 Schiltz, Raymond. «Voltaire, le mythe de Ganganelli et les lettres apocryphes de Clément XIV». [In] *Mélanges de littérature française offerts à Monsieur René Pintard.* Strasbourg: en dépôt à la librairie Klincksieck, 1975. 763 p (TLLS, 13 n° 2, Etudes littéraires), p.599-612.

> L'attitude ambiguë de V à l'égard du pape philosophe.
>
> CR: A. D. Hytier, *ECCB* n.s. 2 – for 1976 (1979), 405.

1364 Tranchida, Giuseppe. *Lineamenti di critica barettiana desuniti dal Discorso su Shakespeare e Voltaire.* 1: *La questione dell'intraducibilità della poesia.* Palermo: Scuola grafica salesiana, 1973. 51 p.

> Voir les chapitres 1, 2 et 5; V *passim* en tant que critique de Shakespeare.

1365 Van Reven, Pierre. «L'abbé Galiani et les signes sociaux». *Etudes sur le XVIIIe siècle* 3 (1976), 255-63.

> Sur un bref dialogue inachevé de 1770 où les deux interlocuteurs sont V et d'Holbach.

1366 Wagner, Birgit. «Aufklärung und Gegenwart: Reflexionen zu und mit Leonardo Sciascia». [In] *Aufstieg und Krise der Vernunft: komparatistische Studien zur Literatur und Aufklärung und des Fin-de-siècle.* [Hans Hinterhäuser als Festschrift zum 65. Geburtstag]. Hrsg. von Michael Rössner und Birgit Wagner. Wien, &c.: Böhlau, 1984. 480 p., p.115-25.

> Traite en partie de la parodie du conte: *Candide* et *L'Ingénu*.

1367 Wis, Roberto. «A monte della risciacquatura manzoniana: Voltaire lava la biancheria sudicia del re di Prussia». *Lingua nostra* 48 (1987), 33-36.

> Une parole attribuée à Manzoni provenant de la dispute Voltaire-Maupertuis à Potsdam.

Les Pays-Bas

Voir aussi les numéros 119, 135, 179, 185, 197, 218, 221, 224-225, 401, 1817, 3025, 3342, 3523-3533.

1368 BERKVENS-STEVELINCK, Christiane. « La tolérance et l'héritage de P. Bayle en Hollande, dans la première moitié du XVIIIe siècle : une première orientation ». [In] *Voltaire, Rousseau et la tolérance* (1980 : n° 26), p.9-28. Résumé, p.10 ; discussion, p.29-30.

> Sur l'œuvre de Prosper Marchand, critique sévère de V ; article basé en partie sur des notes marginales dans les textes de V. Voir surtout p.21-26.

1369 DEGUISE, Alix S. *Trois femmes. Le monde de Madame de Charrière*. Genève : Slatkine, 1981. 235 p.

> p.198-205, « *Trois femmes* et Voltaire » (réminiscences de *Zadig*, de *Candide* et du *Dictionnaire* dans son roman).

1370 DE SCHAMPHELEIRE, Hugo. « Documents relatifs à la diffusion des œuvres de Voltaire, de J.-J. Rousseau et de Diderot à Bruxelles (1761-1762) ». *Etudes sur le XVIIIe siècle* 6 (1979), 155-66.

> S'y trouvent, entre autres, des documents relatifs à *Candide*.

1371 DE SCHAMPHELEIRE, Hugo. « Verlichte lectuur te Antwerpen en Parijs in de 18e eeuw. Een comparatief quantitatief leesonderzoek naar Voltaire, Rousseau en de ‹ Encyclopédie ›. (La lecture des Lumières à Anvers et à Paris au XVIIIe siècle. Un examen comparatif et quantitatif de la diffusion de Voltaire, de Rousseau et de l'Encyclopédie) ». *Etudes sur le XVIIIe siècle* 6 (1979), 131-53. Résumé en français, p.152-53.

> V fut lu plus que Rousseau ou l'*Encyclopédie*.

1372 DHONDT, Luc. « De l'influence des Lumières dans le comté de Flandre à la fin de l'Ancien régime ». *Etudes sur le XVIIIe siècle* 6 (1979), 167-76.

1373 GASON, P.-M. « Théorie et pratique poétiques à Liège en 1778 : l'hommage de Saint Péravi à Voltaire et Rousseau ». *Etudes sur le XVIIIe siècle* 6 (1979), 63-75.

> Jean-Nicolas-Marcelin Guérineau de Saint-Péravy.

1374 JAMES, Edward D. « Voltaire and the *Ethics* of Spinoza ». *SVEC* 228 (1984), 67-87.

1375 LEYNEN, Hubert. *Voetsporen van Voltaire. Koninklijke vereniging : het Leesgezelschap – Hasselt, 1893-1978* [Traces de Voltaire. Association royale : la Société de lecture – Hasselt, 1893-1978]. Met inleiding van Pierre Harmel. Hasselt: N. V. Concentra, 1979. 367 p. (Limburgse Bijdragen, 29ᵉ bundel).

1376 LIGNE, Charles-Joseph, prince de. *Œuvres choisies du Prince de Ligne: nouvelle anthologie critique.* Editée par les soins de Basil Guy. Saratoga, Calif.: Anma Libri, 1978. xlvi, 281 p. (Stanford French and Italian studies, 8).

> Contient dix lettres adressées à V (p.10-28) et deux lettres de V (p.228-30), avec notes.

1377 MAT-HASQUIN, Michèle. «Bruxelles: l'influence française dans les Pays-Bas autrichiens et la Principauté de Liège au temps de Voltaire et de J.-J. Rousseau (1730-1778)». *Bulletin de la Société française d'étude du XVIIIᵉ siècle* 27 (oct. 1978), 8-10.

> CR du Colloque de Bruxelles, *L'Influence française* ... 2-3 juin 1978, à l'occasion du bicentenaire.

1378 PORSET, Charles. «Dans les marges de la philosophie principautaire: Le Ratz de Lanthenée, Newton et Voltaire». [In] *Livres et Lumières* (1980: n° 22), p.119-27.

> Analyse de textes se référant aux *Eléments de la philosophie de Newton*; relations entre Leratz de Lanthenée et V.

1379 PORSET, Charles. «Notes sur Voltaire et Spinoza». [In] *Spinoza au XVIIIᵉ siècle*. Actes des Journées d'Etudes organisées les 6 et 13 décembre 1987 à la Sorbonne. Présentation par Olivier Bloch, avec la collaboration d'Hélène Politis. Paris: Méridiens Klincksieck, 1990. 317 p. (Collection «Philosophie»), p.225-40.

1380 SMEYERS, Joseph. «Voltaire dans la littérature néerlandaise des Pays-Bas autrichiens». *Etudes sur le XVIIIᵉ siècle* 6 (1979), 91-101.

> Montre l'influence de V et présente une bibliographie.

> Version considérablement remaniée et abrégée: *Septentrion* 18, n° 4 (1989), 48-55, fac-sims.

1381 TROUSSON, Raymond. «Ligne, Voltaire et Rousseau». *BARLLF* 63 (1985), 192-217.

> Rapports du prince de Ligne avec V et Rousseau.

1382 VERCRUYSSE, Jeroom. *Voltaire et la Hollande.* Genève: Institut et Musée Voltaire, 1966. 212 p. (SVEC, 46).

> CR: B. Bray, *RHL* 68 (1968), 649-51; J. H. Brumfitt, *FS* 22 (1968), 68-69; M. Fontius, *DLZ* 90 (1969), 802; R. Geen, *RR* 60 (1969), 127-28; M. L. Perkins, *MLN* 82 (1967), 384-85; *TLS*, 12 Sept. 1968, p.994.

1383 VERCRUYSSE, Jeroom. «Nederlands impact op Voltaire» [L'impact des Pays-Bas sur Voltaire]. *Dialoog* 8 (1967-1968), 385-99.

1384 VERCRUYSSE, Jeroom. «Les domiciles bruxellois de Voltaire (1739-1742)». *Cahiers bruxellois* 15-16 (1970-1971), 19-24.

1385 VERCRUYSSE, Jeroom. «Cinq actes notariés bruxellois relatifs à Voltaire, à Helvétius et à la marquise Du Châtelet (1741-1742)». *LIAS* 5 (1978), 167-76.

> Actes du 26 et 27 mai 1741 et du 22 sept. 1742 où il est question de V.

1386 VERCRUYSSE, Jeroom. «Voltaire et les Provinces-Unies». *Septentrion* 8, n° 2 (1979), 50-55, ill.

> A propos de ses cinq visites et de ses réactions au pays révélées dans ses œuvres littéraires et sa correspondance.

1387 VERCRUYSSE, Jeroom & P. J. BUIJNSTERS. «Literaire betrekkingen tussen Frankrijk en Nederland in de 18ᵉ eeuw» [Rapports littéraires entre la France et les Pays-Bas au XVIIIᵉ siècle]. *Werkgroep 18ᵉ eeuw. Documentatieblad* n° 1-10. Utrecht: HES Publishers, 1975. 276 p. [réimpr. des 10 premiers numéros, 1968-1971].

> p.210-11, «Voltaire» (bibliographie).

La Russie [1]

Voir aussi les numéros 84, 137, 159, 194, 494, 789, 815, 1526, 1532, 1577, 1814, 2508, 2520, 2537, 2614, 2627, 2643, 3031, 3406, 3534.

1388 Алексеев, М. П. «К истории русского вольтерьианства в XIX в» [Contribution à l'histoire du voltairianisme russe au XIXᵉ siècle). [In] *Роль и значение литературы XVIII века в истории русской культуры: к 70-летию со дня рождения члена-корреспондента АН СССР П. Н. Беркова.* Москва; Ленинград: Издательство «Наука», 1966. 458 p. port. (XVIII век, 7), p.302-11.

> Réimpr. [in] М. П. Алексеев. *Сравнительное литературоведение* [Littérature comparée]. Ответственный редактов Г. В. Степанов. Ленинград: «Наука», 1983. 444 p. (Академия Наук СССР, Отделение литературы и языка), р.240-53.

1389 Асатиани, Леван. «Вольтерианство в Грузии» [Le voltairianisme en Géorgie]. *Литературная Грузия* (1970, n° 11), 82-92.

> En partie sur la correspondance avec Catherine II à propos de la Géorgie.

---

1. Voir aussi *Histoire de l'Empire de Russie sous Pierre le Grand* (n° 3045 et suiv.) ci-dessous.

1390 BARRATT, Glynn. «Eighteenth-century neoclassical French influences on E. A. Baratynksy and Pushkin». *CLS* 6 (1969), 435-61.

> p.442-47, «The classics of France: Voltaire».

1391 BARTLETT, Roger P. «Catherine II, Voltaire and Henry IV of France». *Study group on eighteenth-century Russia newsletter* 9 (1981), 41-50.

> L'évolution de l'attitude envers Henri IV et *La Henriade* reflétée dans la correspondance de Catherine avec V.

1392 COLIN, Maurice. «A propos de la correspondance entre Catherine II et Voltaire». [In] *Rousseau et Voltaire en 1978* (1981 : n° 30), p.178-210.

> Les motifs des deux correspondants: étude surtout psychologique.

1393 DONNERT, E. «Öffentliche Meinung und Pressepolitik unter Katharina II». *ZS* 18 (1973), 886-91.

> En grande partie sur V et Catherine.

1394 DONNERT, Erich. «Voltaire und die Petersburger Freie Ökonomische Gesellschaft». *ZS* 19 (1974), 66-69.

1395 DONNERT, Erich. «Katharina II. von Russland, Voltaire und Diderot». *BRP* 24 (1985), 325-32.

1396 GOOCH, George Peabody. «Catherine the Great and Voltaire». *The Contemporary review* 182 (Oct., Nov. 1952), 214-20, 288-93.

> Récit des relations entre ces deux personnages basé en grande partie sur leur correspondance.
>
> Réimpr. [in] *Catherine the Great, and other studies.* London; New York: Longmans, Green, 1954. xi, 292 p. port. p.55-71.
>
> Réimpr.: Hamden, Conn.: Archon Books, 1966.

1397 KÄMMERER, Jürgen. «Theorie und Empire: Russland im Urteil aufgeklärter Philosophen und Reiseschriftsteller». [In] *Reisen und Reisebeschreibungen im 18. und 19. Jahrhundert als Quellen der Kulturbeziehungsforschung.* Hrsg. von B. I. Krasnobaev *et al.* Berlin: Verlag Ulrich Camen, 1980. 403 p. (Studien zur Geschichte der Kulturbeziehungen in Mittel- und Osteuropa, 6), p.331-51.

> Voir surtout p.334-37 et l'index.

1398 Копанев, Н. А. «Репертуар произведений Ф. М. Вольтера в Петербургской академической книжной лавке в середине XVIII в. (1731-1761 гг.)» [Le répertoire des œuvres de Voltaire dans la librairie de l'Académie de St Pétersbourg au milieu du XVIIIe siècle (1731-1761)]. [In] *Книга и книготорговля* в России в *XVI-XVIII* вв. *Сборник научных трудов.* Академия Наук СССР. С. П. Луппов (отв. ред.). Ленинград: Библиотека АН СССР, 1984. 143 [168] p., p.80-93.

1399 LENTIN, A. «Voltaire and Peter the Great». *History today* 18 (1968), 683-89, ill.

1400 LENTIN, A. «Catherine the Great and enlightened despotism». *History today* 21 (1971), 170-77, ill.

Voir p.170-72: V trompé par Catherine.

1401 Люблинский, В. С. «Петербургские друзья и недруги Вольтера» [Amis et ennemis pétersbourgeois de Voltaire]. [In] *Русско-европейские литературные связи: сборник статей к 70-летию со дня рождения академика М. П. Алексеева.* Москва; Ленинград: Издательство «Наука», 1966. 473 p. ill. (Академия Наук СССР, Отделение литературы и языка, Институт Русской литературы, Пушкинский дом), p.96-104.

1402 LUPPOL, Ivan K. «The empress and the philosophe». [In] *Catherine the great: a profile.* Edited by Marc Raeff. London: Macmillan; New York: Hill and Wang, 1972. xiii, 331 p. (World profiles), p.41-63.

L'article traite de Diderot et Catherine, mais aussi de V *passim.*

1403 MADARIAGA, Isabel de. «Catherine and the *philosophes*». [In] *Russia and the West in the eighteenth century.* Proceedings of the second international conference organized by the Study Group on eighteenth-century Russia and held at the University of East Anglia, Norwich, England, 17-22 July, 1981. Edited by A. G. Cross. Newtonville, Mass.: Oriental Research Partners, 1983. vii, 372 p. ill. p.30-52.

Voir notamment p.31-38 (Catherine, V et Rousseau).

1404 MAGGS, Barbara W. «Eighteenth-century Russian reflections on the Lisbon earthquake, Voltaire and optimism». *SVEC* 137 (1975), 7-29.

1405 MAILLOUX, Luc. «La princesse Daschkoff et la France (1770-1781)». *Revue d'histoire diplomatique* 95 (1981), 5-25.

Ses rapports avec V, Diderot et Montesquieu. Voir p.12-14, 20-22: la princesse, grande admiratrice de V; un des philosophes qui l'a le plus influencée.

1406 MIKADZE, G. B. [«Traductions géorgiennes des œuvres de Voltaire»]. *Литературные взаимосвязи,* сборник 2 (1969), 252-64. Résumé en russe, p.265.

Article en géorgien sur *Zaïre* et *Alzire.*

1407 PIECHURA, Krystyna. «Polska, Rosja, Szwecja i Turcja w opinii Woltera» [La Pologne, la Russie, la Suède et la Turquie dans l'opinion de Voltaire]. [In] *Rozprawy z dziejów XVIII wieku* (1979: n° 17), p.49-62. Résumé en français, p.97-98.

1408 SHLAPENTOKH, Dmitry. «Pushkin and Voltaire: the writer as existential model». *NZSJ* (1989-90), 97-107.

> L'évolution du jugement de Pouchkine sur V et sur ce qu'il représentait.

1409 Сиволап, И. И. «VIII Конференция советских и французских историков» [VIIIe conférence des historiens soviétiques et français]. *Новая и новейшая история* (1979, n° 1), 214-16.

> En partie sur une journée consacrée à «Voltaire et Rousseau dans l'histoire de la pensée sociale de la France et de la Russie (à l'occasion du 200e anniversaire de la mort de F.-M. Voltaire et de J.-J. Rousseau)». Contient en résumé le sujet des interventions.

1410 Сиволап, И. И. «Радищев и Вольтер» [Radichtchev et Voltaire]. *FE 1978* (1980), 47-61. Résumé en français, p.61.

> Une certaine affinité d'idées, mais Radichtchev est plus radical que V.

1411 Сомов, В. А. «Французская ‹Россика› эпохи просвещения и русский читатель» [Livres français sur la Russie publiés à l'étranger à l'époque des Lumières et le lecteur russe]. [In] *Французская книга в России в XVIII в: очерки истории.* Ответственный редактор С. П. Луппов. Ленинград: Издательство «Наука», 1986. 252 p. ill. (Академия Наук СССР, Библиотека), p.173-245.

> Voir p.173-77, 200-202, 244 et l'index (en partie sur l'*Histoire de l'empire de Russie sous Pierre le grand*).

1412 STANDEN, Edith A. «The mistress & the widow». *The Metropolitan museum of art bulletin* 25 (1967), 185-96, ill.

> Voir p.191-96: à propos de V et un portrait en tapisserie de Catherine II.

1413 STRYCEK, A. «Denis Fonvizine à Paris en 1778». [In] *Rousseau et Voltaire en 1978* (1981: n° 30), p.273-79.

> Voir p.278-79: Fonvizine rencontre V et assiste à une représentation d'*Alzire*.

1414 TRENARD, Louis. «Images de la Russie dans l'œuvre de Voltaire». *Revue des études slaves* 57 (1985), 577-89.

1415 TSCHIŽEWSKIJ, Dmitrij. «Tolstoi und die Aufklärung des 18. Jahrhunderts». *Archiv* 211 (1974), 45-53.

> p.48-51, Tolstoï et l'œuvre de V.

1416 Цверава, Г. К. *Дмитрий Алексеевич Голицын, 1734-1803* [Dmitri Alekseevitch Golitsyn, 1734-1803]. Ответственный редактор Ю. И. Соловьев. Ленинград: Издательство «Наука», Ленинградское Отделение, 1985. 183 p. ill.

> Voir p.35-38 et l'index.

> CR: G. Dulac, *DHS* 20 (1988), 545-46.

1417 VOLTAIRE. *Voltaire and Catherine the Great: selected correspondence*. Translated, with commentary, notes and introduction by A. Lentin. With a foreword by Elizabeth Hill. Cambridge: Oriental Research Partners, 1974. 186 p. ill.

> p.1-3, «Preface»; p.4-32, «Introduction» (les rapports entre V et Catherine).

> CR: *TLS*, 9 Aug. 1974, p.850.

1418 WILBERGER, Carolyn H. «Peter the great: an eighteenth-century hero of our times?». *SVEC* 96 (1972), 9-127.

> V *passim*, mais voir notamment p.9-10, 17-19 et 19-62, «Voltaire versus Rousseau».

1419 WILBERGER, Carolyn H. *Voltaire, Russia, and the party of civilization*. Diss., Cornell U., 1972. 390 p.

> Résumé: *DAI* 33, (1972-73), 1748A-1749A.

1420 WILBERGER, Carolyn H. *Voltaire's Russia: window on the East*. Oxford: The Voltaire Foundation, 1976. 287 p. (SVEC, 164). [Diss., Cornell U., 1972].

> CR: J. H. Brumfitt, *FS* 33 (1979), 738; E. Lizé, *DHS* 10 (1978), 490-91; A. Miller, *FR* 51 (1977-78), 608-609; V. G. Wexler, *ECCB* n.s. 3 – for 1977 (1981), 290-91; P. Zaborov, *RHL* 78 (1978), 654-55.

1421 Заборов, П. Р. «Вольтер в русских переводах XVIII века» [Voltaire dans les traductions russes du XVIIIᵉ siècle]. [In] *Эпоха просвещения: из истории международных связей русской литературы*. Отв. ред. М. П. Алексеев. Ленинград: Издательство «Наука», 1967. 362 p. (Академия наук СССР, Институт русской литературы – Пушкинский Дом), p.110-207.

> CR: Ch. Corbet, *RLC* 41 (1967), 623-24; B. A. Maggs, *CLS* 7 (1970), 391-93; A. Mikhaïlov, *SFr* 17 (1973), 148.

1422 ZABOROV, P. R. «Le théâtre de Voltaire en Russie au XVIIIᵉ siècle» [Trad. par Dominique Négrel]. *CMRS* 9 (1968), 145-76.

1423 Заборов, П. Р. «Вольтер в России конца XVIII-начала XIX века» [Voltaire en Russie à la fin du XVIIIᵉ siècle et au début du XIXᵉ siècle]. [In] *От классицизма к романтизму. Из истории международных связей русской литературы*. Ред. М. П. Алексеев. Ленинград: Издательство «Наука», 1970. 390 p., p.63-194.

> CR: A. Mikhaïlov, *SFr* 17 (1973), 148.

1424 ZABOROV, P. R. «Voltaire et la société russe du XIXe siècle». [In] *Actes du VIe congrès de l'Association internationale de littérature comparée / Proceedings of the 6th congress of the International Comparative Literature Association.* [Bordeaux, 31 août-5 sept. 1970. Comité de rédaction: Michel Cadot *et al.*]. Stuttgart: Kunst und Wissen – Erich Bieber, 1975. 816 p., p.813-16.

1425 Заборов, П. Р. «П. А. Вяземский и Вольтер» [P. A. Viazemski et Voltaire]. [In] *Россия и запад из истории литературных отношений.* Ленинград: Издательство «Наука», 1973. 338 p. pl. (Академия Наук СССР, Институт русской литературы – Пушкинский Дом), p.189-207.

1426 Заборов, П. Р. «Пушкин и Вольтер» [Pouchkine et Voltaire]. *Пушкин, исследования и материалы* 7 (1974), 86-99.

1427 Заборов, П. Р. «‹Русский Вольтер› в Рукописном отделе Пушкинского Дома» [«Le Voltaire russe» dans la Section des manuscrits de la Maison Pouchkine]. *Ежегодник Рукописного отдела Пушкинского Дома 1974* (1976), 83-87.

> Aperçu de traductions inédites de diverses œuvres de V par Fonvizine, D. V. Efimov, N. A. Livov et un traducteur anonyme.

1428 ZABOROV, P. R. «Une interprétation russe de Voltaire à la fin du 18e siècle». *DHS* 10 (1978), 179-88.

> L'importance de V pour Nikolaï Mikhaïlovitch Karamzina.

1429 Заборов, П. Р. *Русская литература и Вольтер: XVIII-первая треть XIX века* [La littérature russe et Voltaire: au XVIIIe et au premier tiers du XIXe siècle]. Ленинград: «Наука», 1978. 243 p. ill. (Академия наук СССР, Институт Русской литературы, Пушкинский дом).

> CR: C. & M. Mervaud, *RHL* 79 (1979), 504-506; M.-J. Minassian, *DHS* 11 (1979).

1430 ZABOROV, P. R. «Voltaire dans la poésie russe au XVIIIe et XIXe siècles». [In] *Le Mythe d'Etiemble: hommages, études et recherches, inédits.* Paris: Didier Erudition, 1979. 366 p. ill. (Etudes de littérature étrangère et comparée, 77), p.301-306

1431 ZVIGUILSKY, Alexandre. «Alexandre Herzen, Voltaire et Rousseau». [In] *Rousseau et Voltaire en 1978* (1981: n° 30), p.318-32.

> Voir p.318-23 et *passim*. Son admiration du rire, de la satire sociale, du sens de la justice et de la tolérance de V.

La Suisse[1]

Voir aussi les numéros 136, 166, 171, 174, 182-184, 280-281, 286, 377, 382, 2177, 2565-2566, 2570, 2610, 3518-3519, 3534, 3540.

1432 ACOMB, Frances. *Mallet du Pan (1749-1800) : a career in political journalism.* Durham, N.C.: Duke U. P., 1973. xii, 304 p.

> p.3-38, « Voltairian auspices » ; de nombreuses autres références à propos de rapports avec V.

1433 GAGNEBIN, Bernard. « Les Genevois devant la mort de Voltaire et de Rousseau ». *RHL* 79 (1979), 222-32. Résumé, p.551-52.

1434 MARCHAND, Jacqueline. « Des souris et des chats : Voltaire et les Genevois en 1765 ». *La Pensée et les hommes* 22 (1978-1979), 187-96.

1435 MARX, Jacques. *Charles Bonnet contre les Lumières, 1738-1850.* Oxford : The Voltaire Foundation, 1976. 2 vols, 782 p. (SVEC, 156-57).

> p.514-33, « Un voisin encombrant » : l'inimitié de V et de Bonnet, leur pensée philosophique et scientifique. De nombreuses autres références – voir l'index.
>
> CR : A.-M. Chouillet, *DHS* 10 (1978), 488-89 ; J. Mayer, *RHL* 79 (1979), 522-23 ; P. H. Meyer, *FR* 51 (1977-78), 437-38 ; J. Sareil, *RR* 71 (1980), 340 ; N. Suckling, *FS* 33 (1979), 86-87.

1436 MONTMOLLIN, Eric de. « Voltaire et Rousseau aux couleurs du temps ». *Alliance culturelle romande* 9 (1967), 94-97.

> V et Rousseau représentent deux aspects importants de la Suisse de nos jours.

1437 VERCRUYSSE, Jeroom. « Voltaire maître à penser des jeunes officiers suisses de Hollande : deux lettres de Jean-Louis de Gallatin (1778) ». *LIAS* 5 (1978), 153-66.

> Lettres qui traitent de V.

1438 WEIDMANN, Marc. « Un pasteur-naturaliste du XVIIIe siècle : Elie Bertrand (1713-1797) ». *Revue historique vaudoise* 94 (1986), 63-108, ill.

> p.80-83, « Voltaire et Bertrand ». Voir aussi l'index.

1439 WINTER, Eduard. « Voltaire und L. Euler ». [In] *Voltaire und Deutschland* (1979 : no 20), p.119-21. Résumé en français, p.536.

> Lutte d'Euler contre la philosophie française, résultat de l'attaque de V contre Maupertuis.

---

1. Voir aussi n° 370 et suiv. ci-dessus.

ROUSSEAU

Voir aussi les numéros 229, 404, 447, 648, 719, 945, 955, 1002, 1167, 1418, 1492, 1502-
1504, 1773, 1829, 1961, 1970, 1984, 2004, 2006, 2024, 2139, 2147, 2415, 2575, 2678,
2731, 2848, 2850, 3246, 3257, 3259.

1440 AGES, Arnold. «Voltaire rousseauiste?». *UWR* 3, n° 1 (1967-1968), 62-68.

Quand il prêche, depuis Genève, la vie simple et le retour à la nature, V rappelle
Rousseau.

1441 BEERLING, R. F. «Voltaire, Rousseau en de Verlichting». *Tijdschrift voor filosofie*
40 (1978), 609-35. Résumé en français, p.635-36.

Malgré leurs différences personnelles, V et Rousseau sont en grande partie d'accord
sur les grands thèmes philosophiques.

1442 BEERLING, R. F. «Lumières et ténèbres, remarques sur deux protagonistes
antagonistes, Rousseau et Voltaire». [In] *Voltaire, Rousseau et la tolérance* (1980:
n° 26), p.39-57. Résumé, p.40; discussion, p.58.

1443 BELAVAL, Yvon. «Voltaire ou Rousseau». *RIPh* 32 (1978), 371-84.

Comment choisir entre les deux?

CR: A. D. Hytier, *ECCB* n.s. 4 – for 1978 (1982), 473.

1444 CANDAUX, Jean-Daniel. «Jean-Jacques Rousseau chez Voltaire!». *Visages de
l'Ain* 32, n° 162 (1979), 26-28, ill.

Présente un texte de Jean-Baptiste-Balthazar Sauvan.

1445 CONLON, Pierre Marie. *Ouvrages français relatifs à Jean-Jacques Rousseau, 1751-
1799: bibliographie chronologique*. Genève: Droz, 1981. xv, 217 p. (Histoire des
idées et critique littéraire, 196).

Références à treize ouvrages de V dans diverses éditions.

1446 CRANSTON, Maurice. *Jean-Jacques: the early life and work of Jean-Jacques Rousseau,
1712-1754*. London: Allen Lane, 1983. 382 p, pl.

Voir p.217-22, 271-91, 307-308, 312-17 et l'index.

1447 DESNÉ, Roland. «L'image de Voltaire dans les *Confessions* de Rousseau». [In]
Voltaire, Rousseau et la tolérance (1980: n° 26), p.97-108. Discussion, p.109-11.
Résumé, p.97.

1448 EMELINA, Jean. «Voltaire et Rousseau devant la maladie et la mort.» [In]
Colloque international de Nice (1979: n° 14), p.61-78.

Leurs différences; deux fins opposées.

1449 FAUCONNIER, Gilbert, *et al. Index des fragments autobiographiques et de la Lettre à Voltaire. Précédé d'une édition critique de la « Lettre à Voltaire sur la Providence » et suivi des Actes du colloque de Nice (28-30 juin 1978) sur Jean-Jacques Rousseau et Voltaire.* Genève: Slatkine; Paris: Champion, 1979. 709 p. ill. (Etudes rousseauistes et index des œuvres de J.-J. Rousseau, Série B, 5).

> p.1-2, « Préface à l'Index des fragments autobiographiques de la Lettre à Voltaire »; p.3-541, « Index des fragments autobiographiques »; p.543-705, « Extraits des Actes ... ».

1450 GALLIANI, Renato. « Le débat en France sur le luxe : Voltaire ou Rousseau ? ». *SVEC* 161 (1976), 205-17.

> Débat en 1770-71 entre partisans des deux : affrontement entre différentes conceptions de la société. Traite assez peu de V et de Rousseau.

1451 GALLIANI, Renato. « Le rôle de Voltaire et de Rousseau dans le débat sur le luxe (1772-1778) ». [In] *Rousseau et Voltaire en 1978* (1981 : n° 30), p.107-17.

1452 GALLIANI, Renato. *Rousseau, le luxe et l'idéologie nobiliaire : étude socio-historique.* Oxford : The Voltaire Foundation, 1989. viii, 411 p. (SVEC, 268).

> p.245-46, « Voltaire et le *Mondain* »; p.287-95, « Rousseau, Diderot, Voltaire, et le premier *Discours* ». Vour aussi l'index.

1453 GODECHOT, Jacques. « Nation, patrie, nationalisme et patriotisme en France au XVIII⁰ siècle ». *AHRF* 43 (1971), 481-501.

> Voir p.486-87 : la controverse entre V et Rousseau sur les termes « patrie » et « nation ».

1454 GOUHIER, Henri. « Rousseau vu par Voltaire et Voltaire vu par Rousseau ». *NRL* (1981, n° 2), 7-24.

> Texte d'un discours.

1455 GOUHIER, Henri. *Rousseau et Voltaire : portraits dans deux miroirs.* Paris : Librairie philosophique J. Vrin, 1983. 480 p. (Bibliothèque d'histoire de la philosophie).

> Etude chronologique rigoureuse des rapports entre les deux hommes, leur caractère, leur pensée et l'image que l'un s'est fait de l'autre.
>
> CR : E. R. Anderson, *BJECS* 7 (1984), 270-71 ; F. Azouvi, *RMM* 89 (1984), 140-41 ; J. Brun, *Les Etudes philosophiques* (1984, n° 3), 418-20 ; M.-J. Dhavernas, *BPh* 31 (1984), 102-103 ; R. Pomeau, *RHL* 84 (1984), 77-88 ; J. Starobinski, *Critique* 449 (oct. 1984), 757-74 ; R. Trousson, *DHS* 17 (1985), 484-85 ; *YWMLS* 45 (1983), 151.

1456 GUÉHENNO, Jean. « Voltaire et Rousseau : glorieuses fautes ». *Le Monde*, 4 juil. 1978, p.1, 13.

> Remarques générales lors du colloque international pour le bicentenaire.

1457 GUILLEMIN, Henri. *Précisions.* [Paris]: Gallimard, 1973. 398 p. (Collection blanche).

> p.25-68, «Genève et Voltaire contre J.-J. Rousseau (les *Lettres de la montagne*)».

> CR: *BCLF* 28 (1973), 1475; J. Vier, *RHL* 74 (1974), 1082.

1458 HAVENS, George R. *Voltaire's marginalia on the pages of Rousseau: a comparative study of ideas.* Columbus, Ohio: The Ohio State U., 1933. 199 p. (Ohio State University studies. Graduate school series. Contributions in languages and literature, 6).

> CR: D. Mornet, *RHL* 41 (1934), 135-36; A. Schinz, *AJJR* 22 (1933), 259-61.

> Réimpr.: New York: Haskell House, 1966. Autre réimpr.: New York: Burt Franklin, 1971. (Burt Franklin research and source works series, 869. Philosophy monograph series, 84).

1459 HAVENS, George R. «Eighteenth-century critics of Rousseau's *Second discourse*». [In] *Essays on the age of the Enlightenment* (1977: nᵒ 10), p.143-54.

> p.146-49: la critique de V.

1460 HAVENS, George R. «Did Voltaire meet with J.-J. Rousseau?». *DidS* 19 (1978), 85-92.

> En avril 1743 dans le salon de Mme Dupin.

1461 HEDBERG, Johannes. «Rousseau och Voltaire på nära håll» [Rousseau et Voltaire vus de près]. *Artes* 12, n° 4 (1986), 100-104.

1462 [INOUE, Akihiro. «L'opposition idéologique Voltaire/Rousseau»]. *Shiso* 648 (1978), 41-57.

> En japonais.

1463 [KAWANO, Kenzi. «Le problème Rousseau/Voltaire»]. *Shiso* 648 (1978), 58-61.

> En japonais

1464 LEIGH, R. A. «From the *Inégalité* to *Candide*: notes on a desultory dialogue between Rousseau and Voltaire (1755-1759)». [In] *The Age of the Enlightenment* (1967: n° 1), p.66-92.

1465 LEIGH, R. A. «Rousseau, Voltaire and Saint-Péravy». *SVEC* 94 (1972), 17-23.

> Ouvrage de Saint-Péravy faussement attribué à V par Rousseau.

1466 MARCHAND, Jacqueline. « Voltaire et Rousseau, hommes des Lumières ». *Cahiers laïques* 165 (nov.-déc. 1978), 165-71.

La méthode du libre examen et de l'emploi de la raison chez les deux.

1467 MAUZI, Robert. « Ces deux géants que tout opposa ». *Le Monde*, 7 avr. 1978, p. 19.

V et Rousseau comparés à l'occasion du bicentenaire de leur mort.

1468 MAY, Gita. *De Jean-Jacques Rousseau à Madame Roland. Essai sur la sensibilité préromantique et révolutionnaire.* Genève: Droz, 1964. 271 p.

p. 76-93, « Voltaire détrôné par Rousseau »; voir l'index pour d'autres références.

2ᵉ éd. Genève: Droz, 1974. 210 p. (Histoire des idées et critique littéraire, 74).

1469 MAY, Gita. « Voltaire a-t-il fait une offre d'hospitalité à Rousseau? Un témoignage peu connu par Jean Marie Roland ». *SVEC* 47 (1966), 93-113.

1470 MUNTEANU, Romul. « Voltaire et Rousseau ou les deux visages des Lumières ». *AUB, Limbi şi literaturi străine* 27, n° 2 (1978), 7-13. Résumé en roumain, p. 12.

1471 PAPPAS, John. « Le Rousseauisme de Voltaire ». *SVEC* 57 (1967), 1169-81.

Insiste sur les similarités de tempérament des deux écrivains.

1472 POMEAU, René. « Voltaire, Rousseau: deux débuts dans la vie ». *AJJR* 39 (1972-1977), 7-23.

Deux expressions du monde des Lumières à la fois antagonistes et complémentaires.

CR: J. E. Jackson, *La Tribune de Genève*, 13 août 1978, p. 21; R. Trousson, *DHS* 14 (1982), 441.

1473 POMEAU, René. « Rousseau et Voltaire ». *RHL* 84 (1984), 77-88.

1474 ROSSO, Corrado. « Faut-il changer le monde ou le laisser tel qu'il est? Rousseau: de la *Lettre de Philopolis* à la *Lettre à Voltaire* ». *SVEC* 190 (1980), 390-95.

Voir surtout p. 392-95.

Version développée, avec le titre « Rousseau, Bonnet, Voltaire: faut-il changer le monde ou le laisser aller tel qu'il est? » [in] C. Rosso, *Les Tambours de Santerre* (1986: n° 634), p. 109-20, surtout p. 110-17.

1475 ROUSSEAU, Jean-Jacques. *Correspondance complète.* Edition critique établie et annotée par R. A. Leigh. Genève: Institut et Musée Voltaire, 1965- . Vol. 1- .

En attendant la publication de l'index, il faut consulter la table de chaque vol. L'édition est publiée à Oxford, The Voltaire Foundation, depuis 1972.

1476 ROUSSEAU, Jean-Jacques. *Lettres philosophiques*. Présentées par Henri Gouhier. Paris: Librairie philosophique J. Vrin, 1974. 232 p. (Bibliothèque des textes philosophiques).

> Contient deux lettres à V (avec notes): à Paris, le 7 septembre 1755 et le 8 août 1756 (p.31-53). Voir aussi l'index.

1477 SHOWALTER, English, Jr. *Madame de Graffigny and Rousseau: between the two Discours.* Oxford: The Voltaire Foundation, 1978. 191 p. (SVEC, 175).

> p.27-34, «When did Voltaire meet Rousseau?»; voir aussi l'index.

1478 SHOWALTER, English, Jr. «La lettre de Jean-Jacques Rousseau à Voltaire du 30 janvier 1750». *SRLF* n.s. 18 (1979), 449-68.

> Analyse de la lettre et de son époque.

1479 SURATTEAU, Jean-René. «Rapport de synthèse». *SVEC* 190 (1980), 411-40.

> Voir p.413-17, «Controverse entre Voltaire et Rousseau et conséquences».
>
> Réimpr. sous le titre «Cosmopolitisme et patriotisme au siècle des Lumières» [in] *Les Lumières: cosmopolitisme et nationalités.* [Centre de recherches sur les idéologies, les mentalités et la civilisation au siècle des Lumières]. Faculté des lettres de Dijon. Avant-propos de N. Jonard. Dijon: Secrétariat et atelier reprographie de la Faculté des lettres de Dijon, [1982]. ii, 152 p. ([Cahiers de recherches sur les idéologies, les mentalités et la civilisation au siècle des Lumières]), p.1-33. Voir p.3-9.

1480 TATE, Robert S. «Rousseau and Voltaire as deists: a comparison». *ECr* 9 (1969), 175-86.

1481 TENNENBAUM, Katja. «Inconsolabili nemici (nel bicentenario della morte di Voltaire e Rousseau: il Colloquio internazionale di Parigi)», *Rinascita*, 21 luglio 1978, p.40, ill.

> Sur la popularité relative des deux philosophes en 1978 comparée à celle de 1778.

1482 THACKER, Christopher. «Voltaire and Rousseau: eighteenth-century gardeners». *SVEC* 90 (1972), 1595-1614.

1483 TOINON, Ch. «Les querelles de Voltaire et Rousseau». *Marseille* 118 (1979), 77-83, ill.

1484 TOPAZIO, Virgil W. «Voltaire and Rousseau: humanists and humanitarians in conflict». *RUS* 59, n° 3 (1973), 83-92.

1485 TROUSSON, Raymond. *Jean-Jacques Rousseau*. Paris: Tallandier, 1988-1989. 2 vols (Figures de proue).

> Voir i.377-80, 409-12, 464-66; ii.46-50, 153-55, 174-76, 256-65, 323-25, 340-44, 438-42; et l'index.

CR: vol. 1-2: J. Vercruysse, *Nouvelles annales prince de Ligne* 4 (1989), 228-29; vol. 2: J. Geffriaud Rosso, *SFr* 34 (1990), 528-29; J. Still, *MLR* 86 (1991), 462-63; D. Williams, *FS* 45 (1991), 209-210.

1486 VERNIÈRE, Paul. «Problèmes de l'accueil et de la survie à propos de Voltaire et de Rousseau». [In] *Enlightenment studies* (1979: n° 15), p.385-93.

Etude de l'accueil fait à ces auteurs à des époques et sous des régimes différents.

1487 VITIELLO, Raffaele. «Rousseau o Voltaire?». *Civiltà delle macchine* 26, n° 1-2 (1978), 15-20, ill.

A propos du bicentenaire de la mort des deux écrivains: ce qui les sépare foncièrement est leur vue de l'histoire.

1488 WEIGHTMAN, John. «The prince and the hermit». *The Observer*, 6 Aug. 1978, p.17, 22, ports.

Les carrières de V et de Rousseau et les contrastes entre les deux.

1489 WOKLER, Robert. «Enlightenment hostilities of Voltaire and Rousseau». *Times higher education supplement*, 29 Sept. 1978, p.9-10.

Différences d'approche des deux écrivains. Article à l'occasion du bicentenaire.

La Hongrie

Voir aussi les numéros 923, 2916, 3396.

1490 *Lettre à Mʳ. de Voltaire ou Plainte d'un Hongrois (1764)*. Document inédit attribué à János Fekete et Lőrinc Orczy. Publié par Imre Vörös. Budapest: Akadémiai Kiadó, 1987. 56 p., fac-sim. (Uj történelmi tár, 1).

Contient en postface «Voltaire – vu par deux poètes hongrois, en 1764» (p.41-53), ainsi qu'une bibliographie sur l'accueil de V en Hongrie.

1491 ALSZEGHY, Zsoltné & Edit TÉSI. «Voltaire egykorú magyarországi iskolai színpadon» [Voltaire sur la scène des écoles contemporaines en Hongrie]. *IK* 83 (1979), 571-77.

1492 BIRÓ, Ferenc. «Voltaire et Rousseau en Hongrie à l'époque des Lumières». [In] *Les Lumières en Hongrie ... Actes 4* (1981: n° 28), p.23-30.

1493 CSANAK, Dóra F. «Critique ou animateur? Le dilemme de József Péczeli, poète et rédacteur». *SVEC* 264 (1989), 1146-50.

Traite de traductions de l'œuvre de V par Péczeli et de sa préface à *Zaïre*.

1494 FERENCZI, László. « La critique littéraire et culturelle de Voltaire en Hongrie ». *Neohelicon* 9, n° 2 (1982), 315-24.

1495 HOPP, Lajos. « Voltaire et Rousseau. L'apparition des Lumières en Hongrie ». [In] *Les Lumières en Hongrie ... Actes 4* (1981 : n° 28), p.31-42.

1496 KÖPECZI, Béla. *Hongrois et Français : de Louis XIV à la Révolution française.* Paris : Editions du CNRS, 1983. 451 p. ill.

> p.295-312, « Voltaire et l'histoire hongroise » (la Hongrie dans ses œuvres historiques) ; p.313-31, « Les vampires de Hongrie : un scandale des Lumières » (en partie sur V) ; p.332-38, « Le ‹ bon sauvage › en Europe centrale et orientale » (en partie sur V) ; p.370-87, « Les philosophes et la Révolution dans l'opinion publique hongroise contemporaine » (V *passim*).
>
> CR : C. Michaud, *DHS* 17 (1985), 460-61 ; J. Voisine, *RLC* 60 (1986), 102.
>
> Version hongroise : *Magyarok és franciák. XIV. Lajostól a Francia forradalomig.* [Budapest] : Szépirodalmi Könyvkiadó, 1985. 457 p. pl. p.337-55, « A felvilágosodás egyik botránykövе : a Magyarországi és egyéb vámpírok » [Un scandale des Lumières : les vampires de Hongrie] ; p.356-70, « Voltaire és a magyar történelem » [Voltaire et l'histoire de Hongrie] ; p.403-18, « A *vadember* jelképe Közép- és Kelet-Európában » [Le bon sauvage en Europe centrale et orientale] ; p.419-47, « A ‹ filozófusok › felelősek-e a forradalomért? A korabeli magyar sajtó véleménye » [Les philosophes et la Révolution dans l'opinion hongroise contemporaine].

1497 MICHAUD, Claude. « Lumières, franc-maçonnerie et politique dans les états des Habsbourg : les correspondants du comte Fekete ». *DHS* 12 (1980), 327-79.

> Voir p.327-42 *passim*.
>
> Trad. : « Felvilágosodás, szabadkőművesség és politika a 18. század végén : Fekete János gróf levelezése ». *Századok* 117 (1983), 558-98. Résumés en français et en russe, p.599. Voir p.558-68 *passim*.

1498 PENKE, Olga. « Réflexions sur l'histoire : deux histoires universelles des Lumières françaises et leurs interprétations hongroises ». *Acta Universitatis Szegediensis de Attila József Nominatae* 13 (1988), 77-92.

> V et Millot et leur influence sur cinq historiens hongrois.
>
> Version abrégée (même titre) : *SVEC* 264 (1989), 993-96.

1499 VÖRÖS, Imre. « A Károlyi család és a korai felvilágosodás (Adatok Voltaire magyarországi hatásának kezdeteihez) » [La famille Károlyi et les Lumières précoces (détails sur son influence comme source de la description de la Hongrie par Voltaire)]. *IK* 81 (1977), 197-203.

1500 Vörös, Imre. «Benyák Bernát ismeretlen Voltaire-fordítása» [La traduction inconnu d'un texte de Voltaire par Bernát Benyák]. *IK* 83 (1979), 159-61.

Traduction manuscrite du ch. 11 des *Lettres philosophiques* faite en 1769.

1501 Vörös, Imre. *Fejezetek XVIII. századi francia-magyar fordításirodalmunk történetéből* [Chapitres de l'histoire de notre littérature de traduction française-hongroise au XVIIIᵉ siècle]. Budapest: Akadémiai Kiadó, 1987. 196 p. (Modern Filológiai Füzetek, 41).

p.55-58: *Le Siècle de Louis XIV* et les *Lettres philosophiques*; p.132-46 *passim*: poèmes de V; p.153-55 *passim*: *Adélaïde Du Guesclin*. Voir aussi l'index.

CR: T. Gorilovics, *RHL* 90 (1990), 101-103.

Le Japon

Voir aussi les numéros 89, 109, 791.

1502 [Kobayashi, Yoshihiko. «La popularité de Rousseau et l'impopularité de Voltaire»]. *Shiso* 648 (1978), 224-32.

Au Japon. Article en japonais.

1503 Kobayashi, Yoshihiko. «La mentalité japonaise et l'accueil de Rousseau au Japon». [In] *Index des fragments autobiographiques et de la Lettre à Voltaire. Précédé d'une édition critique de la « Lettre à Voltaire sur la Providence » et suivi des Actes du colloque de Nice (28-30 juin 1978) sur Jean-Jacques Rousseau et Voltaire.* Gilbert Fauconnier *et al.* Genève: Slatkine; Paris: Champion, 1979. 709 p. ill. (Etudes rousseauistes et index des œuvres de J.-J. Rousseau, Série B, 5), p.681-82.

Résumé d'une communication qui traite aussi de V.

1504 Kobayashi, Yoshihiko. «Voltaire et Rousseau au Japon». [In] *Le Siècle de Voltaire* (1987: n° 44), ii.563-68.

Etude de la lecture faite des deux écrivains au Japon, avec une explication au sujet de la préférence donnée à Rousseau: la mentalité japonaise est plus proche de celle de Rousseau que de celle de V.

La Pologne

Voir aussi les numéros 157, 316, 1407, 1850-1851, 2981, 3206, 3442, 3444.

1505 Beauvois, Daniel. «Voltaire était-il antipolonais?». [In] *Voltaire et Rousseau en France et en Pologne* (1982: n° 32), p.41-55 (discussion p.77-79).

1506 LIBERA, Zdzisław. «Quelques remarques sur la réception de Voltaire en Pologne». [In] *Voltaire et Rousseau en France et en Pologne* (1982: n° 32), p.55-66 (discussion p.79-80).

1507 LIBERA, Zdzisław. «Voltaire dans les colonnes de *Zabawy przyjemne i pożyteczne* (*Jeux agréables et utiles*)». *Cahiers d'histoire littéraire comparée* 8-9 (1985), 277-85.

Analyse de sept textes de V parus entre 1772 et 1777.

1508 MAREK, Edmond. «Mickiewicz le catholique et son mirage voltairien». [In] *Les Contacts religieux franco-polonais du Moyen Age à nos jours: relations, influences, images d'un pays vu par l'autre*. Colloque international organisé par le CNRS, Greco n° 2, Histoire religieuse moderne et contemporaine et le Centre interdisciplinaire d'études des religions de l'Université de Lille III. Lille, 5-7 oct. 1981. Paris: Editions du dialogue, avec la participation du CNRS, 1985. 646 p. ill. p.295-311.

La fin du mirage et les causes de la rupture avec V.

1509 MARKIEWICZ, Henryk. «Pozytywiści polscy wobec tradycji Oświecenia» [Les positivistes polonais vis-à-vis de la tradition des Lumières]. [In] *W kręgu Oświecenia i teatru*. Prace ofiarowane Profesorowi Mieczyławowi Klimowiczowi w 70 rocznicę urodzin. Pod red. Andrzeja Cieńskiego. Wrocław, &c.: Ossolineum, 1989. 348 p., p.259-72.

Voir surtout p.262-66.

1510 MARKIEWICZ, Zygmunt. «L'image de la Pologne chez quelques écrivains français (1764-1872). [I. A l'époque de Voltaire]». *LR* 22 (1968), 151-71.

V *passim*.

1511 MATUSZEWSKA, Przemysława. «Wolter w twórczości krasickiego» [Voltaire dans l'œuvre de Krasicki]. *PL* 17, n° 2 (1980), 53-64.

Trad.: «Voltaire dans l'œuvre de Krasicki». [In] *Voltaire et Rousseau en France et en Pologne* (1982: n° 32), p.259-72 (discussion, p.276-77).

1512 OSTASZEWICZ, Marek. «Esquisse d'une histoire de la tragédie voltairienne en Pologne». [In] *Voltaire et Rousseau en France et en Pologne* (1982: n° 32), p.281-90 (discussion p.305).

1513 PRZYBYLSKA, Elżbieta. «Colloque ‹Voltaire et Rousseau en France et en Pologne›». *KN* 26 (1979), 291-93.

Sur le colloque du 3-6 oct. 1978 au château de Nieborów en Pologne, à l'occasion du bicentenaire.

1514 ROSTWOROWSKI, Emanuel. «Voltaire et la Pologne». *SVEC* 62 (1968), 101-21.

Trad.: «Wolter a Polska». *Kwartalnik historyczny* 75 (1968), 849-67. Résumé en français: p.866-67.

Sur V et Stanislas et sur son attitude envers la Pologne.

1515 Rostworowski, Emanuel. «Une négociation des agents du roi de Pologne auprès de Voltaire en 1769». *RHL* 69 (1969), 39-50.

Jean-Frédéric Herrenschwand et Salomon Reverdil, agents de Stanislas.

1516 Rzadkowska, Ewa. «Wolter w polskiej kulture nowożytnej» [Voltaire dans la vie culturelle de Pologne après 1945]. [In] *Rozprawy z dziejów XVIII wieku* (1979: n° 17), p.81-94. Résumé en français, p.100-101.

Sa grande popularité.

1517 Rzadkowska, Ewa. «A propos de la réception de quelques textes français du xviiie siècle en Pologne». [In] *La Réception de l'œuvre littéraire*. Recueil d'études du colloque organisé par l'Université de Wrocław dans la rédaction de József Heistein. Wrocław: Wydawnictwo Universytetu Wrocławskiego, 1983. 314 p. (Acta Universitatis Wratislaviensis, 635; Romanica Wratislaviensa, 20), p.197-201.

En partie sur les contes et tragédies de V.

1518 Sgard, Jean. «Colloque de Nieborow: ‹Voltaire et Rousseau en France et en Pologne› (3-6 octobre 1978)». *Bulletin de la Société française d'étude du XVIIIe siècle* n.s. 28 (janv. 1979), 9-10.

Compte rendu.

1519 Sinko, Zofia. «Les adaptations polonaises des épîtres de Voltaire par Tomasz Kajetan Węgierski». [In] *Voltaire et Rousseau en France et en Pologne* (1982: n° 32), p.67-76 (discussion p.79-80).

1520 Szarama-Swolkień, Maria. «Wolterianizm» [Le voltairianisme]. [In] *Słownik literatury polskiego oświecenia*. Pod redakcją Teresy Kostkiewiczowej. Wrocław [etc.]: Zakład narodowy Imienia ossolińskich, 1977. 853 p. (Vademecum polonisty), p.781-86.

L'accueil de V et de son œuvre en Pologne; traductions d'œuvres de V et sur V jusqu'aux années 1820.

1521 Vercruysse, Jeroom. «Le *Manuscrit trouvé à Saragosse* sous le poids des Lumières: le voltairianisme de Jean Potocki». [In] *Jean Potocki et le Manuscrit trouvé à Saragosse*. Actes du colloque organisé par le Centre de civilisation française de l'Université de Varsovie (avril 1972). *Les Cahiers de Varsovie* 3 (1974), 247-62. Discussion, p.263-69.

Etude de ce que Potocki doit à V.

1522 WARCHOŁ, Jadwiga. «*Candide ou l'optimisme* de Voltaire dans les Lumières polonaises». [In] *Voltaire et Rousseau en France et en Pologne* (1982 : n° 32), p.145-57.

1523 WARCHOŁ, Jadwiga. «De l'audience des contes philosophiques de Voltaire dans les Lumières polonaises». *Les Cahiers de Varsovie* 12 (1985), 85-103.

La Roumanie

Voir aussi les numéros 201, 3407-3408, 3415.

1524 BODINGER, M. «Un voltairien moldave à la fin du xviiiᵉ siècle?». *CREL* (1979, n° 2), 147-48.
　　L'influence de V sur un écrivain non-identifié.

1525 CHIŢIMIA, I. C. «Le succès de l'œuvre de Voltaire en Roumanie et dans le sud-est de l'Europe». *AUB, Limbi și literaturi străine* 27, n° 2 (1978), 45-52. Résumé en roumain, p.52.
　　Théâtre, contes, histoire.

1526 CIOCULESCU, Şerban. «Voltaire şi România» [Voltaire et la Roumanie]. *România literară*, 15 iuni 1978, p.7; *ibid.*, 22 iuni 1978, p.7-8, ill.
　　V, Antioche Kantemir et l'*Histoire de Charles XII*.

1527 CORNEA, Paul. «Voltaire et Rousseau en Roumanie». [In] *Les Lumières en Hongrie ... Actes 4* (1981 : n° 28), p.73-79.

1528 DUŢU, Alexandru. *Explorări în istoria literaturii române*. [Bucureşti] : Editura Pentru literatură, 1969. 285 p.
　　p.65-85, «Voltairianism şi rousseauism» [Voltairianisme et Rousseauisme]. Voir p.65-79 : au sujet de V, historien de l'Europe orientale ; V et la création littéraire.

1529 DUŢU, Alexandru. «Voltairianisme et Rousseauisme dans la modernisation des cultures européennes : l'exemple roumain». *AUB, Limbi și literaturi străine* 27, n° 2 (1978), 37-43. Résumé en roumain, p.43.
　　L'influence considérable des deux écrivains.

1530 LASCU, Gheorghe. «Centenarul Voltaire-Rousseau în presa română din Transilvania» [Le centenaire de Voltaire-Rousseau dans la presse roumaine de Translyvanie]. *Studia universitatis Babeş-Bolyai, Philologia* 26, n° 1 (1981), 34-39.
　　Résumé en français, p.39. La réaction de la presse en 1878.

1531 Liu, Nicolae. « Voltaire despre Cantemir » [Voltaire sur Cantemir]. *Secolul* 20, n° 11-12 (1973), 98-103.

> Sur le contact intellectuel de V avec Dimitrie Cantemir par l'intermédiaire de La Noue.

1532 Liu, Nicolae. « Dimitri Cantemir, prince philosophe de Moldavie. Echos européens ». *DHS* 15 (1983), 421-39.

> Voir p.426-30 : l'influence de Cantemir sur V historien ; p.436-37, lettre de Antioch Kantemir à V (Paris, mars 1739).

1533 Mitu, Mihai. « Voltairianism şi Rousseauism în opera poetică a lui I. Budai-Deleanu » [Voltairianisme et Rousseauisme dans l'œuvre poétique d'I. Budai-Deleanu]. *AUB, Limbi şi literaturi străine* 27, n° 2 (1978), 53-58. Résumé en français, p.58.

La Scandinavie

Voir aussi les numéros 68, 403, 410, 1407, 2823, 3531.

1534 Beijer, Agne. *Les Troupes françaises à Stockholm, 1699-1792 : listes de répertoire.* Rédaction Sven Björkman. Uppsala : [Dist. par Almqvist & Wiksell International], 1989. 293 p. ill. (Acta Universitatis Upsaliensis. Studia Romanica Upsaliensia, 44).

> Pour la date des représentations des pièces de V, voir p.263-65 du « Registre alphabétique des auteurs et des pièces ».

1535 Grimsley, Ronald. « Some implications of the use of irony in Voltaire and Kierkegaard ». [In] *Actes du IVe congrès de l'Association internationale de littérature comparée, Fribourg, 1964 / Proceedings of the IVth congress of the International Comparative Literature Association.* Rédigés par François Jost. The Hague ; Paris : Mouton, 1966. 2 vols, p.1018-24.

> Réimpr. avec le titre : « Irony in Voltaire and Kierkegaard ». [In] Ronald Grimsley. *From Montesquieu to Laclos : studies on the French Enlightenment.* Genève : Droz, 1974. 159 p. (Histoire des idées et critique littéraire, 141), p.125-31.

1536 Proschwitz, Gunnar von. « Gustave III et les Lumières : l'affaire de *Bélisaire* ». *SVEC* 26 (1963), 1347-63.

> Etudie en partie les relations de V avec les membres de la famille royale suédoise et son rôle dans l'affaire de *Bélisaire*.
>
> Trad. : « Gustaf III och Voltaire ». [In] *Tre föreläsningar 1978.* Göteborg : Kungl. Vetenskaps- och vitterhetssamhället Göteborg, 1979. 84 p., p.31-63.
>
> Version française abrégée : « Gustave III et Voltaire ». [In] *Colloque international de Nice* (1979 : n° 14), p.135-47. Réimpr. [in] *Idées et mots au siècle des Lumières : mélanges*

en l'honneur de Gunnar von Proschwitz. Göteborg: Wettergrens Bokhandel AB; Paris: Jean Touzot, 1988. 302 p. ill., p.197-209.

1537 Rosso, Corrado. *Le « Lumières » in Svezia nel « tempo della libertà » (1718-1772) : contributo alla storia dell'influenza francese nel Nord.* Torino: Ed. di «Filosofia», 1959. 45 p. (Civiltà e idee, 8).

> p.9-12, «Lenti progressi delle ‹lumières›: Luisa Ulrica e Voltaire»; p.32-33, notes; p.44-45, «Appendice. La biblioteca di Luisa Ulrica».

> Réimpr. dans son *Illuminismo, felicità, dolore: miti e ideologie francesi.* Napoli: Edizioni scientifiche italiane, 1969. xii, 415 p.

> p.149-200. Voir aussi p.227-32, sur la Suède vue par V et par Bonstetten (notamment Charles XII).

> CR: P. Alatri. *SFr* 14 (1970), 352-53; R. Favre, *DHS* 3 (1971), 409-10; A. Masson, *Critique* 26 (1970), 979; P. P., *GCFI* 49 (1970), 313; A. Scaglione, *CL* 24 (1972), 362-64.

1538 Scheffer, Carl Fredrik. *Carl Fredrik Scheffer. Lettres particulières à Carl Gustaf Tessin, 1744-1752.* Edition critique par Jan Heidner. Stockholm: Kungl Samfundet för utgivande av handskrifter rörande Skandinaviens historia, 1982. xiii, 310 p. (Kungl. Samfundet för utgivande av handskrifter rörande Skandinaviens historia, Handlingar del 7). [Thèse, U. de Stockholm, 1982].

> Plusieurs références à V dans la correspondance (voir l'index des ouvrages mentionnés, V: p.276-77); p.30-34, «Le cas Voltaire», surtout l'affaire de l'*Histoire de Charles XII*; p.121, épigramme inédite de V (1746), «La jeune et fringante Lise».

Pays divers

1539 Bekhrad, Mozaffar. *The Literary fortunes of Sa'di in France.* Diss., Columbia U., 1977. 154 p.

> Résumé: *DAI* 38 (1977-78), 2828A-2829A.

> Contient un développement sur les similarités des vues philosophiques de V et de Sa'di (ch. 3).

1540 Bonnerot, Olivier H. *La Perse dans la littérature et la pensée françaises au XVIIIe siècle: de l'image au mythe.* Paris: Champion, 1988. 379 p. ill.

> V *passim* – voir l'index.

> CR: *BCLF* 514 (1988), 1362; P. Kra, *ECF* 2 (1989-90), 259-61; F. Moureau, *DHS* 21 (1989), 533-34; L. Pietromarchi, *SFr* 34 (1990), 521-22; L. Versini, *RHL* 89 (1989), 1056-57.

1541 Chaybany, Jeanne. *Les Voyages en Perse et la pensée française au XVIIIe siècle.* [Paris: Guenther], 1971. 407 p.

p.232-76, « Voltaire et la Perse ». Sur l'influence de la Perse sur l'art des contes et sur la philosophie de l'histoire révélée dans l'*Essai sur les mœurs*.

CR : M. Bastiaensen, *SFr* 16 (1972), 486-87.

1542 COULET, Henri. « Quelques aspects de l'Egypte pharaonique en France au xviiie siècle ». [In] *Actes du colloque ... Cortona* (1984 : n° 36), p.141-48.

Voir surtout p.144-45 : *La Philosophie de l'histoire* et les articles « Apis » et « Initiation » du *Dictionnaire philosophique*.

1543 Δημαρᾶς, Κ. Θ. « Σημειώσεις γιὰ τὴν παρουσία τοῦ Βολταίρου στὴν ῾Ελλάδα » [Notes sur la présence de Voltaire en Grèce]. *Φιλολογικὴ Πρωτοχρονιά* 25 (1968), 22-26.

1544 DIMARAS, Constantin Th. « Notes sur la présence de Voltaire en Grèce ». *SVEC* 55 (1967), 439-44.

Réimpr. dans son *La Grèce au temps des Lumières* (n° suivant) sous le titre « Nouvelles observations sur la présence de Voltaire en Grèce », p.95-102.

1545 DIMARAS, Constantin Th. *La Grèce au temps des Lumières*. Genève : Droz, 1969. xiv, 169 p. (Etudes de philologie et d'histoire, 9).

p.61-94, « La fortune de Voltaire en Grèce » ; p.95-102, « Nouvelles observations sur la présence de Voltaire en Grèce ».

CR : L. Sozzi, *SFr* 14 (1970), 361 ; J. Vercruysse, *DHS* 4 (1972), 408-409.

1546 Динеков, П. « ‹ Вольтерьянство › в одной Болгарской повести xix в [Le « voltairianisme » dans quelques contes bulgares du xixe siècle]. [In] *Русско-европейские литературные связи : сборник статей к 70-летию со дня рождения академика М. П. Алексеева*. Москва ; Ленинград : Издательство « Наука », 1966. 473 p. (Академия Наук СССР, Отделение литературы и языка, Институт Русской литературы, Пушкинский дом), p.311-16.

1547 FUCILLA, Joseph G. « Un brutto scherzo fatto al Voltaire da Stefano Zanovich ». *Shêjzat / Le Pleiadi* 13 (1969), 327-30.

Stjepan Zanović (1751-1786), littérateur albanais. Sur une fausse lettre écrite par celui-ci la veille de sa mort supposée, et adressée à V (impliquant par là l'existence d'une correspondance) ; il l'avait fait publier avec un avis mortuaire dans la *Gazzetta universale di Firenze* (fév. 1774) afin d'attirer l'attention du public.

1548 GÖKER, Cemil. *La Turquie dans les romans et les contes de Voltaire*. Ankara : Üniversitesi Basımevi, 1971. 91 p. (Publications de la Faculté des lettres de l'Université d'Ankara, 203).

1549 HAWLEY, Daniel S. « L'Inde de Voltaire ». *SVEC* 120 (1974), 139-78.

Contient une liste des livres sur l'Inde dans la bibliothèque de V.

1550 KEYS, A. C. «Voltaire en Nouvelle-Zélande». *RHL* 68 (1968), 401-406.

> Sur *A selection from Voltaire's dramas*. Translated by Goodwin Cox. Timaru, N.Z.: W. H. Foden (printer), 1891.
>
> CR : F. B. Crucitti Ullrich, *SFr* 13 (1969), 355.

1551 LAVIČKA, Jan. «Voltaire et la Bohême». *SVEC* 219 (1983), 105-115, ill.

> L'intérêt que porte V dans son œuvre aux régions de la Bohême, à la région de Moravie et la Silésie dans les domaines de la politique et de la guerre.

1552 MAGGS, Barbara W. «Voltaire and the Balkans: aspects of the Enlightenment in 18th-century Croatia and Serbia». *SVEC* 189 (1980), 81-118.

> L'aspect le plus important pour V : la critique religieuse.

1553 MORRIS, Madeleine F. «Voltaire et le mythe zoroastrien». *SVEC* 264 (1989), 885-89.

> Vue générale dans l'œuvre de V sur ce mythe, démontrant sa tendance à évoluer vers des recherches historiques.

1554 MURR, Sylvia. *L'Inde philosophique entre Bossuet et Voltaire*. Paris : Ecole française d'Extrême-Orient, 1987. 2 vols (Publications de l'Ecole française d'Extrême-Orient, 146).

> Voir notamment ii.116-17, 170-88 et les indexes : les mœurs, la religion et les coutumes des Indiens vues par V et par le père Cœurdoux.

1555 МЫЛЬНИКОВ, Александр Сергеевич. «Вольтер и Чехия» [Voltaire et la Bohême]. *Slavia* 40 (1971), 373-84.

1556 Παντελοδῆμος, Δημήτριος Ν. «Ε'υέργειαι τοῦ Βολταίρου πρὸς ἀπελευθέρωσιν τῆς Ἑλλάδος κατὰ τὴν διάρκειαν τοῦ ῥωσσοτουρκικοῦ πολέμου 1768-1774» [L'œuvre de Voltaire sur la libération de la Grèce au début de la guerre russo-turque, 1768-1774]. Ἠπειρωτικὴ Ἑστία 18 (1969), 497-515.

1557 POMEAU, René. «Voltaire européen». [In] *Voltaire ou la liberté de l'esprit* (1989 : n° 49), p.59-79.

> Réimpr. de son article portant le même titre (1958 : Q4 964).

1558 RIETZ, Henryk. «Znajomość myśli Woltera w miastach regionu bałtyckiego» [La connaissance de la pensée de Voltaire dans les villes de la région baltique]. [In] *Rozprawy z dziejów XVIII wieku* (1979 : n° 17), p.63-79. Résumé en français, p.99-100.

1559 VĂGLENOV, Mihail. «Les Bulgares chez Voltaire». *Byzantinobulgarica* 2 (1966), 337-53.

> Ils se trouvent partout dans son œuvre.

1560 VESELÝ, Jindřich. « Le xviiiᵉ siècle français dans les traductions tchèques et slovaques parues dans les quinze dernières années ». *BDHS* n.s. 37 (1981), 22-23.

> Plusieurs éditions d'œuvres de V.

1561 VIDAN, Gabrijela. « Un voltairien négligé : Stjepan Zanović ». *SRAZ* 28 (1983), 3-23, ill.

> Résumé en français (p.3) et en serbo-croate (p.23).

1562 WEÖRES, Gyula. « La langue finnoise dans la littérature française au siècle des Lumières ». *NM* 67 (1966), 257-65.

> Voir p.259 : l'intérêt de V pour les rapports des Finnois et des Lapons et pour l'origine des Finnois.

Juifs

Voir aussi les numéros 2041, 2093, 2097, 2106, 2137-2138, 2144, 2255, 3351.

1563 AUBERY, Pierre. « Voltaire and antisemitism : a reply to Hertzberg ». *SVEC* 217 (1983), 177-82.

> A propos de *The French enlightenment and the Jews* de Hertzberg (1968 : n° 1567).

1564 BENSIMON, Jean. « Un antisémite rationaliste : Voltaire ». *Les Nouveaux cahiers* 10 (1967), 20-28.

1565 DESNÉ, Roland. « Voltaire et les Juifs. Antijudaïsme et antisémitisme. A propos du *Dictionnaire philosophique* ». [In] *Pour une histoire qualitative : études offertes à Sven Stelling-Michaud.* Genève : Presses universitaires romandes, 1975. 340 p., p.131-45.

> Son antijudaïsme s'explique par son antichristianisme ; son antijudaïsme n'est pas antisémitisme.
>
> Réimpr. avec le titre : « Voltaire était-il antisémite ? ». *La Pensée* 203 (1979), 70-81.

1566 HADAS-LEBEL, Mireille. « La préface à Eliezer et Nephtaly ou Florian contre Voltaire ». *H-Histoire* 3 (nov. 1979), 135-57.

> Florian répond à l'article « Juif » en s'opposant à l'idée du fanatisme des Hébreux. Le texte intégral est présenté.

1567 HERTZBERG, Arthur. *The French Enlightenment and the Jews.* New York & London : Columbia U. P. ; Philadelphia : Jewish Publication Society of America, 1968. viii, 420 p.

p.280-86, «The problem of Voltaire»; p.286-99, «Voltaire and his contemporaries»; p.299-308, «Voltaire and paganism»; autres références.

Réimpr. avec le titre: *The French Enlightenment and the Jews: the origins of modern antisemitism*. New York: Schocken Books, 1970.

CR: A. Ages, *MLJ* 53 (1969), 537-38; K. Bieber, *FR* 44 (1970-71), 402-404; N. Hampson, *History* 54 (1969), 287-88; J. N. Moody, *CathHR* 58 (1972), 406-408; R. H. Popkin, *AHR* 74 (1968-69), 1009-11; P. Rétat, *SFr* 18 (1974), 352-53; B. E. Schwartzbach, *DidS* 16 (1973), 361-74; M. H. Waddicor, *FS* 27 (1973), 204-206. Voir également l'article de M. Minerbi (1970: n° 1571).

1568 JORY, David H. «Voltaire and the Jews of Metz: tolerance or anti-semitism». *ECLife* 4 (1977-1978), 95-99.

En général V est tolérant.

1569 KATZ, Jacob. «Le judaïsme et les Juifs vus par Voltaire». *Dispersion et unité* 18 (1978), 135-49.

1570 MANUEL, Frank E. «Israel and the Enlightenment». *Daedalus* 111, n° 1 (1982), 33-52.

Sur V et les Juifs: p.38-41, 44-45 et *passim*.

1571 MINERBI, Marco. «Illuminismo ed Ebrei». *Studi storici* 11 (1970), 86-96.

CR de A. Hertzberg, *The French Enlightenment and the Jews* (1968: n° 1567). Voir p.91-96.

1572 NEF, M. F. «Le récit voltairien: tolérance et résignation». [In] *Voltaire, Rousseau et la tolérance* (1980: n° 26), p.113-28. Discussion, p.129-30. Résumé, p.113.

Analyse et explication des attaques de V contre le judaïsme.

1573 PLUCHON, Pierre. *Nègres et Juifs au XVIIIᵉ siècle: le racisme au siècle des Lumières*. Paris: Tallandier, 1984. 313 p.

Voir p.69-71, 274-75: l'antisémitisme de V.

1574 POLIAKOV, Léon. *Histoire de l'antisémitisme*. 3: *De Voltaire à Wagner*. Paris: Calmann-Lévy, 1968. 508 p. (Liberté de l'esprit).

p.103-17, «Voltaire» et *passim*.

Nouvelle éd.: *Histoire de l'antisémitisme*. 2: *L'Age de la science*. [Paris]: Calmann-Lévy, 1981. 527 p. (Pluriel), p.31-40, «Voltaire» et *passim*.

Trad.: *The History of anti-semitism*. 3: *From Voltaire to Wagner*. Translated from the French by Miriam Kochan. London: Routledge & Kegan Paul, 1975. ix, 582 p. (The Littman library of Jewish civilization), p.86-99, «Voltaire» et *passim*. Trad.: *Storia dell'antisemitismo*. 3: *Da Voltaire a Wagner*. [Trad. di Roberto Salvadori].

Firenze: La Nuova Italia, 1976. vi, 564 p. (Biblioteca di storia, 9), p.109-25, «Voltaire» et *passim*.

1575 ROPER, Alice. *Voltaire and the Jews.* Diss., Rice U., 1976. 222 p.

Résumé: *DAI* 37 (1976-77), 2225A.

1576 SCHWARZBACH, Bertram Eugene. «The Jews and the Enlightenment anew». *DidS* 16 (1973), 361-74.

1577 SIEBURTH, Renée. « *The Travels and adventures of Benjamin the third*: a look at its sources». *IFR* 9 (1982), 100-106.

Candide (idées et technique), une des sources de l'ouvrage de Shalom Jacov Abramovich (pseud. Mendele Mokher Sepharim).

Antiquité

Voir aussi les numéros 854, 1237, 1811, 1848, 1876-1877, 1880, 1884-1885, 1897, 2014, 2066, 2341, 2450, 2527, 2866, 2936, 3184, 3214, 3220, 3223, 3229, 3285.

1578 AGES, Arnold. «Voltaire and Horace: the testimony of the correspondence». *SVEC* 120 (1974), 199-221.

1579 AGES, Arnold. «Voltaire and the Classics. The testimony of the correspondence». *OL* 34 (1979), 301-13.

1580 AVERINTSEV, Sergei. «Attic rationalism and encyclopedic rationalism: an essay on the concatenation of epochs». *Diogenes* 130 (1985), 1-11.

p.5-7, rapports du rationalisme de V avec celui de l'antiquité.

1581 COTONI, Marie-Hélène & Laurence VIGLIENO. «Julien au siècle des Lumières en France». [In] *L'Empereur Julien.* 2: *De la légende au mythe (de Voltaire à nos jours).* Etudes rassemblées par Jean Richer. Paris: Société d'édition «Les Belles Lettres», 1981. 576 p. ill. (Groupe de recherches de Nice ...), p.11-31.

Voir notamment p.15-17, 27-31. Voir aussi des extraits de l'*Examen important de Milord Bolingbroke* (p.34-37) et l'index.

CR: R. Trousson, *RLC* 58 (1984), 117-18.

1582 DELON, Michel. «‹Homo sum ...› un vers de Térence comme devise des Lumières». *DHS* 16 (1984), 279-96.

p.284-86: le rôle de V.

1583 DEMAROLLE, J. M. & P. DEMAROLLE. «Historiographie et sémantique: la place de ‹Julien le philosophe› dans la stratégie voltairienne». [In] *L'Antiquité gréco-romaine* (1987: n° 41), p.145-66.

1584 DEPRUN, Jean. « D'Ovide à Voltaire : source et fortune de deux vers-axiomes ». [In] *Le Siècle de Voltaire* (1987 : n° 44), i.393-401.

Imitations d'Ovide dans *Zadig*, *Discours en vers sur l'homme* et autres écrits.

1585 GALLIANI, Renato. « Voltaire, Porphyre et les animaux ». *SVEC* 199 (1981), 125-38.

L'influence de Porphyre : étude basée sur un texte de celui-ci dans la bibliothèque de V à Saint-Pétersbourg.

1586 GARTENSCHLÄGER, Rainer. *Voltaires Cicero-Bild : Versuch einer Bestimmung von Voltaires humanistischem Verhältnis zu Cicero*. Diss., U. Marburg, 1968. 128 p.

CR : S. Jüttner, *RF* 82 (1970), 179-82 ; G. Niggestich-Kretzmann, *SFr* 14 (1970), 164.

1587 HAAC, Oscar A. « A ‹philosophe› and antiquity : Voltaire's changing views of Plato ». [In] *The Persistent voice : essays on Hellenism in French literature since the 18th century in honor of Professor Henri M. Peyre*. Edited by Walter G. Langlois. New York : New York U. P. ; Genève : Droz, 1971. 217 p. (Histoire des idées et critique littéraire, 118), p.15-26.

1588 HELLEGOUARC'H, Jacqueline. « Homère vu par Voltaire ». [In] *L'Antiquité gréco-romaine* (1987 : n° 41), p.247-64.

Quelques indications pour ceux qui voudraient entreprendre une recherche plus approfondie du sujet.

1589 HOWARD, Martha Walling. *The Influence of Plutarch in the major European literatures of the eighteenth century*. Chapel Hill. U. of North Carolina P., 1970. x, 217 p. (University of North Carolina studies in comparative literature, 50).

p.80-86, la présence de Plutarque dans les tragédies romaines de V. Voir l'index pour plus de références.

1590 JORY, David H. « Voltaire and the Greeks ». *SVEC* 153 (1976), 1169-87.

Essaie d'expliquer les attitudes de V envers les Grecs et ses efforts pour les adapter au cadre du XVIIIe siècle.

1591 JORY, David H. « The role of Greek tragedy in the search for legitimate authority under the Ancien Régime ». [In] *Eighteenth-century French theatre* (1986 : n° 40), p.6-16.

Voir notamment p.11-14. Il s'agit surtout d'*Œdipe*.

1592 KNOWLSON, James. « Voltaire, Lucian and *Candide* ». *SVEC* 161 (1976), 149-60.

Ce que V doit à l'œuvre de Lucien: liens possibles entre Lucien et l'évolution des contes et des dialogues.

1593 LANARO, Giorgio. «Voltaire e Lucrezio». *RCSF* 35 (1980), 357-80.

1594 MARTIN, René. «Voltaire lecteur de Tacite». [In] *L'Antiquité gréco-romaine* (1987: n° 41), p.339-57.

Jugements sur V critique des *Annales* de Tacite dans *Le Pyrrhonisme de l'histoire*.

1595 MASON, Adrienne. «Voltaire's portrait of Augustus». [In] *Voltaire and his world* (1985: n° 39), p.85-100.

Son antipathie pour Auguste, particulièrement à partir des années 1760 dans *Le Triumvirat* et autres écrits.

1596 MAT-HASQUIN, Michèle. *Voltaire et l'antiquité grecque.* Oxford: The Voltaire Foundation, 1981. 324 p. (SVEC, 197).

Sources grecques.

CR: P. Alatri, *SFr* 27 (1983), 148; M. Baridon, *DHS* 15 (1983), 526-27; J. H. Davis, Jr., *ECCB* n.s. 7 – for 1981 (1985), 602-603; R. C. Knight, *MLR* 78 (1983), 449; J. R. Loy, *DidS* 22 (1986), 204-205; A. Mason, *BJECS* 7 (1984), 148-49; C. Poulouin, *RHL* 83 (1983), 638-39; M. H. Waddicor, *FS* 39 (1985), 346-47; *YWMLS* 44 (1982), 165.

1597 MERVAUD, Christiane. «Julien l'Apostat dans la correspondance de Voltaire et Frédéric II». *RHL* 76 (1976), 724-43.

CR: N. Melani, *SFr* 21 (1977), 310.

1598 MESSINA, Calogero. *Voltaire e il mondo classico.* Palermo: Editrice Herbita, 1976. 245 p.

CR: J. Vercruysse, *TVSV* 8-9 (1980-81), 224.

1599 NABLOW, Ralph A. «Voltaire, *Sésostris*, and Prodicus' *Choice of Hercules*». *RomN* 22 (1981-1982), 58-63.

Ressemblance de *Sésostris* à l'ouvrage attribué à Prodicus de Céos.

1600 NIKLAUS, Robert. «*Eriphile* de Voltaire et le théâtre d'Eschyle». [In] *Le Siècle de Voltaire* (1987: n° 44), ii.707-18.

1601 REDSHAW, Adrienne. «Voltaire and Lucretius». *SVEC* 189 (1980), 19-43.

V aime l'homme de lettres mais il se méfie du matérialisme du philosophe.

1602 RIGAULT, Hippolyte. «Die klassizistischen Aufklärer: der Standpunkt Voltaires» [texte en français]. [In] *Antike und Moderne in der Literaturdiskussion des 18. Jahrhunderts.* Hrsg. und eingeleitet von Werner Krauss und Hans Kortum. Berlin: Akademie-Verlag, 1966. cx, 383 p. (Deutsche Akademie der Wissenschaften zu Berlin; Schriftenreihe der Arbeitsgruppe zur Geschichte der deutschen und französischen Aufklärung, 7), p.255-59.

> Tiré de: Hippolyte Rigault, *Histoire de la querelle des anciens et des modernes*. Paris: Hachette, 1856. 490 p., p.427-76, 480-81, 483. Voir aussi l'index.

1603 RUNTE, Roseann. «The matron of Ephesus in eighteenth-century France: the lady and the legend». *SECC* 6 (1977), 361-75.

> Plusieurs références à V et à son utilisation de la légende.

1604 SIMONSUURI, Kirsti. *Homer's original genius; eighteenth-century notions of the early Greek epic (1688-1798).* Cambridge, &c.: Cambridge U. P., 1979. xiii, 219 p. ill.

> p.65-73, «Voltaire and the poetry of the primitive age».
>
> CR: N. Suckling, *FS* 35 (1981), 210-11.

1605 SPINK, John S. «The reputation of Julian the ‹apostate› in the Enlightenment». *SVEC* 57 (1967), 1399-1415.

> Voir p.1411-13.

1606 TERNES, Charles-Marie. «L'état de nature, du lyrisme romain à Voltaire et Rousseau». [In] *L'Antiquité gréco-romaine* (1987: n° 41), p.473-84.

> Voir p.474-75, 478, 480-81.

1607 TROUSSON, Raymond. *Socrate devant Voltaire, Diderot et Rousseau: la conscience en face du mythe.* Paris: Lettres modernes, Minard, 1967. 152 p. (Collection «Thèmes et mythes», 11).

> p.31-44, «Voltaire et le ‹sage au nez épaté›». Voir aussi l'index.
>
> CR: A. J. Bingham, *MLJ* 53 (1969), 208-209; K. Carson, *DidS* 14 (1971), 273-81; J. Chouillet, *RHL* 69 (1969), 855-56; M. Grémion, *BPh* 15 (1968), 1091; A.-M. Rousseau, *RLC* 49 (1975), 160-62; L. Sozzi, *SFr* 13 (1969), 154; M. Weyembergh, *RBPH* 49 (1971), 252-53.

1608 TROUSSON, Raymond. «Sokrates voor Voltaire, Diderot, en Rousseau. Het bewustzijn tegenover de mythe» [Socrate devant Voltaire, Diderot et Rousseau. La conscience en face du mythe]. *Tijdschrift van de Vrije Universiteit Brussel* 15 (1972-1973), 10-34.

> Premier ch. du n° précédent trad. par Hendrik Keuleers.

1609 TROUSSON, Raymond. «Le théâtre tragique grec au siècle des Lumières». *SVEC* 155 (1976), 2113-36.

> V *passim* mais sans développements soutenus.

1610 VIVIAN, Nancy. « Voltaire's reflections on the Augustan age: Voltaire as historian of himself ». *Revue Frontenac | Frontenac review* 3 (1985), 23-41.

Il est surtout question de deux tragédies: *Rome sauvée* et *Le Triumvirat*.

1611 WERNER, Stephen. « Voltaire and Seneca ». *SVEC* 67 (1969), 29-44.

Voltaire écrivain et penseur

Conteur

Voir aussi les numéros 88, 100-101, 234, 563, 567, 700, 820, 954, 1011, 1523, 1541, 1548, 1793, 1802, 2317, 2324-2325, 2328, 2367-2369, 2459-2461, 2467-2469, 2472, 2477, 2481, 2483-2485, 2487, 2678, 2695.

1612 « R. S. Wolper and Voltaire's *contes* ». *SVEC* 212 (1982), 311-30.

> Contient: p.312-17, Theodore E. D. Braun, « Voltaire and his *contes*: a review essay on interpretations offered by Roy S. Wolper » [réimpr. de *East-Central newsletter* 4 (1981), 9-14]; p.318-27, Vivienne G. Mylne, « Wolper's view of Voltaire's tales »; p.328-30, « Theodore Braun replies [to V. Mylne] ». Débat sur la valeur de la critique de Wolper.

1613 ABANIME, Emeka Patrick. « Les noirs dans l'œuvre romanesque de Voltaire ». *SVEC* 278 (1990), 197-213.

1614 ADAMS, David J. *La Femme dans les contes et les romans de Voltaire*. Paris: A. Nizet, 1974. 329 p.

> Contient en appendice « Mme de Pompadour et la *Dédicace* de *Zadig* » (p.307-10) et « L'éducation de Cunégonde » (p.311-13).
>
> CR: W. H. Barber, *FS* 33 (1979), 740-41; P. Rétat, *SFr* 20 (1976), 362; J. Vercruysse, *RBPH* 59 (1981), 712-13.

1615 BARCHILON, Jacques. *Le Conte merveilleux français de 1690 à 1790: cent ans de féerie et de poésie ignorées de l'histoire littéraire*. Paris: Honoré Champion, 1975. xvii, 162 p. ill. (Bibliothèque de la Revue de littérature comparée, 114).

> p.133-43, « Voltaire, Diderot, Rousseau et le merveilleux ». Voir surtout p.133-39.

1616 BARGUILLET, Françoise. *Le Roman au XVIIIe siècle*. Paris: PUF, 1981. 250 p. (Littératures).

> p.57-58, « Voltaire, Diderot, Rousseau » (le roman romanesque); p.95-101, « Parodie de Voltaire » (sur *Candide* et *Zadig*).

1617 BERTRAND-GUY, Annie Christiane. *Voyages et mouvements dans les contes philosophiques de Voltaire*. Diss., Indiana U., 1974. 295 p.

> Résumé: *DAI* 35 (1974-75), 4500A-4501A

1618 BIENAIMÉ RIGO, Dora. *Gli Ultimi racconti di Voltaire.* Pisa: Editrice libreria Goliardica, 1974. 201 p. (Studi e testi, 45).

CR: R. Mercier, *RSH* 161 (1976), 114-15; L. Sozzi, *SFr* 20 (1976), 361; N. Suckling, *FS* 31 (1977), 455-56; J. Vercruysse, *RBPH* 58 (1980), 475-76.

1619 BIENAIMÉ RIGO, Dora. «Alcuni aspetti della ‹féerie› orientale nei racconti di Voltaire». *RLMC* 31 (1978), 264-90; 32 (1979), 5-31.

1620 BOHÊME, Daniel. «El espíritu de Voltaire en sus cuentos». *Káñina* 3, n° 2 (1979), 49-56.

Fait partie d'un cycle de conférences à l'U. de Costa Rica pour marquer le bicentenaire de la mort de V et de Rousseau.

1621 BONNEVILLE, Douglas A. *Voltaire and the form of the novel.* Oxford: The Voltaire Foundation, 1976. 149 p. (SVEC, 158).

CR: J. H. Brumfitt, *FS* 33 (1979), 748-49; A. Gunny, *DHS* 10 (1978), 502-503; V. Mylne, *MLR* 73 (1978), 188; J. Sareil, *FR* 52 (1978-79), 770.

1622 BROCKMEIER, Peter. «Ironie und Skepsis des unvoreingenommen Philosophen: *Le Monde comme il va. Vision de Babouc* (1748), *Candide ou l'optimisme* (1759)». [In] *Französische Literatur in Einzeldarstellungen. 1. Von Rabelais bis Diderot.* Hrsg. von Peter Brockmeier & Hermann Wetzel. Stuttgart: J. B. Metzlersche Verlagsbuchhandlung, 1981. 424 p., p.354-62.

Voir aussi l'index.

CR: H.-J. Lüsebrink, *DHS* 14 (1982), 498; L. Pollmann, *Archiv* 220 (1983), 213-15.

1623 BRUNEL, Pierre. «Quatre contes de Voltaire». *Documents et recherches/lettres,* nov. 1973, p.22-24.

Zadig, Micromégas, Candide et *L'Ingénu* reflètent leur siècle et sont des livres de notre temps.

1624 CAMBOU, Pierre. «Le héros du conte voltairien: sa genèse dans les *Œuvres historiques*». *Littératures* 23 (1990), 89-101.

L'Evolution du concept du héros vue à travers une confrontation des héros des contes avec ceux des œuvres historiques.

1625 CHERPACK, Clifton. «Positivism, piety, and the study of Voltaire's philosophical tales». *ECent* 24 (1983), 23-37.

CR: H. A. Stavan, *SFr* 29 (1985), 175.

1626 COULET, Henri. *Le Roman jusqu'à la Révolution. 1. Histoire du roman en France.* Paris: A. Colin; New York: McGraw-Hill, 1967. 559 p. (Collection U. Lettres françaises).

p.389-401, «Deux philosophes romanciers: Montesquieu et Voltaire»; voir notamment p.394-401.

1627 DALNEKOFF, Donna Isaacs. «A familiar stranger: the outsider of eighteenth century satire». *Neophil* 57 (1973), 121-34.

Le V des contes *passim*.

1628 DIRSCHERL, Klaus. «Le romancier philosophe – un camélion?». *SVEC* 264 (1989), 1200-202.

En partie sur V: *Candide* et *Le Taureau blanc*.

1629 EASTERLING, Ilda-Marie. «Voltaire: l'art de conter». *SVEC* 265 (1989), 1268-71.

1630 EMILIAN, Alexandra. «Voltaire – povestirile filozofice» [Voltaire – les contes philosophiques]. *Studii de literatură universală* 19 (1976), 69-72.

Sur *Zadig, Candide* et *L'Ingénu*.

1631 ERLAT, Jale. *La Condition de la femme dans les contes de Voltaire.* Thèse, U. de Paris x, 1978, 253 f.

1632 FAUDEMAY, Alain. «L'utopie chez Voltaire: de la philosophie au conte». *SVEC* 191 (1980), 663-64.

1633 FAUDEMAY, Alain. *Voltaire allégoriste: essai sur les rapports entre conte et philosophie chez Voltaire.* Fribourg: Editions universitaires, 1987. 118 p.

Ouvrage en trois parties: 1. Conte et philosophie: structures (résumé dans son article «L'utopie chez Voltaire»: voir le n° précédent); 2. Désir et raison: vers les zones obscures; 3. L'original et les simulacres: usages de la figure.

CR: A. Ages, *Eighteenth-century fiction* 1 (1988-89), 151-53; N. Minerva, *SFr* 33 (1989), 157.

1634 FRICK, Werner. *Providenz und Kontingenz: Untersuchungen zur Schicksalssemantik im deutschen und europäischen Roman des 17. und 18. Jahrhunderts.* Tübingen: Max Niemeyer, 1988. 2 vols (Hermaea, 55).

ii.281-341, «Kritik der Metaphysik und kulturelle Praxis in Voltaires Erzählwerk». Traite de *Micromégas, Le Monde comme il va, Zadig, Memnon, Candide.* Voir aussi l'index et la bibliographie (ii.535-37).

1635 GALLIANI, Renato. «Les sources philosophiques de quelques contes de Voltaire». *RLMC* 36 (1983), 221-40.

Sur *Les Deux consolés, Memnon, Zadig, Le Crocheteur borgne.*

CR: A. D. Hytier, *ECCB* n.s. 9 – for 1983(1988), 726.

1636 GEISSLER, Rolf. «Die Propagierung des aufklärerischen Weltbildes in Voltaires ‹contes philosophiques›». [In] *Französische Aufklärung : Bürgerliche Emanzipation, Literatur und Bewusstseinsbildung.* Kollektievarbeit von Winfried Schröder *et al.* Leipzig: Reclam, 1974. 961 p. (Sprache und Literatur, 562), p.533-66.

1637 GUNNY, Ahmad. «Voltaire and the novel: Sterne». *SVEC* 124 (1974), 149-61.

> Le roman vu par V; l'intérêt de celui-ci pour l'œuvre de Sterne de 1760 jusqu'à la fin de ses jours.

1638 GUNNY, Ahmad. «Voltaire's thoughts on prose fiction». *SVEC* 140 (1975), 7-20.

1639 GUTIÉRREZ, Fátima. «Epifanías del imaginario: el cuento. Voltaire y el mito iniciático». [In] *Narrativa francesa* (1988: n° 47), p.279-91.

> Traite surtout de *L'Ingénu.*

1640 HOWELLS, R. J. «The burlesque as a philosophical principle in Voltaire's *contes*». [In] *Voltaire and his world* (1985: n° 39), p.67-84.

1641 KNABE, Peter-Eckhard. «Literatur». [In] *Frankreich im Zeitalter der Aufklärung : eine Kölner Ringvorlesung.* Hrsg. Peter-Eckhard Knabe. Köln: DME-Verlag, 1985. 304 p. pl. (Kölner Schriften zur Romanischen Kultur, 1), p.141-92.

> Voir p.165-68: les contes de V.

1642 KRAUSS, Werner. «Le jeu des chiffres et la naissance de la méthode statistique au XVIIIe siècle». *BRP* 10 (1971), 245-52.

> *L'Homme aux quarante écus* et *La Princesse de Babylone.*
>
> Réimpr. [in] *Le Jeu au XVIIIe siècle* (1976: n° 8), p.33-41.

1643 KUSCH, Manfred. «Old certainties and the ‹New Novel›: the problem of authority in Voltaire's theater and prose fiction». *FrF* 9 (1984), 190-99.

1644 LOWE, O. *Aspects of narrative technique in Voltaire's « Romans et contes » with special reference to techniques of intrusion.* Diss., Kent U., 1988.

> Résumé: *Aslib* 38/3/4677.

1645 MACARY, Jean. «Statut des personnages dans *Micromégas* et *Candide*». [In] *Colloque 76* (1983: n° 34), p.173-83.

1646 MARSLAND, Amy L. «Voltaire: satire and sedition». *RR* 57 (1966), 35-40.

> Sur *Candide* et *Zadig.*

1647 Mason, Haydn T. «Contradiction and irony in Voltaire's fiction». [In] *Studies in French fiction in honour of Vivienne Mylne*. Edited by Robert Gibson. London: Grant & Cutler, 1988. 375 p. port. p.179-90.

1648 Mauriac, Claude. *De la littérature à l'alittérature*. Paris: Grasset, 1969. 361 p.
   p.155-67, «Voltaire: *Contes*».

1649 McGhee, Dorothy M. *Voltairian narrative devices as considered in the author's «Contes philosophiques»*. Menasha, Wis.: George Banta, 1933. xii, 192 p. [Diss., Ohio State U., 1930].
   CR: H. B., *MLR* 30 (1935), 415-16; R. Naves, *RHL* 41 (1934), 614-15.
   Réimpr.: New York: Russell & Russell, 1973.
   CR: G. B. Walters, Jr., *FR* 47 (1973-74), 631-32.

1650 Mercier, Roger. «La notion du travail dans les *Contes* de Voltaire». [In] *La Littérature des Lumières en France et en Pologne: Esthétique. Terminologie. Echanges*. Actes du colloque franco-polonais organisé par l'Université de Wrocław et l'Université de Varsovie en collaboration avec l'Institut de recherches littéraires de l'Académie polonaise des sciences. Warszawa; Wrocław: Państowowe wydawnictwo naukowe, 1976. 369 p. (Acta Universitatis Wratislaviensis, 339), p.57-70. Discussion, p.71-73.
   Traite surtout de *Candide*; quelques observations sur *L'Homme aux quarante écus*.

1651 Minář, Jaroslav. *Francouzský román od klasicismu do osvícenství: jeho kritika a rehabilitace*. Praha: Academia, 1968. 95 p. (Rozpravy Československé Akademie věd. Rada společenských věd. Roč. 78, seš. 7).
   p.48-53, «Román a rané osvícenské myšlení. Postoj osvícenců k žánru (Montesquieu, Voltaire)» [Le roman et la pensée du début du siècle des Lumières. L'attitude des philosophes par rapport au genre (Montesquieu, Voltaire)]. Résumé en français, p.85-88.
   CR: A. Zatloukal, *RHL* 70 (1970), 513-14.

1652 Munteanu, Romul. *Literatura europeană în epoca luminilor: iluminism, preromantism, Sturm und Drang, neoumanismul german*. Bucureşti: Editura enciclopedică română, 1971. 381 p.
   p.178-90, «Voltaire şi ficţiunea voiajului într-un univers absurd» [Voltaire et le voyage imaginaire dans un univers absurde]: *Zadig*, *Candide*, *Micromégas*. Voir aussi l'index.

1653 Mylne, Vivienne G. «Literary techniques and methods in Voltaire's *contes philosophiques*». *SVEC* 57 (1967), 1055-80.

1654 Niklaus, Robert. «La morale de Voltaire, de Rousseau et de Diderot, telle qu'elle se dégage de leur œuvre romanesque». [In] *Humanitas: studies in French literature presented to Henri Godin*. Edited by R. Leslie Davis *et al*. Coleraine: New U. of Ulster, 1984. ii, 239 p., p.76-88 (surtout p.76-80).

1655 PEDERSEN, John. *Kritik og kærlighed i franske tekster fra oplysningstiden : bidrag til det 18. århundredes litterære historie* [Critique et amour dans des textes français des Lumières]. København: Forlaget Rhodos, 1981. 103 p.

> p.25-35, «Fortællinger om uskyld og troskyldighed» [Contes de l'innocence et de la naïveté] : à propos de *L'Ingénu* et *Candide*.
>
> CR: E. M. Bukdahl, *DHS* 15 (1983), 520.

1656 PERRIN-NAFFAKH, Anne-Marie. «Un exemple de parodie d'écriture: les *contes et romans* de Voltaire». *Eidôlon* 13 (1980), 277-99.

> Parodie du contenu romanesque, parodie d'écriture, efficacité et exigences de lecture.

1657 POMEAU, René. «Le jeu de Voltaire écrivain». [In] *Le Jeu au XVIIIe siècle* (1976: n° 8), p.175-76.

> Le style de son jeu dans les contes.

1658 PRICE, William Raleigh. *The Symbolism of Voltaire's novels with special reference to «Zadig»*. New York: Columbia U. P.; London: Henry Frowde, 1911. vi, 269 p.

> Réimpr.: New York: AMS Press, 1966. (Columbia University studies in Romance philology & literature, 11).
>
> CR: P. Toldo, *ZFSL* 39 (1912), 208-12.

1659 RAYNAUD, Jean-Michel. «Mimésis et philosophie: approche du récit philosophique voltairien». *DHS* 10 (1978), 405-15.

> Etude de *Zadig, Candide, L'Ingénu* et la *Relation de la maladie ... du jésuite Berthier*.

1660 RENO, Christine M. «Women in Voltaire's novels and *contes*». *Mid-Hudson language studies* 1 (1978), 81-96.

1661 SAINT-AMAND, Pierre. «Destin de l'histoire: *Zadig* et *Candide*». *SVEC* 260 (1989), 183-95.

> Solutions à la violence des hommes: dans *Zadig* l'histoire est justicière; dans *Candide* elle est rituelle, purgative.

1662 SAREIL, Jean. «Les anges de Voltaire». *KRQ* 20 (1973), 99-112.

> Le rôle des anges dans *Zadig, Le Monde comme il va* et *Le Blanc et le noir*.

1663 SAREIL, Jean. «L'exagération comique dans les contes de Voltaire». *FLS* 2 (1975), 49-65.

1664 SAREIL, Jean. «Le comique par non-sens et faux sens dans les contes de Voltaire». *SECC* 9 (1979), 477-87.

Techniques narratives.

CR: J. C. O'Neal, *RR* 73 (1982), 392.

1665 SAREIL, Jean. «Le rythme comique, accélération et ralentissement dans les *contes* de Voltaire». [In] *Colloque 76* (1983: n° 34), p.141-54.

1666 SCHAPIRA, Charlotte. «Voltaire's writings as a possible source of Ionesco's absurd drama». *FSB* 28 (autumn 1988), 12-14.

Les contes.

1667 SCHERER, Jacques. «‹L'univers en raccourci›: quelques ambitions du roman voltairien». *SVEC* 179 (1979), 117-42.

Pour V le roman n'est plus un miroir du tout: il adopte pour cela des solutions radicales.

1668 SCHICK, Ursula. *Zur Erzähltechnik in Voltaires «Contes»*. München: Wilhelm Fink Verlag, 1968. 125 p. (Romanica monacensia, 2). [Diss., München, 1966].

CR: M. Fontius, *DLZ* 90 (1969), 1074; W. Krauss, *RF* 81 (1969), 238-40; P. H. Meyer, *DidS* 14 (1971), 317-20; C. Thacker, *FS* 24 (1970), 57-58; J. Vercruysse, *RHL* 70 (1970), 717-18.

1669 Семенова, С. Г. «Философия и роман (к традиции жанра философского романа во французской литературе)» [La philosophie et le roman (la tradition du genre du roman philosophique dans la littérature française)]. *Вестник Московского Университета*, Серия x: Филология (1972, n° 3), 3-13.

V *passim*.

1670 SENIOR, Nancy. «Voltaire and the Book of Job». *FR* 47 (1973-1974), 340-47.

Les rapports entre Job et les contes philosophiques.

CR: R. A. Stanley, *SFr* 18 (1974), 556.

1671 SHERMAN, Carol. *Reading Voltaire's «contes»: a semiotics of philosophical narration*. Chapel Hill: U. of North Carolina, Department of Romance languages, 1985. 282 p. (North Carolina studies in the romance languages and literatures, 223).

CR: P. Coleman, *ECent* 28 (1987), 171-80; W. F. Edmiston, *FR* 59 (1985-86), 977-78; D. Krauss, *KRQ* 34 (1987), 485-87; P. Stewart, *RHL* 87 (1987), 156-57.

1672 SHOWALTER, English, Jr. *The Evolution of the French novel, 1641-1782*. Princeton: Princeton U. P., 1972. vi, 372 p.

p.300-34, «Prévost, Voltaire, Rousseau, Diderot: criticism». Voir surtout p.329-34: *L'Ingénu*. Consulter aussi l'index.

CR : G. Cerruti, *SFr* 17 (1973), 360-61 ; G. May, *CL* 25 (1973), 369-73 ; V. Mylne, *BSECS Newsletter* 3 (May 1973), 5-6, et *MLR* 71 (1976), 167-68 ; S. W. Tiefenbrun, *RR* 67 (1976), 66-68 ; *TLS*, 29 June 1973, p.740.

1673 SHOWALTER, English, Jr. « The theme of language in Voltaire's tales ». *FrF* 14 (1989), 17-29.

1674 SMERNOFF, Richard Alan. *The Nature of evil in the « contes et romans » of Voltaire.* Diss., Princeton U., 1969. 242 p.

Résumé : *DAI* 30 (1969-70), 1995A.

1675 Соколянский, Марк. « Философский роман эпохи просвещения (вопросы генезиса и жанрового своеобразия) » [Le roman philosophique au siècle des Lumières (genèse et spécificité générique)]. *ZRL* 28, n° 2 (1985), 15-29.

Résumés en polonais et en anglais, p.29-30. Principalement sur V, Diderot et Johnson : le conflit philosophique qui se révèle dans l'intrigue, les personnages, l'espace et l'organisation temporelle du texte.

1676 STACKELBERG, Jürgen von. *Von Rabelais bis Voltaire : zur Geschichte des französischen Romans.* München : C. H. Beck, 1970. xv, 415 p.

Voir notamment p.329-55, sur divers romans de V.

1677 STAVAN, Henry A. « Are Voltaire's tales narrative fantasies? A reply to Wolper ». *SVEC* 215 (1982), 281-87.

Tentative pour corriger et modifier l'interprétation que donne R. S. Wolper dans plusieurs articles au sujet des contes : « Candide, ‹gull in the garden?› » (1969 : n° 2880) ; « The final foolishness of Babouc ... » (1980 : n° 3195) ; « The toppling of Jeannot » (1980 : n° 3100). Voir aussi « R. S. Wolper and Voltaire's contes » (1982 : n° 1612).

CR : M. Menemencioglu, *RHL* 86 (1986), 148 ; *YWMLS* 45 (1983), 155.

1678 THOMAS, Ruth P. « The theme of the voyage in Voltaire's *Contes philosophiques* ». *KRQ* 16 (1969), 383-95.

1679 THOMPSON, Nancy. *Types of narrative perception in Voltaire's « contes ».* Diss., U. of North Carolina at Chapel Hill, 1971. 343 p.

Résumé : *DAI* 32 (1971-72), 7011A.

1680 UNDANK, Jack. « The status of fiction in Voltaire's *contes* ». *DSec* 6 (1982), 65-88.

CR : *YWMLS* 44 (1982), 165.

1681 VALLANTIN, Catherine. *Etude d'éléments populaires dans le romanesque voltairien.* Thèse, U. de Paris IV, 1977. 280 p.

1682 VAN DEN HEUVEL, Jacques. *Voltaire dans ses contes de « Micromégas » à « L'Ingénu »*. Paris: A. Colin, 1967. 357 p. [Thèse, U. de Paris, 1968].

Cherche à renouveler l'intérêt pour l'étude des contes.

CR: P. Alatri, *CulF* 15 (1968), 171-79; *BCLF* 23 (1968), 495; J. H. Brumfitt, *FS* 23 (1969), 293-94; A. Delorme, *RSyn* 90 (1969), 167-69; R. Mercier, *RSH* 135 (1969), 512-15; J. Morel, *IL* 21 (1969), 39-40; J. Sareil, *RR* 61 (1970), 140-41; L. Sozzi, *SFr* 13 (1969), 151-52; J. Vercruysse, *RBPH* 47 (1969), 683-84.

1683 VAN DEN HEUVEL, Jacques. «Voltaire dans ses contes». *IL* 20 (1968), 199-201.

Sur les rapports entre la propagande des contes et la vie privée de V.

1684 VAN DEN HEUVEL, Jacques. «Sans l'ombre d'une ride, les contes». *Le Monde*, 7 avr. 1978, p.22.

Sur leur qualité toujours vivante.

1685 VAN DEN HEUVEL, Jacques. «Le conte voltairien ou la confidence déguisée». [In] *Voltaire ou la liberté de l'esprit* (1989: n° 49), p.143-50.

Version légèrement remaniée de son article portant le même titre (1958: *QA* 997).

1686 VERSINI, Laurent. «Le roman en 1778». *DHS* 11 (1979), 43-61.

Voir p.43, 47-40, 61.

1687 VESELÝ, Jindřich. «Structure et signification des contes de Voltaire». *Acta Universitatis Carolinae, Philologica* 2; *Romanistica pragensia* 13 (1981), 39-51.

Résumé en tchèque, p.51.

1688 VIROLLE, Roland. «Voltaire et les matérialistes, d'après ses derniers contes». *DHS* 11 (1979), 63-74.

1689 WALTERS, Robert L. «*La Métaphysique de Newton* et les premiers contes de Voltaire». [In] *Colloque 76* (1983: n° 34), p.155-71.

La Métaphysique ... (1740), qui fait partie des *Eléments de la philosophie de Newton*, et ses rapports avec *Micromégas*, *Zadig* et *Candide*.

1690 WANOUNOU, Suzanne. *La Fantaisie et son expression dans les romans et contes de Voltaire*. Thèse, U. de Paris IV, 1972. 219 f.

1691 WILLIAMS, Juanita. *Towards a definition of Menippean satire*. Diss., Vanderbilt U., 1966. 288 p.

Résumé: *DAI* 27 (1966-67), 1350A-1351A. En partie sur *Zadig*, *Candide* et *Micromégas*.

1692 WOLPER, Roy S. «Voltaire's *contes*: a reconsideration». *Forum* (Houston) 16, nº 1 (1978), 74-79.

De l'importance de considérer les contes comme littérature avant tout.

Dramaturge

Voir aussi les numéros 87, 94, 650, 717, 768, 771, 825, 842, 1051, 1054, 1150, 1237, 1272, 1347, 1351, 1353, 1422, 1512, 1534, 1589, 1609, 1610, 1643, 2437, 2637, 3096.

1693 *Theater und Aufklärung: Dokumentation zur Ästhetik des französischen Theaters im 18. Jahrhundert.* Hrsg. und kommentiert von Renate Petermann und Peter-Volker Springborn. Berlin: Henschverlag Kunst und Gesellschaft, 1979. 891 p. (Veröffentlichung der Akademie der Wissenschaften der DDR, Zentralinstitut für Literaturgeschichte).

p.146-73: textes de V, avec commentaires et notes (p.688-702). Voir aussi l'index.

1694 *Le Théâtre en France.* 1: *Du Moyen Age à 1789.* Sous la direction de Jacqueline de Jomaron. Préface d'Ariane Mnouchkine. Paris: A. Colin, 1988. 479 p. ill.

Voir p.299-301 et l'index.

1695 ABRATE, Jayne. *Play and playscript: dramatic structure in six Voltairean tragedies.* Diss., Purdue U., 1983. 297 p.

Résumé: *DAI* 44 (1983-84), 2781A-2782A.

1696 ADAMS, Geoffrey. «Eighteenth-century French playwrights and the question of Calvinist emancipation». [In] *The Stage in the 18th century.* [Edited by] J. D. Browning. New York; London: Garland Publishing, 1981. xvii, 242 p. ill. (Publications of the McMaster University Association for 18th-century studies, 9), p.23-39.

Traite en partie des *Guèbres* et des *Lois de Minos*.

1697 ALLEN, Marcus. «Voltaire and the theater of involvement». *CLAJ* 10 (1966-1967), 319-32.

Pour V la philosophie est plus importante que le fait d'écrire pour l'éternité.

1698 ARGENSON, René-Louis de Voyer, marquis d'. *Notices sur les Œuvres de théâtre.* Publiées pour la première fois par H. Lagrave. Genève: Institut et Musée Voltaire, 1966. 2 vols, 851 p. (SVEC, 42-43).

i.294-307, «Théâtre de Voltaire». Voir l'index pour plus de références.

CR: W. D. Howarth, *FS* 23 (1969), 294-97.

1699 BAASNER, Frank. *Der Begriff « sensibilité » im 18. Jahrhundert : Aufstieg und Nieder-gang eines Ideals.* Heidelberg : Carl Winter, Universitätsverlag, 1988. 425 p. (Studia romanica, 69). [Diss., Tübingen U., 1986].

> p.140-49, « Voltaires Theater : ein empfindsam-aufklärerisches Moralprogramm ». Voir aussi l'index.

1700 BERMAN, Lorna & Judy NELSON. « Voltaire's portrayal of old age ». *International journal of aging & human development* 24 (1986-1987), 161-69.

> Etude des rôles joués par les vieux dans cinquante pièces de théâtre : tragédies et comédies.

1701 BÉRUBÉ, Georges-L. *Le Personnage, instrument d'analyse du théâtre de Voltaire.* Thèse, U. Laval, 1983. v, 314 p.

1702 BLACK, Michael. « The literary background : poetry, poetic drama and music drama ». [In] *The Wagner companion.* Edited by Peter Burbidge and Richard Sutton. New York : Cambridge U. P. ; London & Boston : Faber, 1979. 462 p., p.60-84.

> p.72-74 : V, sa théorie néo-classique et ses pièces de théâtre.

1703 BLANCHARD, Marc Eli. « Geschichte, Theater und das Problem der ‹ Sitten › im 18. Jahrhundert ». [Aus dem Amerikanischen von Ursula Link-Heer]. [In] *Epochenschwellen und Epochenstrukturen im Diskurs der Literatur- und Sprachhistorie.* Hrsg. von Hans Ulrich Gumbrecht und Ursula Link-Heer. Frankfurt am Main : Suhrkamp, 1985. 534 p. (Suhrkamp-Taschenbuch Wissenschaft, 486), p.110-25.

> V et le théâtre.

1704 BOËS, Anne. *La Lanterne magique de l'histoire : essai sur le théâtre historique en France de 1750 à 1789.* Oxford : The Voltaire Foundation, 1982. 204 p. (SVEC, 213).

> p.44-89, « Théoriciens et praticiens du sujet national » (V *passim*). Voir aussi l'index.
>
> CR : P. Alatri, *SFr* 29 (1985), 173 ; G. Bremner, *MLR* 80 (1985), 466-67 ; W. F. Edmiston, *FR* 59 (1985-86), 618-19 ; W. D. Howarth, *FS* 39 (1985), 480 ; A. D. Hytier, *DidS* 22 (1986), 191-92 ; F. Moureau, *DHS* 16 (1984), 488-89 ; R. Niklaus, *RHL* 85 (1985), 99-100.

1705 BONIEUX, B. *Critique des tragédies de Corneille et de Racine par Voltaire.* Clermont-Ferrand : Impr. Mont-Louis, 1866. 318 p.

> CR : G. Longhaye, *Etudes* n.s. 12 (1867), 891-92.
>
> Réimpr. : Genève : Slatkine Reprints, 1970.

1706 BOURASSA, André G. « Polémique et propagande dans *Rome sauvée* et *les Trium-virs* de Voltaire ». *SVEC* 60 (1968), 73-103.

La polémique Crébillon-Voltaire est moins évidente aujourd'hui dans ces pièces que ne l'est la propagande.

1707 BOWEN, Vincent E. «Voltaire and tragedy: theory and practice». *ECr* 7 (1967), 259-68.

1708 BRAY, Bernard. «Voltaire et la querelle du théâtre en 1761: la *Conversation de M. l'intendant des menus en exercice avec M. l'abbé Grizel*». [In] *Le Siècle de Voltaire* (1987: n° 44), i.137-47.

1709 CARR, Thomas M., Jr. *A structural study of Voltaire's theater of ideas*. Diss., U. of Wisconsin-Madison, 1972. 280 p.

Résumé: *DAI* 33 (1972-73), 6903A.

1710 CARR, Thomas M., Jr. «Dramatic structure and philosophy in *Brutus, Alzire* and *Mahomet*». *SVEC* 143 (1975), 7-48.

1711 CHOUKROUN BAGUR, Yvette. *Le Tragique chez Voltaire*. Thèse, U. d'Aix-Marseille 1, 1985.

1712 COLLÉ, Charles. *Correspondance inédite de Collé*. Avec une introduction et des notes par Honoré Bonhomme. Paris: H. Plon, 1864. 493 p., port., fac-sim.

Fragments des commentaires de Collé sur les meilleures tragédies de V: p.347-53, 389-470, p.347-51, *Olympie*; p.355-66, *Le Droit du seigneur*; p.393-420, *Œdipe*; p.423-44, *Zaïre*; p.447-67, *Alzire*.

Réimpr.: Genève: Slatkine Reprints, 1967.

1713 COLOMBI, Piero. «Autant de mouchoirs que de spectateurs: sensibilità e lacrime nel teatro francese del settecento». *Atti della Accademia delle scienze dell'Istituto di Bologna, Classe di scienze morali. Rendiconti* 66, fasc. 2 (1977-1978), 237-79.

p.265-71, «Gli imitatori: Madame de Graffigny e Voltaire».

1714 DAVIS, James Herbert, Jr. *Tragic theory and the eighteenth-century French critics*. Chapel Hill: U. of North Carolina P., 1967. 121 p. (University of North Carolina studies in the Romance languages and literatures, 68).

p.30-43, «Voltaire and tragic theory».

CR: E. Showalter, *FR* 42 (1968-69), 152-53; J. E. Bender, *QJS*, 54 (1968), 423; D. Williams, *MLR* 64 (1969), 670-71.

1715 DE KERCKHOVE VARENT, Claude Frédéric. *Le Sentiment du tragique dans les premières tragédies de Voltaire*. Diss., U. of Toronto, 1975.

Résumé: *DAI* 38 (1977-78), 6117A.

1716 DESCHANEL, Emile. *Le Théâtre de Voltaire*. Paris: C. Lévy, 1886. 444 p. (Le Romantisme des classiques, 5 sér.).

> Etude du théâtre de V et de ses théories dramatiques, précédée de «Le discours du centenaire: Voltaire, sa vie et son œuvre», p.5-36.
>
> Réimpr.: Slatkine Reprints, 1970.

1717 DESROCHES, Richard H. «Voltaire and the ghost». *Pacific Northwest conference on foreign languages*. Proceedings (Twentieth annual meeting, April 11-12, 1969) 20 (1969), 20-26.

> A propos des revenants dans le théâtre de V.

1718 DESVIGNES, Lucette. «Le théâtre de Voltaire et la femme victime». *RSH* 42 (1977), 537-51.

1719 DOUTRELANT, Jean-Luc. «L'Orient tragique au XVIIIᵉ siècle». *RSH* 37 (1972), 283-300.

> En partie sur V: *Zaïre, Mahomet, Zulime*.
>
> CR: D. Bienaimé Rigo, *SFr* 19 (1975), 158.

1720 DUCKWORTH, Colin. «The fortunes of Voltaire's Foppington». [In] *Papers presented at the third David Nichol Smith memorial seminar, Canberra 1973*. Edited by R. F. Brissenden and J. C. Eade. Toronto & Buffalo: U. of Toronto P.; Canberra: Australian National U. P., 1976. xi, 262 p. (Studies in the eighteenth century, 3), p.121-35.

> Une pièce de V diversement intitulée: *L'Echange, Le Comte de Boursoufle* ou *Quand est-ce qu'on me marie?* est une libre adaptation de *The Relapse* de Vanbrugh. La pièce fut particulièrement populaire sous le Second Empire.

1721 ESS, Carmen. *Les Femmes dans les comédies de Voltaire*. Diss., Fordham U., 1984. 229 p.

> Résumé: *DAI* 46 (1985-86), 163A.

1722 FLAUBERT, Gustave. *Le Théâtre de Voltaire*. Published for the first time by Theodore Besterman. Genève: Institut et Musée Voltaire, 1967. 2 vols (SVEC, 50-51).

> CR: A. Billaz, *RHL* 69 (1969), 304; W. D. Howarth, *FS* 23 (1969), 294-97; D. Schier, *RR* 60 (1969), 216-18.

1723 FLETCHER, D. J. «Voltaire et l'opéra». [In] *L'Opéra au XVIIIᵉ siècle* (1982: n° 31), p.547-58.

1724 FONTAINE, Léon. *Le Théâtre et la philosophie au XVIIIᵉ siècle*. Paris: Cerf et fils, 1878. 262 p.

p.61-77, «Le prêtre et la religion dans les tragédies de Voltaire»; p.78-90, «Tragédies imitées de Voltaire. Prêtres du paganisme. Sacrifices humains».

Réimpr.: Genève: Slatkine Reprints, 1967.

1725 FRANCQ, H. «Voltaire et la tragédie». *HAB* 19, n° 2 (1968), 29-36.

1726 FRÉDÉRIQUE, Charles. *Voltaire et ses comédies.* Diss., New York U., 1980. 284 p.

Résumé: *DAI* 41 (1980-81), 2628A.

1727 FUCHS, Max. *La Vie théâtrale en province au XVIIIᵉ siècle: personnel et répertoire.* Préface de Jean Nattiez. Introduction d'Henri Lagrave. Paris: Editions du CNRS, 1986. 187 p. (CNRS, Centre régional de publication de Bordeaux).

Voir p.138-45 *passim* (pièces de V dans les répertoires).

1728 GIRDLESTONE, Cuthbert. *La Tragédie en musique (1673-1750) considérée comme genre littéraire.* Genève: Droz, 1972. 423 p. (Histoire des idées et critique littéraire, 126).

p.272-79: V, Rameau et *Samson*; p.279-85: V et *Pandore*.

1729 HEARTZ, Daniel. «From Garrick to Gluck: the reform of theatre and opera in the mid-eighteenth century». *Proceedings of the Royal musical association* 94 (1967-1968), 111-27.

p.114-15: le rôle de V.

1730 HOLLAND, Allan. «Situations and techniques in Voltaire's tragedies». *AJFS* 11 (1974), 131-48.

1731 HOWARTH, W. D. «The playwright as preacher: didacticism and melodrama in the French theatre of the Enlightenment». *FMLS* 14 (1978), 97-115.

Voir p.99-100, 107, 109, 112-13.

Réimpr. [in] *The Theatre of the French and German Enlightenment: five essays.* Edited by S. S. B. Taylor. New York: Barnes and Noble; Edinburgh & London: Scottish Academic Press, 1979. 86 p., p.1-19. Voir p.3-4, 11, 13, 16-17.

1732 HOWARTH, W. D. «Voltaire, Ninon de L'Enclos and the evolution of a dramatic genre». *SVEC* 199 (1981), 63-72.

Sur la comédie anecdotique.

CR: *YWMLS* 44 (1982), 166.

1733 JACOBS, Eva. «Tragedy and didacticism: the case of Voltaire». [In] *Voltaire and his world* (1985: n° 39), p.51-65.

1734 JACOBS, Eva. *Voltaire and tragedy.* Cambridge; Alexandria, Vic.: Chadwyck-Healey in association with the Consortium for drama and media in Higher Education, 1987. 88 p. ill. + 49 diapositives. (Theatre in focus).

Contient une introduction, notes, bibliographie et texte accompagné de diapositives.

1735 KAROUI, Abdeljelil. «Point final d'un genre: la tragédie voltairienne». [In] *Le Point final.* Actes du colloque international de Clermont-Ferrand. Présentés par Alain Montandon. Clermont-Ferrand: Association des publications de la Faculté des lettres et sciences humaines de Clermont-Ferrand, 1984. 205 p. (Faculté des lettres et sciences humaines de l'Université de Clermont-Ferrand II, n.s. 20), p.57-68.

Traite en grande partie de *Mahomet* et de *Brutus.*

1736 KOELB, Clayton. *The Notion of tragedy from Voltaire to A. C. Bradley.* Diss., Harvard U., 1970. iii, 269 p.

p.17-43, «Voltaire».

1737 KRUMMRICH, Donald Bennett. *The Theater of ideas: the treatment of the moral and social corrective themes in French philosophical comedy and drama in the first half of the eighteenth century.* Diss., Fordham U., 1976. 418 p.

Résumé: *DAI* 37 (1976-77), 2920A.

1738 KURZ, Harry. *European characters in French drama of the eighteenth century.* New York: Columbia U. P., 1916. xii, 329 p. (Columbia University studies in romance philology and literature).

De nombreuses références à V.

Réimpr.: New York: AMS Press, 1966.

1739 LAGRAVE, Henri. *Le Théâtre et le public à Paris de 1715 à 1750.* Paris: Klincksieck, 1972. 717 p. ill. (Bibliothèque française et romane. Série C: Etudes littéraires, 37).

Voir notamment p.110-13, 115-16, 201-204, 488-89; pour d'autres références, consulter l'index.

1740 LAGRAVE, Henri. «Le théâtre en 1778». *DHS* 11 (1979), 29-42.

Voir surtout p.29, 32-33, 42.

1741 LAGRAVE, Henri. «Deux avocats des comédiens excommuniés: Huerne de La Mothe et Voltaire: l'affaire Clairon (1761-1766)». [In] *Regard de/sur l'étranger au XVIIIe siècle.* Textes recueillis par J. Mondot. Bordeaux: Presses universitaires de Bordeaux, 1985. 182 p. ill. (Cahiers du CIBEL, 1), p.69-88 (surtout p.78-86).

1742 LAGRAVE, Henri. «Sur la ‹juste grandeur› des tragédies: de Corneille à Voltaire». [In] *Dramaturgies, langages dramatiques : mélanges pour Jacques Scherer.* Paris: A.-G. Nizet, 1986. 557 p. ill. p.73-79.

1743 LANCASTER, Henry Carrington. *French tragedy in the time of Louis XV and Voltaire, 1715-1774.* Baltimore: The Johns Hopkins P.; London: Oxford U. P.; Paris: Les Belles-Lettres, 1950. 2 vols.

    Voir p.50-69, 124-50, 184-218, 333-60, 406-432, 596-613.

    Réimpr.: New York: Octagon Books, 1977.

1744 LA PORTE, Joseph de & Jean-Marie CLÉMENT. *Anecdotes dramatiques.* Genève: Slatkine Reprints, 1971. 3 vols, en 1 vol.

    Réimpression de l'éd. de Paris, 1775. Voir p.11-12, 18, 36-37, 48, 80, 84, 86, 96, 133-34, 138, 144-45, 151, 157-58, 160-61, 162, 163-64, 193, 196, 197-98, 206-207, 210, 217, 225-26, 228, 424-25.

1745 LARTHOMAS, Pierre. *Le Théâtre en France au XVIIIᵉ siècle.* Paris: PUF, 1980. 127 p. (Que sais-je?).

    p.85-89, «Voltaire»; voir aussi, p.41, 43-44, 48-49.

1746 LION, Henri. *Les Tragédies et les théories dramatiques de Voltaire.* Paris: Hachette, 1895. xi, 476 p.

    CR: G. Pellissier. *Etudes de littérature contemporaine.* Paris: Perrin, 1898. 2 vols, i.353-62.

    Réimpr.: Genève: Slatkine Reprints, 1970.

1747 LOWENSTEIN, Robert. *Voltaire as an historian of seventeenth-century French drama.* Baltimore: Johns Hopkins P.; London: Oxford U. P.; Paris: Les Belles-Lettres, 1935. 195 p. (Johns Hopkins studies in Romance literatures and languages, 25). [Diss., Johns Hopkins U., 1934].

    CR: E. P. Dargan, *MP* 34 (1936-37), 436-38; R. Naves, *RHL* 43 (1936), 443-45; N. L. Torrey, *MLN* 51 (1936), 477-78; F. Vial, *FR* 14 (1940-41), 151-53.

    Réimpr.: New York: Johnson Reprint Corp., 1973.

1748 MAT-HASQUIN, Michèle. «Voltaire et l'opéra: théorie et pratique». *SFr* 25 (1981), 238-47.

    A propos de *Samson* et de *Pandore*.

    CR: A. D. Hytier, *ECCB* n.s. 7 – for 1981 (1985), 603.

    Réimpr. avec une annexe [in] *L'Opéra au XVIIIᵉ siècle* (1982: n° 31), p.527-46. L'annexe (p.538-40) conclut que V n'est pas l'auteur de la *Connaissance des beautés.*

1749 MAZOUER, Charles. «Les tragédies romaines de Voltaire». *DHS* 18 (1986), 359-73.

V détruit le genre en le vidant de sa substance traditionnelle.

1750 MITTMAN, Barbara G. *Spectators on the Paris stage in the seventeenth and eighteenth centuries.* Ann Arbor: UMI Research P., 1984. xix, 150 p. ill. (Theater and dramatic studies, 25).

Voir p.77-81: au sujet du rôle de V chassant les spectateurs de la scène. Voir aussi J. L. Caplan (1989: n° 3295).

1751 MÖNCH, Walter. «Voltaire und die französische Theaterkultur des 18. Jahrhunderts». [In] *Studi in onore di Italo Siciliano.* Firenze: Olschki, 1966. 2 vols, xii, 1238 p. port. (Biblioteca dell'«Archivum Romanicum», s. 1: storia, letteratura, paleografia, 86), p.837-59.

CR: G. Niggestich-Kretzmann, *SFr* 12 (1968), 557-58.

1752 NIDERST, Alain. «Tragique Voltaire». [In] *Le Siècle de Voltaire* (1987: n° 44), ii.701-706.

Le tragique de V est presque celui du théâtre de nos jours.

1753 NIKLAUS, Robert. «Il teatro di Voltaire». *Quaderni di teatro* 3, n° 12 (1981), 149-57.

V précurseur du théâtre des idées et du théâtre politique.

1754 NIKLAUS, Robert. «The significance of Voltaire's *Dissertation sur la tragédie ancienne et moderne* and its relevance to *Sémiramis*». [In] *Enlightenment essays ... Shackleton* (1988: n° 46), p.231-48.

1755 PEYRONNET, Pierre. «Voltaire comédien». *RHT* 25 (1973), 262-74.

V excellent animateur qui a ouvert la voie à la mise en scène moderne.

CR: H. G. Hall, *SFr* 19 (1975), 360.

1756 PEYRONNET, Pierre. *La Mise en scène au XVIIIe siècle.* Paris: Nizet, 1974. 197 p. [7] feuilles de planches, ill.

Contient de nombreuses références à V et à son œuvre: voir l'index. p.142-43: Annexe II: «Voltaire et Shakespeare».

CR: G. Cerruti, *SFr* 21 (1977), 304.

1757 PEYRONNET, Pierre. «Voltaire ‹metteur en scène› de ses propres œuvres». *RHT* 30 (1978), 38-54.

V précurseur des metteurs en scène modernes par son insistance sur l'art de la représentation.

1758 PITOU, Spire. «The Comédie française and the Palais royal interlude of 1716-1723». *SVEC* 64 (1968), 225-64.

Indique la date et la pièce pour chacune des 8 représentations de V au Palais royal.

1759 PITOU, Spire. «The players' return to Versailles, 1723-1757». *SVEC* 73 (1970), 7-145.

V *passim*: contient la date et la pièce pour chacune des 61 représentations de V à Versailles.

1760 RIDGWAY, R. S. «Voltaire's operas». *SVEC* 189 (1980), 119-51.

Son intérêt pour l'opéra et ses efforts en tant que poète lyrique.

1761 RIDGWAY, R. S. «Voltaires philosophische Tragödien». [Trad. par Thomas Baumeister]. [In] *Voltaire*. Hrsg. von Horst Baader (1980: n° 25), p.286-320.

Trad. de: R. S. Ridgway *La Propagande philosophique* (1961: *QA* 1030), p.113-42.

1762 RIDGWAY, R. S. «Voltairian bel canto: operatic adaptations of Voltaire's tragedies». *SVEC* 241 (1986), 125-54.

1763 ROUSSET, Jean. «Le jeu de l'acteur». [In] *Le Jeu au XVIIIᵉ siècle* (1976: n° 8), p.231-38.

Contient plusieurs références aux lettres de V adressées aux comédiens.

1764 SANDERSON, Anne. *Aspects of the language and style of Voltaire in his tragedies*. Diss., Oxford U., 1977. 537 p.

Résumé: *Aslib* microfiche 30/1/0323.

1765 SAREIL, Jean. «Sur le théâtre de Voltaire». *Corps écrit* 10 (1984), 181-90.

A propos des tragédies.

1766 SCHALK, Fritz. «Zur französichen Komödie der Aufklärung». [In] *Europäische Aufklärung: Herbert Dieckmann zum 60. Geburtstag*. Hrsg. von Hugo Friedrich und Fritz Schalk. München: Wilhelm Fink Verlag, 1967. 346 p., p.247-59.

Voir notamment p.256-58.

1767 SCHALK, Fritz. «Zum Theater Voltaires». [In] *Festschrift Kurt Baldinger zum 60. Geburtstag, 17. November 1979*. Hrsg. von Manfred Höfler, Henri Verney und Lothar Wolf. Tübingen: Niemeyer, 1979. xxi, 1008 p. 2 vols, p.429-47.

1768 SCHERER, Jacques. *Théâtre et anti-théâtre au XVIIIᵉ siècle*. An inaugural lecture delivered before the University of Oxford on 13 February 1975. Oxford: Clarendon Press, 1975. 23 p.

p.12-13: V et l'anti-théâtre: sa *Fête de Bélébat* et son *Pot-pourri*.

1769 SCHERER, Jacques. «L'immagine del padre nel teatro di Voltaire». *Quaderni di teatro* 3, n° 11 (1981), 107-13.

1770 SNYDERS, Georges. *Le Goût musical en France aux XVIIe et XVIIIe siècles*. Paris: Librairie philosophique J. Vrin, 1968. 192 p. (Etudes de psychologie et de philosophie, 18).

> p.100-102, «Ce que les philosophes apportent de positif et de nouveau: Voltaire: la recherche de sujets dignes de l'opéra».

1771 SPICA, Jacques. «Le fils substitué ou les *Ménechmes* de Voltaire». [In] *Le Siècle de Voltaire* (1987: n° 44), ii.867-80.

> L'importance de la pièce de Regnard pour les pièces de V: *Le Comte de Boursoufle*, *L'Enfant prodigue* et *Les Originaux*.

1772 STEPNOWSKI, Adam. «Voltaire, Racine et la tragédie». [In] *Continuités et ruptures dans l'histoire et la littérature*. Colloque franco-polonais, Université Paul Valéry, Uniwersytet Warszawski. Edité par Michèle Weil *et al.* Paris: Champion; Genève: Slatkine, 1988. viii, 280 p., p.70-79.

> Le tragique individuel de Racine devient un tragique social et idéologique chez V.

1773 SWITZER, Richard. «Voltaire, Rousseau et l'opéra». *SVEC* 90 (1972), 1519-28.

1774 TRAHARD, Pierre. *Les Maîtres de la sensibilité française au XVIIIe siècle (1715-1789)*. Paris: Boivin, 1931-1933. 4 vols, pl.

> i.237-59, «La sensibilité dans le théâtre de Voltaire (1718-1743)».
>
> Réimpr.: Genève: Slatkine Reprints, 1967.

1775 VANCE, Sylvia. «History as dramatic reinforcement: Voltaire's use of history in four tragedies set in the Middle Ages». *SVEC* 150 (1976), 7-31.

> *Zaïre, Adélaïde Du Guesclin, Tancrède, Don Pèdre*.

1776 VIER, Jacques. «La dramaturgie de Voltaire». *SRLF* n.s. 5 (1965), 155-66.

> Réimpr. [in] *Das Französische Theater des 18. Jahrhunderts*. Hrsg. von Dietmar Rieger. Darmstadt: Wissenschaftliche Buchgesellschaft, 1984. vi, 436 p. ill. (Wege der Forschung, 570), p.214-21.

1777 VROOMAN, Jack R. *Voltaire's theatre: the cycle from «Œdipe» to «Mérope»*. Genève: Institut et Musée Voltaire, 1970. 220 p. (SVEC, 75).

> CR: V. Bowen, *RR* 65 (1974), 130-31; D. J. Fletcher, *FS* 27 (1973), 334-35; H. Lagrave, *RHL* 72 (1972), 525-26; R. Niklaus, *MLR* 68 (1973), 412-13; J. Undank, *MLN* 88 (1973), 873-78; *YWMLS* 32 (1970), 119-20.

1778 WEBER, Hajo. *Das Gattungssystem der französischen Frühaufklärung (1680-1750): ein Rekonstruktionsversuch der Beziehungen zwischen Gattungssystem und Gesellschaftssystem.* Frankfurt am Main, &c.: Peter Lang, 1983. 168 p. (Europäische Hochschulschriften, 13; Französische Sprache und Literatur, 85).

Voir surtout p.106-10, 112, « Die ‹tragédie philosophique› ».

1779 WEINRAUB, Eugène J. « Plays as pedagogical laboratories: *Mahomet* and *Don Pèdre* ». *SVEC* 140 (1975), 45-61.

Leçons sur la pensée critique.

1780 WELLINGTON, Marie. *The Dramaturgy of Voltaire.* Diss., Harvard U., 1981. 252 p.

1781 WELLINGTON, Marie. *The Art of Voltaire's theater: an exploration of possibility.* New York, &c.: Peter Lang, 1987. 260 p. (American University studies, series 2: Romance languages and literature, 61). [Diss., Harvard U., 1981].

CR: E. Jacobs, *FS* 44 (1990), 65; J. Yashinsky, *FrF* 14 (1989), 234-36.

1782 WILLENS, Liliane. *Voltaire's comic theater: composition and conflict.* Diss., Boston U. Graduate School, 1974. 315 p.

Résumé: *DAI* 35 (1974-75), 1678A-1679A.

1783 WILLENS, Liliane. *Voltaire's comic theatre: composition, conflict and critics.* Banbury: The Voltaire Foundation, 1975. 191 p. (SVEC, 136). [Diss., Boston U. Graduate School, 1974).

CR: M. Allen, *FR* 49 (1975-76), 790-91; C. Bonfils, *RHL* 77 (1977), 647-48; D. J. Fletcher, *FS* 32 (1978), 327-28; W. D. Howarth, *MLR* 72 (1977), 691-92; H. T. Mason, *TLS*, 12 Sept. 1975, p.1032; J. Sareil, *RR* 68 (1977), 69-70; J. Yashinsky, *CMLR* 33 (1976-77), 86-87.

1784 WOLFF, Hellmuth Christian. « Voltaire und die Oper ». *Die Musikforschung* 31 (1978), 257-72.

1785 YASHINSKY, Jack. « Les comédies de Voltaire: popularité et influence ». *SVEC* 114 (1973), 99-111.

Poète

Voir aussi les numéros 328, 368-369, 577, 1259, 1519, 1538, 1760, 1854, 2497-2498, 2605, 2633.

1786 BELLER, Manfred. «De dea libertate». [In] *Formen innerliterarischer Rezeption.* Hrsg. von Wilfried Floeck *et al.* Wiesbaden: Otto Harrassowitz, 1987. 521 p. ill. (Wolfenbütteler Forschungen, 34), p.349-76, ill.

Voir p.355-57 (V traitant du concept de la liberté dans ses vers).

1787 BEYERLE, Dieter. «Voltaire, A Madame du Châtelet». [In] *Die Französische Lyrik: von Villon bis zur Gegenwart.* Hrsg. von Hans Hinterhäuser. Düsseldorf: August Bagel Verlag, 1975. 2 vols.

i.203-14, texte et analyse du poème, *Stances à Mme Du Châtelet* (incipit: «Si vous voulez que j'aime encore»); i.371-73, notes et bibliographie.

1788 BILLAZ, André. «Voltaire poète ou l'histoire d'un malentendu». *O&C* 7, n⁰ 1 (1982), 101-108.

Pourquoi V n'a pas survécu comme poète.

1789 BRADY, Patrick. «Rococo style in French literature». *SFr* 10 (1966), 428-37.

p.430-31: V vu comme poète rococo dans l'*Epître connue sous le nom des vous et des tu* (incipit: «Philis, qu'est devenu ce temps»).

1790 CALIN, William. *A muse for heroes: nine centuries of the epic in France.* Toronto, &c.: U. of Toronto P., 1983. 513 p. (University of Toronto Romance series, 46).

p.277-97, «Voltaire» (sur *La Henriade* et *La Pucelle*).

1791 CALIN, William. «A reading of Voltaire's poetry». *DSec* 8 (1984), 1-12.

1792 CHASTANG, Marie-Laure. «Essai de réhabilitation d'un poète». *SVEC* 205 (1982), 65-74.

V poète de sensibilité et de tendresse.

1793 DE WULF, Lucienne M. L. *Les Contes en vers de Voltaire.* Diss., Columbia U., 1973. 263 p.

Résumé: *DAI* 34 (1973-74), 2618A.

1794 FLEISCHAUER, Charles. «Voltaire poète: citations et adaptations». [In] *Colloque 76* (1983: n° 34), p.117-40.

CR: *YWMLS* 45 (1983), 154.

1795 GUITTON, Edouard. «Un thème ‹philosophique›: ‹l'invention› des poètes de Louis Racine à Népomucène Lemercier». *SVEC* 88 (1972), 677-709.

Voir p.688-89.

1796 HANLEY, William. «The censure of Voltaire's biblical verse». *AJFS* 21 (1984), 26-42.

A propos du *Précis de l'« Ecclésiaste »* et du *Précis du « Cantique des cantiques »*.

1797 HEMPFER, Klaus W. *Tendenz und Ästhetik: Studien zur französischen Verssatire des 18. Jahrhunderts.* München: Wilhelm Fink Verlag, 1972. 314 p. (Romanica Monacensia, 5).

p.93-178, «Zweite Transformation: das Formprinzip des Witzes: Voltaire: absolut funktionalisierte Ästhetik».

CR: A. Billaz, *RHL* 74 (1974), 900; P. H. Meyer, *DidS* 18 (1975), 233-34.

1798 JIRSA, Marion. *Themes in Voltaire's nondramatic poetry: polemical, didactic, and lyric.* Diss., Rice U., 1975. 283 p.

Résumé: *DAI* 36 (1975-76), 2197A.

1799 KREMERS, Dieter. «Voltaire n'avait pas la tête épique». [In] *Formen innerliterarischer Rezeption.* Hrsg. von Wilfried Floeck *et al.* Wiesbaden: Harrassowitz, 1987. 521 p. ill. (Wolfenbütteler Forschungen, 34), p.229-43.

Principalement sur *La Henriade*, mais traite aussi de *La Pucelle* et de l'*Essai sur la poésie épique*.

1800 MADELÉNAT, Daniel. *L'Epopée.* Paris: PUF, 1986. 264 p. (Littératures modernes).

p.227-28, *La Henriade, La Pucelle,* l'*Essai sur la poésie épique*.

1801 MASSON, Nicole. «Les poèmes de jeunesse de Voltaire: problèmes particuliers d'une édition critique». [In] *Les Editions critiques: problèmes techniques et éditoriaux.* Actes de la Table ronde internationale de 1984, organisée par Nina Catach. Paris: Les Belles Lettres, 1988. 200 p. (Annales littéraires de l'Université de Besançon, 370), p.109-14.

Résumé, p.109. Les difficultés de fond particulières à la poésie fugitive.

1802 MENANT, Sylvain. «Voltaire et le conte en vers». *SRLF* n.s. 18 (1979), 359-78.

1803 MENANT, Sylvain. *La Chute d'Icare: la crise de la poésie française, 1700-1750.* Genève: Droz, 1981. 395 p. (Histoire des idées et critique littéraire, 193). [Thèse, Paris IV, 1979].

V *passim*; voir notamment p.274-303 et l'index. Résumé par l'auteur dans *IL* 33 (1981), 102-105.

CR: A. Goodden, *MLR* 78 (1983), 185-86; E. Guitton, *DHS* 14 (1982), 498-99; A. Gunny, *BJECS* 5 (1982), 268-70; J. P. Houston, *FR* 57 (1983-84), 395-96; O. Taylor, *RHL* 82 (1982), 477-78; D. Williams, *FS* 36 (1982), 473-74.

1804 NABLOW, Ralph A. *Voltaire's lighter verse: a study of his « contes en vers », « satires », « épîtres », and « pièces fugitives ».* Diss., U. of Toronto, 1973.

Résumé: *DAI* 35 (1974-75), 1056A-1057A.

1805 NABLOW, Ralph A. *A study of Voltaire's lighter verse.* Banbury: The Voltaire Foundation, 1974. 320 p. (SVEC, 126). [Diss., U. of Toronto, 1973].

CR: P. Alatri, *SFr* 21 (1977), 309; P. Henry, *RR* 72 (1981), 360-61; E. Lizé, *DHS* 10 (1978), 501-502; H. T. Mason, *TLS*, 30 May 1975, p.594; S. Menant, *RHL* 78 (1978), 127-29; J. Sareil, *FR* 49 (1975-76), 613-14; O. R. Taylor, *FS* 33 (1979), 741-42; M. H. Waddicor, *MLR* 72 (1977), 191-92.

1806 NABLOW, Ralph A. « Some reflections on Voltaire's poetic imagery. » *RR* 74 (1983), 16-33.

V poète surtout visuel.

1807 NABLOW, Ralph A. « Probable sources of two of Voltaire's occasional poems ». *RomN* 26 (1985-1986), 31-34.

1808 PESTUREAU, Gilbert. « Voltaire et la poésie ». *FSSA* 8 (1979), 28-48.

1809 RICHTER, Eckart. « Zum Problem des französischen Epos im 18. Jahrhundert ». [In] *Beiträge zur französischen Aufklärung* (1971: n° 3), p.315-36.

Traite en grande partie de V.

1810 SABATIER, Robert. *Histoire de la poésie française.* 4: *La Poésie du XVIIIe siècle.* Paris: Albin Michel, 1975. 310 p.

Voir notamment p.45-68, « Le roi Voltaire »; pour ses relations avec d'autres poètes, voir p.69-96, « Dans l'entourage de Voltaire ».

1811 STOUFFER, Phyllis. *Voltaire as Horatian lyric poet.* Diss., Pennsylvania State U., 1969. 208 p.

Résumé: *DAI* 31 (1970-71), 1816A-1817A.

1812 TOPAZIO, Virgil W. « Voltaire, the poet revisited ». *Sym* 26 (1972), 181-89.

Appel pour une révision du jugement sur V poète.

CR: B. Payne, *SFr* 18 (1974), 353.

1813 Truitt, Marie-Paule. *La Poétique de Voltaire d'après sa correspondance de 1704 à 1757*. Diss., Wayne State U., 1982. 249 p.

    Résumé: *DAI* 43 (1982-83), 3586A.

1814 Ципельзон, Эм. «Предсмертная эпиграмма Вольтера» [Epigramme de Voltaire mourant]. *Литературная Россия*, 21 Ноября 1969 г., p.23, ill.

    Trad. russe des derniers vers de V «Tandis que j'ai vécu...», avec commentaire.

1815 Vahlkamp, Charles G. «Dates for two previously undated Voltaire poems». *RomN* 18 (1977-1978), 93-95.

    Stances ou quatrains pour tenir lieu de ceux de Pibrac qui ont un peu vieilli (?août ou sept. 1772); *Le Songe creux* (?1773).

1816 Vax, Louis. *La Poésie philosophique*. Paris: PUF, 1985. 200 p. (Littératures modernes, 38).

    Voir p.102-105, 117-18, 165-67.

    CR: M. Onfrey, *BPh* 33 (1986), 127.

1817 Vercruysse, Jeroom. «L'atelier poétique de Voltaire: vers pour le prince de Ligne (1776)». [In] *Le Siècle de Voltaire* (1987: n° 44), ii.927-31, ill.

    Insiste sur la qualité du travail poétique de V. Texte et variantes de «Dans un vieux chêne».

1818 Wilbur, Richard. «Voltaire: ‹To Mme du Châtelet›». *NYRB*, 18 June 1970, p.37.

    Traduction du poème de V, *Stances à Mme Du Châtelet* (incipit: «Si vous voulez que j'aime encore»).

    Réimpr. dans son recueil *The Mind-reader: new poems*. New York; London: Harcourt Brace Jovanovich, 1976. x, 67 p., p.38-39.

    Réimpr.: London: Faber & Faber, 1977. 80 p., p.50-51.

    Réimpr. [in] *New and collected poems*. San Diego, &c.: Harcourt Brace Jovanovich, 1988; London; Boston: Faber, 1989. xv, 393 p., p.87-88.

1819 Williams, David. «Voltaire and the language of the gods». *SVEC* 62 (1968), 57-81.

    V critique de la poésie française.

Historien

Voir aussi les numéros 526, 566, 703, 723, 751, 999, 1052, 1337, 1498, 1532, 1624, 1775, 2001, 2250, 2421, 2436.

1820 *Voltaire : su pensamiento histórico.* [Edité par] Marcelo N. Abadi. Buenos Aires : Centro editor de América Latina, 1968. 119 p. (Enciclopedia del pensamiento esencial, 25).

Anthologie de textes. p.5-31, «Estudio preliminar».

1821 ALBINA, Larissa L. «Voltaire et ses sources historiques». *DHS* 13 (1981), 349-59.

Etude d'une sélection des notes marginales dans les livres d'histoire dans la bibliothèque de V à Saint-Pétersbourg.

CR : *YWMLS* 43 (1981), 158.

1822 Альбина, Л. Л. «Вольтер-историк в своей библиотеке» [Voltaire-historien dans sa bibliothèque]. *Новая и новейшая история* (1979, n° 2), 145-54.

1823 Альбина, Л. Л. «Вольтер – читатель мемуарной литературы по истории Франции XV-XVIII вв». [Voltaire – lecteur des *Mémoires* sur l'histoire de France des XVe-XVIIIe siècles]. [In] *Исследования памятников письменной культуры в собраниях и архивах : отдела рукописей и редких книг.* Воспоминания и дневники, сборник научных трудов. Ред. Г. П. Енин. Ленинград : Государственная публичная библиотека им. М. Е. Салтыкова Щедрина, 1987. 159 p., p.142-58.

Sur les notes marginales dans les livres de mémoires dans la bibliothèque de V.

1824 ANDERSON, M. S. *Historians and eighteenth-century Europe, 1715-1789.* Oxford : Clarendon P., 1979. vi, 251 p.

p.78-93, «Voltaire et Rousseau : the historiography of two thinkers». Le jugement d'historiens du XIXe et du XXe siècle sur V.

1825 [ANSAI, Kazuo. «Voltaire historien»]. *Shiso* 649 (1978), 139-53.

En japonais.

1826 BAGET-BOZZO, Gianni. «L'Anti-teologia della storia». *Renovatio* (ott.-dic. 1973), 573-91.

Etude critique de la philosophie de l'histoire voltairienne.

1827 BARIDON, Michel. «Les concepts de nature humaine et de perfectibilité dans l'historiographie des Lumières de Fontenelle à Condorcet». [In] *L'Histoire au dix-huitième siècle* (1980 : n° 21), p.353-74.

Voir notamment p.354-59.

1828 BARKER, John. *The Superhistorians : makers of our past.* New York : Charles
Scribner's Sons, 1982. xvi, 365 p.

> p.86-114, «Voltaire».

1829 BARNY, Roger. «Sur le rapport ambigu des ‹Lumières› à l'histoire». *SVEC*
264 (1989), 983-92.

> Voir surtout p.983-85 : le concept du *devenir* manque dans la philosophie de l'histoire
> révélée dans *Candide* et dans l'*Essai sur les mœurs* (la vue historique de Rousseau est
> plus compréhensive).

1830 BAUCHY, Jacques-Henry. «Voltaire historiographe et ses informateurs orléanais». *Bulletin trimestriel de la Société archéologique et historique de l'Orléanais* n.s. 5
(1967-1969), 436-40.

1831 BERLIN, Isaiah. *Against the current : essays in the history of ideas.* Edited and with
a bibliography by Henry Hardy, with an introduction by Roger Hausheer.
London : The Hogarth Press, 1979. liii, 394 p. (Isaiah Berlin : selected writings,
3).

> p.80-110, «The divorce between the sciences and the humanities». Voir p.88-93 :
> V précurseur d'approches plus scientifiques à l'historiographie. Voir aussi l'index.
>
> Réimpr. : New York : Viking Press, 1980.
>
> Trad. : *A contre-courant : essais sur l'histoire des idées.* Trad. de l'anglais par André
> Berelowitch. Introduction par Roger Hausheer. Paris : Albin Michel, 1988. 403 p.
> (Les Grandes traductions/essais, 2), p.144-77, «Le divorce entre les sciences et les
> lettres». Voir p.153-59.

1832 BLUCHE, François. «Histoire et politique». [In] *Voltaire* (Coll. Génies et
réalités) (1978 : n° 13), p.155-71, ill.

1833 BORGHERO, Carlo. «Pirronismo storico, tradizione romana e teoria della
conoscenza storica in un dibattito settecentesco all'Académie des Inscriptions».
Filosofia 32 (1981), 175-210.

> Voir p.201-204 : l'auteur considère le débat entre Claude Sallier, Nicolas Fréret,
> Jean Levesque de Pouilly et Louis de Beaufort comme source de l'attitude de V
> envers le pyrrhonisme historique.

1834 BORGHERO, Carlo. *La Certezza e la storia : cartesianesimo, pirronismo e conoscenza
storica.* Milano : Franco Angeli, 1983. x, 435 p. (Filosofia e scienza nel cinque-
cento e nel seicento, 21).

> p.383-90. «Il problema della fonti pirronistiche di Voltaire» (surtout p.388-90).
> L'historiographie de V et ses rapports avec Bayle et Levesque de Pouilly.

1835 BRUMFITT, J. H. «Cleopatra's nose and Enlightenment historiography». [In]
Woman and society in eighteenth-century France : essays in honour of John Stephenson

Spink. Edited by Eva Jacobs *et al.* London: The Athlone P., 1979. xviii, 285 p., p.183-94.

Voir notamment p.189-94 (*Le Siècle de Louis XIV* et le *Précis du siècle de Louis XV*).

1836 BRUMFITT, J. H. «Die Geschichtsphilosophie Voltaires». [Trad. par Erika Schindel]. [In] *Voltaire*. Hrsg. von Horst Baader (1980: n° 25), p.86-118.

Trad. de: J. H. Brumfitt, *Voltaire historien* (1958: *QA* 1046), p.95-111, 121-28.

1837 BRUMFITT, J. H. «Voltaire and Bonnie Prince Charlie: historian and hero». *FMLS* 21 (1985), 322-37.

Charles Stuart.

1838 BRUMFITT, J. H. «Voltaire historian and the royal mistresses». [In] *Voltaire ... and the comic mode* (1990: n° 52), p.11-26.

Sur la nature du traitement des favorites royales dans le *Précis du siècle de Louis XV*, l'*Histoire du Parlement*, *La Henriade* et le *Siècle de Louis XIV*.

1839 BURKE, Peter. «European views of world history from Giovio to Voltaire». *History of European ideas* 6 (1985), 237-51.

V n'est pas historien d'avant-garde lorsqu'il traite de la civilisation chinoise et du monde non-européen.

1840 BURTON, June K. «Opinions of Voltaire's writings during the Napoleonic era». *Revue de l'Institut Napoléon* 131 (1975), 185-91.

Opinions sur les écrits historiques de V. Résumé en français, p.191-92.

1841 CHEYMOL, Guy. «Tolérance et histoire à l'aube des Lumières». [In] *L'Histoire au dix-huitième siècle* (1980: n° 21), p.203-11.

Voir p.206-208.

1842 COOK, Charles Olney, III. *The Problem of certitude in the historiography of Pierre Bayle and Voltaire*. Diss., U. of Wisconsin-Madison, 1976. 194 p.

Résumé: *DAI* 37 (1976-77), 1005A.

1843 DAGEN, Jean. «Voltaire et l'Atlantide». *Bulletin de la Société toulousaine d'études classiques* 172 (déc. 1975), 25-43.

Dans des échanges épistolaires avec Jean-Sylvain Bailly, V défend sa philosophie de l'histoire contre l'idée de l'utopie. Un écho de ce débat apparaît dans les *Dialogues d'Évhémère*.

1844 DAGEN, Jean. *L'Histoire de l'esprit humain dans la pensée française de Fontenelle à Condorcet*. [Paris]: Klincksieck, 1977. 717 p. (Bibliothèque française et romane. Série C: Etudes littéraires, 60).

p.299-361, «L'histoire des hommes et le progrès de l'esprit» (sur V). Pour de nombreuses autres références, voir l'index.

CR: J. A. Perkins, *FR* 52 (1978-19), 487-88; C. Rosso, *RHL* 79 (1979), 515-18; J. S. Spink, *FS* 34 (1980), 450-52; R. Trousson, *DHS* 10 (1978), 484-85.

1845 DAGEN, Jean. «L'Amérique et les Américains dans la philosophie voltairienne de l'histoire». [In] *L'Amérique des Lumières*. Partie littéraire du colloque du bicentenaire de l'indépendance américaine (1776-1976). Publié avec le concours de l'Université de Bretagne Occidentale (Brest). [Avant propos par Jean Balcou. Préface par René Pomeau]. Genève: Droz, 1977. xii, 204 p. (Histoire des idées et critique littéraire, 168), p.83-90.

La découverte de l'Amérique est un événement de première importance dans la pensée de V.

1846 DAVIS, Robert Minard. *Voltaire's treatment of the Middle Ages*. Diss, U. of Wisconsin-Madison, 1972. 276 p.

Résumé: *DAI* 34 (1973-74), 309A.

1847 DEPRUN, Jean. *La Philosophie de l'inquiétude en France au XVIIIe siècle*. Paris: Librairie philosophique J. Vrin, 1979. 454 p. 3 pl. (Bibliothèque d'histoire de la philosophie). [Thèse, U. de Paris 1, 1977].

p.105-22, «L'inquiétude et l'histoire» (V *passim*); p.136: V, Pascal et l'inquiétude; p.180-81: aspects de l'expression littéraire.

1848 DEPRUN, Jean. «Aspects de l'augustinisme en philosophie de l'histoire de Bernard Lamy à Chateaubriand». [In] *L'Histoire au dix-huitième siècle* (1980: n° 21), p.339-51.

L'influence de Malebranche sur V, p.342-43.

1849 DURANTON, Henri. «Voltaire historien de l'histoire de France: un iconoclaste dans le temple de Clio?». [In] *La Monarchie absolutiste* (1987: n° 43), p.217-29.

1850 DZWIGALA, Wanda. «Voltaire's sources on the Polish dissident question». *SVEC* 241 (1986), 187-202.

1851 DZWIGALA, Wanda. «Voltaire and Poland: the historical works». *SVEC* 267 (1989), 103-118.

A propos de *La Henriade*, l'*Histoire de Charles XII*, l'*Essai sur les mœurs*, *Précis du siècle de Louis XV*, *Le Siècle de Louis XIV* et l'*Histoire de l'empire de Russie*.

1852 EVANS, Colin. «Voltaire historien: un inédit de Taine». *RHL* 74 (1974), 256-65.

1853 FARR, Wolfgang. «Voltaire und die Frage nach der Geschichte». *Zeitschrift für Religions- und Geistesgeschichte* 32 (1980), 104-14.

1854 FERENCZI, László. «Voltaire. Les problèmes de la poétique et de l'historiographie». [In] *Studies in eighteenth-century literature*. Edited by Miklós J. Szenczi and László Ferenczi. Budapest: Akadémiai Kiadó, 1974. 386 p., p.55-82.

> Les récits et les pièces de V reflètent l'inachevé de son historiographie comparatiste et universelle. *Candide* offre la synthèse de deux expériences différentes: celle de l'histoire et celle de la poétique.

1855 FITZSIMONS, M. A. «Voltaire: history unexemplary and *en philosophe*». *RPol* 40 (1978), 447-68.

> A propos de l'*Histoire de Charles XII*, *Le Siècle de Louis XIV* et l'*Essai sur les mœurs*.

1856 FLÓREZ, Ramiro. «La Ilustración y la comprensión de la historia». [In] *Variaciones sobre la Ilustración* (1979: n° 18), p.31-58.

> En partie sur V.

1857 GARGALLO DI CASTEL LENTINI, Gioacchino. *Storia della storiografia moderna: il settecento*. Roma: Bulzoni, 1972. 262 p.

> Voir p.130-52 et *passim* (consulter l'index).

1858 GARGETT, Graham. «Voltaire and Irish history». *Eighteenth-century Ireland* 5 (1990), 117-41.

1859 GARRISON, James D. «Lively and laborious: characterization in Gibbon's metahistory». *MP* 76 (1978-1979), 163-78.

> V historien vu par Gibbon: p.170-78.

1860 GATTO, Ludovico. *Medioevo voltairiano*. Roma: Bulzoni Editore, 1972. viii, 272 p. (Ipotesi, 3).

> V historien du Moyen Age.
>
> CR: J. Vercruysse, *RBPH* 57 (1979), 90-91; G. Vitolo, *Rivista di studi crociani* 11 (1974), 358-61.

1861 GEARHART, Suzanne. «Rationality and the text: a study of Voltaire's historiography». *SVEC* 140 (1975), 21-43.

1862 GEARHART, Suzanne. *The Open boundary of history and fiction: a critical approach to the French Enlightenment*. Princeton: Princeton U. P., 1984. ix, 300 p.

> p.29-56, «(*Voltaire*) Establishing rationality in the historical text: Foucault and the problem of unreason» (V historien par rapport aux idées de Michel Foucault dans l'*Essai sur les mœurs*, *Le Siècle de Louis XIV*, l'*Histoire de Charles XII*, le *Dictionnaire*

philosophique) ; p.57-94, « (*Voltaire*) The question of genre : White, Genette, and the limits of formalism » (rapports de la pratique de V dans l'*Histoire de Charles XII* et dans *Zadig* avec les idées de Hayden White et Gérard Genette) ; voir aussi p.14-18 et l'index.

CR : G. P. Bennington, *FS* 39 (1985), 483 ; M. Hobson, *MLR* 81 (1986), 739-40 ; T. M. Kavanagh, *Clio* 17 (1987-88), 297-301 ; D. Lacapra, *CL* 39 (1987), 185-87 ; N. Le Coat, *MLN* 101 (1986), 956-59 ; P. H. Meyer, *FR* 59 (1985-86), 784-85 ; R. Ouellet, *RHL* 86 (1986), 925-27 ; B. G. Smith, *History and theory* 25 (1986), 106-12 ; *YWMLS* 46 (1984), 165.

1863 GEMBICKI, Dieter. « Voltaire historien de l'empire germanique et l'érudition allemande ». [In] *Voltaire und Deutschland* (1979 : n° 20), p.191-99. Résumé en allemand, p.520-21.

1864 GILOT, Michel. « Le souvenir d'une belle bataille ». [In] *L'Histoire au dix-huitième siècle* (1980 : n° 21), p.307-28.

La bataille de Fontenoy. V *passim.*

1865 GOOCH, George Peabody. *Catherine the Great, and other studies.* London ; New York : Longmans, Green, 1954. xi, 292 p.

p.199-274, « Voltaire as historian ».

Réimpr. : Hamden, Conn. : Archon Books, 1966. Autre réimpr. [in] G. P. Gooch, *French profiles : prophets and pioneers.* London : Longmans, 1961. viii, 291 p., p.62-136.

1866 GORJANC, Adele. *Voltaire's conception of the four great ages of civilization : its fortune among nineteenth century French critics and historians.* Diss., U. of Missouri, 1967. 313 p.

Résumé : *DAI* 28 (1967-68), 2683A.

1867 GOSSMAN, Lionel. *Between history and literature.* Cambridge, Mass. ; London : Harvard U. P., 1990. 412 p.

p.227-56, « History and literature : reproduction or signification ». Voir p.233-36 : l'historiographie de V. Voir aussi l'index.

1868 GOULEMOT, Jean-Marie. « La passion tenace de l'histoire ». *MagL* 238 (1987), 36-38, ill.

V historien.

1869 GROSPERRIN, Bernard. *La Représentation de l'histoire de France dans l'historiographie des Lumières.* Lille : Atelier national de reproduction des thèses, U. de Lille III, 1982. 2 vols, 933 p. [Thèse, U. de Paris IV, 1978].

V *passim.* Voir l'index. Résumé en anglais : *DAI-C* 47 (1986), 3853C.

1870 GUSDORF, Georges. *L'Avènement des sciences humaines au siècle des Lumières*. Paris: Payot, 1973. 589 p. (Les Sciences humaines et la conscience occidentale, 6).

> p.373-428, «La connaissance historique» (V *passim*); voir aussi p.448-49.

1871 IRELAND, Timothy M. *Voltaire: historien de la civilisation*. Diss., Emory U., 1979. 141 p.

> Résumé: *DAI* 40 (1979-80), 293A-294A.

1872 KOUZNETSOV, Vitaly. «La philosophie de l'histoire chez Hegel et chez Voltaire». [In] *Hegel et le siècle des Lumières*. Publié sous la direction de Jacques d'Hondt. Paris: PUF, 1974. 183 p., p.25-50.

> CR:J. Gervasi, *ECCB* n.s. 1 – for 1975 (1978), 118-19; G. Varet, *BPh* 21 (1974), 395-96.

1873 LEFFLER, Phyllis K. «The ‹histoire raisonnée›, 1660-1720: a pre-Enlightenment genre». *JHI* 37 (1976), 219-40.

> Voir p.238-40: les liens de V avec l'histoire raisonnée.

1874 LOGAN, John Frederick. «The French philosophes and their enlightening medieval past». *RUS* 58, n° 4 (1972), 81-95.

> Bayle, Montesquieu, V, Condorcet.

1875 MARCHAND, Jacqueline. «Voltaire. L'historien». [In] *Manuel d'histoire littéraire de la France. Tome III: 1715-1789*. Par un collectif sous la direction de Pierre Abraham et Roland Desné. Paris: Editions sociales, 1969. 620 p., p.250-53.

1876 MARCHAND, Jacqueline. «Voltaire et Constantin». *Cahiers du Cercle Ernest Renan* 30 (1982), 73-83.

> Etude basée sur les *Mélanges* et le *Dictionnaire philosophique*: V historien vu comme modèle d'esprit critique et modèle de critique de témoignages.

1877 MARCHAND, Jacqueline. «Voltaire et l'histoire ancienne». *Raison présente* 67 (1983), 35-45.

> Quand V traite de Constantin il fait preuve d'une méthode rigoureuse et une grande maîtrise de son sujet.

1878 MARCUS, John T. *Heaven, hell, & history: a survey of man's faith in history from antiquity to the present*. New York: Macmillan; London: Collier-Macmillan, 1967. xxv, 293 p.

> p.49-54, «Skepticism and progress: Voltaire and Gibbon». Voir l'index pour d'autres références.
>
> CR: W. I. Susman, *AHR* 74 (1968-69), 942-43.

1879 MARINO, Virginia. *Rhetorical strategies: a study of Voltaire's historiography and Frederick II's « Anti-Machiavel »*. Diss., Yale U., 1989. 331 p.

> Résumé: *DAI* 50 (1989-90), 3614A.

1880 MAT-HASQUIN, Michèle. « Voltaire et les empereurs romains : histoire et idéologie au siècle des Lumières ». [In] *Mélanges à la mémoire de Franco Simone* (1981 : n° 29), p.455-65.

1881 MAZLISH, Bruce. *The Riddle of history : the great speculators from Vico to Freud*. New York; London : Harper and Row, 1966. viii, 484 p.

> p.59-69, « Voltaire » à propos de l'*Essai sur les mœurs* et *La Philosophie de l'histoire*. Voir aussi l'index.

1882 MÖNCH, Walter. « Voltaire et sa conception de l'histoire. Grandeur et insuffisance ». *TLL* 17, n° 2 (1979), 47-58.

1883 MORTIER, Roland. « L'idée de décadence littéraire au xviiie siècle ». *SVEC* 57 (1967), 1013-29.

> Voir p.1026-29. Voir aussi H. Vyverberg, *Historical pessimism* (1958: *QA* 1105) et J. Schlobach, « Pessimisme des philosophes ? » (1976: n° 1899).
>
> Réimpr. [in] *Le Cœur et la raison* (1990: n° 50), p.53-67. Voir p.64-67.
>
> Trad. en hongrois [in] *Az európai felvilágosodás* (1983: n° 33), p.287-303.

1884 MORTIER, Roland. « L'imaginaire historique du xviiie siècle : de Voltaire particulièrement ». *Storia della storiografia* 14 (1988), 136-46. Résumés en anglais et en italien, p.145-46.

> Réimpr. [in] *Le Cœur et la raison* (1990: n° 50), p.135-45.
>
> Au sujet de l'histoire ancienne et du christianisme, on trouve chez V des jugements *a priori*, de l'intolérance et une obsession de la décadence.

1885 MORTIER, Roland. « Une haine de Voltaire : l'empereur Constantin ‹dit le grand› ». [In] *Voltaire ... and the comic mode* (1990: n° 52), p.171-82.

> V contre le fanatisme de Constantin, notamment dans l'*Essai sur les mœurs* et l'*Examen important de milord Bolingbroke*.

1886 O'MEARA, Maureen F. « Towards a typology of historical discourse : the case of Voltaire ». *MLN* 93 (1978), 938-62.

> Discours narratif, commémoratif et persuasif.

1887 OYANEDER JARA, Patricio. « Notas en torno a la filosofía de la historia en Voltaire ». *Atenea* 436 (1977), 39-57.

1888 PARTIN, Robert. «Voltaire's historical witticisms: a case study of invalid charges against the discipline». *Social studies* 60 (1969), 261-63.

Etude des attaques de V contre l'histoire.

1889 PECOY, Patricia. *Voltaire and the sixteenth century: the drama of history. (Volumes I and II)*. Diss., U. of Michigan, 1978. 485 p.

Résumé: *DAI* 39 (1978-79), 6163A.

1890 PIECHURA, Krystyna. «Voltaire's interpretation of the international rivalry in the eastern Baltic region». *Journal of Baltic studies* 16 (1985), 357-72.

Traite de l'*Histoire de Charles XII*, de l'*Histoire de l'empire de Russie sous Pierre le Grand* et des *Anecdotes sur le czar Pierre le Grand.*

1891 RIHS, Charles. *Voltaire: recherches sur les origines du matérialisme historique*. Genève: Droz; Paris: Minard, 1962. 228 p. (Etudes d'histoire économique, politique et sociale, 40).

CR: J. S. Bromley, *EHR* 79 (1964), 421-22; J. H. Brumfitt, *FS* 18 (1964), 57-58; R. Desné, *Europe* 405-406 (1964), 324-34; W. Krauss, *DLZ* 85 (1964), 633-36; R. Mortier, *RBPH* 42 (1964), 731-35; *Revue historique* 88 (1964), 247-48; [L. Sozzi], *SFr* 8 (1964), 160.

2e éd. rev. et aug.: Genève: Slatkine; Paris: Champion, 1977. vi, 231 p.

1892 RIVIÈRE, Marc Serge. «Voltaire's journalistic approach to history writing in *Le Siècle de Louis XIV*». *EFL* 25 (1988), 16-36.

1893 ROHBECK, Johannes. *Die Fortschrittstheorie der Aufklärung: französische und englische Geschichtsphilosophie in der zweiten Hälfte des 18. Jahrhunderts*. Frankfurt; New York: Campus Verlag, 1987. 352 p. [Version remaniée d'une diss., Frei U. Berlin, 1984].

Traite en partie de V et de la théorie du progrès. Voir l'index.

1894 RUNSET, Ute van. «‹Le plat de champignons› qui ‹change la destinée de l'Europe›: homme de lettres et homme d'action, l'histoire vue par Voltaire et Frédéric II». [In] *Le Siècle de Voltaire* (1987: n° 44), ii.811-22.

1895 SAKMANN, Paul. «Die Probleme der historischen Methodik und der Geschichtsphilosophie bei Voltaire». *HZ* 3e Folge, 1 (1906), 327-79.

Trad.: «The problems of historical method and of philosophy of history in Voltaire [1906]» [in] *Enlightenment historiography: three German studies*. Günther Pflug *et al.* Middletown, Conn.: Wesleyan U. P., 1971. 86 p. (History and theory: studies in the philosophy of history. Beiheft 11), p.24-59.

1896 SALMON, J. H. M. «Voltaire and the massacre of St Bartholomew». *History today*, 22 (1972), 481-89, ill.

V contre les préjugés et la superstition.

1897 SARTORI, Marco. «Voltaire, Newton, Fréret: la cronologia e la storia delle antiche nazioni». *SSe* 7-8 (1985-1986), 125-65.

Voir notamment p.125-42, 144, 164-65: rapports de la pensée de V sur l'histoire avec celle de Newton et celle de Fréret – son originalité.

1898 SAVELLE, Max. «Voltaire, historian of America». *Revista de historia de América* 79 (enero-junio 1975), 99-141.

Etude basée sur les *Œuvres complètes* (Moland) et sur la Correspondance (1953-65: *QA* 1571). Sur les Indiens d'Amérique, les colonies portugaises, espagnoles, françaises, anglaises, néerlandaises, danoises et les relations internationales.

1899 SCHLOBACH, Jochen. «Pessimisme des philosophes? La théorie cyclique de l'histoire au 18ᵉ siècle». *SVEC* 155 (1976), 1971-87.

Voir surtout p.1977-81, 1984-85. Critique de H. Vyverberg, *Historical pessimism* (1958: *QA* 1105) et de R. Mortier, «L'idée de décadence ...» (1967: n° 1883).

1900 SCHLOBACH, Jochen. «Du siècle de Louis au siècle de Frédéric?». [In] *Le Siècle de Voltaire* (1987: n° 44), ii.831-46.

La notion de siècle vue comme essentielle pour comprendre les concepts historiques de V et de Frédéric II.

1901 ŞERBAN, Constantin. «Natura şi critica izvoarelor în opera istorică a lui Voltaire» [Nature et critique des sources dans l'œuvre historique de Voltaire]. *AUB, Limbi şi literaturi străine* 27, n° 2 (1978), 29-36. Résumé en français, p.36.

La grande richesse des sources et l'importance de l'examen critique.

1902 ŞERBAN, Constantin. «Voltaire şi opera sa istorică (200 de ani de la moarte)» [Voltaire et son œuvre historique (200 ans après sa mort)]. *Revista de istorie* 31, n° 7 (1978), 1191-1214. Résumé en français, p.1214.

V fondateur de l'historiographie moderne: observations sur ses principaux ouvrages historiques et analyse de sa méthode historique.

1903 SHKLAR, Judith N. «Jean d'Alembert and the rehabilitation of history». *JHI* 42 (1981), 643-64.

Voir p.646-48, 650, 657-58: rapports avec V historien.

1904 TAMER, Norma. *L'Idée de civilisation chez Voltaire*. Thèse, U. de Nancy II, 1981.

1905 TRENARD, Louis. «L'historiographie française d'après les manuels scolaires, de Bossuet à Voltaire». *SVEC* 155 (1976), 2083-111.

Voir tout particulièrement p.2102-2105 (V et La Chalotais) et p.2106-11 (V et l'abbé Audra).

CR: A. D. Hytier, *ECCB* n.s. 2 – for 1976 (1979), 146.

1906 TRENARD, Louis. «Guerre et paix dans les œuvres historiques de Voltaire». [In] *Actes du 103ᵉ congrès national des Sociétés savantes, Nancy-Metz 1978. Section d'histoire moderne et contemporaine. Tome 1. L'Armée et la société de 1610 à nos jours.* Paris: Bibliothèque nationale, 1979. 752 p. (Comité des travaux historiques et scientifiques. Actes du ... congrès national des Sociétés savantes, 103), p.627-44.

1907 TRENARD, Louis. «De la manière d'écrire l'histoire». *Cahiers d'histoire littéraire comparée* 7 (1982), 13-36.

Voir p.20-23: un examen des ouvrages historiques de V.

1908 TRENARD, Louis. «L'historien au siècle des Lumières». [In] *Les Lumières en Hongrie ... Actes 5* (1984: n° 37), p.73-85.

V *passim*.

1909 VIGNERY, J. Robert. «Voltaire as economic historian». *ArQ* 31 (1975), 164-78.

CR: *ECCB* n.s. 1 for 1975 (1978), 392, E. Walravens, *Tijdschrift voor de studie van de Verlichting* 3 (1975), 309.

1910 VOEGELIN, Eric. *From Enlightenment to revolution.* Edited by John H. Hallowell. Durham, N.C.: Duke U. P., 1975. ix, 307 p.

p.3-34, «The emergence of secularized history: Bossuet and Voltaire» (notamment p.23-34).

1911 VYVERBERG, Henry S. *Human nature, cultural diversity, and the French Enlightenment.* New York; Oxford: Oxford U. P., 1989. xii, 223 p.

p.139-45, «Voltaire and history». V *passim* aussi: voir l'index.

CR: J. H. Brumfitt, *FS* 45 (1991), 323-24.

1912 WASBERG, G. Christie. «‹Transcendence› and ‹immanence› in the philosophy of history from Enlightenment to Romanticism». *SVEC* 58 (1967), 1829-38.

Voir surtout p.1834-36.

1913 WATSON, J. K. «Voltaire, l'historien du christianisme». *Cahiers laïques* 165 (nov.-déc. 1978), 172-84.

Insiste sur la valeur de la méthode de V, malgré des erreurs.

1914 WEINTRAUB, Karl J. *Visions of culture: Voltaire, Guizot, Burckhardt, Lamprecht, Huizinga, Ortega y Gasset.* Chicago & London: U. of Chicago P., 1966. 308 p.

> p.19-74, «Voltaire, 1694-1778».

Le droit et la justice

Voir aussi les numéros 541, 1977-1978, 2031, 2052, 2054, 2057, 2063, 2384.

1915 BARRUÉ, Jean-Michel. *Voltaire et le droit pénal.* Thèse, U. de Paris IV, 1966. 447 f. pl., fac-sim.

1916 BASTIER, Jean. «L'affaire Sirven devant la justice seigneuriale de Mazamet». *Revue historique de droit français et étranger* 49 (1971), 601-11.

> Le rôle de V revu et examen d'autres influences.

1917 BONNET, Jean-Claude. «Voltaire tel qu'il posait». *NL*, 29 juin au 5 juil. 1978, p.22.

> V, partisan de la justice, voix morale.

1918 BORDONOVE, Georges. «Combats pour la justice». [In] *Voltaire* (Coll. Génies et réalités) (1978: n° 13), p.173-89, ill.

1919 CATTANEO, Mario Alessandro. *Illuminismo e legislazione.* Milano: Edizioni di communità, 1966. 202 p. (Diritto e cultura moderna, 4).

> Voir p.34-38, 40-42, et autres références.

1920 CATTANEO, Mario Alessandro. «Die Strafrechtsreform im Denken Voltaires und Friedrichs des Grossen». [In] *Voltaire und Deutschland* (1979: n° 20), p.313-25. Résumé en français, p.518-19.

> L'unité profonde de la pensée de V et de Frédéric à l'égard de la réforme de la législation pénale.

1921 CRANSTON, Maurice. «Voltaire and the freedom of the press». *Essays by divers hands* 46 (1990), 1-21.

> Wedmore Memorial Lecture: V partisan de la tolérance qui mène à la liberté de la presse.

1922 DELVAILLE, Jules. *Essai sur l'histoire de l'idée de progrès jusqu'à la fin du XVIIIe siècle.* Paris: Alcan, 1910. 761 p.

> p.304-46, «Voltaire», et plusieurs autres références.
>
> Réimpr.: Genève: Slatkine Reprints, 1969.

1923 DERATHÉ, Robert. «Le droit de punir chez Montesquieu, Beccaria et Voltaire». [In] *Atti del convegno internazionale su Cesare Beccaria ... Torino, 1964.* Torino: Accademia delle scienze, 1966. 465 p. (Memorie dell'Accademia delle scienze di Torino, Classe di scienze morali, storiche e filologiche, s. 4, n. 9), p.85-100.

1924 FIRPO, Luigi. «Voltaire e Beccaria». *Atti della Accademia delle scienze di Torino, I. Classe di scienze fisiche, matematiche e naturali* 119 (1985), 40-60.

1925 FREEMAN, Edward. «Le combat naval de Minorque: l'exécution de l'amiral Byng et l'intervention de Voltaire». [In] *La Méditerranée au XVIIIe siècle.* Actes du colloque international tenu à Aix-en-Provence les 4, 5, 6 septembre 1985. Aix-en-Provence: U. de Provence, 1987. 312 p. ill. (Centre aixois d'études et de recherches sur le dix-huitième siècle), p.41-59, ill.

1926 GARGETT, Graham. «Voltaire, Gilbert de Voisin's *Mémoires* and the problem of Huguenot civil rights (1767-1768)». *SVEC* 174 (1978), 7-57.

L'étendue et la nature du rôle de V.

1927 GODECHOT, Jacques. «Beccaria et la France». [In] *Atti del convegno internazionale su Cesare Beccaria ... Torino, 1964.* Torino: Accademia delle scienze, 1966. 465 p. (Memorie dell'Accademia delle scienze di Torino, Classe di scienze morali, storiche e filologiche, s. 4, n. 9), p.67-83.

Voir p.69-73: V inspiré par Beccaria et l'importance des deux hommes pour la législation pénale en France.

1928 Грацианский, П. С. «Вольтер» [Voltaire]. [In] *История политических и правовых учений: XVII-XVIII вв.* Отб. ред. В. С. Нерсесянц. Москва: Наука, 1989. 446 p. (Академия наук СССР, Институт государства и права), p.94-105.

Surtout sur V et la justice.

1929 HANCOCK, Helen. «Voltaire et l'affaire des mainmortables: un ultime combat». *SVEC* 114 (1973), 79-98.

V réformateur contre les moines de Saint-Claude.

1930 HERTZ, Eduard. *Voltaire und die französische Strafrechtspflege im achtzehnten Jahrhundert. Ein Beitrag zur Geschichte des Aufklärungszeitalters.* Stuttgart: F. Enke, 1887. x, 530 p.

CR: R. Mahrenholtz, *ZFSL* 9 (1887), 267-68.

Réimpr.: Aalen: Scientia Verlag, 1972.

1931 LASKY, Melvin J. *Utopia and revolution: on the origins of a metaphor, or some illustrations of the problem of political temperament and intellectual climate and how ideas, ideals, and ideologies have been historically related.* Chicago: U. of Chicago P., 1976; London: Macmillan, 1977. xiii, 726 p.

p.131-34: sur V et la tolérance.

1932 MAESTRO, Marcello. *Voltaire and Beccaria as reformers of criminal law.* New York: Columbia U. P., 1942. x, 177 p.

CR: T. I. Cook, *MLQ* 5 (1944), 107-109; H. E. Jensen, *Social forces* 21 (1942), 122-23; T. J. Klingberg, *AHR* 48 (1942), 95-96; A. R. Morehouse, *RR* 35 (1944), 171-75.

Réimpr.: New York: Octagon Books, 1972.

1933 MARQUISET, Jean. *Les Gens de justice dans la littérature.* Paris: Librairie générale de droit et de jurisprudence R. Pichon et R. Durand-Auzias, 1967. 258 p.

p.168-82, «Le patriarche de Ferney».

1934 MAUZI, Robert. «L'idée de tolérance de Locke à Voltaire». [In] *Voltaire, Rousseau et la tolérance* (1980: n° 26), p.33-36.

Résumé communiqué par R. Desné, p.33-34; résumé communiqué par P. Peyronnet, p.35-36; discussion, p.37.

1935 MENOZZI, Daniele. *Letture politiche di Gesù: dall'Ancien Régime alla Rivoluzione.* Brescia: Paideia editrice, 1979. 262 p. (Testi i ricerche di scienze religiose, 15).

p.33-46, «Gesù ‹legislatore› della tolleranza in Voltaire e nei deisti». Voir aussi l'index.

Trad.: *Les Interprétations politiques de Jésus de l'Ancien Régime à la Révolution.* Trad. de l'italien par Jacqueline Touvier. Paris: Les Editions du Cerf, 1983. 282 p. (Sciences humaines et religions), p.32-46, «Jésus ‹législateur› de la tolérance chez Voltaire et les déistes». Voir aussi l'index.

1936 MERVAUD, Christiane. «Voltaire et le *Cri du sang innocent*: l'affaire La Barre dans sa correspondance». *L'Infini* 25 (1989), 135-45.

1937 MERVAUD, Christiane. «La réhabilitation du chevalier de La Barre: de Voltaire à la Convention». [In] *La Révolution française et les processus de socialisation de l'homme moderne.* Colloque international de Rouen (13, 14, 15 octobre 1988). Textes des conférences, communications et rapports présentés au colloque. Rapports introductifs par Claude Mazauric. Paris: Messidor; Rouen: IRED/U de Rouen, 1989. 778 p., p.497-506.

1938 MICHAEL, Colette V. «Voltaire, Condorcet et la réhabilitation du chevalier de La Barre». [In] *Condorcet studies II.* Edited by David Williams. New York, &c.: Peter Lang, 1987. 183 p. (History of philosophy series, 1), p.141-51.

Insiste sur le rôle primordial de Condorcet dans la réhabilitation de La Barre.

1939 MILLE, P. « Voltaire et les institutions du droit français à travers le *Dictionnaire philosophique* ». *Revue historique de droit français et étranger* 48 (1970), 181-82.

> Résumé d'une conférence. V se révèle dictateur rationaliste.

1940 PERROD, Pierre-Antoine. *L'Affaire Lally-Tolendal: le journal d'un juge*. Paris: Klincksieck, 1976. 494 p. pl. ill. [Porte sur la couverture en sous-titre: *Une erreur judiciaire au XVIIIe siècle*].

> Voir p.212-23 *passim*.

1941 POBLETE TRONCOSO, Moisés. « Voltaire y el pensamiento filosófico social ». *Occidente* 214 (1970), 17-21.

> Esquisse de l'homme et son œuvre: V défenseur des malheureux et partisan de la liberté, de la justice et de la tolérance.

1942 POMEAU, René « Voltaire et la tolérance ». [In] *La Tolérance, république de l'esprit*. Actes du colloque « Liberté de conscience, conscience des libertés », Toulouse, 26-28 nov. 1987. Paris: Les Bergers et les Mages; Diff. Librairie protestante, 1988. 255 p., p.61-68.

1943 POPPER, Josef. *Das Recht zu leben und die Pflicht zu sterben: sozialphilosophische Betrachtungen, anknüpfend an die Bedeutung Voltaires für die neuere Zeit*. 3e Aufl. Dresden und Leipzig: C. Reissner, 1903. 245 p.

> Réimpr. de la 4e éd. (1924): New York: Johnson Reprint Corp., 1972. xxix, xvi, 141 p. (Classics in Germanic literatures and philosophy).

1944 RAYMOND, Agnès G. « L'infâme: superstition ou calomnie? ». *SVEC* 57 (1967), 1291-1306.

> Étude du sens du mot: plutôt calomnie que superstition.

1945 RENWICK, John P. *Voltaire et Morangiés 1772-1773 ou les Lumières l'ont échappé belle*. Oxford: The Voltaire Foundation, 1982. 166 p. (SVEC, 202).

> Analyse detaillée de l'affaire Morangiés et la partie prise par V; laisse ouverte la question de l'innocence de Morangiés; documents en appendice.
>
> CR: P. Alatri, *SFr* 27 (1983), 560-61; T. E. D. Braun, *FR* 58 (1984-85), 452-53; D. Fletcher, *MLR* 79 (1984), 455-56; G. Gargett, *FS* 39 (1985), 345-46; A. Magnan, *DHS* 16 (1984), 491-92; J. Marchand, *RHL* 85 (1985), 101; R. Runte, *ECCB* n.s 8 – for 1982 (1986), 547-48; *YWMLS* 44 (1982), 163.

1946 ROSSI, Pietro. « Voltaire e la tolleranza ». *Atti della Accademia delle scienze di Torino. II: Classe di scienze morali, storiche e filologiche* 113 (1979), 13-32.

> Réimpr.: *Rivista di filosofia* 70 (1979), 175-97.

1947 [TAKAHASHI, Yasumitsu. «L'affaire La Barre – Voltaire et le jugement odieux»]. *Shiso* 649 (1978), 120-38.

En japonais.

1948 WALTER, Eric. «L'affaire La Barre et le concept d'opinion publique». [In] *Le Journalisme d'Ancien Régime: questions et propositions*. Table ronde CNRS, 12-13 juin 1981. [Sous la direction de Pierre Rétat]. Centre d'Etudes du XVIIIᵉ siècle de l'Université Lyon II. Lyon: Presses Universitaires de Lyon, 1982. 413 p. ill. (Société française d'étude du XVIIIᵉ siècle: textes et documents; ERA du CNRS, 434; GRECO, 1), p.361-92.

V *passim*.

1949 WICHSER, Werner. «Voltaire und das Recht: Notizen und eine Bibliographie». *Schweizerische Juristen-Zeitung* 74 (1978), 369-72.

1950 WOODBRIDGE, John D. «An ‹unnatural alliance› for religious toleration: the philosophes and the outlawed pastors of the ‹Church of the Desert›». *CH* 42 (1973), 505-23.

V *passim*, mais notamment p.506-509, 516-20.

Affaire Calas [1]

Voir aussi les numéros 648, 1089.

1951 BIEN, David D. *The Calas affair: persecution, toleration, and heresy in eighteenth-century Toulouse*. Princeton, N.J.: Princeton U. P., 1960. ix, 199 p.

Cette étude montre que la polémique de V avait tendance à obscurcir la véritable situation historique.

CR: F. Acomb, *JMH* 33 (1961), 442-43; L. Bernard, *RPol* 23 (1961), 551-52; A. J. Freer, *SFr* 8 (1964), 160-61; P. Gay, *Political science quarterly* 76 (1961), 309-11; L. Gershoy, *AHR* 67 (1961), 119-20; M. Hutt, *History* 46 (1961), 258-59; M. Maxwell, *CH* 30 (1961), 118-19; H. Trevor-Roper, *New Statesman* 62 (1961), 121-24.

Trad.: *L'Affaire Calas: hérésie, persécution, tolérance à Toulouse au 18ᵉ siècle*. Traduit par Philippe Wolff. Toulouse: Eché, 1987. 220 p. (Histoire des mentalités, 1).

1952 CHÉNIER, Marie-Joseph. *Jean Calas: tragédie*. Edition critique par Malcolm Cook. Exeter: U. of Exeter, 1987. xxvi, 77 p. (Textes littéraires, 64).

---

1. Voir aussi *Traité sur la tolérance* (n° 3345 et suiv.) ci-dessous.

Voir l'introduction et les notes à la fin du texte: bien des répliques de la pièce s'inspirent d'écrits de V.

CR: S. Davies, *BJECS* 12 (1989), 98.

1953 COQUEREL, Athanase-Josué. *Jean Calas et sa famille; étude historique d'après les documents originaux* [...]. Paris: J. Cherbuliez, 1858. xvii, 522 p.

p.231-61, «Voltaire», et autres références. Sept lettres dans Best.D.

CR: M. Pattison, *The Westminster review* 14 (1858), 465-88, remanié dans son *Essays*. Oxford: Clarendon P., 1889. 2 vols, ii.177-209.

Réimpr.: Genève: Slatkine Reprints, 1970. xix, 527 p. Réimpr. de l'éd. de 1875.

1954 GAGNEBIN, Bernard. «La gravure de ‹La malheureuse famille Calas›». *GBA* 6ᵉ pér., 92 (1978), 197-202, ill.

Gravure de Delafosse d'après un dessin de Carmontelle. V *passim*.

1955 GAY, Peter. «Voltaire als Kämpfer für die Menschlichkeit (der Fall Calas)». [Trad. par Erika Schindel]. [In] *Voltaire*. Hrsg. von Horst Baader (1980: nᵘ 25), p.152-91.

Trad. de: P. Gay, *Voltaire's politics* (1959: QA 1177), p.273-308.

1956 GORSSE, Pierre de. «Un ennemi de Voltaire aux Pyrénées: La Beaumelle et l'affaire Calas». *Revue de Comminges* 83 (1970), 172-82.

Voir particulièrement p.172-73, 177.

1957 HOWARTH, W. D. «Tragedy into melodrama: the fortunes of the Calas affair on the stage». *SVEC* 174 (1978), 121-50.

Pièces inspirées par la campagne de V. Pour le rôle de V, voir p.121-22.

1958 ЛЮБЛИНСКИЙ, В. С. «Новый взгляд на дело Каласа» [Nouvel aperçu sur l'affaire Calas]. *FE 1965* (1967), 233-45. Résumé en français, p.245.

1959 MENANT-ARTIGAS, Geneviève. «Cassandre et Calas: une nouvelle version de la lettre de Voltaire à d'Alembert (29 mars 1762)». *DHS* 16 (1984), 297-311.

A propos de Best.D10394: deux copies inconnues trouvées dans la bibliothèque municipale de Vire. Comparaison des textes, avec variantes.

1960 ORSONI, Jean. *L'Affaire Calas avant Voltaire*. Thèse, U. de Paris IV, 1981. 557 f.

1961 POMEAU, René. «Voltaire et Rousseau devant l'affaire Calas». [In] *Voltaire, Rousseau et la tolérance* (1980: n° 26), p.59-76. Discussion, p.77-78. Résumé, p.62.

1962 Sareil, Jean. «L'affaire Calas et l'affaire Dreyfus». *SPFA* (1973), 63-83.

  Deux cas célèbres particulièrement actuels en raison de la violence de notre époque.

1963 Van den Heuvel, Jacques. «Voltaire, Genève et l'affaire Calas». *BSHPF* 124 (1978), 518-22.

1964 Van den Heuvel, Jacques. «Voltaire et l'affaire Calas». [In] *Actualité du XVIIIᵉ siècle*. Faculté des lettres de Brest, Palais des arts et de la culture. [Avant-propos de Jean Balcou]. Brest: Le Secrétariat de lettres modernes, l'Atelier de reprographie de la Faculté des lettres de Brest, [1981]. 174 p. («Textes et documents»), p.5-12.

  Suivi d'un débat: «Les affaires judiciaires et la tolérance» (p.14-27).

1965 Vigne, Randolph. «The killing of Jean Calas: Voltaire's first Huguenot cause». *Proceedings of the Huguenot society of London* 23 (1981), 280-94.

  Voir notamment p.290-94.

1966 Viguerie, Jean de. «La tolérance à l'ère des Lumières». [In] *La Tolérance*. XIII colloque de l'Institut de recherches sur les civilisations de l'Occident moderne. Paris: Presses de l'U. de Paris-Sorbonne, 1986. 91 p. (Civilisations, 11), p.43-55.

  Voir aussi la conclusion de Paul Vernière, p.61-64. V *passim*: *Traité sur la tolérance*.

1967 Wagner, Nicolas. «Voltaire, poète des Lumières: l'affaire Calas». [In] *Etudes sur le XVIIIᵉ siècle*. Par Michel Bellot-Antony *et al.* Présentées par J. Ehrard. Clermont-Ferrand: Association des publications de la Faculté des lettres et sciences humaines de Clermont-Ferrand, 1979. vi, 173 p. (Université de Clermont II, Faculté des lettres et sciences humaines. «Textes et documents»), p.163-73.

  La prose de V s'élève au rang de la poésie quand il s'agit de l'angoisse humaine.

Idées politiques, sociales et économiques

Voir aussi les numéros 180, 356, 483, 541, 550, 566, 763, 776, 785, 1409, 1832, 1909, 2399, 2653, 3198, 3202.

1968 Abanime, Emeka Patrick. «Voltaire antiesclavagiste». *SVEC* 182 (1979), 237-51.

1969 Adams, David J. «Voltaire's supposed debt to Boulanger». *BJECS* 6 (1983), 51-54.

  A propos de remarques de Wade dans *The Search for a new Voltaire* (1958: *QA* 492) sur les sociétés préhistoriques et sur la religion.

1970 ADAMS, David J. «Voltaire, Rousseau and early societies». *Annals of scholarship* 3, n° 2 (1984), 103-19.

1971 AGES, Arnold. «Voltaire's philosophical messianism: the testimony of the correspondence». *SFr* 30 (1986), 197-205.

Sur le besoin de changements politiques.

CR: *YWMLS* 48 (1986), 181.

1972 ALATRI, Paolo. *Lineamenti di storia del pensiero politico moderno. 1. Da Machiavelli ai socialisti utopisti*. Messina: Editrice La Libra, 1973. 281 p. (Biblioteca di storia, 1).

p.125-32, «Contro ogni residuo ‹feudale›: D'Argenson e Voltaire».

1973 ALDRIDGE, A. Owen. «The state of nature: an undiscovered country in the history of ideas». *SVEC* 98 (1972), 7-26.

Voir notamment p.11-12, 23-26.

1974 ALDRIDGE, A. Owen. «Mandeville and Voltaire». [In] *Mandeville studies: new explorations in the art and thought of Dr. Bernard Mandeville (1670-1733)*. Edited by Irwin Primer. The Hague: Martinus Nijhoff, 1975. xiv, 223 p. (International archives of the history of ideas, 81), p.142-56.

La réaction de V à Mandeville; l'influence de la pensée de Mandeville sur l'œuvre de V.

1975 APPLEWHITE, Harriet Branson & Darline Gay Levy. «The concept of modernization and the French Enlightenment». *SVEC* 84 (1971), 53-98.

Voir surtout, p.77-79, sur V et la participation politique.

1976 BAHNER, Werner. «Quelques observations sur les idées pacifistes en France au dix-huitième siècle». [In] *Le Siècle de Voltaire* (1987: n° 44), i.27-35.

Voir notamment p.29 et p.34-5.

1977 BARBER, William H. «Literature and society: Voltaire». [In] *Perspectives on literature and society in Eastern and Western Europe*. Edited by Geoffrey A. Hosking and George F. Cushing. Houndmills: Macmillan in association with the School of Slavonic and East European Studies, U. of London, 1989. vii, 202 p. (Studies in Russia and East Europe), p.37-54.

V partisan du droit humain: critique sociale, religieuse, politique et intellectuelle.

1978 BARKER, David. *Enlightenment politics: Voltaire, the infame, and the New Jerusalem*. Diss., U. of Texas at Austin, 1974. 225 p.

Résumé: *DAI* 35 (1974-75), 392A-393A.

1979 BENREKASSA, Georges. «Loi naturelle et loi civile: l'idéologie des Lumières et la prohibition de l'inceste». *SVEC* 87 (1972), 115-144.

> Voir p.126-31.

> Réimpr. [in] Georges Benrekassa. *Le Concentrique et l'excentrique: marges des Lumières.* Paris: Payot, 1980. 376 p. (Bibliothèque historique), p.183-209 (notamment p.190-96). Voir aussi p.69-79, «Dictature des lettrés ou destruction du mythe de l'état plein: Voltaire/Montesquieu» (surtout p.69-74).

1980 BIONDI, Carminella. *Mon frère, tu es mon esclave! Teorie schiaviste e dibattiti antropologico-razziali nel settecento francese.* Prefazione di Corrado Rosso. Pisa: Goliardica, 1973. 287 p. ill. (Studi e testi, 41).

> Voir p.131-35, 147-50, 157-61, 222-24 et autres références.

1981 BIONDI, Carminella. *Ces esclaves sont des hommes: lotta abolizionista e letteratura negrofila nella Francia del settecento.* Prefazione di Corrado Rosso. Pisa: Goliardica, 1979. ix, 314 p. (Studi e testi, 55).

> Voir p.24-28, 163-64, 184-86 et autres références.

1982 BLANCO, Giuseppe. *Le Profezie di Voltaire sulla Rivoluzione francese.* Catania: Edigraf, 1969. 35 p.

> Contient en appendice, p.29-35, «Le lettere di Voltaire», où celui-ci fait mention de révolutions.

> CR: F. Battaglia, *SGym* 22 (1969), 222-23; L. Losito, *CulF* 17 (1970), 184.

1983 BOISCHOT, P. «Voltaire et l'économie rurale». *Bulletin de l'Association française pour l'étude du sol* n° 2 (fév. 1966), 63-72.

> V est peu libéral dans ses opinions sur l'économie rurale, mais très généreux envers les cultivateurs. Article basé sur plus de 25 extraits de V publiés dans le *Journal d'agriculture et d'économie rurale* (1795) de Jean-Alexis Borelly.

1984 BRÈTHE DE LA GRESSAYE, Jean. «Politique comparée de Voltaire, Rousseau et Montesquieu (Séance du 12 avril 1979)». *Actes de l'Académie nationale des sciences, belles-lettres et arts de Bordeaux* 5ᵉ s., t. 4 (1979), 61-72.

> Voir notamment p.61-62, 64-67, 70-71.

1985 BURMEISTER, Brigitte. «Die politische Offensive des Bürgertums; der Kampf der Stände um das Ancien régime (Voltaire. Die Debatte um den Ursprung der französischen Monarchie. Montesquieu)». [In] *Französische Aufklärung: Bürgerliche Emanzipation, Literatur und Bewusstseinsbildung.* Kollektievarbeit von Winfried Schröder *et al.* Leipzig: Reclam, 1974. 961 p. (Sprache und Literatur, 562). p.299-308.

1986 CARRIVE, Paulette. *Bernard Mandeville: passions, vices, vertus.* Paris: J. Vrin, 1980. 222 p. (Bibliothèque d'histoire de la philosophie).

Voir surtout p.32-33: l'influence de la *Fable des abeilles* sur V. Voir aussi l'index.

1987 CASINI, Paolo. «Gli enciclopedisti e le antinomie del progresso». *Rivista di filosofia* 66 (1975), 236-56.

p.241-46, «Natura statica e progresso della civiltà: Voltaire».

1988 CHARBONNAUD, Roger. *Les Idées économiques de Voltaire.* Angoulême: M. Despujolo, 1907. 168 p. [Thèse pour le doctorat en droit, U. de Poitiers].

Réimpr.: New York: Burt Franklin, 1970. (Burt Franklin research & source works series, 574. Philosophy monograph series, 39).

1989 CHAUBERT, Guy. «Voltaire et les questions économiques». *Documents et recherches/lettres*, juin 1974, p.16-17.

Lettre adressée à M l'abbé Baudeau.

1990 CHEVALLIER, Jean-Jacques. *Histoire de la pensée politique.* Paris: Payot, 1979. 2 vols (Bibliothèque historique).

ii.100-10, «Voltaire et Diderot» (surtout p.100-103). Voir aussi l'index.

1991 CHOUILLET, Jacques. «Le parti des philosophes et l'avènement de Louis XVI», *Mélanges de la bibliothèque de la Sorbonne* 8 (1988), 212-20.

V *passim*. Les philosophes profondément divisés avant, pendant et après 1774 sur la situation politique.

1992 CHRISTOPHE, Marc-Arthur. *Voltaire et l'esclavage des noirs au siècle des Lumières.* Diss., George Washington U., 1985. 199 p.

Résumé: *DAI* 46 (1985-86), 1277A.

1993 CRANSTON, Maurice. *Philosophers and pamphleteers: political theorists of the Enlightenment.* Oxford; New York: Oxford U. P., 1986. 190 p. (An OPUS book).

p.36-61, «Voltaire».

CR: M. Adereth, *MLR* 84 (1989), 169-71; D. Coward, *JES* 18 (1988), 69-70; D. Garrioch, *History of European ideas* 9 (1988), 601-602; N. Hampson, *FS* 41 (1987), 217-18; J. H. Mason, *TLS*, 24 Feb. 1987, p.220; A. Strugnell, *BJECS* 12 (1989), 100-101.

1994 CRANSTON, Maurice. «Ideas and ideologies». *History today* 39 (May 1989), 10-14, ill.

Voir p.12-14: la politique de V.

1995 CROCKER, Lester G. «Voltaire and the political philosophers». *SVEC* 219 (1983), 1-17.

1996 DAILEY, Simone. *Voltaire et les physiocrates*. Diss., U. of Massachusetts, 1974. 423 p.

> Résumé: *DAI* 35 (1974-75), 423A.

1997 DELLA VOLPE, Galvano. «L'umanità di Montesquieu e di Voltaire e quella di Rousseau». *Il Contemporaneo* 5 (ott. 1962), 10-18.

> Réimpr. dans son ouvrage, *Rousseau e Marx e altri saggi di critica materialistica*. Roma: Editori Riuniti, 1964. 227 p. (Nuova biblioteca di cultura), p.111-19.
>
> Trad.: *Rousseau and Marx*. Translated and introduced by John Fraser. London: Lawrence and Wishart, 1978. 206 p., p.126-37.

1998 DERATHÉ, Robert. «Современные труды о политических идеях во франции в век просвещения» [Etat présent des travaux sur les idées politiques en France au siècle des Lumières]. *FE 1966* (1968), 287-99. Résumé en français, p.299.

> Voir p.295-96, V et Diderot.

1999 DIAZ, Furio. «Filosofia e politica dall'Illuminismo agli ‹Idéologues›». *RCSF* 25 (1970), 275-89.

> V *passim*.

2000 DIAZ, Furio. «Idee ‹philosophiques› e organizzazione del potere». [In] *La Politica della ragione: studi sull'Illuminismo francese*. A cura di Paolo Casini. Bologna: Società editrice il Mulino, 1978. 381 p. (Temi e discussioni), p.11-41.

> Voir notamment p.24-26 (l'*A.B.C.*).

2001 DUCHAC, René. «Voltaire et l'image du pouvoir politique». *Annales de la Faculté des lettres et sciences humaines d'Aix* 44 (1968), 253-58.

> Sur les écrits historiques de V.
>
> CR: G. de Piaggi, *SFr* 14 (1970), 195-96.

2002 DUPÂQUIER, Jacques. «Voltaire et la population». [In] *Liber amicorum: études historiques offertes à Pierre Bougard*. Arras: Commission départementale d'histoire et d'archéologie du Pas-de-Calais, 1987. 358 p. ill. (Mémoires de la Commission départementale d'histoire et d'archéologie du Pas-de-Calais, 25; *Revue du Nord*, hors série, Collection Histoire, 3).

> Détruit l'idée de la dépopulation et montre l'importance des questions démographiques pour l'histoire d'une nation.

2003 DUTEL, J.-R. «Voltaire économiste et son temps». *Bulletin de l'Association des professeurs de lettres* 14 (juin 1980), 28-33.

2004 FAGUET, Emile. *La Politique comparée de Montesquieu, Rousseau et Voltaire*. Paris: Société française d'imprimerie et de librairie, 1902. vi, 297 p. (Nouvelle bibliothèque littéraire).

CR: C. Dejob, *RCrit* 54 (1902), 78-80; E. d'Eichthal, *RCrit* 54 (1902), 107-11; J. Haas, *ZFSL* 25 (1903), 69-70; G. Monod, *Revue historique* 80 (1902), 119-24; E. Rigal, *RLR* 7 (1902), 331-32; G. Lanson, *RU* 2 (1902), 244-48.

Réimpr.: Genève: Slatkine Reprints, 1970. Autre réimpr.: New York: Burt Franklin, 1971. (Burt Franklin research & source works series, 750. Philosophy monograph series, 62).

2005 FERRARI, Jean. «Quelques remarques sur l'état de nature au XVIIIe siècle: Voltaire, Rousseau, Kant, [In] *Romanistik integrativ. Festschrift fur Wolfgang Pollak*. Hrsg. von Wolfang Bandhauer & Robert Tanzmeister. Wien: Braumüller, 1985. xi, 656 p. (Wiener Romanistische Arbeiten, 13), p.149-52.

2006 FETSCHER, Iring. «Voltaires liberales Grossbürgertum und der kleinbürgerliche Egalitarismus Rousseaus». [In] *Bürger und Bürgerlichkeit im Zeitalter der Aufklärung*. Hrsg. von Rudolf Vierhaus. Heidelberg: Verlag Lambert Schneider, 1981. 335 p. (Wolfenbüttler Studien zur Aufklärung, 7), p.43-64.

2007 FLETCHER, D. J. «Montesquieu's conception of patriotism». *SVEC* 56 (1967), 541-55.

Voir p.544-45: V et le patriotisme.

2008 GARGETT, Graham. «Voltaire, Richelieu and the problem of Huguenot emancipation in the reign of Louis xv». *SVEC* 176 (1979), 97-132.

2009 GAY, Peter. *Voltaire's politics: the poet as realist*. Princeton: Princeton U. P., 1959. xii, 417 p.

Etude faite à la fois du point de vue de l'histoire, de la biographie et de la théorie politique. Ce livre contient en appendice «Voltaire and natural law» (p 313-46) et «Voltaire's anti-semitism» (p.351-54). Ce dernier texte est sensiblement augmenté dans P. Gay, *The Party of humanity* (1963: *QA* 373), p.97-108.

CR: P. Alatri, *Studi storici* 1 (1960), 848-52; J. H. Brumfitt, *FS* 14 (1960), 365-66; E. Cahm, *SVEC* 12 (1960), 111-16; L. G. Crocker, *RR* 50 (1959), 294-97; F. Diaz, *RSI* 72 (1960), 366-72; F. T. Gargan, *RPol* 23 (1961), 545-49; W. G. Moore, *MLR* 55 (1960), 449-51; R. Pomeau, *RHL* 61 (1961), 87-88; A.-M. Rousseau, *RLC* 35 (1961), 673-75; *TLS*, 2 Oct. 1959, p.558; E. Weis, *HZ* 193 (1961), 146-49.

Réimpr.: New York: Vantage Books, 1965. xiv, 417 p. 2e éd.: New Haven and London: Yale U. P., 1988. xv, 417 p. Contient une nouvelle préface soulignant l'importance de la politique dans la vie de V.

2010 GAY, Peter. « Second thoughts: Peter Gay on *Voltaire's politics* ». *TLS*, 12 June 1981, p.673-74.

> Il ne voudrait pas récrire l'ouvrage de 1959 (*QA* 1177), mais il ajouterait des interprétations psychanalytiques.

2011 GORDON, L. S. *Studien zur plebejisch-demokratischen Tradition in der französischen Aufklärung*. Berlin: Rütten & Loening, 1972. 368 p. (Neue Beiträge zur Literaturwissenschaft, 32).

> p.14-22, « Zur Entschlüsselung einiger kryptonymer Ausgaben. An Hand von Materialien aus der Privatbibliothek Voltaires »; p.225-40, « Voltaire und der Jesuitenstaat in Paraguay » [trad. du russe (1947: *QA* 1642)]; p.241-53, « Voltaire als Leser von Bayle und Necker » [trad. du russe (1961: *QA* 629)]. Pour d'autres références, voir l'index.
>
> CR: R. Krebs, *DHS* 7 (1975), 398-99; J. R. Surrateau, *AHRF* 46 (1974), 472-74.

2012 GROSRICHARD, Alain. *Structure du sérail: la fiction du despotisme asiatique dans l'Occident classique*. Paris: Editions du Seuil, 1979. 234 p. (Connexions du champ freudien).

> Voir p.40-48 *passim*: Voltaire, Montesquieu et le concept de despotisme.

2013 GUERCI, Luciano. « Arturo Labriola, Voltaire e l'Illuminismo ». *Belfagor* 34 (1979), 125-40.

> A propos de Labriola, *Voltaire e la filosofia della liberazione* (1926: *QA* 1183).

2014 GUERCI, Luciano. *Libertà degli antichi e libertà dei moderni: Sparta, Atene e i « philosophes » nella Francia del settecento*. Napoli: Guida Editori, 1979. 279 p. (La Storia e le idee. Esperienze, 51).

> Voir p.213-20.

2015 GUNNARSDOTTIR, H. K. *Attitudes to war and peace in the French Enlightenment*. Diss., Exeter U., 1984.

> Résumé: *Aslib* 35/1/0298. L'attitude de V entre autres.

2016 HARTIG, A., G. SCHNEIDER & M. MEITZEL. *Grossbürgerliche Aufklärung als Klassenversöhnung: im Anhang: Voltaire, der Vierzigtalermann*. Berlin: Oberbaum-verlag, 1973. 155 p. (Materialistische Wissenschaft, 3).

> Vues et pratiques économiques.
>
> CR: E. Einecke-Klövekorn, *KLit* 3 (1974), 285-86.

2017 HASQUIN, Hervé. « Voltaire démographe ». *Etudes sur le XVIIIe siècle* 3 (1976), 133-48.

2018 HOFFMANN, Paul. *La Femme dans la pensée des Lumières*. Préface de Georges Gusdorf. Paris: Editions Ophrys, 1977. 621 p. (Association des publications près les universités de Strasbourg, 158). [Thèse, U. de Paris IV, 1975].

V et le sujet du divorce, p.281-84, et voir l'index.

CR: J. Geffriaud Rosso, *RHL* 79 (1979), 1057-59.

2019 HUNTING, Claudine. «The *Philosophes* and the question of black slavery: 1748-1765». *JHI* 39 (1978), 405-18.

V *passim*.

2020 IMBRUGLIA, Girolamo. «Diderot e le immagini della pirateria nel '700». *Belfagor* 269 (1990), 493-511.

p.497-501, «Il popolo di nomadi e di briganti di Voltaire» (surtout à propos de l'*Essai sur les mœurs*). Voir aussi p.503-504: la pensée de V comparée à celle de Diderot et de Montesquieu.

2021 JEDRYKA, Zygmunt. «L'usage politique du ‹dogme socinien› (liberté de conscience) au XVIIIème siècle». [In] *Modèles et moyens* (1977-1979: n° 11), iii.29-57.

Pour la pensée de V, voir p.37-39.

2022 KÖPECZI, Béla. «L'absolutisme éclairé et les philosophes». *SVEC* 190 (1980), 292-98.

Voir p.293-95.

2023 KÖPECZI, Béla. «Les idées et la réalité politique: l'absolutisme éclairé et les philosophes». *Etudes sur le XVIIIe siècle* 7 (1980), 25-34.

Voir p.26-28, 30-31.

2024 KÖPECZI, Béla. «Le ‹bon sauvage› en Europe centrale et orientale». [In] *Les Lumières en Hongrie ... Actes 4* (1981: n° 28), p.17-21.

Les idées de V et de Rousseau.

Réimpr. [in] *Hongrois et Français*, p.332-38 (1983: n° 1496).

2025 LEMAIRE, Ton. *De Indiaan in ons bewustzijn: de ontmoeting van de Oude met de Nieuwe Wereld* [L'indien dans notre esprit: la rencontre du vieux avec le nouveau monde]. Baarn: Ambo, 1986. 320 p. ill.

p.168-70, «Huronen bezoeken Frankrijk: Lahontan en Voltaire» [Des Hurons visitent la France: Lahontan et Voltaire]; p.195-97: sur la *Philosophie de l'histoire* de V.

2026 LIBERT, Benoît. *Voltaire et la politique*. Thèse, U. de Dijon, 1985.

2027 LIOUBLINSKIÏ, V. S. *La Guerre des farines: contribution à l'histoire de la lutte des classes en France, à la veille de la Révolution*. Traduit du russe par Françoise Adiba et Jacques Radiguet. Grenoble: Presses universitaires de Grenoble, 1979. 372 p. (Actualités-Recherche).

> p.49-68, «Des exemples de déformations: Voltaire et la ‹Guerre des farines›».

> CR: P. Alatri, *SFr* 24 (1980), 566-67; C. Michaud, *DHS* 13 (1981), 477.

2028 MAILHOS, Georges. «Le mot ‹révolution› dans l'*Essai sur les mœurs* et la correspondance de Voltaire». *Cahiers de lexicologie* 13 (1968), 84-92. Discussion, p.92-93.

> L'emploi du mot par V et sa signification pour lui.

2029 MAILHOS, Georges. «Pour une ‹révolution dans les esprits›». [In] *Voltaire ou la liberté de l'esprit* (1989: n° 49), p.45-58.

> Etude des connotations multiples du mot ‹révolution› chez V (le mot renvoie à toutes les activités du prosélytisme philosophique).

2030 MASON, Haydn T. «Voltaire and luxury». *Studi filosofici* 2 (1979), 183-201.

2031 MASON, Haydn T. *French writers and their society, 1715-1800*. London: Macmillan, 1982. vi, 261 p.

> p.105-11, «Luxury in a secular civilisation: Voltaire (1694-1778)» (sur les *Lettres philosophiques*, *Le Mondain* et *Défense du mondain*; p.168-81, «Crime and punishment: Voltaire (1694-1778)» (sur le *Commentaire sur le livre « Des délits et des peines »*); voir aussi l'index.

> CR: D. Coward, *JES* 13 (1983), 231-32; S. Davies, *FS* 37 (1983), 85; J. Dunkley, *MLR* 78 (1983), 447-49; D. Schier, *ECS* 17 (1983-84), 73-75; D. Williams, *BJECS* 7 (1984), 145-46.

2032 MORTIER, Roland. «Voltaire et le peuple». [In] *The Age of the Enlightenment* (1967: n° 1), p.137-51.

> Réimpr. [in] *Le Cœur et la raison* (1990: n° 50), p.89-103.

> Trad. en hongrois [in] *Az európai felvilágosodás* (1983: n° 33), p.307-25.

2033 MORVAN, Jean-Baptiste. «Un libéral, apôtre du ‹despotisme éclairé›». *Aspects de la France*, 25 mai 1978, p.8-9.

> A l'occasion du bicentenaire.

2034 PAPPAS, John. «Individual rights versus the general welfare in eighteenth-century French thought». *RR* 60 (1969), 5-22.

> V *passim*, mais surtout p.9-12.

2035 PAPPAS, John. «Le roi philosophe d'après Voltaire et Rousseau». *AHRF* 51 (1979), 535-46.

2036 PAPPAS, John. «Voltaire et le luxe: une mise au point». [In] *Enlightenment studies* (1979: n° 15), p.221-30.

Réimpr. [in] *Colloque 76* (1983: n° 34), p.83-94.

CR: *YWMLS* 45 (1983), 152.

2037 PAYNE, Harry C. «*Pauvreté, misère*, and the aims of enlightened economics». *SVEC* 154 (1976), 1581-92.

En partie sur V.

2038 PAYNE, Harry C. «The philosophes and popular ritual: Turgot, Voltaire, Rousseau». *SECC* 14 (1985), 307-16.

En partie sur V et sa vue élitiste et utilitaire des fêtes religieuses et populaires et l'importance de l'instruction et de la moralité.

CR: S. Whealler, *ECCB* n.s. 11 – for 1985 (1990), 243.

2039 PERKINS, Merle L. «Six French *philosophes* on human rights, international rivalry, and war: their message today». *SVEC* 260 (1989), 1-158.

p.44-61, «Voltaire: from death to life, liberty, and property». Voir aussi l'index.

CR: D. Williams, *MLR* 86 (1991), 719-20.

2040 PERRY, Norma. «French and English merchants in the eighteenth century: Voltaire revisited». [In] *Studies in eighteenth-century French literature* (1975: n° 7), p.193-213.

Malgré l'opinion de V, les marchands anglais et français sont plus semblables que dissemblables.

2041 POLIAKOV, Léon. «Racism from the Enlightenment to the age of imperialism». [In] *Racism and colonialism: essays on ideology and social structure*. Edited by Robert Ross. The Hague: Martinus Nijhoff for the Leiden U. P., 1982. vi, 228 p. (Comparative studies in overseas history, 4), p.55-64.

p.55-56: V sur les noirs et les juifs.

2042 PRANDI, Carlo. «Langue et économie». *Francia* (Napoli) 42 (1982), 21-51.

Sur Quesnay, V et Rousseau. Voir notamment p.32 (*L'Homme aux quarante écus*) et p.42-44 (écrits de l'époque de l'affaire Calas).

2043 RICUPERATI, Giuseppe. «Il pensiero politico degli illuministi». [In] *Storia delle idee politiche, economiche e sociali*. Diretto da Luigi Firpo. Torino: Unione

Tipografico-Editrice Torinese, 1975. 7 vols, ill. 4: *L'Età moderna*. 2 vols, ii.245-402.

Voir surtout p.277-87, «Religione e politica in Voltaire», et consulter l'index.

2044 Ross, Ellen. «Mandeville, Melon, and Voltaire: the origins of the luxury controversy in France». *SVEC* 155 (1976), 1897-1912.

2045 Rosso, Corrado. «Montesquieu, Voltaire et la cueillette des fruits au Canada ou l'inégalité par le dénigrement». [In] *Studi sull'uguaglianza: contributi alla storia e alla tipologia critica di un'idea nell'area francese*. A cura di Corrado Rosso. Pisa: Goliardica, 1973. 178 p. (Studi e testi, 42); publié aussi sous le titre, *Etudes sur l'égalité dans la littérature et la penseé françaises*. Paris: Nizet, 1973. 178 p. [texte identique], p.32-53.

> Réimpr. dans son ouvrage *Inventari e postille: letture francesi, divagazioni europee*. Pisa: Goliardica, 1974. 400 p. (Studi e testi, 46); publié aussi sous le titre, *Inventaire et postfaces: littérature française, civilisation européenne*. Paris: Nizet, 1974. 400 p. [texte identique], p.295-318.

2046 ROWE, Constance. *Voltaire and the state*. New York: Columbia U. P.; London, &c.: Oxford U. P., 1955. xi, 254 p.

> Réimpr.: New York: Octagon Books, 1968.

> CR: J. H. Brumfitt, *FS* 11 (1957), 355-56; G. R. Havens, *RR* 47 (1956), 218-20; W. T. Jones, *AAAPSS* 305 (May 1956), 203-204; A. M. Wilson, *AHR* 61 (1956), 1017-18; S. S. Wolin, *APSR* 50 (1956), 870-72.

2047 SALMONOWICZ, Stanisław. «Filozofowie ‹Wieku Światła› wobec oświeconego absolutzymu» [Les philosophes du siècle des Lumières et l'absolutisme éclairé]. [In] *Rozprawy z dziejów XVIII wieku* (1979: n° 17), p.9-29. Résumé en français, p.95-96.

> V *passim*, mais surtout p.12-14, 20-24.

2048 SCLIPPA, Norbert. *Images de la noblesse et de la bourgeoisie, des années 1750 à 1830*. Diss., City U. of New York, 1985. 303 p.

> Résumé: *DAI* 46 (1985-86), 439A. En partie sur *Candide* et *L'Ingénu*.

2049 SÉE, Henri. «Les idées politiques de Voltaire». *Revue historique* 98 (1908), 254-93.

> Réimpr.: *Les Idées politiques en France au XVIIIe siècle*. Paris: Hachette, 1920. 264 p., p.66-102.

> Réimpr.: Genève: Slatkine Reprints, 1980.

2050 SÉE, Henri. *L'Evolution de la pensée politique en France au XVIIIe siècle*. Paris: Giard, 1925. 398 p.

p.103-33, «Voltaire».

Réimpr.: Genève: Slatkine Reprints, 1978.

CR: C. Michaud, *DHS* 12 (1980), 537.

2051 Сиволап, И. И. *Социальные идеи Вольтера* [Les idées sociales de Voltaire]. Москва: Издательство «Наука», 1978. 283 p. (Академия Наук СССР, Институт всеобщей истории).

2052 STACKELBERG, Jürgen von. «1685 et l'idée de la tolérance: la réaction des ‹philosophes› à la révocation de l'Edit de Nantes». [Trad. par Geneviève Roche]. *Francia* (München) 14 (1986), 229-43.

Voir p.233-43: *Traité sur la tolérance* et *La Henriade*.

2053 STRICKLEN, Charles G., Jr. «The *philosophe*'s political mission: the creation of an idea, 1750-1789». *SVEC* 86 (1971), 137-228.

Voir p.151-53.

2054 TAMAGNINI, Giuliano. *Voltaire e i libertini: diritto, politica e libero pensiero nell'opera di Voltaire.* Modena: S.T.E.M.-Mucchi, 1981. 139 p.

2055 TATE, Robert S. «Voltaire, Bachaumont, and urban renewal for Paris». *RomN* 11 (1969-1970), 89-94.

2056 TATE, Robert S. «Voltaire and the *parlements*: a reconsideration». *SVEC* 90 (1972), 1529-43.

Ses rapports avec les parlements sont plus ambigus et plus complexes qu'on ne l'avait cru et méritent une étude plus approfondie.

CR: J. H. Brumfitt, *FS* 29 (1975), 198.

2057 TATE, Robert S. «Voltaire and the question of law and order in the eighteenth century: Locke against Hobbes». [In] *Studies in eighteenth-century French literature* (1975: n° 7), p.269-85.

L'évolution de la pensée politique de V.

2058 TER BORG, Meerten Berend. *Nihilisme en de Franse sociologische traditie.* Deventer: Van Logham Slaterus, 1982. 236 p.

p.34-93, «De nihilistische problematiek en het Ancien Régime» [La problématique nihiliste sous l'Ancien Régime]. Voir notamment p.52-64, «Voltaire» (le rôle central du nihilisme dans l'œuvre de V).

2059 TRENARD, Louis. «Les préoccupations économiques et sociales de Voltaire». *Etudes sur le XVIIIe siècle* 3 (1976), 235-53.

2060 TRENARD, Louis. « Les fondements de l'idée de race au XVIIIᵉ siècle ». *L'Information historique* 43 (1981), 165-73.

> Voir p.168-69.

2061 TRENARD, Louis. « Социально-экономические концепции Вольтера ». [Les idées socio-économiques de Voltaire]. *FE 1979* (1981), 166-87.

> Résumé en français, p.186-87.

2062 TROUSSON, Raymond. « Les idées politiques de Voltaire ». *La Pensée et les hommes* 22 (1978-1979), 142-47.

2063 VENTURI, Franco. *Utopia e riforma nell'Illuminismo.* Torino: Einaudi, 1970. 166 p. (Piccola Biblioteca Einaudi).

> Voir p.108-10 (la pensée politique de V) et 134-35 (ses idées sur la justice).

> Trad.: *Utopia and reform in the Enlightenment.* Cambridge: Cambridge U. P., 1971. v, 160 p., p.86-88, 108-109.

2064 VEREKER, Charles. *Eighteenth-century optimism: a study of the interrelations of moral and social theory in English and French thought between 1689 and 1789.* Liverpool: Liverpool U. P., 1967. vii, 317 p.

> V *passim.* Voir l'index.

2065 Волгин, В. П. *Развитие общественной мысли во Франции в XVIII веке* [Le Développement de la pensée sociale en France au XVIIIᵉ siècle]. Москва: Издательство Академия Наук СССР, 1958. 413 p.

> p.21-44, « Вольтер » [Voltaire].

> Trad.: *Die Gesellschaftstheorien der französischen Aufklärung.* Berlin: Akademie-Verlag, 1965. ix, 345 p. (Deutsche Akademie der Wissenschaften zu Berlin: Schriften des Instituts für romanische Sprachen und Kultur, 2), p.14-33, « Voltaire ». Réimpr. sous le titre « Die Begründer der bürgerlichen Ideologie: Voltaire ». [In] *Voltaire.* Hrsg. von Horst Baader (1980: n° 25), p.3-31.

> Trad.: V. Volguine. *Le Développement de la pensée sociale en France au XVIIIᵉ siècle.* Trad. du russe par Léon Piatigorski, sous la rédaction de Jean Champenois. Moscou: Editions du progrès, 1973. 412 p., p.22-45, « Voltaire ».

2066 VOLPILHAC-AUGER, Catherine. « Auguste et Louis XIV: les contradictions de Voltaire devant le pouvoir absolu ». [In] *La Monarchie absolutiste* (1987: n° 43), p.197-215.

2067 YANOVER, Dena. *Voltaire à la quête du roi idéal.* Diss., U. of Western Ontario, 1984.

> Résumé: *DAI* 45 (1984-85), 1417A-18A. Les vues de V entre 1713 et 1753 d'après ses écrits historiques, littéraires et politiques et son expérience personnelle.

2068 ZYLAWY, Roman. « Voltaire et la monarchie constitutionnelle ». *Pacific Northwest Council on foreign languages.* Proceedings. (Twenty-eighth annual meeting, April 21-23, 1977), 28, part 1 : Foreign literatures (1977), 47-50.

Franc-maçonnerie

Voir aussi les numéros 1073, 3386.

2069 « Deux initiations mémorables : Voltaire (1778) et Littré (1875) ». *Humanisme* 73 (1969), 56-63.

p.56-60, « L'initiation de Voltaire ».

2070 BRENGUES, Jacques. « Franc-maçonnerie et Lumières en 1778 : le cas Voltaire ». *Chroniques d'histoire maçonnique* 22 (1979), 33-38.

Réimpr. : *RHL* 79 (1979), 244-50. Résumé, p.552-53.

Quoique reçu au grade de maître en 1778, V fut peut-être reçu antérieurement en tant qu'initié en Angleterre.

2071 CHEVALLIER, Pierre. « Les adversaires francs-maçons de Voltaire : Fréron, l'abbé Destrées, Le Franc de Pompignan ». *Mémoires de la Société académique d'agriculture, des sciences, arts et belles-lettres du département de l'Aube* 105 (1967-1970), 111-41.

Réimpr. : *Annales de l'Est* 5ᵉ s., 22 (1970), 355-82.

Réimpr. : *Renaissance traditionnelle* 4 (1970), 239-72.

A l'exception du cas de l'abbé Destrées, V sert essentiellement de point de départ pour une étude de la pensée de ces francs-maçons.

2072 CHEVALLIER, Pierre. *Histoire de la franc-maçonnerie française.* 1 : *La Maçonnerie : école de l'égalité, 1725-1799.* [Paris] : Fayard, 1974. 396 p.

p.272-79, « L'initiation de Voltaire à la loge des Neuf Sœurs (avril 1778) ».

2073 FERRER-BENIMELI, José Antonio. « Voltaire y la Masonería ». *Cuadernos de investigacion* (Geografia e historia), Mayo 1975, p.65-89, ill.

2074 FERRER-BENIMELI, José Antonio. « Le franc-maçon entre les Lumières et l'illumisme ». [In] *Actes du colloque ... Cortona* (1984 : n° 36), p.41-63.

Voir surtout p.46-49, « Frédéric II et Voltaire ».

Autre impr. sous le titre « Le franc-maçon : homme des Lumières » [in] *Les Lumières en Hongrie ... Actes* 5 (1984 : n° 37), p.149-61. Voir notamment p.154-56.

2075 GODARD, Roger. «Une loge élitiste à la fin de l'Ancien régime: les Neuf
Sœurs». *La Pensée et les hommes* 22 (1978-1979), 138-41.

En partie sur V.

2076 JUGE, L. Th. «Initiation de Voltaire dans la loge des Neufs-Sœurs». *La Chaîne
d'union* 1 (janv. 1981), 1-10 [la 2ᵉ de plusieurs paginations].

2077 LEMAIRE, Jacques. «L'image de Voltaire dans l'historiographie maçonnique
de langue française». *Revue de l'Université de Bruxelles* (1977), 310-44.

V franc-maçon, l'évolution de sa réputation chez les francs-maçons et ses rapports
avec la maçonnerie.

2078 LEMAIRE, Jacques. «L'initiation maçonnique de Voltaire: questions en sus-
pens». *La Pensée et les hommes* 22 (1978-1979), 153-59.

Réimpr.: *Humanisme* 131-32 (1979), 101-107.

2079 LEMAIRE, Jacques. «La Loge des Neuf Sœurs au XVIIIᵉ siècle: un cénacle
maçonnique de beaux esprits». *La Pensée et les hommes* 22 (1978-1979), 205-12.

En partie sur V.

2080 LIGOU, Daniel. «Voltaire». [In] *Dictionnaire de la Franc-Maçonnerie*. Sous la
direction de Daniel Ligou. Paris: PUF, 1987. x, 1301 p., p.1237.

Aucune preuve n'existe d'une initiation de V antérieure à celle du 7 avril 1778.

2081 PORSET, Charles. «A propos de l'initiation de Voltaire». *Chroniques d'histoire
maçonnique* 33 (1984), 3-21.

2082 SILBER, Gorden R. «In search of Helvétius' early career as a freemason». *ECS*
15 (1981-1982), 421-41.

Voir notamment p.440-41, «A note on Voltaire's initiation in the Loge des Neuf-
Sœurs».

Religion

Voir aussi les numéros 541, 550, 566, 681, 722, 793, 917, 1148, 1229, 1508, 1549, 1552-
1554, 1581, 1583, 1605, 1724, 1884, 1913, 1935, 2021, 2043, 2198, 2200, 2219, 2234,
2240, 2347, 2852, 2981, 2997, 3161.

2083 *Ezourvedam: a French Veda of the eighteenth century*. Edited with an introduction
by Ludo Rocher. Amsterdam; Philadelphia: John Benjamins, 1984. vi, 214 p.
(University of Pennsylvania studies on South Asia, 1).

Basé en partie sur la copie manuscrite de V; la source principale de V sur la religion indienne. Voir surtout l'introduction: p.3-52, «Historical survey of Ezourvedam interpretation», et p.77-84, «Voltaire's and Anquetil's manuscripts».

2084 ADAMS, Geoffrey. «Myths and misconceptions: the philosophe view of the Huguenots in the age of Louis XV». *Historical reflections* 1 (1974), 60-79.

V *passim*. Résumé en français, p.80.

2085 ADAMS, Geoffrey. «Before Calas: anti-Calvinist prejudice in Voltaire». [In] *Proceedings of the fourth annual meeting of the Western Society for French History, 11-13 November 1976, Reno, Nevada*. Edited by Joyce Duncan Falk. Santa Barbara, Calif.: Western Society for French History, 1977. ix, 446 p., p.109-16.

2086 AGES, Arnold. «Voltaire and Frederick: the image of the Old Testament in their correspondence». *RLC* 40 (1966), 81-90.

L'Ancien Testament comme source d'ironie et de satire dans sa correspondence.

CR: M. Scalabrin Ciotti, *SFr* 11 (1967), 155.

2087 AGES, Arnold. «Voltaire, the Marchioness of Deffand and Ecclesiastes». *RomN* 8 (1966-1967), 51-54.

Lorsqu'il parle de l'Ecclésiaste dans sa correspondance, ce n'est pas avec le cynisme et l'hostilité que l'on trouve dans ses écrits publiés.

2088 AGES, Arnold. «Voltaire on Genesis. The testimony of his correspondence». *ZFSL* 76 (1966), 10-16.

Révèle une connaissance intime du texte, avec une compréhension bienveillante de la sagesse biblique.

CR: G. Kretzmann, *SFr* 11 (1967), 361.

2089 AGES, Arnold. «Voltaire et les Psaumes, un livre admiré». *RUO* 36 (1966), 61-65.

Dans sa correspondance, V estime la valeur de la sagesse et de la vérité éternelle de ce livre.

2090 AGES, Arnold. «Voltaire, Calmet and the Old Testament». *SVEC* 41 (1966), 87-187.

Dans sa critique biblique, V doit beaucoup à Calmet, homme qu'il aime malgré ce qu'il dit de lui vers la fin de sa vie.

2091 AGES, Arnold. «Voltaire and Thieriot: a study in the literary manipulation of scripture». *DR* 47 (1967-1968), 45-50.

La correspondance révèle un emploi très ample du langage et des images de la Bible.

2092 AGES, Arnold. « Voltaire, d'Alembert and the Old Testament: a study in the manipulation of Scripture ». *SFr* 11 (1967), 86-89.

La correspondance révèle un ton différent de celui des contes.

2093 AGES, Arnold. « Voltaire and the rabbis: the curious allies ». *RF* 79 (1967), 333-44.

Son utilisation des œuvres de savants juifs pour combattre le christianisme.

CR: G. Niggestich-Kretzmann, *SFr* 14 (1970), 164.

2094 AGES, Arnold. « Voltaire and the Old Testament: the testimony of his correspondence ». *SVEC* 55 (1967), 43-63.

2095 AGES, Arnold. « Voltaire, d'Argental and the New Testament: a stylistic analysis ». *Archiv* 204 (1967), 272-77.

2096 AGES, Arnold. « Voltaire and the New Testament: a study in ironic didacticism ». *ZFSL* 78 (1968), 35-43.

Dans la correspondence.

CR: G. Niggestich-Kretzmann, *SFr* 14 (1970), 164.

2097 AGES, Arnold. *French Enlightenment and rabbinic tradition.* Frankfurt am Main: V. Klostermann, 1970. 70 p. (Analecta Romanica, 26).

Voir p.60-68.

2098 AGES, Arnold. « Voltaire and the problem of atheism: the testimony of the correspondence ». *Neophil* 68 (1984) 504-12.

2099 BASTIAENSEN, Michel. « Mandéens et Sabéens dans la pensée nouvelle ». [In] *L'Homme des Lumières et la découverte de l'autre.* Edité par D. Droixhe et Pol-P. Gossiaux. Bruxelles: Editions de l'U. de Bruxelles, 1985. 224 p. (Etudes sur le XVIIIᵉ siècle, vol. hors série, 3), p.199-211.

V *passim*: les deux sectes dans ses œuvres.

2100 BESTERMAN, Theodore. « Voltaire's god ». *SVEC* 55 (1967), 23-41.

2101 BINGHAM, Alfred J. « Voltaire anti-chrétien réfuté par l'abbé Bergier ». *RUL* 20 (1965-1966), 853-71.

Nicolas-Sylvestre Bergier.

2102 BOLTON, P. T. *Voltaire and Zoroaster.* Diss., U. of East Anglia, 1970-1971.

2103 BOSS, Ronald I. « The development of social religion: a contradiction of French free thought ». *JHI* 34 (1973), 577-89.

Voir p.582-85 et *passim*.

2104 BOUSQUET, Georges-Henri. «Voltaire et l'Islâm». *Studia islamica* 28 (1968), 109-26.

Ce que V savait de l'Islam et sa réaction à cette religion.

2105 BRANCAFORTE, Antonio. «Intorno alla prova dell'esistenza di Dio dal piacere escogitata da Voltaire». *Sophia* 35 (1967), 344-56.

2106 BRIEN, Alan. «King David's head». *New statesman* 78 (1969), 657.

V polémiste dans son article sur David: V antisémite.

2107 BRODIN, Pierre. «Les Quakers américains et la France au dix-huitième siècle». *FR* 49 (1975-1976), 899-908.

Voir p.901-903: l'attitude de V envers le quakerisme.

2108 CHAYBANY, Jeanne. «Hyde et Voltaire ou Voltaire et la Perse». [In] *Actes du XXIXᵉ congrès international des orientalistes, Paris, juillet 1973. Iran moderne 1.* Section organisée par Gilbert Lazard. Paris: L'Asiathèque, 1976. vi, 86 p., p.14-20.

L'*Historia religionis Veterum Persarum*, prêtée à V en 1747, sert à le renseigner sur la religion des Perses, et il fait connaître les documents relatifs à cette religion au public cultivé.

2109 CHÉDOZEAU, Bernard. «Voltaire et Dom Calmet, ou les malheurs du sens littéral». [In] *Burlesque et formes parodiques dans la littérature et les arts.* Actes du colloque de l'Université du Maine, Le Mans (du 4 au 7 décembre 1986). Réunis par Isabelle Landy-Houillon et Maurice Menard. Seattle; Tubingen: Wolfgang Leiner, 1987. 662 p. (Papers on French seventeenth century literature, Biblio 17, nº 33), p.481-89.

Le sens littéral dans la critique biblique, surtout dans *La Bible enfin expliquée*.

2110 CHIVERS, Richard. *Voltaire's treatment of Moses in the «Dictionnaire philosophique», and the «Philosophie de l'histoire».* Diss., U. of North Carolina, 1983. 203 p.

Résumé. *DAI* 44 (1983-84), 1098A.

2111 COTONI, Marie-Hélène. «La critique biblique en 1778». *DHS* 11 (1979), 213-33.

V *passim*, mais surtout p.217-24, 226-27.

2112 COTONI, Marie-Hélène. «L'image du Christ dans les courants déiste et matérialiste français du XVIIIᵉ siècle». *SVEC* 192 (1980), 1093-1100.

V *passim*.

2113 COTONI, Marie-Hélène. *L'Exégèse du Nouveau Testament dans la philosophie française du dix-huitième siècle.* Oxford: The Voltaire Foundation, 1984. vii, 445 p. (SVEC, 220). [Thèse, U. de Paris IV, 1979].

> p.305-65, «L'exégèse du Nouveau Testament dans l'œuvre de Voltaire: l'apostolat d'une civilisation». Voir aussi l'index.

> CR: G. Artigas-Menant, *RHL* 88 (1988), 767-70; C. J. Betts, *MLR* 82 (1987), 958; J. Macary, *RR* 76 (1985), 337-38; S. O'Cathasaigh, *FS* 42 (1988), 211-12; W. E. Rex, *ECCB* n.s. 10 – for 1984 (1989), 240-41; D. C. Spinelli, *FR* 60 (1986-87), 860-61; R. Trousson, *DHS* 18 (1986), 515.

2114 COTONI, Marie-Hélène. «La résurgence du mythe messianique dans l'œuvre de Rousseau et de Voltaire». [In] *Hommage à Jean Richer.* Paris: Les Belles Lettres, 1985. 423 p. (Annales de la Faculté des lettres et sciences humaines de Nice, 51), p.109-15.

> Traite en partie de l'article «Religion» du *Dictionnaire philosophique*.

2115 COTONI, Marie-Hélène. «Voltaire, Rousseau, Diderot». [In] *Le Siècle des Lumières et la Bible.* Sous la direction de Yvon Belaval et Dominique Bourel. Paris: Beauchesne, 1986. 869 p. ill. (Bible de tous les temps, 7), p.779-803.

> Voir p.780-88, «Voltaire et la Bible».

2116 CURTIS, Jerry L. «La Providence: vicissitudes du dieu voltairien». *SVEC* 118 (1974), 7-114.

> L'attitude de V à l'égard de la Providence.

2117 DESAUTELS, Albert R. «Voltaire and the Church». *America* 139 (1978), 358-60.

> Souligne une évolution dans l'Eglise depuis l'époque de V: un esprit moins autoritaire, plus de liberté religieuse et de tolérance.

2118 DESHUSSES, Jérôme. «Pour Voltaire». *Construire* (Zurich), 24 avr. 1974, p.5.

> Défense de V et de ses attaques contre le christianisme.

2119 DUMKE, Isolde. *Voltaire als Religionskritiker im Spiegel der Forschung (1956-1969).* Diss., Freie U. Berlin, 1972. 296 p.

2120 EPP, Anthony R. «Voltaire and the Anabaptists». *The Mennonite quarterly review* 45 (1971), 145-51.

> Différences de vues dans une variété d'ouvrages, mais une insistance particulière sur l'idéal représenté par Jacques dans *Candide*.

2121 FLORIDA, R. E. *Voltaire and the Socinians.* Banbury: The Voltaire Foundation, 1974. 275 p. (SVEC, 122). [Diss., McMaster U., 1973].

CR: P. Alatri, *SFr* 21 (1977), 308; W. H. Barber, *RHL* 76 (1976), 476-77; C. Lafarge, *DHS* 7 (1975), 403-404; H. T. Mason, *TLS*, 30 May 1975, p.594; J. S. Spink, *MLR* 73 (1978), 427-28.

2122 GALLO, Antonio. « Voltaire e Rousseau di fronte a Cristo ». *L'Osservatore romano*, 27-28 feb. 1978, p. 3.

2123 GARGETT, Graham. « Voltaire and the Church of England ». *BSECS Newsletter* 11 (Feb. 1977), 33-35.

2124 GARGETT, Graham. *Voltaire and Protestantism*. Oxford: The Voltaire Foundation, 1980. 532 p. (SVEC, 188). [Diss., U. of East Anglia, 1974].

CR: M. Baridon, *DHS* 14 (1982), 494; J. H. Brumfitt, *FS* 35 (1981), 446-47; F. A. Kafker, *DidS* 22 (1986), 195-96; P. Kra, *ECCB* n.s. 7 – for 1981 (1985), 601-602; E. Labrousse, *BSHPF* 128 (1982), 122-23; J. A. Perkins, *FR* 56 (1982-83), 320; J. Renwick, *MLR* 78 (1983), 711-13.

2125 GLIOZZO, Charles A. « The philosophes and religion: intellectual origins of the dechristianization movement in the French Revolution ». *CH* 40 (1971), 273-83.

Pour le rôle de V, voir p.273-76.

2126 GONZÁLEZ ALVAREZ, Angel. « La Ilustración y el fenómeno religioso ». [In] *Variaciones sobre la Ilustración* (1979; n° 18), p.50-74 (surtout p.71-73).

2127 GOULEMOT, Jean-Marie. « Voltaire et les philosophes à l'assaut de l'Eglise ». *L'Histoire* 135 (1990), 56-60, ill.

2128 GOULEMOT, Jean-Marie & Michel LAUNAY. *Le Siècle des Lumières*. Avec la collaboration de Georges Mailhos. Paris: Editions du Seuil, 1968. 254 p. (Peuple et culture).

p.73-98, « La religion et la sensibilité de Voltaire ».

CR: G. Cerruti, *SFr* 13 (1969), 184-86; G. Cesbron, *LR* 23 (1969), 184-86; C. Cristin, *FR* 42 (1968-69), 773-74; R. Mercier, *RSH* 134 (1969), 341-42.

2129 HADIDI, Djavâd. *Voltaire et l'Islam*. Préface par Etiemble. Paris: Association langues et civilisations, 1974. iii, 258 p. (Publications orientalistes de France, collection Etudes, 806). [Thèse, U. de Paris, 1960].

CR: *BCLF* 30 (1975), 1315; D. Brahimi, *DHS* 7 (1975), 403 et *RHL* 76 (1976), 477-78.

2130 HAMPSON, Norman. *The Enlightenment*. Harmondsworth: Penguin, 1968. 304 p. (The Pelican history of European thought, 4). [First American ed.]: *A cultural history of the Enlightenment*. New York: Pantheon Books, 1968. 304 p.

p.73-96, «Nature and Nature's God». Voir notamment p.78-93 (*passim*); pour d'autres références, voir l'index.

CR: G. Cerruti, *SFr* 14 (1970), 353-54; L. G. Crocker, *ECS* 2 (1968-69), 463-65; J. F. Logan, *Revue de l'Université de Bruxelles* n.s. 22 (1969-70), 190-91.

2131 HAUSEN, Adelheid. *Hiob in der französischen Literatur: zur Rezeption eines alttesta-mentlichen Buches.* Bern: Herbert Lang; Frankfurt/M.: Peter Lang, 1972. 265 p. (Europäische Hochschulschriften, Reihe 13, Nr. 17).

p.132-42, «Voltaire und Dom Calmet». Autres références.

2132 HERRICK, Jim. *Against the faith: essays on deists, skeptics and atheists.* Buffalo: Prometheus Books; London: Glover & Blair, 1985. 250 p.

p.56-70, «Voltaire: écrasez l'infâme».

2133 JOHN, Elérius Edet. «Voltaire et la critique des religions révélées (d'après les *Lettres philosophiques*)». *Le Français au Nigeria* 8, n° 3 (1973), 14-19.

2134 JUTRIN-KLENER, Monique. «Voltaire... hébraïsant?». *Revue de l'Université de Bruxelles* n.s. 21 (1968-1969), 381-89.

Sur la critique biblique de V.

2135 KAROUI, Abdeljelil. «Les Encyclopédistes et l'Islam». [In] *Journées Diderot.* Actes du colloque organisé par le Département de Français (9-10 novembre 1984). Tunis: Faculté des lettres de la Manouba, U. de Tunis 1, 1990. 218 p. (Série: Colloque, 2), p.21-33.

V *passim*: critique dans l'*Essai sur les mœurs*, dans ses écrits anti-bibliques et dans *Mahomet*.

2136 LE MOAL, Françoise. «Voltaire, Rousseau et le socinianisme». *SVEC* 192 (1980), 1100.

Résumé d'une communication.

2137 LÉVY, David. *Exégèse voltairienne du Pentateuch, critique et polémique.* Thèse, U. de Paris x-Nanterre, 1972. vi, 376 f.

2138 LÉVY, David. *Voltaire et son exégèse du Pentateuque: critique et polémique.* Banbury: The Voltaire Foundation, 1975. 345 p. (SVEC, 130). [Thèse, U. de Paris x-Nanterre, 1972].

CR: H. T. Mason, *TLS*, 20 Feb. 1976, p.201; B. E. Schwartzbach, *FR* 49 (1975-76), 614-15; M. H. Waddicor, *MLR* 73 (1978), 189.

2139 LUSSU, Maria Luisa. «Critica della religione e autonomia della morale in alcune figure dell'illuminismo francese». *SVEC* 192 (1980), 1085-93.

V, Rousseau et d'Holbach.

2140 MACKINTOSH, D. C. *Voltaire's pragmatism: a reinterpretation of the function of Voltaire's natural religion.* Diss., Exeter U., 1978. 270 p.

Résumé: *Aslib* microfiche 28/2/5032.

2141 MARCEAU, William C. «La religion de Voltaire d'après le *Dictionnaire philosophique*». *SPFA* (1978), 17-24.

Insiste sur la sincérité de V.

2142 MARCHI, F. *Religio Voltairii (The religion of Voltaire).* Diss., Pontificia Universitas Urbaniana, 1971.

Résumé en latin: *DAI-C* 37 (1966-67), 1/1576C.

2143 McGIVENEY, John. *Voltaire's campaign against « l'infâme ».* Diss., U. of Chicago, 1988.

Résumé: *DAI* 49 (1988-89), 1933A. V écrivain engagé contre les religions.

2144 McGREGOR, Rob Roy, Jr. « Voltaire's *animaux fabuleux* of the Old Testament ». *RomN* 8 (1966-1967), 221-24.

Montre l'erreur de V quand il affirme, dans *La Bible enfin expliquée* et dans *Zadig*, que les Juifs de l'antiquité croyaient aux animaux fabuleux.

2145 McMANNERS, John. «Voltaire and the monks». [In] *Monks, hermits and the ascetic tradition.* Papers read at the 1984 summer meeting and the 1985 winter meeting of the Ecclesiastical History Society. Edited by W. J. Sheils. Oxford: Basil Blackwell for the Ecclesiastical History Society, 1985. xiii, 460 p. (Studies in church history, 22), p.319-42.

2146 MINERBI BELGRADO, Anna. «Voltaire, Bayle, e la polemica sull'idolatria pagana». *SRLF* n.s. 18 (1979), 370-4??

2147 MIQUEL, T. R. P. «Voltaire, Rousseau et la vie monastique». *Lettre de Liguge* 190 (1978), 3-10.

La vie monastique vue par les deux. Voir p.3-4, 9-10.

2148 MONOD, Albert. *De Pascal à Chateaubriand: les défenseurs français du Christianisme de 1670 à 1802.* Paris: Alcan, 1916. 606 p.

Voir surtout p.381-90, 427-40. Voir aussi l'index.

Réimpr.: Genève: Slatkine Reprints, 1970; New York: B. Franklin, 1971. (Burt Franklin research and source works series, 811. Philosophy monograph series, 78).

2149 MORTIER, Roland. «La remise en question du christianisme au XVIIIe siècle». *Problèmes d'histoire du christianisme* 1 (1970-1971), 39-69.

Voir p.62-65.

Réimpr.: *Revue de l'Université de Bruxelles* (1971), 415-45. Voir p.438-41. Réimpr.: *Amis de la France*, faisant partie de *Zootecnica e vita* 15 (1972), 99-133. Voir p.126-29. Autre réimpr. [in] *Le Cœur et la raison* (1990: n° 50), p.336-63. Voir p.358-61.

CR: G. Pinta, *SFr* 18 (1974), 349.

2150 MORTIER, Roland. « Voltaire et la Bible, ou les ruses du polémiste ». [In] *Colloque 76* (1983: n° 34), p.17-28.

CR: *YWMLS* 45 (1983), 153.

Réimpr. [in] *Le Cœur et la raison* (1990: n° 50), p.123-34.

2151 MORTIER, Roland. « L'athéisme en France au XVIIIᵉ siècle: progrès et résistances ». *Problèmes d'histoire du christianisme* 16 (1986), 45-62.

Voir notamment p.58-60.

Réimpr. [in] *Le Cœur et la raison* (1990: n° 50), p.364-82. Voir notamment p.378-80.

2152 MOSER, Walter. « Pour et contre la *Bible*: croire et savoir au XVIIIᵉ siècle ». *SVEC* 154 (1976), 1509-28.

Voir notamment p.1518-20.

2153 MULLER, Karis. *Voltaire and the atheistic controversy in eighteenth-century France.* Diss., London U., Birkbeck College, 1984. 329 p.

Résumé: *Aslib* microfiche 34/2/3338.

2154 NICOLOSI, Salvatore. « Natura e storia nel deismo di Diderot e Voltaire ». *Sapienza* 42 (1989), 121-48.

Voir p.137-39, « Zadig e la crisi dell'ottimismo morale »; p.140-46, « Candido e la crisi dell'ottimismo metafisico »; p.146-48, « Il rifuto dell'Incarnazione e l'oblio della paternità divina » (dans *Candide*).

2155 NORTHEAST, Catherine Mary. *The Parisian Jesuits and the Enlightenment (1700-1762).* Diss., Oxford U., 1988.

Résumé: *Aslib* 38/2/2311. V *passim*. Voir surtout ch. 5, p.247-54 (sur *Œdipe*), et p.258-88 *passim*.

2156 POMEAU, René. *La Religion de Voltaire.* Paris: Nizet, 1956. 516 p.

CR: A. Adam, *RSH* 84 (1956), 491-93; Th. Besterman, *SVEC* 4 (1957), 295-301; N. Matteucci, *Mulino* 6 (feb. 1957), 143-48; F. Orlando, *RLMC* 12 (1959), 83-86; *SFr* 2 (1958), 147-48.

Articles ayant rapport à la soutenance de cette thèse en Sorbonne (1954): J. Piatier, « Thèses en Sorbonne: Voltaire était-il un mystique inhibé? ». *Le Monde*, 25 mars 1954; Maurice Rat, « Soutenance en Sorbonne: où Voltaire apparaît en mystique inhibé ». *FL*, 27 mars 1954, p.9.

Nouvelle éd. revue et mise à jour. Paris: Nizet, 1969. 547 p.

CR: F. J. Crowley, *FR* 44 (1970-71), 243-45; R. Tullio De Rosa, *Francia* (Napoli) 17 (1976), 104-105; M. Martini, *NL*, 3 juil. 1969, p.4; R. Mercier, *RSH* 137 (1970), 159; L. Sozzi, *SFr* 14 (1970), 555-56; J. Vercruysse, *DHS* 3 (1971), 415.

2157 POMEAU, René. «L'Image de l'Islam dans la littérature française du XVIIIe siècle». [In] *Journées Diderot*. Actes du colloque organisé par le Département de Français (9-10 novembre 1984). Tunis: Faculté des lettres de la Manouba, U. de Tunis I, 1990. 218 p. (Série: Colloque, 2), p.9-19.

V *passim: Mahomet, Zaïre* et surtout l'*Essai sur les mœurs.*

2158 POMEAU, René. «Les philosophes et l'Islam ou de la lettre A à la lettre M de l'*Encyclopédie*». [In] *Voltaire ... and the comic mode* (1990: n° 52), p.203-14.

Principalement sur l'Islam vu par Voltaire et Montesquieu et reflété dans l'*Encyclopédie.*

2159 POPKIN, Richard H. «Manicheanism in the Enlightenment». [In] *The Critical spirit: essays in honor of Herbert Marcuse*. Edited by Kurth H. Wolff and Barrington Moore, Jr. Boston: Beacon Press, 1967. xi, 436 p. port. p.31-54.

Voir surtout p.44-49.

CR: G. Cerruti, *SFr* 13 (1969), 555.

2160 RÉTAT, Laudyce. «Renan, Voltaire et l'intelligence de la Bible». [In] *Le Siècle de Voltaire* (1987: n° 11), ii.747-59.

Contre l'opinion de Renan, V se révèle capable d'atteindre le point de vue du mythographe et de l'historien des religions.

2161 RÉTAT, Pierre. «Voltaire». [Trad. de Volkmar Jung]. [In] *Gestalten der Kirchengeschichte*. 8: *Die Aufklärung*. Hrsg. von Martin Greschat. Stuttgart, &c.: Kohlhammer, 1983. 398 p. pl. p.221-35, ill.

V historien de l'Eglise.

2162 RODMELL, Graham E. «A Quaker prisoner in France (1756)». *ECS* 7 (1973-1974), 78-92.

Montre jusqu'à quel point les observations de V, lorsqu'il parle de William Reckitt, présentent une vue exacte des Quakers.

2163 ROWLEY, Donald W. «Liberal religion and the humanist tradition». *Religious humanism* 13 (1979), 158-65.

Voir p.159-61.

2164 SAMMIS, George H. *Voltaire's attitude towards atheism*. Diss., Columbia U., 1975. 362 p.

Résumé: *DAI* 36 (1975-76), 3662A.

2165 SCHWARZBACH, Bertram Eugene. *Voltaire's Old Testament criticism.* Genève: Droz, 1971. 273 p. (Etudes de philologie et d'histoire, 20). [Diss., Columbia U., 1968].

> La critique biblique vue comme une entreprise intellectuelle, organisée d'une façon cohérente.
>
> CR: A. J. Bingham, *CathHR* 60 (1974), 287-89; *RF* 85 (1973), 386-88; et *SFr* 17 (1973), 559-60; J. H. Brumfitt, *FS* 27 (1973), 209-10; A. R. Desautels, *FR* 45 (1971-72), 516; J. Solé, *Revue d'histoire ecclésiastique* 67 (1972), 525-26; J. Vercruysse, *RBPH* 53 (1975), 492-93.

2166 SCHWARZBACH, Bertram Eugene. «Coincé entre Pluche et Lucrèce: Voltaire et la théologie naturelle». *SVEC* 192 (1980), 1072-84.

> La religion vue comme catégorie de la pensée.

2167 SCHWARZBACH, Bertram Eugene. «The sacred genealogy of a Voltairean polemic: the development of critical hypotheses regarding the composition of the canonical and apocryphal gospels». *SVEC* 245 (1986), 303-49 (surtout p.333-49).

> Résumé (même titre): *SVEC* 216 (1983), 72-73. Concerne principalement l'*Examen important de milord Bolingbroke, Dieu et les hommes* et *Histoire de l'établissement du christianisme.*

2168 SCHWARZBACH, Bertram Eugene. «Les adversaires de la Bible». [In] *Le Siècle des Lumières et la Bible.* Sous la direction de Yvon Belaval et Dominique Bourel. Paris: Beauchesne, 1986. 869 p. ill. (Bible de tous les temps, 7), p.139-66.

> V *passim.*

2169 SCHWARZBACH, Bertram Eugene. «Voltaire et ses inversions des ‹mythes des origines› juives par une haute critique biblique». [In] *Primitivisme et mythes des origines dans la France des Lumières, 1680-1820.* Colloque tenu en Sorbonne les 24 et 25 mai 1988. Textes réunis par Chantal Grell et Christian Michel. Paris: Presses de l'U. de Paris-Sorbonne, 1989. 221 p. pl. (Mythes, critique et histoire, 3), p.135-51.

2170 SEAMON, Leon E. «Environmental forces in the religious concepts of Voltaire and Rousseau». *RomN* 16 (1974-1975), 599-604.

> Traite de «Dieu, Dieux», *Homélie sur l'athéisme, Candide.*

2171 SEVERIN, Nelly H. *Voltaire and the saints.* Diss., U. of Texas at Austin, 1975. 334 p.

> Résumé: *DAI* 36 (1975-76), 2885A.

2172 SEVERIN, Nelly H. «Voltaire's campaign against saints' days». *SVEC* 171 (1977), 55-69.

2173 Tichoux, Alain. *Les Apologistes chrétiens et la critique biblique de Voltaire (1714-1762)*. Diss., McGill U., 1972.

Résumé: *DAI* 34 (1973-74), 793A-794A.

2174 Torrey, Norman L. *Voltaire and the English deists*. New Haven: Yale U. P., 1930. x, 224 p. (Yale Romanic studies, 1).

CR: F. Baldensperger, *RLC* 11 (1931), 568-72; L. G. Bredvold, *MLN* 46 (1931), 419; E. P. Dargan, *MP* 29 (1931), 120-25; G. R. Havens, *YR* 20 (1930-1931), 851-53.

Réimpr.: Oxford: The Marston P., 1963. Autre réimpr.: Hamden, Conn.: Archon Books, 1967.

2175 Trapnell, William H. *Voltaire and the eucharist*. Oxford: The Voltaire Foundation, 1981. 219 p. (SVEC, 198).

CR: M. Azibert-Butcare, *ECCB* n.s. 7 – for 1981 (1985), 604-605; P. Alatri, *SFr* 27 (1983), 148; W. H. Barber, *FS* 39 (1985), 210-11; A. J. Bingham, *DidS* 22 (1986), 173-75; D. Bourel, *DHS* 16 (1984), 481-82; M.-H. Cotoni, *RHL* 84 (1984), 116-17; J. Pappas, *FR* 57 (1983-84), 396-97; B. E. Schwarzbach, *BJECS* 5 (1982), 272-73; *YWMLS* 44 (1982), 163-64.

2176 Trapnell, William H. *Christ and his « associates » in voltairian polemic: an assault on the Trinity and the Two Natures*. Saratoga, Calif.: Anma Libri, 1982. 268 p. (Stanford French and Italian studies, 26).

CR: T. E. D. Braun, *FR* 57 (1983-84), 714-15; A. Magnan, *DHS* 16 (1984), 481; J. Sareil, *FrF* 9 (1984), 119-20; R. York, *ECCB* n.s. 8 – for 1982 (1986), 549; *YWMLS* 45 (1983), 153.

2177 Trenard, Louis. « Au temps de monseigneur Biord, un incorrigible paroissien: Voltaire ». *La Revue savoisienne* 121 (1981), 91-98.

Une enquête sur V et la religion qui a son origine dans les attaques contre le philosophe par Jean-Pierre Biord (l'évêque d'Annecy) au xviiie siècle et celles nées à l'occasion du centenaire de sa mort en 1878.

2178 Trenard, Louis. « Voltaire, contempteur de la religion populaire » [In] *La Religion populaire: aspects du christianisme populaire à travers l'histoire*. Textes réunis par Yves-Marie Hilaire. Lille: Presses de l'U. de Lille iii, 1981. 202 p. ill. (Centre interdisciplinaire d'études des religions de l'Université de Lille iii, GRECO n° 2 du CNRS), p.61-80.

2179 Trenard, Louis. « Les miracles raillés par Voltaire ». [In] *Histoire des miracles*. Actes de la sixième rencontre d'histoire religieuse tenue à Fontevraud les 8 et 9 octobre 1982, organisée par le Centre de recherches d'histoire religieuse et d'histoire des idées (Université d'Angers) et le Centre culturel de l'ouest

(Abbaye royale de Fontevraud). Angers: Presses de l'Université, 1983. 198 p., p.95-109.

2180 Vancourt, Raymond. «Le péché originel selon Pascal et Voltaire». [In] *Littérature et religion : mélanges offerts à Monsieur le Chanoine Joseph Coppin à l'occasion de son quatre-vingtième anniversaire.* Lille: Facultés catholiques de Lille, 1966. vii, 356 p. (Mélanges de science religieuse, 23. Tome supplémentaire), p.63-70.

> Voir p.65-68.

2181 Van der Cruysse, Dirk. «De Bayle à Raynal: le prophète Muhammad à travers le prisme des Lumières». [In] *Orient et Lumières*. Colloque de Lattaquié, 29 sept.-2 oct. 1986. Textes recueillis par Abderrahman Moalla. Grenoble: U. de Grenoble III, 1987. 172 p. (Recherches et travaux, U.E.R. de lettres, Université de Grenoble III, hors série, 5), p.85-96.

> Voir p.90-92: dans *Le Fanatisme ou Mahomet* et dans l'*Essai sur les mœurs* V révèle à la fois admiration et mauvaise foi; il attaque surtout, de manière indirecte, le fanatisme et l'intolérance du christianisme.

2182 Van Rymenant, M.-E. «La religion de Voltaire». *La Pensée et les hommes* 22 (1978-1979), 348-52.

2183 Vercruysse, Jeroom. «Davide, il re secondo il cuore di Dio, e l'Illuminismo. Bayle, Voltaire, d'Holbach». [In] *La Politica della ragione : studi sull'Illuminismo francese*. A cura di Paolo Casini. Bologna: Società editrice il Mulino, 1978. 381 p. (Temi e discussioni), p.233-48.

> Voir surtout p.237-42: V et son emploi de David, 1760-1770.

2184 Vier, Jacques. «Quelques aspects du conflit de l'Eglise et des ‹Lumières›». [In] *Le Préromantisme: hypothèque ou hypothèse?* Colloque organisé à Clermont-Ferrand les 29 et 30 juin 1972 par le Centre de recherches révolutionnaires et romantiques de l'Université. Actes du colloque établis et présentés par Paul Viallaneix. Paris: Klincksieck, 1975. 631 p. (Actes et colloques, 18), p.586-603 (surtout p.592-96).

2185 Watson, J. K. «Voltaire et les origines chrétiennes». *Cahiers du Cercle Ernest Renan* 151 (1987), 29-40.

> V vu comme le véritable créateur de l'histoire des origines chrétiennes; la réaction hostile de Renan à V.

2186 Wild, A. M. *Le Prêtre et le moine dans l'œuvre de Voltaire*. Diss., Exeter U., 1967-1968.

2187 Williams, William H. «Voltaire and the utility of the lower clergy». *SVEC* 58 (1967), 1869-91.

2188 XIIIXXXIX, X. «Le théisme dans la France du XVIIIe siècle ou Voltaire fut-il unitarien?». *Humanisme* 151-52 (1983), 99-106.

Métaphysique et morale

Voir aussi les numéros 483, 541, 742, 761, 982, 1041, 1209, 1243, 1374, 1404, 1634, 1654, 1674, 1737, 2064, 2139, 2154, 2241, 2710, 2760, 2831-2832, 2869, 3477.

2189 BACZKO, Bronisław. «Wolter: zło i ład natury» [Voltaire: le mal et l'ordre de la nature]. *Archiwum historii filozofii i myśli społecznej* 20 (1974), 17-58. Résumé en français, p.58.

2190 BĂLUŞ, Lelia. «Morală şi fericire în secolul lui Voltaire» [Morale et bonheur au siècle de Voltaire]. *AUB-LR* 21 (1972), 67-75. Résumé en français, p.75.

2191 BENELLI, Giuseppe. *Voltaire «metafisico»*. Milano: Marzorati editore, 1983. 285 p. (Pubblicazioni dell'Istituto di filosofia, Facoltà di magistero dell'Università di Genova, 36).
    CR: P. Alatri, *SFr* 28 (1984), 365-66; A. Serra, *BPh* 32 (1985), 84.

2192 BESTERMAN, Theodore. «Candide, le désastre de Lisbonne et l'optimisme de Voltaire». [In] *Voltaire ou la liberté de l'esprit* (1989: n° 49), p.151-70.
    Réimpr. (avec un nouveau titre) de son article (1956: *QA* 1286).

2193 BONHOMME, Denise. *The Esoteric substance of Voltairian thought*. New York: Philosophical Library, 1974. 633 p.
    CR: P. P. Druet, *RPL* 74 (1976), 124-25; S. Goyard-Fabre, *RMM*, 80 (1975), 407-408; J.-C. Margolin, *RSyn* 97 (1976), 399-400; P. J. W. Miller, *BPh* 23 (1976), 174.

2194 CHIANG, Chin-Tai. *The Problem of evil: Bayle to Voltaire*. Diss., Washington U., 1977. 389 p.
    Résumé: *DAI* 38 (1977-78), 4312A.

2195 COULET, Henri. «Voltaire et le problème du changement». *SVEC* 152 (1976), 515-26.
    Sur l'ambiguïté de la notion du changement dans la pensée fixiste de V.

2196 CROCKER, Lester G. «The idea of a ‹neutral› universe in the French Enlightenment». *DidS* 21 (1983), 45-76.
    Voir notamment p.61-63.

2197 DAUNIC, Pierre. *Voltaire's concept of pride : a study of human motivation in the eighteenth century*. Diss., Brown U., 1978. 180 p.

Résumé: *DAI* 39 (1978-79), 5541A.

2198 DIECKMANN, Herbert. «Religiöse und metaphysische Elemente im Denken der Aufklärung». [In] *Wort und Text : Festschrift für Fritz Schalk*. Hrsg. von Harri Meier und Hans Sckommodau. Frankfurt am Main: V. Klostermann, 1963. xi, 531 p., p.333-54 (surtout p.338-39, 345-54).

Traite particulièrement de *Candide* et du *Poème sur le désastre de Lisbonne*.

Réimpr. [in] Herbert Dieckmann. *Studien zur europäischen Aufklärung*. München: Wilhelm Fink Verlag, 1974. 492 p. (Theorie und Geschichte der Literatur und der schönen Kunst; Texte und Abhandlungen), p.258-74.

Réimpr. en partie [in] *Voltaire*. Hrsg. von Horst Baader (1980: n° 25), p.70-85, sous le titre «Religiöse und metaphysische Voraussetzungen in Voltaires Philosophie und Naturauffassung».

2199 DOMENECH, Jacques. *L'Ethique des Lumières : les fondements de la morale dans la philosophie française du XVIII* siècle*. Paris: Librairie philosophique J. Vrin, 1989. 269 p. (Bibliothèque d'histoire de la philosophie). [Thèse, U. de Paris 1, 1987].

V *passim* – voir l'index.

2200 EHRARD, Jean. *L'Idée de nature en France dans la première moitié du XVIII* siècle*. Paris: SEVPEN, 1963. 2 vols (Bibliothèque générale de l'Ecole pratique des hautes études). [Thèse, Paris, 1964].

Voir l'index.

CR: A. J. Bingham, *FR* 39 (1965-66), 164-67; A. J. Bingham, *RLMC* 18 (1965), 228-31; A. Cento, *NRS* 49 (1965), 456-62.

Ed. abrégée: *L'Idée de nature en France à l'aube des Lumières*. Paris: Flammarion, 1970. 443 p. (Science, 23), p.76-87, «Le Dieu de Newton et celui de Voltaire», et voir la table des matières détaillée, p.427-43.

CR: J. Marx, *DHS* 4 (1972), 409; L. Sozzi, *SFr* 15 (1971), 551-52.

2201 EWALD, François. «Le combat contre l'optimisme». *MagL* 238 (1987), 41-43, ill.

Les raisons des reproches de V contre cette philosophie dans plusieurs de ses ouvrages.

Trad. en grec: *Διαβάζω* 177 (18 oct. 1987), 41-43, ill.

2202 GURANOWSKI, Jan. «Destrucţia metafizicii la Voltaire» [La destruction de la métaphysique chez Voltaire]. *Revista de filozofie* 16 (1969), 465-76.

2203 GUTHKE, Karl S. *Die Mythologie der entgötterten Welt: ein literarisches Thema von der Aufklärung bis zur Gegenwart.* Göttingen: Vandenhoeck & Ruprecht, 1971. 372 p.

p.75-82, «Voltaire und die metaphysische Revolte».

2204 HANAK, M. J. «The Enlightenment as secularization of baroque eschatology in France and in England». *Studi internazionali di filosofia* 3 (1971), 83-109.

On trouve chez V une évolution dans deux directions opposées: un optimisme fondé sur la raison et un rationalisme pessimiste – voir p.86, 90, 104-109.

2205 HENRY, Patrick. «Voltaire as moralist». *JHI* 38 (1977), 141-46.

2206 JAMES, Edward D. «Voltaire on the nature of the soul». *FS* 32 (1978), 20-33.

2207 JAMES, Edward D. «Voltaire on free will». *SVEC* 249 (1987), 1-18.

Sources chez Samuel Clarke, Anthony Collins et John Locke.

2208 KATZ, A. «Voltaire et le problème du mal». *La Pensée et les hommes* 22 (1978-1979), 148-51.

2209 LIVELY, J. F. «The problem of evil». [In] *French literature and its background.* 3: *The Eighteenth century.* Edited by John Cruickshank. London, &c.: Oxford U. P., 1968. viii, 223 p. (Oxford paperbacks, 139), p.177-95.

V *passim.*

2210 LORD, Christa. *Voltaires Auseinandersetzung mit dem metaphysischen Optimismus im «Poème sur le désastre de Lisbonne», in «Candide» und im «Dictionnaire philosophique».* Diplom-Arbeit, U. Klagenfurt, 1982. 86 f.

2211 MAUZI, Robert. *L'Idée du bonheur dans la littérature et la pensée françaises au XVIIIe siècle.* Paris: A. Colin, 1960. 725 p.

p.64-71, «Zadig et Candide»; p.236-40, «Voltaire et Pascal». De nombreuses autres références: voir l'index.

Réimpr.: Genève: Slatkine Reprints, 1979.

2212 MINERVA, Nadia. «Quel diavolo di Voltaire! Appunti per una demonologia volterriana». *SpM* 19-20 (1985), 141-53.

V, vu comme Satan par plusieurs générations de critiques, lutte contre Satan pour démolir le christianisme et pour montrer que le mal n'est pas endémique mais fortuit.

2213 ROSENFIELD, Leonora Cohen. *From beast-machine to man-machine: animal soul in French letters from Descartes to La Mettrie.* Preface by Paul Hazard. New York: Oxford U. P., 1941. xxviii, 353 p.

Voir p.128-32, et l'index.

New and enlarged edition. New York: Octagon Books, 1968. xxviii, 385 p. Un appendice (p.303-34) est ajouté à la première édition.

2214 Rózsa, Eugen. «Voltaire – gînditor străin spiritului dialectic» [Voltaire, penseur étranger à l'esprit dialectique]. *Studia universitatis Babeş-Bolyai*, series philosophia, 13 (1968), 121-31. Résumé en russe, p.131; résumé en français, p.132.

V, qui représente l'expression la plus caractéristique de l'esprit métaphysique de son temps, manque d'esprit dialectique.

Science et technologie

Voir aussi les numéros 55, 60, 62, 83, 321, 323, 339, 536, 851, 859, 1001, 1030-1031, 1435, 1438.

2215 Aldridge, A. Owen. «Feijoo, Voltaire, and the mathematics of procreation». *SECC* 4 (1975), 131-38.

Sur la théorie de la préformation.

2216 Bernabei, Andrea. «Il ‹cieco di Molyneux›: un problema di percezione visiva nella Francia illuminista (1737-1754)». *RCSF* 30 (1975), 132-66.

Voir particulièrement p.132-40.

2217 Bréhant, Jacques. «Quand Voltaire s'amusait à couper la tête des escargots». *RDM* (janv.-mars 1983), 312-18.

Des singularités de la nature (1768) et les expériences de V.

2218 Brown, Harcourt. *Science and the human comedy: natural philosophy in French literature from Rabelais to Maupertuis*. Toronto and Buffalo: U. of Toronto P., 1976. xx, 221 p. ill. (U. of Toronto Romance series, 30).

p.127-47, «Science and the human comedy: Voltaire»; p.149-66, «Voltaire and British science»; p.167-206, «From London to Lapland and Berlin» (sur Maupertuis surtout, mais avec quelques références à V); p.207-12, «L'homme ... tel qu'il est» (sur V, Maupertuis et Diderot).

CR: M. Baym, *ECr* 18 (1978), 69-70; R. Ellrich, *Isis* 68 (1977), 458-60; J. Mayer, *RHL* 79 (1979), 523; R. Rappaport, *ECS* 12 (1978-79), 107-10; F. A. Spear, *ECCB* n.s. 3 – for 1977 (1981), 141-42.

2219 Carozzi, Marguerite. «Les pèlerins et les fossiles de Voltaire». *Gesnerus* 36 (1979), 82-97, ill.

L'histoire des pèlerins n'est pas représentative des vues de V sur la controverse des fossiles.

2220 CAROZZI, Marguerite. «Voltaire's geological observations in *Les Singularités de la nature*». *SVEC* 215 (1982), 101-19.

> CR: M. Menemencioglu, *RHL* 86 (1986), 147; *YWMLS* 45 (1983), 152.

2221 CAROZZI, Marguerite. *Voltaire's attitude toward geology*. Diss., U. of Illinois, 1982. 258 p.

> Résumé: *DAI* 43 (1982-83), 903A-904A.

2222 CAROZZI, Marguerite. «Voltaire's attitude toward geology». *Archives des sciences* 36 (1983), 1-145, ill. Résumé français, p.3; résumé anglais, p.3-4.

> Version modifiée du n° précédent.

> Réimpr.: Genève: Société de physique et d'histoire naturelle, 1983. 145 p. ill.

> CR: T. E. D. Braun, *FR* 59 (1985-86), 467-68; R. Porter, *BJHS* 17 (1984), 116-17 et *FS* 38 (1984), 207; K. L. Taylor, *ISIS* 74 (1983), 614; A. Vartanian, *DidS* 22 (1986), 220-22.

2223 CAROZZI, Marguerite. «Bonnet, Spallanzani, and Voltaire on regeneration of heads in snails: a continuation of the spontaneous generation debate». *Gesnerus* 42 (1985), 265-88.

> p.275-282, «Voltaire's *Les Colimaçons*». Voir aussi p.283.

2224 CASINI, Paolo. «Progrès de la raison et progrès des sciences chez les encyclopédistes». [In] *L'Histoire au dix-huitième siècle* (1980: n° 21), p.117-33.

> Traite de V, d'Alembert, Diderot et Boulanger. Voir p.117-25.

2225 CHAMPIE, Ellmore. *Voltaire, fossils and the world machine*. Diss., Harvard U., 1966. 230 p.

2226 DAGEN, Jean. «La mer au cœur des controverses intellectuelles au xviiiᵉ siècle». *Mer* 11 (janv.-fév. 1985), 30-31, ill.

> Surtout sur V et sa vue de la mer génératrice de vie.

2227 DAGEN, Jean. «Mer, mère, mythe». [In] *La Mer au siècle des encyclopédistes*. Actes recueillis et présentés par Jean Balcou. Paris: Champion; Genève: Slatkine, 1987. 495 p. ill. (Littérature des voyages, 2), p.59-74.

> V et la mer: son opposition aux théories de Buffon et de Maillet.

2228 DE BEER, Sir Gavin. «Voltaire et les sciences naturelles». [In] *The Age of the Enlightenment* (1967: n° 1), p.35-50.

2229 DUFOUR, L. «Une remarque intéressante de Voltaire sur les photométéores». *Ciel et terre* 91 (1975), 159-60.

2230 FULLARD, Joyce. *Satire of the new science in England, France, and Spain during the Enlightenment.* Diss., U. of Illinois at Urbana-Champagne, 1975. 291 p.

> Résumé: *DAI* 36 (1975-76), 2790A.

> En partie sur V: il louait Newton et Locke et avait tendance à se moquer de la géologie et des sciences biologiques.

2231 GILLISPIE, Charles C. «Science and the literary imagination: Voltaire and Goethe». [In] *The Modern world.* 1: *Hopes.* General editors: David Daiches and Anthony Thorlby. London: Aldus Books, 1975. 716 p. (Literature and western civilization, 4), p.167-94.

> Voir p.167-79, 190-91 (*Eléments de la philosophie de Newton, Candide, Micromégas*). On ne devrait pas considérer V et Goethe comme des hommes de science, mais comme des écrivains dont la sensibilité scientifique contribue à un but littéraire.

2232 GUERLAC, Henry. *Essays and papers in the history of modern science.* Baltimore and London: The Johns Hopkins U. P., 1977. xix, 540 p. ill.

> p.451-64, «Three eighteenth-century social philosophers: scientific influences on their thought». Montesquieu, V. et d'Holbach. Voir surtout p.454-58. V saisit mieux que tout autre Français de son époque les implications de la pensée newtonienne.

2233 HANKINS, Thomas L. *Science and the Enlightenment.* Cambridge, &c.: Cambridge U. P., 1985. viii, 216 p. ill. (Cambridge history of science).

> Voir l'index.

2234 KIERNAN, Colm. «Voltaire and science; a religious interpretation». *The Journal of religious history* 4 (1966-1967), 14-27.

> Remanié dans son *Science and the Enlightenment* (1968: n° 2235).

2235 KIERNAN, Colm. *Science and the Enlightenment in eighteenth-century France.* Genève: Institut et Musée Voltaire, 1968. 219 p. (SVEC, 59).

> p.68-88, «Voltaire and science» et *passim.*

> CR: N. Suckling, *FS* 23 (1969), 181-82; V. W. Topazio, *RR* 62 (1971), 54-55.

> 2ᵉ éd.: *The Enlightenment and science in eighteenth-century France.* Second edition, revised and enlarged. Banbury: The Voltaire Foundation, 1973. 249 p. (SVEC, 59A), p.23-35, 105-106, 215-19 et *passim.*

2236 LA PORTE, Deirdre. *Theories of fire and heat in the first half of the eighteenth century.* Diss., Harvard U., 1970. iii, 379 p.

> p.255-329, «The prize competition: the runners-up» sur les expériences sur la nature du feu de Mme du Châtelet et de V. Voir aussi p.330-46 *passim.*

2237 LIBBY, Margaret. *The Attitude of Voltaire to magic and the sciences.* New York: Columbia U. P.; London: P. S. King & son, 1935. 299 p. [Diss., Columbia U., 1935].

Examen des ouvrages scientifiques de V et aperçu de son rôle dans les sciences de son époque.

CR : R. O. Rockwood, *JMH* 9 (1937), 493-95.

Réimpr. : New York : AMS Press, 1966. (Columbia University studies in the social sciences, 408).

2238 MARX, Jacques. « Voltaire et les sciences ». *Episteme* 9 (1975), 270-84.

2239 MARX, Jacques. « Voltaire et les sciences ». *La Pensée et les hommes* 22 (1978-1979), 160-63.

2240 ROE, Shirley A. « Voltaire versus Needham : atheism, materialism, and the generation of life ». *JHI* 46 (1985), 65-87.

Les opinions de V basées sur ses observations biologiques, par rapport à son opposition à l'athéisme et au matérialisme.

2241 ROGER, Jacques. *Les Sciences de la vie dans la pensée française du XVIIIe siècle : la génération des animaux, de Descartes à l'« Encyclopédie ».* Paris : A. Colin, 1963. 842 p.

Voir p.732-48 : esquisse de la pensée scientifique et métaphysique de V ; bien d'autres références – voir l'index.

CR : H. Brown, *FR* 39 (1966), 662-63 ; C. Castellani, *Archives internationales d'histoire des sciences* 16 (1963), 446-48 ; R. Crippa, *SFr* 9 (1965), 360 61 ; L. G. Crocker, *RR* 56 (1965), 142-45 ; R. Mercier, *RLC* 39 (1965), 313-16 ; A. Vartanian, *DidS* 6 (1964), 339-52.

2e éd. : Paris : A. Colin, 1971. 848 p. Texte de la 1ère éd., complété d'un supplément bibliographique (p.815-16) et d'un index des matières (p.835-38).

CR : *CulF* 19 (1972), 201 ; I. Sozzi, *SFr* 17 (1973), 354.

2242 SCHNEER, Cecil J. « Voltaire, the skeptical geologist ». *Histoire et nature* 19-20 (1981-1982), 59-64.

Résumés en français et en anglais, p.59.

2243 STEWART, Philip. « Comètes et Lumières ». *RSH* 35 (1970), 503-20.

V *passim.*

2244 VARTANIAN, Aram. « Intertextures of science and humanism in the French Enlightenment ». *SECC* 1 (1971), 97-126.

Voir notamment p.108-15 (science et humanisme chez V).

CR : G. Cerruti, *SFr* 16 (1972), 155-56.

2245 VIAL, Fernand. « Voltaire et le Moyen Age ». [In] *Jean Misrahi memorial volume : studies in medieval literature.* Edited by Hans R. Runte, Henri Niedzielski,

William L. Hendrickson. Columbia, S.C.: French Literature Publications, 1977. xxv, 373 p., p.xiii-xviii.

Anthropologie

Voir aussi les numéros 777, 1969-1970, 1980, 2020, 2710.

2246 ABANIME, Emeka Patrick. «Voltaire as an anthropologist: the case of the albino». *SVEC* 143 (1975), 85-104.

2247 ABANIME, Emeka Patrick. *Voltaire et les noirs*. Diss., U. of Illinois at Urbana-Champaign, 1976. 318 p.

Résumé: *DAI* 37 (1976-77), 644A.

V n'est pas un chercheur impartial – il est doctrinaire dans ses vues.

2248 DROIXHE, Daniel. «Des glossements sans raison». [In] *L'Homme des Lumières et la découverte de l'autre*. Edité par D. Droixhe et Pol-P. Gossiaux. Bruxelles: Editions de l'U. de Bruxelles, 1985. 224 p. ill. (Etudes sur le XVIIIe siècle, vol. hors série, 3), p.147-59.

En partie sur V et l'anthropologie: à propos des langues non-européennes dans plusieurs de ses ouvrages.

Réimpr. [in] Daniel Droixhe. *De l'origine du langage aux langues du monde: études sur les XVIIe et XVIIIe siècles*. Tübingen: Gunter Narr Verlag, 1987. 132 p. (Lingua et traditio, 9), p.115-27. Voir notamment p.115-21.

2249 DUCHET, Michèle. *Anthropologie et histoire au siècle des Lumières: Buffon, Voltaire, Rousseau, Helvétius, Diderot*. Paris: F. Maspero, 1971. 562 p. (Bibliothèque d'anthropologie). [Thèse, U. de Paris, 1971].

p.281-321, «L'anthropologie de Voltaire»; et voir l'index. Traite en particulier de l'homme sauvage.

CR: D. Brahimi, *DHS* 5 (1973), 461-62; J. Bruller-Dauxois, *Europe* 523-24 (1972), 296; R. Mercier, *RSH* 37 (1972), 316-17; J. Roger, *RHL* 74 (1974), 701-704.

2e éd.: Paris: Flammarion, 1978. 446 p. (Science, 51), p.229-63.

Trad. S. Moravia: *Le Origini dell'antropologia*. Bari: Laterza, 1976-77. 4 vols, iii.75-134: «L'antropologia di Voltaire».

2250 KOHL, Karl-Heinz. *Entzauberter Blick: das Bild vom Guten Wilden und die Erfahrung der Zivilisation*. Berlin: Medusa, 1981. 319 p. ill.

p.153-72, «Das Mass des Widerstands: Anthropologie und Geschichtsphilosophie bei Voltaire». Traite de l'*Essai sur les mœurs*, de la *Philosophie de l'histoire* et du *Traité de métaphysique*.

2251 KRAUSS, Werner. «Quelques remarques sur l'anthropologie du XVIIIe siècle».
[In] *Actes du VIIe congrès de l'Association internationale de littérature comparée |
Proceedings of the 7th congress of the International Comparative Literature Association.
2: La Littérature comparée aujourd'hui : théorie et pratique | Comparative literature
today : theory and practice.* Stuttgart : Bieber, 1979. 727 p., p.227-31.

Voir p.227-28, 230 : les vues anthropologiques de V.

2252 LANDUCCI, Sergio. *I Filosofi e i selvaggi, 1580-1780.* Bari : Laterza, 1972. 501 p.
(Biblioteca di cultura moderna, 721).

Voir p.61-72, 78-83, 267-70, 329-30, 345-57 et autres références.

CR : L. Turco, *BPh* (1973), 340.

2253 MINERVA, Nadia. «Sorcellerie et anthropologie : de Voltaire à Michelet». [In]
Transhumances culturelles : mélanges. [Sous la direction de Corrado Rosso]. Pise :
Goliardica, 1985. 317 p. (Histoire et critique des idées, 3 ; studi e testi, 62),
p.207-18.

CR : F. Aubert, *SFr* 30 (1986), 275-77.

2254 PAGDEN, Anthony. «The savage critic : some European images of the primi-
tive». *YES* 13 (1983), 32-45.

Traite de *L'Ingénu* et d'*Alzire passim.*

2255 POLIAKOV, Leon. «Les idées anthropologiques des philosophes du siècle des
Lumières». *Revue française d'histoire d'Outre-Mer* 58 (1971), 255-78.

Voir notamment p.258-60, 272-77 (les noirs et les juifs vus par V).

CR : L. Sozzi, *SFr* 16 (1972), 486-87.

Médecine

Voir aussi les numéros 433, 984, 1448, 3132.

2256 «Correspondance entre le docteur Passerat de la Chapelle et Voltaire» *Visages
de l'Ain* 20, n° 90 (1967), 41-44, ill.

Une lettre du docteur et six lettres de V, avec commentaires.

2257 «Voltaire et Tronchin». *Intermédiaire* 35 (1985), 1012 ; *Intermédiaire* 36 (1986),
268-70.

Communications de S. Bay, J.-C. Curtet, G. Poisson, H. Viallet, A. Boussin.

2258 BERTRAND, Annie. «Voltaire et la pensée médicale de son temps vers 1778».
[In] *Colloque international de Nice* (1979 : n° 14), p.22-43.

2259 Bréhant, Jacques. « Voltaire physiologiste ». *Bulletin de l'Académie nationale de médecine* 162 (1978), 678-83.

Article suivi d'une discussion.

2260 Bréhant, Jacques. « La médecine, dans la vie et l'œuvre de Voltaire ». *Bulletin de l'Académie nationale de médecine* 164 (1980), 659-64, 675-81.

Article suivi d'une discussion.

2261 Bréhant, Jacques. « Voltaire et la médecine ». *La Semaine des hôpitaux de Paris* 58, n° 40 (1982), 2792-801, ill.

Sa pensée sur la médecine et les médecins, analyse de ses réactions à ses propres maladies, sa position sur la prévention de la petite vérole.

2262 Bréhant, Jacques. « Les ‹apoplexies› de Monsieur de Voltaire ». *Bulletin de l'Académie nationale de médecine* 170 (1986), 845-48. Discussion, p.848-49.

Explication médicale.

2263 Bréhant, Jacques. « Voltaire et la médecine ». *Bulletin et mémoires de l'Académie royale de médecine de Belgique* 142 (1987), 517-21.

Résumés en français et en anglais, p.521 ; discussion, p.521-23.

2264 Bréhant, Jacques. « Voltaire et la médecine ». *Revue des sciences morales et politiques* 142 (1987), 105-16. Discussion, p.116-20.

Texte modifié du n° précédent.

2265 Bréhant, Jacques & Raphaël Roche. *L'Envers du roi Voltaire (quatre-vingts ans de la vie d'un mourant)*. Préface de René Pomeau. Paris : Nizet, 1989. 246 p. ill.

Biographie psychologique et médicale de l'homme à travers ses maladies. La correspondance fournit l'évidence.

CR : J. Dagen, *Littératures* 22 (1990), 229 ; R. Granderoute, *DHS* 22 (1990), 563-64 ; H. Lagrave, *RHL* 91 (1991), 991-92.

2266 Choudin, Lucien. *Les Dents de Voltaire*. Thèse, U. Claude-Bernard (Lyon 1), 1978. 58 f. pl., port.

Etude de l'édentation de V ; diagnostique-étiologie ; V et les dentistes.

2267 Conroy, Peter V. « Voltaire, Boston, and smallpox inoculation : an Enlightenment tangle ». *Laurels* 55 (1984), 91-107, ill.

V et l'épidémie de Boston (1721).

2268 Dupuy, Aimé. « Voltaire devant la maladie et la mort ». *La Presse médicale* 75 (1967), 106-108, ill.

D'après la biographie d'Orieux.

2269 ENHORN, Janine. *Voltaire et la médecine.* Diss., U. of Western Ontario, 1978.

Résumé: *DAI* 41 (1980-81), 5087A. Son intérêt scientifique pour la médecine par opposition à sa réputation populaire de malade imaginaire.

2270 ENHORN, Janine. « La médecine dans la lutte philosophique de Voltaire ». [In] *Colloque 76* (1983: n° 34), p.95-115.

2271 FAVRE, Robert. « Les *Mémoires de Trévoux* dans le débat sur l'inoculation de la petite vérole (1715-1762) ». [In] *Les « Mémoires de Trévoux ».* Centre d'études du XVIII⁰ siècle de l'Université de Lyon II. [Lyon: U. de Lyon II], 1973. 106 p. (Etudes sur la presse au XVIII⁰ siècle, 1), p.39-57.

Voir p.39-42 et *passim.*

2272 GALLIANI, Renato. « Voltaire, Astruc, et la maladie vénérienne ». *SVEC* 219 (1983), 19-36.

Sur Jean Astruc et la place de la maladie vénérienne dans l'œuvre de V.

2273 LAFOURCADE, Paulette. « De la maladie, de l'art de vivre avec elle, voire de s'en servir ». *Humanisme* 127 (1979), 73-77, ill.

Médecine et maladies.

2274 LOBJOIT, Karin. *Voltaire und die Medizin seiner Zeit.* Köln: Institut für Geschichte der Medizin an der U. zu Köln, 1972. 39 p. port. [Diss., U. Köln, 1972].

V l'éternel malade, son attitude envers les médicins de son temps, son intérêt pour la médicine et la thérapeutique.

2275 LOBJOIT, Karin. « Voltaire, el eterno enfermo / Voltaire, the eternal patient ». *Folia humanistica* 12 (1974), 745-56, 903-14.

V et la médecine.

2276 MAGNAN, André. « Un épisode oublié de la lutte des médecins parisiens contre Théodore Tronchin: à propos de deux lettres de Voltaire ». *SVEC* 94 (1972), 417-29.

2277 OHAYON ROCHE, Nicole. *L'Etrange pharmacopée de Monsieur Voltaire à travers sa correspondance.* Thèse, U. de Bordeaux II, 1984. 57 f.

2278 PAYNE, L. M. « Not by Voltaire? ». *Journal of the Royal College of Physicians of London,* Supplement: College commentary, 4, n° 2 (Jan. 1970), 33-35.

Sur une citation à propos des médecins attribuée à V.

2279 RAYMOND, Jean-François de. *Querelle de l'inoculation ou préhistoire de la vaccination.* Paris: Librairie philosophique J. Vrin, 1982. 124 p. (Problèmes et controverses).

> Voir p.85-90, et l'index.

2280 RENTCHNIK, P. « Voltaire ». *Médecine et hygiène* 1798 (7 juin 1989), 1890-1903, ill.

> Sur ses maladies psychologiques et physiques, sa mort et son action positive contre la variole.

2281 ROCHE, Raphaël. « La médecine et l'histoire : l'apoplexie de Voltaire ». *Médecins de Lorraine* 2, n° 1 (fév. 1981), 21-22.

2282 ROCHE, Raphaël. « Voltaire, épileptique ». *Médecins de Lorraine* 2, n° 4 (sept. 1981), 42-44.

> Prend comme point de départ une lettre de V à Théodore Tronchin.

2283 WALDINGER, Renée. « Voltaire and medicine ». *SVEC* 58 (1967), 1777-1806.

Goût et esthétique

Voir aussi les numéros 526, 650, 825, 1041, 1066, 1074, 1222, 1280, 1300, 1795, 1797, 1813, 1819, 1883, 2895.

2284 *Voltaire et la critique.* Edited with an introduction by Jean Sareil. Englewood Cliffs, N.J.: Prentice-Hall, 1966. xii, 189 p. (Prentice-Hall confrontation series).

> Choix d'exemples montrant la diversité de la critique de V et de son œuvre.
>
> CR: A. J. Bingham, *MLJ* 51 (1967), 238-49; J. Cabaud, *RR* 59 (1968), 66-67; C. Cherpack, *ECr* 7 (1967), 272-73; H. T. Mason, *FS* 21 (1967), 348-49; D. W. Smith, *CMLR* 23, n° 2 (1966), 58-59; L. Sozzi, *SFr* 12 (1968), 362.

2285 BARRÈRE, Jean-Bertrand. *L'Idée de goût de Pascal à Valéry.* Paris: Klincksieck, 1972. 308 p. (Critères, 1).

> p.57-66, « Le goût de Voltaire ».
>
> CR: *BCLF* 27 (1972), 1373; W. G. Moore, *MLR* 70 (1975), 870-71.

2286 BECQ, Annie. *Genèse de l'esthétique française moderne : de la raison classique à l'imagination créatrice, 1680-1814.* Pisa: Pacini editore; Paris: Jean Touzot, 1984. 2 vols, 939 p.

> Voir p.297-98, 655-56, 696-701 et autres références.
>
> CR: N. Cronk, *FS* 40 (1986), 469-70; J. Ehrard, *DHS* 20 (1988), 471-72.

2287 BEJENARU, Cornelia. « Voltaire critique ». *AUB, Limbi şi literaturi străine* 27, n° 2 (1978), 127-30. Résumé en roumain, p.130.

La critique littéraire de V.

2288 BELAVAL, Yvon. « La critique littéraire en France au XVIIIe siècle ». *DidS* 21 (1983), 19-31.

V *passim*.

2289 BESTERMAN, Theodore. « Art in the age of reason ». *SVEC* 87 (1972), 17-36.

En partie sur V théoricien du néo-classicisme.

2290 BESTERMAN, Theodore. *Voltaire on the arts : unity and paradox*. Oxford : Clarendon P., 1974. 24 p. (The Zaharoff lecture for 1973).

CR : G. Cerruti, *SFr* 19 (1975), 360; H. Kars, *Rapports* 45 (1975), 56-57; J. Seznec, *FS* 28 (1974), 458; R. L. Walters, *QQ* 85 (1978), 126-28; P. J. S. Whitmore, *MLR* 71 (1976), 920-21.

2291 CARR, Thomas M., Jr. « Voltaire's concept of enlightened eloquence ». *NFS* 19, n° 1 (1980), 22-32.

La raison et le beau style contribuent à l'art de persuader.

2292 COLEMAN, Francis X. J. *The Aesthetic thought of the French Enlightenment*. [Pittsburgh] : U. of Pittsburgh P., 1971. xxi, 167 p.

Voir p.34-36 sur la pensée esthétique de V.

2293 DI RIENZO, Eugenio. *Il Principe, il mercante e le lettere : per una storia dell'intellettuale francese dall'Ancien régime alla Rivoluzione*. Prefazione di Paolo Alatri. Roma : Bulzoni, 1979. 224 p. (Saggi e materiali di sociologia della letteratura, 1).

p.115-25 : Traduction, avec notes, de deux textes de V : *Lettre sur les inconvénients attachés à la littérature* (*c.* 1740) et *Lettre à un premier commis* (1733).

2294 FUBINI, Enrico. « Voltaire e Rousseau : musica e società nella Francia illuminista ». [In] *Lezioni sull'Illuminismo*. Atti del Seminario di studi organizzato dalla Provincia di Reggio Emilia, ott. 1978-feb. 1979. Introduzione di Paolo Rossi. Milano : Feltrinelli, 1980. 278 p. (SC/10, 97), p.48-62.

Leurs vues sur la musique.

2295 GABRYJELSKA, Krystyna. « Voltaire – la vision du passé littéraire ». *Romanica wratislaviensia* 27 (1987), 177-86. (Acta Universitatis Wratislaviensis, 950).

Le rôle capital du passé littéraire dans la conception littéraire générale de V.

2296 GASCAR, Pierre. « Voltaire homme de lettres ». [In] *Voltaire* (Coll. Génies et réalités) (1978 : n° 13), p.89-109, ill.

2297 LABORDE, Alice M. *L'Esthétique circéenne: étude critique suivie d'un choix de textes relatifs à l'esthétique circéenne (1686-1800).* Paris: Nizet, 1969. 298 p.

> Voir p.34-36, sur le concept du goût, proposé par V; voir p.163-78 pour des extraits de l'article «Goût».

2298 NAVES, Raymond. *Le Goût de Voltaire.* Paris: Garnier, [1938]. 566 p.

> L'esthétique de V.
>
> CR: G. R. Havens, *RR* 31 (1940), 77-78.
>
> Réimpr.: Genève: Slatkine Reprints, 1967.

2299 PAPPAS, John. «The revolt of the *philosophes* against aristocratic tastes». [In] *Culture and Revolution.* Edited by Paul Dukes and John Dunkley. London; New York: Pinter Publishers, 1990. 165 p., p.71-80.

> Voir p.72-74, 76-77: V, en esthétique, défenseur du goût aristocratique.

2300 SAISSELIN, Rémy G. *The Rule of reason and the ruses of the heart: a philosophical dictionary of classical French criticism, critics, and aesthetic issues.* Cleveland; London: The Press of Case Western Reserve U., 1970. x, 308 p.

> p.295-301, «Voltaire, François-Marie Arouet de (1694-1778)».
>
> CR: J. Barchilon, *FR* 45 (1971-72), 540; H. T. Barnwell, *FS* 27 (1973), 329-30.

2301 SAISSELIN, Rémy G. «De Pascal à Voltaire: essai sur la transformation du divertissement en esthétique bourgeoise». [In] *Actes du sixième congrès international d'esthétique / Proceedings of the sixth international congress of aesthetics, Uppsala, 1968.* Publiés sous la surveillance de Rudolf Zeitler. Uppsala, 1972. xv, 843 p. (Acta Universitatis Upsaliensis, Figura nova series 10), p.683-87.

2302 SZEGEDY-MASZÁK, Mihály. «The concept of the tragic from the Enlightenment to Romanticism». *ALitASH* 19 (1977), 152-58.

> p.154-55: le tragique vu par V et Robbe-Grillet.

2303 TOPAZIO, Virgil W. «Culture and the age of Englightenment». *RUS* 63, n° 1 (1977), 125-33.

> Appréciation de l'apport de V, Diderot, Montesquieu et Rousseau.

2304 VROOMAN, Jack R. «Voltaire's aesthetic pragmatism». *JAAC* 31 (1972-1973), 79-86.

2305 WILLIAMS, David. *Voltaire: literary critic.* Genève: Institut et Musée Voltaire, 1966. 381 p. (SVEC, 48).

> CR: R. Condat, *RHL* 69 (1969), 302-303; P. M. Conlon, *FS* 22 (1968), 163-64.

2306 WILLIAMS, David. «Voltaire on the sentimental novel». *SVEC* 135 (1975), 115-34.

La préoccupation de V avec la noblesse de style et de pensée et avec le désir de s'opposer aux écrivains étrangers.

Style, linguistique, lexique

Voir aussi les numéros 932, 1050, 1208, 1339, 1562, 1644, 1649, 1653, 1657, 1673, 1764, 1886, 1944, 2028-2029, 2248, 2390, 2528-2529, 2546-2547, 2686, 2701, 2718, 2724, 2755, 2756, 2822, 2839, 2845, 2849, 2859, 2887-2888, 2930-2931, 2950, 3093, 3137, 3144, 3162, 3186, 3194, 3281, 3334, 3361.

2307 AGES, Arnold. «Voltaire and the New Testament. A study in the ironical use of metaphor». *RUO* 37 (1967), 652-60.

2308 BALL, David. «La définition ironique». *RLC* 50 (1976), 213-36.

Procédés ironiques chez V et chez Swift: une comparaison de ces procédés mène à une meilleure intelligence du texte.

2309 BENNINGTON, Geoffrey. *Sententiousness and the novel: laying down the law in eighteenth-century French fiction.* Cambridge, &c.: Cambridge U. P., 1985. xiii, 273 p. (Cambridge studies in French).

p.26-28, «Hard facts: Voltaire» (sur *Memnon* et *Candide*). L'emploi d'un langage sentencieux chez V pour attaquer le style sentencieux chez les autres.

2310 BENREKASSA, Georges. «L'ingénuité voltairienne». *L'Infini* 25 (1989), 40-49.

2311 BERG, Walter B. «Zwischen Dogma und Vernunft: Form und Funktion literarischer Praxis bei Voltaire». *Archiv* 225 (1988), 314-26.

Traite de *Mahomet*, du *Dictionnaire philosophique* et de *Candide*.

2312 BLAIR, Dorothy S. «Camouflage et feinte. Le rêve dans la littérature française du XVIIIᵉ siècle». *FSSA* 6 (1977), 43-56.

Voir surtout p.43-51.

2313 COUDERT, Marie-Louise. «Les trois rires: Rabelais, Swift, Voltaire». *Europe* 45 (1967), 93-98.

Chez les trois le rire est un moyen de combat, mais il y a des différences de ton.

2314 DICKS, Mark. *Reading irony.* Diss., U. of California, Santa Cruz, 1985. 197 p.

Résumé: *DAI* 47 (1986-87), 1311A. L'ironie chez V, Swift et Browning.

2315 DIECKMANN, Herbert. «Philosophy and literature in eighteenth-century France». *CLS* 8 (1971), 21-41.

> Voir surtout p.32-40: l'emploi de moyens dramatiques pour exprimer des idées philosophiques sous une forme littéraire, plus particulièrement dans *Candide* et dans les *Lettres philosophiques*.

2316 EMILIAN, Alexandra. «Le rapport auteur-personnage-lecteur dans la prose de Voltaire». *AUB, Limbi şi literaturi străine* 27, n° 2 (1978), 115-19. Résumé en roumain, p.119.

2317 ERLAT, Jale. «Analyse sémantique et philosophique de certains prénoms féminins dans les contes de Voltaire». *FDE* 6 (1980), 54-58.

> Resumé en turc, p.59.

2318 FAUCONNIER, Gilbert. «Stylistique et statistique: la longueur des phrases et leur structure syntaxique chez quelques écrivains du XVIIIᵉ siècle». [In] *Hommage à Pierre Nardin (philologie et littérature françaises)*. [Présenté par Jean Granarolo]. Paris: Les Belles Lettres, 1977. 303 p. (Annales de la Faculté des lettres et sciences humaines de Nice, 29), p.125-35.

> Comparaison des phrases de Montesquieu, Diderot, V et Rousseau.

2319 FLETCHER, John. «Humour and irony in Swift and Voltaire». *Forum* (Houston) 17, n° 1 (1979), 27-33, ill.

2320 FLOWERS, Ruth Cave. *Voltaire's stylistic transformation of Rabelaisian satirical devices.* Washington: Catholic U. of America P., 1951. v, 138 p. (Catholic University of America studies in Romance languages and literatures, 41). [Diss., Catholic U. of America, 1951].

> Réimpr.: New York: AMS Press, 1969.

2321 FRANÇON, Marcel. «Note sur Voltaire érudit». *RUO* 37 (1967), 67-69.

> Sa désinvolture en ce qui concerne les questions de grammaire et d'étymologie.

2322 FRANÇON, Marcel. «Voltaire philologue». *LS* 16, n° 1 (1967), 11-15.

> V est homme de lettres, non pas philologue: étude de ses erreurs étymologiques.
>
> CR: M. Scalabrin Ciotti, *SFr* 12 (1968), 559.

2323 GANDON, Yves. *Du style classique: Pascal–Voltaire, Bossuet–Diderot, La Bruyère–J.-J. Rousseau, Mme de Sévigné–Mme du Deffand.* Paris: Albin Michel, [1972]. 246 p.

> p.47-76, «Voltaire». Etude de son style.

2324 GIACOMELLI-DESLEX, Marcella. *L'Aggettivazione nei «contes» di Voltaire da «Zadig» a «Candide»: analisi, concordanze e indici.* Torino: G. Giappichelli, 1968. 317 p. (Università di Torino. Pubblicazioni della Facoltà di magistero, 30).

Etude lexicale, idéologique et stylistique.

CR : L. Sozzi, *SFr* 14 (1970), 556.

2325 GIACOMELLI-DESLEX, Marcella. *L'Aggettivazione nei « contes » di Voltaire dall'* « *Histoire d'un bon Bramin* » *alla « Princesse de Babylone* ». Genève ; Paris : Slatkine, 1984. 354 p. (Centre d'études franco italien, Universités de Turin et de Savoie ; textes et études – Domaine français, 9).

Style et langue des contes.

2326 GOSSMAN, Lionel. « ‹ Ce beau génie qui n'a point compris sa sublime mission › – an essay on Voltaire ». *FR* 56 (1982-1983), 40-50.

V l'écrivain heureux et le langage.

CR : *YWMLS* 44 (1982), 165.

2327 GUNNY, Ahmad. « Pour une théorie de la satire au 18ème siècle ». *DHS* 10 (1978), 345-61.

Il y a plusieurs références à V ; voir en particulier p.354-58.

2328 HAFFTER, Pierre. « L'usage satirique des causales dans les contes de Voltaire ». *SVEC* 53 (1967), 7-28.

2329 HAFFTER, Pierre. « Voltaire et les italiques ». *FSSA* 8 (1979), 13-27.

Les italiques s'emploient pour l'accentuation et pour indiquer la présence de l'auteur.

Etude plus approfondie publiée sous le même titre dans : *SVEC* 189 (1980), 45-80.

CR : A. D. Hytier, *ECCB* n s 6 – for 1980 (1984), 595 96.

2330 HATZFELD, Helmut. *The Rococo : eroticism, wit, and elegance in European literature.* New York : Pegasus, 1972. xiii, 270 p. (Pegasus movements in literature series).

p.127-40 : le rococo dans les contes en vers, les lettres, les épigrammes et dans le *Dictionnaire philosophique*. Voir l'index pour d'autres références.

CR : P. Brady, *CL* 25 (1973), 364-66.

2331 HELLEGOUARC'H, Jacqueline. « Quelques mots clins d'œil chez Voltaire ». [In] *Le Siècle de Voltaire* (1987 : n° 44), ii.537-44.

Sur l'emploi de désignations codées, de certains mots, de manière à établir une complicité entre auteur et lecteur.

2332 HODGART, Matthew. *Satire.* New York : McGraw Hill ; London : Weidenfeld and Nicolson, 1969. 255 p. ill. (World university library).

Trad. : *La Satire.* Texte français de Pierre Frédérix. Paris : Hachette, 1969. 255 p. ill. (L'Univers des connaissances, 43).

Pour des références à V, voir l'index.

2333 HOUSTON, John Porter. *The Traditions of French prose style: a rhetorical study.* Baton Rouge; London: Louisiana State U. P., 1981. xii, 278 p.

> Voir p.113-18, sur le style de V.

2334 JACOBSEN, Volker. *Voltaires Dialoge.* Diss., U. Kehl, 1966. 207 f.

2335 JENNY, Yolanda. *Rhetoric in Voltaire's dialogs.* Diss., Duke U., 1968. 259 p.

> Résumé: *DAI* 29 (1968-69), 1227A-1228A.

2336 KNOKE, Ulrich. «Zur ästhetischen Gestalt fiktionaler Texte aus historisch-materialistischer Sicht (am Beispiel eines Vergleichs zweier Texte von Voltaire)». *RZL* 3 (1979), 86-111. Résumé en français, p.112.

> Basé sur la description de l'Etat des Jésuites au Paraguay dans l'*Essai sur les mœurs* et dans *Candide*. Résumé en allemand avec le titre: «Untersuchungen zur ästhetischen Gestalt fiktionaler Texte aus historisch-materialistischer Sicht auf der Basis eines Textvergleichs». [In] *Bildung und Ausbildung in der Romania.* 1: *Literaturgeschichte und Texttheorie.* Hrsg. von Rolf Kiepfer *et al.* München: Fink, 1979. 665 p. (Akten des Romanistentages in Giessen, 1977), p.115-21.

2337 LEE, J. Patrick. «Le sermon philosophique: a Voltairian creation». [In] *Studies in language and literature.* Proceedings of the 23rd Mountain interstate foreign language conference. Edited by Charles Nelson. Richmond: Department of foreign languages, Eastern Kentucky U., 1976. 611 p., p.331-35.

2338 MARTIN DU GARD, Maurice. «Le style de Voltaire» [in] «Les mémorables». *RDM* (mai-juin 1967), 20-32, p.30-32.

2339 MASON, Haydn T. «Voltaire et le ludique». *RHL* 84 (1984), 539-52.

> Le jeu dans sa vie et dans plusieurs de ses ouvrages.

2340 MASON, Haydn T. «L'ironie voltairienne». *CAIEF* 38 (1986), 51-62.

> Chez V l'ironie appartient presque exclusivement aux genres littéraires inférieurs et va de pair avec une stratégie activiste.
>
> CR: *YWMLS* 48 (1986), 182.

2341 MORMILE, Mario. *Voltaire linguiste et la question des auteurs classiques.* Roma: Bulzoni, 1982. 149 p. pl. (Biblioteca di cultura, 213).

> Le commentaire grammatical destiné à présenter des modèles de langue et de style. Concerne en partie les *Commentaires sur Corneille.*
>
> CR: P. Alatri, *SFr* 27 (1983), 354; *YWMLS* 45 (1983), 154.

2342 MORTIER, Roland. «Les formes de la satire chez Voltaire». *Werkgroep achttiende-eeuw. Documentatieblad*, n° 15-16 (1972), 43-64.

CR: G. Cerruti, *SFr* 17 (1973), 363.

Réimpr. [in] *Le Cœur et la raison* (1990: n° 50), p.104-22.

2343 MORTIER, Roland. «La satire, ce ‹poison de la littérature›: Voltaire et la nouvelle déontologie de l'homme de lettres». [In] *Essays on the age of the Enlightenment* (1977: n° 10), p.233-46.

Pourquoi V s'engage dans la satire à partir de 1758 après quarante années d'opposition au genre.

2344 MORTIER, Roland. «Pour une poétique du dialogue: essai de théorie d'un genre». [In] *Literary theory and criticism: Festschrift presented to René Wellek in honor of his eightieth birthday*. Edited by Joseph P. Strelka. Bern, &c.: Peter Lang, 1984. 2 vols, i.457-74.

V *passim*.

2345 MORTIER, Roland. «Variations on the dialogue in the French Enlightenment». [Trad. par Jean A. Perkins]. *SECC* 16 (1986), 225-40.

Voir p.235-36.

2346 MOUREAUX, José-Michel. «Voltaire: l'écrivain». *RHL* 79 (1979), 331-50. Résumé, p.555.

Etat présent sur V écrivain, études de style et de genres.

2347 MOUREAUX, José-Michel. «Voltaire apôtre: de la parodie au mimétisme». *Poétique* 66 (1986), 159-77.

Le discours religieux de V dans sa correspondance avec ses «frères» dans la lutte contre l'infâme.

CR: C. Imbroscio, *SFr* 32 (1988), 159.

2348 O'MEARA, Maureen F. *Language theory and techniques in Voltaire's fictional and historical writing*. Diss., Cornell U., 1976. 222 p.

Résumé: *DAI* 38 (1977-78), 1439A. Traite en particulier des œuvres suivantes: *Le Taureau blanc, La Philosophie de l'histoire, Le Pyrrhonisme de l'histoire* et les *Remarques pour servir de supplément à l'Essai sur les mœurs*.

2349 O'MEARA, Maureen F. «Linguistic power-play: Voltaire's considerations on the evolution, use, and abuse of language.» *SVEC* 219 (1983), 93-103.

Etude basée sur des œuvres historiques.

2350 PEDERSEN, John. «Le dialogue – du classicisme aux Lumières. Réflexions sur l'évolution d'un genre». *SN* 51 (1979), 305-13.

Voir notamment p.311-12.

2351 PIECHURA, Krystyna. «Linguistic aspects of eighteenth-century French historiography and fiction». *SVEC* 264 (1989), 1010-14.

Analyse basée sur *Le Fanatisme, ou Mahomet le prophète* et l'*Essai sur les mœurs*.

2352 RUNSET, Ute van. *Ironie und Philosophie bei Voltaire, unter besonderer Berücksichtigung der « Dialogues et entretiens philosophiques »*. Genève: Droz, 1974. 251 p. (Kölner Romanistische Arbeiten, 45).

CR: J.-R. Armogathe, *DHS* 7 (1975), 412; A. Billaz, *RHL* 76 (1976), 478-79; J. H. Brumfitt, *FS* 33 (1979), 742-43; G. Flaherty, *PQ* 54 (1975), 1065-66; R. Mercier, *RSH* 161 (1976), 115; U. Schick, *ZFSL* 87 (1977), 351-53; J. Vercruysse, *RBPH* 58 (1980), 729-30; H. J. Wiegand, *SFr* 19 (1975), 560.

2353 SAREIL, Jean. «Voltaire as a classical writer». *ASLHM* 46 (1975), 83-96.

2354 SAREIL, Jean. «Les apologues de Voltaire». *RR* 68 (1977), 118-27.

Pourquoi V a été si peu tenté par la fable, comme forme d'écriture; l'apologue et l'importance de la propagande pour V écrivain.

2355 SAREIL, Jean. «*Memnon* et *Le Dépositaire* de Voltaire». [In] *Essays on the age of the Enlightenment* (1977: n° 10), p.261-69.

Deux ouvrages sur le même thème: pourquoi l'un est «d'une fantaisie ... ailée» et l'autre manque d'imagination.

2356 SAREIL, Jean. «Voltaire polémiste ou l'art dans la mauvaise foi». *DHS* 15 (1983), 345-56.

Ce qui importe surtout dans l'étude de V c'est son style et ses méthodes de combat.

2357 SIMON, Hans Joachim. «Methoden der aufklärerischen Propaganda bei Voltaire». *GRM* N.F. 20 (1970), 397-412.

CR: G. Niggestich, *SFr* 15 (1971), 357.

2358 SPITZER, Leo. *Romanische Stil- und Literaturstudien*. Marburg a. Lahn: Elwert 1931. 2 vols (Kölner romanistische Arbeiten, 1-2).

ii.211-43, «Einige Voltaire-Interpretationen». Analyse de *Zaïre*, *Epître connue sous le nom des vous et des tu*, *Le Siècle de Louis XIV*, lettre à Mme Necker, Ferney, 19 juin 1770.

Réimpr. [in] *Voltaire*. Hrsg. von Horst Baader (1980: n° 25), p.209-52.

Trad.: «Quelques interprétations de Voltaire». [In] Leo Spitzer. *Etudes de style*. Précédé de «Leo Spitzer et la lecture stylistique» par Jean Starobinski. Trad. de l'anglais et de l'allemand par Eliane Kaufholz, Alain Coulon et Michel Foucault. Paris: Gallimard, 1970. 531 p. (Bibliothèque des idées), p.336-66.

2359 SPITZER, Leo. *A method of interpreting literature*. Northampton, Mass.: Smith College, 1949. 149 p.

p.64-101, «*Explication de texte* applied to Voltaire».

Cet essai est traduit en partie dans son *Critica stilistica e storia del linguaggio : saggi raccolti a cura e con presentazione di Alfredo Schiaffini*. Bari: Laterza, 1954. 385 p., p.293-325.

Trad.: *Eine Methode, Literatur zu interpretieren*. Aus dem Englischen übersetzt von Gerd Wagner. München: Hauser, 1966. 126 p. (Literatur als Kunst), p.52-78, «‹Explication de texte› angewandt aus Voltaire»; p.108-10, notes.

2360 TAYLOR, S. S. B. «Voltaire's humour». *SVEC* 179 (1979), 101-16.

2361 VERNIER, Léon. *Etude sur Voltaire grammairien et la grammaire au XVIIIᵉ siècle.* Paris: Hachette, 1888. 261 p.

 Réimpr.: Genève: Slatkine Reprints, 1970. 261 p.; autre réimpr.: [Paris]: France Expansion, [1973]. 3 fiches.

2362 VERSINI, Laurent. «Une phrase pleine de vide». [In] *Le Génie de la forme : mélanges de langue et littérature offerts à Jean Mourot*. Nancy: Presses universitaires de Nancy, 1982. xv, 651 p., p.267-75.

 Etude du style du xviiiᵉ siècle où il est question de V *passim*.

2363 WADE, Ira O. «Organic unity in Voltaire». *ECr* 7 (1967), 223-33.

 L'unité de forme et de fond qui rend son œuvre vivante.

2364 WADE, Ira O. «Der Dichter und seine Kunst» [Trad. par Erika Schindel]. [In] *Voltaire*, Hrsg. von Horst Baader (1980: nᵒ 25), p.253-85.

 Trad. de son ouvrage *The Intellectual development of Voltaire* (1969: nᵒ 680), p.99-119.

2365 WAGNER, Jacques. «Lisibilité et dénégation: propos sur un préambule voltairien». *SVEC* 155 (1976), 2223-64.

 Etude sémantique d'extraits des *Lettres philosophiques* et du *Dictionnaire philosophique*.

2366 WÖLLENWEBER, Heidrun. «Voltaire – Gegner und Anhänger der Neologie». *BRP* 16 (1977), 119-22.

2367 ZACHARIEV, Zacharie. *Quelques observations sur la structure des phrases de Voltaire dans ses romans.* Thèse, U. de Paris, 1967. 194 f.

2368 ZACHARIEV, Zacharie. «Quelques observations sur la structure des phrases de Voltaire dans ses romans». *Годишник на Софийския университет, факултет по западни филологии* 62, nᵒ 2 (1968), 283-359. Résumé en bulgare, p.360-61.

 CR: P. F. Dembrowsky, *RPh* 25 (1971-72), 360-62.

2369 ZACHARIEV, Zacharie. « Structure des phrases et liaisons dans les romans de Voltaire ». *Годишник на Софийския университет, факултет по западин филологии* 63, nᵒ 1 (1969), 57-81. Résumé en bulgare, p.82.

> CR : P. F. Dembrowsky, *RPh* 25 (1971-72), 360-62.

Sujets divers

2370 *Sensibilità e razionalità nel settecento.* A cura di Vittore Branca. Venezia : Sansoni, 1967. 2 vols (Civiltà europea e civiltà veneziana. Aspetti e problemi, 5).

> Voir p.315-17, 382-84. Bien d'autres références (voir l'index).

2371 AGES, Arnold. « Voltaire's philosophical modernity : the testimony of the correspondence ». *RomN* 21 (1980-1981), 338-42.

2372 AGES, Arnold. « Voltaire and the geography of philosophy : the testimony of the correspondence ». [In] *Französische Literatur im Zeitalter der Aufklärung : Gedächtnisschrift für Fritz Schalk.* Hrsg. von Wido Hempel. Frankfurt am Main : Vittorio Klostermann, 1983. viii, 361 p. (Analecta Romanica, 48), p.1-14.

> V condamne la France par rapport aux autres nations (anglaise, allemande, russe) en ce qui concerne les droits de l'homme, la liberté (de la presse, etc.), le progrès.
>
> CR : M. Delon, *RHL* 85 (1985), 303-304 ; F. Moureau, *DHS* 19 (1987), 509 ; *YWMLS* 45 (1983), 150.

2373 ARRUDA, Robert. *La Réaction littéraire de Voltaire et ses contemporains au tremblement de terre de Lisbonne de 1775.* Diss., Middlebury College, 1977. ii, 231 p.

> Voir surtout p.78-129. Le rôle actif et humanitaire de V à partir de 1760 est attribué en grande partie au tremblement de terre.

2374 BADER-MOLNAR, Catherine E. *L'Idée d'humanité dans l'œuvre de Voltaire jusqu'en 1750.* Zürich : Juris Verlag, 1983. 144 p. (Université de Toruń, Faculté des lettres). [Diss., U. de Toruń 1950].

2375 BARBER, William H. « Voltaire's astronauts ». *FS* 30 (1976), 28-42.

> Les emplois variés de la fantaisie du voyage interplanétaire chez V. L'astronaute de *Micromégas* et l'ange de *Zadig*.
>
> CR : *ECCB* n.s. 2 – for 1976 (1979), 399.

2376 BARR, Mary-Margaret H. « Voltaire and music through two centuries ». [In] *Proceedings and papers of the thirteenth congress held at Monash University, 12-18 August 1970.* Australasian Universities language and literature association. Edited by J. R. Ellis. Melbourne : Monash U., 1970. xvi, 493 p., p.192-93.

> Résumé d'une communication.

2377 BASSETT SLEEM, J. A. *Voltaire and stoicism*. Diss., U. of Aberystwyth, 1980.

Résumé: *Aslib* microfiche 32/1/403. L'influence du stoïcisme sur la pensée de V.

2378 BOISDEFFRE, Pierre de. «Voltaire est-il un philosophe?». [In] *Voltaire* (Coll. Génies et réalités) (1978: n° 13), p.111-35, ill.

Réimpr. [in] *RDM* 8 (août 1978), 268-82; 9 (sept. 1978), 551-61.

2379 BROC, Numa. *La Géographie des philosophes: géographes et voyageurs français au XVIIIe siècle*. Paris: Editions Ophrys, [1975]. 595 p. ill. (Association des publications près les Universités de Strasbourg – Fondation Bauling).

p.263-68, «Voltaire: de l'histoire à l'utopie». Voir l'index pour d'autres références.

2380 BUFORD, Lenore. *The Sentiment of the absurd in the works of Voltaire*. Diss., Case Western Reserve U., 1969. 144 p.

Résumé: *DAI* 30 (1969-70), 3937A.

2381 CASSIRER, Ernst. *Die Philosophie der Aufklärung*. Tübingen: J. C. B. Mohr, 1932. xviii, 491 p. (Grundgriss der philosophischen Wissenschaften).

De nombreuses références – voir l'index.

Trad.: *The Philosophy of the Enlightenment*. Translated by Fritz C. A. Koelln and James P. Pettegrove. Princeton: Princeton U. P., 1951. xiii, 366 p.

CR: I. O. Wade, *PQ* 31 (1952), 238-39; K. B. Price, *JHI* 18 (1957), 101-12.

Trad.: *La Philosophie des Lumières*. Traduit de l'allemand et présenté par Pierre Quillet. Paris: Fayard, 1966. 351 p. (L'Histoire sans frontières).

2382 CHARBONNEL, Paulette. «1770-1771 – bruit et fureur autour d'un ‹livre abominable›: le *Système de la nature*». [In] *Aspects du discours matérialiste* (1981: n° 27), p.73-256.

Voir notamment p.107-44: «Et les philosophes?» (sur V et les matérialistes).

2383 CHECROUN, Sylvia Lydie. *Voltaire et l'amitié*. Diss., Rice U., 1970. 238 p.

Résumé: *DAI* 31 (1970-71), 2909A.

2384 CLARK, Priscilla P. *Literary France: the making of a culture*. Berkeley, &c.: U. of California P., 1987. xvi, 273 p. ill.

p.126-58, «From philosophe to prophet» (surtout p.126-38: V partisan de la raison et de la justice). Voir aussi l'index.

CR: L. S. Kramer, *JMH* 61 (1989), 607-609.

2385 DE GAIN, Philippe. *Voltaire et les femmes*. Diss., Indiana U., 1973. 257 p.

Résumé: *DAI* 34 (1973-74), 1900A-1901A.

2386 DELON, Michel. «The priest, the philosopher, and homosexuality in Enlightenment France». [In] *Unauthorized sexual behavior during the Enlightenment*. Edited
by Robert P. Maccubin. 260 p. [Special issue of *ECLife*, 9, n.s. 3 (1985)].
p.122-31.

> Voir notamment p.124-25: le point de vue de V sur la pédérastie.

> Réimpr. [in] *'Tis nature's fault: unauthorized sexuality during the Enlightenment*. Edited
> by Robert Purks Maccubin. Cambridge, &c.: Cambridge U. P., 1987. 260 p.,
> p.122-31. Voir notamment p.124-25.

2387 DEPRUN, Jean. «Philosophies et problématique des Lumières». [In] *Histoire
de la philosophie*. 2: *De la Renaissance à la révolution kantienne*. Volume publié
sous la direction d'Yvon Belaval. [Paris]: Gallimard, 1973. xx, 1142 p.
(Encyclopédie de la Pléiade, 36), p.672-96.

> Voir notamment p.686-92, «Voltaire, Diderot».

2388 DE ROSA, R. T. «L'uomo di Voltaire nei suoi aspetti umani e sociali». *Francia*
(Napoli) 1 (1966), 18-22.

> L'homme, être humain et être social, vu par V.

2389 DE RUGGIERO, Guido. *Storia della filosofia: l'età dell'Illuminismo*. Bari: Laterza,
1968. 2 vols (Universale Laterza, 77-78).

> Voir p.327-83, 391-93, 415-18, 447-50.

2390 DROIXHE, Daniel. *La Linguistique et l'appel de l'histoire (1600-1800): rationalisme
et révolutions positivistes*. Genève: Droz, 1978. 455 p. (Langue et cultures, 10).

> p.262-71, «Le son contre l'esprit: la ‹révolution antimentaliste› de Voltaire aux
> physiologues». Voir particulièrement p.262-67: V empiriste dans l'étude des sons.

2391 EHRARD, Jean. «La littérature française du 18ème siècle dans l'enseignement
secondaire en France au 19ème: le manuel de Noël et La Place, 1804-1862».
SVEC 152 (1976), 663-75.

> Voir p.670-72, 673-74.

2392 EHRARD, Jean. «Voltaire au lycée». [In] *Voltaire et Rousseau en France et en
Pologne* (1982: n° 32), p.135-43.

> V dans les manuels de lycée, 1804-1968 (discussion p.171-72).

2393 ERLAT, Jale. «Aydınlanma çağında çocuk egitimi ve harika bir çocuk:
François-Marie Arouet» [L'éducation des enfants au siècle des Lumières, un
enfant prodige: François-Marie Arouet]. *FDE* 4 (1979), 110-16.

> Résumé en français, p.116. En partie sur l'éducation de V (prêtres austères et
> libertins au Temple) et sur ses idées à propos de l'éducation (critique négative).

2394 ERLAT, Jale. «Voltaire ve kadınlar» [Voltaire et les femmes]. *FDE* 3 (1979), 66-77.

> Résumé en français, p.77. V est un misogyne incapable de vivre sans une présence féminine. Il reconnaît leur charme, leur sensibilité, leur intelligence et leur capacité d'agir. Dans son œuvre elles transmettent les réflexions de V sur les hommes et sur leur manière d'agir.

2395 FAVRE, Robert. *La Mort dans la littérature et la pensée françaises au siècle des Lumières*. Lille: Service de reproduction des thèses de l'Université, 1977. 2 vols, [Thèse, U. de Paris IV, 1976].

> V *passim*; voir surtout ch. 6 et 7, et l'index.

> Réimpr. avec une diminution du nombre des notes et des citations: Lyon: Presses universitaires de Lyon, 1978. 640 p.

> CR: H. Cohen, *FR* 54 (1980-81), 630-31; D. Gembicki, *Francia* (München) 7 (1979), 787-89; E. Guitton, *DHS* 11 (1979), 440; A. Gunny, *ZFSL* 89 (1979), 184-86; Ch. Haroche, *Europe* 592-93 (1978), 246-47; J. Lough, *FS* 34 (1980), 340-41; J. Sgard, *RHL* 80 (1980), 444-46; R. Trousson, *RBPH* 60 (1982), 673-74.

2396 FAVRE, Robert. «L'obsession de la mort chez les philosophes des Lumières». *SpM* 17-18 (1982), 3-11.

> V *passim*.

2397 FERENCZI, László. «Voltaire: le critique historiographe». *ALitASH* 16 (1974), 140-51.

> Appel à l'action, à la pratique, plutôt qu'à la théorie. Il s'agit de l'*Essai sur la poésie épique*, *La Henriade* et le *Siècle de Louis XIV*.

2398 FRÉVILLE, Jacques. «En lisant Voltaire». *Arcadie* 15 (1968), 496-502; 16 (1969), 363-68.

> Dans la correspondance: V et Paradis de Moncrif, Desfontaines et Frédéric II: sa réaction à l'homosexualité.

2399 GEVERS, Jan K. M. «Sociologie en wetenschap in de eeuw van Voltaire. De verloren actualiteit van Franse Verlichting» [Sociologie et science au siècle de Voltaire. L'actualité perdue des Lumières françaises]. [In] *Rede, sentiment en ervaring: sociale wetenschap in de achttiende eeuw*. Onder redactie van W. Arts en J. K. W. Gevers. Deventer: Van Loghum Slaterus, 1983. 123 p., p.9-25 (voir p.20-22 et *passim*).

2400 GOLDING, Claud. *Great names in history, 356 B. C. - A. D. 1910*. Philadelphia: Lippincott; London: Harrap, 1935. 300 p.

> p.179-84, «Voltaire, precursor of the French revolution».

Réimpr.: Freeport, N.Y.: Books for libraries Press, 1968. (Essay index reprint series).

2401 GORDON, L. S. «Le thème de Mandrin, le ‹brigand noble› dans l'histoire des idées en France avant la Révolution». [In] *Au siècle des Lumières* (1970), p.189-207.

Voir surtout p.193-97.

Version russe: «Тема ‹Благородного разбойника› Мандрена в идейной жизни предреволюционной Франции». [In] *Век просвещения* (1970: n° 2), p.60-81. Voir p.65-69.

2402 GULLACE, Giovanni. «Voltaire e l'idea di Progresso». *Criterio* 5 (1987), 288-98; *Ibid.* 6 (1988), 35-47.

2403 GUNNY, Ahmad. *Voltaire's satirical writings, 1732-1764.* Diss., London U., Birkbeck College, 1969-70.

2404 HUNWICK, Andrew. «Le patriotisme de Voltaire». *SVEC* 116 (1973), 7-18.

2405 HYTIER, Adrienne D. «Les philosophes et le problème de la guerre». *SVEC* 127 (1974), 243-58.

V *passim.*

2406 JAMES, Edward D. «Voltaire's dialogue with the materialists». [In] *Voltaire and his world* (1985: n° 39), p.117-31.

Les limites établies par la pensée de V et les vues communes aux deux parties.

2407 JANSSEN, Paul. «Philosophie». [In] *Frankreich im Zeitalter der Aufklärung: eine Kölner Ringvorlesung.* Hrsg. von Peter-Ekhard Knabe. Köln: DME-Verlag, 1985. 304 p. pl. (Kölner Schriften zur Romanischen Kultur, 1), p.35-104. (p.56-60, «Voltaire»).

Voir l'index pour de nombreuses autres références.

2408 JASPERS, Karl. *Die Grossen Philosophen. Nachlass I: Darstellung und Fragmente.* Hrsg. von Hans Saner. München; Zürich: R. Piper, 1981. xxxviii, 679 p.

p.670-71, «Voltaire».

2409 JOHNSON, Hubert C. «The *philosophes* as militarists». *SVEC* 216 (1983), 387-88.

V *passim.*

2410 KAPP, Volker. «Satire et injure au XVIIIᵉ siècle: le conflit entre la morale et la politique dans le débat sur les libelles». *CAIEF* 36 (1984), 155-65.

Voir p.156-58 et *passim*: V contre les libelles – théorie et pratique.

2411 KAPP, Volker. «L'image du ‹satirique› chez Frédéric le Grand et l'attaque des philosophes contre l'écriture pamphlétaire». [In] *Ouverture et dialogue: mélanges offerts à Wolfgang Leiner à l'occasion de son soixantième anniversaire.* Edités par Ulrich Döring *et al.* Tübingen: Gunter Narr Verlag, 1988. xxxii, 801 p. pl. p.691-706.

> Voir surtout p.697-98, 704: l'attitude de V envers la diffamation, et l'écriture pamphlétaire.

2412 KNAPP, Lothar. «Das ‹Mondäne› Wirklichkeitsbewusstsein in der französischen Literatur der ersten Hälfte des 18. Jahrhunderts». *ZFSL* 79 (1969), 304-27.

> En partie sur *La Henriade, Zadig, La Princesse de Babylone, L'Orphelin de la Chine, Tancrède* (voir p.313-21 *passim*).

2413 LAMM, Herbert. «Voltaire et l'idée de paix à l'occasion du bicentenaire de la mort de Voltaire». *Revue d'histoire diplomatique* 92 (1978), 262-74.

> Sur les diverses prises de position de V; ce qui est important pour lui est l'idée de tolérance sans laquelle la paix ne peut exister.

2414 LECONTE, Claude-Henry. «Voltaire et le droit de se contredire». [In] *Voltaire ou la liberté de l'esprit* (1989: n° 49), p.215-19.

> C'est le droit du poète.

2415 LEE, Vera. *The Reign of women in eighteenth-century France.* Cambridge, Mass.: Schenkman, 1975. xii, 146 p. ill.

> p.61-76, «Voltaire and Rousseau». Les vues de V sur les femmes, avec une comparaison entre la disposition d'esprit de V et celle de Rousseau.
>
> CR: M. Vamos, *DidS* 19 (1978), 256-58.

2416 LICCIARDELLO, Pasquale. *Voltaire: la ragione senza maiuscola.* Catania: Bonanno, 1981. 234 p.

> Regard neuf sur l'œuvre de V philosophe utilisant les approches du famisme (d'après l'italien «famismo», phénoménologie de la faim).
>
> CR: J.-P. De Nola, *SFr* 27 (1983), 148-49.

2417 LITVACK, Frances Eleanor Palermo. *«Le Droit du seigneur» in European and American literature (from the seventeenth through the twentieth century).* Birmingham, Ala.: Summa publications, 1984. xiv, 164 p. ill.

> p.40-47: *Le Droit du seigneur,* l'*Essai sur les mœurs* et *La Défense de mon oncle.*

2418 LOUGH, John. «The *philosophes* and the idea of progress». [In] *Eighteenth-century French studies: literature and the arts.* [Presented to Norman Suckling]. Edited by

E. T. Dubois, Elizabeth Ratcliffe, P. J. Yarrow. Newcastle upon Tyne: Oriel P., 1969. xii, 111 p. ill. p.41-53.

Voir notamment p.47-48.

2419 MARX, Jacques. « Catéchisme philosophique et propagande éclairée au xviiie siècle ». *Problèmes d'histoire du christianisme* 17 (1987), 121-44.

Voir p.124-27.

2420 MASON, Haydn T. « Voltaire and war ». *BJECS* 4 (1981), 125-38.

2421 MASSEAU, Didier. « L'idéologie de Voltaire ». *Annales historiques compiégnoises* 3-4, n° spécial (1978), 26-39, ill.

En plus d'une étude des principes de base de son idéologie libérale, il est question de V historien.

2422 McMANNERS, John. *Death and the Enlightenment: changing attitudes to death among Christians and unbelievers in eighteenth-century France.* Oxford: Clarendon P.; New York: Oxford U. P., 1981. vii, 619 p.

Voir p.181-84, 257-58, 265-69, 393-94, 413-14 et l'index.

CR: G. M. Cropp, *NZJFS* 4, n° 2 (1983), 47-52; N. Hampson, *EHR* 98 (1983), 379-81; J. O'Higgins, *CathHR* 70 (1984), 463-64; B. Bedford, *ECS* 17 (1983-84), 369-73.

2423 MEAD, William. « Voltaire's ‹preromanticism› ». *KRQ* 14 (1967), 139-48.

Etudes des éléments qui pourraient être classés « préromantiques » chez V; les limitations de cette classification.

2424 MEYER, Henry. *Voltaire: philosophe pacifiste?* Diss., U. of Maryland, 1970. 284 p.

Résumé: *DAI* 31 (1970-71), 4129A.

2425 MEYER, Henry. *Voltaire on war and peace.* Banbury: The Voltaire Foundation, 1976. 202 p. (SVEC, 144).

CR: W. H. Barber, *FS* 33 (1979), 747-48; R. Favre, *RHL* 78 (1978), 653-54; A. Gunny, *DHS* 9 (1977), 440-41; J. P. Lee, *FR* 50 (1976-77), 641-42; H. T. Mason, *TLS*, 17 Sept. 1976, p.1187.

2426 MOLINO, Jean. « Singulier Voltaire ». *Commentaire* 4 (1978-79), 529-36.

Insiste sur la consistance de la pensée de V.

2427 MONAHAN, Patrick J., Jr. *Voltaire and war.* Diss., U. of Missouri-Columbia, 1973. 155 p.

Résumé: *DAI* 35 (1974-75), 1115A.

2428 MORI, Massimo. «L'Illuminismo francese e il problema della guerra». *Rivista di filosofia* 65 (1974), 145-87.

> Voir p.156-71 *passim*: les attitudes de V.

2429 MORNET, Daniel. *La Pensée française au XVIIIᵉ siècle*. Paris: Colin, 1926. 220 p. (Collection Armand Colin, section de langues et littératures, 81).

> Réimpr.: Paris: Colin, 1969. (Collection U2). Bibliographie mise à jour.
>
> Trad.: *French thought in the eighteenth century*. Translated by Lawrence M. Levin. New York: Prenctice-Hall, 1929. x, 334 p.
>
> Réimpr.: Hamden, Conn.: Archon Books, 1969.

2430 MORNET, Daniel. *Les Origines intellectuelles de la Révolution française (1715-1787)*. Paris: Colin, 1933. 552 p.

> p.28-32, 82-89, 97-100, et *passim*.
>
> Réimpr. avec une préface de René Pomeau. Paris: Colin, 1967.
>
> CR: G. Cerruti, *SFr* 13 (1969), 150.

2431 MORTIER, Roland. *Voltaire: les ruses et les rages du pamphlétaire*. London: Athlone P., 1979. 24 p. (The Cassal bequest lecture 1978).

> CR: J. H. Brumfitt, *FS* 35 (1981), 333-34; R. Pagosse, *RHL* 81 (1981), 779-80; F. Piva, *SFr* 24 (1980), 164; J. Stéfanini, *BSLP* 75 (1980), 244-45.

2432 MORTIER, Roland. «Existe-t-il au XVIIIᵉ siècle, en France, l'équivalent de la ‹Popularphilosophie› allemande?». *Studia Leibnitiana* 15 (1983), 42-45.

> Résumé en anglais, p.42. Quoique l'équivalent exacte n'existe pas avant la Révolution, trois cas possibles sont considérés: V, Diderot et d'Holbach.

2433 MURPHY, Patricia. «Ballet reform in mid-eighteenth-century France: the *philosophes* and Noverre». *Sym* 30 (1976), 27-41.

> V *passim*.

2434 NIKLAUS, Robert. «The pursuit of peace in the French Enlightenment». [In] *Essays on Diderot and the Enlightenment in honor of Otis Fellows*. Edited by John Pappas. Genève: Droz, 1974. 422 p. (Histoire des idées et critique littéraire, 140), p.231-45.

> Voir notamment p.237-41.

2435 NWACHUKWU, J. A. *Voltaire and friendship*. Diss., Exeter U., 1978.

> Résumé: *Aslib* microfiche 12/1/0357. L'importance littéraire et philosophique de l'amitié chez V.

2436 PASSMANN, Uwe. *Orte fern, das Leben: die Fremde als Fluchtpunkt des Denkens. Deutsch-europäische Literatur bis 1820.* Würzburg: Königshausen & Neumann, 1989. 357 p.

> p.161-220, «Die Fremde als Ideal. Rousseau und Voltaire». Voir notamment p.195-210 (*Candide*) et p.213-20 (V historien).

2437 PELCKMANS, Paul. *Le Sacre du père: fictions des Lumières et historicité d'Œdipe, 1669-1775.* Amsterdam: Rodopi, 1983. 674 p. (Faux titre, 12).

> p.199-237, «Voltaire entre l'agacement et l'obsession». Bien qu'il y ait une absence presque totale du thème familial dans la pensée philosophique des contes de V, il y a dans ses tragédies une présence persistante de ce motif: essai d'explication. Voir aussi l'index.

2438 PIECHURA, Krystyna. «La valeur sémantique du *Nord*, du *Midi*, de l'*Orient*, et de l'*Occident* chez Voltaire». *Man and nature* 6 (1987), 45-53.

> Concepts historiques, contemporains et géographiques.

2439 POLLARD, Sidney. *The Idea of progress: history and society.* London: Watts, 1968. xii, 220 p. (New thinker's library); New York: Basic books, 1968. x, 220 p. (Culture & discovery).

> Voir notamment p.41-45. Voir aussi l'index.

2440 RAAPHORST, Madeleine R. «Voltaire et féminisme: un examen du théâtre et des contes». *SVEC* 89 (1972), 1325-35.

2441 RIEUSSET, Isabelle. «L'insoutenable légèreté française». *L'Infini* 25 (1989), 109-18.

> Contre l'interprétation de Barthes et des romantiques allemands qui n'acceptent pas l'alliance de la philosophie et de l'ironie chez V. Voir aussi P. Sollers, «Le principe d'ironie» (1989: n° 1201).

2442 RUSSO, Gloria M. «Voltaire and women». [In] *French women and the age of Enlightenment.* Edited by Samia I. Spencer. Bloomington: Indiana U. P., 1984. xv, 429 p., p.285-95.

> L'index contient de nombreuses autres références à V.
>
> CR: N. Aronson, *FR* 60 (1986-87), 275-76.

2443 SAREIL, Jean. «Le massacre de Voltaire dans les manuels scolaires». *SVEC* 212 (1982), 83-161.

> A partir du début du XIXe siècle et jusqu'en 1968.
>
> CR: *YWMLS* 45 (1983), 153-54.

2444 SCHLERETH, Thomas J. *The Cosmopolitan ideal in enlightenment thought: its form and function in the ideas of Franklin, Hume, and Voltaire, 1694-1790.* Diss., U. of Iowa, 1969. 397 p.

> Résumé: *DAI* 30 (1969-70), 2951A.

2445 SCHLERETH, Thomas J. *The Cosmopolitan ideal in enlightenment thought: its form and function in the ideas of Franklin, Hume, and Voltaire, 1694-1790.* Notre Dame, Ind.; London: U. of Notre Dame P., 1977. xxv, 230 p. [Diss., U. of Iowa, 1969].

> V *passim*; voir l'index.
>
> CR: H. C. Payne, *ECS* 14 (1980-81), 357-59; R. Teichgraeber III, *Journal of the history of philosophy* 18 (1980), 479-80; H. Trowbridge, *ECCB* n.s. 4 – for 1978 (1981), 176-77.

2446 SGARD, Jean. «Voltaire et la passion du journalisme». [In] *Le Siècle de Voltaire* (1987: n° 44), ii.847-54.

> Les sentiments contradictoires de V à l'égard du journalisme: haine et passion.

2447 SINA, Mario. «L'Illuminismo francese». [In] *Storia della filosofia moderna: dalla rivoluzione scientifica a Hegel.* [Par] Sofia Vanni Rovighi [*et al.*]. Brescia: La Scuola, 1976. 879 p., p.373-447.

> Voir p.399-406, «Voltaire».

2448 SIVOLAP, I. I. «Voltaire et le rôle social de l'écrivain». [In] *Au siècle des Lumières* (1970: n° 2), p.269-86.

> Version russe: «Вольтер о гражданском долге писателя». [In] *Век просвещения* (1970: n° 2), p.230-50.

2449 SOLOMON, Robert C. *History and human nature: a philosophical review of European philosophy and culture, 1750-1850.* New York; London: Harcourt Brace Jovanovich; Brighton: Harvester Press, 1979. xviii, 413 p.

> p.35-53, «The double-edged sword: Voltaire».

2450 SPINK, John S. «Rochester, Dehénault, Voltaire and a chorus from Seneca's *Troades*: negation as a source of lyricism». *Zagadnienia rodzajów literackich* 8, n° 2 (1966), 5-16.

> Sur l'influence de Rochester et de Dehénault sur V et, en partie, sur la négation et la révolte dans sa pensée.

2451 STAROBINSKI, Jean. *Voltaire et le malheur des hommes* [...]. Genève: Guilde des écrivains, 1978. 77 p. ill. (Genève-Lettres, n° 6, n° spécial), p.13-32.

Conférence présentée à Ferney pour le bicentenaire : V déteste le malheur qui afflige les hommes, mais il sait le supporter.

Réimpr. : *Comprendre* 47-48 (1981-83), 151-57. Résumé en anglais, p.157.

2452 TARCZYLO, Théodore. *Sexe et liberté au siècle des Lumières*. Paris : Presses de la Renaissance, 1983. 310 p. (Histoire des hommes, 3).

Voir surtout p.173-75, 177-79, 196-98 : le rôle de l'onanisme dans l'œuvre de V.

CR : M. Delon, *DHS* 16 (1984), 472.

2453 TRENARD, Louis. «Voltaire et Rousseau dans l'enseignement français actuel». *RHL* 79 (1979), 457-79. Résumé, p.559-60.

Enquête sur la période 1965-1977.

2454 WEINSTEIN, Leo. *The Subversive tradition in French literature*. 1 : *1721-1870*. Boston, Mass. : G. K. Hall, 1989. xvi, 199 p. (Twayne's world authors series, TWAS 810).

p.36-61, «A philosophical gardener : the reign of Louis xv, 1755-74». Voir notamment p.39-61 : la critique de V dans son théâtre et surtout dans *Candide*.

2455 WHITE, Reginald James. *The Anti-philosophers : a study of the philosophes in eighteenth-century France*. London : Macmillan ; New York : St. Martin's P., 1970. vi, 175 p.

p.29-37, «Voltaire and Newton» ; voir aussi l'index.

CR : M. Kallich, *SBHT* 13 (1971-72), 2164-68.

2456 WILKINS, Kay S. «Some aspects of the irrational in 18th-century France». *SVEC* 140 (1975), 107-201.

p.113-15 : l'attitude de V envers la superstition ; p.200-201, «Appendix A : Works in Voltaire's library pertaining to the irrational».

Œuvres de Voltaire

Recueils [1]

Voir aussi les numéros 167, 215, 222-223, 268.

2457 VOLTAIRE. *Dialogues et anecdotes philosophiques.* Avec introduction, notes et rapprochements par Raymond Naves. Paris: Garnier, 1940. xviii, 536 p. (Classiques Garnier).

> CR: L. Stringlhamber, *Etudes classiques* 9 (1940), 352.
>
> Trad. en turc: *Feylesofca konuşmalar ve fıkralar.* Ankara: Millî eğitim basımevi, 1947-48. 2 vols (Dünya edebiyatından tercümeler, Fransız klâsikleri, 141).
>
> Ed. rev. et augmentée de 16 ill. Introduction, notes et rapprochements par Raymond Naves. Paris: Garnier, 1966. xviii, 538 p. ill. (Classiques Garnier), p.i-xviii, «Introduction»; p.469-531, «Notes et rapprochements».

2458 *Voltaire: Micromégas, Candide, L'Ingénu.* Pierre-Georges Castex. Paris: Centre de documentation universitaire, 1960. 110 p. polycopié. (Les Cours de Sorbonne).

> Nouvelle éd., revue et mise à jour. Paris: Société d'édition d'enseignement supérieur, 1982. 269 p. (Littérature).
>
> CR: R. Desné, *DHS* 15 (1983), 528.

2459 VOLTAIRE. *Romans et contes de Voltaire.* Edition présentée et annotée par Roger Petitjean, ornée de bois gravés originaux de Enrique Marin. Paris: Imprimerie nationale, 1965-1966. 4 vols (Collection nationale des grands auteurs de France).

> i.9-25: «Préface à la présente édition». Contient aussi une bibliographie et des notes.

2460 VOLTAIRE. *Candide and other stories.* Translated by Joan Spencer, with an introduction by Theodore Besterman. London, &c.: Oxford U. P., 1966. xiii, 397 p. (The World's classics, 611).

2461 VOLTAIRE. *Romans et contes.* Chronologie, préface et notes par René Pomeau. Paris: Garnier-Flammarion, 1966. 702 p. (G-F. Texte intégral, 111).

> p.8-21, «Voltaire conteur». Chaque ouvrage est précédé d'une notice.

---

1. Classés par ordre chronologique de publication. Voir ci-dessus, p.vii, pour les principes suivis dans l'élaboration de cette section.

2462   VOLTAIRE. *Novelas escogidas*. Trad. del francés por el abate José Marchena. Modernizada y anotada por A. de C. y E. M. A., con unas notas prologales de Emiliano M. Aquilera. Barcelona: Editorial Iberia, 1967. 399 p. (Obras maestras).

> p.v-xiv, «Voltaire, novelista, y su traductor español, el abate Marchena».

2463   VOLTAIRE. *Cándido o el optimismo, seguido de Zadig o el destino*. Traducción de María Isabel Azcoaga; ilustraciones de Teodoro Delgado. Madrid: EDAF, 1968. 250 p. ill.

> p.9-12, «François M. Arouet de Voltaire».

> [Nouvelle éd.]: Ed. Francisco Alonso. Madrid: EDAF, 1981. 266 p. ill. (Biblioteca EDAF, 8). Contient un prologue, une chronologie et une bibliographie.

2464   VOLTAIRE. *Micromégas. L'Ingénu*. Avec une notice biographique, deux notices historiques et littéraires, des notes explicatives, des documents, des jugements, un questionnaire et des sujets de devoirs, par Guillaume Picot. Paris: Larousse, 1970. 175 p. ill. (Nouveaux classiques Larousse).

2465   VOLTAIRE. *Орлеанская девственница; Магомет; Философские повести* [La Pucelle d'Orléans; Mahomet; Contes philosophiques]. [Вступительная статья С. Артамонова. Редактор перевода Э. Линецкая]. Москва: издательство «Художожественная литература», 1971. 718 p. ill.

> p.5-26, «Voltaire».

2466   VOLTAIRE. *Mélanges philosophiques, littéraires et historiques*. Introduction de Pierre Gaxotte. Paris: Vialetay, 1971. xxii, 295 p. ill. (Prestige de l'Académie française, XVIIIᵉ siècle).

> p.v-xv, «L'innombrable Voltaire».

2467   VOLTAIRE. *Novelas y cuentos*. Estudio preliminar y bibliografía seleccionada por Dª. Angeles Cardona de Gibert. Barcelona: Editorial Bruguera, 1971. 651 p. (Joyas literarias).

> p.7-53, «Estudio preliminar»; p.55-60, «Bilbiografía comentada».

2468   VOLTAIRE. *Zadig and other stories*. Edited with an introduction and notes by H. T. Mason. London: Oxford U. P., 1971. 276 p. (Clarendon French series).

> p.9-46, «Introduction»; p.233-69, «Notes». Contient en appendice *Le Songe de Platon*.

> CR: W. H. Barber, *FS* 28 (1974), 79; J. Garagnon, *SFr* 17 (1973), 147; P. D. Jimak, *ML* 55 (1974), 100-101.

2469 VOLTAIRE. *Romans, contes et mélanges*. Introduction et commentaires par J. Van den Heuvel. Paris: Librairie générale française, 1972. 2 vols (Livre de poche, 657-658).

> i.7-13, «Vie de Voltaire»; 14-24, «Modalités du conte voltairien de la propagande à la confidence déguisée». Chaque ouvrage est précédé d'une notice. ii.485-503, «Postface».

2470 VOLTAIRE. *Jeannot et Colin. L'Homme aux quarante écus*. Textes intégraux. Avec une notice biographique, deux notices historiques et littéraires, un index des thèmes, un index des noms propres, des notes explicatives, une documentation thématique, des jugements, un questionnaire et des sujets de devoirs, par Claude Blum. Paris: Larousse, 1973. 159 p. ill. (Nouveaux classiques Larousse).

2471 VOLTAIRE. *Facéties*. Introduction et notices de Jean Macary. Paris: PUF, 1973. 503 p. («A la découverte», publications du Département de langues romanes de l'Université de Princeton).

> CR: G. Besse, *BPh* 20 (1973), 357-58; J. H. Brumfitt, *FS* 31 (1977), 74-75; J. J. Didier, *LR* 39 (1985), 230-32; E. Lizé, *DHS* 6 (1974), 359-60; R. Pomeau, *La Quinzaine littéraire*, du 16 au 31 oct. 1973, p.23; C. Sherman, *FR* 48 (1974-75), 422; L. Sozzi, *SFr* 18 (1974), 555-56; J. Vercruysse, *TVSV* 2 (1974), 388-91; M. H. Waddicor, *MLR* 71 (1976), 170-71.

2472 VOLTAIRE. *Candido y otros cuentos*. Selección y nota preliminar de Paulino Garagorri. Trad. Antonio Espina. Madrid: Alianza Editorial, 1974. 221 p. (El libro de bolsillo. Sección clásicos, 513).

2473 VOLTAIRE. *Maxime și cugetări* [Maximes et pensées] Ediție îngrijită de Elena Beram. București: Editura Albatros, 1974. xlviii, 375 p. pl.

2474 VOLTAIRE. *The Complete works of Voltaire | Les Œuvres complètes de Voltaire*. Edited by Theodore Besterman, W. H. Barber et U. Kölving *et al.* [Le lieu de publication et la presse varient jusqu'à 1975]. Genève: Institut et Musée Voltaire; Toronto and Buffalo: U. of Toronto P.; Banbury; Oxford: The Voltaire Foundation, 1968- .

> *Les Œuvres* sont publiées exclusivement à Oxford depuis 1980. Chaque ouvrage est traité séparément dans cette bibliographie. Voir U. Kölving, *Provisional table* (1983: n° 2500) pour la table des matières provisoire.

2475 VOLTAIRE. *L'Affaire Calas et autres affaires*. Edition présentée, établie et annotée par Jacques Van den Heuvel. [Paris]: Gallimard, 1975. 407 p. (Collection Folio, 672).

> CR: G. Cerruti, *SFr* 20 (1976), 362.

2476 VOLTAIRE. *Contes en vers, édition critique.* [Par] Sylvain Menant. Thèse, U. de Paris IV, 1975. 357 p.

2477 VOLTAIRE. *Sämtliche Romane und Erzählungen.* Mit einer Einleitung von Victor Klemperer und Stichen von Moreau Le Jeune. [Aus dem Französischen übersetzt von Ilse Lehmann]. Leipzig: Insel, 1976. 2 vols, ill. (Insel Taschenbuch, 209).

> i.9-38, «Voltaire und seine kleinen Romane»; i.443-89 et ii.449-510, «Erläuterungen» (R. Noack et R. Müller).

2478 VOLTAIRE. *L'Ingénu. Micromégas.* Avec une chronologie, des notices particulières, des notes, des commentaires et des thèmes de réflexion par Jacques Spica. Paris: Bordas, 1977. 127 p. (Univers des lettres Bordas, 280. Etude critique illustrée/Texte intégral). ill.

2479 VOLTAIRE. *Zadig. Memnon.* Edition intégrale, avec une chronologie, une étude générale des contes de Voltaire, des notices particulières, une analyse méthodique des textes, des notes et des thèmes de réflexion par Jacques Spica. Paris: Bordas, 1977. 127 p. ill. (Univers des lettres Bordas, 279).

2480 VOLTAIRE. «Notes inédites de Voltaire». Edité par Pierre Enckell. *NL*, 29 juin au 5 juil. 1978, p.18.

> Un choix de notes oubliées (tirées des *Quatre saisons de Parnasse* 1805) montre la contemporanéité de V.

2481 VOLTAIRE. *Romans et contes.* Texte présenté et commenté par Roger Pagosse. Illustrations de Jacques Poirier. Paris: Imprimerie nationale, 1978. 2 vols, ill. (Trésor des lettres françaises).

> i.9-51, «Introduction»; i.53-55, «Indications bibliographiques»; i.253-310, «Variantes et notes»; i.313-33, «Appendice»; i.335 et suiv., «Iconographie»; ii.245-311, «Variantes et notes»; ii.315-39, «Appendice»; ii.341 et suiv., «Iconographie».
>
> CR: *BCLF* 34 (1979), 398; A. Bourin, *RDM* (jan.-mars 1979), 161-65; J. H. Brumfitt, *FS* 33 (1979), 348-49; R. Pomeau, *DHS* 11 (1979), 451-52; L. Sozzi, *SFr* 23 (1979), 171-72; J. Van den Heuvel, *IL* 31 (1979), 133-34.

2482 VOLTAIRE. *Zadig. L'Ingénu.* Translated with an introduction by John Butt. Harmondsworth: Penguin Books, 1978. 190 p. (Penguin classics, L126).

> p.7-14, «Introduction» et «Biographical note».

2483 VOLTAIRE. *Romans et contes.* Edition établie par Frédéric Deloffre et Jacques Van den Heuvel. Paris: Gallimard, 1979. lxxiv, 1316 p. (Bibliothèque de la Pléiade, 3).

p.xi-lxxiv, introduction générale par F. Deloffre. Chaque texte est accompagné d'une notice, d'une note sur le texte, de notes et de variantes.

CR: J. Bourgignon, *Revue de linguistique romane* 45 (1981), 266-67; J. H. Brumfitt, *FS* 34 (1980), 199-200; C. Cordié, *SFr* 24 (1980), 519-22; B. Guy, *ECCB* n.s. 5 – for 1979 (1983), 601-602; C. Mervaud, *RHL* 84 (1984), 110-12.

2484 VOLTAIRE. *Romanzi e racconti.* Traduzione di Riccardo Bacchelli; introduzione di Arnaldo Pizzorusso. Milano: Mondadori, 1981. xl, 582 p. (Biblioteca Mondadori).

p.ix-xxxii, «Introduzione». Avec chronologie, bibliographie et notes.

2485 VOLTAIRE. *Erzählungen, Dialoge, Streitschriften.* Hrsg. von Martin Fontius. Berlin: Rütten & Loening, 1981. 3 vols, ill.

i.5-40, «Voltaire – Proteus der Schriftsteller».

CR: H. Duranton, *DHS* 15 (1983), 468-69; U. van Runset, *RHL* 83 (1983), 126-27; J. von Stackelberg, *RF* 94 (1982), 494-97.

2486 VOLTAIRE. *Zadig o el destino. Cándido o el optimismo.* Trad. Francisco Lafarga Maduell. Barcelona: Bosch, 1982. 481 p. (Erasmo, textos bilingües).

p.21-37, «Introducción». Contient aussi une chronologie et une bibliographie.

2487 VOLTAIRE. *Novelas y cuentos.* Trad. Carlos Pujol. Barcelona: Planeta, 1982. xxvi, 561 p. (Clásicos universales Planeta).

p.ix-xxvi, «Introducción».

2488 VOLTAIRE. *Kritische und satirische Schriften.* [Mit einem Nachwort von Fritz Schalk]. 2 Aufl. München: Winkler Verlag, 1984. 796 p. (Winkler Weltliteratur Dunndruck Ausgabe).

p.745-67, «Nachwort». Autre impr. de la postface [in] *Voltaire.* Hrsg. von Horst Baader (1980: n° 25), p.361-81.

2489 VOLTAIRE. *La Cena del conde de Boulainvilliers e altri dialoghi filosofici.* Editore Raffaele Vitiello. Roma: Editori Riuniti, 1984. 182 p. (Universale Idee, 115).

2490 VOLTAIRE. *1760. 1.* Oxford: The Voltaire Foundation, 1986. xxi, 542 p. ill. (The Complete works of Voltaire / Les Œuvres complètes de Voltaire, 50).

p.1-219, *Le Droit du seigneur.* Critical edition by W. D. Howarth; p.221-469, *L'Ecossaise.* Critical edition by Colin Duckworth; p.471-522, *Anecdotes sur Fréron.* Edition critique par Jean Balcou.

CR: D. J. Adams, *BJECS* 10 (1987), 243-44; E. D. James, *FS* 42 (1988), 208-209.

2491 VOLTAIRE. *1766-1767.* Oxford: The Voltaire Foundation, 1987. xv, 518 p. (The Complete works of Voltaire / Les Œuvres complètes de Voltaire, 62).

p.1-105, *Le Philosophe ignorant.* Edition critique par Roland Mortier; p.107-26, *André*

Destouches à Siam. Edition critique par John Renwick; p.127-362, *L'Examen important de milord Bolingbroke*. Edition critique par Roland Mortier; p.363-407, *Les Questions de Zapata*. Edition critique par Jacqueline Marchand; p.409-85, *Homélies prononcées à Londres*. Edition critique par Jacqueline Marchand.

CR: C. J. Betts, *FS* 44 (1990), 333-35; M.-H. Cotoni, *RHL* 89 (1989), 717-18; G. Gargett, *MLR* 84 (1989), 979-86; F. Piva, *SFr* 33 (1989), 156-57.

2492 VOLTAIRE. *Œuvres alphabétiques*. 1. Edition critique sous la direction de Jeroom Vercruysse. Oxford: The Voltaire Foundation, 1987. xxxi, 343 p. ill. (The Complete works of Voltaire / Les Œuvres complètes de Voltaire, 33).

p.xxi-xxix, « Préface générale » par J. Vercruysse; p.3-10, « Voltaire et l'*Encyclopédie* » par Virgil W. Topazio; p.10-13, « Travail individuel et entreprise collective », p.13-30, « Les éditions » par Andrew Brown; p.1-231, *Articles pour l'« Encyclopédie »*. Edition critique par Theodore E. Braun *et al*; p.233-313, *Articles pour le « Dictionnaire de l'Académie »*. Edition critique par Jeroom Vercruysse avec la collaboration de Ulla Kölving.

CR: A.-M. Chouillet, *DHS* 20 (1988), 488-89; C. Cordié, *SFr* 32 (1988), 534-36; M.-H. Cotoni, *RHL* 89 (1989), 718; G. Gargett, *MLR* 84 (1989), 979-86; F. Moureau, *RDE* 4 (1988), 170-72.

2493 VOLTAIRE. *1731-1732*. Oxford: The Voltaire Foundation, 1988. xxi, 569 p. ill. (The Complete works of Voltaire / Les Œuvres complètes de Voltaire, 8).

p.1-270, *La Mort de César, tragédie*. Critical edition by D. J. Fletcher; p.273-526, *Zaïre, tragédie*. Critical edition by Eva Jacobs; p.527-46, *Poésies*. Edition critique par Nicole Masson.

CR: T. E. D. Braun, *MLR* 85 (1990), 958-59; W. D. Howarth, *FS* 45 (1991), 77-79; F. Piva, *SFr* 34 (1990), 316-17.

2494 VOLTAIRE. *1734-1735*. Oxford: The Voltaire Foundation, 1989. xxiv, 565 p. ill. (The Complete works of Voltaire / Les Œuvres complètes de Voltaire, 14)

p.1-210, *Alzire*. Critical edition by T. E. D. Braun; p.211-342, *Le Comte de Boursoufle*. Critical edition by Colin Duckworth; p.343-55, *Le Comte de Boursoufle, conte*. Critical edition by Colin Duckworth; p.357-503, *Traité de métaphysique*. Critical edition by W. H. Barber; p.505-44, *Poésies, 1734-1735*. Edition critique par Sylvain Menant.

2495 VOLTAIRE. *Selections*. Edited with introduction, notes and bibliography by Paul Edwards. New York: Macmillan; London: Collier Macmillan, 1989. xiii, 242 p. (The Great philosophers).

p.1-57, introduction; p.231-42, bibliographie annotée. Choix de textes philosophiques.

2496 VOLTAIRE. *1767*. 1. Oxford: The Voltaire Foundation, 1990. xxxi, 441 p. ill. (The Complete works of Voltaire / Les Œuvres complètes de Voltaire, 63A).

p.1-152, *La Guerre civile de Genève*. Edition critique par John Renwick; p.153-208,

Anecdote sur Bélisaire et *Seconde anecdote sur Bélisaire.* Edition critique par John Renwick; p.209-30, *Réponse catégorique au sieur Cogé.* Edition critique par John Renwick; p.231-39, *Préface de M. Abauzit.* Edition critique par Christopher Todd; p.241-89, *Essai historique et critique sur les dissensions des Eglises de Pologne.* Edition critique par Daniel Beauvois et Emanuel Rostworowski; p.291-408, *Le Dîner du comte de Boulainvilliers.* Edition critique par Ulla Kölving, avec la participation de José-Michel Moureaux.

CR: *BCLF* 44 (1991), 667.

2497 VOLTAIRE. *Poésies.* Edition critique par Nicole Masson. [In] *The Complete works of Voltaire | Les Œuvres complètes de Voltaire 8: 1731-1732.* Oxford: The Voltaire Foundation, 1988. xxi, 569 p., p.527-46.

Poésie de V écrite pendant les années 1731-1732.

CR: Pour les CR, voir le n° 2493.

2498 VOLTAIRE. *Poésies, 1734-1735.* Critical edition by Sylvain Menant. [In] *The Complete works of Voltaire | Les Œuvres complètes de Voltaire 14: 1734-1735.* Oxford: The Voltaire Foundation, 1989. xxiv, 565 p., p.506-44.

2499 *Théâtre du XVIIIe siècle.* Textes choisis, établis, présentés et annotés par Jacques Truchet. [Paris]: Gallimard, 1972-74. 2 vols (Bibliothèque de la Pléiade, 241, 251).

i.395-447, 685-988: *Œdipe, Zaïre, Mahomet, Mérope, Nanine, La Femme qui a raison;* 1371-84, 1406-59: notices et notes; ii.205-60: *L'Ecossaise;* 1395-1405: notice, notes, variantes.

2500 *Provisional table of contents for « The Complete works of Voltaire | Œuvres complètes de Voltaire».* Edited by Ulla Kölving. Oxford: The Voltaire Foundation, 1983. xiv, 118 p.

Listes chronologique et alphabétique, concordance générale avec Moland, et deux listes des incipit des œuvres en vers.

CR: E. Lizé, *DHS* 16 (1984), 422; *YWMLS* 45 (1983), 149.

2501 Альбина, Л. Л. «Новое издание собрания сочинений Вольтера» [Une nouvelle édition des œuvres de Voltaire]. *FE 1975* (1977), 267-68.

Renseignements à propos des *Complete works of Voltaire | Les Œuvres complètes de Voltaire.*

2502 BARBER, William H. «Les Œuvres complètes de Voltaire: état de l'édition». *Bulletin de la Société française d'étude du XVIIIe siècle* 5 (avr. 1973), 11.

2503 BARBER, William H. «L'édition des Œuvres complètes de Voltaire». *CAIEF* 33 (1981), 161-69. Discussion, p.283.

Présentation des travaux et des problèmes posés par la nouvelle édition.

Correspondance

EDITIONS

2504 VOLTAIRE. *Correspondance*. Texte établi et annoté par Theodore Besterman. [Notes traduites de l'anglais par Mireille Zarb]. Paris: Gallimard, 1964-1965. 2 vols (Bibliothèque de la Pléiade).

> Ces deux volumes (1704-1738 et 1739-1748) ont été remplacés par la nouvelle édition de la Pléiade (1975-) d'après l'édition définitive de la Correspondance établie par Besterman (1968-1977).

2505 VOLTAIRE. *Correspondence and related documents*. Definitive edition by Theodore Besterman. Genève: Institut et Musée Voltaire; Toronto: U. of Toronto P., 1968-1971; Oxford: The Voltaire Foundation, 1971-1977. 51 vols (The Complete works of Voltaire / Les Œuvres complètes de Voltaire, 85-135).

> Vol. 1: xv-xxxvii, «Introduction»; vol. 47: List of letters: chronological; vol. 48: List of letters: alphabetical; vol. 49: List of letters: *incipits*; vol. 50: List of unidentifiable, spurious, doubtful and lost letters; Calendar of manuscripts of the correspondance; Calendar of manuscripts cited in the notes; vol. 51: Bibliography of the printed letters; List of printed works cited in the notes; Key to pseudonyms and nicknames; Index of annotated words and phrases; Index of quotations; List of appendixes; Classified index of illustrations in *Voltaire's correspondence*, 1953-1964.
>
> CR: vol. 1: A. Ages, *Criticism* 12 (1970), 251-53; J. H. Brumfitt, *FS* 23 (1969), 485-86; *TLS*, 25 Sept. 1969, p.1084; vol. 1-2: M. Lundlie, *QQ* 77 (1970), 658-59; L. Welch, *DR* 49 (1969), 557-62; vol. 2: J. H. Brumfitt, *FS* 25 (1971), 84-85; vol. 1-3: G. Mailhos, *RHL* 70 (1970), 515-16; vol. 3-4: J. H. Brumfitt, *FS* 25 (1971), 459-61; vol. 1-5: D. W. Smith, *UTQ* 40 (1970-71), 333-35; vol. 1-14: C. Todd, *MLR* 67 (1972), 901-913; vol. 15-21: C. Todd, *MLR* 69 (1974), 407-12; vol. 44-45: J. H. Brumfitt, *FS* 30 (1976), 470-72.

2506 VOLTAIRE. *Correspondance*. Avec une biographie de Voltaire, une étude générale de sa correspondance, une analyse méthodique des lettres choisies, un index, des jugements et des sujets de travaux par Guillaume Picot. Paris: Bordas, 1970. 191 p. (Sélection littéraire Bordas, 476).

2507 VOLTAIRE. *The Selected letters of Voltaire*. Edited and translated by Richard A. Brooks. New York: New York U. P., 1973. xxxvii, 349 p.

> CR: A. O. Aldridge, *ECS* 8 (1974-75), 360-62.

2508 VOLTAIRE. *Voltaire and Catherine the Great: selected correspondence*. Translated, with commentary, notes and introduction by A. Lentin. With a foreword by Elizabeth Hill. Cambridge: Oriental Research Partners, 1974. 186 p. ill.

> p.4-32, «Introduction».

2509 VOLTAIRE. *Correspondance*. Edition Theodore Besterman. Paris: Gallimard, 1975- . (Bibliothèque de la Pléiade).

> Notes de l'édition Besterman traduites et adaptées par Frédéric Deloffre; on y trouve uniquement des lettres écrites par V. Orthographe et ponctuation du texte modernisées.
>
> CR: vol. 1-3: A. Magnan, *RHL* 82 (1982), 656-69; vol. 3: R. Desné, *DHS* 8 (1976), 450-51; vol. 4-6: R. Desné, *DHS* 13 (1981), 446-47; vol. 5: C. Cordié, *Paideia* 40 (1985), 48-56; vol. 7: R. Desné, *DHS* 15 (1983), 468; vol. 8: R. Desné, *DHS* 17 (1985), 417; vol. 9: J. II. Brumfitt, *FS* 40 (1986), 213; C. Cordié, *SFr* 30 (1986), 493-94; R. Desné, *DHS* 18 (1986), 473; vol. 10: J. H. Brumfitt, *FS* 41 (1987), 213-14; C. Cordié, *SFr* 32 (1988), 158-59; R. Desné, *DHS* 19 (1987), 459; vol. 11: A. Billaz, *RSH* 206 (1987), 189; J. H. Brumfitt, *FS* 42 (1988), 344-45; R. Desné, *DHS* 20 (1988), 489; P. O. Walzer, *Journal de Genève* (Samedi littéraire), 8-9 août 1987, p.ii; vol. 12: J. H. Brumfitt, *FS* 43 (1989), 212-13; R. Desné, *DHS* 21 (1989), 482.

2510 VOLTAIRE. *Korrespondenz aus den Jahren 1749 bis 1760*. [Einleitung von Rudolf Noak]. Frankfurt am Main: Röderberg-Verlag GMBH, 1978. 331 p. (Röderberg Taschenbuch, 57).

> p.5-20, «Einleitung».

2511 *Новые тексты переписки Вольтера: письма к Вольтеру*. Публикация, вводные статьи и примечания В. С. Люблинского. Ленинград: Издательство «Наука», Ленинградское отделение, 1970. 445 p. Page de titre supplémentaire: Textes nouveaux de la correspondance de Voltaire: lettres à Voltaire. Publiées par V. S. Lublinsky.

> p.429-31, «Sommaire» (résumé en français). Ce tome fait suite à *Новые тексты ... письма Вольтера* [Textes nouveaux ... lettres de Voltaire] (1956: *QA* 1580).
>
> CR: G. Cerruti, *SFr* 16 (1972), 492; M. Fontius, *DLZ* 93 (1972), 729-30; C. Mervaud, *RHL* 73 (1973), 136-37; A. Mikhaïlov, *SFr* 17 (1973), 558-59; J. Vercruysse, *DHS* 5 (1973), 432-33.

2512 BESTERMAN, Theodore. «Twenty thousand Voltaire letters». [In] *Editing eighteenth-century texts: papers given at the editorial conference, University of Toronto, October 1967*. Edited by D. I. B. Smith. [Toronto]: Published for the Editorial Conference Committee, U. of Toronto, U. of Toronto P., 1968. viii, 132 p., p.7-24.

2513 BESTERMAN, Theodore. «Communication de M. Besterman». [In] *Les Editions de correspondances. Colloque, 20 avril 1968*. Paris: A. Colin, 1969. 76 p. (Publications de la Société d'histoire littéraire de la France), p.8-18.

> Sur les problèmes posés par l'édition de la correspondance de V.

2514 BESTERMAN, Theodore. «Additions and corrections to the definitive edition of Voltaire's correspondence. I: vols, i-x (Voltaire 85-94)». *SVEC* 79 (1971), 7-60.

   CR: M. H. Waddicor, *FS* 28 (1974), 75-76.

2515 BESTERMAN, Theodore. «Additions and corrections to the definitive edition of Voltaire's correspondence. II: vols, i-xxii (Voltaire 85-106)». *SVEC* 102 (1973), 7-52.

2516 BESTERMAN, Theodore. «Additions and corrections to the definitive edition of Voltaire's correspondence. III: vols, i-xxviii (Voltaire 85-112)». *SVEC* 117 (1974), 7-88.

2517 BESTERMAN, Theodore. «Additions and corrections to the definitive edition of Voltaire's correspondence. IV: vols, i-xxxiv (Voltaire 85-118)». *SVEC* 135 (1975), 7-114.

2518 BESTERMAN, Theodore & Andrew BROWN. *Concordance to the correspondence of Voltaire.* Oxford: The Voltaire Foundation, 1977. 154 p. (SVEC, 165).

   CR: J. H. Brumfitt, *FS* 33 (1979), 731; R. Desné, *DHS* 11 (1979), 506; E. Showalter, Jr., *FR* 53 (1979-80), 605; J. Vercruysse, *Tijdschrift voor de studie van de Verlichting* 5 (1977), 298.

2519 DESNÉ, Roland & Jean VARLOOT. «Notes à propos de la correspondance de Voltaire». *RSyn* 97 (1976), 115.

   Sur l'éd. définitive de Besterman.

2520 Люблинский, В. С. «К изданию русского переписки Вольтера с Екатериной II» [Sur la publication russe de la correspondance de Voltaire avec Catherine II]. *Сборник статей и материалов библиотеки АН СССР по книговедению* (Ленинград) 2 (1970), 115-26.

ÉTUDES [1]

Voir aussi les numéros 140-143, 314, 344, 350, 354-355, 831, 836-838, 844, 846, 869, 884, 898, 911, 913, 936, 964, 982, 1017, 1053, 1059, 1069, 1100, 1107, 1264, 1386, 1389, 1391-1392, 1396, 1417, 1475-1476, 1478, 1532, 1578-1579, 1597, 1763, 1813, 1936, 1971, 1982, 2028, 2086-2089, 2091-2092, 2094, 2096, 2098, 2256, 2265, 2276, 2277, 2282, 2347, 2371-2372, 2398, 2719, 2893, 3286.

2521 «Une lettre insolite de Voltaire révélée pour le deuxième centenaire de sa mort». *Le Figaro*, 14 juin 1978, p.28, fac-sim.

   1. Voir aussi les deux rubriques suivantes.

Lettre du 11 nov. 1774, adressée à une parente de Semur-en-Auxois et où il est question de Mme de Florian.

2522 AGES, Arnold. «The private Voltaire: three studies in the correspondence». *SVEC* 81 (1971), 7-125.

A propos de la Bible, du théâtre classique français (Corneille, Racine, Molière), et de quelques-unes des villes principales d'Europe (Genève, Londres, Berlin, Saint-Pétersbourg).

2523 AGES, Arnold. «Voltaire and the struggle for the Utopia of philosophy: the testimony of the correspondence». *Archiv* 217 (1980), 62-74.

La correspondance vue comme la meilleure expression de l'idéal philosophique de V.

2524 Алексеев, М. П. «Книга Вольтера в библиотеке Томского Университета» [Un livre de Voltaire dans la bibliothèque de l'Université de Tomsk]. [In] *Вольтер, статьи и материалы: труды научной сессии, посвященной Вольтеру 1694-1944.* Ленинград Университет. Под редакцией М. П. Алексеева. Ленинград: Издательство ленинградского государственного ордена Ленина университета, 1947. 222 p., p.210-18.

Lettres de M. de Voltaire à ses amis de Parnasse.

Réimpr. [in] *Русская культура и романский мир*. М. П. Алексеев. Ответственные редакторы Ю. Б. Виллер, М. П. Заборов. Ленинград: Издательство «Наука», 1985. 539 p. ill. p.329-37.

2525 BENREKASSA, Georges. «L'interlocuteur voltairien: le masque et la plume». [In] *Le Siècle de Voltaire* (1987: n° 44), i.89-97.

Analyse d'une lettre à d'Alembert (Best.D12090).

2526 BESTERMAN, Theodore. «Voltaire in seinen Briefen». [Trad. par Xenia Baumeister]. [In] *Voltaire*. Hrsg. von Horst Baader (1980: n° 25), p.49-69, facsim.

Trad. de l'article en français, *SVEC* 10 (1959: *QA* 1444).

2527 BRAUN, Theodore E. D. «A forgotten letter from Voltaire to Le Franc de Pompignan». *SVEC* 41 (1966), 231-34.

Lettre de fév. ou mars 1739 dans laquelle V suggère des corrections à une traduction d'Ovide par Lefranc (Best.D1918).

2528 CALVEZ, Daniel. *Le Langage proverbial de Voltaire dans sa correspondance du 29 décembre 1704 au 31 décembre 1769.* Diss., U. of Georgia, 1980. 343 p.

Résumé: *DAI* 41 (1980-81), 1574A.

2529 CALVEZ, Daniel. *Le Langage proverbial de Voltaire dans sa correspondance (1704-1769)*. New York, &c.: Peter Lang, 1989. vi, 312 p. (American university studies, series 2: Romance languages and literature, 103). [Diss., U. of Georgia, 1980].

> CR: M. Coppens d'Eeckenbrugge, *LR* 45 (1991), 141-42; W. F. Edminston, *SoAR* 55, n° 1 (1990), 134-36; R. Granderoute, *DHS* 22 (1990), 564.

2530 COTONI, Marie-Hélène. «Images, esprit, sensibilité dans quelques lettres de Voltaire (août-septembre 1749)». [In] *Hommage à Pierre Nardin (philologie et littérature françaises)*. [Présenté par Jean Granarolo]. Paris: Les Belles Lettres, 1977. 303 p. (Annales de la Faculté des lettres et sciences humaines de Nice, 29), p.137-46.

2531 DAVID, Jean-Claude. «De Voltaire à Marmontel: quelques autographes du dix-huitième siècle réunis par Jacques Charavay (1809-1867)». *SVEC* 278 (1990), 215-43.

> Choix de lettres de cette collection. Voir p.221-24.

2532 DAWSON, Deidre Anne. *Voltaire's correspondence: an epistolary novel*. Diss., Yale U., 1989. 218 p.

> Résumé: *DAI* 51 (1990-91), 518A. Etude de la correspondance comme texte littéraire.

2533 DUCLOS, Charles Pinot. *Correspondance de Charles Duclos (1704-1772)*. [Edité par] Jacques Brengues. Saint-Brieuc: Presses universitaires de Bretagne, 1970. [vii], 355 p. ill.

> Contient des lettres de V et des lettres qui lui sont adressées. Voir la table des lettres.
>
> CR: P. Alatri, *CulF* (Bari) 19 (1972), 375-79; J. Mayer, *RSH* 37 (1972), 610-12; J. C. Nicholls, *RLC* 46 (1972), 303-305; R. Niklaus, *RHL* 73 (1973), 705-707; J. Vercruysse, *RBPH* 49 (1971), 1010-11.

2534 GAXOTTE, Pierre. «Voltaire d'après sa correspondance». [In] *Voltaire* (Coll. Génies et réalités) (1978: n° 13), p.49-77, ill.

2535 HOWARTH, W. D. & C. L. WALTON. *Explications: the technique of French literary appreciation*. London: Oxford U. P., 1971. xlvii, 270 p.

> p.89-101, «Voltaire». Explication littéraire d'un extrait du «Projet d'une lettre sur les anglais à M. ***», destiné à ouvrir le recueil des *Lettres philosophiques*.

2536 ILIE, Paul. «The voices in Voltaire's garden, 1755-1759: a methodology for Voltaire's correspondence». *SVEC* 148 (1976), 37-113.

2537 Люблинский, В. С. «Подлинники переписки Вольтера с Екатериной II» [Les originaux de la correspondance de Voltaire avec Catherine II]. *FE 1967* (1969), 266-73. Résumé en français, p.273.

Sur 74 lettres originales de l'Impératrice.

CR: P. Alatri, *SFr* 14 (1970), 160.

2538 MAGNAN, André. «Pour saluer ‹Paméla›: une œuvre inconnue de Voltaire». *DHS* 15 (1983), 357-68.

Les *Lettres d'Alsace* (éd. G. Jean-Aubry, Paris, 1937) à Mme Denis (1753-54) constituent un roman épistolaire basé sur un véritable échange de lettres remaniées, et aujourd'hui perdues.

CR: *YWMLS* 45 (1983), 150.

2539 MAGNAN, André. «L'être de la lettre». *MagL* 238 (1987), 31-32, ill.

2540 MAGNAN, André. «Le Voltaire inconnu de Jean-Louis Wagnière». *L'Infini* 25 (1989), 61-108.

48 lettres de V adressées à Mme Denis de Prusse: histoire des lettres de «Paméla» (un récit épistolaire et une mystification). Ces lettres sont suivies de «Sur le *Voltaire inconnu* et sur un Wagnière supposé» (explication de sa présentation). Voir son article «Pour saluer ‹Paméla›» (1983: n° 2538) et son *Dossier Voltaire en Prusse* (1986: n° 350).

2541 MARMONTEL, Jean-François. *Correspondance.* Texte établi, annoté et présenté par John Renwick. Clermont-Ferrand: Institut d'études du Massif Central, 1974, 2 vols (Université de Clermont-Ferrand, Faculté des lettres et sciences humaines, Institut d'études du Massif Central, Centre de recherches révolutionnaires et romantiques).

Contient de nombreuses lettres de V adressées à Marmontel ainsi que des lettres de Marmontel à V. Voir l'index et la table.

CR: J. Grieder, *FR* 54 (1980-81), 162-63; J. Lough, *FS* 32 (1978), 81-82.

2542 MAY, Georges. «La littérature épistolaire date-t-elle du dix-huitième siècle?». *SVEC* 56 (1967), 823-44.

V *passim*. Étude bibliographique qui esquisse ce qui reste à faire pour les historiens et les critiques après la parution des éditions de V, Diderot et Rousseau.

2543 MERVAUD, Christiane. «Portraits de Frédéric II dans la correspondance prussienne de Voltaire». [In] *Voltaire und Deutschland* (1979: n° 20), p.241-56. Résumé en allemand, p.526-27.

La correspondance pendant son séjour en Prusse.

2544 MICHA, Hugues. *Voltaire d'après sa correspondance avec Madame Denis (étude sur la sensibilité de Voltaire)*. Paris: A. G. Nizet, 1972. 187 p.

p.155-73, « Catalogue des lettres de Voltaire à Mme Denis ».

CR : P. Conlon, *PQ* 52 (1973), 590-91 ; R. Favre, *SFr* 21 (1977), 310 ; P. A. Perrod, *Europe* 519-21 (1972), 306-307 ; J. Vercruysse, *DHS* 6 (1974), 406-407.

2545 MOUREAU, François. « Marivaux contre Voltaire : une lettre retrouvée ». [In] *Langue, littérature* (1990 : n° 51), p.405-13.

« Lettre de Mr de Marivaux sur le *Temple du gout* de Voltaire » parue dans *Le Glaneur historique* du 11 juin 1733.

2546 MURRAY, Geoffrey. *The Protean gardener : Voltaire's literary career, 1755-1762.* Diss., Johns Hopkins U., 1968. 483 p.

Résumé : *DAI* 29 (1968-69), 4015A.

Etude sémantique de la correspondance de V ; les rapports entre la langue de la correspondance et celle de *Candide*.

2547 MURRAY, Geoffrey. *Voltaire's « Candide » : the protean gardener, 1755-1762.* Genève : Institut et Musée Voltaire, 1970. 385 p. (SVEC, 69). [Diss., Johns Hopkins U., 1968].

Etude sémantique de la Correspondance et ses rapports avec la terminologie et la phraséologie de *Candide*.

CR : J. H. Brumfitt, *FS* 26 (1972), 78-79 ; H. T. Mason, *MLN* 86 (1971), 590-92 ; J. Spica, *RHL* 73 (1973), 897-99 ; C. Thacker, *MLR* 68 (1973), 657-59.

2548 NOVERRE, Jean-Georges. *Scrisori despre dans și balete* [Lettres sur la danse et sur les ballets]. Bucureşti : Editura muzicala, 1967. 180 p.

p.25-32, « Scrisorile lui Noverre către Voltaire şi ale lui Voltaire către Noverre » [Lettres de Noverre à Voltaire et letters de Voltaire à Noverre].

2549 PAPPAS, John. « Inventaire de la correspondance de d'Alembert ». *SVEC* 245 (1986), 131-276.

Voir l'index des correspondants (p.271-76) pour la correspondance Voltaire-d'Alembert (voir le n° suivant).

2550 PAPPAS, John. « Supplément à l'Inventaire de la correspondance de d'Alembert ». *SVEC* 267 (1989), 283-89.

Voir le n° 0195a (référence à une lettre de V du 18 avr. [1757]).

2551 PERRY, Norma. « A forged letter from Frederick to Voltaire ». *SVEC* 60 (1968), 225-27.

Publiée dans Felix Farley's *Bristol Journal*.

2552 RAYNAUD, Jean-Michel. «Sous la plume de Frédéric II: le sujet Voltaire». [In] *Voltaire und Deutschland* (1979: n° 20), p.285-97. Résumé en allemand, p.530.

> Analyse du texte de Best.D20721 (9 juil. 1777).

2553 SEZNEC, Jean. «Voltaire as correspondent». *The Listener*, 9 Feb. 1967, 194-95.

2554 STALLONI, Yves. «Voltaire: ‹Le dur métier des lettres›». *L'Ecole des lettres* 76, n° 7 (1984-1985), 21-31.

> Explication d'une lettre de V écrite au jeune poète Lefèvre.

2555 TAYLOR, S. S. B. «Voltaire letter-writer». *FMLS* 21 (1985), 338-48.

> Esquisse d'une esthétique de V épistolier.
>
> CR: *YWMLS* 47 (1985), 177.

2556 THACKER, Christopher. «M. A. D.: an editor of Voltaire's letters identified». *SVEC* 62 (1968), 309-10.

> M. Anthony Desca, ou D'Esca, 1ᵉʳ professeur de français et d'allemand à Trinity College, Dublin.

2557 VERCRUYSSE, Jeroom. «Les supercheries de l'édition de Kehl: une lettre de Voltaire à Panckoucke dépecée et retrouvée (27 juillet 1768)». [In] *Thèmes et figures* (1980: n° 24), p.307-11.

> Best.D15159 et 15132.

2558 VERCRUYSSE, Jeroom. «Voltaire correcteur de ses *Lettres de m. de Voltaire à ses amis du Parnasse* (1766)». *SVEC* 201 (1982), 67-79.

> CR: A. D. Hytier, *ECCB* n.s. 8 – for 1982 (1986), 549-50; *YWMLS* 44 (1982), 163.

2559 VERCRUYSSE, Jeroom. «Les vraies lettres de Voltaire à J. S. Bailly». *SVEC* 201 (1982), 81-84.

> CR: A. D. Hytier, *ECCB* n.s. 8 – for 1982 (1986), 550; *YWMLS* 44 (1982), 163.

2560 VOLTAIRE. «Brief an Johann II Bernoulli – Cirey, 11. April 1739». *Manu propria*. Ausgewählte Stücke aus den Briefsammlungen der Universitätsbibliothek Basel. Textheft (1969), 37-40.

> Texte français de la lettre, avec notes critiques en allemand (Best.D1974).

2561 VYVERBERG, Henry S. «A letter from Voltaire». *ICarbS* 3 (1976-1977), 135-48, fac-sim.

> Lettre au père Joseph de Menoux, jésuite, c. 14 avr. 1754, annotée, avec traduction anglaise.

LETTRES PUBLIÉES DANS BEST.D [1]

Voir aussi les numéros 181, 973, 990, 1334, 1351.

2562 BAKALAR, H. Nicholas. « An unpublished Voltaire letter ». *SVEC* 124 (1974), 133-35.

> Lettre du 16 mai 1760 adressée à J. R. Tronchin. Best.D8913a*.

2563 BARLING, T. J. « Voltaire's correspondence with lord Hervey: three new letters ». *SVEC* 62 (1968), 13-27.

> Lettres de V à John Hervey [mars 1732] et 14 sept. 1733 et une lettre de Hervey à V 4 juil. 1736. Best.D (3).

2564 BESTERMAN, Theodore. « Note on certain dates in Voltaire's correspondence with Desforges-Maillard ». [In] *Beiträge zur französischen Aufklärung* (1971: n° 3), p.45-47.

2565 CANDAUX, Jean-Daniel. « Trois nouvelles lettres de Voltaire ». *RHL* 67 (1967), 744-49.

> A François Tronchin (6 mars 1775 et 18 mars 1774) et à François-Pierre Pictet (24 oct. 1761). Best.D (2).
>
> CR : F. Crucitti Ullrich, *SFr* 12 (1968), 559.

2566 CANDAUX, Jean-Daniel. « Trois billets inédits de Voltaire ». *Musées de Genève* 110 (nov.-déc. 1970), 6-8, ill.

> A Gabriel Cramer, au docteur Tronchin et au colonel Boissier. Best.D (3).

2567 COULET DU GARD, René. « Trois lettres inédites de Voltaire ». *Présence francophone* 2 (1971), 161-65.

> Lettres adressées à M. Du Pont : 19 oct. 1772; 20 mars 1776; 10 oct. 1776.

2568 DAHOUI, Serge. « Voyage du cardinal de Bernis en Languedoc et en Dauphiné ». *Revue du Vivarais* 72 (1968), 97-109.

> Lettres inédites (1760-61) de V à Bernis.

2569 FLEISCHAUER, Charles. « Quelques additions à la *Correspondance* de Voltaire ». *MLN* 86 (1971), 555-62.

> Huit lettres en vers et une en prose, avec notes et commentaire. Best.D2919a*

---

1. Les ouvrages recensés dans cette section contiennent des lettres de, à ou concernant Voltaire, publiées pour la première fois, et incorporées depuis dans la *Correspondence and related documents*, *Œuvres complètes de Voltaire* 85-135 (n° 2505).

2570 FUCILLA, Joseph G. «Un manipolo di lettere inedite del Voltaire». *RLMC* 23 (1970), 168-75.

> Manuscrits de lettres de V à la bibliothèque du Vatican: une addition à Best.D16588, une lettre inédite adressée à la marquise de Monteynard, une autre à un destinataire inconnu et 14 inédites adressées à Gabriel Cramer. Best.D (20).
>
> CR: M. Scalabrin Ciotti, *SFr* 15 (1971), 553.

2571 HALLAM, George W. «A new Voltaire letter». *The Courier* 29 (1968), 22-26, fac-sim.

> Lettre du 30 oct. 1769 à Ferney, en français et en anglais, avec commentaire. Best.D15982.
>
> Réimpr.: *Manuscripts* 20, n° 3 (1968), 43-47, fac-sim.

2572 KNOWLSON, James & Harold T. BETTERIDGE. «The Voltaire-Hirschel dispute: unpublished letters and documents». *SVEC* 47 (1966), 39-52.

> Best.D (3).

2573 LAURIOL, Claude. «Quelques additions à la *Correspondance* de Voltaire». [In] *Recherches nouvelles sur quelques écrivains des Lumières*. Sous la direction de Jacques Proust. Genève: Droz, 1972. 364 p. (Etudes de philologie et d'histoire, 25), p.39-60.

> 10 lettres de V conservées dans les papiers de La Beaumelle. Best.D (11).

2574 LECLERC, Paul O. «Deux inédits relatifs à la correspondance de Voltaire». *RHL* 72 (1972), 296-98.

> Lettre à Charles-Gabriel de Raimond de Villeneuve, marquis de Pomerols, dit marquis de Modène (15 fév. 1768) et lettre en vers à Jean-Baptiste Sauvé La Noue (mars 1741). Best.D (2).

2575 LECLERC, Paul O. «Unpublished letters from Morellet to Voltaire». *SVEC* 106 (1973), 63-80.

> Trois lettres traitant en partie de la querelle Rousseau-Voltaire et du *Bélisaire* de Marmontel. Best.D (2).

2576 LIZÉ, Emile. «Deux inédits de Charles Michel, marquis du Plessis-Villette, à Voltaire». *RHL* 74 (1974), 483-85.

> Deux lettres, l'une en vers, l'autre en vers et en prose, tirées de la *Correspondance littéraire* (15 avr. et 15 août 1765). Best.D12787a*

2577 LIZÉ, Emile. «Deux lettres inédites et un texte oublié de Voltaire». *AHRF* 46 (1974), 397-400.

> V à F. M. Grimm, 12 janv. 1770; V à M.-F. Grouber de Groubentall de Linière, 31 déc. 1775; désaveu adressé à des journaux. Best.D19829a*

2578 Lizé, Emile. « Lettres inédites de Voltaire ». *DHS* 6 (1974), 249-58.

> 7 lettres dans les manuscrits de Gotha et de Stockholm de la *Correspondance littéraire* de Grimm. Best.D (4).

2579 Magnan, André. « Sur quelques lettres de la ‹Correspondance› de Voltaire ». *RHL* 72 (1972), 20-35.

> Best.D7473, 7468, 7534, 7586, 7474, 7647, 7484, 7641, 7724, 8119, notes et corrections.

> CR : N. Melani, *SFr* 17 (1973), 147-48.

2580 Magnan, André. « Le *Nouveau manuel épistolaire* de Chaudon et la correspondance de Voltaire : lettres oubliées, variantes et notes critiques ». *DHS* 6 (1974), 259-75.

> Best.D (3).

2581 Mass, Edgar. *Le Marquis d'Adhémar : la correspondance inédite d'un ami des philosophes à la cour de Bayreuth*. Edition critique. Banbury : The Voltaire Foundation, 1973. 210 p. (SVEC, 109).

> p.34-36, « L'*Encyclopédie* et Voltaire en 1750 » ; p.40-49, « Voltaire et le marquis d'Adhémar » ; voir l'index. Contient beaucoup de lettres à V et quelques lettres de V ; Best.D (11).

> CR : *TLS*, 21 Sept. 1973, p.1090 ; P. Alatri, *SFr* 20 (1976), 624 ; B. Guy, *FR* 47 (1973-74), 1187-89 ; A. Hof, *DHS* 7 (1975), 366-67 ; J. Lough, *MLR* 71 (1976), 173 ; J. Sareil, *RR* 66 (1975), 316-17 ; M. H. Waddicor, *FS* 32 (1978), 196-97.

2582 Sareil, Jean. « Quelques lettres inédites de Voltaire et de ses correspondants ». *RHL* 68 (1968), 563-73.

> Lettres inédites ou très différentes des copies connues : V à Lebeau de Schosne, 28 juin 1759 ; lettre du 28 oct. 1755 au directeur de la *Gazette d'Amsterdam*. Best.D (8).

2583 Sareil, Jean. « Quelques lettres de Voltaire et de ses amis ». *RHL* 70 (1970), 653-58.

> Une lettre de V, à Cirey, 15 nov. 1737, et cinq lettres ayant rapport à lui. Best.D (4).

2584 Schlobach, Jochen. « Lettres inédites de Voltaire dans la *Correspondance littéraire* ». *SFr* 14 (1970), 418-50.

> Lettres inédites de V et de Wagnière à Damilaville, La Harpe et d'Alembert. Best.D (43).

2585 Schorr, James L. « A Voltaire letter in the *Journal historique, politique, critique, et galant* ». *SVEC* 185 (1980), 21-25.

> Lettre en vers et en prose, mélange de Best.D39 et D42.

2586 Shipley, John B. «Two Voltaire letters: to the 3rd earl of Bute and to the duc de Richelieu». *SVEC* 62 (1968), 7-11.

Lettres du 19 juil. 1761 et du 1ᵉʳ mai 1763. Best.D (2).

2587 Spear, Frederick A. «Lettre inédite de Voltaire à Louis-François Prault». *RHL* 71 (1971), 484-85.

Lettre sans date [1760]. Best.D8825a*

2588 Straub, Enrico. «A propos d'une lettre inconnue de Voltaire écrite en 1774». *SVEC* 67 (1969), 21-27.

Lettre à Antonio Valli. Best.D18668.

2589 Vaché, Jean. «Une lettre inédite de Voltaire». *RHL* 68 (1968), 558-62.

Au cardinal Henri-Oswald de La Tour d'Auvergne (?1746); Best.D3473.

2590 Vercruysse, Jeroom. «Turgot et Vergennes contre la lettre de Voltaire à Boncerf». *SVEC* 67 (1969), 65-71.

Best.D20015.

LETTRES INÉDITES OU CORRIGÉES [1]

Voir aussi les numéros 102, 144-146, 189, 280-286, 351, 740, 860, 875, 1959.

2591 Albina, Larissa L. & Henri Duranton. «Un fragment inédit de Voltaire». *RHL* 82 (1982), 88-90.

Best.D8902 suggère l'existence d'une lettre de Diderot à V, mais le fragment attribué à Diderot est bien de V; le texte complet du fragment est donné.

CR: A. D. Hytier, *ECCB* n.s. 8 – for 1982 (1986), 545.

2592 Bléchet, Françoise. «Deux lettres inédites de l'abbé Bignon, bibliothécaire du roi, à Voltaire». *SVEC* 208 (1982), 315-22.

Lettres de Jean-Paul Bignon datées du 6 déc. 1730 et du 9 août 1731.

CR: A. D. Hytier, *ECCB* n.s. 8 – for 1982 (1986), 545.

2593 Condat, Robert. «Une lettre inédite de Voltaire». *Littératures* 11 (1984), 115-19.

Lettre à Mme de Créqui, Berlin, 3 janv. 1751. Voir son article «Révision ...» (1988: nᵒ 2598) pour la révision de cette datation.

---

1. Les ouvrages recensés dans cette section contiennent des lettres ou des renseignements qui ne figurent pas dans la *Correspondence and related documents*, *Œuvres complètes de Voltaire* 85-135 (nᵒ 2505).

2594 CONDAT, Robert. «Quand Voltaire mène l'enquête». *Littératures* 13 (1985), 139-42.

Lettre inédite de V à (?)Feydeau de Marville (lieutenant général de police), écrite entre le 25 avr. et le 17 mai 1746.

2595 CONDAT, Robert. «A propos de deux lettres de Voltaire». *Littératures* 14 (1986), 135-39.

Inédites : lettre à Walther, Potsdam, 16 mars 1751 ; lettre à d'Alembert, aux Délices, 18 avril [1757].

2596 CONDAT, Robert. «Voltaire négociateur». *Littératures* 19 (1988), 157-60.

Lettre du (?)9 juin 1746 adressée au président de Meynières où il est question de l'effort pour faire libérer le chevalier d'Eguilles.

2597 CONDAT, Robert. «De quelques lettres inédites de Voltaire à d'Alembert». *Littératures* 19 (1988), 163-68.

2598 CONDAT, Robert. «Révision de quelques lettres de Voltaire». *Littératures* 18 (1988), 141-47.

Best.D3359 ; Best.D8929. A propos de son article «Une lettre inédite de Voltaire» (1984 : n° 2593) qui devrait porter la date de 1752 au lieu de 1751.

2599 CONDAT, Robert. «Supplément d'enquête pour Voltaire». *Littératures* 20 (1989), 175-80.

Deux nouvelles lettres de V, avec une reconsidération d'une de ses lettres, traitée dans son article «Quand Voltaire mène l'enquête» (1985 : n° 2594).

2600 COURTNEY, Cecil Patrick. «James Boswell's introduction to Voltaire : an unpublished letter from Boswell to Constant d'Hermenches». *N&Q* n.s. 32 (1985), 224-25.

Lettre du 8 juin 1764 adressée à David-Louis Constant d'Hermenches.

2601 COYER, Xavier. «L'élection de l'abbé Coyer à la Royal Society of London : deux lettres inédites de Voltaire et de d'Alembert». *SVEC* 249 (1987), 379-80.

Lettre de V appuyant l'élection de Coyer (à Genève, 30 juin 1765).

2602 DAWSON, Robert L. «Une lettre inédite de Fanny de Beauharnais à Voltaire». *SVEC* 161 (1976), 161-63.

Lettre de juil. 1771 à propos de la candidature de Claude-Joseph Dorat à l'Académie française.

2603 DE ZAN, Mauro. «Voltaire e Mme du Châtelet, membri e correspondenti dell'Accademia delle scienze di Bologna». *Studi e memorie per la storia dell'Università di Bologna* n.s. 6 (1987), 141-57.

> Contient deux lettres inédites de V à Francesco Maria Zanotti et une de Zanotti à V.

2604 GALLIANI, Renato. «Deux lettres inédites de Voltaire». *RLMC* 35 (1982), 217-19.

> A Maurepas (La Haye, 21 juil. 1743); à Lebeau de Schosne (aux Délices, 28 juin 1759).

2605 GOYET, Thérèse. «Voltaire et Marmontel: deux lettres inédites et un diplôme oublié». *RHL* 88 (1988), 1126-32.

> Lettre adressée par V à Marmontel (à Paris, le 8 juin 1743) et la réponse de celui-ci; diplôme de maître ès Jeux floraux délivré à V le 4 juin 1747.

2606 GRANDEROUTE, Robert. «Une lettre de Voltaire à Jean-François de Bastide». *RHL* 84 (1984), 934-38.

> Complète Best.D9023 par une citation du texte paru dans *Le Monde* de Bastide (15 déc. 1760).

2607 GRANDEROUTE, Robert. «Quatre lettres inédites de Collini à Voltaire» *SVEC* 230 (1985), 137-44.

> Lettres écrites de Mannheim: 2 oct. 1762, 10 juin 1763, 12 oct. 1767, 18 mars 1774.

2608 HELLEGOUARC'H, Jacqueline. «Voltaire et la Comédie Française: deux lettres inédites». *RHL* 88 (1988), 737-48.

> Fragment d'une lettre de V au comte de Lauraguais, juil. 1761; lettre des comédiens à V, déc. 1763, à propos d'*Olympie*.

2609 KOCH, Paule. «De Guilleragues à Voltaire: quatre auteurs, une chronique». [In] *Langue, littérature* (1990: n° 51), p.281-94.

> Voir p.283-86, «II. 1738 – De Cirey: *Lettre à M. T****». Commentaire sur un extrait d'une lettre inédite adressée à l'abbé Trublet, 24 mai 1738 (au sujet des *Eléments de la philosophie de Newton*).

2610 LIZÉ, Emile. «A travers les chiffons d'Alexis Rousset: Lettres oubliées». *RHL* 78 (1978), 435-49.

> Voir p.438-39: dans la collection de Raymond Victor Alexis Rousset se trouve une lettre de François Tronchin adressée à (?)Voltaire; une lettre d'Isaac de Budé de Boissy où il est question de V; un billet de V adressé au Conseil suprême de Montbéliard, 19 sept. 1769, à Ferney.

325

2611 Lizé, Emile. «Une lettre oubliée de Lebrun-Pindare à Voltaire». *SVEC* 174 (1978), 113-20.

Lettre du 18 déc. 1760 à propos de l'*Ode à M. de Voltaire en faveur de Mlle Corneille*.

2612 Lizé, Emile. «Quand Malesherbes entrait à l'Académie…». *SVEC* 183 (1980), 89-90.

Sur les relations de Malesherbes et V. Contient une lettre inédite du premier adressée à V.

2613 Lizé, Emile. «Glanures voltairiennes». *RHL* 83 (1983), 237-41.

Contient: texte d'une lettre de Mme Du Châtelet (30 août 1743) adressée à Maurepas, où elle donne des conseils afin que Maurepas les adresse à V; lettre de V écrite de la part de Damilaville et adressée au marquis d'Ormesson (27 janv. 1768).

2614 Lizé, Emile. «Quand Voltaire était élu à l'Académie de Saint-Pétersbourg». *DHS* 16 (1984), 207-10.

Lettres qui se trouvent déjà [in] E.-V. Veuclin, *L'Amitié franco-russe* (1896: *Cent* 477).

2615 Lizé, Emile. «Voltaire créancier du duc de Wurtemburg: correspondance inédite». *RHL* 86 (1986), 876-86.

2616 Lizé, Emile. «Trois lettres inédites de la correspondance de Voltaire». *SVEC* 241 (1986), 155-60.

Charles-Nicolas Maillet Du Boullay à V, 12 oct. 1768; M. A. Laus de Boissy à V, 12 avr. 1770; V à Sigismond Ehrenreich, comte de Redern [Berlin, 1743?].

2617 Loy, J. Robert. «Une lettre de Voltaire oubliée». *DHS* 12 (1980), 471-74.

Lettre à François-Antoine Chevrier, [janv.-mars] 1758.

2618 Magnan, André. «Textes inédits pour la correspondance de Voltaire». *RHL* 76 (1976), 68-75.

Textes dans le fonds Bentinck.

2619 Magnan, André. «Textes inédits pour la correspondance de Voltaire». *RHL* 82 (1982), 622-38.

Lettres (1752-78) qui se rattachent aux relations de V avec la comtesse de Bentinck.

2620 Maillard, Henri. «Voltaire, Beaumarchais, Baudin et le duc de Richelieu à la Bibliothèque de Sedan». *Revue historique ardennaise* 6 (1971), 81-88.

p.81-82: le contrat de mariage du père de V; p.82-85: une lettre en partie inédite de V à Dutertre (Ferney, 18 fév. 1777). Best.D20572.

2621 Murăreţ, Maria & Ion Murăreţ. «Remarques sur deux lettres de Voltaire retrouvées en Roumanie». *AUB, Limbi şi literaturi străine* 27, n° 2 (1978), 65-69. Résumé en roumain, p.69.

> Lettre autographe du 4 mars 1771 adressée aux membres de l'Académie française; copie d'une lettre du 4 mars 1771 adressée à Charles Pinot Duclos; observations sur l'orthographe de V.

2622 Piva, Franco. «Alcuni biglietti inediti di Voltaire». *Aevum* 51 (1977), 516-24.

> Lettres dans la Biblioteca civica di Verona.

2623 Raynaud, Jean-Michel. «Houdar de La Motte: une lettre oubliée à Voltaire». *DHS* 6 (1974), 245-48.

> Réponse à Best.D116 (lettre de V au cardinal Dubois) écrite par La Motte, ami et secrétaire du cardinal. Contient en note un autre état du texte de Best.D116.

2624 Raynaud, Jean-Michel. «Une lettre à Voltaire sur *La Ligue*». *DHS* 9 (1977), 217-20.

> Lettre inédite de M. de La Bruyère (25 août 1724).

2625 Sareil, Jean. «Six lettres inédites pour la correspondance de Voltaire». *DHS* 9 (1977), 221-30.

> Contient une lettre de V à Tressan.

2626 Vercruysse, Jeroom. «Quinze lettres inédites, oubliées ou rectifiées de la correspondance de Voltaire». *SVEC* 182 (1979), 203-18.

2627 Виленчик, Б. Я, «Адресат Вольтера» [Destinataire d'une lettre de Voltaire]. *Русская литература* (1980, n° 3), 220-22.

> Lettre actuellement à Moscou (18 sept. 1770, à A. M. Golitsyn).

2628 Voss, Jürgen. «Trois lettres inédites de Voltaire: sur des rentes viagères à Mannheim». *DHS* 8 (1976), 319-22.

> Lettres au baron Heinrich Anton von Beckers des 16 mars, 8 avril et 6 mai 1759.
> CR: *Figaro*, 14 sept. 1976, p.30.

2629 Wachs, Morris. «Two letters from d'Alembert to Voltaire redated». *RomN* 9 (1967-1968), 249-51.

> Voir Best.D11964 et 13204.

2630 Wachs, Morris. «Voltaire and the landgrave of Hesse-Cassel: additions to the correspondence». *SVEC* 241 (1986), 185-86.

> Réponses à Best.D5322 et Best.D5781.

2631 WACHS, Morris. «Voltaire and Palissot in Paris in 1778: additions to the correspondence». *SVEC* 256 (1988), 87-96.

Lettres de Palissot à V et à son entourage (d'Alembert, Mme Denis, le marquis de Villette), avec les réponses de ceux-ci.

2632 WACHS, Morris. «Additions to Voltaire's correspondence». *SVEC* 256 (1988), 83-86.

Réponse de d'Aquin de Château-Lyon à une lettre de V; identification probable du destinataire de Best.D18016; lettre en vers adressée à Rivarol (la seule connue adressée à celui-ci); la seule lettre connue de V adressée à François-Marie Bourguignon [ou Bourignon]; lettre à V dans le *Courrier de l'Europe* (7 avr. 1778).

2633 WIRZ, Charles. «Cinq lettres et un poème de Voltaire». *Musées de Genève* 167 (juil.-août 1976), 6-17, ill.

Six mss à l'Institut et Musée Voltaire:lettres à A. von Haller, M. Pelissari (2), L.-G. Fabry et M. Maigrot; et les dernières lignes de *Fragment d'un poème de M. le chevalier de Cubières*.

2634 Заборов, П. Р. «Неизданное письмо Вольтера» [Une lettre inédite de Voltaire]. *Известия Академии наук СССР: серия литературы и языка* 37 (1978), 540-42.

18 sept. 1770, Ferney (lettre imprimée en français, avec une trad. russe).

Œuvres séparées: éditions critiques et études

L'A.B.C.

Voir aussi le numéro 2000.

2635 SCHLUMBERGER, Hella. *Der Philosophische Dialog: Studien zu Voltaire, Diderot und Galiani*. Göppingen: Verlag Alfred Kümmerle, 1971. v, 332 p. (Göppinger akademische Beiträge, 21).

Voir notamment p.16-94, «Voltaire» (étude de *L'A.B.C.*) et p.305-20, «Vergleich der drei Dialoge».

Adélaïde Du Guesclin

Voir aussi le numéro 1775.

2636 VOLTAIRE. *Adélaïde Du Guesclin, Les Frères ennemis, Amélie ou le duc de Foix, Alamire*. Critical edition by Michael Cartwright. Oxford: The Voltaire Foundation, 1985. xxiii, 566 p., fac-sim. (The Complete works of Voltaire / Les Œuvres complètes de Voltaire, 10).

CR: D. J. Adams, *BJECS* 10 (1987), 243-44; M. Freyne, *RHL* 87 (1987), 117-18; D. Guiragossian Carr, *ECCB* n.s. 11 – for 1985 (1990), 673-74; R. Waller, *FS* 41 (1987), 212-13.

2637 CARTWRIGHT, Michael T. « From *Adélaïde du Guesclin* to *Alamire* : the transmutations of a dramatic text and their importance in an appreciation of Voltaire's theatre ». *SVEC* 192 (1980), 1515-17.

Alzire

Voir aussi les numéros 799-800, 826, 1406, 1413, 1710, 1777, 2254, 3394.

2638 VOLTAIRE. *Alzire*. Critical edition by T. E. D. Braun. [In] *The Complete works of Voltaire / Les Œuvres complètes de Voltaire 14. 1734-1735.* Oxford : The Voltaire Foundation, 1989. xxiv, 565 p., p. 1-210.

2639 BRAUN, Theodore E. D. « Voltaire's *Alzire* and Le Franc de Pompignan's *Zoraïde* : the history of a mystification ». *PLL* 5 (1969), 252-66.

2640 BRAUN, Theodore E. D. « *Alzire* and *The Indian emperour* : Voltaire's debt to Dryden ». *SVEC* 205 (1982), 57-63.

2641 CHINARD, Gilbert. *L'Amérique et le rêve exotique dans la littérature française au XVIIe et au XVIIIe siècle.* Paris : Hachette, 1913. viii, 448 p.

Voir notamment p.366-74: V représente l'opinion générale des philosophes amis du progrès.

Réimpr.: Genève : Slatkine Reprints, 1970.

2642 DESVIGNES, Lucette. « Conquest of a nation, or the Spaniards in the New World : a study of some literary treatments in the eighteenth century ». *Forum* (Houston) 16, n° 1 (1978), 10-22, ill.

Voir p 13-17 sur *Alzire*.

2643 Фрейдкина, И. С. « Трагедия *Альзира* и её место в раннем творчестве Д. И. Фонвизина » [La tragédie *Alzire* et sa place dans les premières œuvres de D. I. Fonvizine]. *Душанбинский Государственный педагогический институт им. Т. Г. Шевченко, Учёные записки* 51 (1967), 70-99.

2644 SCHIER, Donald S. « Aaron Hill's translation of Voltaire's *Alzire* ». *SVEC* 67 (1969), 45-57.

André Destouches à Siam

2645 VOLTAIRE. *André Destouches à Siam*. Edition critique par John Renwick. [In] *The Complete works of Voltaire / Les Œuvres complètes de Voltaire 62: 1766-1767*. Oxford: The Voltaire Foundation, 1987. xv, 518 p., p.107-26.

    CR Pour les CR, voir le n° 2491.

2646 COTONI, Marie-Hélène. «Dépaysement, dissonances, diatribe: *André Destouches à Siam*». [In] *Le Siècle de Voltaire* (1987: n° 44), i.291-303.

Anecdote sur Bélisaire

2647 VOLTAIRE. *Anecdote sur Bélisaire* et *Seconde anecdote sur Bélisaire*. Edition critique par John Renwick. [In] *The Complete works of Voltaire / Les Œuvres complètes de Voltaire 63A: 1767*. Oxford: The Voltaire Foundation, 1990. xxxi, 441 p., p.153-208 p.

    CR: Pour les CR, voir le n° 2496.

Anecdotes sur Fréron

2648 VOLTAIRE. *Anecdotes sur Fréron*. Edition critique par Jean Balcou. [In] *The Complete works of Voltaire / Les Œuvres complètes de Voltaire 50: 1760*. I. Oxford: The Voltaire Foundation, 1986. xxi, 542 p., p.471-522, fac-sims.

    CR: Pour les CR, voir le n° 2490.

Annales de l'Empire

2649 GEMBICKI, Dieter. «La Réforme allemande vue par Voltaire». [In] *Historiographie de la Réforme*. Sous la direction de Philippe Joutard. [Colloque Aix-Marseille, U. de Provence, 22-24 septembre 1972]. Paris, &c.: Delachaux & Niestlé, 1977. 509 p. ill. p.148-55.

    Dans les *Annales de l'Empire*.

2650 STELLING-MICHAUD, Sven & Janine BUENZOD. «Pourquoi et comment Voltaire a-t-il écrit les *Annales de l'Empire*?». [In] *Voltaire und Deutschland* (1979: n° 20), p.201-22. Résumé en allemand, p.534.

Les Aveugles juges des couleurs

2651 HELLEGOUARC'H, Jacqueline. «*Les Aveugles juges des couleurs*: interprétation et essai de datation». *SVEC* 215 (1982), 91-97.

> Un autre titre de cet ouvrage: *Petite digression sur les Quinze-vingts*, publiée à la suite du *Philosophe ignorant*.
>
> CR: M. Menemencioglu, *RHL* 86 (1986), 147.

Le Blanc et le noir

Voir aussi le numéro 1662.

2652 VOLTAIRE. *Le Blanc et le noir*. Edition critique [par] Victoire Harvie. Thèse, U. de Paris, 1970. 116 f.

Brutus

Voir aussi les numéros 1321, 1710, 1735.

2653 CAMERINO, Giuseppe Antonio. «Libertà e tirannide. Il *Brutus* di Voltaire e il *Bruto primo* dell'Alfieri». *Italianistica* 12 (1983), 265-75.

> V et Alfieri illustrent la pensée politique à deux moments différents du XVIII siècle.
>
> CR: G. Falcone, *RLI* 89 (1985), 225; A. Sokalaski, *ECCB* n.s. 9 – for 1983 (1988), 513.
>
> Réimpr. [in] *Vittorio Alfieri e la cultura piemontese fra illuminismo e revoluzione*. Atti del convegno internazionale di studi in memoria di Carlo Palmisano, San Salvatore Monferrato, 22-24 settembre 1983. A cura di Giovanna Ioli. Torino: Vincenzo Bona, 1985. xi, 543 p., p.229-39.

2654 HERBERT, Robert L. *David, Voltaire, «Brutus» and the French Revolution: an essay in art and politics*. London: Allen Lane, The Penguin P., 1972; New York: Viking P., 1973. 160 p. ill. (Art in context).

> p.67-93, «Voltaire, David, Brutus and the French Tarquin, 1790-93»: *Brutus* de David est en harmonie avec la pièce de Voltaire. Voir aussi V *passim* – consulter l'index.

2655 WINTON, Calhoun. «The Roman play in the eighteenth century». *SLitI* 10, n° 1 (1977), 77-90.

> Voir p.80-81: *Brutus* de V et *Junius Brutus* de William Duncombe.

Candide ou l'optimisme

ÉDITIONS, BIBLIOGRAPHIE

Voir aussi les numéros 2458, 2463, 2486, 2678.

2656 VOLTAIRE. *Candide, ou l'optimisme*. Edited with introduction, notes, and vocabulary, by George R. Havens. New York: Henry Holt, 1934. lxiii, 149, lxi p. port. pl.

> Ed. rev.: New York, &c.: Holt, Rinehart and Winston, 1969. lxix, 149, lxi p. «Introduction», p.xv-lxvii.

2657 VOLTAIRE. *Candide ou l'optimisme*. Edition critique, avec une introduction et un commentaire par René Pomeau. Paris: Nizet, 1959. 297 p. ill. port. fac-sim. (Textes et commentaires).

> «Introduction», p.7-77.
>
> CR: W. F. Bottiglia, *FR* 34 (1961-62), 309-10; H. Coulet, *RHL* 61 (1961), 84-85; A. Pizzorusso, *SFr* 3 (1959), 493-94.
>
> Nouvelle édition revue, corrigée et complétée par une note bibliographique. Paris: Nizet, 1979. 302 p. (Textes et commentaires).

2658 VOLTAIRE. *Candide, or, optimism: a new translation, backgrounds, criticism*. Translated and edited by Robert M. Adams. New York: Norton, 1966. viii, 194 p. (A Norton critical edition).

> p.79-121, «Backgrounds» (textes de V, Lanson, Morize, Lovejoy); p.123-92: critique; p.193-94: bibliographie.

2659 VOLTAIRE. *Candide ou l'optimisme*. Edition critique par Christopher Thacker. Genève: Droz, 1968. 299 p. (Textes littéraires français, 151).

> Contient une introduction critique (p.1-97), un appendice, une liste des sources (p.244-91), une bibliographie sommaire et un index.
>
> CR: *BCLF* 24 (1969), 317; A. Delorme, *RSyn* 90 (1969), 169-70; R. L. Frautschi, *FR* 43 (1969-70), 693-94; J. Sareil, *RR* 62 (1971), 146; L. Sozzi, *SFr* 13 (1969), 152-53; C. Todd, *MLR* 68 (1973), 413-15; J. Vercruysse, *DHS* 3 (1971), 377-79.

2660 VOLTAIRE. *Candide*. Edited with introduction and notes by J. H. Brumfitt. London: Oxford U. P., 1968. 188 p. (Clarendon French series).

> p.9-47, «Introduction»; p.161-88, «Notes». Contient en appendice le *Poème sur le désastre de Lisbonne* (p.151-60).
>
> CR: Ch. Fleischauer, *MLJ* 54 (1970), 200-201; C. Thacker, *FS* 24 (1970), 299-300.

2661 VOLTAIRE. *Candid sau optimismul.* În românește de Al. Philippide. [Prefața de N. N. Condeescu]. București: Editura pentru literatură universală, 1969. 156 p.

2662 VOLTAIRE. *Candide ou l'optimisme.* Avec une biographie chronologique de l'auteur, une présentation de l'homme et du conteur, une introduction à l'étude de *Candide*, le texte intégral de ce conte, annoté et analysé méthodiquement, des questions, des jugements, des sujets de devoirs par André Magnan. Paris, &c.: Bordas, 1969. 191 p. ill. (Les Petits classiques Bordas).

> CR: C. Thacker, *FS* 25 (1971), 338; J. Vercruysse, *DHS* 3 (1971), 377-79 (surtout p.379).

2663 VOLTAIRE. *Candide.* Edition abrégée, avec une notice biographique, une notice historique et littéraire, des notes explicatives, une documentation thématique, des jugements, un questionnaire et des sujets de devoirs, par André Séailles. Paris: Librairie Larousse, 1970. 159 p. ill. (Nouveaux classiques Larousse).

2664 VOLTAIRE. *Candide.* Texte intégral présenté par Paul Vernière. Paris: Didier, 1972. 120 p. ill. (Les Classiques de la civilisation française).

2665 VOLTAIRE. *Kandido.* Ibon Sarasola itzulia. Donostia: LUR Editoriala, 1972. 173 p. (Kriselu, 20).

> Trad. basque, avec introduction.

2666 VOLTAIRE. *Candido ovvero l'ottimismo.* Con 26 illustrazioni di Paul Klee, introduzione di Italo Calvino, traduzione di Piero Bianconi. Milano: Rizzoli, 1974. 158 p. ill. (Biblioteca universale Rizzoli).

2667 VOLTAIRE. *Candide ou l'optimisme, conte philosophique, 1759.* Avec un tableau de concordances chronologiques, une notice littéraire, des notes explicatives, des questionnaires, des documents, des jugements, une lecture thématique, un lexique et un index établis par Claude Blum. Paris: Hachette, 1976. 207 p. ill. (Nouveaux classiques illustrés Hachette).

> Pour le livre du professeur (sans texte du conte), voir *Candide, conte philosophique, 1759.* Notes et commentaires établis par Claude Blum. Paris: Hachette, 1980. 75 p.

2668 VOLTAIRE. *Candide ou l'optimisme.* Edition critique par René Pomeau. Oxford: The Voltaire Foundation, 1980. 288 p. ill. (The Complete works of Voltaire / Les Œuvres complètes de Voltaire, 48).

> p.17-113, «Introduction». Texte suivi d'appendices, bibliographie et index.

> CR: J. H. Brumfitt, *FS* 38 (1984), 206; N. Casanova, *Quotidien de Paris*, 25 nov. 1980, p.36; R. Desné, *Le Monde*, 24 oct. 1980, p.26; A. Hof, *DHS* 14 (1982), 456-57; C. Mervaud, *RHL* 84 (1984), 112-15; L. Sozzi, *SFr* 26 (1982), 151-52;

V. W. Topazio, *FR* 56 (1982-83), 321; M. Wachs, *ECCB* n.s. 6 – for 1980 (1984), 599.

2669 VOLTAIRE. *Candide*. Edité par Michel Charpentier. Paris: Fernand Nathan, 1984. 158 p. ill. (Intertextes: Les œuvres).

Texte avec commentaires et guides d'analyse.

CR: J. Biard, *IL* 38, n° 3 (1986), 133.

2670 VOLTAIRE. *Candide ou l'optimisme, suivi du texte apocryphe de 1760*. Edité par Jean Goldzink. Paris: Magnard, 1985. 373 p. ill. (Texte et contextes).

L'édition comprend des illustrations et commentaires provenant de sources historiques et modernes.

CR: J. C. Bourdin, *DHS* 18 (1986), 472-73.

2671 VOLTAIRE. *Candide oder der Optimismus, Roman*. Übersetzt und mit einem Anhang versehen von Jürgen von Stackelberg. München: Goldmann-Verlag, 1987. 348 p. (Goldmann Klassiker).

Texte français et texte allemand en regard. p.191-241, «Nachwort», suivi de commentaires, bibliographie, etc.

CR: M. Boss, *SFr* 33 (1989), 113-14; G. Stenger, *DHS* 20 (1988), 489.

2672 Заборов, П. Р. «Рукописный *Кандид* в Библиотеке И. С. Тургенева» [Un manuscrit de *Candide* dans la Bibliothèque I. S. Tourguéniev]. [In] *Сравнительное изучение литератур* (1976), p.282-84.

2673 CASTEX, Pierre-Georges. «Voltaire: *Candide; L'Ingénu*». *IL* 34 (1982), 173-74.

Bibliographie sélective pour les agrégations de lettres et de grammaire.

2674 PORSET, Charles. «Voltaire, *Candide, L'Ingénu*. (Agrégation de lettres modernes, agrégation de lettres classiques, agrégation de grammaire). Orientation bibliographique». *BDHS* n.s. 42 (1982), 19-24.

Voir aussi le numéro 2872.

ÉTUDES GÉNÉRALES

Voir aussi les numéros 193, 267, 362, 472, 526, 586, 648, 701, 704, 707, 712, 759, 769, 781, 807, 826, 1218, 1227, 1230, 1240, 1243, 1251, 1256, 1338, 1366, 1370, 1522, 1577, 1592, 1616, 1622, 1628, 1634, 1645, 1646, 1650, 1655, 1661, 1854, 2048, 2120, 2154, 2192, 2198, 2211, 2309, 2311, 2315, 2336, 2436, 2454, 2546-2547, 3250, 3471, 3481-3482, 3484, 3489, 3491-3492, 3495, 3499, 3501, 3503-3505, 3508, 3510, 3513, 3543.

2675 «Citation de Voltaire à retrouver». *Intermédiaire* 23 (1973), 101, 483-84.

A propos de la phrase «Le nez est fait pour porter des lunettes». Communications de B. Fertel, Jacobo, Crabe.

2676 *Illuminismo e utopia: temi e progetti utopica nella cultura francese (1676-1778)*. A cura di Sergio Bartolommei. Milano: Il Saggiatore, 1978. 267 p. (Lo Spazio politico, 8).

> p.46-49, «‹El Dorado›: potenza e impotenza dell'utopia»; p.144-50: texte tiré de *Candide*.

2677 *Candide by Voltaire*. Prepared for the course team by Tony Lentin, P. N. Furbank and Graham Martin. Milton Keynes: The Open U. P., 1980. 48 p. ill. (The Open University Arts: a second level course. The Enlightenment. Units 19-20).

> p.6-16, Tony Lentin, «*Candide* and the philosophy of optimism»; p.17-24, Graham Martin, «Voltaire, Pope and optimism»; p.25-33, P. N. Furbank, «Style and meaning in *Candide*»; p.34-40, Tony Lentin, «Notes to *Candide*»; p.41, P. N. Furbank, «The Eldorado episode»; p.42-47, Tony Lentin, «Notes to *Candide* (2)»; p.48, «Recommended further reading».

2678 *Analyses et réflexions sur « Candide » de Voltaire*. En annexe: texte intégral. Edité par Jean-Paul Fenaux *et al*. Paris: Marketing, 1982. 160 p. ill. (Ellipses).

> Recueil d'études: Jean-Paul Fenaux, «Le siècle de *Candide*», p.7-18 et «Voltaire optimiste ou pessimiste», p.19-25; Paul-Laurent Assoun, «La querelle de l'optimisme dans *Candide* et ses enjeux philosophiques», p.26-46; Marcel Desportes, «Le conte voltairien, essai de définition», p.47-57; André Julliot, «*Candide*, un roman philosophique?», p.58-60; Bernard Valette, «Structure de *Candide*», p.61-64; Jean-Pierre Bigel, «*Candide*: du château au jardin. Etude comparée du premier et dernier chapitre du conte», p.65-71; Yves Stalloni, «Lieux et personnages dans *Candide*», p.72-84; Pierre Sauvage, «Des contes, un esprit», p.85-89 et «‹Il faut cultiver notre jardin›: essai d'interprétation du chapitre 30», p.90-99; Jean-Max Tixier, «Aujourd'hui Voltaire», p.100-103; Bernard Valette, «De Voltaire à Camus: vers un humanisme laïque», p.104-106 et «Lumières et optimisme», p.107-109; Jean-Paul Fenaux, «L'Eldorado», p.110-14; Claude Dauphiné, «*Candide* ou l'optimisme du langage», p.115-18; Francine Ninane de Martinoir, «Rousseau, Voltaire et la providence», p.119-23; Roger Gardes, «L'univers religieux de *Candide*», p.124-31; René Hanin, «Eléments de bibliographie», p.159-60.

> CR: R. Desné, *DHS* 15 (1983), 528.

2679 *Approaches to teaching « Candide »*. Edited by Renée Waldinger. New York: Modern Language Association of America, 1987. x, 206 p.

> Recueil d'études: Renée Waldinger, «Materials» (introduction et bibliographies) p.3-25; Patrick Henry, «The modernity of *Candide*», p.32-38; Clifton Cherpack, «*Candide* as a literary form», p.39-44; John C. O'Neal, «Interpolated narrative in Voltaire's *Candide*», p.45-51; Frederick M. Keener, «Centering *Candide*», p.52-57; Suzanne L. Pucci, «Voltaire's *Candide*: distortion in the age of reason», p.58-63; Ruth Plaut Weinreb, «The voyage in *Candide*», p.64-68; Theodore E. D. Braun, «*Candide*: the anvil of controversy», p.69-75; Anthony R. Pugh, «A three-tiered approach to *Candide*», p.76-82; Cassandra Mabe, «On teaching the ironical satire

of *Candide*», p.83-87; Janet T. Letts, «A tale in five acts», p.88-92; Mary Lee Archer, «*Candide* in a world literature course», p.93-99; Jeremy Popkin, «*Candide* in a history survey course», p.100-104; Paul Sawyer, «The names in *Candide*», p.105-107; Patricia Murphy, «Voltaire's *Candide* and Bernstein's *Candide*: teaching through comparison», p.108-12; Ann W. Engar, «Using *Candide* in a reading and writing course for freshmen», p.113-119; Ralph Engelman, «Adolescents encounter Voltaire: *Candide* as an eighth-grade history text», p.120-23; James Andreas, «*Candide* as comic conte», p.124-33; Jean Sareil, «The comic writing in *Candide*», p.134-40; Herbert Josephs, «*Candide*: the dubious wisdom of satire», p.141-49; Otis Fellows, «*Candide*, in the context of Voltaire's work», p.150-57; Richard A. Brooks, «Some aspects of the philosophical background of *Candide*», p.158-65; Jean A. Perkins, «Intellectual ideas raised in *Candide*», p.161-71; Oscar A. Haac, «*Candide*: or comedy in utopia», p.173-75; Paul Ilie, «*Candide* as history: the Iberian-American infrastructure», p.176-83.

CR: M. Baridon, *DHS* 22 (1990), 565; J. C. Hayes, *ECr* 31, n° 3 (1991), 89-90; A. Mason, *MLR* 84 (1989), 173; L. K. Penrod, *MLJ* 72 (1988), 358-59; M. Therrien, *FR* 65 (1989-90), 545-46.

2680 ANNANDALE, E. T. «Minden and the door metaphor in *Candide*». *RomN* 31 (1990-1991), 41-46.

Minden (bataille où meurt le Docteur Ralph), la métaphore de la porte et leurs rapports avec la signification du conte.

2681 APOSTOLIDÈS, Jean-Marie. «Le système des échanges dans *Candide*». *Poétique* 48 (1981), 449-58.

Echanges de mots, de femmes, et de biens de consommation.

CR: E. Boggio Quallio, *SFr* 27 (1983), 354; A. D. Hytier, *ECCB* n.s. 7 – for 1981 (1985), 597; *YWMLS* 43 (1981), 159.

2682 ARROUYE, Jean. «Jardins romanesques du XVIIIe siècle». *L'Ecole des lettres* 77, n° 6 (1984-1985), 97-110.

Traite en partie des jardins de *Candide*.

2683 BALCOU, Jean. «Si *Candide* aussi nous était conté: de la littérature populaire au mythe personnel». *SVEC* 192 (1980), 1314-15.

2684 BARBER, Giles G. «Modèle genevois, mode européenne: le cas de *Candide* et de ses contrefaçons». [In] *Cinq siècles d'imprimerie genevoise*. Actes du colloque international sur l'histoire de l'imprimerie et du livre à Genève, 27-30 avril 1978. Publiés par Jean-Daniel Candaux et Bernard Lescaze. Genève: Société d'histoire et d'archéologie, 1980-1981. 2 vols, ii.49-67.

Etude bibliographique.

2685 BARNY, Roger. «A propos de l'épisode de l'Eldorado dans *Candide* (littérature et idéologie)». [In] *Affrontements de classes et création littéraire*. Vol. 2. Paris: Les

Belles Lettres, 1973. 218 p. (Annales littéraires de l'Université de Besançon, 141; Centre de recherches d'histoire et littérature au XVIIIe et au XIXe siècles, 3), p.11-30. Discussion, p.31-43.

2686 BELLOT-ANTONY, Michel. « Les formes stylistiques de la satire dans *Candide* ». [In] *Onze études sur l'esprit de la satire*. Editées par Horst Baader. Tübingen: Gunter Narr Verlag; Paris: Editions Jean-Michel Place, 1978. 219 p. (Etudes littéraires françaises, 3), p.103-34.

2687 BERTONI DEL GUERCIO, Giuliana & Maria Gabriella CAPONERA. *Letteratura ed analisi testuale: itinerari di analisi su testi francesi ed inglesi*. Milano: Franco Angeli, 1981. 167 p. (Didattica: esperienze e proposte).

   p.54-66, « Seconda analisi: ‹La bataille› da *Candide* di Voltaire (1759)».

2688 BESTERMAN, Theodore, éd. « Gladstone on *Candide* ». *SVEC* 70 (1970), 7-10.

2689 BETTS, C. J. « On the beginning and ending of *Candide* ». *MLR* 80 (1985), 283-92.

2690 BETTS, C. J. « Echoes of *Manon Lescaut* in *Candide* ». *FSB* 28 (Autumn 1988), 14-16.

   Voir J. Garagnon, « Note additionnelle ... » (1988: n° 2743), et H. T. Mason, « *Zadig* and *Manon Lescaut* » (1988: n° 3369).

2691 BIGALKE, Rainer. « Voltaires *Candide ou l'optimisme* (1759): ein Interpretationsversuch ». *Französische heute* 11 (1980), 107-12.

2692 BIRCHAL, Hennio Morgan. « Rubião entre Candido e Calisto Elói ». *Minas Gerais: suplemento literário*, 11 de setembre de 1976, p.10.

   Candide de V, *Quincas Borba* de Machado de Assis et *A quando de Anjo* de Camillo Castello Branco.

2693 BISANZ, Adam J. « Butler – Ralcigh – Voltaire: Erewhon and the El Dorado motif in literature ». [In] *Elemente der Literatur: Beiträge zur Stoff-, Motiv- und Themenforschung: Elisabeth Frenzel zum 65. Geburtstag*. Im Verbindung mit Herbert A. Frenzel. Hrsg. von Adam J. Bisanz und Raymond Trousson. Stuttgart: Alfred Kröner Verlag, 1980. 2 vols (Kröner-Themata, 702-703). i.45-62.

   Raleigh et V comme sources de l'utopie de Butler.

2694 BLACK, Moishe. « The place of the human body in *Candide* ». *SVEC* 278 (1990), 173-85.

   A propos de termes désignant les éléments du corps humain; leur signification philosophique dans le conte.

2695   Bo, Carlo. *Da Voltaire a Drieu La Rochelle*. Milano: La Goliardica, 1966. 319 p.
p.5-31, «Un narratore indiavolato». Analyse l'art du conteur: le cas de *Candide*.
Réimpr. [in] *Voltaire e dopo Voltaire*. Milano: La Goliardica, 1968. 202 p., p.5-31.

2696   Boissieu, Jean-Louis de & Anne-Marie Garagnon. *Commentaires stylistiques*.
Paris: SEDES, 1987. 278 p.
p.167-83, «Voltaire: *Candide*, chapitre vingt-deuxième». Sur le traitement de la
donnée narrative et sur les différentes formes de l'humour voltairienne.

2697   Bonnard, Henri. «Etude de langue et de style d'un passage de *Candide* (éd.
André Morize, Didier, pp.31-34)». *IG* 15 (oct. 1982), 32-36.

2698   Bonneville, Douglas A. «*Candide* as symbolic experience». *SVEC* 76 (1970),
7-14.

2699   Brady, Patrick. «Is *Candide* really ‹rococo›?». *ECr* 7 (1967), 234-42.
Réponse négative.

2700   Brady, Patrick. *Rococo style versus Enlightenment novel. With essays on «Lettres
persanes», «La Vie de Marianne», «Candide», «La Nouvelle Héloïse», «Le Neveu
de Rameau»*. Genève: Slatkine, 1984. 304 p. (Centre d'études franco-italien,
Universités de Turin et de Savoie; Bibliothèque Franco Simone, 7).
p.170-98, «From Enlightenment to pre-Romanticism: *Candide, Le Neveu de Rameau,
La Nouvelle Héloïse*» (surtout p.170-79).

2701   Branco Pinto-Leal, Eugénia. «Le(s) jeu(x) narratif(s) dans *Candide* de
Voltaire». *Ariane* 2 (1983), 69-92.
CR: *YWMLS* 45 (1983), 155.

2702   Braun, Theodore E. D., Felicia Sturzer & Martine D. Meyer. «Teaching
Candide – a debate». *FR* 61 (1987-1988), 569-77.
Sur l'importance d'interaction entre théorie critique, professeur et étudiant. Traite
en partie de l'article de R. Wolper, «Candide ‹Gull in the garden›?» (1969: n°
2880).

2703   Brereton, Geoffrey. *Principles of tragedy: a rational examination of the tragic concept
in life and literature*. London: Routledge & Kegan Paul, 1968; Coral Gables:
U. of Miami P., 1969. ix, 285 p.
p.127-36, «An anti-tragedy: *Candide*». L'agnosticisme nihiliste mène à l'antitragédie
chez un homme doté d'un sentiment tragique presque total.

2704 BRUMFITT, J. H. « Voltaire: extract from *Candide* ». [In] *The Art of criticism: essays in French literary analysis*. Edited by Peter H. Nurse. Edinburgh: Edinburgh U. P., 1969. 317 p., p.129-38.

Analyse d'une partie du ch. 16.

2705 BRUNKHORST, Martin. « Vermittlungsebenen im philosophischen Roman: *Candide, Rasselas* und *Don Sylvio* ». *Arcadia* 14 (1979), 133-47.

V, Samuel Johnson et Wieland.

2706 BRÜSKE, Hans-Günther. « Voltaire: *Candide oder der Optimismus* ». *Dokumente* 38 (1982), 55-61.

Trois extraits du conte avec commentaires.

2707 CADOT, M. « De Perceval à Candide ou la simplicité d'esprit dans la littérature ». [In] *Moyen âge et littérature comparée ... Actes du septième congrès national, Poitiers 27-29 mai 1965*. Société française de littérature comparée. Paris: Didier, 1967. xv, 212 p. (Etudes de littérature étrangère et comparée), p.113-22.

Voir notamment p.120-22 et p.207-208, « Discussion ».

2708 CALVINO, Italo. *La Machine littéraire: essais*. Traduit de l'italien par Michel Orcel et François Wahl. Paris: Editions du Seuil, 1984. 250 p. (Pierres vives).

p.141-45, « *Candide* ou la vélocité ». C'est le rythme de ce conte qui charme le plus. (L'essai de Calvino fut publié pour la première fois en 1974 comme introduction à une édition italienne de *Candide*).

Autre trad.: *The Literature machine: essays*. Translated by Patrick Creagh. London: Secker and Warburg, 1987. vi, 341 p., p.175-81, « *Candide*: an essay on velocity ».

2709 CHARPENTIER, Michel & Jeanne CHARPENTIER. *Candide, Voltaire: résumé analytique, commentaire critique, documents complémentaires*. Paris: Nathan, 1989. 126 p. (Balises).

Itinéraire et guide de lecture.

2710 CHAUÍ-BERLINCK, Marilena de Souza. « Três em uma » [Trois en un]. *Discurso* 3 (1972), 79-125.

Trois essais sur *Candide* traitant d'aspects métaphysiques, idéologiques et anthropologiques.

Version revue et augmentée, avec le titre « Três em uma (considerações sobre o *Cândido* de Voltaire) » dans son recueil, *Da realidade sem mistérios ao mistério do mundo (Espinosa, Voltaire, Merleau-Ponty)*. São Paulo: Editora Brasiliense, 1981. 279 p., p.105-78. Contient, en plus d'une révision des trois essais primitifs, un essai préliminaire « A tolerância ilustrada » (p.106-19) – V *passim*.

2711 CHERCHI, Paolo. «Alcune note per un commento al *Candide*». *ZFSL* 78 (1968), 44-53.

    CR: G. Niggestich-Kretzmann, *SFr* 14 (1970), 358.

2712 CIPOLLA, William F. «Starting at the end: teaching *Candide* with theory». *ADFLB* 19, n° 2 (1988), 17-19.

    Rapports entre fond et forme dans l'enseignement.

2713 COLLET, Francis. «Trois lectures du début de *Candide*». *L'Ecole des lettres* 74, n° 9 (1982-1983), 15-19.

    Quelques caractéristiques de l'extrait; comparaisons avec la dernière page; conditions d'énonciation.

2714 CRONK, Nicholas. «Voltaire, Bakhtin, and the language of carnival». *FSB* 18 (Spring 1986), 4-7.

    Dans *Candide* V rejette le langage carnavalesque, ce qui limite sévèrement son radicalisme.

2715 CURTIS, Jerry L. «*Candide* et *le principe d'action*: développement d'un méliorisme chez Voltaire». *RF* 86 (1974), 57-71.

    En grande partie réimpr. de son article «La Providence...» (1974: n° 2116).

2716 CUSSET, Catherine. «Le ridicule, arme mortelle?». *L'Infini* 25 (1989), 57-60.

    A propos de *Candide*.

2717 DALNEKOFF, Donna Isaacs. «The meaning of Eldorado: utopia and satire in *Candide*». *SVEC* 127 (1974), 41-59.

2718 DANAHY, Michael. «The nature of narrative norms in *Candide*». *SVEC* 114 (1973), 113-40.

2719 DAWSON, Deidre Anne. «In search of the real Pangloss: the correspondence of Voltaire with the Duchess of Saxe-Gotha». *YFS* 71 (1986), 93-112.

    Reflets de *Candide* (l'optimisme de Leibniz) dans cette correspondance.

2720 DEBAILLY, Pascal. *10 textes expliqués: Voltaire, «Candide»*. Paris: Hatier, 1986. 78 p. (Profil littérature, 104).

2721 DIRSCHERL, Klaus. *Der Roman der Philosophen: Diderot, Rousseau, Voltaire*. Tübingen: Gunter Narr, 1985. xi, 230 p. (Romanica Monacensia, 23).

    p.132-40, «*Candide* – die Unmöglichkeit eines Heldenlebens; Romanparodie als Systemparodie; die ‹reale› Handlung als Gegenstand der Satire»; p.164-71, «*Can-*

dide – von der Marionette zum Beobachter»; p.197-201, «*Candide* – der Erzähler als Ironiker». Voir aussi l'index.

CR: F. Baasner, *DHS* 19 (1987), 517-18; H. Coulet, *RHL* 88 (1988), 280-81 et *ZFSL* 97 (1987), 298-300; R. Geissler, *BRP* 18 (1989), 177-80; H. Kars, *RHFB* 59 (1989), 75-76; B. Wagner, *RF* 99 (1987), 85-89.

2722 DOYLE, Charles Clay & Richard UNGAR. «Dr. Pangloss and Anne Greene of Oxfordshire». *RomN* 24 (1983-1984), 174-78.

V connaissait probablement l'histoire de la pendaison, de la dissection et du retour à la vie d'Anne Greene en 1650.

2723 DUCRETET, Pierre R. *Concordance de «Candide» avec introduction*. Thèse, U. de Paris, 1968. 275 f. ill.

2724 DUCRETET, Pierre R. *Voltaire: Candide. Etude quantitative: dictionnaire de fréquence, index verborum et concordance de «Candide». Essai de méthodologie et d'analyse de données quantitatives*. Avec la collaboration de Marie-Paule Ducretet. Toronto; Buffalo: U. of Toronto P., 1974. x, 599 p. avec 9 f. de microfiche.

CR: A. O. Aldridge, *ECS* 8 (1974-75), 355-60; C. Camps, *RLR* 82 (1977), 280-82; R. L. Frautschi, *PQ* 54 (1975), 1061-63; J. Peytard, *BSLP* 70, fasc. 2 (1975), 232-34.

2725 EBY, Cynthia. *The English reception of «Candide»: 1759-1815*. Diss., U. of Michigan, 1971. 129 p.

Résumé: *DAI* 32 (1971-72), 3947A.

2726 ELUERD, Roland. «*Candide* et la pédagogie». *IG* 22 (juin 1984), 16-17.

La manière d'enseigner le conte.

2727 FAZZIOLA, Peter. «Candide among the Bulgares: a parody of Pascal's *pari*». *PQ* 53 (1974), 430-34.

Dans ch. 2.

2728 FERENCZI, László. «Réflexions sur *Candide*». *ALitASH* 19 (1977), 179-93.

Appréciation du conte.

2729 FERENCZI, László. «*Candide* – est-il un roman allemand?». [In] *Voltaire und Deutschland* (1979: n° 20), p.175-81. Résumé en allemand, p.520.

2730 FERENCZI, László. «Roman et histoire». *Neohelicon* 12, n° 1 (1985), 79-84.

V *passim*. V conteur et historien: *Candide* vu comme un *Essai sur les mœurs* fictif.

2731 FERRUCCI, Franco. «Il giardino simbolico». *Terzo-programma* 3 (1971), 260-300.

Voir p.260-68, «Voltaire e Rousseau». Le jardin de la fin de *Candide* mis en contraste avec l'Elysée de *La Nouvelle Héloïse* (texte d'un programme diffusé le 1ᵉʳ nov. 1970).

2732 FILSTRUP, Jane Merrill. «Cunégonde and other loathely ladies». *DR* 59 (1979-1980), 239-49.

2733 FLETCHER, D. J. «*Candide* and the theme of the happy husbandman». *SVEC* 161 (1976), 137-47.

2734 FLETCHER, D. J. «*Candide* and the philosophy of the garden». *Trivium* 13 (1978), 18-30.

V et l'esprit des épicuriens: partisan du bon sens et de l'humanité.

2735 FLOBERT, Pierre. «Voltaire et les moutons rouges». [In] *Missions et démarches* (1973: n° 4), p.487-89.

2736 FONTAINE, Isabelle. «Paul Klee: six études inédites pour *Candide*». *Revue de l'art* 12 (1971), 86-88.

Candide édité au Club français du livre en 1959.

2737 FORIEL, France. «De Thunder-ten-Tronckh au Farouest». *Etudes canadiennes* 18 (1985), 27-43.

Résumés en français et en anglais, p.27. Etude comparée de *Candide* et d'un conte de Jacques Ferron, «La vache morte du canyon» (1968).

2738 FRANCIS, R. A. «Prévost's *Cleveland* and Voltaire's *Candide*». *SVEC* 208 (1982), 295-303.

Affinités des deux romans, surtout du point de vue de l'utopie. Résumé: *SVEC* 191 (1980), 671-72.

2739 FRAUTSCHI, Richard L. «Candide's quarterings». [In] *Renaissance and other studies in honor of William Leon Wiley*. Edited by George Bernard Daniel, Jr. Chapel Hill: U. of North Carolina P., 1968. 282 p. (University of North Carolina studies in the Romance languages and literatures, 72), p.93-106.

La généalogie et les implications de l'illégitimité.

2740 GAILLARD, Pol. «Pour étudier *Candide*: thèmes de réflexion et de discussion. Sujets possibles de dissertations, débats, exposés. Conseils et documentation». *Les Humanités* (classes de lettres, sections classiques) 49 (sept. 1972), 28-32.

2741 GAILLARD, Pol. «*Candide*». *Voltaire: analyse critique*. Paris: Hatier, 1972. 79 p. (Profil d'une œuvre, 34).

CR: W. H. Barber, *RHL* 74 (1974), 698; A. Hof, *DHS* 6 (1974), 406; P. Rétat, *SFr* 17 (1973), 147; J. Vercruysse, *RBPH* 59 (1981), 713-14.

Réimpr. sous le titre *Voltaire, «Candide»*. Frankfurt am Main, &c.: Diesterweg; Paris: Hatier, 1984.

2742 GALTAYRIES, Claude. «Voltaire, Candide et l'argent». *Littérature* 15 (oct. 1974), 126-28.

V voix des classes montantes. Traite en partie de F. Vernier, «Les disfonctionnements des normes du conte dans *Candide*» (1971: n° 2873).

2743 GARAGNON, Jean. «Note additionnelle sur les échos de *Manon Lescaut* dans *Candide*». *FSB* 29 (Winter 1988-1989), 19-21.

Voir C. J. Betts «Echoes of *Manon Lescaut* ...» (1988: n° 2690), et H. T. Mason «*Zadig* and *Manon Lescaut*» (1988: n° 3369).

2744 GEELHAAR, Christian. «Bande dessinée: Voltaire scénariste, Klee illustrateur de *Candide*». *L'Œil* 237 (avr. 1975), 22-27, ill. [Trad. par Marceline de Montmollin].

A propos de *Kandide oder Die beste Welt* (Leipzig: Spamer, 1920).

2745 GILOT, Michel. «Fonctions de la parole dans *Candide*». *Littératures* 9-10 (1984), 91-97.

CR: *YWMLS* 46 (1984), 163.

2746 GILOT, Michel. «Le cycle des semaines dans *Candide*». [In] *Lettres et réalités: mélanges de littérature générale et de critique romanesque, offerts au Professeur Henri Coulet par ses amis*. Aix-en-Provence: U. de Provence, 1988. xxv, 442 p. ill. p.117-29.

Le passage du temps.

2747 GOLDZINK, Jean. «Roman et idéologie dans *Candide*. Le jardin». *La Pensée* 155 (1971), 78-91.

Forme abrégée du n° suivant.

2748 GOLDZINK, Jean. *Roman et idéologie dans «Candide»*. Paris: Centre d'études et de recherches marxistes, 1971. 61 f. (Les Cahiers du Centre d'études et de recherches marxistes, 93).

Réimpr. [avec une brève étude supplémentaire]: Saint-Cloud: Ecole normale supérieure, [1982].

CR: A. Magnan, *DHS* 15 (1983), 528-29.

2749 Гордон, Л. С. «Вольтер и государство иезуитов в Парагвае» [Voltaire et l'état jésuite au Paraguay]. [In] *Вольтер, статьи и материалы: труды научной сессии, посвященной Вольтеру 1694-1944.* Ленинград Университет. Под редакцией М. П. Алексеева. Ленинград: Издательство ленинградского государственного ордена Ленина университета, 1947. 222 p., p.66-85, ill.

Trad.: «Voltaire und der Jesuitenstaat in Paraguay» [in] Lew S. Gordon, *Studien zur plebejisch-demokratischen Tradition in der französischen Aufklärung*. Berlin: Rütten und Loening, 1972. 368 p. (Neue Beiträge zur Literaturwissenschaft, 32), p.225-40.

2750 Гордон, Л. С. «О некоторых прототипах ‹ Кандида ›» [Sur quelques prototypes de «Candide»]. *Филологические науки* (1970, n° 6), 27-36.

CR: A. Mikhaïlov, *SFr* 17 (1973), 559.

2751 GOULEMOT, Jean-Marie. «Ecriture et lecture de l'ailleurs, l'*Eldorado* ou le fusil à deux coups des ingénus qui feignent de l'être». *RSH* 39 (1974), 425-40.

2752 GRANDEROUTE, Robert. *Le Roman pédagogique de Fénelon à Rousseau*. Genève; Paris: Slatkine, 1985. 1291 p. (en 2 vols).

p.853-98, «*Candide* ou la parodie du roman d'éducation».

2753 GRAYSON, Susan B. *The Mythos of naiveté in French Enlightenment fiction*. Diss., U. of California, Los Angeles, 1978. 209 p.

Résumé: *DAI* 39 (1978-79), 309A. En partie sur *Candide*.

2754 GRIEDER, Josephine. «Orthodox and paradox: the structure of *Candide*». *FR* 57 (1983-1984), 485-92.

2755 GROBE, Edwin P. «Aspectual parody in Voltaire's *Candide*». *Sym* 21 (1967), 38-49.

L'emploi du passé simple.

2756 GROBE, Edwin P. «Discontinuous aspect in Voltaire's *Candide*». *MLN* 82 (1967), 334-46.

L'emploi du présent historique.

CR: M. Scalabrin, *SFr* 13 (1969), 153.

2757 GUICHARD, Daniel. «Voltaire, *Candide*». *L'Ecole des lettres* 68, n° 2 (1976-1977), 15-20.

Explication d'un passage tiré du ch. 2, «Deux hommes habillés de bleu ... prodige».

2758 GUICHARD, Daniel. «L'Eldorado de Voltaire: *Candide*, chapitres XVII et XVIII». *L'Ecole des lettres* 72, n° 11 (1980-1981), 23-30.

L'Eldorado et le genre utopique.

2759 GULLACE, Giovanni. «Voltaire's idea of progress and *Candide*'s conclusion». *Personalist* 48 (1967), 167-86.

> CR: G. Cerruti, *SFr* 12 (1968), 558-59.

2760 GULLACE, Giovanni. *Il «Candide» nel pensiero di Voltaire*. Napoli: Società editrice napoletana, 1985. 305 p. (Alétheia collana di studi filosofici, 9).

> La philosophie de V: le mal, l'optimisme, le pessimisme, l'existentialisme.

> CR: C. J. Betts, *FS* 42 (1988), 86-87; C. Imbroscio, *SFr* 30 (1986), 494; G. Luccgli, *Veltro* 30 (1986), 605-606.

2761 HALTÉ, J. F., R. MICHEL & André PETITJEAN. «*Candide*: analyse textuelle, pour une application pédagogique». *Pratiques* 3-4 (scpt. 1974), 93-128; *Ibid.* 5 (fév. 1975), 95-135; *Ibid.* 6 (sept. 1975), 75-106.

2762 HART, Kevin. «The duplicity of candour: Voltaire's *Candide*». [In] *Narrative exchanges: unit B study guide*. Geelong, Australia: Deakin U, 1988. 154 p. ill. p.81-92.

> Guide pour l'étude du conte.

2763 HAVENS, George R. «Some notes on *Candide*». *MLN* 88 (1973), 841-47.

> Sources d'incidents, phraséologie, etc.

2764 HENRY, Patrick. «Candide as ‹étranger›». *CLAJ* 19 (1975-1976), 504-12.

> Candide est le Monsieur Tout-le-monde moderne.

2765 HENRY, Patrick. «War as play in *Candide*». *EAS* 5 (May 1976), 65-72.

2766 HENRY, Patrick. «The metaphysical puppets of *Candide*». *RomN* 17 (1976-1977), 166-69.

> Les personnages mécaniques reflètent l'idée du déterminisme de la vie humaine.

2767 HENRY, Patrick. «Time in *Candide*». *SSF* 14 (1977), 86-88.

2768 HENRY, Patrick. «Travel in *Candide*: moving on but going nowhere». *PLL* 13 (1977), 193-97.

2769 HENRY, Patrick. «Working in Candide's garden». *SSF* 14 (1977), 183-84.

> La nature du travail.

2770 HENRY, Patrick. «On the theme of homosexuality in *Candide*». *RomN* 19 (1978-1979), 44-48.

2771 HENRY, Patrick. «Sacred and profane gardens in *Candide*». *SVEC* 176 (1979), 133-52.

2772 HENRY, Patrick. «Raisonner in *Candide*». *RR* 80 (1989), 363-70.

2773 HOWELLS, R. J. «‹Cette boucherie héroïque›: *Candide* as carnival». *MLR* 80 (1985), 293-303.
 CR: *YWMLS* 47 (1985), 176.

2774 HUBERT, J.-D. «Note malicieuse sur le jardin de Candide». *SVEC* 70 (1970), 11-13.

2775 HUDDE, Hinrich. «‹Les plus heureux des hommes›? Zum Urteil französischer Autoren des 18. Jahrhunderts über den ‹Jesuitenstaat› in Paraguay». *RZL* 8 (1984), 223-35.
 Voir p.225-29 et *passim*.

2776 HUNTER, Graeme. «Leibniz in other worlds». *UTQ* 55 (1985-1986), 64-73.
 L'apport de *Candide* par rapport à la philosophie de Leibniz.
 CR: A. D. Hytier, *ECCB* n.s. 11 – for 1985 (1990), 669; P. Merivale, *CRCL* 14 (1987), 386-87.

2777 HUTTON, Patrick H. «Companionship in Voltaire's *Candide*». *EnlE* 4, nº 1 (1973), 39-45.

2778 IMBROSCIO, Carmelina. «Da *Candide* a Conrad: classi sociali e letteratura». *SpM* 3 (1974), 192-200.

2779 JAMES, JoAnn. «Childhood's end: apocalyptic resolution in *Candide*». [In] *Apocalyptic visions past and present*. Edited by JoAnn James and William J. Cloonan. Tallahassee: Florida State U. P., 1988. 123 p., p.67-76.
 La leçon du jardin de la fin du conte.

2780 JENNY, Yolanda. «Best translations: Voltaire's *Candide*». *Humanities education* 5, nº 2 (1988), 31-33, ill.
 Comparaison de plusieurs traductions en anglais.

2781 JORY, David H. «The source of a name in *Candide?*». *RomN* 13 (1971-1972), 113-16.
 Don Issachar.

2782 KALTER, Marjorie. *Metaphorical quest: modern European quest novels and their tradition*. Diss., Indiana U., 1976. 327 p.
 Résumé: *DAI* 37 (1976-77), 5104A. En partie sur *Candide*.

2783 KEENER, Frederick M. «*Candide*: structure and motivation». *SECC* 9 (1979), 405-27.

CR: J. C. O'Neal, *RR* 73 (1982), 391.

Réimpr. [in] F. M. Keener. *The Chain of becoming: the philosophical tale, the novel, and a neglected realism of the Enlightenment: Swift, Montesquieu, Voltaire, Johnson, and Austen.* New York; Guildford: Columbia U. P., 1983. x, 358 p., p.194-216. Voir aussi l'index.

2784 KELLY, Ed. «The obvious meaning of *Candide*'s big red sheep». *AN&Q* 9 (1970-1971), 39-41.

A propos de l'interprétation de W. Bottiglia, *Voltaire's «Candide»: analysis of a classic* (1964: *QA* 1627).

2785 KORSMEYER, Carolyn. «Is Pangloss Leibniz?». *Philosophy and literature* 1 (1977), 201-208.

2786 KOŠ, Erih. «La Candide ou l'Optima». *Savremenik* 30 (1969), 48-59.

2787 KRONENBERGER, Louis. *The Polished surface: essays in the literature of worldliness.* New York: Knopf, 1969. 289 p.

p.99-108, «*Candide*».

2788 KUSCH, Manfred. «The river and the garden: basic spatial models in *Candide* and *La Nouvelle Héloïse*». *ECS* 12 (1978-1979), 1-15.

Analyse structuraliste.

CR: A. D. Hytier, *ECCB* n.s. 4 – for 1978 (1982), 475.

2789 LANGDON, David J. «On the meanings of the conclusion of *Candide*». *SVEC* 238 (1985), 397-432.

CR: *YWMLS* 47 (1985), 176.

2790 LANGDON, David J. «Modesty and pretension in *Candide*». *DFS* 14 (1988), 15-31.

2791 LECOQ, Paul. «Un apologue de l'éternel séisme: *Candide*». *IL* 35 (1983), 77-78.

Le conte vu comme un vaste fablier révélant la vérité sur le monde.

2792 LEGUEN, Brigitte. «L'espace dans *Candide*». [In] *Narrativa francesa* (1988: n° 47), p.267-77.

2793 LEIBACHER-OUVRARD, Lise. «Du mythe à l'histoire: *Candide* et les *Voyages et avantures de Jacques Massé*». *SFr* 32 (1988), 471-79.

Ressemblances entre le conte de V et l'ouvrage de Simon Tyssot de Patot.

2794 LEVIN, Colette G. «*Gulliver* and *Candide*: a comparative study of narrative techniques». *SVEC* 192 (1980), 1317-24.

2795 LIEBERMAN, Marcia R. «Moral innocents: Ellison's *Invisible man* and *Candide*». *CLAJ* 15 (1971), 64-79.

Les similarités des personnages de Ralph Waldo Ellison et de V.

2796 LIMA, Richard A. *The Extraordinary voyage genre in eighteenth-century French prose fiction*. Diss., U. of California, Berkeley, 1979. 189 p.

Résumé: *DAI* 41 (1980-81), 275A. Il s'agit en partie de *Candide*.

2797 LOHF, Kenneth A. «The Candide collaboration: a pair of gifts». *CLC* 25, n° 2 (1976), 40-44, ill.

Deux exemplaires de l'éd. Random House (1928) offerts à titre d'hommage, l'un à Elmer Adler et l'autre à Bennett Cerf.

2798 LUDLOW, Gregory. «Voltaire and Samuel Beckett: a comparative study of *Candide* and *The Unnameable*». *Comparatist* 2 (1978), 3-15.

Différences et similarités: thèmes et obsessions, techniques littéraires.

2799 LUONI, Flavio. «Récit, exemple, dialogue». *Poétique* 74 (1988), 211-32.

Candide et *Rasselas* comparés: *Candide*, un traité sur le malheur universel et *Rasselas*, un recueil d'exemples des malheurs.

CR: N. Minerva, *SFr* 34 (1990), 317.

2800 LYNCH, James J. «Romance conventions in Voltaire's *Candide*». *SoAR* 50 (1985), 35-46.

2801 MAGNAN, André. *Voltaire: Candide ou l'optimisme*. Paris: PUF, 1987. 125 p. (Etudes littéraires, 18).

Edition scolaire.

CR: *BCLF* 519 (1989), 363; J. Biard-Millerioux, *IL* 41, n° 4 (1989), 29; H. Duranton, *DHS* 20 (1988), 574; P. Ligas, *SFr* 32 (1988), 536; E. Showalter, Jr., *ECF* 1 (1988-89), 73-75.

2802 MARCHAL, Roger. «Un jardin sous les Lumières: l'*Abdolonime* de Fontenelle». *Travaux de littérature* 1 (1988), 163-73.

Voir p.171-72: quelques rencontres intéressantes entre le jardin de la pièce (1725) de Fontenelle et celui de *Candide*.

2803 [MARUYAMA, Kumao. «Note sur le paradoxe de *Candide*»]. *Shiso* 649 (1978), 115-19.

En japonais.

2804 MAYER, Hans. *Weltliteratur: Studien und Versuche*. Frankfurt am Main: Suhrkamp, 1989. 473 p.

p.89-99, «Voltaire und sein Candide».

2805 McGREGOR, Rob Roy, Jr. «The misunderstanding over the Sabbath in *Candide*». *RomN* 13 (1971-1972), 288-91.

2806 McGREGOR, Rob Roy, Jr. «Pangloss' final observation, an ironic flaw in Voltaire's *Candide*». *RomN* 20 (1979-1980), 361-65.

Voir la réponse de A. P. Stabler, «Voltaire misses the point?» (1981: n° 2857).

2807 McGREGOR, Rob Roy, Jr. «Heraldic quarterings and Voltaire's *Candide*». *SVEC* 183 (1980), 83-87.

2808 McGREGOR, Rob Roy, Jr. «Critical commentary 1: a letter to the editor». *RomN* 24 (1983-1984), 194-95.

Réponse à l'article de A. P. Stabler, «Voltaire misses the point?» (1981: n° 2857).

2809 MENANT, Sylvain. «Candide et Félix». [In] *Le Siècle de Voltaire* (1987: n° 44), ii.642-49.

Réimpr. [in] *Voltaire ou la liberté de l'esprit* (1989: n° 49), p.171-81.

Rapprochement de *Candide* avec *Les Amants constants* (1758) de Jean-Joseph Vadé.

2810 MERVAUD, Christiane. «Du carnaval au carnavalesque: l'épisode vénitien de *Candide*». [In] *Le Siècle de Voltaire* (1987: n° 44), ii.651-62.

2811 MIRÓ, César. «El Dorado en la imaginación de Voltaire». *CHA* 194 (1966), 284-94.

2812 NABLOW, Ralph A. «Voltaire, *Candide*, and a couplet from Pope». *RomN* 25 (1984-1985), 160-61.

2813 NAUDIN, Pierre. «Candide ou le bonheur du non-savoir». [In] *Missions et démarches* (1973: n° 4), p.625-39.

2814 NEF, Ernest. *Der Zufall in der Erzählkunst*. Bern; München: Francke Verlag, 1970. 132 p.

p.9-17, «Der Zufall als *asylum ignorantiae* in Voltaires *Candide*».

2815 NELSON, Elizabeth. «*Candide*'s English prototypes». *CLS* 21 (1984), 282-305.

2816 NYKROG, Per. «Omkring Voltaires *Candide*» [A propos de *Candide* de Voltaire]. *Prépublications* 14 (Jan. 1975), 3-20.

2817 OWEN, D. D. R. «*Aucassin et Nicolette* and the genesis of *Candide*». *SVEC* 41 (1966), 203-17.

2818 PAPPAS, John. «*Candide*: rétrécissement ou expansion?». *DidS* 10 (1968), 241-63.

Etude critique de W. F. Bottiglia, *Voltaire's «Candide»* (1959: *QA* 1627).

2819 Паси, Исак. «Превъплъщенятана оптимизма. Волтер: *Кандид*» [Les réincarnations de l'optimisme. Voltaire: *Candide*]. *Септември* (1967, n° 1), 212-30.

La vue modérée de V sur l'optimisme. Résumé en français: S. Gjurova, *Bulletin d'analyses de la littérature scientifique bulgare. A. Linguistique, littérature, art* 10, n° 1 (1967), 20.

2820 PATTERSON, Emily H. «Swift, Voltaire, and the cannibals». *EnlE* 6, n° 2 (1975), 3-12.

Le cannibalisme vu par V et par Swift.

2821 PETERSEN, Marianne. «Le rôle de l'objet dans *Candide*». *Etudes sur le XVIIIe siècle* 8 (1981), 83-94.

Sur le rapport entre la structure spatiale de l'objet et le contenu et l'idée du conte.

2822 PETITJEAN, André. «Approches du *conte philosophique* à partir de l'exemple de *Candide*». *Pratiques* 59 (sept. 1988), 72-107.

Etude de la construction narrative, du statut de référent et du régime énonciatif.

2823 PLARD, Henri. «Un anti-Candide danois: le *Panthakak* de Johannes Ewald». *Etudes sur le XVIIIe siècle* 2 (1975), 71-88.

2824 POMEAU, René. «Candide entre Marx et Freud». *SVEC* 89 (1972), 1305-23.

Sur les réalités économiques du monde du travail et sur la sexualité dans *Candide*.

CR: J. H. Brumfitt, *FS* 29 (1975), 198-99.

2825 POMEAU, René. «La référence allemande dans *Candide*». [In] *Voltaire und Deutschland* (1979: n° 20), p.167-74. Résumé en allemand, p.529.

Analyse des images de la réalité allemande et de la fonction de ces évocations dans la structure du conte.

2826 POMEAU, René. «De *Candide* à *Jacques le fataliste*. [In] *Enlightenment studies* (1979: n° 15), p.243-51.

Comparaison des deux ouvrages.

2827 POMEAU, René. «*Candide*: Voltaire et son conte». [In] *Narrativa francesa* (1988: n° 47), p.13-26.

2828 POMMIER, René. «Sur un passage célèbre de *Candide*». *RHL* 89 (1989), 255-59.

A propos de deux inadvertances au début du ch. 3.

2829 POT, Olivier. «La figuration de la totalité dans *Candide*». *Littératures* 23 (1990), 69-88.

2830 PRINCE, Gerald. «Candid explanations». *SRLF* n.s. 22 (1983), 183-97.

Une étude du texte de *Candide* révèle le triomphe du narratif sur la philosophie.

CR: M. R. Ansalone, *SFr* 28 (1984), 366.

2831 REED, Gail S. *Striving for innocence : the work of anxiety in « Candide » and « Gulliver's travels»*. Diss., Yale U., 1976. 330 p.

Résumé: *DAI* 40 (1979-80), 4579A.

2832 REED, Gail S. «*Candide*: radical simplicity and the impact of evil». [In] *Literature and psychoanalysis*. Edited by Edith Kurzweil and William Phillips. New York: Columbia U. P., 1983. viii, 403 p., p.189-200.

2833 RICHTER, David H. *Fable's end : completeness and closure in rhetorical fiction*. Chicago; London: U. of Chicago P., 1974. ix, 214 p.

p.22-60, «Aspects of the eighteenth-century rhetorical novel: Johnson's *Rasselas* and Voltaire's *Candide*». Voir aussi l'Index.

2834 RIVIÈRE, François. «Candide d'après Voltaire». Raconté par François Rivière. Dessiné par M. Picotto. *NL*, 24 au 31 juil. 1980, p.18-19, ill. (ch.1); 31 juil. au 7 août 1980, p.16-17, ill. (ch.2).

2835 Ross, Ian. «‹Everyone to cultivate his own garden›: John Evelyn, Voltaire and *Candide*». *N&Q* n.s. 28 (1981), 234-37.

La célèbre phrase de *Candide* pourrait provenir d'une lettre (?1659) de John Evelyn.

2836 Rosso, Corrado. «Voltaire, *Candide*, la conversione, il dubbio». [In] *Inventari e postille : letture francesi, divagazioni europee*. Pisa: Goliardica, 1974. 400 p. (Studi e testi, 46); publié aussi sous le titre, *Inventaire et postfaces : littérature française, civilisation européene*. Paris: Nizet, 400 p. [texte identique]. p.201-14.

2837 ROUBEN, C. «La ville de Constantinople et le dénouement de *Candide*». *LR* 32 (1978), 123-48.

2838 RUSTIN, Jacques. «Les ‹suites› de *Candide* au xviiie siècle». *SVEC* 90 (1972), 1395-1416.

Voir aussi C. Thacker, « Son of Candide » (1967 : n° 2867) et J. Vercruysse, « Les enfants de Candide » (1977 : n° 2872).

2839 SAINT-VICTOR, Pierre de. « *Candide* : de la parodie du roman au conte philosophique ». *KRQ* 15 (1968), 377-85.

Etude de la forme et des techniques.

2840 SANDMANN, Manfred. « La source anglaise de *Candide* (I et II) ». *ZFSL* 83 (1973), 255-59.

Tom Jones de Fielding.

CR : G. Cerruti, *SFr* 18 (1974), 556.

2841 SAREIL, Jean. *Essai sur « Candide »*. Genève : Droz, 1967. 104 p. (Histoire des idées et critique littéraire).

CR : *BCLF* 23 (1968), 228 ; W. F. Bottiglia, *FR* 41 (1967-68), 575-76 ; J. H. Brumfitt, *FMLS* 5 (1969), 47-49 ; A. Delorme, *RSyn* 88 (1967), 364-65 ; G. R. Havens, *DidS* 16 (1973), 347-59 ; R. B. Oake, *CL* 21 (1969), 179-80 ; R. S. Ridgway, *ECr* 8 (1968), 244-45 ; L. C. Rosenfield, *RR* 60 (1969), 204-206 ; L. Sozzi, *SFr* 13 (1969), 152 ; C. Thacker, *FS* 23 (1969), 75-77 ; J. Vercruysse, *RBPH* 47 (1969), 682-83.

2842 SAREIL, Jean. « College French : fourth year literature course. *Explication de texte : Candide*, début du chapitre huit, Histoire de Cunégonde ». *TLTL* 9, n° 1 (Nov. 1969), 35-39.

2843 SAREIL, Jean. « Propagande et comique : analyse textuelle du début du chapitre XXIII de *Candide* ». *TLTL* 19, n° 1 (Dec. 1979), 22-28.

2844 SAREIL, Jean. « Teaching *Candide* in translation ». *TLTL* 23, n° 1 (1983), 3-14.

2845 SAREIL, Jean. « Sur la généologie de la vérole ». *TLTL* 26, n° 1 (1986), 3-8.

Un extrait du ch. 4 de *Candide* comparé à la version affaiblie de H.-J. Du Laurens dans *Le Compère Mathieu* (1766). Etude de style.

2846 SAREIL, Jean. « La discontinuité dans *Candide* ». [In] *Le Siècle de Voltaire* (1987 : n° 44), ii.823-30.

2847 SCANLAN, Timothy M. « Subliminal obscurity in *Candide* ». *Publications of the Arkansas philological association* 3, n° 3 (1977), 24-30.

Pangloss et Paquette dans le premier chapitre.

2848 SCANLAN, Timothy M. « Voltaire and Rousseau : their rencontre fortuite ». *OL* 32 (1977), 302-309.

Comparaison d'épisodes dans *Candide* et dans *La Nouvelle Héloïse*.

2849 SCANLAN, Timothy M. «*Mais* in *Candide*». *Linguistica e letteratura* 5, n° 1 (1980), 139-47.

Réimpr.: *LWU* 14 (1981), 22-28.

2850 SCHNEIDER, Insa. «*Candide*» *und die* «*Lettre sur la providence*». Münster: Westfälische Wilhelms-Universität, 1972. xvi, 103 p. [Diss., Münster, 1973].

2851 SCLIPPA, Norbert. *Texte et idéologie: images de la noblesse et de la bourgeoisie dans le roman français, des années 1750 à 1830.* New York, &c.: Peter Lang, 1987. 299 p. (Reading plus, 4).

p.13-46, «*Candide*».

2852 SEVERIN, Nelly H. «Hagiographic parody in *Candide*». *FR* 50 (1976-1977), 842-49.

2853 SEVERIN, Nelly H. «A note on the name of Voltaire's Cunégonde». *RomN* 19 (1978-1979), 212-16.

2854 SHANLEY, Mary L. & Peter G. STILLMAN. «The Eldorado episode in Voltaire's *Candide*». *ECLife* 6, n.s. 2-3 (1980-1981), 79-92.

2855 SILVA, Edward T. «From *Candide* to *Candy*: love's labor lost». *JPC* 8 (1974-1975), 783-91.

Transformations modernes de *Candide*. le film de Norbert Carbonnaux et Albert Simonin, *Candide (the twentieth century optimist)* (1960), le roman *Candy* de Terry Southern (1958), et le film de Buck Henry basé sur ce roman.

2856 SIMOUNET, Anny. *Candide et autres contes de Voltaire.* Paris: Editions pédagogie moderne, 1979. 112 p. (Lectoguide, 2).

Guide pour l'étude de *Candide*.

2857 STABLER, A. P. «Voltaire misses the point?». *RomN* 22 (1981-1982), 124-25.

A propos de R. R. McGregor, Jr. «Pangloss' final observation ...» (1979: n° 2806). Voir aussi la réponse de celui-ci, «Critical commentary 1 ...» (1983: n° 2808).

2858 STACKELBERG, Jürgen von. *Weltliteratur in deutscher Übersetzung: vergleichende Analysen.* München: W. Fink Verlag, 1978. 235 p.

p.121-31, «Voltaire (1694-1778). *Candide*». Traductions du ch. 5 par I. Lehmann et H. Studniczka comparées et analysées avec commentaires.

2859 STAROBINSKI, Jean. «Sur le style philosophique de *Candide*». *CL* 28 (1976), 193-200.

Réimpr.: *La Revue de belles-lettres* 101, n° 1-2 (1977), 105-13.

Réimpr. [in] *Le Remède dans le mal : critique et légitimation de l'artifice à l'âge des Lumières.* Paris : Gallimard, 1989. 286 p. (NRF essais), p.123-44. Texte modifié de la postface tirée d'une édition italienne du conte (Torino : Fogola, 1975).

Trad. : « Über den philosophischen Stil in Voltaires *Candide* ». *SchM* 58 (1978), 777-85.

Trad. : « Acerca del estilo filosófico de *Candide* ». *Eco* 35 (1979), 36-45.

CR : L. Sozzi, *SFr* 21 (1977), 544.

2860 STAROBINSKI, Jean. « *Candide* et la question de l'autorité ». [In] *Essays on the age of the Enlightenment* (1977 : n° 10), p.305-12.

La structure et le thème du conte.

2861 STEWART, Philip. « Holding the mirror up to fiction : generic parody in *Candide* ». *FS* 33 (1979), 411-19.

CR : M. Glynn, *SFr* 24 (1980), 569.

2862 SUDERMAN, Elmer F. « *Candide, Rasselas* and optimism ». *IEY* 11 (fall 1966), 37-43.

Les deux ouvrages comparés et contrastés.

2863 TADROS, Raymonde. *Circularité, langage et mythe dans « Candide » (Voltaire), « L'Education sentimentale » (Flaubert), « Nedjma » (Yacine).* Diss., U. of California, Irvine, 1980. 213 p.

Résumé : *DAI* 41 (1980-81), 1075A.

2864 TEMMER, Mark J. « *Candide* and *Rasselas* revisited ». *RLC* 56 (1982), 177-93.

V et l'ouvrage de Samuel Johnson.

CR : F. Piva, *SFr* 28 (1984), 162 ; *YWMLS* 44 (1982), 165.

2865 TEMMER, Mark J. *Samuel Johnson and three infidels : Rousseau, Voltaire, Diderot.* Athens ; London : U. of Georgia P., 1988. 212 p.

p.77-123, « *Candide* and *Rasselas* revisited ». Version développée du n° précédent.

CR : L. Basney, *ECF* 1 (1988-89), 156-58 ; J. Chouillet, *RDE* 7 (1989), 162-63 ; F. M. Keener, *DidS* 24 (1991), 205-207 ; H. T. Mason, *FS* 44 (1990), 68-69 ; Gita May, *CL* 43 (1991), 195-96 ; A. Morvan, *RLC* 64 (1990), 142-44 ; R. Niklaus, *BJECS* 13 (1990), 253-54 ; R. Waldinger, *P&L* 13 (1989), 188-90.

2866 THACKER, Christopher. « The misplaced garden ? Voltaire, Julian and *Candide* ». *SVEC* 41 (1966), 189-202.

Une lettre de Julien l'Apostat, source du dernier jardin, aide à définir le point de vue final du conte.

2867 THACKER, Christopher. «Son of Candide». *SVEC* 58 (1967), 1515-31.

> Imitations, adaptations et continuations de *Candide*, à partir de 1761 jusqu'à 1803. Voir l'article complémentaire de J. Vercruysse, «Les enfants de Candide» (1977: n° 2872), et celui de J. Rustin, «Les ‹suites› ...» (1972: n° 2838).

2868 THOMPSON, Patrice. «De Voltaire au roman noir». [In] *Actes du colloque ... Cortona* (1984: n° 36), p.165-73.

> Principalement sur la liberté et la raison dans la structure de *Candide*.

2869 TOURSEL-LAVIALLE, Nadine. *Lectures de «Candide» de Voltaire. Thème: l'optimisme.* Paris: Belin, 1982. 96 p. (DIA).

> CR: R. Desné, *DHS* 15 (1983), 528.

2870 VARTANIAN, Aram. «1759, January. Voltaire publishes in Geneva his philosophical tale *Candide, ou l'optimisme, traduit de l'allemand de Mr. le docteur Ralph: On Cultivating one's garden*». [In] *A new history of French literature* (1989: n° 48), p.465-71.

2871 VEASEY, Richard. «Happiness and social harmony in *An essay on man* and *Candide*». *ML* 65 (1984), 150-56.

> Contraste les vues de Pope avec celles de V dans *Candide* et dans le *Poème sur le désastre de Lisbonne*.

2872 VERCRUYSSE, Jeroom. «Les enfants de Candide». [In] *Essays on the age of the Enlightenment* (1977: n° 10), p.369-76.

> Bibliographie d'imitations de *Candide*, de 1760 jusqu'à 1961.

2873 VERNIER, France. «Les disfonctionnements des normes du conte dans *Candide*». *Littérature* 1, n° 1 (1971), 15-29.

2874 VISSIÈRE, Isabelle. «Sur les pas des Jésuites (Candide en Amérique)». [In] *Etudes et recherches sur le XVIIIe siècle.* Centre aixois d'études et de recherches sur le XVIIIe siècle. Aix-en Provence: U. de Provence, 1980. 322 p., ill., p.239-52.

> Les *Lettres édifiantes et curieuses, écrites des missions étrangères par quelques missionaires de la Compagnie de Jésus*, l'une des sources de Candide.

2875 WACHS, Morris. «The elusiveness of topical allusions: chapter XII of *Candide* and a poem by Diderot». *KRQ* 34 (1987), 233-36.

> La servante de cabaret dans *Candide* et celle de l'Auberge du «Pied fourchu» à Riga.

2876 WADE, Ira O. *Voltaire and Candide: a study in the fusion of history, art, and philosophy, with the text of the La Vallière manuscript of Candide.* Princeton: Princeton U. P.,

1959. xvi, 369 [82]p. 6 pl. (Princeton publications in modern languages, 11);
London: Oxford U. P., 1959.

CR: W. H. Barber, *MLR* 56 (1961), 427-29; W. F. Bottiglia, *MLN* 76 (1961), 171-
74; H. Coulet, *RHL* 62 (1962), 103; F. J. Crowley, *FR* 35 (1961), 108-109;
A. J. Freer, *SFr* 5 (1961), 351-52; E. T. Gargan, *RPol* 23 (1961), 545-49; A. Goodwin,
EHR 77 (1962), 169-70; J. M. Hayden, *Cross currents* 10 (1960), 297-300; *History* 45
(1960), 292-93; R. B. Oake, *CL* 13 (1961), 176-78; C. D. Rouillard, *MP* 60 (1962),
145-49; O. R. Taylor, *FS* 16 (1962), 66; *TLS*, 22 July 1960, p.464.

Réimpr.: Port Washington, N.Y.; London: Kennikat P., 1972.

Trad. des p.311-22, «Conclusion» par Erika Schindel, sous le titre «Voltaire und
Candide», [in] *Voltaire*. Hrsg. von Horst Baader (1980: n° 25), p.348-60.

2877 WADE, Ira O. «Spacing in the early editions of *Candide*». *Aquila* 2 (1973), 299-
324.

Défense de son article, «The first edition of *Candide* ...» (1959: *QA* 1617).

2878 WAGNER, Birgit. *Gärten und Utopien: Natur- und Glücksvorstellungen in der französischen Spätaufklärung*. Wien, &c.: Böhlau, 1985. 211 p. ill. (Junge Wiener
Romanistik, 7).

p.103-25, «Ein philosophischer Garten: *Candide*».

CR: G. Grün, *RF* 100 (1988), 439-41.

2879 WENTZLAFF-EGGEBERT, Christian. «Voltaire: *Candide, ou l'optimisme*». [In] *Die
Französische Novelle*. Hrsg. von Wolfram Krömer. Düsseldorf: August Bagel
Verlag, 1976. 383 p., p.53-62 (Notes, p.345-47).

2880 WOLPER, Roy S. «Candide, gull in the garden?». *ECS* 3 (1969-1970), 265-
77.

Candide ne parle pas pour V dans le jardin. Voir aussi: Lester G. Crocker,
«Professor Wolper's interpretation of *Candide*». *ECS* 5 (1971-72), 145-51; Roy
S. Wolper, «Reply to Lester Crocker». *Ibid.* p.151-56.

2881 ZATLOUKAL, Antonín. «Sur *Candide* de Voltaire». *PP* 16 (1973), 214-34.

Etude générale.

Carnets

Voir aussi le numéro 3317.

2882 VOLTAIRE. *Notebooks*. Edited in large part for the first time by Theodore
Besterman. Second edition revised and much enlarged. Genève: Institut et
Musée Voltaire; Toronto and Buffalo: U. of Toronto P., 1968. 2 vols, 790 p.
(The Complete works of Voltaire / Les Œuvres complètes de Voltaire, 81-82).

p.17-49, «Introduction»; p.715-90, Index (compiled by Andrew Brown). Best.D508.

CR: A. Ages, *Criticism* 12 (1970), 251-53; J. H. Brumfitt, *FS* 25 (1971), 84-86; M. Lundie, *QQ* 77 (1970), 658-59; D. W. Smith, *UTQ* 40 (1970-71), 333-35; *TLS*, 25 Sept. 1969, p.1084; C. Todd, *MLR* 67 (1972), 900-901; J. Vercruysse, *RBPH* 47 (1969), 1113; L. Welch, *DR* 49 (1969), 557-62.

2883 VOLTAIRE. «Voltaire's notebooks (Voltaire 81-82): thirteen new fragments». Edited by Theodore Besterman. *SVEC* 148 (1976), 7-35.

Additions au n° précédent.

Ce qui plaît aux dames

2884 BISMUT, Roger. «Une énigme bibliographique: quelle est l'édition originale du conte en vers *Ce qui plaît aux dames* de Voltaire?». *SVEC* 249 (1987), 45-80, pl.

2885 NABLOW, Ralph A. «Voltaire's indebtedness to Otway in *Ce qui plaît aux dames*». *RomN* 30 (1989-1990), 265-68.

Il s'agit de la tragédie de Thomas Otway, *The Orphan, or the unhappy marriage* (1680).

Commentaires sur Corneille

Voir aussi les numéros 836, 856, 916, 924, 1043, 1280, 1705, 2341.

2886 VOLTAIRE. *Commentaires sur Corneille*. Critical edition by David Williams. Banbury: The Voltaire Foundation, 1974-1975. 3 vols, ill. (The Complete works of Voltaire / Les Œuvres complètes de Voltaire, 53-55).

1: Preface, Editorial note. p.27-385, «Introduction»; 2: Textes; 3: Textes et 8 appendices, liste des ouvrages consultés.

CR: vol. 1: Th. E. D. Braun, *RR* 68 (1977), 71; J. Macary, *FR* 49 (1975-76), 122-23; vol. 1-3: H. T. Barnwell, *FS* 30 (1976), 472-74; W. Leiner, *DHS* 9 (1977), 399-400; P. J. Yarrow, *MLR* 72 (1977), 953-55; vol. 2-3: Georges May, *FR* 50 (1976-77), 644-46.

2887 ANTOINE, Gérald. «Voltaire et la langue française». [In] *Voltaire ou la liberté de l'esprit* (1989: n° 49), p.81-99.

Sur la langue et le style, surtout par rapport aux *Commentaires sur Corneille*.

2888 CRISTEA, Teodora. «Notes en marge d'un vers de Corneille commenté par Voltaire». *AUB, Limbi și literaturi străine* 27, n° 2 (1978), 101-104.

Résumé en roumain, p.104. Un vers tiré d'*Horace*. Les vues pénétrantes de V confrontées avec des théories linguistiques modernes.

2889 FOGEL, Herbert. *The Criticism of Cornelian tragedy: a study of critical writing from the seventeenth to the twentieth century*. New York: Exposition P., 1967. 139 p.

p.38-46: V critique de Corneille.

CR: T. H. Brown, *FR* 41 (1967-68), 881-82; H. Nelson, *QJS* 54 (1968), 197-98.

2890 LOLLIS, Cesare de. «Polyeucte entre les mains de Voltaire, Baretti et Paradisi». [In] *Mélanges offerts à M. Emile Picot, membre de l'Institut, par ses amis et ses élèves*. Paris: Damascène Morgand, Edouard Rahir, suc. Librairie de la Société des Bibliophiles françois, 1913. 2 vols, ii.405-416.

Réimpr. dans son ouvrage, *Scrittori di Francia*. A cura di Gianfranco Contini e Vittoria Santoli. Milano; Napoli: Ricciardi, 1971. 564 p., p.193-203.

2891 WILLIAMS, David. «Voltaire and the patronage of Pierre Corneille». *ECS* 6 (1972-1973), 221-37.

2892 WILLIAMS, David. «Observations on an English translation of Voltaire's Commentary on Corneille». *SVEC* 124 (1974), 143-48.

La traduction de (?)James Perry publiée en 1779.

2893 WILLIAMS, David. «Voltaire's *Corneille* and the Academy: literary politics in the correspondence 1761-1763». *RUO* 45 (1975), 227-37.

2894 WILLIAMS, David. «The role of the foreign theatre in Voltaire's *Corneille*». *MLR* 71 (1976), 282-93.

L'importance des traductions par V de pièces de Shakespeare et de Calderón.

2895 WILLIAMS, David. «Of diamonds and dunghills: Voltaire's defence of the French classical canon. A bicentennial essay». *CCrit* 1 (1979), 73-90.

Traite en grande partie des *Commentaires sur Corneille*.

Le Comte de Boursoufle (comédie)

Voir aussi les numéros 1720, 1771.

2896 VOLTAIRE. *Le Comte de Boursoufle*. Critical edition by Colin Duckworth. [In] *The Complete works of Voltaire / Les Œuvres complètes de Voltaire 14: 1734-1735*. Oxford: The Voltaire Foundation, 1989. xxiv, 565 p., p.211-342.

2897 DUCKWORTH, Colin. «Voltaire's *Relapse*: a structural and social analysis». [In] *Enlightenment essays ... Shackleton* (1988: n° 46), p.109-19.

Le Comte de Boursoufle, adaptation libre de *The Relapse* de Vanbrugh (1696).

Le Comte de Boursoufle (conte)

2898 VOLTAIRE. *Le Comte de Boursoufle, conte*. Critical edition by Colin Duckworth. [In] *The Complete works of Voltaire / Les Œuvres complètes de Voltaire 14: 1734-1735*. Oxford: The Voltaire Foundation, 1989. xxiv, 565 p., p.343-55.

Cosi-Sancta

Voir aussi les numéros 892, 2903.

2899 DAGEN, Jean. «Le paillard et le polisson : de Brantôme à Voltaire». *Littératures* 5 (1982), 141-45.

> Psycholecture de *Cosi-Sancta* qui montre la dette de ce conte (et autres) envers les *Dames galantes* de Brantôme.

2900 MERVAUD, Christiane. «Voltaire, saint Augustin et le duc Du Maine aux sources de *Cosi-Sancta*». *SVEC* 228 (1984), 89-96.

2901 WELLINGTON, Marie. «Crossovers from theatre to narrative in a Voltairian *conte*». *SVEC* 278 (1990), 187-96.

> Etude de *Cosi-Sancta*.

Le Crocheteur borgne

Voir aussi le numéro 1635.

2902 GALLIANI, Renato. «La date de composition du *Crocheteur borgne* par Voltaire». *SVEC* 217 (1983), 141-46.

2903 HELLEGOUARC'H, Jacqueline. «Mélinade ou la Duchesse du Maine. Deux contes de jeunesse de Voltaire: *Le Crocheteur borgne* et *Cosi-Sancta*». *RHL* 78 (1978), 722-35.

> Sur la date de composition.

> CR : S. Gargantini Rabbi, *SFr* 24 (1980), 163 ; A. D. Hytier, *ECCB* n.s. 4 – for 1978 (1982), 475.

2904 HELLEGOUARC'H, Jacqueline. «Genèse d'un conte de Voltaire». *SVEC* 176 (1979), 7-36.

> Sur les mécanismes du processus de la création du *Crocheteur borgne*.

La Défense de mon oncle

2905 VOLTAIRE. *La Défense de mon oncle, 1767.* Edition critique avec introduction et commentaire de José-Michel Moureaux. Thèse, U. de Paris IV, 1976. 2 vols, 794 f.

2906 VOLTAIRE. *La Défense de mon oncle. 1767 (suivie de A. [sic] Warburton).* Edition critique avec introduction et commentaire par José-Michel Moureaux. Genève : Slatkine ; Paris : Champion, 1978. 870 p.

> L'appareil critique est révisé et réduit dans les *Complete works of Voltaire* vol. 64 (1984).

> CR : J. H. Brumfitt, *FMLS* 15 (1979), 392-97 ; M. Laurent-Hubert, *RHL* 80 (1980), 450-52 ; C. Lauriol, *DHS* 12 (1980), 491-92 ; L. Sozzi, *SFr* 23 (1979), 367.

2907 VOLTAIRE. *La Défense de mon oncle. A Warburton.* Edition critique par José-Michel Moureaux. Oxford : The Voltaire Foundation, 1984. xvii, 504 p. pl. (The Complete works of Voltaire / Les Œuvres complètes de Voltaire, 64).

> CR : R. A. Brooks, *ECCB* n.s. 10 – for 1984 (1989), 733-34 ; J. H. Brumfitt, *FS* 41 (1987), 84-85 ; J. Hellegouarc'h, *RHL* 86 (1986), 920-21 ; E. D. James, *MLR* 81 (1986), 1007 ; F. Piva, *SFr* 30 (1986), 314.

Dialogue entre un brachmane et un jésuite

2908 ANNANDALE, E. T. « The publication of Voltaire's *Dialogue entre un Brachmane et un Jésuite* ». *RomN* 21 (1980-1981), 76-82.

Dictionnaire philosophique et autres œuvres alphabétiques

Voir aussi les numéros 112, 228, 794, 944, 1021, 1070, 1542, 1565-1566, 1939, 2106, 2110, 2114, 2141, 2217, 2223, 2311, 2365, 3086.

2909 VOLTAIRE. *Dictionnaire philosophique, comprenant les 118 articles parus sous ce titre du vivant de Voltaire, avec leurs suppléments parus dans les « Questions sur l'Encyclopédie ».* Avec introduction, variantes et notes par Julien Benda. Texte établi par Raymond Naves. Paris : Garnier, [1936]. 2 vols (Classiques Garnier).

> CR : D. Mornet, *RHL* 43 (1936), 596-97.

> Ed. rev. et corrigée : Préface par Etiemble. Texte établi par Raymond Naves. Notes par Julien Benda. Paris : Garnier, 1967. xl, 632 p. ill. (Classiques Garnier), p.i-xl, « Préface » ; p.415-628, « Notes ».

> Trad. en turc. *Felsefe sözlüğü.* Istanbul : Maarif Matbaası, 1943-46. 2 vols (Dünya edebiyatından tercümeler, Fransız klâsikleri, 46).

2910 VOLTAIRE. *Diccionario filosófico*. Ed. Juan B. Bergua. Segunda edición. Madrid : Clásicos Bergua, 1966. 671 p. (Tresoro literario, 14).

p.19-74, « Estudio preliminar ».

2911 VOLTAIRE. *Aus dem Philosophischen Wörterbuch*. Hrsg. und eingeleitet von Karlheinz Stierle. Übersetzt von Erich Salewski und Karlheinz Stierle. Frankfurt am Main : Insel Verlag, 1967. 229 p. (Sammlung Insel, 32).

p.7-35, « Vorwort ».

2912 VOLTAIRE. *Philosophical dictionary*. Edited and translated by Theodore Besterman. Harmondsworth : Penguin Books, 1971. 400 p. (Penguin classics).

p.5-14, « Introduction ».

2913 VOLTAIRE. *Diccionario filosófico*. Ed. Luis Martínez Drake. Madrid : Akal, 1985. (Akal bolsillo, 33).

p.7-28, « Prólogo ».

2914 VOLTAIRE. *Articles pour l'« Encyclopédie »*. Edition critique par Theodore E. Braun *et al*. [In] *Œuvres alphabétiques*. I. Edition critique sous la direction de Jeroom Vercruysse. Oxford : The Voltaire Foundation, 1987. (The Complete works of Voltaire / Les Œuvres complètes de Voltaire, 33), xxxi, 343 p., p.1-231.

CR : Pour les CR, voir le n° 2492.

2915 VOLTAIRE. *Articles pour le « Dictionnaire de l'Académie »*. Edition critique par Jeroom Vercruysse, avec la collaboration de Ulla Kölving. [In] *Œuvres alphabétiques*. I. Edition critique sous la direction de Jeroom Vercruysse. Oxford : The Voltaire Foundation, 1987. (The Complete works of Voltaire / Les Œuvres complètes de Voltaire, 33), xxxi, 343 p., p.233-313, fac-sims.

CR : Pour les CR, voir le n° 2492.

2916 BARBE, Jean-Paul. « Un *Dictionnaire philosophique* austro-hongrois : les *Buchstaben* du comte János Fekete ». [In] *Travaux sur le XVIIIme siècle*, 2. Université d'Angers, U.E.R. des Lettres et des Sciences Humaines. Angers : Presses de l'U. d'Angers, 1983. 179 p., p.27-46.

Fekete fait partie de ces écrivains des pays de langue allemande qui, pendant les années quatre-vingt, empruntaient au *Dictionnaire philosophique* sa structure et son style satirique.

2917 BECQ, Annie. « Le ‹ Catéchisme chinois › ». [In] *Aspects du discours matérialiste* (1981 : n° 27), p.267-75.

« La tentation matérialiste chez Voltaire » vue à travers cet article du *Dictionnaire philosophique*.

2918 BINGHAM, Alfred J. «The earliest criticism of Voltaire's *Dictionnaire philosophique*». *SVEC* 47 (1966), 15-37.

> Articles par l'abbé N.-S. Bergier.

2919 BROCKMEIER, Peter. «La raison en marche: über Form und Inhalt der Belehrung bei Montesquieu, Marivaux und Voltaire». [In] *Europäische Lehrdichtung: Festschrift für Walter Naumann zum 70. Geburtstag*. Hrsg. von Hans Gerd Rötzer und Herbert Walz. Darmstadt: Wissenschaftliche Buchgesellschaft, 1981. vi, 297 p. ill. p.159-73.

> Voir surtout p.169-73, «Belehrung durch Ideologiekritik: le *Dictionnaire philosophique portatif* (1764)».

2920 CUENAT, P. «Etude de texte. ‹Homme›». *Les Humanités* (Classes de lettres, sections classiques) 47 (janv. 1971), 16-22.

> Etude du texte de l'article tiré des *Questions sur l'Encyclopédie*.

2921 DARNTON, Robert. «What is the history of books?». *Daedalus* 111, n° 3 (1982), 65-83.

> Histoire de la publication des *Questions sur l'Encyclopédie* (p.69-83).

2922 DELON, Michel. «Voltaire entre le continu et le discontinu». [In] *Aspects du discours matérialiste* (1981: n° 27), p.261-65.

> «La tentation matérialiste chez Voltaire» vue à travers deux articles du *Dictionnaire philosophique* qui tournent autour du même problème sur la continuité de l'espace et du temps: «Chaîne des êtres créés» et «Chaîne des événements».

2923 DEPRUN, Jean. «Le *Dictionnaire philosophique* et Malebranche». *Annales de la Faculté des lettres et sciences humaines d'Aix* 40 (1966), 73-78.

> Pourquoi V a recours à la métaphysique de Malebranche.
>
> CR: G. Mirandola, *SFr* 11 (1967), 155.

2924 ETIEMBLE, René. *Mes contre-poisons*. [Paris]: Gallimard, 1974. 252 p.

> p.155-84, «Voltaire et le dictionnaire philosophique» réimprimé du *Dictionnaire philosophique*, éd. de 1967 (*QA* 1719).
>
> CR: J. Weightman, *TLS*, 6 Dec. 1974, p.1391.

2925 GALLIANI, Renato. «Les notes marginales de Voltaire au *Dictionnaire philosophique*». *SVEC* 161 (1976), 7-18.

> Présente des notes inédites au *Dictionnaire* et à un livre de Pluquet. Le vrai Voltaire se trouve dans les notes marginales.
>
> CR: *ECCB* n.s. 2 – for 1976 (1969), 401.

2926 GRANDEROUTE, Robert. « Le bestiaire du *Dictionnaire philosophique portatif* ». *RHL* 81 (1981), 367-90.

> CR : S. Gargantini Rabbi, *SFr* 26 (1982), 152-53 ; *YWMLS* 43 (1981), 158.

2927 GUYOT, Charly. « Voltaire et l'édition neuchâteloise des *Questions sur l'Encyclopédie* ». *Musée neuchâtelois* 6 (1969), 123-33.

> Traite surtout de sa position philosophique et religieuse.

2928 MAGERUS, John E. « An ‹ Etat présent › of studies on Voltaire's *Dictionnaire philosophique* ». *Chimères* (automne 1975), 11-28.

2929 MAGERUS, John E. *The Bible as theme in four eighteenth-century French dictionaries.* Diss., U. of Kansas, 1979. 341 p.

> Résumé : *DAI* 40 (1979-80), 2718A-2719A. Voir le ch. 5, sur le *Dictionnaire philosophique portatif.*

2930 MONTY, Jeanne R. « Notes sur le vocabulaire du *Dictionnaire philosophique* ». *SVEC* 41 (1966), 71-86.

2931 MONTY, Jeanne R. *Etude sur le style polémique de Voltaire : le « Dictionnaire philosophique* ». Genève : Institut et Musée Voltaire, 1966. 199 p. (SVEC, 44).

> CR : J. H. Brumfitt, *FS* 22 (1968), 68 ; R. J. Ellrich, *MLN* 83 (1968), 621-23.

2932 MONTY, Jeanne R. « Voltaire's rhetoric : the use of written evidence in the alphabetical works ». *SVEC* 129 (1974), 41-77.

2933 MORTIER, Roland. «‹ Карманный философский словарь › Вольтера – словарь или памфлет ? » [Le « Dictionnaire philosophique portatif » de Voltaire – dictionnaire ou pamphlet ? »]. [Trad. par P. R. Zaborov]. [In] *Сравнительное изучение литератур* (1976 : n° 9), p.374-81.

2934 MOUREAUX, José-Michel. « Ordre et désordre dans le *Dictionnaire philosophique* ». *DHS* 12 (1980), 381-400.

> Sur l'unité foncière de l'ouvrage.

> Version augmentée [in] *Colloque 76* (1983 : n° 34), p.29-58.

2935 NABLOW, Ralph A. « Voltaire's indebtedness to Addison in the alphabetical works ». *SVEC* 176 (1979), 63-75.

2936 PAGANINI, Gianni. « Tra Epicuro e Stratone : Bayle e l'immagine di Epicuro dal sei al settecento ». *RCSF* 33 (1978), 72-115.

> Voir p.111-15 : le *Dictionnaire philosophique.*

2937 Perkins, Merle L. « Theme and form in Voltaire's alphabetical works ». *SVEC* 120 (1974), 7-40.

2938 Pomeau, René. « La documentation de Voltaire dans le *Dictionnaire philosophique* ». *Quaderni francesi* 1 (1970), 395-405.
  CR : G. Cerruti, *SFr* 16 (1972), 159.

2939 Rétat, Pierre. « Le *Dictionnaire philosophique* de Voltaire : concept et discours du dictionnaire ». *RHL* 81 (1981), 892-900.
  Etude du *Dictionnaire* « à l'intérieur d'une histoire du dictionnaire au xviiie siècle ».
  CR : S. Gargantini Rabbi, *SFr* 26 (1982), 560-61.

2940 Roger, Philippe. « Le dictionnaire contre la Révolution ». *Stanford French review* 14, n° 3 (Winter 1990), 65-83.
  Voir surtout p.65-71 et 77-80 : les rapports des dictionnaires de Chaudon, Nonnotte et Gallais avec celui de V.

2941 Rougier, P. « Explication de l'article ‹ Torture › dans le *Dictionnaire philosophique* de Voltaire ». *Les Humanités* (Classes de lettres, sections modernes) 12 (janv. 1969) 15-16.

2942 Rousseau, André-Michel. « L'idée de progrès dans le *Dictionnaire philosophique* ». *Annales de la Faculté des lettres et sciences humaines d'Aix* 40 (1966), 65-71.

2943 Runte, Roseann. « From La Fontaine to Porchat : the bee in the French fable ». *SECC* 18 (1988), 79-89.
  Voir p.81-82 : V critique de la fable de Mandeville dans le *Dictionnaire*.

2944 Schwarzbach, Bertram Eugene. « Un regard sur l'atelier voltairien ». [In] *Rousseau et Voltaire en 1978* (1981 : n° 30), p.250-72.
  Sur l'édition de Kehl et sur ce qu'il faut supprimer des additions au *Dictionnaire* et aux *Questions* : il faut se méfier de ces additions.

2945 Schwarzbach, Bertram Eugene. « The problem of the Kehl additions to the *Dictionnaire philosophique* : sources, dating and authenticity ». *SVEC* 201 (1982), 7-66.
  CR : *YWMLS* 44 (1982), 163.

2946 Schwarzbach, Bertram Eugene. « Les paganismes vus par l'*Encyclopédie* ». [In] *Les Religions du paganisme antique dans l'Europe chrétienne XVIe-XVIIIe siècle*. Colloque tenu en Sorbonne les 26-27 mai 1987. Paris : Presses de l'U. de Paris-Sorbonne, 1988. 222 p. (Mythes, critiques et histoire, 2), p.163-84.
  En partie sur V et son article « Idole, idolâtre, idolâtrie ».

2947 SHOAF, Richard. « Science, sect, and certainty in Voltaire's *Dictionnaire philosophique* ». *JHI* 46 (1985), 121-26.

Scepticisme et foi uniformitariste vont de pair chez V.

2948 STUCKI, Pierre-André. *Essai sur les catégories de l'histoire littéraire*. Neuchâtel : Editions H. Messeiller, 1969. 117 p.

p.43-46, « Le *Dictionnaire philosophique* de Voltaire ». Voir aussi V *passim* dans l'ouvrage.

2949 TODD, Christopher. *Voltaire : « Dictionnaire philosophique »*. London : Grant and Cutler, 1980. 72 p. (Critical guides to French texts, 5).

CR : J. H. Brumfitt, *FS* 38 (1984), 432 ; M. Carroll, *MLR* 77 (1982), 958 ; R. Niklaus, *BJECS* 6 (1983), 268-69.

2950 TOPAZIO, Virgil W. « Voltaire, ‹ lexicographer of the Enlightenment › ». *SECC* 8 (1979), 311-21.

2951 TRAPNELL, William H. *Voltaire and his portable dictionary*. Frankfurt am Main : Vittorio Klostermann, 1972. 75 p. (Analecta Romanica, 32).

Etude générale qui insiste sur l'ironie.

CR : A. J. Bingham *DidS* 22 (1986), 173-75 ; J. H. Brumfitt, *FS* 29 (1975), 200-201 ; H. Duranton, *SFr* 18 (1974), 166 ; J. Sareil, *RR* 66 (1975), 240-41 ; J. Vercruysse, *RHL* 74 (1974), 504-505.

2952 VERCRUYSSE, Jeroom. « Les œuvres alphabétiques de Voltaire ». *Revue de l'Université de Bruxelles* n.s. 22 (1969-1970), 89-98.

Sur les problèmes liés à la preparation d'une édition critique.

CR : G. Cerruti, *SFr* 14 (1970), 354.

2953 VERCRUYSSE, Jeroom. « Joseph Marie Durey de Morsan chroniqueur de Ferney (1769-1772) et l'édition neuchâteloise des *Questions sur l'Encyclopédie* ». *SVEC* 230 (1985), 323-91.

40 lettres inédites de Durey de Morsan aux dirigeants de la Société typographique de Neuchâtel (avec plusieurs documents) jettent un nouveau jour sur lui et sur la vie quotidienne de V au moment de ses préoccupations avec les *Questions*.

2954 VIROLLE, Roland. « Où en sont les études sur le *Dictionnaire philosophique* de Voltaire ? ». *IL* 26 (1974), 60-67.

Le Dîner du comte de Boulainvilliers

Voir aussi le numéro 2489 (édition).

2955 VOLTAIRE. *Le Dîner du comte de Boulainvilliers*. Edition critique par Ulla Kölving avec la participation de José-Michel Moureaux. [In] *The Complete works of Voltaire / Les Œuvres complètes de Voltaire 63A: 1767*. Oxford: The Voltaire Foundation, 1990. xxxi, 441 p., p.291-408, fac-sim.

    CR: Pour les CR, voir le n° 2496.

2956 ROBINET, André. «Difficultés sur les *Difficultés*: réalité ou fiction dans le *Militaire philosophe*?». *Annales de l'Institut de philosophie* (U. libre de Bruxelles) (1972), 51-75.

    p.64-69, «Difficultés de la fiction: Voltaire *et* ou *est* le militaire?» (traite des rapports entre *Le Dîner du comte de Boulainvilliers* et *Le Militaire philosophe*).

Discours aux Welches

2957 DAPRINI, Pierre B. «Analyse d'un pamphlet voltairien: le *Discours aux Welches*». [In] *Proceedings and papers of the thirteenth congress held at Monash University, 12-18 August 1970*. Australasian Universities language and literature association. Edited by J. R. Ellis. Melbourne: Monash University, 1970. xvi, 493 p., p.193-95.

    Résumé d'une communication.

2958 DAPRINI, Pierre B. «Le *Discours aux Welches* ou la France vue de Ferney». *SVEC* 98 (1972), 47-60.

2959 WATZLAWICK, Helmut. «Casanova and Voltaire's *Discours aux Welches*». *SVEC* 171 (1977), 71-75.

    Casanova est probablement le premier à traduire l'ouvrage en italien.

Discours en vers sur l'homme

Voir aussi le numéro 3182.

2960 VOLTAIRE. *Discours en vers sur l'homme*. Edition critique avec une introduction et un commentaire [par] Jacques Van den Heuvel. Thèse complémentaire, U. de Paris, 1968. 198 f.

2961 FLETCHER, D. J. «Guides, philosophers and friends: the background of Voltaire's *Discours en vers sur l'homme*». [In] *Voltaire and his world* (1985: n° 39), p.5-25.

2962 MASON, Haydn T. «A Voltairean problem: the seventh *Discours en vers sur l'homme*». [In] *Voltaire ... and the comic mode* (1990: n° 52), p.127-41.

Sur le problème de la place du septième discours dans l'ouvrage.

Don Pèdre

Voir aussi les numéros 1775, 1779.

2963 BÉRUBÉ, Georges-L. «*Don Pèdre* dans le théâtre de Voltaire: le cas d'un personnage référentiel». [In] *L'Age du théâtre en France / The Age of theatre in France*. Edited by David Trott and Nicole Boursier. Edmonton: Academic Printing & Publishing, 1988. 374 p. ill. p.107-18.

Approche sémiotique et psychocritique.

2964 ILIE, Paul. «Voltaire and Spain: the meaning of *Don Pèdre*». *SVEC* 117 (1974), 153-178.

Le Droit du seigneur

Voir aussi les numéros 1141, 2417.

2965 VOLTAIRE. *Le Droit du seigneur*. Critical edition by W. D. Howarth. [In] *The Complete works of Voltaire / Les Œuvres complètes de Voltaire 50. 1760. 1.* Oxford: The Voltaire Foundation, 1986. xxi, 542 p., p.1-219, fac-sims.

CR: Pour les CR, voir le n° 2490.

L'Ecossaise

Voir aussi les numéros 1078, 1344.

2966 VOLTAIRE. *L'Ecossaise*. Edition critique avec une introduction et un commentaire... [par] Jean Balcou. Thèse, U. de Rennes, 1968. cxxiii, 162 f.

2967 VOLTAIRE. *L'Ecossaise*. Critical edition by Colin Duckworth. [In] *The Complete works of Voltaire / Les Œuvres complètes de Voltaire 50: 1760. 1.* Oxford: The Voltaire Foundation, 1986. xxi, 542 p., p.221-469, fac-sim.

CR: Pour les CR, voir le n° 2490.

2968 BAASNER, Frank. « Freeport oder der wohltätige Kapitalist : zwei Quellen zu Voltaires *Le Café ou l'Ecossaise* ». *RF* 98 (1986), 360-66.

> Le marchand anglais Sir Andrew Freeport comme modèle.

2969 BALCOU, Jean. « L'affaire de *L'Ecossaise* ». *IL* 21 (1969), 111-15.

2970 BYRD, Charles W., Jr. *The « Philosophes » and the anti-« philosophes » in 1760 : a literary struggle.* Diss., Vanderbilt U, 1973. 392 p.

> Résumé : *DAI* 35 (1974-75), 441A.
>
> En partie sur V et l'*Ecossaise*.

2971 DUCKWORTH, Colin. « Voltaire's *L'Ecossaise* and Palissot's *Les Philosophes* : a strategic battle in a major war ». *SVEC* 87 (1972), 333-51.

2972 MOUREAU, François. « Journaux et journalistes dans la comédie française des 17ᵉ et 18ᵉ siècles ». [In] *La Diffusion et la lecture* (1988 : n° 45), p.153-66, ill.

> Voir p.155-56, 165 : *Le Café ou l'Ecossaise* de V.

2973 YASHINSKY, Jack. « Voltaire's *L'Ecossaise* : background, structure, originality ». *SVEC* 182 (1979), 253-71.

Eléments de la philosophie de Newton

Voir aussi les numéros 1348, 1378, 1689, 2609.

2974 KLEINERT, Andreas. *Die Allgemeinverständlichen Physikbücher der französischen Aufklärung.* Aarau : Verlag Sauerländer, 1974. 187 p. (Veröffentlichungen der Schweizerischen Gesellschaft für Geschichte der Medizin und der Naturwissenschaften, 28).

> p.87-106, « Voltaire : *Elémens de la philosophie de Neuton* ». A la différence des autres vulgarisateurs, V ne peut être qualifié de dilettante. Comme Newton, il insiste sur l'importance de l'union de l'induction et de la déduction. Voir aussi l'index.

2975 PORSET, Charles. « Louis-Martin Kahle et Voltaire : sur les causes finales ». [In] *Voltaire und Deutschland* (1979 : n° 20), p.357-72. Résumé en allemand, p.529-30.

> L. M. Kahle, critique de la *Métaphysique de Newton*.

2976 WALTERS, Robert L. « The allegorical engravings in the Ledet-Desbordes edition of the *Eléments de la philosophie de Newton* ». [In] *Voltaire and his world* (1985 : n° 39), p.27-49, avec 5 p. de pl.

L'Enfant prodigue

Voir aussi le numéro 1771.

2977 YASHINSKY, Jack. «Voltaire's *Enfant prodigue*». *SVEC* 163 (1976), 31-51.
Etude de cette comédie, importante dans l'évolution du théâtre en France.

Epître à Horace

2978 VITTORINI, Edwina & G. F. EVANS. «Voltaire's *Epître à Horace*: an exercise in self-presentation». [In] *The Classical tradition in French literature: essays presented to R. C. Knight by colleagues, pupils and friends*. Edited by H. T. Barnwell *et al.* London: Grant and Cutler, 1977. 256 p., p.179-90.
But activiste.

Eriphyle

Voir aussi le numéro 1600.

2979 NIKLAUS, Robert. «*Eriphyle* and *Sémiramis*». [In] *Essays on the age of the Enlightenment* (1977: n° 10), p.247-54.
Sur les similarités des deux pièces et sur l'importance du mythe dans *Sémiramis*.

2980 SANDERSON, Anne. «Voltaire and the problem of dramatic structure: the evolution of the form of *Eriphyle*». *SVEC* 228 (1984), 97-128.

Essai historique et critique sur les dissensions des Eglises de Pologne

2981 VOLTAIRE. *Essai historique et critique sur les dissensions des Eglises de Pologne*. Edition critique par Daniel Beauvois et Emanuel Rostworowski. [In] *The Complete works of Voltaire | Les Œuvres complètes de Voltaire 63A: 1767*. Oxford: The Voltaire Foundation, 1990. xxxi, 441 p., p.241-89, fac-sim.
CR: Pour les CR, voir le n° 2496.

Essai sur les mœurs

Voir aussi les numéros 197, 714, 777, 807, 810, 815, 1210, 1541, 1549, 1855, 1881, 1885, 2020, 2028, 2157, 2336, 2351, 2730, 3133.

2982 Альбина, Л. Л. «Вольтер в работе над *Опытом о нравах и духе народов*» [Voltaire et son travail sur l'*Essai sur les mœurs et l'esprit des nations*]. *FE 1980* (1982), 192-203.

> Résumé en français, p.202-203. Sources.

2983 Benrekassa, Georges. *La Politique et sa mémoire : le politique et l'historique dans la pensée des Lumières*. Paris : Payot, 1983. 370 p. (Bibliothèque historique).

> p.115-76, «L'enclume et le marteau : figures du pouvoir et ordre social dans l'*Essai sur les mœurs*, ou comment on survit à l'histoire».

> CR : M. Baridon, *DHS* 17 (1985), 463-64 ; M. Delon, *Lendemains* 38-39 (1985), 168-69 ; M.-M. Varet, *BPh* 31 (1984), 280 ; M. Waddicor, *RHL* 85 (1985), 300-301.

2984 Benrekassa, Georges. «L'histoire de l'aventure humaine». *MagL* 238 (1987), 39-41.

> Trad. en grec : *Διαβάζω* 177 (28 oct. 1987), 38-40, ill.

2985 Bitterli, Urs. «Voltaires *Essai sur les mœurs*. Die Œffnung der überseeischen Welt». *Neue Zürcher Zeitung*, 27./28. Mai 1978, p.66.

2986 Duchet, Michèle. *Le Partage des savoirs : discours historique et discours ethnologique*. Paris : Editions La Découverte, 1985. 230 p. (Textes à l'appui. Série histoire contemporaine).

> p.53-63, «Histoire et historicité : l'*Essai sur les mœurs* de Voltaire».

> CR : M. Delon, *DHS* 18 (1986), 513.

2987 Duranton, Henri. «Les *Mémoires de Trévoux* et l'histoire : l'année 1757». [In] *Les « Mémoires de Trévoux »*. Centre d'études du XVIIIᵉ siècle de l'Université Lyon II. [Lyon : U. de Lyon II], 1973. 106 p. (Etudes sur la presse au XVIIIᵉ siècle, 1), p.5-37.

> Voir surtout p.5-6, 23-25 : les *Mémoires de Trévoux* et l'*Essai sur les mœurs*.

2988 Duranton, Henri. «Le manuscrit et les éditions corrigées de l'*Essai sur les mœurs* de Voltaire». [In] *Die Nachlassedition / La Publication des manuscrits inédits*. Akten vom Centre national de la recherche scientifique und der Deutschen Forschungsgemeinschaft veranstalteten französisch-deutschen Editorenkolloquiums, Paris, 1977. Hrsg. von Louis Hay und Winfried Woesler. Bern, &c. :

Peter Lang, 1979. 248 p. (Jahrbuch für Internationale Germanistik, Reihe A, Kongressberichte 4).

> p.54-61. Résumé en allemand, p.61-62.

2989 DURANTON, Henri. «La genèse de l'*Essai sur les mœurs*: Voltaire, Frédéric II et quelques autres». [In] *Voltaire und Deutschland* (1979: n° 20), p.257-68. Résumé en allemand, p.519.

2990 DURANTON, Henri. «Quatre en une ou les surprises de la contrefaçon: les avatars d'une édition de l'*Histoire universelle* de Voltaire». [In] *Les Presses grises: la contrefaçon du livre (XVIᵉ-XIXᵉ siècles)*. Textes réunis par François Moureau. Paris: Aux Amateurs de livres, 1988. 379 p., p.231-40.

2991 DURANTON, Henri. «Un usage singulier des gazettes: la stratégie voltairienne lors de la parution de l'*Abrégé d'histoire universelle* (1753-1754)». [In] *La Diffusion et la lecture* (1988: n° 45), p.31-38. Résumé par J. Sgard, p.280.

2992 EMBREE, Ainslie T. «The understanding of Indian government in Western social and political thought». [In] *Society and history: essays in honor of Karl August Wittfogel*. Edited by G. L. Ulmen. The Hague, &c.: Mouton, 1978. x, 517 p., p.173-86.

> Voir notamment p.183 (*Essai sur les mœurs*).

2993 FERENCZI, László «Le *Discours* de Bossuet et l'*Essai* de Voltaire». [In] *Les Lumières en Hongrie ... Actes 5* (1984: n° 37), p.187-91.

> Le *Discours sur l'histoire universelle* et l'*Essai sur les mœurs*.

2994 GALLAS, Helga. «Versuch über die Sitten und den Geist der Nation». *Die Zeit* (Hamburg), 15 Juni 1984, p.45.

> Article à l'occasion d'une réimpression de l'*Essai sur les mœurs*. Ed. R. Pomeau (1963: *QA* 1739).

2995 HEMPEL, Wido. «Die ‹Jakobiner des XIII. Jahrhunderts›. Ein Schauprozess des Mittelalters und seine ideengeschichtlichen und literarischen Folgen in der europäischen Aufklärung und Romantik». *Arcadia* 11 (1976), 1-37.

> Voir p.10-12: V sur les Templiers dans l'*Essai sur les mœurs*.

2996 LAURENT-HUBERT, Madeleine. «L'*Essai sur les mœurs et l'esprit des nations*: une histoire de la monnaie?». [In] *Le Siècle de Voltaire* (1987: n° 44), ii.577-91.

2997 LIGOU, Daniel. «Recherches sur Voltaire et le luthéranisme allemand». [In] *Voltaire und Deutschland* (1979: n° 20), p.269-81. Résumé en allemand, p.524-25.

> Traite surtout de V historien dans l'*Essai sur les mœurs*.

2998 MINUTI, Rolando. « Mito e realtà del despotismo ottomano : note in margine ad una discussione settecentesca ». *SSe* 1 (1981), 35-59.

Voir notamment p.46-50, à propos de l'*Essai sur les mœurs*.

2999 TEDESCHI, Paul. *Saint-Aubin et son œuvre : prémices d'une science de l'opinion*. Paris : Nizet, 1968. 287 p.

Voir p.234-35 : l'auteur signale des ressemblances frappantes entre le *Traité de l'opinion* (XVIIe siècle) et les *Remarques pour servir de supplément à l'Essai sur les mœurs* (1763) de V. Il constate que V aurait lu et utilisé le texte de Saint-Aubin.

3000 TRENARD, Louis. « De l'*Essai sur les mœurs* à un manuel condamné ». [In] *Pour une histoire qualitative : études offertes à Sven Stelling-Michaud*. Genève : Presses universitaires romandes, 1975. 340 p., p.161-78.

L'édition abrégée en manuel par l'abbé Joseph Audra et condamnée à Toulouse.

3001 TRENARD, Louis. « Voltaire, historien de la Réforme en France ». [In] *Historiographie de la Réforme*. Sous la direction de Philippe Joutard. [Colloque Aix-Marseille, U. de Provence, 22-24 septembre 1972]. Paris, &c. : Delachaux & Niestlé, 1977. 509 p. ill. p.156-70.

3002 VAN KLEY, Edwin J. « Europe's ‹ discovery › of China and the writing of world history ». *AHR* 76 (1971), 358-85.

Voir surtout p.374, 382-85.

3003 VOSS, Jürgen. *Das Mittelalter in historischen Denken Frankreichs : Untersuchungen zur Geschichte des Mittelalterbegriffes und der Mittelalterbewertung von der zweiten Hälfte des 16. bis zur Mitte des 19. Jahrhunderts*. München : Wilhelm Fink Verlag, 1972. 484 p. (Veröffentlichungen des historischen Instituts der Universität Mannheim, 3).

Voir p.272-78 et l'index : l'*Essai sur les mœurs*.

Essay upon the epic poetry of France

Voir aussi les numéros 714, 805, 1275, 2397.

3004 VOLTAIRE. *Voltaire's Essay on epic poetry : a study and an edition*. By Florence Donnell White. Albany, N.Y. : The Brandow Printing Co., 1915. viii, 167 p.

p.1-11, « The publication of the English essays » ; p.12-26, « The language of the *Essay on epic poetry* » ; p.27-40, « The French translation of the *Essay* » ; p.41-48, « Voltaire's French version » ; p.49-72, « The substance of the essay ».

Réimpr. : New York : Phaeton P., 1970.

3005 *Le Bossu and Voltaire on the epic: René Le Bossu, « Treatise on the epick poem »*
(1695); Voltaire, « Essay on epick poetry » (1727). Facsimile reproductions with
an introduction by Stuart Curran. Gainesville, Fla.: Scholars' Facsimiles &
Reprints, 1970. xiii, [36], 266, 37-130 p.

> p.v-xiii, «Introduction» (surtout p.xi-xiii).

3006 CARPENTARI-MESSINA, Simone. «Voltaire et Paolo Rolli: les deux versions de
l'*Essai sur la poésie épique*». [In] *Travaux comparatistes*. Edités par Lucette
Desvignes. Saint-Etienne: Centre d'études comparatistes et de recherche sur
l'expression dramatique, 1978. 177 p., p.81-110.

> Etude de transformations, dans des éditions de l'*Essai*, probablement dues en partie
> à la critique de Rolli.

Examen important de milord Bolingbroke

3007 VOLTAIRE. *L'Examen important de milord Bolingbroke*. Edition critique par Roland
Mortier. [In] *The Complete works of Voltaire / Les Œuvres complètes de Voltaire 62:
1766-1767*. Oxford: The Voltaire Foundation, 1987. xv, 518 p., p.127-362.

> CR: Pour les CR, voir le n° 2491.

Fragments historiques sur l'Inde et sur le général Lally

3008 MANLEY, Cynthia. *Voltaire's « Fragments sur l'Inde et sur le général Lally »: a critical
edition*. Diss., U. of Texas at Austin, 1976. 401 p.

> Résumé: *DAI* 37 (1976-77), 2921A.

La Guerre civile de Genève

3009 VOLTAIRE. *La Guerre civile de Genève*. Edition critique par John Renwick. [In]
The Complete works of Voltaire / Les Œuvres complètes de Voltaire 63A: 1767.
Oxford: The Voltaire Foundation, 1990. xxxi, 441 p., p.1-152, fac-sims.

> CR: Pour les CR, voir le n° 2496.

3010 RENWICK, John P. «Voltaire et les antécédents de la *Guerre civile de Genève*».
SVEC 185 (1980), 57-86.

> Histoire du poème, avec une vue historique sur la période de sa composition.
>
> CR: A. D. Hytier, *ECCB* n.s. 6 – for 1980 (1984), 597.

La Henriade

Voir aussi les numéros 146, 296, 679, 828, 886, 1005, 1013, 1265-1266, 1391, 1790, 1799, 2052, 2397, 2624, 3149, 3278.

3011 VOLTAIRE. *La Henriade*. Edition critique avec une introduction et des notes par O. R. Taylor. Genève: Institut et Musée Voltaire, 1965. 3 vols (SVEC, 38-40).

> CR: J. H. Brumfitt, *FS* 21 (1967), 67-78; G. Van den Bogaert, *RHL* 68 (1968), 646-47; M. H. Waddicor, *MLR* 62 (1967), 728-29.

> Deuxième édition entièrement revue et mise à jour. Genève: Institut et Musée Voltaire, 1970. 740 p. (The Complete works of Voltaire / Les Œuvres complètes de Voltaire, 2); p.17-253, «Introduction». Le texte est suivi d'une bibliographie, 3 appendices et un index général.

> CR: J. H. Brumfitt, *FS* 27 (1973), 335-36; C. Todd, *MLR* 67 (1972), 896-97; J. Vercruysse, *RHL* 72 (1972), 720-21.

3012 «Origines et première publication de *La Ligue* de Voltaire». *Intermédiaire* 38 (1988), 101, 381-82, 542, 691.

> Communications de Justiflex, H. Viallet, J. Cassagnau, C. Golly.

3013 BRINKEL, Edith. *Epic poetry and its theory in the 18th century*. Diss., New York U, 1978. 483 p.

> Résumé: *DAI* 39 (1978-79), 3561A.

> Traite en partie de *La Henriade*.

3014 CHAMBERS, Ross. «Nerval et *La Henriade*». *RSH* 33 (1968), 209-16.

> Le poème de V est un des modèles d'*Aurélia*.

3015 CHRISTOPHOROV, Pierre. «Un chapitre de la *Poétique du christianisme*: ‹La Henriade›». *Poetica* 1 (1967), 534-55.

> Etude de l'évolution des observations de Chateaubriand sur *La Henriade* dans les cinq premières éditions du *Génie du christianisme*. Commentaires par Christophorov, p.546-55.

3016 HERBERT, Robert L. «Baron Gros's Napoleon and Voltaire's Henri IV». [In] *The Artist and the writer in France: essays in honour of Jean Seznec*. Edited by Francis Haskell, Anthony Levi and Robert Shackleton. Oxford: Clarendon P., 1974. xii, 184 p. pl. p.52-75.

> Gros s'inspire des illustrations de Gravelot pour *La Henriade* de V, ce qui reflète la rivalité cachée de Napoléon avec Henri IV.

3017 LAFARGA, Francisco. «Sur la fortune de la *Henriade* en Espagne». *SVEC* 199 (1981), 139-53.

> CR: A. D. Hytier, *ECCB* n.s. 7 – for 1981 (1985), 600.

3018 LAURENT, Marcel. «Une *Henriade* rustique». *RHL* 75 (1975), 555-73.

> *La Henriade de Voltaire mise en vers burlesques auvergnats* par Amable Faucon (*c.* 1784) et une autre parodie par Fougeret de Monbron (1745).
>
> CR: *ECCB* n.s. 1 – for 1975 (1978), 391; N. Melani, *SFr* 19 (1975), 559-60.

3019 MANZONI, Alessandro. *On the historical novel.* Translated with an introduction by Sandra Bermann. Lincoln; London: U. of Nebraska P., 1984. x, 134 p.

> p.104-105, 108-13: *La Henriade,* épopée historique.

3020 MEYER, Jean. «Mythes monarchiques: le cas Henri IV aux XVIIe et XVIIIe siècles». [In] *La Monarchie absolutiste* (1987: n° 43), p.169-96.

> Voir p.189-91: *La Henriade* et *La Pucelle.*

3021 O'REGAN, Michael. «Imitation, tradition and creation – vicissitudes of the phrase ‹eternal night› in French poetry». [In] *Actes du IVe congrès de l'Association internationale de littérature comparée, Fribourg, 1964 / Proceedings of the IVth congress of the International Comparative Literature Association.* Rédigés par François Jost. The Hague; Paris: Mouton, 1966. 2 vols, ii.820-26.

> Voir p.804 sq.

3022 PABST, Walter. «Newton-Spuren in *La Henriade*». [In] *Französische Literatur im Zeitalter der Aufklärung: Gedächtnisschrift für Fritz Schalk.* Hrsg. von Wido Hempel, Frankfurt am Main: Vittorio Klostermann, 1983. viii, 361 p. (Analecta Romanica, 48), p.261-78.

3023 RIGAL, Juliette. «*La Henriade.* Catalogue des éditions illustrées de *La Henriade* au XVIIIe siècle». *Bulletin de la Société des amis du château de Pau* n.s. 105-107 (1986-1987). 55 p. pl.

> N° spécial contenant un index des graveurs, dessinateurs et éditeurs des gravures.

3024 SAULNIER, V.-L. «Voltaire, Malézieu, et la tête épique». [In] *Actes du Xe congrès (Toulouse, 8-10 avr. 1978).* Association Guillaume Budé. Paris: Les Belles Lettres, 1980. 468 p., p.195-200.

> Essai d'explication d'une phrase de Nicolas de Malézieu à propos de *La Henriade.*

3025 SCHORR, James L. «*La Henriade* revisited». *SVEC* 256 (1988), 1-20.

> Sur la critique de *La Ligue* par Justus van Effen et son rôle probable dans la transformation de ce poème en *La Henriade.*

3026 Sheridan, Geraldine. « Voltaire's *Henriade* : a history of the ‹subscriber› edition, 1728-1741 ». *SVEC* 215 (1982), 77-89, pl.

>   CR : M. Menemencioglu, *RHL* 86 (1986), 146-47.

3027 Taylor, O. R. « Voltaire's apprenticeship as a historian : *La Henriade* ». [In] *The Age of the Enlightenment* (1967 : nº 1), p.1-14.

3028 Taylor, O. R. « *La Henriade* : a complementary note ». *SVEC* 60 (1968), 105-107.

>   La querelle de V avec Nicolas Prévost à propos du texte.

3029 Taylor, O. R. « Voltaire et la Saint-Barthélemy ». *RHL* 73 (1973), 829-38.

3030 Taylor, O. R. « Voltaire et *La Ligue* : le projet de souscription – note complémentaire ». *SVEC* 212 (1982), 1-5.

>   Sur la probabilité de subventions officielles.

3031 Trost, Klaus. « Kontrastive Bemerkungen zu Šolochovs Erzählung *Das Muttermal* ». *Archiv* 213 (1976), 128-33.

>   En partie sur *La Henriade*.

Histoire de Charles XII

Voir aussi les numéros 1214, 1231, 1526, 1538, 1855, 1890.

3032 Voltaire. *Histoire de Charles XII*. Chronologie et préface par Georges Mailhos. Paris : Garnier-Flammarion, 1968. 252 p. (G-F, « Texte intégral », 170).

>   p.9-19, « Préface » ; p.243-52, « Notes ».
>   CR : W. H. Barber, *FS* 26 (1972), 456-57 ; L. Sozzi, *SFr* 13 (1969), 558.

3033 Voltaire. *The History of Charles XII, king of Sweden*. Translated by Antonia White. Introduction by R. M. Hatton. London : Folio Society, 1976. 285 p. pl. ill.

>   p.9-25, « Introduction ».
>   CR : A. D. Hytier, *ECCB* n.s. 5 – for 1979 (1983), 600-601.

3034 Voltaire. *Lion of the North : Charles XII of Sweden*. Translated by M. F. O. Jenkins. Rutherford, N.J., &c. : Fairleigh Dickinson U. P. ; London & Toronto : Associated U. Presses, 1981. 270 p.

>   p.7-13, « Translator's introduction ».

3035 VOLTAIRE. *Histoire de Charles XII, roi de Suède*. Préface de Roger Peyrefitte. Paris: Olivier Orban, 1987. 282 p. (Les 40 grands textes de l'histoire, 2).

p.7-17, «Préface».

3036 ALEKAN, Jacques. «Chronique littéraire du passé: Voltaire dans la ‹clandestinité› à Rouen et ses complices». *RSSHN* 53 (1969), 41-53.

La publication de l'*Histoire de Charles XII* en 1731, avec l'aide de Cideville et de Jean-Baptiste-Nicolas Formont.

3037 Артамонов, С. Д. «Вольтеровская *История Карла XII*» [L'*Histoire de Charles XII* de Voltaire]. *Вопросы истории* (1972, n° 6), 210-14.

3038 GRAFSTRÖM, Åke. «La langue du comte Robert Joseph de la Cerda de Villelongue, correspondant de Voltaire». *SMS* n.s. 7 (1984), 16-64.

Voir p.16-19 (rapports de Villelongue avec V) et 59-63 (étude comparative de la langue des deux hommes). Villelongue fut une source de V pour l'*Histoire de Charles XII*.

CR: J.-P. Chambon, *RLiR* 205-206 (1988), 302.

3039 HEDBERG, Johannes. «Hjältekungen i Voltaires sorgespel, en man utan svagheter» [Le héros dans les tragédies de Voltaire, un homme sans faiblesse]. *Göteborgs-posten*, 18 juli 1982, ill.

Sur l'*Histoire de Charles XII*.

3040 JUNGMARKER, Gunnar. «Om Herr Voltaires översättare och Kung Karls enväldiga stövel» [Sur le traducteur de M. de Voltaire et la botte despotique du roi Charles]. *Bokvännen* 35 (1980), 179-89, ill.

A propos d'une traduction suédoise de l'*Histoire de Charles XII*.

3041 LEBOIS, André. «Voltaire historien dans l'*Histoire de Charles XII*». [In] *L'Histoire au dix-huitième siècle* (1980: n° 21), p.297-305.

3042 WOLFF, Lawrence. «Voltaire's Eastern Europe: the mapping of civilization on the itinerary of Charles XII», *Harvard Ukrainian studies* 14 (1990), 623-47.

Histoire de Jenni

3043 CARR, Thomas M., Jr. «Eloquence in the defense of deism: Voltaire's *Histoire de Jenni*». *KRQ* 25 (1978), 471-80.

3044 DÉMORIS, René. «Genèse et symbolique de l'*Histoire de Jenni, ou le sage et l'athée* de Voltaire». *SVEC* 199 (1981), 87-123.

CR : *YWMLS* 44 (1982), 165-66.

Histoire de l'empire de Russie sous Pierre le Grand

Voir aussi les numéros 1411, 1890.

3045 VOLTAIRE. *Storia della Russia sotto Pietro il grande*. Cura e traduzione di Roberta Ferrara. Roma : Avanzini e Torraca editore, 1967. 320 p. (I classici per tutti, 32).

> p.8-19, « Introduzione ; p.301-308, « Cronologia » ; p.309-18, « Note ».

3046 VOLTAIRE. *Russia under Peter the Great*. Translated and introduced by M. F. O. Jenkins. Rutherford, N.J., &c. : Fairleigh Dickinson U. P. ; London & Toronto : Associated U. Presses, 1984. 281 p.

> p.11-19, « Translator's introduction ».
>
> CR : J. Black, *BJECS* 8 (1985), 248-49.

3047 Альбина, Л. Л. « Источники *Истории Российской империи при Петре Великом* Вольтера в его библиотеке » [Sources de l'*Histoire de l'empire de Russie sous Pierre le Grand* de Voltaire dans sa bibliothèque]. [In] *Проблемы источниковедческого изучения рукописных и старопечатных фондов*, 2. Ленинград : Государственная публичная библиотека имени М. Е. Салтыкова-Щедрина, 1980. 218 p. (Министерство культуры РСФСР : государственная ордена трудового красного знамени публичная библиотека имени М. Е. Салтыкова-Щедрина), p.153-70.

> CR : C. & M. Mervaud, *RHL* 85 (1985), 685.

3048 Альбина, Л. Л. « Вольтер в работе над ‹ Историей Российской империи при Петре Великом › » [Voltaire dans son ouvrage l'*Histoire de l'empire de Russie sous Pierre le Grand*]. [In] *Век Просвещения : Россия и Франция | Le Siècle des Lumières : Russie. France*. Материалы научной конференции « Випперовские чтения – 1987 » выпуск xx. Москва : Государственный музей изобразительных искусств имени А. С. Пушкина, 1989. 301 p., p.115-29. Résumé en français, p.295-96.

> Des notes marginales et autres signes de lecture dans les livres de sa bibliothèque révèlent les sources de son *Histoire*.

3049 DAY, Hélène. *Voltaire's portrayal of Peter the Great*. Diss., Boston U. Graduate School, 1971. 348 p.

> Résumé : *DAI* 32 (1971-72), 2053A.

3050 GALLIANI, Renato. « Quelques remarques sur l'*Histoire de l'empire de Russie sous Pierre le Grand* ». *RLMC* 32 (1979), 262-70.

3051 GOGGI, Gianluigi. «Diderot-Raynal e Algarotti sulla Russia». [In] *Letteratura fra centro e periferia: studi in memoria di Pasquale Alberto De Lisio*. A cura di Gioacchino Paparelli e Sebastiano Martelli. Napoli: Edizioni scientifiche italiane, 1987. 1291 p. (Pubblicazioni dell'Università degli studi di Salerno, Sezioni Atti, convegni, miscellanee, 15), p.543-84.

> Traite en partie de la vue de la Russie et de Pierre le Grand dans l'*Histoire de l'empire de Russie*: vue opposée par Jaucourt dans l'*Encyclopédie*.

3052 HOFFMANN, Peter. «Lomonosov und Voltaire». [In] *Studien zur Geschichte der russischen Literatur des 18. Jahrhunderts, 3*. Hrsg. von Helmut Grasshoff und Ulf Lehmann unter Mitarbeit von Annalies Lauch und Roswitha Loew. Berlin: Akademie-Verlag, 1968. 664 p. (Deutsche Akademie der Wissenschaften zu Berlin. Veröffentlichungen des Instituts für Slawistik, 28/III), p.417-25, 600-603.

> A propos de l'*Apothéose de Pierre le Grand* et l'œuvre de V: voir l'*Apothéose de Pierre le Grand* (1964: *QA* 1755).

3053 Прийма, Ф. Я. «Ломоносов и *История российской империи при Петре Великом* Вольтера» [Lomonosov et l'*Histoire de l'empire de Russie sous Pierre le Grand* de Voltaire]. *XVIII век* 3 (1958), 170-86.

> Réimpr. dans son *Пушкин литература на западе. Статьи и разыскания*. Ленинград: Издательство «Наука», Ленинградское отделение, 1970. 256 p., p.58-76.

Histoire des voyages de Scarmentado

3054 BIENAIMÉ RIGO, Dora. «Un racconto esemplare: l'*Histoire des voyages de Scarmentado* di Voltaire». [In] *Scritti dedicati ad Alessandro Raselli*. Milano: Guiffrè, 1971. 2 vols (Università di Siena, Facoltà di giurisprudenza, Collana di studi Pietro Rossi, n.s. 5), p.161-80.

> CR: G. Pinter, *SFr* 18 (1974), 354.

3055 SAREIL, Jean. «Explication de texte: *Histoire des voyages de Scarmentado* de Voltaire». *TLTL* 12, n° 2 (Apr. 1973), 16-22.

3056 WOLPER, Roy S. «The black captain and Scarmentado: tyrant and fool?». *ECF* 1 (1988-1989), 119-31.

Histoire du docteur Akakia

Voir aussi le numéro 1017.

3057 VOLTAIRE. *Histoire du docteur Akakia et du natif de Saint-Malo.* Edition critique
avec une introduction et un commentaire par Jacques Tuffet. Paris: Nizet,
1967. cxxxvi, 115 p.
  p.vii-cxxxi, «Introduction»; p.45-99, «Notes».
  CR: *BCLF* 23 (1968), 115; J. H. Brumfitt, *FS* 23 (1969), 298; B. Cazes, *Critique* 24
  (1968), 631-32; M. L. Dufrenoy, *RR* 60 (1969), 204; Ch. Fleischauer, *RHL* 69
  (1969), 301; B. Guy, *FR* 41 (1967-68), 886-87; L. Sozzi, *SFr* 13 (1969), 154;
  J. Vercruysse, *RBPH* 47 (1969), 684-85.

Histoire du parlement de Paris

3058 KOTTA, Nuçi. «Voltaire's *Histoire du parlement de Paris*». *SVEC* 41 (1966), 219-
30.

3059 PONZO, Giovanni. «Voltaire e la storia del Parlamento di Parigi». *Storia e
politica* 8 (1969), 433-65; *Ibid.* 9 (1970), 462-505.
  Etude de l'*Histoire du parlement de Paris.*

Homélies prononcées à Londres

3060 VOLTAIRE. *Homélies prononcées à Londres.* Edition critique par Jacqueline Marchand. [In] *The Complete works of Voltaire / Les Œuvres complètes de Voltaire 62:
1766-1767.* Oxford: The Voltaire Foundation, 1987. xv, 518 p., p.409-85.
  CR:Pour les CR, voir le n° 2491.

L'Homme aux quarante écus

Voir aussi les numéros 2470 (édition); 1642, 1650, 2016 (études).

3061 ALBINA, Larissa L. «Les sources du conte *L'Homme aux quarante écus*». *SVEC*
216 (1983), 273-75.

3062 ALBINA, Larissa L. «Les sources du conte antiphysiocratique *L'Homme aux
quarante écus* d'après les données nouvelles provenant de la bibliothèque personnelle de Voltaire». *SVEC* 242 (1986), 159-68.

3063 Альбина, Л. Л. «Источники антифизиократического романа Вольтера *Человек с сорока экю* (по материалам его библиотеки)» [Les sources de *L'Homme aux quarante écus*, roman antiphysiocratique de Voltaire (sur des matériaux dans sa bibliothèque)]. [In] *Источниковедческое изучение памятников письменной культуры. Сборник научных трудов*. Ленинград: Государственная публичная библиотека им. М. Е. Салтыкова-Щедрина, 1984. 179 p., p.148-65.

3064 GINSBERG, Robert. «The argument of Voltaire's *L'Homme aux quarante écus*: a study in philosophic rhetoric». *SVEC* 56 (1967), 611-57.

3065 KOTTA, Nuçi. *« L'Homme aux quarante écus »: a study of Voltairian themes*. With a foreword by George R. Havens. The Hague; Paris: Mouton, 1966. 168 p. (Studies in French literature, 5). [Diss., Columbia U, 1964].

> CR: P. Alatri, *SFr* 12 (1968), 315-18; A. Delorme, *RSyn* 90 (1969), 166-67; H. Fenger, *OL* 23 (1968), 87-88; M. Fontius, *DLZ* 89 (1968), 888-90; R. L. Frautschi, *FR* 41 (1967-68), 738-39; J. Pappas, *DidS* 10 (1968), 328-35; J. Sofer, *NS* 67 (1968), 466-67; C. Thacker, *FS* 23 (1969), 75-77; L. Thielemann, *CL* 22 (1970), 362-64; V. W. Topazio, *RR* 60 (1969), 206-208; J. Varloot, *RHL* 69 (1969), 301-302.

3066 MORRIS, Alice. *A new interpretation of Voltaire's « L'Homme aux quarante écus »*. Diss., U. of Massachusetts, 1978. 180 p.

> Résumé; *DAI* 39 (1978-79), 4972A-4973A.

3067 SCHLEICH, Thomas C. *« L'Homme aux quarante écus de Voltaire* (1768) ». [In] *Französische Literatur in Einzeldarstellungen*. 1: *Von Rabelais bis Diderot*. Hrsg. von Peter Brockmeier & Hermann Wetzel. Stuttgart: J. B. Metzlersche Verlagsbuchhandlung, 1981. 424 p., p.296-98.

> Voir aussi l'index.

L'Ingénu

Voir aussi les numéros 2458, 2464, 2478, 2482 (éditions); 634, 679, 892, 914, 1112, 1171, 1240, 1366, 1639, 1655, 1672, 2025, 2048, 2354, 2673 2674, 3509 (études).

3068 VOLTAIRE. *El Ingenuo*. [Trad. Germán Sánchez Espeso]. Madrid: Ediciones del centro, 1974. 140 p.

> p.7-13, «Nota preliminar».

3069 VOLTAIRE. *L'Ingénu. Der Freimütige. Französisch/Deutsch*. Übersetzt und hrsg. von Peter Brockmeier. Stuttgart: Reclam, 1982. 256 p. (Universal-Bibliothek, 7909).

> Edition bilingue, avec notes et bibliographie; p.209-56, «Nachwort».

3070 ALCOVER, Madeleine. « La casuistique du père Tout à tous et *Les Provinciales* ».
     SVEC 81 (1971), 127-32.

  > L'influence de l'ouvrage de Pascal sur *L'Ingénu*.

3071 BACH, Wolf-Dieter. « Symbolon. Oder: Voltaires irokesischer Herkules ».
     Sprache im technischen Zeitalter 58 (1976), 112-42.

  > Voir surtout p.133-37: Hercule dans *L'Ingénu*.

3072 BALMAS, Enea. *Il Buon selvaggio nella cultura francese del settecento*. Milano:
     Cisalpino-Goliardica, 1980. 297, xii p., fac-sim.

  > Voir p.72-74, 92-103 et l'index: traite principalement de *L'Ingénu*.

  > Autre éd.: Fasano di Puglia: Schena, 1984. 320 p. pl. (Biblioteca della ricerca.
  > Cultura straniera, 3). Voir p.79-81, 103-15 et l'index.

3073 CARROLL, M. G. « Some implications of ‹ vraisemblance › in Voltaire's *L'In-
     génu* ». *SVEC* 183 (1980), 35-44.

  > La réalité morale et psychologique contribue à la vraisemblance.

3074 CLARK, Priscilla P. « *L'Ingénu*: the uses and limitations of naïveté ». *FS* 27
     (1973), 278-86.

3075 CLOUSTON, John S. *« L'Ingénu » de Voltaire: la raison et le sentiment au service de
     l'humanité*. Diss., U. of Western Ontario, 1981.

  > Résumé: *DAI* 42 (1981-82), 2669A.

  > Résumé réimpr.: *Dalhousie French studies* 3 (1981), 118.

3076 CLOUSTON, John S. *Voltaire's binary masterpiece « L'Ingénu » reconsidered*. Berne,
     &c.: Peter Lang, 1986. v, 352 p. (European university studies, series 13:
     French language and literature, 111). [Diss., U. of Western Ontario, 1981].

  > CR: R. Granderoute, *DHS* 21 (1989), 538; H. Kars, *RHFB* 59 (1989), 77-78.

3077 GAILLARD, Pol. « *L'Ingénu. Histoire véritable*. (Analyse critique) ». *IL* 34 (1982),
     212-18.

  > CR: *YWMLS* 44 (1982), 165.

3078 HAVENS, George R. « Voltaire's *L'Ingénu*: composition and publication ». *RR*
     63 (1972), 261-71.

3079 HENEIN, Eglal. « Hercule ou le pessimisme. Analyse de *L'Ingénu* ». *RR* 72
     (1981), 149-65.

3080 HIGHNAM, David E. « *L'Ingénu*: flawed masterpiece or masterful innovation ».
     SVEC 143 (1975), 71-83.

3081 JOHNSON, Joan. *The « Ingénu » : a study in the structure of eighteenth-century literary primitivism.* Diss., U. of Texas at Austin, 1972. 241 p.

Résumé: *DAI* 34 (1973-74), 776A.

3082 KEMPF, Roger. « La table de Voltaire ». *CS* 52, n° 383-84 (1965), 169-71.

L'importance littéraire des repas dans *L'Ingénu*.

Réimpr. [in] Roger Kempf. *Sur le corps romanesque.* Paris: Editions du Seuil, 1968. 188 p. (Pierres vives), p.23-28.

Trad.: « The many meals of Voltaire ». Tr. by Joy N. Humes. *TriQ* n.s. 4 (1965), 62-64.

3083 LEVY, Zvi. « *L'Ingénu* ou l'*Anti-Candide* ». *SVEC* 183 (1980), 45-67.

Etude de techniques narratives.

3084 MAGNAN, André. « Voltaire, *L'Ingénu*, VI, 3-65 : le fiasco et l'aporie ». [In] *Le Siècle de Voltaire* (1987 : n° 44), ii.621-31.

Analyse du texte.

3085 MASON, Haydn T. « The unity of Voltaire's *L'Ingénu* ». [In] *The Age of the Enlightenment* (1967 : n° 1), p.93-106.

3086 MASSON, Nicole. *« L'Ingénu » de Voltaire et la critique de la société à la veille de la Révolution.* Paris: Bordas et fils, 1989. 127 p. ill. (Littérature vivante).

Manuel scolaire destiné à éclairer la lecture de textes choisis des XVIIᵉ et XVIIIᵉ siècles où *L'Ingénu* occupe une place centrale (p.51-88). Il est question aussi des *Lettres philosophiques* (p.30-31 et 36-39) ; de « La Bastille » (p.44-48), et de l'article « Liberté de penser » du *Dictionnaire philosophique* (p.106-109).

CR : J. Spica, *RHL* 91 (1991), 999-99.

3087 MERVAUD, Christiane. « Sur l'activité ludique de Voltaire conteur : le problème de *L'Ingénu* ». *IL* 35 (1983), 13-17.

CR : *YWMLS* 45 (1983), 155.

3088 MORTIER, Roland. « La ‹consolatio mortis›, ou le roman sermonneur au tournant des Lumières ». [In] *Dilemmes du roman : essays in honor of Georges May.* Edited by Catherine Lafarge. Saratoga, Calif.: Anma libri, 1989. 364 p. ill. (Stanford French and Italian studies, 65), p.205-15.

Voir p.206-207 : la mort de Mlle de Saint-Yves.

3089 MUSONDA, Moses. « Voltaire's *L'Ingénu* and the ‹world upside down› ». *SFr* 32 (1988), 23-29.

L'unité du roman se trouve dans la proposition que, dans ce monde, on trouve l'ordre des choses renversé : satire politique et sociale.

3090 POMEAU, René. « Un ‹ bon sauvage › voltairien : *L'Ingénu* ». [In] *Il Buon selvaggio nella cultura francese ed europea del settecento*. Firenze : Olschki, 1981. 216 p. (Studi di letteratura francese, 7 ; Archivum Romanicum, ser. 1, 163), p.58-73.

3091 SCLIPPA, Norbert. *Texte et idéologie : images de la noblesse et de la bourgeoisie dans le roman français, des années 1750 à 1830*. New York, &c. : Peter Lang, 1987. 299 p. (Reading plus, 4).

    p.47-81, « *L'Ingénu* ».

    CR : R. Granderoute, *DHS* 21 (1989), 536 ; A. D. Hytier, *ECF* 1 (1988-89), 224-26 ; D. Wood, *FS* 43 (1989), 336-37.

3092 SHERMAN, Carol, Catherine STEPHENSON & Keith DAVIS. « Folkloric intertexts in Voltaire's *Ingénu* ». *RomN* 21 (1980-1981), 193-99.

3093 STAROBINSKI, Jean. « Le fusil à deux coups de Voltaire : la philosophie d'un style et le style d'une philosophie (à la mémoire de Leo Spitzer) ». *RMM* 71 (1966), 277-91.

    Trad. : « La doppietta di Voltaire : la filosofia di uno stile e lo stile di una filosofia » [Trad. Paolo Fossati]. *Strumenti critici* 1 (1966-67), 13-32.

    Réimpr. : « L'Ingénu sur la plage ». [In] J. Starobinski, *Le Remède dans le mal : critique et légitimation de l'artifice à l'âge des Lumières*. Paris : Gallimard, 1989. 286 p. (NRF essais), p.144-63. Version remaniée et revue.

3094 STOLPER, Armin. *Narrenspiel will Raum : von Stücken und von Stückeschreibern*. Berlin : Henschelverlag Kunst und Gesellschaft, 1977. 238 p. (Dialog).

    p.197-200, « Was kann einen reizen, Voltaires ‹ Naturkind › auf die heutige Bühne zu bringen? ». Sur ce qu'il faudrait faire pour réussir à traduire *L'Ingénu* sur la scène.

3095 TAYLOR, S. S. B. « Voltaire's *L'Ingénu*, the Huguenots and Choiseul ». [In] *The Age of the Enlightenment* (1967 : n° 1), p.107-36.

    Sur la forme du conte et son but.

Irène

3096 CHEVALLEY, Sylvie. « *Irène* ou les derniers rayons de la gloire ». *Comédie-française* 71 (sept.-oct. 1978), 32-34, ill.

    Contient aussi un « Etat des représentations des pièces de Voltaire à la Comédie-française, du 18 novembre 1718 au 31 juillet 1978 ».

3097 SANDERSON, Anne. « In the playwright's workshop : Voltaire's corrections to *Irène* ». *SVEC* 228 (1984), 129-70.

3098 WILLENS, Liliane. « Voltaire's *Irène* and his illusion of theatrical success ». *SVEC* 185 (1980), 87-101.

Jeannot et Colin

Voir aussi les numéros 2470 (édition) ; 535 (étude).

3099 MERVAUD, Christiane. « *Jeannot et Colin* : illustration et subversion du conte moral ». *RHL* 85 (1985), 596-620.

3100 WOLPER, Roy S. « The toppling of Jeannot ». *SVEC* 183 (1980), 69-82.
Le rôle du lecteur par rapport à Jeannot quant au sujet du conte.

Les Lettres d'Amabed

3101 HOWELLS, R. J. « Processing Voltaire's *Amabed* ». *BJECS* 10 (1987), 153-62.
Analyse du conte épistolaire du point de vue thématique, narratif et surtout figuratif.

Lettres philosophiques

Voir aussi les numéros 202, 1109, 1111, 1116, 1275, 1289, 1918, 1500, 2133, 2315, 2969, 3086.

3102 VOLTAIRE. «« Über Pascal». Bemerkungen zu den ‹ Gedanken › (1728) ». Eingeleitet und übersetzt von Karl und Ada Löwith, *Der Monat* 19, n° 231 (Dez. 1967), 49-62.
p.49-51, «Zum Text»

3103 VOLTAIRE. *Lettres philosophiques*. Texte intégral. Avec une notice biographique, une notice historique et littéraire, des notes explicatives, une documentation thématique, des jugements, un questionnaire et des sujets de devoirs, par Jean-Pol Caput. Paris : Larousse, 1972. 199 p. ill. (Nouveaux classiques Larousse).

3104 VOLTAIRE. *Cartas filosóficas*. Edición preparada por Fernando Savater. Madrid : Editora nacional, 1976. 256 p. (U, 13).
Avec introduction (p.7-32) et appendices.

3105 VOLTAIRE. *Letters on England*. Translated with an introduction by Leonard Tancock. Harmondsworth : Penguin Books, 1980. 156 p. (Penguin classics, 386).

p.7-19, «Introduction». Contient en appendice «Voltaire's verse translations» (p.154-57).

3106 VOLTAIRE. *Philosophische Briefe.* Hrsg. und übersetzt von Rudolf von Bitter. Frankfurt am Main, &c.: Ullstein, 1985. 151 p. (Ullstein Materialen).

p.140-49, «Nachwort».

3107 VOLTAIRE. *Lettres philosophiques.* Edité par Frédéric Deloffre. Paris: Gallimard, 1986. 280 p. (Folio, 1703).

p.7-34, «Préface». Avec notes, chronologie et bibliographie.

CR: J. Biard, *IL* 40, n° 5 (1988), 43.

3108 BARLING, T. J. «The literary art of the *Lettres philosophiques*». *SVEC* 41 (1966), 7-69.

3109 BARLING, T. J. «The problem of the poem in the 20th *Lettre philosophique*». *SVEC* 64 (1968), 151-63.

L'emploi par V de la narration rimée de lord John Hervey à des fins polémiques.

3110 BETTS, C. J. *Early deism in France: from the so-called «déistes» of Lyon (1564) to Voltaire's «Lettres philosophiques» (1734).* The Hague, &c.: Martinus Nijhoff, 1984. xiii, 309 p. (Archives internationales d'histoire des idées, 104).

p.235-62, «Voltaire, *Lettres philosophiques*». Voir aussi p.271-72 et l'index.

CR: E. R. Briggs, *BJECS* 10 (1987), 120-22; M. C. Horowitz, *JHP* 25 (1987), 296-97; J. Cruickshank, *MLR* 81 (1986), 1004-1005; D. Draamisa, *BPh* 33 (1986), 182; A. Gunny, *ZFSL* 96 (1986), 89-92; H. T. Mason, *FS* 40 (1986), 73-74; C. N. Smith, *JES* 15 (1985), 299-300.

3111 BOUREZ, Marie-Thérèse. «L'affaire des *Lettres philosophiques*». [In] *Presse et histoire au XVIIIᵉ siècle: l'année 1734.* Sous la direction de Pierre Rétat et Jean Sgard. Paris: Editions du CNRS, 1978. 325 p. ill. p.257-68.

3112 BROWN, Harcourt. «The composition of the *Letters concerning the English nation*». [In] *The Age of the Enlightenment* (1967: n° 1), p.15-34.

Voir aussi H. Mattauch, «A translator's hand ...» (1973: n° 3135).

3113 BRUNET, Pierre. *L'Introduction des théories de Newton en France au XVIIIᵉ siècle. Avant 1738.* Paris: Librairie scientifique Albert Blanchard, 1931. vii, 355 p., p.231-37.

Réimpr.: Genève: Slatkine Reprints, 1970.

3114 CLIVE, Megan. «La vingt-cinquième lettre des *Lettres philosophiques* de Voltaire sur les *Pensées de M. Pascal*». *RMM* 88 (1983), 356-84.

Un examen du texte de V révèle qu'il avait examiné avec soin les écrits de Pascal, mais qu'il refusait de suivre celui-ci dans la direction voulue.

CR: *YWMLS* 45 (1983), 152.

3115 CRIMI, Eugenia. «Voltaire e le *Lettere inglesi*». *Rassegna lucchese* 43 (1968), 9-14.

L'origine et la publication de l'ouvrage.

3116 DESNÉ, Roland. «The role of England in Voltaire's polemic against Pascal: apropos the twenty-fifth *Philosophical letter*». [In] *Eighteenth century studies presented to Arthur M. Wilson*. Edited by Peter Gay. Hanover, N.H.: The U. P. of New England, 1972. viii, 197 p., p.41-57.

L'importance des déistes anglais dans cette lettre.

Réimpr.: New York: Russell & Russell, 1975.

3117 ENGEL, Claire-Eliane. «Le bailli de Froullay». *Médecine de France* 212 (mai 1970), 43-48.

L'action énergique et intelligente de Louis-Gabriel Froulay en faveur des *Lettres philosophiques*.

3118 EPSTEIN, Julia L. *Voltaire's English voice: authority and correspondence in the « Lettres philosophiques »*. Diss., Cornell U, 1977. 219 p.

Résumé: *DAI* 38 (1977-78), 7313A.

3119 EPSTEIN, Julia L. «Voltaire's ventriloquism: voices in the first *Lettre philosophique*». *SVEC* 182 (1979), 219-35.

Sur la technique narrative.

3120 EPSTEIN, Julia L. «Eighteenth-century travel letters: the case of Voltaire's *Lettres philosophiques*». *Genre* 16 (1983), 115-35.

3121 FLETCHER, D. J. *Voltaire: « Lettres philosophiques »*. London: Grant & Cutler, 1986. 74 p. (Critical guides to French texts, 50).

CR: W. H. Barber, *FS* 41 (1987), 337; D. Coward, *JES* 17 (1987), 297; P. Oppici, *SFr* 32 (1988), 159; N. Perry, *MLR* 83 (1988), 451.

3122 FRASER, Theodore P. *The French essay*. Boston: Twayne Publishers, 1986. 191 p. (Twayne's world authors series: TWAS 775. French literature).

p.63-67, «Early philosophical essays: Voltaire and Diderot». Voir aussi p.70-72: *Lettres philosophiques* et *Essai sur les mœurs*.

3123 GARAGNON, Jean. «Voltaire et Fénelon: sur une source de la *Lettre philosophique* n° 8, ‹Sur le parlement›». *FS* 43 (1989), 140-44.

Télémaque comme source.

3124 GERHARDI, Gerhard. *Geld und Gesellschaft im Theater des Ancien Régime*. Heidelberg: Carl Winter Universitätsverlag, 1983. 373 p. (Reihe Siegen. Beiträge zur Literatur- und Sprachwissenschaft, 41. Romanistische Abteilung). [Diss., U. Siegen, 1981].

> p.297-328, « Die Nobilitierung des Kaufmanns : Sedaines *Philosophe sans le savoir* », notamment p.297-99, « Einige Vorläufer : Voltaires *Londoner Kaufmann* » : V précurseur de Sedaine dans les *Lettres philosophiques*.

3125 GINGRAS, George E. « Shifting point of view in Voltaire's first *Lettre philosophique* ». [In] *Studies in honor of Tatiana Fotitch*. Edited by José M. Sola-Solé, Alessandro S. Crisafulli, Siegfried A. Schulz. Washington : Catholic U. of America P., 1973. 369 p., p.63-73.

3126 HANLEY, William. « The abbé de Rothelin and the *Lettres philosophiques* ». *RomN* 23 (1982-1983), 245-50.

> Les conseils de l'abbé Charles d'Orléans de Rothelin sur la publication de l'ouvrage auraient été donnés en tant qu'ami, et non en tant que censeur.

> CR : A. D. Hytier, *ECCB* n.s. 9 – for 1983 (1988), 726.

3127 HANLEY, William. « A neglected commentary on Voltaire's *Lettres philosophiques* ». *BJECS* 13 (1990), 185-97.

> Examen du poème en alexandrins : *Les Lettres philosophiques rejettées par un jésuite, contre le sentiment d'un mauvais esprit qui les défend* (?1734-1735). Dispute entre jésuites et jansénistes.

3128 HOFFMANN, Paul. « Voltaire lecteur de Descartes, de Locke, de Bayle, dans la XIIIᵉ lettre philosophique ». *Travaux de littérature* 3 (1990), 125-37.

3129 JOHN, Elérius Edet. *L'Esprit des « Lettres philosophiques » de Voltaire*. Ivry : Editions Silex, 1987. 96 p.

> V et les Anglais, les religions révélées et les arts.

3130 JOHNSON, W. & S. CHANDRASEKAR. « Voltaire's contribution to the spread of Newtonianism, 1 : *Les Lettres philosophiques* ». *International journal of mechanical sciences* 32 (1990), 423-53.

3131 JONES, Shirley E. « Voltaire's use of contemporary French writing on England in his *Lettres philosophiques* ». *RLC* 56 (1982), 139-56.

> CR : F. Piva, *SFr* 28 (1984), 161-62 ; *YWMLS* 44 (1982), 164.

3132 LACOMBE, Anne. « La Lettre sur l'insertion de la petite vérole et *Les Lettres philosophiques* ». *SVEC* 117 (1974), 113-31.

3133 LOSFELD, Georges. *Le Livre des rencontres*. Paris: Didier, 1969. 332 p. (Essais et critiques, 9).

> p.99-108, «Un reportage en 1730» (sur les *Lettres philosophiques*). Voir aussi p.117-22: l'*Essai sur les mœurs*.

3134 LUPORINI, Cesare. «Voltaire e le *Lettres philosophiques*». *Società* 6 (1950), 212-41, 411-37, 620-49.

> Grandement remanié et augmenté [in] *Voltaire e le « Lettres philosophiques »: il concetto della storia e l'illuminismo*. Firenze: Sansoni, 1955. 244 p., p.1-198.
>
> CR: N. Matteucci, *Mulino* 6 (feb. 1957), 143-48; R. Mercier, *RHL* 58 (1958), 78-80; G. Natoli, *Belfagor* 12 (1957), 97-99.
>
> Réimpr.: Torino: Einaudi, 1977. (Reprints Einaudi, 108).
>
> CR: C. Rosso, *SFr* 22 (1978), 508.

3135 MATTAUCH, Hans. «A translator's hand in Voltaire's fifth *Letter concerning the English nation?*». *SVEC* 106 (1973), 81-84.

> A propos de l'article de Harcourt Brown, «The composition...» (1967: n° 3112). Mattauch affirme que la version anglaise de la 5ᵉ lettre est due à V lui-même.

3136 MERVAUD, Christiane. «Voltaire négociant en idées ou ‹merchant of a nobler kind› dans les *Lettres philosophiques*». *IL* 40, n° 3-4 (1988), 29-35.

3137 PERRIN-NAFFAKH, Anne-Marie. «Etude de style: cinquième lettre philosophique de Voltaire». *IG* 39 (oct. 1988), 26-29.

3138 PERRY, Norma, «Levant Company factors at Aleppo in the 1720s: the Bosanquet brothers and others». [In] *La Méditerranée au XVIIIᵉ siècle*. Actes du colloque international tenu à Aix-en-Provence les 4, 5, 6 septembre 1985. Aix-en-Provence: U. de Provence, 1987. 312 p. ill. (Centre aixois d'études et de recherches sur le dix-huitième siècle). p.91-112. Résumé, p.305-306.

> Il s'agit en partie d'un essai d'identification de deux nobles mentionnés dans la 10ᵉ des *Lettres philosophiques*.

3139 POMEAU, René. «Les *Lettres philosophiques*, œuvre épistolaire?». [In] *Beiträge zur französischen Aufklärung* (1971: n° 3), p.271-79.

3140 POMEAU, René. «Les *Lettres philosophiques*: le projet de Voltaire». *SVEC* 179 (1979), 11-24.

> V voudrait transformer les Français en leur révélant la pensée et l'esprit anglais.

3141 POMEAU, René. «Les saisons anglaises de Voltaire: l'exil, le voyage, le témoignage». [In] *Der Curieuse Passagier: Deutsche Englandreisende des achtzehnten Jahrhunderts als Vermittler kultureller und technologischer Anregungen*. Colloquium der Arbeitsstelle 18. Jahrhundert, Gesamthochschule Wuppertal, Universität Münster, Münster von 11.-12. Dezember 1980. Heidelberg: Carl Winter Universitätsverlag, 1983. 159 p. 24 pl. (Beiträge zur Geschichte der Literatur und Kunst des 18. Jahrhunderts, 6), p.15-26.

> Dans les *Lettres philosophiques* V propose un projet de *civilisation*, à partir de l'exemple anglais.
>
> CR: J. Voisine, *CRCL* 14 (1987), 147-50.

3142 POMEAU, René. « Les *Lettres philosophiques* ou l'avènement de l'esprit voltairien ». *Littératures* 19 (1988), 87-99.

> Sur l'anticléricalisme.

3143 POMEAU, René. « Les *Lettres philosophiques* de Voltaire. Note bibliographique ». *BDHS* n.s. 66 (1988), 23-24.

3144 REISLER, Marsha. « Rhetoric and dialectic in Voltaire's *Lettres philosophiques* ». *ECr* 17 (1977), 311-24.

3145 REISLER, Marsha. « Voltaire's Quaker letters as strategical truth: altering the reader's structure of perception in the service of higher vision ». *SECC* 9 (1979), 429-54.

> CR: J. C. O'Neal, *RR* 73 (1982), 391-92; W. Wrage, *MLJ* 65 (1981), 112.

3146 ROUSSEAU, André-Michel. « Introduction à une lecture des *Lettres philosophiques* ». *IL* 19 (1967), 10-16.

3147 ROUSSEAU, André-Michel. « Naissance d'un livre et d'un texte: les *Letters concerning the English nation* ». *SVEC* 179 (1979), 25-46.

> Etude basée sur les registres de Bowyer, imprimeur londonien; insiste sur la nécessité d'une édition bilingue.

3148 SAREIL, Jean. « Les quatre premières *Lettres philosophiques* ou les complications du jeu satirique ». *RR* 76 (1985), 277-86.

3149 SHOWALTER, English, Jr. « 1734. Three editions of Voltaire's *Lettres philosophiques* are published and banned: *Intricacies of literary production* ». [In] *A new history of French literature* (1989: n° 48), p.429-35.

> Voir notamment p.429-33 où il est question non seulement des *Lettres*, mais aussi de *La Henriade* et d'*Œdipe*.

3150 SINA, Mario. *L'« Anti-Pascal » di Voltaire*. Milano: Vita e pensiero, 1970. viii, 261 p. (Pubblicazione dell'Università cattolica del S. Cuore, saggi e ricerche, s. 3: scienze filosofiche, 8).

CR: V. Agosti, *Humanitas* 28 (1973), 409-10; A. Bausola, *Rivista di filosofia neoscolastica* 64 (1972), 365-67; A. Dentone, *Giornale di metafisica* 28 (1973), 294-95; G. Formi, *Rivista di filosofia* 62 (1971), 306-308; G. Mirandola, *SF*, 15 (1971), 544-45.

3151 STACKELBERG, Jürgen von. «Voltaire traducteur: les ‹belles infidèles› dans les *Lettres philosophiques*». [In] *Le Siècle de Voltaire* (1987: n° 44), ii.881-92.

3152 THELANDER, Dorothy R. «The oak and the thinking reed». *SVEC* 102 (1973), 53-63.

Commentaire sur Pascal dans les *Lettres philosophiques*.

3153 TICHOUX, Alain. «Sur les origines de l'Anti-Pascal de Voltaire». *SVEC* 256 (1988), 21-47.

Les attaques d'Alexandre Tannevot et de Deschamps contre l'*Epître à Uranie* auraient inspiré la rédaction de la 25ᵉ *Lettre philosophique*.

3154 TOPAZIO, Virgil W. «The *Lettres persanes* and *Lettres philosophiques*: from dis engagement to engagement». *Forum* (Houston) 16, n° 1 (1978), 66-72, ill.

3155 WAGNER, Jacques. «Distance, héritage et permanence. De quelques propositions préalables à la lecture des *Lettres philosophiques* de Voltaire». [In] *Missions et démarches* (1973: n° 4), p.763-71.

Les Lois de Minos

Voir aussi le numéro 1696.

3156 MATTHEWS, R. E. «Political allusions in Voltaire's *Les Lois de Minos*». *NFS* 12, n° 1 (1973), 11-21.

Mahomet

Voir aussi les numéros 2465 (édition); 766, 1710, 1719, 1735, 1777, 1779, 2311, 2351 (études).

3157 VOLTAIRE. *Mahomet* [*Le fanatisme, ou Mahomet le prophète, tragédie*]. Edition critique du «Mahomet» de Voltaire [par] Marie-Noëlle Basuyaux-Revel. Thèse, U. de Paris x-Nanterre, 1973. cxxiv, 115 f.

3158 BADIR, Magdy Gabriel. *Voltaire et l'Islam*. Banbury: The Voltaire Foundation, 1974. 226 p. (SVEC, 125). [Diss., U. of Alberta, 1972].

Voir particulièrement p.71-146: une étude de *Mahomet* et p.147-214, «La vision voltairienne du monde judéo-islamique».

CR: A. Ages, *MLN* 92 (1977), 852-54; P. Alatri, *SFr* 21 (1977), 308; D. Brahimi, *RHL* 76 (1976), 477-478; J. H. Brumfitt, *FS* 33 (1979), 736-37; H. T. Mason, *TLS*, 30 May 1975, p.594; Jean Sareil, *FR* 49 (1975-76), 418; M. H. Waddicor, *MLR* 72 (1977), 190-91.

3159 BADIR, Magdy Gabriel. «L'anatomie d'un coup d'état ou la prise de pouvoir dans la tragédie de *Mahomet* de Voltaire». [In] *Eighteenth-century French theatre* (1986: n° 40), p.99-106.

3160 BADIR, Magdy Gabriel. «Faut-il tromper le peuple? L'idéologie bourgeoise dans la tragédie *Mahomet* de Voltaire». *FLS* 15 (1988), 41-49. (Titre du n° de *FLS*: *Theater and society in French literature*).

3161 BOULAD-AYOUB, Josiane. «Et la religion le remplit de fureur...». *Philosophiques* 17, n° 2 (1990), 3-22.

Etude de *Mahomet* du point de vue religion, fanatisme, superstition; rapports du voltairianisme avec les scripturaires de nos jours.

3162 CAMERON, Keith. «Aspects of Voltaire's style in *Mahomet*». *SVEC* 129 (1975), 7-17.

3163 ENAN, Laïla. «*Mahomet* o la triplice menzogna di M. de Voltaire». [Trad. Maria Ines Aliverti]. *Quaderni di teatro* 3, n° 11 (1981), 114-21.

3164 GUNNY, Ahmad. «Tragedy in the service of propaganda: Voltaire's *Mahomet*». [In] *En marge du classicisme: essays on the French theatre from the Renaissance to the Enlightenment*. Edited by Allan Howe & Richard Waller. Liverpool: Liverpool U. P., 1987. 310 p. ill. p.227-42.

3165 HANLEY, William. «Vicissitudes of the literary inquisition: the case of Voltaire's *Mahomet*». [In] *The Stage in the 18th century*. [Edited by] J. D. Browning. New York; London: Garland, 1981. xvii, 242 p. ill. (Publications of the McMaster University Association for 18th-century studies, 9), p.87-107.

3166 MASON, Haydn T. «Fathers, good and bad, in Voltaire's *Mahomet*». [In] *Myth and its making in the French theatre: studies presented to W. D. Howarth*. Edited by E. Freeman *et al*. Cambridge, &c.: Cambridge U. P., 1988. xx, 214 p. ill. p.121-35.

CR: D. F. Connon, *MLR* 85 (1990), 435-37; Q. M. Hope, *FR* 63 (1989-90), 1058-59.

3167 Сигал, Н. А. «*Магомет* Вольтера в переводе Гете (к вопросу о классицизме французском и веймарском)» [*Mahomet* de Voltaire dans la traduction de

Goethe (sur la question du classicisme en France et à Weimar)]. [In] *Сравнит-ельное изучение литератур* (1976 : n° 9), p.382-90.

3168 SOLBRIG, Ingeborg H. « The theater, theory, and politics : Voltaire's *Le Fana-tisme ou Mahomet le prophète* and Goethe's *Mahomet* adaptation ». *MGS* 16 (1990), 21-43, ill.

Mémoires pour servir à la vie de M. de Voltaire

Voir aussi les numéros 489 (édition) ; 362, 527 (études).

3169 VOLTAIRE. *Über den König von Preussen. Memoiren.* Hrsg. und übersetzt von Anneliese Botond. Frankfurt am Main : Insel-Verlag, 1967. 149 p. (Insel-Bücherei, 892).

> p.73-138, « Anmerkungen » ; p.141-50, « Nachwort ».
>
> CR : R. Warnier, *SFr* 12 (1968), 559-60 et *LR* 25 (1971), 406-407.

3170 VOLTAIRE. *Mémoires pour servir à la vie de M. de Voltaire, écrits par lui-même.* [In] *Aventures de l'abbé de Choisy habillé en femme. Journal du voyage de Siam, par M. l'abbé de Choisy.* Edition établie par Pierre-Valentin Berthier et enrichie par lui de notes inédites. [Introductions de François de Clermont-Tonnerre]. Paris : Les amis de l'histoire, 1969. 472 p. ill. (Mémoires pittoresques et libertins), p.389-467.

> Voir aussi l'introduction aux *Mémoires*, p.377-88, « Voltaire et Frédéric II, ou les illusions de l'esprit ».

3171 SAREIL, Jean. « Sur les *Mémoires* de Voltaire ». [In] *Literature and history* (1975 : n° 6), p.125-50.

Mérope

Voir aussi les numéros 765, 1777.

3172 PETROVSKA, Marija. *Merope : the dramatic impact of a myth.* New York, &c. : Lang, 1984. 205 p. (American University studies, ser. 3 ; Comparative literature, 9).

> Surtout p.87-104 : « Voltaire's *Mérope* ».

3173 PLACELLA, Vincenzo. « La polemica settecentesca della *Merope* ». *Filologia e letteratura* 13 (1967), 309-36, 394-447.

> A propos de l'ouvrage de Maffei. p.405-26 : « La polemica con Voltaire » ; p.433-43 : « Le critiche di Voltaire a Maffei e il formalismo del teatro francese ». Voir aussi p.426-29, sur V et Lessing.

3174 Rex, Walter E. *The Attraction of the contrary: essays on the literature of the French Enlightenment*. Cambridge: Cambridge U. P., 1987. xii, 251 p. ill.

> p.83-93, «On Voltaire's *Mérope*». Analyse de la pièce: intrigue et morale.

Micromégas

Voir aussi les numéros 2458, 2464, 2478 (éditions); 1634, 1645, 2375 (études).

3175 Cerqueira, Hilda Westin. «Micromégas, menipéia moderna». *Ling&L* 15 (1986), 63-94.

3176 Cuenat, P. «Etude de texte». *Les Humanités* (Classes de lettres, sections modernes) 13 (mai 1970), 4-10.

> Etude de *Micromégas*.

3177 De Diego Martinez, Rosa. «*Micromégas*, histoire philosophique». [In] *Narrativa francesa* (1988: n° 47), p.257-66.

3178 Goimard, Jacques. «Le voyage renversé». *MagL* 238 (1987), 45-47, ill.

3179 Goldzink, Jean. «Ecriture et idéologie dans un passage de *Micromégas*». *Le Français aujourd'hui* 11 (oct. 1970), 7-19.

> Analyse d'un passage tiré du ch. 7.

3180 Gunny, Ahmad. «A propos de la date de composition de *Micromégas*». *SVEC* 140 (1975), 73-83.

> Résumé de diverses hypothèses.

3181 Havens, George R. «Voltaire's *Micromégas* (1739-52): composition and publication». *MLQ* 33 (1972), 113-18.

3182 Kenshur, Oscar. «Fiction and hypothesis in Voltaire». *ECent* 24 (1983), 39-50.

> Sur la naissance du conte philosophique: *Micromégas* a comme point d'origine le *Discours en vers sur l'homme*.
>
> CR: H. A. Stavan, *SFr* 29 (1985), 175-76.

3183 Koppe, Franz. *Literarische Versachlichung: zum Dilemma der neueren Literatur zwischen Mythos und Szientismus. Paradigmen: Voltaire, Flaubert, Robbe-Grillet.* München: Wilhelm Fink, 1977. 196 p. (Theorie und Geschichte der Literatur und der schönen Künste. Texte und Abhandlungen, 40).

p.24-52, « Ironische Versachlichung als Appell an praktische Vernunft. Paradigma : Voltaires *Micromégas* ». Autres références aussi : voir l'index.

3184 NABLOW, Ralph A. « Was Voltaire influenced by Lucian in *Micromégas* ? ». *RomN* 22 (1981-1982), 186-91.

3185 NACHTERGAELE, Vic. *« Micromégas » (Voltaire) ou le disfonctionnement des procédés de la narration*. Kortrijk : Faculteit Wijsbegeerte en letteren der Katholieke U. Leuven, 1979. 19 p. (Paper n° 10). multigr.
Réimpr. avec le titre « *Micromégas*, ou le disfonctionnement des procédés de la narration ». *SVEC*, 199 (1981), 73-86.

3186 SAREIL, Jean. « Le vocabulaire de la relativité dans *Micromégas* de Voltaire ». *RR* 64 (1973), 273-85.

3187 SCHICK, Ursula. « Die Veröffentlichungsgeschichte von Voltaires *Micromégas* : zur Buchproduktion im 18. Jahrhundert ». *ZFSL* 81 (1971), 67-79.

3188 SMITH, David Warner. « The publication of *Micromégas* ». *SVEC* 219 (1983), 63-91, pl.
Etude bibliographique des premières éditions du conte.

3189 SMITH, Peter Lester. « New light on the publication of *Micromégas* ». *MP* 73 (1975-1976), 77-80.

Le Mondain

Voir aussi les numéros 679, 1452.

3190 MASON, Haydn T. « Voltaire's poems on luxury ». [In] *Studies in the French eighteenth century presented to John Lough by colleagues, pupils and friends*. Edited by D. J. Mossop, G. E. Rodmell, D. B. Wilson. Durham : U. of Durham, 1978. 286 p.108-22.
Le Mondain et *La Défense du mondain*, poèmes capitaux du XVIIIe siècle.
CR : J. H. Brumfitt, *FS* 33 (1979), 447-48 ; C. P. Courtney, *BJECS* 3 (1980), 156-57 ; M. Delon, *RHL* 81 (1981), 131-33 ; C. Rosso *SFr* 23 (1979), 570-71 ; A. Thomson, *DHS* 12 (1980), 477-78.

3191 MORIZE, André. *L'Apologie du luxe au XVIIIe siècle et « Le Mondain » de Voltaire : étude critique sur « Le Mondain » et ses sources*. Paris : H. Didier, 1909. 189 p.
CR : G. Lanson, *RHL* 17 (1910), 188-89 ; P. Sakmann, *ZFSL* 41 (1913), 58-60.
Réimpr. : Genève : Slatkine Reprints, 1970.

CR : L. Sozzi, *SFr* 15 (1971), 356-57.

Le Monde comme il va

Voir aussi les numéros 1622, 1634, 1662, 3468.

3192 ANNANDALE, E. T. « The first German translation of Voltaire's *Le Monde comme il va. Vision de Babouc* ». *RLC* 49 (1975), 589-91.

3193 DALNEKOFF, Donna Isaacs. « Voltaire's *Le Monde comme il va* : a satire on satire ». *SVEC* 106 (1973), 85-102.

3194 SAREIL, Jean. « Sur deux paragraphes de Voltaire ». *FR* 44 (1970-1971), 291-98.
Etude stylistique du *Monde comme il va*.

3195 WOLPER, Roy S. « The final foolishness of Babouc : the dark centre of *Le Monde comme il va* ». *MLR* 75 (1980), 766-73.
CR : A. D. Hytier, *ECCB* n.s. 6 – for 1980 (1984), 600.

La Mort de César

Voir aussi les numéros 1319, 1321.

3196 VOLTAIRE. *Смерть Цезаря. Der Tod Cäsars.* Eine anonyme frühe russische Übersetzung von Voltaires Tragödie. Faksimiledruck einer Wolfenbütteler Handschrift. Mit einer Einleitung von Hans-Jürgen zum Winkel. München : Wilhelm Fink Verlag, 1967. 37 p. + [62]p. de fac-sim. (Slavische Propyläen. Text in neu- und Nachdrucken, 19).

3197 VOLTAIRE. *La Mort de César.* Critical edition by D. J. Fletcher. [In] *The Complete works of Voltaire | Les Œuvres complètes de Voltaire 8 : 1731-1732.* Oxford : The Voltaire Foundation, 1988. xxi, 569 p., p.1-270, fac-sim.
CR : Pour les CR, voir le n° 2493.

3198 Артамонов, С. Д. « Вольтер. *Смерть Цезаря* (политические идеи Ренессанса и Просвещения) » [Voltaire. *La Mort de César* (les idées politiques de la Renaissance et du siècle des Lumières)]. *Писатель и жизнь* 6 (1971), 231-43.
La condamnation du despotisme est l'élément le plus important.
CR : A. Mikhailov, *SFr* 17 (1973), 559.

3199 ASTIER, Colette. « Voltaire, auteur de *La Mort de César* et critique de Shakespeare ». [In] *Dix-huitième siècle européen.* En hommage à Jacques Lacant. Textes

réunis par Claude De Grève *et al*. Paris : Aux Amateur de livres, 1990. 182 p.,
p.57-61.

> La réaction de V à la pièce de Shakespeare et l'état d'esprit de V au moment où il
> écrit sa tragédie.

3200 BÉRUBÉ, Georges-L. « Voltaire et *La Mort de César* ». *Man and nature* 1 (1982),
15-20.

> L'amour, que V avait chassé de la tragédie, revient dans l'image anthropomorphe
> de Rome.

> CR : R. J. Merrett, *CRCL* 13 (1986), 125-26 : A. Thomson, *DHS* 16 (1984), 418.

3201 COTTRELL, Robert D. « Ulcerated hearts : love in Voltaire's *La Mort de César* ».
[In] *Literature and history* (1975 : n° 6), p.169-77.

3202 DEFAUX, G. « L'idéal politique de Voltaire dans la *Mort de César* ». *RUO* 40
(1970), 418-40.

3203 FLETCHER, D. J. « Aaron Hill, translator of *La Mort de César* ». *SVEC* 137
(1975), 73-79.

3204 FLETCHER, D. J. « Three authors in search of a character : Julius Caesar as
seen by Buckingham, Conti and Voltaire ». [In] *Mélanges à la mémoire de Franco
Simone* (1981 : n° 29), p.439-53.

3205 O'REGAN, D. M. *Three plays on the theme of Julius Caesar's death, by Grévin, Scudéry
and Voltaire*. Diss., Bristol U, 1970-1971.

3206 OSTASZEWICZ, Marek. « La destinée d'une tragédie : la *Mort de César* en
Pologne ». *KN* 27 (1980), 405-12.

3207 SIAFLEKIS, Z. I. *Le Glaive et la pourpre : le tyrannicide dans le théâtre moderne*. Aix-
en-Provence : EDISUD, 1984. 227 p.

> p.15-17, « *La Mort de César* ». Sur la pièce de V, voir p.166-67, 172-73, 180-81, 186,
> 193-94.

Œdipe

Voir aussi les numéros 296, 1039, 1591, 1777, 2155, 3149.

3208 ASTIER, Colette. *Le Mythe d'Œdipe*. Paris : A. Colin, 1974. 251 p. (U prisme,
40).

> Voir p.92-98, 106-107, 120-21, 137-38, 143-44.

3209 Fouletier-Smith, Nicole. « Œdipe pécheur : une perspective chrétienne ». *LR* 36 (1982), 117-23.

> Cet article à propos de l'*Œdipe* du père Folard traite en partie de la pièce de V.

3210 Kallich, Martin. « Œdipus : from man to archetype ». *CLS* 3 (1966), 33-46.

> p.37-40 : l'interprétation du mythe par V.

3211 Karoui, Abdeljelil. « Traitement dramaturgique de l'espace et du temps dans *Œdipe* de Voltaire ». *Les Cahiers de Tunisie* 35, n° 139-40 (1987), 71-84.

3212 Mitchell, P. C. « Voltaire's *Œdipe* : propaganda versus art ». [In] *The Classical tradition in French literature : essays presented to R. C. Knight by colleagues, pupils and friends.* Edited by H. T. Barnwell *et al.* London : Grant and Cutler, 1977. 256 p., p.167-77.

3213 Moureaux, José-Michel. *L'« Œdipe » de Voltaire : introduction à une psycholecture.* Paris : Minard, 1973. 109 p. (Archives des lettres modernes, 146).

> CR : R. Favre, *SFr* 19 (1975), 160 ; B. Pietro Vaccaro, *CulF* (Bari) 23 (1976), 63-64 ; J. Spica, *RHL* 75 (1975), 838-39.

3214 Mueller, Martin. *Children of Œdipus, and other essays on the imitation of Greek tragedy, 1550-1800.* Toronto, &c. : U. of Toronto P., 1980. xiv, 282 p.

> p.109-28, « *Œdipus Rex* as tragedy of knowledge : Voltaire's *Œdipe* and Kleist's *Der zerbrochene Krug* [1803] ». Voir notamment p.109-15, « Voltaire's *Œdipe* » : comment V comprend mal Sophocle et sa technique.

3215 Odagari, Mitsutaka. *Figures d'Œdipe dans le théâtre français du XVIIe et XVIIIe siècles.* Thèse, U. de Paris IV, 1982.

3216 Παντελοδῆμος, Δημήτριος N. ʿΟ περὶ Οἰδίποδος μῦθος παρὰ Κορνηλίῳ καὶ Βολταίρῳ [Le mythe d'Œdipe dans Corneille et Voltaire]. Ἐν Ἀθήναις : Ἐθνικὸν καὶ καποδιστριακὸν πανεπιστήμιον Ἀθηνῶν, Φιλοσοφικὴ Σχολή, 1970. 232 p. (Βιβλιοθήκη Σοφίας N. Σαριπόλου, 8).

> Voir p.109-225. Résumé en français, p.225-30.

3217 Pomeau, René. « Un *Œdipe* voltairien ». *Studi di letteratura francese* 15 (1989), 69-77.

> Appréciation de la pièce.

3218 Raynaud, Jean-Michel. « Œdipe, sans complexe ». *L'Infini* 25 (1989), 119-34.

> V et le mythe : défense de la tragédie de V contre son rejet par la postérité. *Zadig* vu comme un autre *Œdipe*.

3219 SCHERER, Jacques. *Dramaturgies d'Œdipe*. Paris: PUF, 1987. 187 p. (Ecriture).
>
> p.169-71, «Voltaire». Transformations du mythe dans la pièce de V.

3220 TOBARI, Tomoo. «Un défenseur de Sophocle contre l'*Œdipe* de Voltaire». [In] *Dramaturgies, langages dramatiques: mélanges pour Jacques Scherer*. Paris: A.-G. Nizet, 1986. 557 p. ill. p.551-54.
>
> Longepierre.

3221 TRUCHET, Jacques. *La Tragédie classique en France*. Paris: PUF, 1975. 247 p. (Coll. «SUP», Littératures modernes, 7).
>
> p.53-56, «A propos de deux *Œdipe* et d'un *Hamlet*» (surtout p.54-55); voir aussi p.157-64 et autres références.

3222 VIDAL-NAQUET, Pierre. «*Œdipe* à Vicence et à Paris: deux moments d'une histoire». *Quaderni di storia* 7, n° 14 (1981), 3-29.
>
> Sur V, voir p.14-21 *passim*.

Olympie

Voir aussi le numéro 2608.

3223 BRAUN, Theodore E. D. «Voltaire, *Olympie*, and Alexander the great». *SVEC* 140 (1975), 63-72.
>
> L'emploi du mythe d'Alexandre pour accentuer le pathos et les effets dramatiques et pour souligner les idées philosophiques.

3224 VERCRUYSSE, Jeroom. «La première d'*Olympie*: trois lettres de Mme Denis aux Constant d'Hermenches». *SVEC* 163 (1976), 19-29.
>
> Deux des lettres traitent de la première représentation de la pièce.

Oreste

Voir aussi les numéros 283, 1242.

3225 ALLEN, Marcus. «The problem of the *bienséances* in Voltaire's *Oreste*». *CompD* 5 (1971-1972), 117-28.
>
> La pièce reflète les goûts et les préjugés de son époque.

3226 ALLEN, Marcus. «Character development in the *Oreste* of Voltaire and *Les Mouches* of Jean-Paul Sartre». *CLAJ* 18 (1974-1975), 1-21.

3227 BESTERMAN, Theodore. «Voltaire's dedication of *Oreste*». *SVEC* 67 (1969), 7-19.

3228 BRUNEL, Pierre. *Le Mythe d'Electre.* Paris: A. Colin, 1971. 392 p. (Collection U2, série «Mythes», 87).

Voir p.138-39, 200-202, 297-300, 323-327 et autres références.

3229 FRAENKEL, Maria. «L'*Oreste* di Voltaire e la tragedia greca». *Il Cristallo* 27, n° 2 (1985), 71-72.

3230 FRANCILLON, Roger. «L'*Oreste* de Voltaire ou le faux triomphe de la nature». *RLMC* 41 (1988), 5-22.

Il s'agit de l'*Oreste* de V et de l'*Electre* de Crébillon.

3231 GARGANTINI RABBI, Stella. «Le mythe d'Electre dans le théâtre français du XVIIIᵉ siècle». *SVEC* 192 (1980), 1547-55.

V et *Oreste passim.*

L'Orphelin de la Chine

Voir aussi le numéro 790.

3232 CHEVALLEY, Sylvie. «Lekain dans le rôle de Gengis Kan». *Comédie-française* 67 (mars-avr. 1978), 28-29, ill.

Son rôle dans *L'Orphelin de la Chine.*

3233 PARK, Young Hai. *L'« Orphelin de la Chine » de Voltaire, étude d'ensemble.* Thèse, U. de Paris IV, 1971. 381 f. ill.

3234 PARK, Young Hai. «La carrière scénique de l'*Orphelin de la Chine*». *SVEC* 120 (1974), 93-137.

Etude de représentations données au XVIIIᵉ siècle ainsi que de deux représentations données au XXᵉ.

3235 SHILLONY, Helena. «*L'Orphelin de la Chine* de Voltaire: les limites de l'exotisme». *HUSL* 2 (1974), 73-78.

Résumé: *MLAA* 2 (1974), 1835.

Pandore

Voir aussi les numéros 284, 1728, 1748.

3236 TROUSSON, Raymond. «Voltaire et la fable de Pandore». *SFr* 11 (1967), 31-40.
  CR: C. Cordié, *Paideia* 23 (1968), 91.

Le Philosophe ignorant

Voir aussi les numéros 758, 1282.

3237 VOLTAIRE. *Le Philosophe ignorant*. Edition critique par Roland Mortier. [In] *The Complete works of Voltaire / Les Œuvres complètes de Voltaire 62: 1766-1767*. Oxford: The Voltaire Foundation, 1987. xv, 518 p., p.1-105.
  CR: Pour les CR, voir le n° 2491.

La Philosophie de l'histoire

Voir aussi les numéros 962, 1881, 2025, 2110.

3230 VOLTAIRE. *La Philosophie de l'histoire*. Critical edition with introduction and commentary by J. H. Brumfitt. Genève: Institut et Musée Voltaire, 1963. 327 p. (SVEC, 28).
  CR: M. Laurent-Hubert, *RHL* 65 (1965), 512-15; C. Rihs, *MLN* 80 (1965), 667-71, J. S. Spink, *FS* 19 (1965), 293-94; *TLS*, 14 Jan 1965, p.29; R. Waldinger, *RR* 57 (1965), 300-302.
  Second edition, revised. Genève: Institut et Musée Voltaire; Toronto and Buffalo: U. of Toronto P., 1969. 334 p. (The Complete works of Voltaire / Les Œuvres complètes de Voltaire, 59).
  CR: A. Ages, *Criticism* 12 (1970), 252-53; H. Brown, *FR* 44 (1970-71), 240-42; R. C. Rosbottom, *SBHT* 12 (1971), 1929-32; D. W. Smith, *UTQ* 40 (1970-71), 333-35; O. Todd, *MLR* 67 (1972), 899-90; L. Welch, *DR* 49 (1969), 557-62.

3239 ALCOBERRO, Ramon. «Voltaire i la *Filosofia de la història* (una aproximació)». *Anuari de la Societat catalana de filosofia* 2 (1988), 160-63.

3240 GOYARD-FABRE, Simone. «La philosophie de l'histoire». *L'Ecole des lettres* 70, n° 4 (1978-1979), 39-48.
  Etude de l'ouvrage de V et de son legs: Kant, Hegel, Marx, Herder, Nietzsche, Dilthey, Max Weber.

3241 SOLÉ, Jacques. « Voltaire et les mythes des origines dans la *Philosophie de l'histoire* ». [In] *Primitivisme et mythes des origines dans la France des Lumières, 1680-1820*. Colloque tenu en Sorbonne les 24 et 25 mai 1988. Textes réunis par Chantal Grell et Christian Michel. Paris : Presses de l'U. de Paris-Sorbonne, 1989. 221 p. pl. (Mythes, critique et histoire, 3), p.129-34.

Poème sur le désastre de Lisbonne

Voir aussi les numéros 2660 (édition) ; 170, 472, 1404, 2198, 2373, 2871 (études).

3242 VOLTAIRE. *Poem upon the Lisbon disaster* | *Poème sur le désastre de Lisbonne ou examen de cet axiome « tout est bien »*. Translated into English by Anthony Hecht with six wood engravings by Lynd Ward and an introduction by Arthur Wilson. Lincoln, Mass. : Penmæn Press, 1977. 33 p. ill.

    Textes parallèles.

3243 APOSTOLIDES, Diana. *Voltaire's « Lisbonne » and « Loi » poems : a quantitative approach to the problem of the variants*. Diss., U. of North Carolina at Chapel Hill, 1970. 221 p.

    Résumé : *DAI* 31 (1970-71), 6043A.

3244 BOURKE, Thomas E. « Vorsehung und Katastrophe. Voltaires *Poème sur le désastre de Lisbonne* und Kleists *Erdbeben in Chili* ». [In] *Klassik und Moderne : die Weimarer Klassik als historisches Ereignis und Herausforderung im kulturgeschichtlichen Progress. Walter Müller-Seidel zum 65. Geburtstag*. Hrsg. von Karl Richter und Jörg Schönert. Stuttgart : J. B. Metzlersche Verlagsbuchhandlung, 1983. xxxi, 658 p. ill. p.228-53, ill.

3245 BROWN, Bahngrell W. « The quake that shook Christendom – Lisbon, 1755 ». *SoQ* 7 (1968-1969), 425-31.

    Voir p.428-29.

3246 GOLDBERG, Rita. « Voltaire, Rousseau, and the Lisbon earthquake ». *ECLife* 13, n.s. 2 (1989), 1-20.

    p.1-10, discussion du poème ; p.11-16, la réponse de Rousseau.

3247 MASON, Haydn T. « Voltaire's ‹ sermon › against optimism : the *Poème sur le désastre de Lisbonne* ». [In] *Enlightenment essays … Shackleton* (1988 : n° 46), p.189-203.

3248 PIHAN, Yves. « Voltaire : *Poème sur le désastre de Lisbonne* ». *L'Ecole des lettres* 67, n° 6 (1975-1976), 11-14.

    Sujet de composition française.

3249 SCOTT, Clive. *The Riches of rhyme: studies in French verse*. Oxford: Clarendon P., 1988. 342 p.

> p.208-36, «Voltaire, *Poème sur le désastre de Lisbonne* (1756)».

3250 WEINRICH, Harald. *Literatur für Leser. Essays und Aufsätze zur Literaturwissenschaft*. Stuttgart, &c.: W. Kohlhammer, 1971. 208 p. (Sprach und Literatur, 68).

> p.64-76, «Literaturgeschichte eines Weltereignisses: das Erdbeben von Lissabon». Paru en partie dans un article antérieur (1964: *QA* 1346A). Traite surtout de *Candide* et du *Poème sur le désastre de Lisbonne*.

Précis du siècle de Louis XV

Voir aussi les numéros 415 (édition); 1835 (étude).

3251 VOLTAIRE. *Histoire de la guerre de 1741*. Texte établi avec introduction, notes, chronologie, bibliographie, et choix de variantes par Jacques Maurens. Paris: Garnier, 1971. lxxi, 398 p. ill. (Classiques Garnier). [Thèse complémentaire, U. de Toulouse, 1966].

> p.iii-lxii, «Introduction»; p.lxix-lxxii, «Bibliographie».
>
> CR: J. H. Brumfitt, *FS* 27 (1973), 453-54; G. Cerruti, *SFr* 16 (1972), 159; P. Delbouille, *RBPH* 52 (1974), 214-15; D. Gembicki, *DHS* 4 (1972), 386-87; M. Laurent-Hubert, *RIIL* 73 (1973), 702-703; D. Roche, *RH* 251 (1974), 186-87; J. Vercruysse, *RBPH* 52 (1974), 214.

Préface de M. Abauzit

3252 VOLTAIRE. *Préface de M. Abauzit*. Edition critique par Christopher Todd. [In] *The Complete works of Voltaire / Les Œuvres complètes de Voltaire 63A: 1767*. Oxford: The Voltaire Foundation, 1990. xxxi, 441 p., p.231-39.

> CR: Pour les CR, voir le n° 2496.

La Princesse de Babylone

Voir aussi le numéro 1642.

3253 AGUILÁ SOLANA, Irene. «El espacio y el tiempo como juego. Sobre el viaje en *La Princesse de Babylone* de Voltaire». [In] *Narrativa francesa* (1988: n° 47), p.63-85.

3254 HELLEGOUARC'H, Jacqueline. «Les ‹dénivellations› dans un conte de Voltaire». *CAIEF* 41 (1989), 41-53.

> *La Princesse de Babylone* se prête à plusieurs lectures.

3255 Миримский, И. *Статьи о классиках: Дефо, Вольтер, Гете, Гофман, Гейне, немецкие поэты революции 1848 года, Генрих Манн* [Articles sur les classiques: Defoe, Voltaire, Goethe, Hoffman, Heine, les poètes allemands de la révolution de 1848, Heinrich Mann]. Москва: Издательство «Художественная литература», 1966. 250 p.

> p.62-68, «Царевна вавилонская» [*La Princesse de Babylone*].

3256 MITCHELL, P. C. «An underlying theme in *La Princesse de Babylone*». *SVEC* 137 (1975), 31-45.

> Le désir de V d'éveiller l'esprit critique chez le lecteur des textes «historiques».

La Princesse de Navarre

3257 BAUD-BOVY, Samuel. «Rameau, Voltaire et Rousseau». *Schweizerische Musikzeitung / Revue musicale suisse* 116 (1976), 152-57.

> La collaboration des trois hommes dans la refonte de *La Princesse de Navarre*.

3258 BEZIERS, Marie-France & Philippe BEAUSSANT. «*Princesse de Navarre (La)*». [In] *Rameau de A à Z* (1983: n° 35), p.276-77.

> Collaboration de V et Rameau.

3259 SAWKINS, Lionel. «Voltaire, Rameau, Rousseau: a fresh look at *La Princesse de Navarre* and its revival in Bordeaux in 1763». *SVEC* 265 (1989), 1334-40.

La Prude

3260 HALL, H. Gaston. «From *Le Misanthrope* to *La Prude* via *The Plain dealer*. Molière, Wycherley, Voltaire». *PFSCL* 10, n° 19 (1983), 787-806.

> L'influence de *The Plain dealer* sur *La Prude* de V.

3261 YASHINSKY, Jack. «Voltaire's *La Prude*: influences, philosophy, dramaturgy». *SVEC* 217 (1983), 147-57.

La Pucelle

Voir aussi les numéros 2465 (édition); 721, 1790, 3020 (études).

3262 VOLTAIRE. *La Pucelle d'Orléans*. Edition critique par Jeroom Vercruysse. Genève: Institut et Musée Voltaire; Toronto and Buffalo: U. of Toronto P., 1970. 733 p. (The Complete works of Voltaire / Les Œuvres complètes de Voltaire, 7).

> p.13-250, «Introduction»; contient aussi des appendices, une liste des ouvrages cités, un addendum et un index général.

> CR: J. H. Brumfitt, *FS* 27 (1973), 336-37; L. Kessler, *DHS* 6 (1974), 359; C. Todd, *MLR* 67 (1972), 897-99; *YWMLS* 32 (1970), 117-18.

3263 VOLTAIRE. *La Pulcella d'Orléans*. Traduzione in ottava rima di Vincenzo Monti. A cura di Gennaro Barbarisi e Michele Mari. Milano: Feltrinelli, 1982. xxxi, 631 p. ill. pl.

> CR: E. Bonora, *GLSI* 161 (1984), 474.

3264 BARBARISI, Gennaro. «A proposito del testo della *Pulcella d'Orléans* di Vincenzo Monti». *GSLI* 162 (1985), 264-71.

> La traduction de l'ouvrage de V par Monti (1878).

3265 CALIN, William. «Love and war: comic themes in Voltaire's *Pucelle*». *FrF* 2 (1977), 34-46.

3266 FERENCZI, László. «La réception de *La Pucelle* (à la fin du XVIIIe siècle – au début du XIXe siècle)». *Neohelicon* 8, n° 1 (1980-1981), 341-51.

3267 GASPARRO, Rosalba. «La tradizione teatrale del mito di Jeanne d'Arc». *CulF* (Bari) 19 (1972), 355-67.

> p.360-61: note bibliographique sur V et son traitement de Jeanne d'Arc.

3268 GRONDA, Giovanna. «Una pulzella franco-italiana: Monti traduttore di Voltaire». [In] *Scuola classica romagnola: Atti del convegno di studi Faenza, 30 nov., 1-2 dic. 1984*. Modena: Mucchi, 1988. 373 p., p.47-78.

> Etude de la traduction de *La Pucelle*.

3269 GRONDA, Giovanna. «De la satire à la parodie: de Voltaire à Monti – la traduction italienne de la *Pucelle d'Orléans*». *SVEC* 278 (1990), 245-63.

3270 HUDDE, Hinrich. «Jeanne d'Arc zwischen Voltaire und Schiller: Edition und stoffgeschichtliche Einordnung eines Dramenentwurfs von Louis-Sébastien Mercier». *ZFSL* 91 (1981), 193-212.

> p.203-206, «Voltaire und Mercier».

3271 LINDNER, Monika. *Voltaire und die Poetik des Epos: Studien zur Erzähltechnik und zur Ironie in «La Pucelle d'Orléans»*. München: Wilhelm Fink Verlag, 1980. 230 p. (Romanica Monacensia, 16).

3272 NABLOW, Ralph A. «Was Voltaire influenced by Rabelais in canto v of the *Pucelle?*». *RomN* 21 (1980-1981), 343-48.

3273 RAKNEM, Ingvald. *Joan of Arc in history, legend and literature*. Oslo, &c.: Universitets forlaget, 1971. 277 p. (Scandinavian U books).

   p.71-75, «Joan the Maid through the glasses of a parodist: Voltaire».

3274 RUSSO, Gloria M. *«La Pucelle» de Voltaire: a study of motifs and metaphors*. Diss., U. of Illinois at Urbana-Champaign, 1976. 172 p.

   Résumé: *DAI* 37 (1976-77), 6542A.

3275 RUSSO, Gloria M. «Sexual roles and religious images in Voltaire's *La Pucelle*». *SVEC* 171 (1977), 31-53.

3276 SEVERIN, Nelly H. «Voltaire's Saint Joan: a burlesque on saints and chastity». *South central bulletin* 36 (1976), 150-52.

3277 STACKELBERG, Jürgen von. *Literarische Rezeptionsformen: Übersetzung, Supplement, Parodie*. Frankfurt am Main: Athenäumverlag, 1972. xv, 242 p. (Schwerpunkte Romanistik, 1).

   p.188-94, «Ein Wort zu Voltaires *Pucelle*»: une épopée comique qui a tué l'épopée.

3278 VERCRUYSSE, Jeroom. «Jeanne d'Arc au siècle des Lumières». *SVEC* 90 (1972), 1659-1729.

   Voir surtout p.1700-1706: traite en grande partie de *La Pucelle*, mais il est aussi question de *La Henriade*.

3279 Заборов, П. Р. *«Орлеанская девственница* Вольтера в русских рукописных переводах» [*La Pucelle d'Orléans* dans les traductions manuscrites russes]. *XVIII век* 10 (1975), 247-50.

Les Questions de Zapata

3280 VOLTAIRE. *Les Questions de Zapata*. Edition critique par Jacqueline Marchand. [In] *The Complete works of Voltaire / Les Œuvres complètes de Voltaire 62: 1766-1767*. Oxford: The Voltaire Foundation, 1987. xv, 518 p., p.363-407.

   CR: Pour les CR, voir le n° 2491.

Relation de la maladie, de la confession, de la mort et de l'apparition du jésuite Berthier

Voir aussi les numéros 1021, 1112.

3281 CONDAT, Robert. « Le jeu du langage dans une facétie de Voltaire ». *Littératures* 14 (1986), 27-43.

A propos de la *Relation de la maladie ... du jésuite Berthier.*

3282 FEINSTEIN, Elvire. « Recherches pour une *lectanalyse* : mimésis et/ou nonmimésis (*Relation de la maladie, de la confession, de la mort ... du jésuite Berthier*) ». *Semiotica* 37 (1981), 215-85.

Effort pour comprendre « comment on comprend le texte » et la façon dont « le texte s'assure la compréhension du lecteur ». Contient en appendice le texte de la *Relation*.

3283 SMITH, David Warner. « The first edition of the *Relation de Berthier* ». *SVEC* 137 (1975), 47-54.

Réponse catégorique au sieur Cogé

3284 VOLTAIRE. *Réponse catégorique au sieur Cogé*. Edition critique par John Renwick. [In] *The Complete works of Voltaire* / *Les Œuvres complètes de Voltaire* 63A : 1767. Oxford : The Voltaire Foundation, 1990. xxxi, 441 p., p.209-30, fac-sim.

CR : Pour les CR, voir le n° 2496.

Rome sauvée

Voir aussi les numéros 1610, 1706.

3285 MARTIN, René. « Présence de Cicéron sur les tréteaux français, ou les métamorphoses d'un grand homme ». [In] *Présence de Cicéron : hommage au R. P. M. Testard*. Actes du Colloque des 25, 26 septembre 1982. Edités par R. Chevallier. Paris : Les Belles Lettres, 1984. 305 p. (Caesarodunum, 19 bis), p.229-47.

Surtout p.236-42 : *Catalina ou Rome sauvée* de V.

3286 TEISSIER, Philippe. « Une lettre de madame Denis au comte d'Argental sur *Rome sauvée* ». *SVEC* 176 (1979), 41-50.

Lettre du 18 janv. 1752.

Samson

Voir aussi les numéros 1728, 1748.

3287 BARTLET, M. Elizabeth C. «Beaumarchais and Voltaire's *Samson*». *SECC* 11 (1982), 33-49, ill.

> A propos d'une version du *Samson* de V révisée par Beaumarchais, présentée à l'Académie royale de musique en 1782.

3288 BEZIERS, Marie-France. «Samson». [In] *Rameau de A à Z* (1983 : n° 35), p.301-302.

> Collaboration de V et Rameau.

3289 GIRDLESTONE, Cuthbert. «Voltaire, Rameau et *Samson*». *Recherches sur la musique française classique* 6 (1966), 133-43.

> CR : G. Mirandola, *SFr* 11 (1967), 552.

3290 MOUREAU, François. «Les poètes de Rameau». [In] *Jean-Philippe Rameau : colloque international*. Organisé par la Société Rameau : Dijon, 12-24 septembre 1983. Actes réunis par Jérôme de La Gorce. Paris : Champion ; Genève : Slatkine, 1987. 605 p. ill. p.61-73.

> Voir notamment p.63-64, 67-69 (à propos de *Samson*).

3291 OMNÈS, Gabriel. «A propos du *Chœur patriotique* de Voltaire-Gossec». *MAA* 9 (1985-1986), 87-92.

> Détails sur l'emploi d'un fragment du texte de *Samson* mis en musique par François-Joseph Gossec pour honorer la mémoire de V en 1791.

3292 SGARD, Jean. «Le premier *Samson* de Voltaire». [In] *L'Opéra au XVIIIe siècle* (1982 : n° 31), p.513-25.

Les Scythes

Voir aussi le numéro 285.

3293 NIKLAUS, Robert. «A reappraisal of *Les Scythes*». [In] *Voltaire ... and the comic mode* (1990 : n° 52), p.183-202.

> Nouveaux aperçus.

Sémiramis

Voir aussi les numéros 1754, 2979.

3294 BAILBÉ, Joseph-Marc. « Images de Sémiramis : de la tragédie de Voltaire à l'opéra de Rossini ». [In] *Iconographie et littérature : d'un art à l'autre*. [U. de Rouen], Centre d'étude et de recherche d'histoire des idées et de la sensibilité. Paris : PUF, 1983. 216 p. ill. p.107-20, ill.

> Voir surtout p.107-11.

3295 CAPLAN, Jay L. « 1759, 23 April. The duc de Lauragais pays the Théâtre-Français an indemnity of 12,000 livres to remove spectators from the stage : *Clearing the stage* ». [In] *A new history of French literature* (1989 : n° 48), p.471-76.

> Surtout p.471-73 : le duc dégage la scène pour *Sémiramis*; voir aussi B. Mittman (1984 : n° 1750).

3296 ESTEVES, Carmen. *The Dramatic portrayal of Semiramis in Virués, Calderón and Voltaire*. Diss., City U. of New York, 1985. 179 p.

> Résumé : *DAI* 46 (1985-86), 1271A.

3297 PITOU, Spire. « Voltaire's *Sémiramis* at Versailles in 1770 ». *ZFSL* 84 (1974), 148-55.

Sermon des cinquante

3298 LEE, J. Patrick. *Voltaire's « Sermon des cinquante » : a critical edition*. Diss, Fordham U., 1971. 249 p.

> Résumé : *DAI* 32 (1971-72), 972A.

3299 LAVIČKA, Jan. « La genèse du *Sermon des cinquante* ». *SVEC* 256 (1988), 49-82.

> CR : N. Minerva, *SFr* 34 (1990), 317-18.

Le Siècle de Louis XIV

Voir aussi les numéros 650, 735, 798, 858, 1088, 1228, 1360, 1835, 1855, 1892, 2358, 2397.

3300 VOLTAIRE. *Le Siècle de Louis XIV*. Chronologie et préface par Antoine Adam. Paris : Garnier-Flammarion, 1966. 2 vols (G-F. Texte intégral, 119-120).

> i.11-29, « Préface ».
>
> CR : G. Bonatti Montagna, *SFr* 12 (1968), 362; C. Jordens, *LR* 22 (1968), 98-99.

3301 BAHNERS, Klaus. «Nochmals zu parlement». *NS* 68 (1969), 297-303.

> L'emploi du mot «parlement» dans le *Siècle de Louis XIV*. Voir l'article de Günter Schweig (1969: n° 3324).

3302 BELAVAL, Yvon. «Le XVIIᵉ siècle vu du *Siècle de Louis XIV*». *RIPh* 29 (1975), 393-405.

3303 CHURCH, William F. *Louis XIV in historical thought: from Voltaire to the Annales School.* New York: W. W. Norton, 1976. 127 p. (Historical controversies: a Norton series).

> p.15-21, «Voltaire's view of Louis XIV and his age».

3304 COCULA, Anne-Marie. «Regard sur une décadence: la Fronde vue par Voltaire». *Eidôlon* 9 (1979), 65-77.

> Sur la manière dont V traite cet épisode dans *Le Siècle de Louis XIV*.

3305 FERRIER-CAVERIVIÈRE, Nicole. *Le Grand Roi à l'aube des Lumières, 1715-1751.* Paris: PUF, 1985. 169 p.

> p.99-129, «Le siècle de Louis XIV d'après Voltaire». Voir aussi l'index.
>
> CR: V. Kapp, *RHL* 87 (1987), 1107-1109; C. Michaud, *DHS* 18 (1986), 489-90; M.-O. Sweetser, *FR* 60 (1986-87), 274-75.

3306 FERRIER, Nicole. *L'Image de Louis XIV dans la littérature française de 1660 à 1751.* Thèse, U. de Paris IV, 1978. 2 vols, 482 f., 177 f. ill.

3307 HATTON, Ragnhild. «The prehistory of Voltaire's *Siècle de Louis XIV*». *NewsletterSSCFS* 5 (1983), 45-51.

3308 HATZFELD, Helmut. *Initiation à l'explication de textes français.* München: Max Hueber Verlag, 1957. 195 p.

> p.62-66, «François (Arouet de) Voltaire (1694-1778): *Le Siècle de Louis XIV*, ch. x, *Passage du Rhin*».
>
> 4ᵉ éd. augmentée de cinq textes nouveaux. München: M. Hueber, 1975. 197 p.

3309 JOHNSON, Neal R. *Louis XIV devant l'opinion française, de 1715 à la publication du «Siècle de Louis XIV» par Voltaire.* Thèse, U. d'Aix-Marseille I, 1971. 431 p.

3310 JOHNSON, Neal R. *Louis XIV and the age of the Enlightenment: the myth of the Sun King from 1715 to 1789.* Oxford: The Voltaire Foundation, 1978. 350 p. (SVEC, 172).

> p.309-36, «Voltaire and the age of Louis XIV». Voir aussi l'index.
>
> CR: P. Alatri, *SFr* 22 (1978), 502-503 et *DHS* 11 (1979), 470-71; J. H. Brumfitt, *FS* 35 (1981), 73-74; C. Roquin, *FR* 53 (1979-80), 293-94.

3311 JOHNSON, Neal R. «La théorie et la pratique de l'historiographie dans la France du XVIIIᵉ siècle: le cas du *Siècle de Louis XIV* de Voltaire». [In] *L'Histoire au dix-huitième siècle* (1980: nº 21), p.253-69.

3312 LAFARGA, Francisco. «Críticas españolas inéditas del *Siglo de Luis XIV* de Voltaire». *AnuarioF* 2 (1976), 415-24.

3313 LAVALLÉE, Louis. «De Voltaire à Mandrou: études et controverses autour du *Siècle de Louis XIV*». *CJH* 12 (1977-1978), 19-49.

  p.20-25, «Voltaire et l'histoire rationaliste»; p.48-49, «Conclusion».

3314 MALETTKE, Klaus. «Deutschland und die Deutschen im *Siècle de Louis XIV*». [In] *Voltaire und Deutschland* (1979: nº 20), p.139-52. Résumé en français, p.525.

3315 MANDROU, Robert. «La méthode historique de Voltaire, une lecture du *Siècle de Louis XIV*». [In] *Historische Forschung im 18. Jahrhundert: Organisation, Zielsetzung, Ergebnisse. 12. Deutsch-Französisches Historikerkolloquium des Deutschen historischen Instituts Paris*. Hrsg. von Karl Hammer und Jürgen Voss. Bonn: Ludwig Röhrscheid Verlag, 1976. 484 p. (Pariser historische Studien, 13), p.364-73.

3316 RIVIÈRE, Marc Serge. *A study of Voltaire's «Le Siècle de Louis XIV»*. Diss., Glasgow U., 1981. 589 p.

3317 RIVIÈRE, Marc Serge. «Voltaire's *Notebooks* and the composition of *Le Siècle de Louis XIV*». *EFL* 22 (1985), 1-11.

3318 RIVIÈRE, Marc Serge. «Voltaire's use of Dangeau's *Mémoires* in *Le Siècle de Louis XIV*: the paradox of the historian-*raconteur*». *AUMLA* 67 (May 1987), 89-101.

  Réimpr.: *SVEC* 256 (1988), 97-106.

3319 RIVIÈRE, Marc Serge. «Voltaire and the *Fronde*». *NFS* 26, nº 1 (1987), 1-18.

3320 RIVIÈRE, Marc Serge. «Voltaire's use of eyewitnesses' reports in *Le Siècle de Louis XIV*, with special reference to the *Mémoires de Torcy*». *NZJFS* 9, nº 2 (1988), 5-26.

3321 RIVIÈRE, Marc Serge. «Contemporary reactions to the early editions of *Le Siècle de Louis XIV*». *SVEC* 266 (1989), 225-52.

3322 RIVIÈRE, Marc Serge. «Voltaire's use of Larrey and Limiers in *Le Siècle de Louis XIV*: history as a science, an art and a philosophy». *FMLS* 25 (1989), 34-53.

Comment V a transformé deux de ses sources, Isaac de Larrey et Philippe de Limiers.

3323 RIVIÈRE, Marc Serge. «Voltaire, Hénault and *Le Siècle de Louis XIV*». *NFS* 28, n° 1 (1989), 1-15.

L'influence de Hénault sur V.

3324 SCHWEIG, Günter. «parlement und Parlement: eine Stelle aus Voltaires *Le Siècle de Louis XIV* in ihrer Bedeutung für die staatsbürgerliche Erziehung im Französischunterricht». *NS* 68 (1969), 81-92.

Voir l'article de K. Bahners (1969: n° 3301).

3325 VOSS, Jürgen. «Ein unbekanntes Schreiben Voltaires an die Redaktion der *Frankfurtischen Gelehrten Zeitungen* (1753) zur Frage der Drucklegung des *Siècle de Louis XIV*». *Francia* (München) 11 (1983), 686-87.

Le Songe de Platon

Voir aussi le numéro 2468 (édition).

3326 GALLIANI, Renato. «La date de composition du *Songe de Platon*». *SVEC* 219 (1983), 37-57.

3327 VAN DEN HEUVEL, Jacques. «In der Schule Emilies – Geometrie und Vergnügen. *Platon's Traum*, die erste philosophische Erzählung». [Trad. par Thomas Baumeister]. [In] *Voltaire*. Hrsg. von Horst Baader (1980: n° 25), p.321-47.

Trad. de son ouvrage *Voltaire dans ses contes* (1967: n° 1682), p.53-67.

Sophonisbe

3328 DIETZ, V. G. *An examination of the Sophonisbe theme by Mairet, Corneille and Voltaire*. Diss., Bristol U., 1969-1970.

Tancrède

Voir aussi les numéros 1050, 1775.

3329 HENDERSON, John S. *Author and publisher: Voltaire's « Tancrède »*. Diss., Brown U., 1967. 191 p.

Résumé: *DAI* 28 (1967-68), 3185A.

3330 HENDERSON, John S. *Voltaire's « Tancrède »*. Genève: Institut et Musée Voltaire, 1968. 163 p., [102] p. de fac-sim. (SVEC, 61).

> CR: A. Jovicevich, *RR* 62 (1971), 56-57; J. Spica, *RHL* 69 (1969), 854-55; D. Williams, *FS* 24 (1970), 56-57.

3331 PITOU, Spire. «Voltaire's *Tancrède* at Versailles in 1770». *AJFS* 10 (1973), 310-16.

> CR: G. Cerruti, *SFr* 19 (1975), 560.

Le Taureau blanc

Voir aussi le numéro 1628.

3332 CARR, Thomas M., Jr. « Voltaire's fables of discretion: the conte philosophique in *Le Taureau blanc* ». *SECC* 15 (1986), 47-65.

3333 MASON, Haydn T. «A biblical ‹conte philosophique›: Voltaire's *Taureau blanc* ». [In] *Eighteenth century French studies: literature and the arts*. [Presented to Norman Suckling]. Edited by T. E. Dubois, Elizabeth Ratcliff, P. J. Yarrow. Newcastle upon Tyne: Oriel P., 1969. xii, 111 p., p.55-69.

> CR: G. Cerruti, *SFr* 14 (1970), 357.

3334 O'MEARA, Maureen F. « *Le Taureau blanc* and the activity of language». *SVEC* 148 (1976), 115-75.

3335 POMEAU, René. «Défense de ‹M. Mamaki›». *RHL* 76 (1976), 239-42.

> Sur le «traducteur» du *Taureau blanc*. Voir l'article de Crowley (1961: *QA* 1920).

Le Temple de la gloire

3336 BEZIERS, Marie-France & Philippe BEAUSSANT. « *Temple de la gloire (Le)* ». [In] *Rameau de A à Z* (1983: n° 35), p.322-24.

> Collaboration de V et Rameau.

Le Temple du goût

Voir aussi le numéro 2545.

3337 CURTIS, Judith. «Voltaire, d'Allainval and *Le Temple du goût*». *RomN* 15 (1973-1974), 439-44.

Satire de V, ses amis et ses intérêts dans une pièce par d'Allainval portant le même titre.

3338 GUMBRECHT, Hans Ulrich. «‹Phoenix from the ashes› or: from canon to classic». Translated by Roger C. Norton. *NLH* 20 (1988-1989), 141-63.

Voir p.143-50: étude du *Temple du goût*.

3339 TAYLOR, O. R. «Voltaire iconoclast: an introduction to *Le Temple du goût*». *SVEC* 212 (1982), 7-81.

CR: *YWMLS* 45 (1983), 151-52.

Thérèse

3340 VOLTAIRE. *Thérèse: a fragment*. Edited with an introduction by Desmond Flower. Cambridge: Cambridge U. Press for the Roxburghe Club, 1981. 20 p. + 8 p. de fac-sims.

Fragment d'une pièce inédite de V: texte en fac-sim. et en transcription, avec introduction.

Le Tocsin des rois

3341 BARBU, Violeta. «Cele mai vechi traduceri din Voltaire în limba română» [La traduction la plus ancienne de Voltaire en langue roumaine]. *LimR* 36 (1987), 525-32; *LimR* 37 (1988), 39-54.

Etude linguistique de la traduction du *Tocsin des rois*.

Tout en Dieu

Voir aussi le numéro 917.

3342 HENRY, Patrick. «A different view of Voltaire's controversial *Tout en Dieu*». *SVEC* 135 (1975), 143-50.

Explique la défense de Spinoza et de Malebranche par V.

Traité de métaphysique

Voir aussi le numéro 679.

3343 VOLTAIRE. *Traité de métaphysique*. Critical edition by W. H. Barber. [In] *The Complete works of Voltaire / Les Œuvres complètes de Voltaire 14: 1734-1735*. Oxford: The Voltaire Foundation, 1989. xxiv, 565 p., p.357-503.

3344 BARBER, William H. «Voltaire's *Traité de métaphysique*: author, text and public». [In] *Le Siècle de Voltaire* (1987: n° 44), i.71-81.

Traité sur la tolérance [1]

Voir aussi les numéros 2475 (édition); 1282, 1333, 1966-1967, 2052 (études).

3345 VOLTAIRE. *Ensayo sobre la tolerancia*. [Trad. José Antonio López de Letona]. Madrid: Ediciones del centro, 1974. 156 p. (EC, 23).

> p.7-17, «Prólogo» par J. A. López de Letona.

3346 VOLTAIRE. *Traité sur la tolérance*. Introduction, notes, bibliographie, chronologie par René Pomeau. Paris: Flammarion, 1989. 192 p. (GF, 552).

> p.7-28, «Introduction».
> CR: R. Granderoute, *DHS* 22 (1990), 475.

3347 COLEMAN, Patrick. «1762. Jean Calas, a Protestant merchant, is executed in Toulouse, and Voltaire denounces the proceedings that led to his condemnation: *Writing the political*». [In] *A new history of French literature* (1989: n° 48), p.496-500.

> Voir notamment p.496-98.

La Voix du sage et du peuple

3348 HANLEY, William. «The provenance of the royal condemnation of Voltaire's *La Voix du sage et du peuple*». *SFr* 29 (1985), 509-11.

Zadig

Voir aussi les numéros 2463, 2479, 2482, 2486 (éditions); 733, 781, 1616, 1634, 1646, 1658, 1661-1662, 2154, 2211, 2375, 3218, 3476, 3486 (études).

3349 VOLTAIRE. *Zadig ou la destinée, conte philosophique*. [Extraits]. Présenté par Jean-Pol Caput. Préface de Georges Matoré. Paris; Bruxelles: Didier, 1964. 127 p. ill. (Les Classiques de la civilisation française).

> Nouvelle éd., rev. et aug.: Paris: Didier, 1969. 128 p.

3350 VOLTAIRE. *Zadig*. Avec un tableau de concordances chronologiques, une notice littéraire, des notes explicatives, des questionnaires, des documents,

---

1. Voir aussi n° 1951 et suiv. ci-dessus.

des jugements, une lecture thématique établis par Claude Blum, avec la collaboration de Pascale Blum. Paris: Hachette, 1980. 159 p. ill. (Nouveaux classiques illustrés Hachette).

> Pour le livre du professeur (sans texte du conte), voir: *Zadig*. Notes et commentaires établis par Claude Blum, avec la collaboration de Pascale Blum. Paris: Hachette, 1980. 47 p.

3351 ARNOLD, Armin. «Zadig as a Jew: an early German tale of detection». *Armchair detective* 13 (1980), 173-74.

> Un épisode de *Zadig* comme source d'un incident dans «Abner der Jude, der nichts gesehen hat» de Wilhelm Hauff (1801-1827), écrivain antisémite.

3352 BADIR, Magdy Gabriel. «Rhétorique voltairienne de l'ironie dans *Zadig*». *FLS* 14 (1987), 37-44. (Titre du n° de *FLS*: *Irony and satire in French literature*).

3353 BADIR, Magdy Gabriel. «Mode de narration de *Zadig* de Voltaire et de ‹Ganem› des *Mille et une nuits*». *SVEC* 264 (1989), 1092-97.

> Analyse comparative.

3354 BARRAULT, Jean-Louis. «*Zadig ou la destinée*. Barrault invite Voltaire». *Le Figaro magazine* 1 (Supplément au *Figaro* du samedi, 7 oct. 1978), 92-93, ill.

> La réaction de Barrault à V et la raison pour laquelle il décide, avec Georges Coulonges (voir le n° 3476), de célébrer le deuxième centenaire de la mort de V en adaptant *Zadig* à la scène.
>
> CR: J.-J. Gautier, *Le Figaro magazine* 4 (Supplément au *Figaro* du samedi, 28 oct. 1978), 34.

3355 BARRAULT, Jean-Louis. «*Zadig*, ou la destinée». *CRB* 98 (1978), 5-11.

3356 BATLY, Jenny. «Analyse d'un chapitre de *Zadig*: le nez, démystification et moralité». *SVEC* 132 (1975), 7-15.

3357 BIANCO, Joseph. «*Zadig* et l'origine du conte philosophique: aux antipodes de l'unité». *Poétique* 68 (1986), 443-61.

> CR: C. Imbroscio, *SFr* 32 (1986), 341-42.

3358 BIGOTTE DE FIGUEIREDO, Magda. «Sur *Zadig* de Voltaire». *Ariane* 3 (1984), 41-52.

3359 CLÉMENT, Marilène. *Zadig ou la destinée: histoire orientale de Voltaire. Etude et analyse*. Paris: Editions de la pensée moderne, 1972. 254 p. (Les Chefs-d'œuvre de la littérature expliqués: collection Mellottée).

> CR: C. Dedet, *Esprit* 41 (1973), 484-85.

3360 DERCHE, Roland. *Etudes de textes français.* n.s. 4: *XVIIIe siècle.* Paris: Société d'édition d'enseignement supérieur, 1966. 316 p.

>   p.147-78, «Voltaire: *Zadig ou la destinée*, chapitre XII, Le souper».

3361 ECO, Umberto. «Il cane e il cavallo: un testo visivo e alcuni equivoci verbali». *VS* 25 (1980), 28-43.

>   Etude sémiotique du ch. 3 de *Zadig.*
>
>   Version remaniée en anglais, avec le titre «Hooves», faisant partie de l'article «Horns, hooves, insteps: some hypotheses on three types of abduction». [In] *The Sign of three: Dupin, Holmes, Peirce.* Edited by Umberto Eco and Thomas A. Sebeok. Bloomington: Indiana U. P., 1983. xi, 236 p. (Advances in semiotics), p.207-15.
>
>   Trad.: «Zaccoli». [In] *Il Segno dei tre: Holmes, Dupin, Peirce.* A cura di Umberto Eco; trad. Giampaolo Proni. Milano: Bompiani, 1983. 309 p. (Studi Bompiani: Il campo semiotico), p.246-54.
>
>   Trad.: «Hufe». [In] *Der Zirkel, oder Im Zeichen der Drei: Dupin, Holmes, Peirce.* Hrsg. von Umberto Eco; übersetzt von Christiane Spelsberg und Roger Willemsen. München: Wilhelm Fink Verlag, 1985. 341 p., p 302-12.

3362 GAILLARD, Pol. «A propos de *Zadig ou la destinée, histoire orientale*». *Raison présente* 67 (1983), 47-65.

3363 GERTNER, Michael H. «Five comic devices in *Zadig*». *SVEC* 117 (1974), 133-52.

>   Définition, répétition, opposition, contradiction, causalité.

3364 GREENE, E. J. H. «The destiny of *Zadig*». *ECr* 7 (1967), 243-51.

>   *Zadig* comme œuvre d'art.

3365 HELLEGOUARC'H, Jacqueline. «Encore la duchesse Du Maine: notes sur les rubans jaunes de *Zadig*». *SVEC* 176 (1979), 37-40.

3366 HOWELLS, R. J. «*Télémaque* et *Zadig*: apports et rapports». *SVEC* 215 (1982), 63-75.

>   L'influence possible de Fénelon.
>
>   CR: M. Menemencioglu, *RHL* 86 (1986), 146.

3367 KRA, Pauline. «Note on the derivation of names in Voltaire's *Zadig*». *RomN* 16 (1974-1975), 342-44.

3368 KUNEL, Maurice. «Félicien Rops et l'illustration de *Zadig*». *LE* 55-56 (1968), 234-48.

>   Son rôle dans l'édition par Les Amis des livres, 1893.

3369 MASON, Haydn T. «*Zadig* and *Manon Lescaut*». *FSB* 29 (Winter 1988-1989), 21-22.

> Voir C. J. Betts, «Echoes of *Manon Lescaut* ...» (1988: n° 2690), et J. Garagnon, «Note additionnelle ...» (1988: n° 2743).

3370 MASON, Haydn T. «Voltaire, le président de Maisons et Zadig». *RHL* 90 (1990), 953-58.

> Ressemblances entre l'incendie chez le président de Maisons et celui dans le ch. «L'Hermite» de *Zadig*.

3371 MEYER, G. «Texte commenté: Voltaire, *Zadig*, ch. XVIII». *Les Humanités* (Classes de lettres, sections modernes) 11 (oct. 1967), 15-18.

3372 PANDOLFO, Maria do Carmo. «Morfologia de Zadig (1)». *Minas Gerais: suplemento literário*, 22 de Novembro de 1975, p.8-9; «Morfologia de Zadig (2)». *Ibid.* 29 de Novembro de 1975, p.8-9.

3373 PANDOLFO, Maria do Carmo. «As estruturas narrativas e o ideologema do signo». *Minas Gerais: suplemento literário*, 21 de Fevereiro de 1976, p.3.

3374 PANDOLFO, Maria do Carmo. «O modelo greimasiano e as estruturas narrativas». *Minas Gerais: suplemento literário*, 26 de Juhno de 1976, p.6-7.

3375 PANDOLFO, Maria do Carmo. *Zadig: análise da narrativa*. Petrópolis: Editora Vozes, 1978. 84 p. (Coleção mestrado, 5).

> Contient une réimpr. des quatre articles précédents, avec des études supplémentaires.

3376 PERLA, George A. «Zadig, hero of the absurd». *SVEC* 143 (1975), 49-70.

3377 ROMBOUT, A. F. «Temps et espace dans *Zadig* de Voltaire». *Levende talen* 239 (1967), 217-26.

3378 RUNTE, Roseann. «Répétition et instabilité: la signification de *Zadig*». *Man and nature* 3 (1984), 63-76.

> CR: R. Mortier, *CRCL* 13 (1986), 134; *YWMLS* 46 (1984), 164.

3379 SCHICK, Ursula. «Voltaire's adaptation of a literary source in *Zadig*». *SVEC* 57 (1967), 1377-86.

> La *Description géographique* ... (1735) de J.-B. Du Halde. Cet article est repris dans son ouvrage *Zur Erzähltechnik* (1968: n° 1668).

3380 SENIOR, Nancy. «The structure of *Zadig*». *SVEC* 135 (1975), 135-41.

3381 SHERMAN, Carol. «Voltaire's *Zadig* and the allegory of (mis)reading». *FR* 58 (1984-1985), 32-40.

3382 SMITH, Peter Lester. «A note on the publication of *Zadig*: why Voltaire cried slander». *RomN* 16 (1974-1975), 345-50.
> Piron aurait suggéré que V avait attribué le conte à l'abbé de Bernis.

3383 STEMPEL, Daniel. «Angels of reason: science and myth in the Enlightenment». *JHI* 36 (1975), 63-78.
> Voir notamment p.66-68, 76: à propos de *Zadig*.

3384 TRAPNELL, William H. «Destiny in Voltaire's *Zadig* and *The Arabian nights*». *International journal of Islamic and Arabic studies* 4, n⁰ 1 (1987), 1-25.
> Réimpr.: *SVEC* 278 (1990), 147-71.

3385 VAILLANCOURT, Pierre-Louis. «Le sens d'un livre ou les lectures de l'ange Jesrad». *RUO* 52 (1982), 181-89.
> Analyse du ch. 20.

3386 VAN DEN HEUVEL, Jacques. «Zadig, Zoroastre et les *Voyages de Cyrus* du chevalier de Ramsay». [In] *Le Siècle de Voltaire* (1987. n° 44), ii.919-26.
> Rapprochements de *Zadig* avec l'ouvrage (1727) de Ramsay et avec la franc-maçonnerie.

3387 VARTANIAN, Aram. «*Zadig*: theme and counter-theme». [In] *Dilemmes du roman: essays in honor of Georges May*. Edited by Catherine Lafarge. Saratoga, Calif.: Anma Libri, 1989. 364 p. ill. (Stanford French and Italian Studies, 65), p.149-64.

3388 WALLER, R. E. A. «Voltaire, Parnell and the hermit». *SVEC* 191 (1980), 994-96.
> Comparaison de *Zadig* avec un poème, «The Hermit» (1722), de Parnell.

3389 WOLPER, Roy S. «*Zadig*, a grim comedy?». *RR* 65 (1974), 237-48.
> CR: D. Stouch, *SFr* 19 (1975), 360.

Zaïre

Voir aussi les numéros 766, 802, 819, 1406, 1493, 1719, 1775, 1777, 2358.

3390 VOLTAIRE. *Zaïre, tragédie*. Avec une notice biographique, une notice historique et littéraire, un index, des notes explicatives, une documentation thématique, des jugements, un questionnaire et des sujets de devoirs, par Claude Blum. Paris: Larousse, 1972. 175 p. ill. (Nouveaux classiques Larousse).

> CR : J. Van den Heuvel, *IL* 27 (1945), 228.

3391 VOLTAIRE. *Zaïre*. Edited with an introduction by Eva Jacobs. London, &c.: Hodder and Stoughton, 1975. 172 p.

> p.7-54, «Introduction»; p.153-70, «Notes».
>
> CR: D. J. Fletcher, *FS* 32 (1978), 328-29; H. T. Mason, *JES* 6 (1976), 152; S. Messina, *RHL* 77 (1977), 845-46; P. Peyronnet, *DHS* 8 (1976), 451; A. Redshaw, *BSECS Newsletter* 10 (Oct. 1976), 36-38.

3392 VOLTAIRE. *Zaïre*. Critical edition by Eva Jacobs. [In] *The Complete works of Voltaire | Les Œuvres complètes de Voltaire 8: 1731-1732*. Oxford: The Voltaire Foundation, 1988. xxi, 569 p., p.273-526, fac-sims.

> CR : Pour les CR, voir le n° 2493.

3393 BEYERLE, Dieter. «Voltaire – *Zaïre*». [In] *Das Französische Theater: vom Barok bis zur Gegenwart*. Hrsg. von Jürgen von Stackelberg. Düsseldorf: August Bagel Verlag, 1968. 2 vols, ii.55-78.

> Etude de la pièce. ii.367-72, notes et bibliographie.

3394 BRAUN, Theodore E. D. «Subject, substance and structure in *Zaïre* and *Alzire*». *SVEC* 87 (1972), 181-96.

3395 CHERPACK, Clifton. «Love and alienation in Voltaire's *Zaïre*». *FrF* 2 (1977), 47-57.

3396 CSANAK, Dóra F. «Péczeli József elveszettnek hitt elöszava Voltaire Zaÿr-fordításához» [La préface considérée perdue de József Péczeli à la traduction de *Zaïre* de Voltaire]. *IK* 88 (1984), 339-50.

3397 LAFARGA, Francisco. «Traducciones españolas de *Zaïre* de Voltaire en el siglo XVIII». *RLC* 51 (1977), 343-55.

> Contient à la fin une liste bibliographique des traductions.

3398 PRICE, L. Brian. «Spatial relationships in Voltaire's *Zaïre*». *FR* 50 (1976-1977), 251-59.

> CR: G. W. Brown, *SFr* (1977), 310.

3399 PRICE, L. Brian. «Symbolic temporal prisons in Voltaire's *Zaïre*». *CLAJ* 20 (1976-1977), 40-47.

3400 SCOTT-PRELORENTZOS, Alison. «Religious tolerance in eighteenth-century drama: three examples». [In] *Eighteenth-century French theatre* (1986: n° 40), p.85-98.

> Voir notamment p.85-91 : *Nathan der Weise* (Lessing) et *Zaïre*.

Ouvrages apocryphes et attribués

Voir aussi les numéros 213, 1748, 2670.

3401 LÉVY, David. «Qui est l'auteur de l'*Oracle des anciens fidèles?*». *SVEC* 117 (1974), 259-70.

> V *passim*, mais l'auteur hésite à attribuer l'ouvrage à V, et conclut que celui-ci n'en est pas l'auteur.

3402 ROZIER, Claude. *Histoire de dix cantiques*. Paris: Éditions Fleurus, 1966. 277 p. (Collection «Kinnor»).

> p.169-78, «*Entendrons-nous vanter toujours*: un cantique de Monsieur de Voltaire». Analyse, critique et étude historique.

3403 VERCRUYSSE, Jeroom. «*L'Idée du roi de Prusse*, un portrait de 1752, en quête d'auteur». [In] *Voltaire und Deutschland* (1979: n° 20), p.91-102. Résumé en allemand, p.535.

> V n'est en effet pas l'auteur de cet ouvrage, parfois attribué à lui.

Anniversaires

Voir aussi les numéros 12, 14, 16-20, 30, 32, 113, 124-125, 127-129, 132-133, 157, 177, 207, 390, 423, 425, 435, 455, 558, 619, 628, 648, 688, 692, 696-697, 699, 711, 715, 718-719, 731, 737, 755-756, 1167, 1182, 1185, 1193, 1270, 1377, 1409, 1456, 1467, 1481, 1487-1489, 1513, 1518, 1530, 1620, 1902, 1917, 2033, 2177, 2413, 2451, 2521, 3354, 3476, 3484, 3542.

3404 *Bicentenaire de Voltaire, 1778-1978: Ferney-Voltaire, 17 juin-9 juillet 1978*. Ferney-Voltaire: Les amis de Ferney-Voltaire, 1977. [5] f., carte, plan. Multigr.

Avant-programme.

3405 «Os mortos não vão depressa» [Les morts ne vont pas vite]. *Revista de teatro* 422 (mar.-abr. 1978), 3-4, ill.

Appréciation générale de V et de son œuvre à l'occasion du bicentenaire de sa mort.

3406 «К 200-летию со дня смерти Вольтера» [A la mémoire du bicentenaire de la mort de Voltaire]. *FE 1978* (1980), 274.

En Russie.

3407 «Le bicentenaire Voltaire Rousseau en Roumanie». *AUB, Limbi şi literaturi străine* 27, n° 2 (1978), [149-50].

3408 «Le bicentenaire Voltaire-Rousseau en Roumanie». *Bulletin de la Société française d'étude du XVIIIᵉ siècle* 27 (oct. 1978), 5.

CR du colloque de Bucarest, «Voltaire, Rousseau et le xvIIIᵉ siècle».

3409 «Le bicentenaire de la mort de Voltaire et Rousseau». *Bulletin du livre*, 5 mars 1978, 32-36, ill.

p.34-35, bibliographie sélective des écrits sur et de V (les dates de publication ne sont pas indiquées).

3410 «Bicentenaire de la mort de Voltaire: cérémonie du 14 octobre 1978 (Romilly-sur-Seine)». *La Vie en Champagne* 26 (nov. 1978), 4-7, ill.

Contient trois discours.

3411 «Le bicentenaire de la mort de Voltaire et de Rousseau: entretien d'Hervé Hasquin avec Roland Mortier et Raymond Trousson» [Emission télévisée du 29 nov. 1978]. *La Pensée et les hommes* 22 (1978-1979), 197-204.

3412 *L'Hommage de la jeunesse de Ferney-Voltaire à son patriarche.* Spectacle donné à l'occasion du bicentenaire de la mort de Voltaire par les Scouts de France et le Lycée d'Etat international de Ferney-Voltaire. [Ferney-Voltaire, 1978]. [10]p. Multigr.

3413 *Voltaire à Ferney, 1758-1778 : 1978, bicentenaire de Voltaire. Ferney-Voltaire, du 17 juin au 9 juillet.* Organisé par l'association «Les Amis de Ferney-Voltaire». Ferney-Voltaire: Les Amis de Ferney-Voltaire, 1978. 28 p. port. fac-sim.

    p.3, «Voltaire en 1978» par Pascal Meylan; p.4, «Toutes les grandeurs de ce monde ne valent pas un bon ami» par André Cordaillat. Programme des Fêtes.

3414 APGAR, Garry. «Une célébration bien discrète». *Le Monde*, 8 sept. 1978, p.2.

    Réponse: Georges Le Rider. «A propos du second centenaire de la mort de Voltaire». *Le Monde*, 10-11 sept. 1978, p.16.

3415 BĂDESCU, Irina. «Colloque à Bucarest: ‹ Voltaire, Rousseau et le XVIIIe siècle › ». *CREL* (1979, n° 2), 155-57.

    Pour le bicentenaire de la mort de V.

3416 BALOTĂ, Nicolae. «Surîsul lui Voltaire» [Le sourire de Voltaire]. *România literară*, 2 mai 1978, p.20.

3417 BALOTĂ, Nicolae. «Cuvîntul lui Voltaire» [La parole de Voltaire]. *România literară*, 1 iuni 1978, p.20.

3418 BARTHES, Roland «D'eux à nous». *Le Monde*, 7 avr. 1978, p.19.

    A l'occasion du bicentenaire de leur mort: V et Rousseau pour le lecteur de nos jours.

3419 BENREKASSA, Georges, *et al.* «Le premier centenaire de la mort de Rousseau et de Voltaire: significations d'une commémoration». *RHL* 79 (1979), 265-95. Résumé, p.553-54.

3420 BONY, Alain. «1978: le bi-centenaire de la mort de Voltaire». *La Légitimité* 15 (juin-sept. 1978), 11-15.

3421 CHOUILLET, Jacques. «Voltaire et Rousseau à Londres». *CREL* (1979, n° 2), 157-58.

    Le bicentenaire de leur mort.

3422 CONSTANDSE, A. L. «Een herdenking: Rousseau en Voltaire» [Une commémoration: Rousseau et Voltaire]. *De Gids* 141 (1978), 131-43.

423

3423 CORNEA, Paul. «Le bicentenaire de la mort de Voltaire et de Rousseau. Paris, 4-7 juillet 1978». *CREL* (1979, n° 2), 152-55.

3424 DAOUST, Joseph. «Voltaire et Rousseau deux siècles après». *Esprit et vie* 88, sér. 9 (1978), 516-17.

3425 DÉCOTTE, Alex. «Voltaire escamoté!». *Ferney-Candide* 85 (juin-juil. 1978). 14 p. ill.

  Pamphlet comique et satirique à l'occasion du bicentenaire.

3426 DELON, Michel. « 1878 : un centenaire ou deux ? ». *AHRF* 50 (1978), 641-63.

  Vues sur V et Rousseau jusqu'au centenaire de leur mort.

3427 DESNÉ, Roland. «A Bruxelles, Voltaire et Rousseau». *Le Monde*, 9 juin 1978, p.28.

  Sur le colloque international (2-3 juin).

3428 DESNÉ, Roland. «[Voltaire et Rousseau] Chez les Niçois et ... les Japonais». *Le Monde*, 4 juil. 1978, p.13.

  Sur le bicentenaire célébré à Nice et sur les Japonais qui y assistèrent.

3429 DESNÉ, Roland. «Deux colloques sur Voltaire: la dimension allemande; l'Angleterre, sa deuxième patrie». *Le Monde*, 2 juin 1978, p.21.

  Sur les colloques de Mannheim et d'Oxford.

3430 DESNÉ, Roland. «Voltairiens et Rousseauistes à Amsterdam». *Le Monde*, 29 nov. 1978, p.24.

  Réimpr. [in] *Voltaire, Rousseau et la tolérance* (1980: n° 26), p.7-8.

3431 DESNÉ, Roland. «Un aperçu sur l'année du bicentenaire. Quinze colloques en sept mois». *BRP* 18 (1979), 143-50.

  Réimpr.: *RHL* 79 (1979), 487-97. Résumé, p.560.

  Trad. et mise à jour: «A glance at the Rousseau-Voltaire bicentennial: seventeen conferences in eight months». *ECLife* 5, n° 4 (1978-79), 125-33. [Trad. par Mary Alice O'Donnell].

3432 DUBACQ, Jean. « 1778-1978, bicentenaire de la mort de Voltaire et de Rousseau; Voltaire: le châtelain de Ferney». *Nouvelles de France*, 16 juil. 1978, 31-36, ill.

3433 FETSCHER, Iring. «Rousseau, Voltaire und wir». *Merkur* 32 (1978), 641-54.

3434 FRANÇON, Marcel. «Sur le bicentenaire de la mort de Voltaire et de Rousseau». *Francia* (Napoli) 27 (1978), 5-7.

3435 FROMENTOUX, Michel. «Voltaire le démolisseur». *Aspects de la France*, 25 mai 1978, p.8-9.

A l'occasion du bicentenaire.

3436 GALLIANI, Renato. «Voltaire en 1878: le premier centenaire d'après les journaux de l'époque». *SVEC* 183 (1980), 91-115.

Journaux parisiens.

3437 GARAVITO, Julián. «Voltaire después de 200 años». *El Café literario* 3 (1978), 11-12.

3438 GOULEMOT, Jean-Marie & Eric WALTER. «Les centenaires de Voltaire et Rousseau, les deux lampions des Lumières». [In] *Les Lieux de mémoire*. 1: *La République*. Sous la direction de Pierre Nora. Paris: Gallimard, 1984. xlii, 674 p. ill. (Bibliothèque illustrée des histoires), p.381-420, ill.

Les centenaires de 1878.

3439 GUÈS, André. «La République célèbre les ‹Lumières›». *Aspects de la France*, 25 mai 1978, p.9-10.

Le bicentenaire.

3440 GUNNY, Ahmad. «Colloque Voltaire-Rousseau (Institut français du Royaume-Uni, 6-7 mai 1978)». *Bulletin de la Société française d'étude du XVIIIe siècle* 26 (juil. 1978), 6-7.

3441 GÜNTHER, Horst. «Voltaire. Zu seinem 200. Todestag (30. Mai)». *Neue Zürcher Zeitung*, 27./28. Mai 1978, p.65, ill.

3442 HEISTEIN, Józef. «Wolter i Rousseau we Francji i w Polsce. Sesja naukowa w 200 rocznicę śmierci pisarzy (Nieborów, 3-6 października 1978)» [Voltaire et Rousseau en France et en Pologne. Colloque au bicentenaire de la mort des écrivains (Nieborów, 3-6 oct. 1978)]. *PL* 70, n° 2 (1979), 409-17.

3443 HUGO, Victor. *Le Discours pour Voltaire: la lettre à l'Evêque d'Orléans. Centenaire de Voltaire, 30 mai 1878*. Paris: Calmann-Lévy, 1878. 22 p.

Réimpr. [in] *Voltaire: studies of François Marie Arouet known as M. de Voltaire*. Oliver Goldsmith and Victor Hugo. London: The Rodale P., 1954. 31 p. ill. (Miniature books), p.15-31.

Trad.: *Über Voltaire. Hundertjahrfeier für Voltaire; Rede gehalten den 30. Mai 1878*. Berlin-Wilmersdorf: Verlag Die Aktion, 1917. 22 p. ill. (Der rote Hahn). Réimpr.: Nendeln/Liechtenstein: Kraus Reprint, 1973.

3444 KRYDA, Barbara. «Wolter i Rousseau w Nieborowie» [Voltaire et Rousseau à Nieborow]. *PHum* 23, n° 6 (1979), 185-87.

Sur le colloque pour le bicentenaire.

3445 MACCHIA, Giovanni. *Le Rovine di Parigi*. Milano: Arnoldo Mondadori, 1985. 417 p. (Passaggi, 9).

p.105-18, «L'ombra dei grandi: il centenario di Voltaire».

Trad.: *Paris en ruines*. Traduit de l'italien par Paul Bédarida avec la collaboration de Mario Fusco. Préface d'Italo Calvino. Paris: Flammarion, 1988. 415 p. (Critiques), p.105-18, «L'ombre des grands: le bicentenaire de Voltaire».

3446 MARQUET, Pierre-Bernard. «Les deux moitiés de l'orange». *L'Education*, 27 avr. 1978, 31-36, ill.

Le bicentenaire de la mort de V et de Rousseau.

3447 MARREY, Bernard. «1878, le centenaire de la mort de Voltaire». *L'Histoire* 1 (mai 1978), 78-79, ill.

3448 MARX, Jacques. «Le grand siècle». *La Pensée et les hommes* 22 (1978-1979), 177-85.

Introduction générale au n° spécial sur le bicentenaire de la mort de V et de Rousseau.

3449 MOATTI, Gérard & Christiane SCHMIDT. «La faute à Voltaire, la faute à Rousseau». *Contrepoint* 29 (1979), 115-17.

Observations à l'occasion du bicentenaire de leur mort.

3450 MORVAN, Jean-Baptiste. «Deux cents ans après». *Aspects de la France*, 16 mars 1978, p.12.

V et Rousseau. A l'occasion du bicentenaire.

3451 [NAGAYA, Hideo. «Le bicentenaire de la mort de Rousseau et de Voltaire et les milieux académiques en Europe»]. *Journal of educational research* 45, n° 4 (Dec. 1978), 324-27.

Texte en japonais.

3452 [NAKAGAWA, Hisasada. «Mots du moi et mots de Nirvana: à la mémoire de Rousseau et Voltaire deux siècles après leur mort»]. *Shiso* 648 (1978), 4-23.

En japonais.

3453 OSTER, Daniel. «Agiter avant de s'en servir!». *NL*, 29 juin au 5 juil. 1978, p.16.

Louange de V et de Rousseau.

3454 OZOUF, Mona & François FURET. «C'est la faute à Voltaire, c'est la faute à Rousseau». *Le Nouvel observateur*, 19 juin 1978, 66-69, ill.

Article général à l'occasion du bicentenaire. Sur l'homme et sa pensée.

3455 PIATIER, Jacqueline. «Deux cents ans après: Voltaire et Rousseau». *Le Monde*, 7 avr. 1978, p.1.

Introduction au n° spécial (p.19-22) consacré à V et à Rousseau. Voir aussi les contributions de R. Mauzi, R. Barthes, R. Pomeau, J. Van den Heuvel. Contient des renseignements bibliographiques.

3456 ROSSO, Corrado. «L'Illuminismo oggi: Voltaire e Rousseau nel secondo centenario della morte». *Atti della Accademia delle scienze dell'Istituto di Bologna, Classe di scienze morali. Rendiconti* 67, fasc. 1 (1978-1979), 11-21.

Réimpr. avec le titre «L'Illuminismo nel secondo centenario della morte di Voltaire e di Rousseau» dans son ouvrage, *Pagine al vento: letteratura francese, pensiero europe.* Roma: Bulzoni, 1982. 284 p. (Biblioteca di cultura, 222), p.55-69.

3457 SCHALK, Fritz. «Zeitlose Gegenwart des Schriftstellers». *Neue Zürcher Zeitung*, 27./28. Mai 1978, p.65 66.

Le bicentenaire.

3458 SIGNAC, Marcel. «Depuis deux siècles, la faute à Voltaire». *Rivarol*, 18 mai 1978, p.10, ill.

Article général à l'occasion du bicentenaire.

3459 Светенко, А. С., Е. Сапрыкина, Л. В. Матрозова. «200 лет дня смерти Вольтера и Руссо» [Le bicentenaire de la mort de Voltaire et Rousseau]. *FE 1979* (1981), 270-71.

3460 TARDER, Marie-Françoise. «A propos d'un anniversaire: en relisant Voltaire ...». *Aspects de la France*, 25 mai 1978, p.10.

Article général à l'occasion du bicentenaire.

3461 TESSONNEAU, Rémy. «Voltaire et Rousseau présentés par les mass media». *RHL* 79 (1979), 480-86. Résumé, p.560.

Le bicentenaire.

3462 TRENARD, Louis. «Bicentenaire de la mort de Voltaire: Cirey, Les Délices, Ferney». *Vieilles maisons françaises* (oct. 1978), p.50-53, ill.

3463 UNTEANU, Christian. «Două secole Voltaire» [Bicentenaire de Voltaire]. *România literară*, 1 iunie 1978, p.20-21, ill.

Contient des citations tirées de l'œuvre de A. Maurois, R. Pomeau, P. Valéry, G. Lanson, A. I. Herzen, G. Călinescu.

3464 VESELÝ, Jindřich. «Kolokvium ‹Rousseau a Voltaire v letech 1776-1778› v Nice» [Colloque «Rousseau et Voltaire en 1776-1778» tenu à Nice]. *CMF* 61 (1979), 10-12.

Compte rendu du colloque.

3465 VIER, Jacques. «Dissonances dans un prochain concert. I. Voltaire; II. J.-J. Rousseau». *L'Homme nouveau*, I er janv. 1978, p.16.

Sur le bicentenaire qui s'approche et sur la religion de V.

3466 VIER, Jacques. «Voltaire et Rousseau deux siècles après leur mort». *Itinéraires* 223 (mai 1978), 71-76.

Les deux sont à l'origine de bien des problèmes actuels.

3467 WALTER, Eric. «Le pouvoir des ombres: l'effet commémoration et l'enjeu Voltaire-Rousseau dans le discours de la presse amiénoise en 1878». *Annales historiques compiégnoises* 3-4, n° spécial (1978), 61-63.

Pastiches, adaptations, dramatisations
de Voltaire

Voir aussi les numéros 648, 2679, 2855, 3018, 3354.

3468 *Le Retour de Babouc à Persépolis.* [In] *Anthologie du conte en France, 1750-1799: philosophes et cœurs sensibles.* Par Angus Martin. Paris: Union générale d'éditions, 1981. 444 p., p.364-77.

> Pamphlet anonyme paru en 1789 dans lequel l'auteur entreprend de refaire le *Babouc* de V, pour esquisser un tableau de la France au début de la Révolution. Voir aussi l'étude préliminaire approfondie.

> CR: L. A. Russell, *ECCB* n.s. 7 – for 1981 (1985), 352-53.

3469 *Calimutius dramatique: cantate bouffe.* Texte de Voltaire. Musique de Arturo Borgo Gelli. [Ottawa]: s. n., 1982. v, 194 p.

> Texte de V remanié par le compositeur.

3470 *Voltaire's folies, la grande revue: pamphlet contro la bêtise, revue cocasse, féroce et satirique d'après Voltaire.* Réalisation de Jean-François Prevand [à La Comédie de Paris]. Paris: La Comédie de Paris, 1988.

> Programme contenant des adaptations de textes de V.

3471 *Candide ovvero l'ottimismo.* [Marcello Ricci e Irene Lœsch]. Liberamente tratto da Voltaire. A cura di Progetto Candido. Terni: Tipolitografia Visconti, 1989. 112 p. ill.

> Texte illustré d'une dramatisation du conte.

3472 AUDEN, W. H. «Voltaire at Ferney». *Poetry* 54 (1939), 119-21.

> Un poème.

> Réimpr. [in] *Collected shorter poems 1927-1957.* London: Faber, 1966; New York: Random House, 1967. 351 p., p.144-45.

3473 BASTIAENSEN, Michel. «La satire antivoltairienne au théâtre: Sebastiano Caprini». *RZL* 9 (1985), 31-40.

> Etude de *Voltaire muore come un disperato in Parigi*, tragicommedia in cinque atti. Assisi, 1792.

3474 CESSOLE, Bruno de. « Le hideux sourire et l'affreux rictus : apostille imaginaire à *D'un château à l'autre* ». *L'Infini* 25 (1989), 156-64, ill.

> Rencontre et dialogue imaginaires entre V et Céline.

3475 CHASTANG, Marie-Laure. « Voltaire, héros ou sujet de pièces de théâtre ». [In] *Le Siècle de Voltaire* (1987 : n° 44), i.255-68.

> Liste chronologique des pièces, suivie d'une analyse des pièces classées par thème. Voir aussi H. Guénot, « Propagande, culte des grands hommes » (1989 : n° 3488), et E. H. Kadler, *Literary figures* (1969 : n° 3494).

3476 COULONGES, Georges. *Zadig ou la destinée*. [D'après le conte de Voltaire. Préface de Jean-Louis Barrault]. Paris : Le Cherche-midi, [1979]. 193 p. (Collection l'Emporte-pièce).

> Adaptation théâtrale représentée au Théâtre d'Orsay, le 17 oct. 1978. Voir aussi J.-L. Barrault, « *Zadig* ... » (1978 : n° 3354).
>
> CR : M. Galey, *NL*, 3 nov. 1978, p.28-29 ; J. Mambrino, *Etudes* 349 (1978), 641-42.

3477 CRANSTON, Maurice. *Political dialogues*. London : British Broadcasting Corporation, 1968. xi, 192 p.

> p.65-89, « Voltaire and David Hume : a dialogue on morality ». Conversation imaginaire entre les deux hommes, à Ferney, vers la fin de leur vie.

3478 DA COSTA, Bernard. *Frédéric et Voltaire, ou une dispute de rois*. Paris : Papiers, 1986. 50 p.

> Texte d'une pièce de théâtre créée en janv. 1986 au Petit-Montparnasse.

3479 DECAUX, Alain. « Face à Alain Decaux, Voltaire reconnaît : ‹ Si Dieu n'existait pas, il faudrait l'inventer › ». *Historia* 341 (avr. 1975), 34-47, ill.

> Dialogue imaginaire.

3480 DUMERSAN, Théophile Marion & Jean Henri DUPIN. *Voltaire chez les Capucins, comédie-anecdote en un acte mêlée de couplets*. Paris : Barba, 1830. 41 p.

> Réimpr. [in] *Les Voltairiens*. Collection préparée par Jeroom Vercruysse. Nendeln : KTO Press, 1978. 8 vols, viii.[n° 17].

3481 EDDY, Bill. « *Candide* at the Broadway theatre ». *The Drama review* 18, n° 3 (1974), 134-35.

> CR d'une représentation de l'opéra de Bernstein avec mise en scène par Harold Prince.

3482 EMELINA, Jean. «*Candide* à la scène». *RHL* 81 (1981), 11-23.

> Etude de deux comédies inspirées du dénouement du conte: *Léandre-Candide* (1784) et *Candide marié* (1788).

> CR: S. Gargantini Rabbi, *SFr* 26 (1982), 152.

3483 FEUCHTWANGER, Léon. *Beaumarchais, Benjamin Franklin et la naissance des Etats-Unis.* Traduit de l'allemand par Pierre Sabatier. Avec une préface de M. le duc de Castries. Genève: Slatkine; Paris: Champion, 1977. 570 p.

> p.339-401, «Voltaire». Roman historique.

3484 GANZL, Serge. «Candide». *AVST* 617 (1977), 3-44, ill.

> Pièce d'après V. Mise en scène de Jean-Claude Amyl. Pour le bicentenaire de la mort de V.

3485 GAY, Peter. *The Bridge of criticism; dialogues among Lucian, Erasmus, and Voltaire on the Enlightenment − on history and hope, imagination and reason, constraint and freedom − and on its meaning for our time.* New York: Harper & Row, 1970. 173 p.

3486 GLADSTONE, Josephine. *Zadig.* Based on the original story by Voltaire. Pictures by Pearl Binder. London: British Broadcasting Corporation, 1976. 80 p. ill. (Jackanory).

> Texte d'une émission télévisée pour les enfants.

3487 GOIFFON, André. *Un certain Monsieur Voltaire.* Comédie en un acte. [Ferney-Voltaire, 1978]. 16 p.

3488 GUÉNOT, Hervé. «Propagande, culte des grands hommes et stéréotypes littéraires: Voltaire représenté au théâtre (1752-1836)». *SVEC* 260 (1989), 217-43.

> Voir aussi M.-L. Chastang, «Voltaire, héros ... » (1987: n° 3475), et E. H. Kadler, *Literary figures* (1969: n° 3494).

3489 HELLMAN, Lillian. *Candide: a comic operetta based on Voltaire's satire.* Score by Leonard Bernstein. Lyrics by Richard Wilbur. Other lyrics by J. Latouche and D. Parker. New York: Random House, 1957. 143 p.

> Réimpr.: New York: Avon, 1970. 156 p. (Bard books). Autre réimpr. [in] Lillian Hellman. *The Collected plays.* Boston; Toronto: Little Brown & Co., 1972. 815 p., p.603-39.

3490 HEMMING, James. «Voltaire in our time». *New humanist* 94 (1978), 25-26.

> Ce que serait la réaction de V à notre époque.

3491 HEY, Richard. «*Kandid.* Zwei Akte nach Voltaire». *Theater heute* 13, n° 10 (1972), 45-56.

3492 HEY, Richard, *et al.* «Wie Salvatore Poddines *Kandid*-Inszenierung nicht zustande kam». *Theater heute* 13, n° 4 (1972), 1-5, ill.

3493 JAUBERT, Jacques. *La Comédie galante: roman.* Paris: Sylvie Messinger, 1983. 449 p.

> Biographie romancée de Mlle Clairon dans laquelle V joue un rôle.
>
> CR: F. Moureau, *DHS* 17 (1985), 480-81.

3494 KADLER, Eric H. *Literary figures in French drama (1784-1834).* The Hague: Martinus Nijhoff, 1969. x, 149 p. (Archives internationales d'histoire des idées, 26).

> p.87-109, «Voltaire». Il s'agit de 15 pièces, dont 13 publiées. Voir aussi M.-L. Chastang, «Voltaire, héros ...» (1987: n° 3475), et H. Guénot, «Propagande ...» (1989: n° 3488).
>
> CR: C. Cordié, *SFr* 14 (1970), 561-62; P. Deguise, *FR* 44 (1970-71), 805-806.

3495 KAUFFMANN, Stanley. *Persons of the drama: theater criticism and comment.* New York, &c.: Harper & Row, 1976. x, 397 p.

> p.263-66, «*Candide* (March 30, 1974)». Sur une reprise, largement revisée, de la comédie musicale de Leonard Bernstein – le livret de Hugh Wheeler remplace celui de Lillian Hellman (1957: n° 3489).

3496 LAGARDE, André. «Le paradis des poètes». *La Promotion violette* 92 (1986), 5-7.

> Récit conté au cours d'une soirée de l'Association des membres de l'Ordre des palmes académiques.

3497 LIBERTINI, Angelo. «Teatro a Roma: Voltaire e il castello illuminato». *L'Osservatore romano*, 1 aprile 1978, p.6.

> CR d'une pièce de théâtre par Luciantonio Ruggeri et Giorgio Albertazzi (mise en scène de Roberto Guicciardini): la vie à Ferney au moment de l'affaire Calas.

3498 MAILLARD, Lucien. «Soirées littéraires: Voltaire, homme d'aujourd'hui». *Comédie-française* 72 (oct.-nov. 1978), 6-9, ill.

> Sur l'un des spectacles de la saison portant le titre, *Voltaire, homme d'aujourd'hui* par Bernard Dhéran.

3499 MARX, Robert. «Traveling circuses». *Yale/theatre* 5, n° 3 (1973-1974), 104-108.

> A propos d'une reprise du *Candide* de Leonard Bernstein à Brooklyn.

3500 MAT-HASQUIN, Michèle. «Une satire anti-voltairienne: *Le Diable hermite ou Aventures d'Astarot bani des enfers*. Ouvrage de fantaisie, par M. de M***. Livre III, chapitre VIII». *LIAS* 5 (1978), 177-89.

> p.184-89: le texte par Pierre Lambert de Saumery.

3501 MAY, Georges. «Probability and improbability in eighteenth-century research». *SECC* 5 (1976), 3-10.

> Discours présidentiel sur «a hitherto unknown chapter in Voltaire's *Candide*».

3502 MERCIER, Gilbert. *Bébé, le nain de Stanislas, ou les amours mouvementées d'Emilie du Châtelet et de Voltaire à la cour de Lorraine*. Illustrations de Philippe Delestre. Sarreguemines: Editions Pierron, 1985. 157 p. ill.

> Version romancée.

3503 MEYER, E. Y. «Ach Egon, Egon, Egon. Ein Briefwechsel mit Monsieur de Voltaire anlässlich seines *Candide*». *SchM* 55 (1975-1976), 127-43.

3504 MOSCA, Giovanni. *Candido in Italia*. Milano: Rizzoli, 1976. 206 p. ill.

> Roman à l'imitation de *Candide*.

3505 NOVICK, Julius. «Candide sings again». *The Humanist* 34, n° 3 (1974), 42-43.

> A propos de l'opéra de L. Bernstein (1958: *QA* 1989), avec un nouveau livret de Hugh Wheeler et une mise en scène d'Harold Prince.

3506 NYE, Robert. «59ˣ: a true tale». *HudR* 28 (1975-1976), 560-66.

> Se sert de I. O. Wade, *Voltaire and «Candide»* (1959: *QA* 1691) comme point de départ.

3507 SAISSELIN, Rémy G. «Complicité et distanciation dans l'œuvre poétique de Voltaire: essai de critique distancielle et psychophénoménologique». *Subsidia pataphysica* 14 (1972), 43-50, ill.

> Variété littéraire où l'on se moque des divers genres de critique appliqués au quatrain «L'autre jour au fond d'un vallon ...».

3508 SCIASCIA, Leonardo. *Candido ovvero un sogno fatto in Sicilia*. Torino: Einaudi, 1977. 145 p. (Nuovi coralli, 192).

> Trad.: *Candido ou un rêve fait en Sicile*. Trad. de l'italien par Nino Frank. Paris: Les éditions nouvelles Maurice Nadeau, 1978. 184 p.
>
> Trad.: *Candido oder ein Traum in Sizilien*. Ubers. von Heinz Riedt. Zürich; Köln: Benziger, 1979. 181p.
>
> Trad.: *Candido: or, a dream dreamed in Sicily*. Translated from the Italian by Adrienne Foulke. New York: Harcourt Brace Jovanovich; London: Lamont & Hills, 1979. 132 p.

3509 Stolper, Armin. *Concerto dramatico: nach Goethe, Voltaire und Bulgakow.* Mit einem Nachwort von Gottfried Fischborn. Berlin: Henschelverlag, 1979. 232 p. (Dialog).

   p.79-168, «Das Naturkind, Kömodie frei nach Voltaire». Adaptation de *L'Ingénu*.

3510 Tinker, Tony. «Panglossian accounting theories: the science of apologising in style». *Accounting, organizations and society* 13 (1988), 165-89.

3511 Wagner, H. L. *Voltaire am Abend seiner Apotheose.* Heilbronn: Gebr. Henninger, 1881. xi, 19 p. (Deutsche litteraturdenkmale des 18. Jahrhunderts, 2).

   Réimpr.: Liechtenstein: Kraus Reprint, 1968.

3512 Weissmann, Gerald. «Voltaire's next book». *Publishers weekly* 223 (15 Apr. 1983), 20-21, ill.

   Dialogue imaginaire entre un éditeur américain et V.

3513 Wolfberg, June. «John Mauceri on a splendid new *Candide* for the opera». *Spoltight* 14, n° 2 (fall 1982), 17-20, ill.

   Sur le *Candide* de L. Bernstein.

3514 Zedwitz-Arnim, Georg-Volkmar. *Swords against machine guns? or Voltaire versus the misconstrued Rousseau: 3 essays on the changes in the basic principles and conditions of public relations theory and machinery since the fifties; a CERP document.* Wiesbaden: Verlag für deutsche Wirtschaftsbiographien Hans Flieger, 1984. 100 p. (Studien zur Theorie und Praxis der Public Relations, 14).

Iconographie

Voir aussi les numéros 123, 136-137, 286, 671.

3515 *Flâneries au pays de Voltaire*. [s.l.] : Assocation des amis de Ferney-Voltaire, 1978. 56 p. ill.

> Reproductions de cartes postales dont beaucoup concernent le château de Ferney et des sculptures de V.

3516 *Album Voltaire*. Iconographic choisie et commentée par J[acques] Van [den] Heuvel. Paris : Gallimard, 1983. 323 p. ill. (Bibliothèque de la Pléiade, Album 22).

> CR : C. Cordié, *SFr* 29 (1985), 174-75 ; C. Mervaud, *RHL* 85 (1985), 487-88.

3517 ANANOFF, Alexandre. « Le couronnement de Voltaire vu par Gabriel de Saint-Aubin ». *GBA* 6ᵉ pér., 96 (1980), 98-100, ill.

> Etude de dessins ayant rapport aux événements du 30 mars 1778.

3518 APGAR, Garry. « Voltaires ‹Abendmahl› ». *Neue Zürcher Zeitung*, 22/23 Nov. 1986, p.65, ill.

> Sur « Le dîner des philosophes » de Jean Huber.

3519 APGAR, Garry. « ‹Anch'io son pittore› : Jean Huber, maître de la découpure ». *Revue du vieux Genève* 16 (1986), 46-53, ill.

> Voir p.46-47, 51-52.

3520 ARNASON, H. H. *The Sculptures of Houdon*. London : Phaidon, 1975. x, 294 p. pl.

> V *passim* ; voir figs. 39, 111-17, 204, pl. 51-57, 140-42.

3521 BACHMANN, Erich. « An unknown portrait of Voltaire by Jean Etienne Liotard ? ». *SVEC* 62 (1968), 123-36, ill.

3522 BERCKENHAGEN, Ekhart. « Baudouin, Moreau, Pernet : Zeichnungen des 18. Jahrhunderts – oder Madame Pompadour, Voltaire und Rundtempel ». *Berliner Museen* N.F. 21 (1971), 88-93, ill.

> Voir notamment p.90-93. Article iconographique qui traite en partie de la « Translation de Voltaire à Paris le 11 juillet 1791 » par Jean-Michel Moreau (Moreau le jeune).

3523 BEYER, Victor. « Le ‹ Voltaire › du palais d'Arenberg ». *La Revue du Louvre et des musées de France* 27 (1977), 86-88, ill.

> Buste de V par Peter Anton von Verschaffelt provenant du palais d'Arenberg.

3524 CHEVALLEY, Sylvie. « Le Voltaire de Houdon ou les tribulations d'une statue ». *Comédie-française* 70 (juil. 1978), 22-25, ill.

3525 COLTON, Judith. *The « Parnasse françois » : Titon du Tillet and the origins of the Monument to Genius.* New Haven; London: Yale U. P., 1979. xx, 252 p. 104 plates.

> Voir surtout p.165-80 et 197-99; l'histoire des relations précaires entre Titon et V; l'addition, pendant les années soixante, d'une statuette de V (par Pajon) au modèle.

3526 COLTON, Judith. « Pigalle's *Voltaire*: realist manifesto or tribute *all'antica*? ». *SVEC* 193 (1980), 1680-87, ill.

> CR: *YWMLS* 43 (1981), 158.

3527 COLTON, Judith. « From Voltaire to Buffon: further observations on nudity, heroic and otherwise ». [In] *Art the ape of nature: studies in honor of H. W. Janson.* [Edited by] Moshe Barasch and Lucy Freeman Sandler. New York: Harry N. Abrams; Englewood Cliffs: Prentice-Hall, 1981. x, 814 p. ill. p.531-48, ill.

> Article iconographique traitant en partie du *Voltaire* de Pigalle.

3528 DESNOIRESTERRES, Gustave. *Iconographie voltairienne: histoire et description de ce qui a été publié sur Voltaire par l'art contemporain.* Paris: Didier, 1879. 158 p. [28 feuilles de planches].

> Best.D1603.
>
> Réimpr.: Genève: Slatkine Reprints, 1970.

3529 GOODMAN, Dena. « Pigalle's *Voltaire nu*: the republic of letters represents itself to the world ». *Representations* 16 (1986), 86-109, ill.

3530 KOSAREVA, Nina. « Masterpieces of eighteenth-century French sculpture ». *Apollo* 101 (1975), 443-51, ill.

> p.446-49: le buste de V par Marie-Anne Collot, et la statue de V par Houdon.

3531 KRAGELUND, Patrick. « Abildgaard around 1800: his tragedy and comedy ». *Analecta romana* 16 (1987), 137-85, ill.

> Voir p.143-60: sur les peintures et les dessins de l'artiste danois Nicolai Abildgaard destinés à illustrer *Le Triumvirat* de V.

3532 LA VAISSIÈRE, Pascal de. « L'apothéose de Voltaire, peinte par Dardel ». *Bulletin du Musée Carnavalet* (1977, n° 2), 27-28, ill.

> Peinture de Robert-Guillaume Dardel (1778).

3533 MONTAGU, Jennifer. «Some lesser-known busts of Voltaire». *The Connoisseur* 167 (1968), 225-29, ill.

> Par Peter Anton von Verschaffelt (3), Pierre-François Le Jeune (1), et François-Marie Poncet (2).

3534 NEMILOVA, Nina. «Contemporary French art in eighteenth-century Russia». *Apollo* 101 (1975), 428-42, ill.

> p.433-34: reproduction du «Lever de Voltaire» par Jean Huber, et la réaction de Catherine à la série de tableaux représentant la vie de V par Huber.

3535 NEWMAN, Michael. «Voltaire and Frédéric: a friendship commemorated in porcelain». *Antique collector* 44 (June-July 1973), 147-49, ill.

> Sur divers objets en porcelaine: ceux traitant de V, créés par F. E. Meyer, et ceux ayant rapport à Frédéric, créés par J. G. Müller. Observations sur les rapports entre V et Frédéric.

3536 PERROD, Pierre-Antoine. «Un buste de Voltaire à l'Académie de Lyon». *Bulletin municipal officiel de la Ville de Lyon*, 21 janv. 1979, p.53.

> Par le sculpteur Poncet (?1776).

3537 Петрусевич, Н. Б. *Статуя Вольтера работы Гудона* [Une statue de Voltaire de l'œuvre de Houdon]. Ленинград: Издательство «Советский художник», 1964. 30 p. ill.

> Réimpr.: Ленинград: Издательство «Аврора», 1970. 38 p. ill.

3538 RADFORD, C. B. «Wedgwood and Voltaire – a point of contact between two eighteenth-century business men?». *FS* 30 (1976), 264-72.

> Il n'y eut aucun contact entre les deux hommes. Etude de l'attitude de Wedgwood envers V dans un effort pour identifier un médaillon de V.

3539 TAYLOR, S. S. B. «Artists and *philosophes* as mirrored by Sèvres and Wedgwood». [In] *The Artist and the writer in France: essays in honour of Jean Seznec*. Edited by Francis Haskell, Anthony Levi and Robert Shackleton. Oxford: Clarendon P., 1974. xii, 184 p. plates. p.21 39.

> V *passim*.

3540 TAYLOR, S. S. B. «The duke and duchess of Grafton with Voltaire: notes on unrecorded silhouettes by Jean Huber». *SVEC* 135 (1975), 151-65.

3541 TAYLOR, S. S. B. «The face of Voltaire». *BSECS Newsletter* 11 (Feb. 1977), 36.

> Sur le travail en cours de l'iconographie définitive de V.

3542 TAYLOR, S. S. B. *The Creation of Voltaire's posthumous image: a bicentennial lecture.* With the collaboration of the Ermitage Museum and the Saltykov Schedrin State Public Library, Leningrad. [Belfast: Queen's University, 1978]. 18 p., avec 49 diapositives et une cassette. (Society for French studies: supplementary publication, 5).

> Trad.: *La Création de l'image posthume de Voltaire.* Conférence préparée à l'occasion du bicentenaire de la mort de Voltaire. Avec la collaboration du Musée de l'Hermitage et de la Bibliothèque publique d'Etat de Saltykov-Shchedrin, Leningrad. [Oxford]: Society for French studies, [1980]. 16 p., avec 49 diapositives et une cassette (Supplementary publication [Society for French studies], 5).

3543 THACKER, Christopher. «Society versus nature: Voltaire and Rousseau, illustrated by their illustrations». [In] *Die Buchillustration im 18. Jahrhundert.* Colloquium der Arbeitsstelle 18. Jahrhundert Gesamthochschule Wuppertal, Universität Münster, Dusseldorf vom 3. bis 5. Oktober 1978. Heidelberg: Carl Winter, Universitätsverlag, 1980. 357 p. ill. (Beiträge zur Geschichte der Literatur und Kunst des 18. Jahrhunderts, 4), p.124-30.

> Voir notamment p.124-26, 130. Les illustrations de *Candide* révèlent surtout V penseur et homme d'action.

3544 VASSELLE, Pierre. «Le Voltaire nu de Pigalle au château d'Hornoy». *Bulletin de la Société des antiquaires de Picardie* 52 (1967-1968), 53-58.

3545 VASSELLE, Pierre. «Le Voltaire nu de Pigalle». *Le Vieux papier: bulletin de la Société archéologique, historique et artistique* 25 (1967-1969), 333-36.

> Histoire de la statue et de son don à l'Institut.

3546 WODON, Bernard. «Nicolas de Fassin portraitiste de Voltaire». [In] *Livres et Lumières* (1980: n° 22), p.365-71, ill.

Comptes rendus de *Studies on Voltaire*

Nous donnons ici la liste des principaux comptes rendus des volumes de *Studies on Voltaire and the eighteenth century* qui contiennent des articles sur Voltaire.

Vols 16-44 : P. Alatri, *SFr* 10 (1966), 492-99 et *SFr* 11 (1967), 81-86, 283-88.

– 41 : J. Sareil, *RR* 59 (1968), 142-43.

– 45-48 : *TLS*, 12 Sept. 1968, p.994.

– 45-54 : P. Alatri, *SFr* 13 (1969), 290-98.

– 50-51 : W. D. Howarth, *FS* 23 (1969), 294-97.

– 53 : J. H. Brumfitt, *FS* 23 (1969), 299-300.

– 54 : D. Williams, *FS* 23 (1969), 297.

– 55 : H. Dieckmann, *MLN* 84 (1969), 677-79.

– 55-70 : P. Alatri, *SFr* 15 (1971), 269-80 et *SFr* 16 (1972), 74-81, 347-57.

– 60 : J. H. Brumfitt, *FS* 23 (1969), 406-407 ; U. van Runset, *RHL* 70 (1970), 714-17.

– 62 : J. H. Brumfitt, *FS* 24 (1970), 183-84.

– 63-66 : *TLS*, 23 Oct. 1969, p.1239.

– 64 : R. Barny, *RHL* 70 (1970), 714-17 ; N. Suckling, *FS* 24 (1970), 296-98.

– 70 : M. H. Waddicor, *FS* 26 (1972), 202-203.

– 70, 76, 79, 81, 86 : R. Desné, *DHS* 5 (1973), 423-25.

– 71, 109, 112 : *TLS*, 21 Sept. 1973, p.1090.

– 72-79 : P. Alatri, *SFr* 17 (1973), 72-79.

– 76 : R. Niklaus, *RHL* 72 (1972), 526-27 ; M. H. Waddicor, *FS* 28 (1974), 73-75.

– 79 : M. H. Waddicor, *FS* 28 (1974), 75-76.

– 80-99 : P. Alatri, *SFr* 19 (1975), 268-79 et *SFr* 20 (1976), 76-87 et *SFr* 21 (1977), 186-95.

– 81 : N. Suckling, *FS* 28 (1974), 76-77 ; J. Vercruysse, *RHL* 73 (1973), 135-36.

– 86 : H. Duranton, *RHL* 73 (1973), 1078-80 ; H. Josephs, *FR* 47 (1973-74), 987-88 ; *TLS*, 30 June 1972, p.751 ; M. H. Waddicor, *FS* 29 (1975), 87-89.

– 87-88 : B. C. Fink, *FR* 47 (1973-74), 192-94.

– 87-90 : J. H. Brumfitt, *FS* 29 (1975), 196-99 ; M. Delon, *RHL* 74 (1974), 312-16 ; Gita May, *RR* 66 (1975), 150-55 ; *TLS*, 22 Sept. 1972, p.1118.

– 89-90 : B. Guy, *FR* 47 (1973-74), 194-95.

– 90 : J. Proust, *RHL* 74 (1974), 306-307.

– 94 : P. LeClerc, *FR* 47 (1973-74), 632-33 ; M. H. Waddicor, *FS* 30 (1976), 474-75.

– 94-95 : *TLS*, 19 Jan. 1973, p.59.

– 94, 96-98, 102, 106, 114, 116 : R. Desné *DHS* 7 (1975), 358-59.

– 96-98 : M. H. Waddicor, *FS* 31 (1977), 202-204 ; *TLS*, 20 Apr. 1973, p.440.

– 98 : T. E. D. Braun, *FR* 47 (1973-74), 633-34 ; J. Vercruysse, *RHL* 74 (1974), 698-99.

– 102 : P. Alatri, *SFr* 20 (1976), 357-58 ; J. Vercruysse, *RHL* 74 (1974), 1077-78 ; M. H. Waddicor, *FS* 31 (1977), 205-206.

– 102, 106 : J. Sareil, *RR* 67 (1976), 68-69.

– 106 : P. Alatri, *SFr* 20 (1976), 358-59 ; H. Monod-Cassidy, *FR* 47 (1973-74), 988-90 ; M. H. Waddicor, *FS* 32 (1978), 195-96.

– 111, 114-116 : *TLS*, 26 Apr. 1974, p.435.

– 114 : P. Alatri, *SFr* 20 (1976), 359-60 ;

439

M. H. Waddicor, *FS* 32 (1978), 456-58; J. Vercruysse, *RHL* 76 (1976), 855-56.

– 116: P. Alatri, *SFr* 21 (1977), 540-41.

– 117: P. Alatri, *SFr* 21 (1977), 305.

– 117, 118, 120, 121, 123: H. T. Mason, *TLS*, 13 Dec. 1974, p.1424.

– 118: P. Alatri, *SFr* 21 (1977), 305.

– 120: P. Alatri, *SFr* 21 (1977), 305-306.

– 122, 124-127: H. T. Mason, *TLS*, 30 May 1975, p.594.

– 124: P. Alatri, *SFr* 21 (1977), 308.

– 124, 127: E. Showalter, Jr., *FR* 49 (1975-76), 279-80.

– 124: J. H. Brumfitt, *FS* 33 (1979), 731-35.

– 127: M. H. Waddicor, *FS* 33 (1979), 193-94.

– 127, 129: M. Delon, *RHL* 76 (1976), 1008-1009.

– 129: M. H. Waddicor, *FS* 33 (1979), 749-50.

– 129, 131, 133: H. T. Mason, *TLS*, 12 Sept. 1975, p.1032.

– 129, 132, 135, 137: P. V. Conroy, Jr., *FR* 50 (1976-77), 153-55.

– 129, 132, 135, 137, 140, 143: R. Desné, *DHS* 9 (1977), 388-89.

– 132: J. Balcou, *RHL* 76 (1976), 1009-1011.

– 135: J. Balcou, *RHL* 77 (1977), 645-47.

– 135, 137-140: H. T. Mason, *TLS*, 20 Feb. 1976, p.201.

– 137: M. H. Waddicor, *FS* 33 (1979), 750-51.

– 140: J. Balcou, *RHL* 78 (1978), 310-11.

– 140, 143, 148, 160, 171: M. H. Waddicor, *FS* 33 (1979), 754-57.

– 148: L. W. Lynch, *FR* 52 (1978-79), 163-64.

– 148, 151-155, 160, 161, 163: R. Desné, *DHS* 10 (1978), 458-59.

– 150: M. Delon, *RHL* 78 (1978), 482-83.

– 150, 161, 163: J. G. Frommer, *FR* 51 (1977-78), 436-37.

– 151-155: J. H. Brumfitt, *FS* 33 (1979), 731-35; M. Delon, *RHL* 78 (1978), 645-48; D. G. Spinelli, *FR* 51 (1977-78), 114-15.

– 153: F. Piva, *SFr* 21 (1977), 546.

– 160: D. R. Dupêcher, *FR* 51 (1977-78), 115-16; J. Sgard, *RHL* 78 (1978), 649-50.

– 161: J. Balcou, *RHL* 78 (1978), 650-51; D. Verzea, *CREL* (1979, n° 2), 158; M. H. Waddicor, *FS* 33 (1979), 751-52.

– 163: J. Balcou, *RHL* 78 (1978), 651-53; M. H. Waddicor, *FS* 33 (1979), 752-53.

– 169: R. Barny, *RHL* 80 (1980), 291-95; J. Vercruysse, *TVSV* 5 (1977), 301-302; M. H. Waddicor, *FS* 33 (1979), 753-54.

– 169, 171: R. Desné, *DHS* 11 (1979) 437-38.

– 171: M. Mat-Hasquin, *TVSV* 7 (1979), 92-94.

– 171, 174: P. Murphy, *FR* 53 (1979-80), 450-51.

– 174: R. Niklaus, *RHL* 80 (1980), 807-809.

– 174, 176: R. Desné, *DHS* 13 (1981), 428-29.

– 176: J. Geffriaud-Rosso, *RHL* 81 (1981), 1000-1002.

– 182: A. Jovicevich, *DidS* 21 (1983), 219-20; J. Renwick, *MLR* 77 (1982), 958-60.

– 182, 183: M. H. Waddicor, *FS* 37 (1983), 224-27.

– 183: D. Fletcher, *MLR* 76 (1981), 966-68; P. Testud, *RHL* 81 (1981), 1002-1004.

– 183, 189, 199: R. Desné, *DHS* 14 (1982), 436-37.

– 189: C. Bonfils, *RHL* 82 (1982), 480-81; G. Gargett, *FS* 37 (1983), 227-28.

– 190-193: R. Desné, *DHS* 14 (1982), 435.

– 193: J. Biard-Millérioux, *RHL* 82 (1982), 911-13.

– 199: C. Rosso, *RHL* 84 (1984), 617-19.

– 201: M.-E. Diéval, *RHL* 86 (1986), 759-61.

– 201, 205: R. Desné, *DHS* 15 (1983), 446.

– 208: N. Wagner, *RHL* 86 (1986), 145-46.

– 208, 212: R. Desné, *DHS* 16 (1984), 411.

– 212: P. Alatri, *SFr* 29 (1985), 169; M. H. Waddicor, *FS* 40 (1986), 78-79.

– 215: P. Alatri, *SFr* 29 (1985), 169-70; M. Menemencioglu, *RHL* 86 (1986), 146-48.

– 215, 217: R. Desné, *DHS* 17 (1985), 401-402.

– 216: P. Alatri, *SFr* 29 (1985), 387-88.

– 217: P. Alatri, *SFr* 29 (1985), 386; G. Haroche-Bouzinac, *RHL* 86 (1986), 759-61; M. H. Waddicor, *FS* 40 (1986), 462-63.

– 219: P. Alatri, *SFr* 29 (1985), 387; G. Gargett, *FS* 40 (1986), 464-65.

– 228: M. L. Perkins, *ECCB* n.s. 10 – for 1984 (1989), 732-33; J. Vercruysse, *RHL* 87 (1987), 298-99; M. H. Waddicor, *FS* 41 (1987), 85-86.

– 228, 230: J. Vercruysse, *Nouvelles annales Prince de Ligne* 1 (1986), 152-53.

– 228, 230, 238: R. Desné, *DHS* 18 (1986), 446.

– 230: P. Alatri, *SFr* 30 (1986), 489-90; M. Delon, *RHL* 87 (1987), 300-302; R. E. Taylor, *ECCB* n.s. 11 – for 1985 (1990), 463-64.

– 238: C. J. Betts, *FS* 42 (1988), 86-88; R. G. Saisselin, *ECCB* n.s. 11 – for 1985 (1990), 422-23.

– 241: N. Masson, *RHL* 88 (1988), 276.

– 242: J. H. Brumfitt, *FS* 42 (1988), 212-13; M. Delon, *RHL* 89 (1989), 111-12; C. Lauriol, *RHL* 87 (1987), 1118-19.

– 245: P. Alatri, *SFr* 32 (1988), 337-38; S. Davies, *MLR* 84 (1989), 168-69; T. L'Aminot, *RHL* 89 (1989), 112-13.

– 249: R. Desné, *DHS* 21 (1989), 462-63; D. Williams, *MLR* 85 (1990), 184-85.

– 256: D. J. Adams, *FS* 45 (1991), 80; P. Alatri, *SFr* 34 (1990), 140-41; R. L. Frautschi, *FR* 64 (1990-91), 159-60; D. Williams, *MLR* 86 (1991), 456-58.

– 260: P. Alatri, *SFr* 34 (1990), 311-12; S. Davies, *BJECS* 13 (1990), 263-65; J. P. Lee, *FR* 64 (1990-91), 513-15; D. Williams, *MLR* 86 (1991), 719-20.

– 260, 266, 267: R. Desné, *DHS* 22 (1990), 453-54.

– 263-265: P. Alatri, *SFr* 34 (1990), 520; R. Desné, *DHS* 22 (1990), 453; J. Lough, *BJECS* 13 (1990), 247-48; D. Quero, *RHL* 91 (1991), 978.

– 266: P. Alatri, *SFr* 34 (1990), 520; G. Haroche-Bouzinac, *RHL* 91 (1991), 981-84; V. Mylne, *MLR* 86 (1991), 721-22.

– 267: P. Alatri, *SFr* (1990), 520.

Index nominum

Index rerum

Les chiffres en caractères italiques indiquent les sections principales; les rubriques de la bibliographie sont indiquées en petites majuscules.

Table des matières

489